영어의사소통기술

English Communication Skill

김영탁 지음

도서출판 홍릉

저자소개

김영탁 ytkim@yu.ac.kr

- 1977년: 육군 군사행정학교 군사영어반 수료(수석졸업)
- 1978년 미육군 방공 포병 학교(Air Defense Artillery School, Fort Bliss, Texas, USA) 교육과정 수료(수석 졸업)
- 1979년 ~ 1982년: 육군 방공포병학교 저공학처 Advanced HAWK (Homing All the Way Killer) 교관
- 1984년: 영남대학교 공과대학 전자공학과 공학사(공과대학 수석입학, 수석졸업)
- 1986년: 한국과학기술원(KAIST) 전기및전자공학과 공학석사(컴퓨터공학전공)
- 1990년: 한국과학기술원(KAIST) 전기및전자공학과 공학박사(컴퓨터공학전공)
- 1990년 ~ 1994년: 한국통신(KT) 통신망연구소 선임연구원 / 실장
- 1994년 ~ 현재: 영남대학교 공과대학/기계IT대학 정보통신공학과 교수
- 2001년, 2008년, 2015년: 미국 국립표준기술연구원(NIST) 방문연구원
- 2009년 ~ 2010년: 영남대학교 정보전산원장
- 2010년: 영남대학교 산학협력단장
- 2013년 ~ 2015년: 영남대학교 학생역량개발처장
- 2019년 2월 ~ 2021년 1월: 영남대학교 기계IT대학 학장

English Communication Skill

영어의사소통기술

2021년 3월 5일 초 판 1쇄
2023년 8월 30일 수정판 1쇄

저 자: 김영탁
발행인: 송 준
발행처: 도서출판 홍릉
주 소: 01093 서울시 강북구 인수봉로 50길 10
등 록: 1976년 10월 21일 제5-66호

전 화: 02-999-2274~5, 903-7037
팩 스: 02-905-6729
e-mail: hongpub@hongpub.co.kr
http://www.hongpub.co.kr
ISBN: 979-11-5600-852-1(93740)

정 가: 27,000원

낙장 및 파본은 구입처나 본사에서 교환하여 드립니다.

서 론

의사소통기술 (communication skill)은 현대사회에서 매우 중요한 기본 능력이며 지구촌으로 표현되는 글로벌 환경에서 영어를 사용하여 의사소통을 효율적으로 할 수 있는 "영어의사소통기술"은 국제적 수준의 기업에서는 필수적으로 요구하는 기본 역량이다. 대학교육과정에서는 단순히 감정이나 의견을 소통하는 단계를 뛰어 넘어 전문적인 학술정보나 논리적인 사고가 필요한 최신 기술에 대한 의사를 해당 분야의 전문가로서 효과적으로 소통할 수 있는 능력을 체계적으로 갖추어야 하며, 이를 졸업 후 직장에서 자유자재로 활용할 수 있도록 준비하여야 한다. 대부분의 대학에서는 글로벌 환경에서 영어를 사용하여 전문적인 분야에 대한 정보를 외국 전문가들과 효율적으로 의사소통할 수 있는 능력을 갖출 수 있도록 교양과목과 전공과목들을 편성 운영하고 있다. 그러나 실제 대부분의 대학생들이 이러한 과정을 통하여 본인 전공 분야의 실질적인 영어의사소통기술 능력을 체계적으로 갖추기 보다는 TOEIC, TOEFL이나 OPIc으로 대표되는 공인어학성적 점수 높이기에만 국한되며, 정작 전공분야에 대하여 본인의 생각을 영어로 표현하고, 외국 전문가들과 자유롭게 토론할 수 있는 능력은 매우 제한된 학생들만 학부 졸업 시점에서야 겨우 갖추게 되는 것이 현실이다.

초등학교 시절부터 시작된 영어 교육을 대학 학부 졸업 때까지 10년 이상을 지속하여도 영어의사소통기술 능력을 제대로 갖출 수 없는 근본적인 이유는 수능시험이나 TOEIC 시험에서 대부분 주어진 지문을 읽고 해석하는 문제 풀이 위주로 공부하기 때문이며, 정작 본인의 생각을 조리 있게 정리하고 논리적인 근거를 바탕으로 주장 할 수 있게하는 영문 논술 (essay) 작성과 이 에세이 내용을 기반으로 제한된 시간 내에 영어 발표를 하며, 질의응답을 영어로 진행할 수 있는 실무 영어 교육을 제대로 받지 못하기 때문이다. 많은 대학원생 들 조차도 본인의 연구개발 결과를 영문 논문으로 작성하는 것에 큰 어려움을 느끼며, 이 논문을 영어로 발표하는 것은 더욱 어려워하고, 학술대회 논문 발표 세션에서의 질의응답 시간에는 거의 패닉 상태가 되어 "I am sorry for my poor English."만을 되풀이하는 상황을 많이 접하게 된다.

영어권 국가들에서도 초등학교 3학년 교과과정으로 부터 논리적 근거를 기반으로 본인의 주장을 에세이로 작성하는 교육을 받게 하며, 끊임없는 첨삭지도를 통하여 정확한 표현의 문장을 만들고, 이 문장들을 논리적인 근거가 될 수 있도록 응집력 있는 문단으로 만들어 에세이를 완성하게 한다. 또한 영어 과목 수업에서 뿐만 아니라 수학, 과학, 역사 등의 과목에서도 그 분야의 다양한 주제를 전문 용어 (terminology)를 사용하여 완성된 문장 (full text)으로 표현하도록 교육하고 있다. 이렇게 논리적 근거를 기반으로 한 본인의 주장을 에세이로 작성하고, 이를 바탕으로 한 토론 (debate)을 정규 교육과정에서 체계적으로 배울 수 있게 하여야 하나, 국내의 현실은 TOEIC 시험 성적 위주의 공부와 원어민 교사의 발음 지도 정도로 그치고 있는 상태라 대부분의 대학교 졸업생들이 체계적인 영어의사소통 능력을 갖추지 못하고 있다.

본 교재는 이러한 현실을 고려하였으며, 고등학교와 대학교 1학년 교양 영어 과정을 마친 학생들이 보다 체계적으로 영어의사소통기술을 배울 수 있도록 체계적으로 구성하였다. 먼저 기본적인 어휘 (vocabulary)를 동의어 (thesaurus)와 함께 체계적으로 공부할 수 있게 하였으며, 영어의사소통에 필요한 기본 문법을 배운 후, 응집력이 높은 에세이를 작성하는 방법을 체계적으로 배울 수 있도록 구성하였다. 응집력이 높은 문장을 작성하는 요령을 설명하였으며, 두괄식 문단을 구성하는 방법과 5개 문단 구조의 에세이에서 주제문장 (thesis statement)을 양괄식으로 강조하는 방법을 상세하게 설명하였다.

아울러 업무용 영문 서신과 E-mail 작성 방법, 영문이력서 (resume)와 영문자기소개서 (curriculum vitae, CV) 작성법도 배우고, 학부 고년차와 대학원생들의 학술 논문을 영어로 작성하는 방법을 상세히 설명하였다. 마지막으로 이공계열의 논문을 영어 발표하는 방법을 배우도록 하여 글로벌 시대의 국제 수준 전문가에게 필요한 영어의사소통기술을 체계적으로 습득할 수 있게 하였다.

마지막으로 최근 많은 회사의 신입사원 채용에서 집단 토론을 수행하고, 그 토론에서 어떤 역할을 어떻게 수행하는가에 대한 평가를 포함하고 있는 점을 고려하여 효율적인 토론과 회의 진행을 위한 일정 준비, 발표 자료 준비, 진행 단계에서의 발표와 질의 응답, 안건별 결정 과정 및 방법, 회의 종료 및 보고서 작성 등에 대한 요령을 추가하였다. 토론이나 회의에 참석하고, 주어진 주제에 대하여 발표 준비 및 발표, 질의 응답 등은 본인의 전문 분야 실력을 잘 표현할 수 있는 좋은 기회이며, 기존 멤버들과 친숙해질 수 있는 기회이므로 토론과 회의에서 좀 더 적극적으로 참여할 수 있도록 미리 준비할 수 있는 요령을 추가하였다.

이 교재는 단순히 학부 과목으로 끝나는 것이 아니라 이공계열 전문직에 취업을 하였을 때에도 계속 옆에 두고 참고할 수 있도록 구성하였다. 이번 개정판에서는 TOEIC 800점 수준의 기본 어휘 1600개로 확대하고, 각 단어의 품사별 동의어 (thesaurus)와 예문들을 부록으로 준비하였으며, 이공 계열의 각 전공 분야별로 핵심 단어들을 별도로 설명하였다. 기본 문법 설명에 추가하여 에세이 작성의 핵심 요령을 별도로 정리하였으며, 이공계열에서 많이 사용되는 수학 공식을 영어로 발표하는 표현방법에 대하여 구체적으로 설명하였다.

끝으로 이 교재의 집필 준비 과정에서 많은 도움을 주었고, 집필 중에는 다양한 의견을 제시하였으며, 집필된 원고의 모든 내용을 꼼꼼하게 교정하여 준 사랑하는 아내 여선숙에게 깊은 감사를 드린다.

2023년 8월
김 영 탁

목 차

1장 의사소통 기술 개요

학습목표

- 이공계열 전공자의 실무 영어 실력 향상
- 영어 기반의 의사소통 기술에 대한 이해와 실력 향상 방법에 대한 이해

개요

1.1 의사소통 기술이란?
1.2 의사소통 기술과 글쓰기
1.3 영어 의사소통
1.4 효과적인 영어 의사소통 능력이 필요한 사례
1.5 영문 자료 독해 연습
1.6 효과적인 영어의사소통 기술 습득 방법

1.1 의사소통 기술(communication skill)이란?

1.1.1 의사소통(communication)이란?

사람사이의 의사소통(意思疏通, communication)이란 그 사람의 의사(intention, mind, idea)나 감정(feeling) 및 정보(information)를 서로 소통하여 생각이나 뜻이 서로 통하게 하는 것이며, 사회적 동물인 인간이 효율적인 사회생활을 하기 위하여 가장 필수적으로 지녀야하는 능력이다. 인간이 의사소통을 하기 위하여 사용되는 매체(media)로는 구어(口語, spoken language)와 문어(文語, written language)가 기본적으로 사용되며 아울러 몸짓, 자세, 표정, 억양, 노래, 춤 등과 같은 비언어적인 요소들이 포함된다. 언어적 능력이 발달되지 않은 동물들의 경우 울음소리나 호르몬 또는 냄새로 제한적인 의사소통을 한다.

의사소통에서 가장 중요한 것은 상대방과 소통하여 생각이나 뜻이 서로 통하도록 전달하고자 하는 의사, 감정 및 정보를 짧은 시간 내에 명확하게 전달하고, 상대방이 이를 쉽게 이해하고 뜻이 통하도록 하는 것이다. 이를 위해서는 전달하고자 하는 그 의사를 가장 효율적인 매체를 사용하여 효과적으로 표현할 수 있어야 하고, 가장 적절한 의사소통 기술(communication skill)을 사용하여 전달할 수 있어야 한다.

대학 교육과정에서 배우는 의사소통 기술은 단순한 감정이나 의견을 소통하는 것보다 전문성이 있는 학술 정보나 논리적인 사고가 필요한 의사를 효과적으로 소통할 수 있는 능력을 체계적으로 배울 수 있도록 한다. 즉 기존에 이미 진행되었던 학술 정보를 기반으로 새로운 기술이나 방법을 개발한 후 개발된 새로운 정보를 효과적으로 전달할 수 있는 의사소통 기술을 배운다. 아울러 현재까지 파악되고 증명된 논리적인 근거들을 바탕으로 분석된 새로운 논리적 타당성 결과를 구두 발표나 논문을 매체로 효과적인 의사소통이 가능하도록 하기 위한

방법을 배운다.

1.1.2. 의사소통 방법

실제 일상생활에서 많이 사용되는 의사소통 방법을 살펴보면 그림 1.1에서 보는 것과 같이 우선 E-mail이나 SNS 등을 통하여 간단한 문자 메시지나 사진을 상호 전달하는 방법이 있다. 직접 눈으로 보며 설명을 들을 수 있는 동영상 정보가 함께 전달되는 의사소통은 방송형과 대화형으로 구분된다. 방송형(broadcasting) 의사소통은 TV와 라디오 뉴스 또는 Youtube 영상 등을 통하는 일방적으로 다수에게 전달되는 방식이 주로 사용되며, 이 방송형 의사전달에서는 실시간으로 상대방의 의견을 피드백 받는 기능이 제한적으로 사용된다. 대화형(interactive) 의사소통에서는 직접 얼굴을 보며 대화에 참여하는 사람들 간에 양방향으로 멀티미디어 정보가 전달되며 상대방의 의견이 즉각 피드백되는 실시간 멀티미디어 대화(realtime interactive multimedia conversation)가 있다.

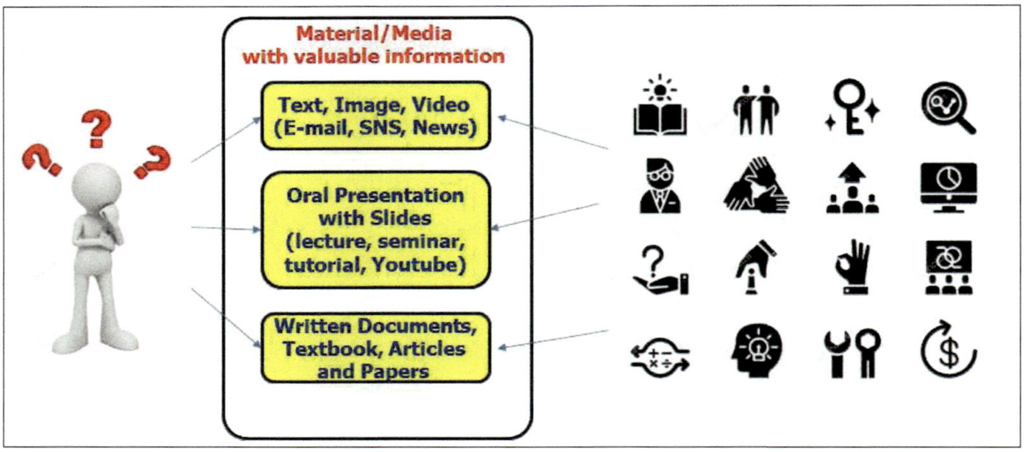

그림 1.1 의사소통방법

전문적인 정보를 보다 체계적으로 정리하여 전달하는 의사소통에는 여러 사람들을 대상으로 하는 발표(presentation)와 교육 기관에서의 강의(lecture)가 있다. 그러나 실제 많은 정보들은 논리적인 서술을 글로 표현한 에세이(essay), 학술적인 내용을 논리적인 근거를 바탕으로 정리하고 주장하는 논문(paper, article, thesis, dissertation), 포괄적인 배경 정보를 체계적으로 정리한 서적 등에서 제공되며 전문성이 높은 정보일수록 다른 전문가 집단에 의하여 검토된 정보들이 보고서 (report) 또는 논문 (paper) 형태로 제공되고 있다.

의사소통에서 가장 중요한 점은 정확하게 의사가 전달되는 것이며 대화나 발표듣기에 참여하는 청중과 글을 읽는 독자들이 명확하게 이해할 수 있도록 정보가 효과적으로 전달되어야 한다. 특히 말을 듣거나 글을 읽는 사람이 논리적인 생각을 하여 쉽게 이해하며, 수긍하고 동의를 할 수 있도록 효과적인 표현을 할 수 있어야 한다. 학생의 입장에서는 대부분 전문가들이 준비한 최신 정보를 신속하게 받아들일 수 있는 정보 습득 능력이 매우 중요하며, 이 경우 최신 첨단 기술에 대한 정보가 가장 많이 수록되어 있는 매체들의 언어인 영어 실력이 필수적으로 요구된다.

아울러 전공분야의 보고서나 논문을 작성하거나 자기소개서를 작성하는 부분에서는 본인의 생각과 의지, 현재까지의 경험, 실무 경력과 장래 계획 등을 효과적으로 표현할 수 있어야 한다. 특히 국제적인 협력이 활발하게 이루어지는 회사에 입사를 희망하는 경우 영어로 작성된 자기 소개서와 공인 영어 성적 및 면접시험에서의 영어 스피킹 실력은 필수적으로 준비되어야 할 기본 의사소통 기술일 것이다.

정보를 전달하는 것은 정보를 보내는 사람과 정보를 받는 사람이 동일하게 이해 할 수 있는 언어와 단어를 사용하여야 한다. 최근 인터넷을 기반으로 한 정보 전달에서 가장 보편적으로 사용되는 국제 통용 언어가 영어이기 때문에 영어를 사용하여 효과적인 의사소통을 할 수 있는 능력이 강조된다. 대부분의 한국 학생들이 영어를 모국어로 사용하는 부모나 선생님으로부터 직접 영어 교육을 받지 못하였고 초중고 교과과정에서도 수학, 과학, 사회, 역사 등의 과목을 영어로 배우지 않기 때문에 전문분야의 내용을 해당 분야의 전문 용어(terminology)를 사용하여 표현하는 것에 익숙하지 않은 어려움이 있다. 또한 많이 사용되는 영어 표현을 잘 구사하지 못하고, 틀린 문법을 사용하여 영어로 의사를 표현하면 듣는 사람이나 글을 읽는 사람이 정확하게 이해할 수 없어 제대로 된 의사소통을 할 수 없는 어려움을 겪게 된다.

최근 국내에서도 원어민 선생님들이 초등학교의 영어 교육에까지 많이 참여하여 대부분의 학생들의 영어 발음이 크게 개선되었고 외국인을 만나 간단하게 대화하는 것에는 어려움을 느끼지 않을 정도로 영어 회화 실력이 향상되었다. 그러나 대다수의 대학교 입학생들에게 영어 논술(essay)을 작성하고, 이를 영어로 발표하는 것에는 어려움을 느끼는 학생들이 매우 많다는 것이 사실이다. 초등학교로부터 대학교 1학년에 이르기까지 거의 10년 이상 영어를 공부하였음에도 불구하고 논리적인 설명이 뒷받침되어야 하는 주제에 대한 본인의 의견을 조리 있게 350 단어 정도의 영어 논술로 표현하고, 이를 5분 정도의 영어 발표로 표현할 수 있는 영어 의사소통 기술을 갖춘 학생들은 그리 많지 않은 것이 현실이다.

대학생들이 주어진 주제에 대한 토론을 영어로 진행하기 위해서는 먼저 본인이 주장할 내용을 세부 주제별로 잘 정리할 수 있어야 하고 각 세부 주제에 대한 근거자료를 체계적으로 제시할 수 있도록 준비할 수 있어야 하는데 이러한 준비과정은 영어 논술(에세이)을 작성하는 것과 동일한 것이다. 따라서 영어 스피킹 실력을 높이기 위해서는 먼저 에세이 작성을 지속적으로 연습하여 주어진 주제에 대한 본인의 주장에 대하여 논리적 근거를 함께 정리할 수 있는 능력을 갖추도록 하는 것이 매우 기본적이며 효율적인 방법이 된다.

특히 이공계열의 대학생들은 전공분야의 전문 용어들과 함께 기초 과학, 기초 수학 및 기초 공학 용어들을 잘 구사할 수 있어야 하는데, 이에 대한 준비가 잘 되어 있지 않아 어려움들을 많이 겪고 있다. 이공계열의 전공분야에는 그 전공분야에서 전문가들이 주로 사용하는 전문 용어(terminology)가 있기 때문에 이를 학부과정의 전공과목과 연계하여 체계적으로 습득하여야 하며, 중학교와 고등학교에서 배운 기초과학과 수학에 관련된 용어들을 영어로 표현할 수 있도록 어휘 공부를 함께 하여야 한다.

중학교와 고등학교 교육과정에서 논리적인 글쓰기 방법을 체계적으로 배우거나 영어 논술(essay) 작성 방법을 체계적으로 배운 학생들을 별로 찾아 볼 수 없는 점도 안타까운 현실이며 초중고 교육 체계에서도 이러한 점은 시급히 개선되어야 할 사항이다.

1.1.3 효과적인 의사소통 기술의 필요성

의사소통을 효과적으로 한다는 것은 본인이 주장하고 있는 내용을 대화 상대방에게 짧은 시간에 정확하게 전달하고 상대방도 빠르고 쉽게 이해할 수 있도록 뒷받침이 되는 논리적 근거와 함께 전달하는 것이다.

효과적인 의사소통을 위하여 첫 번째로 중요한 것은 본인의 의사를 정확하게 표현할 수 있는 어휘(vocabulary)와 전문용어 (terminology)를 사용하는 것이다. 우리가 일상생활에서 사용하는 대화에서는 전체 문장을 완성된 형태(full sentence)로 표현하는 경우가 드물고 대부분 핵심 단어를 몇 개 사용함으로써 의사를 전달하는 것을 알 수 있다. 이 때 사용하는 어휘는 말하는 사람과 듣는 사람이 모두 익숙하며 쉽게 이해할 수 있는 단어들을 사용하기 때문에 전체 문장을 문법에 맞추어 완성된 문장을 사용하지 않아도 의사가 쉽게 전달되는 것이다.

두 번째로 중요한 것이 본인의 주장을 뒷받침하는 논리적인 근거를 체계적으로 제시하는 구조를 사용하는 것이다. 아무리 본인의 주장이 올바르다고 하여도 논리적인 근거를 쉽고 빠르게 이해할 수 있도록 체계적으로 제시하지 못하면 이를 이해하는 데에 시간이 오래 걸리거나 오해를 할 수 있을 것이다. 또한 논리적인 근거를 쉽게 이해할 수 있는 순서에 따라 제시하지 않거나 핵심 주제와 상관없는 내용을 함께 열거한다면, 전체적인 주장의 초점이 모호해질 뿐 아니라 설득력이 뒤떨어지게 된다.

효과적인 의사소통에서 세 번째로 중요한 것은 상대방이 주장하는 핵심 내용을 신속하게 파악하는 것이며, 그 주장의 논리적인 근거가 무엇인지 파악하는 것이다. 주제가 있는 토론에서 본인의 주장을 설득하고 공감대를 이끌어 내기 위해서는 일방적으로 주장만 할 것이 아니라 상대방이 주장하는 내용과 논리적 근거를 빨리 파악하고 이 논리에 허점이 있는 경우 이에 대한 추가 설명을 요청하거나 이 논리적 허점을 근거로 상대방의 주장에 논리적 오류가 있는 점을 밝히고 본인의 주장이 더 합리적이며 타당한 것이라는 점을 강조할 수 있어야 한다. 만약 상대방의 주장도 매우 합리적이라면 상대방의 주장을 무턱대고 반대할 수 없으며, 오히려 상대방의 주장과 본인의 주장의 장점을 모두 살릴 수 있는 방안을 제안하는 방법을 고려하여야 한다.

마지막으로 중요한 것은 본인이 주장하고자 하는 내용을 일관성 있고 조리 있게 설명할 수 있도록 미리 전체 내용을 머릿속으로 정리하는 것이다. 의사소통을 하는 동안에 어떤 내용을 주장하는지, 그리고 그렇게 주장하는 논리적 근거가 무엇인지를 먼저 생각하고 이를 차근차근 설명할 수 있어야한다. 만약 주장을 뒷받침하는 논리적 근거가 체계적으로 정리되어 있는 경우 상대방이 쉽게 이해할 수 있을 뿐 아니라 상대방의 반박에 대해서도 효과적으로 대응할 수 있어 의사소통이 진행될수록 더 깊은 신뢰감을 줄 것이며 주장하는 의견에 대한 동의를 쉽게 받아낼 수 있을 것이다.

1.1.4 효과적인 의사소통의 핵심 요건

현대사회의 대부분의 사람들은 상대방의 장황한 설명이나 두서없는 발표를 끝까지 듣는 인내심을 가지지 못하는 경향이 있다. 따라서 직장 생활이나 일상생활에서 본인의 의사를 짧은 시간 내에 명확하게 상대방에게 전달하는 것은 본인의 능력을 인정받고 좋은 대우를 받기 위하여 반드시 필요한 능력이다.

그렇다면 짧은 시간에 효과적으로 의사를 전달하기 위한 핵심 요건은 무엇인가?

첫 번째 핵심 요건으로 본인이 주장하거나 전달하고자 하는 내용을 정확한 용어나 어휘를 사용하며, 올바른 문법을 사용하여 표현할 수 있어야 한다. 대부분의 대화에서 정확한 용어를 사용하면 불필요한 부가 설명을 하지 않아도 정확하게 이해할 수 있다. 특히 전문성이 있는 분야에서 사용되는 용어를 미리 잘 파악하여 적절하게 사용할 수 있어야 하며, 동일한 단어가 복합적인 의미를 가지는 경우에는 오해가 발생하지 않도록 다른 단어(즉 동의어)를 사용하여 보충설명을 할 수 있어야 한다.

두 번째 핵심 요건으로 본인의 주장을 뒷받침하는 논리적 근거를 정확한 문법을 사용하여 설명할 수 있어야 한다. 논리적 근거에 사용된 세부 사항들의 시제(tense)나 인과관계가 있는가를 정확한 문법을 사용하여 표현할 수 있어야 한다. 논리적 근거를 설명하기 위하여 사용된 문장들에서 시제(과거, 과거완료, 현재, 현재 진행, 미래, 미래완료 등)가 잘못 사용되면 듣는 사람은 그 논리적 근거에 대하여 잘못 이해하게 될 것이다. 논리적 근거가 되는 내용의 문장 구성에서 사용된 수식어(형용사, 부사 등)는 그 문장의 의미와 연관관계를 보다 정확하게 이해할 수 있도록 한다.

세 번째 핵심 요건으로 본인의 주장을 뒷받침하는 논리적 근거를 삼단 논법과 같이 쉽게 이해할 수 있는 순서에 따라 설명할 수 있어야 한다. 일반적으로 어떤 주장의 근거를 뒷받침하기 위한 논리적 배경으로 3가지 정도의 논리적 근거를 쉽게 이해하고 동의할 수 있는 순서대로 설명한다면 보다 쉽게 의사를 전달할 수 있을 것이다.

효과적인 의사소통에서 듣는 사람의 관점에서는 상대방이 주장하는 바를 짧은 시간 안에 정확하게 파악할 수 있어야 한다. 이 경우에는 상대방이 주장하는 내용과 그 주장의 논리적 근거가 무엇인지, 그리고 그 논리적 근거가 타당한가를 짧은 시간 안에 파악할 수 있어야 하며, 만약 모호한 사항이 있다면 질문을 통하여 명확하게 할 수 있어야 한다. 예를 들어 상대방이 사용하는 어휘나 용어가 정확하게 사용되었는지, 사용된 문법에서 수식된 사항들이 적절한지, 그리고 논리적 근거들이 타당하며 적절한 순서에 따라 설명되었는가를 파악할 수 있어야 한다.

1.2 의사소통 기술과 글쓰기, 발표와 토론

1.2.1 효과적인 의사소통 기술 습득과 글쓰기 연습

앞에서 설명한 것과 같이 효과적인 의사소통이란 짧은 시간 안에 본인이 전달하고자 하는 의사(opinion)나 정보(information)를 상대방에게 정확하게 전달하는 것이며 효과적인 의사소통 기술을 습득하는 것은 고등 교육과정에서 갖추어야할 필수적인 능력이다. 효과적인 의사소통 능력을 갖추기 위하여 전달하고자 하는 의사나 정보를 논리적인 근거를 바탕으로 쉽게 이해할 수 있도록 설명할 수 있어야 하며, 이 능력을 갖추기 위한 좋은 방법은 논리적 근거를 체계적으로 제시하며 타당성 있는 설명을 할 수 있는 논술이나 에세이(essay)를 글쓰기를 통하여 정리하고 이를 발표하는 연습을 하는 것이다.

즉 발표를 연습하기에 앞서 먼저 발표내용을 논리적인 근거로 조리 있게 설명하여, 듣는 사람들이 쉽게 이해하고 동의할 수 있도록 논술 또는 에세이로 정리할 수 있는 능력을 갖추는 것이 효율적이다. 글로 작성되어 있는 논술이나 에세이를 읽고 쉽게 이해할 수 없다면 그 내용을 제한된 시간 내에 마무리 지어야 하는 발표에서는 더욱 이해하기 어려울 것이다. 따라서 구두 발표 이전에 반드시 주장하고자 하는 내용이나 전달하고자 하는 정보를 조리 있게 발표할 수 있도록 그 내용을 논술이나 에세이로 먼저 정리를 한 후 발표를 준비하는 것이 효과적이다.

1.2.2 논술과 에세이

논리적 근거가 있는 설득이나 서술을 문어체의 글로 표현한 것을 논설(論說) 또는 논술(論述)이라하며, 이들은 공통적으로 합리적으로 납득할 수 있는 이유와 근거를 제시하며 글을 읽는 사람들이 쉽게 그 논리적 근거를 이해하고 결과적으로 주장하는 내용과 전달하는 정보를 신뢰할 수 있게 하는 구조를 가진다. 논설의 가장 대표적인 예로서는 신문에서 그 신문사의 주장이나 의견을 제시하는 신문 사설(社說, editorial)이 있다. 신문의 다른 모든 기사들이 사실을 기반으로 한 내용만을 전달하도록 하며 신문 기자나 신문사의 개인적인 의견을 싣지 못하도록 하는 것과는 달리 사설에서는 그 신문사의 대표적인 의견을 실을 수 있도록 한다. 논설에서는 과학적인 증명을 제시하기 보다는 일반적인 이해를 기반으로 주장하는 바를 논리적으로 설득하는 구조를 가진다.

논술에서는 개인적인 의견을 설득하기 보다는 합리적으로 납득할 수 있는 논리적 근거를 바탕으로 주장을 하거나 새롭게 발견되고 증명된 과학적 사실과 새로운 기술을 효과적으로 이해할 수 있게 하는 구조를 가진다. 일반적으로 고등교육에서 학생들에게 글쓰기 능력을 갖추도록 하는 과정에서는 논리적인 서술을 함으로써 본인의 주장을 뒷받침하는 논리적 근거를 제시하도록 하거나 과학적 또는 수학적 사실을 기반으로 새로운 주장을 논리정연하게 서술하게 하는 논술의 읽기와 쓰기를 배우도록 한다.

에세이(essay)는 사전에서 "수필, 소론(작은 논문), 시론, 평론" 등으로 정의되어 있으며, 영어 교육과정의 일환으로 에세이 작성을 배우는 것은 "논리적으로 납득할 수 있는 이유와 근거를 기반으로 작은 논문(소론)을 작성하는 방법"을 배우는 것이며 "영어논술"이라고 할 수 있다. 즉 일반적으로 교육과정에서 사용되는 에세이라는 표현은 개인적인 느낌이나 감정을 자유로운 형식으로 작성하는 수필이 아니라 주장하고자 하는 내용을 합리적 근거를 기반으로 논리적으로 서술하는 작은 논문을 작성하는 것을 의미한다. 많은 영어권 국가들에서는 정규 교과과정에서 에세이 독해와 에세이 작성을 통하여 학생들의 논리적 분석력(logical analysis capability)을 체계적으로 배울 수 있게 하며, 에세이 작성 시험을 통하여 논리적 분석력이 있는가를 평가한다.

1.2.3 발표 (Presentation)

짧은 시간 안에 본인이 전달하고자 하는 의사 (opinion)이나 정보 (information)를 많은 사람들에게 동시에 전달하는 방법으로 글로써 전달하는 방법 이외에 발표를 사용하는 경우가 많이 있다. 다양한 학교에서 수업을 진행하는 방법에서도 발표가 사용되며, 연설이나 기자회견, 학술대회에서도 새로운 내용들을 다수의 청중에게 전달하기 위한 수단으로 발표를 사용하게 된다. 의사소통기술의 관점에서 효과적인 발표를 위하여 본인이 전달하고자 하는 의사나 정보를 짧은 시간 안에 정확하게 전달하기 위하여 사전에 논술 형식으로 발표 내용을 정리하고, 이를 기반으로 발표를 진행하는 것이 필요하다. 좋은 연설을 하기 위하여 반드시 필요한 것이 발표 원고를 정리하는 것이며, 이 발표 원고 준비과정이 논리적인 서술 형식으로 정리하는 글쓰기 인 것이다. 발표에서는 일정한 시간 동안 발표자의 의사 전달이 될 수 있게 허용하며, 그 이후에 청중들의 질문과 응답 (질의응답)의 절차를 거치게 된다.

1.2.4 토론 (Discussion, Debate)

다수의 인원들이 함께 모여 의견을 조율하고, 집단적인 결정을 도출하는 방법으로 토론을 하게된다. 많은 회사들에서 신입 사원을 모집할 때 집단 토론을 실시하고, 평가 대상자가 어떤 역할을 하는지에 대한 평가 결과를 신입 사원 평가에 중요한 항목으로 포함시키는 경우가 많이 있다. 토론에서는 일방적으로 본인의 주장만을 하지 말아야 하며, 상대편의 의견을 청취한 후, 세부적인 항목별로 잘못되었거나 의견이 일치되지 않는 부분을 추가적으로 확인하고, 이에 대한 의견을 교환하며 올바른 결론을 도출할 수 있도록 진행하여야 한다. 토론에서도 세부적인 사항에 대하여 본인의 의사나 주장을 잘 전달할 수 있게 하고, 상대방을 설득할 수 있도록 본인 주장에 대한 논리적인 근거를 체계적으로 사전에 준비하여야 하며, 이 때 논술의 형식으로 준비하는 것이 효과적이다.

토론의 준비에서도 주장하고자 하는 내용과 논리적 근거를 짧은 시간안에 정확하게 전달할 수 있도록 정확한 어휘 (vocabulary)와 용어 (terminology)를 사용할 수 있도록 준비하여야 한다.

1.3 영어 의사소통 기술

1.3.1 왜 영어 의사소통이 필요한가?

대부분의 회사들은 영어를 사용하여 의사소통을 원활하게 할 수 있는 능력을 갖춘 신입사원을 채용하려고 하며 많은 취업 지원 서류의 필수 항목으로 공인 영어 성적표가 포함되어 있다. 그렇다면 왜 영어 의사소통 실력이 중요하게 요구되는 것인가에 대하여 먼저 잘 이해할 필요가 있다. 그리고 영어 의사소통 능력이 필요한 분야에 대한 준비를 체계적으로 하는 것이 올바른 방향일 것이다.

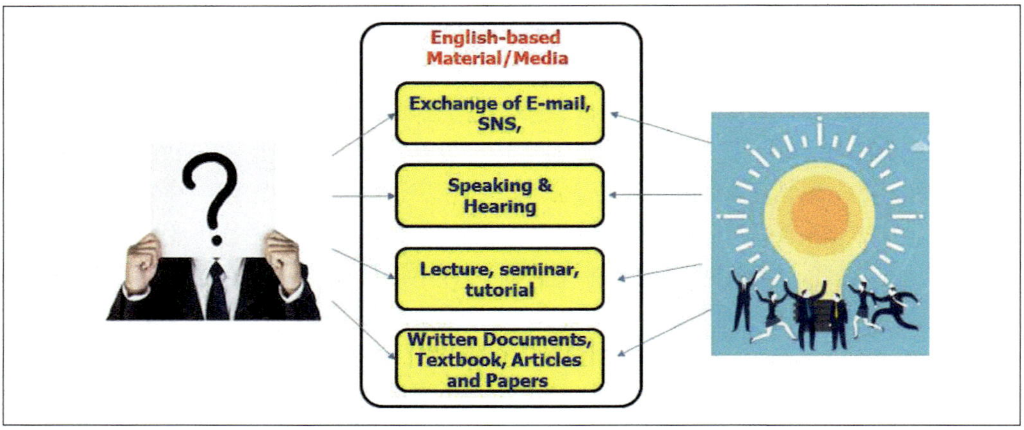

그림 1.2 영어 의사소통 능력의 필요성

영어 의사소통 능력이 필요한 이유로는 i) 최신 첨단 신기술 지식의 신속한 습득, ii) 전세계 외국 전문가들과의 협력을 위한 원활한 의사소통, iii) 개발된 기술이나 제품을 국제 시장에 마케팅하며 공급하기 위한 기본 정보를 영어로 작성 및 제공 등이 있다.

먼저 각 연구기관과 회사들은 최신 첨단 신기술을 신속하게 습득하고 확보할 수 있어야 하는데 현재 가장 많은 정보는 영어로 작성되어 있으며 전세계에서 열리고 있는 국제 학술대회나 전시행사에서 영어가 세계 만국 공통어로 사용되는 상황에서 영어를 사용할 수 없는 경우 최신 첨단 신기술을 신속하게 습득할 수 없게 된다. 즉 최신 첨단 신기술 정보가 한국어로 번역될 때 까지 기다려야하기 때문에 시간이 지연된다.

오늘날 대부분의 회사들과 연구기관들은 국제 협력을 통하여 신기술 습득과 신제품개발을 진행하며, 이 과정에서 외국 전문가들과 직접 협력하여야 하는 경우가 많이 발생한다. 이 과정에서 영어를 사용하여 외국 전문가들과 직접 소통할 수 없으면 매번 그 전문분야의 통역관을 활용하여야 하므로 비용도 많이 발생할 뿐 아니라 다양한 질문을 직접 물어보고 신속하게 대답을 들을 수 없게 되어 협력의 효율성이 떨어지게 된다.

1.3.2 효과적인 영어 의사소통

영어의사소통은 영어를 사용하여 대화, 발표와 연설 등 구두로 의사를 전달하는 것과, 논술과 논문 등 글로 표현하여 의사를 전달하는 것과 질의응답 및 토론을 포함한다. 효율적인 영어 의사소통이란 단순히 "영어 발음이 좋다"라는 의미가 아니라 영어를 사용하여 본인이 전달하고자하는 의사를 짧은 시간에 매우 정확하며 효율적으로 잘 전달할 수 있다는 것을 의미한다. 효율적인 영어 의사소통을 위해서는 다음과 같은 세부 능력을 갖추어야 한다:

- 정확한 어휘(vocabulary), 용어(terminology), 표현(expression) 및 문법(grammar)을 사용할 수 있어야 함
- 본인이 주장하는 내용의 논리적 근거를 체계적으로 제시할 수 있는 발표 내용 또는 효율적인 논술 구조를 사용할 수 있어야 함
- 일관성이 있는 주장을 쉽게 이해할 수 있는 순서대로 연관성이 있는 뒷받침 자료들을 사용하여 설명할 수 있어야 함
- 상대방의 주장과 논리적 근거 및 질문의 요지를 신속하게 파악할 수 있어야 함

효율적인 영어 의사소통을 위해서는 가장 우선적으로 전달하고자 하는 내용을 잘 나타내는 정확한 어휘를 사용할 수 있어야 하며, 그 분야의 전문 용어(terminology)를 사용하여 표현할 수 있어야 한다. 예를 들어 미국에서 초중고 교육을 잘 받고 성장하여 현재 대형 백화점에서 판매사원으로 근무하고 있는 사람이 최근에 제4차 산업혁명의 기반기술로 평가되고 있는 사물인터넷과 인공지능에 대하여 대화를 할 때 그 분야의 새로운 용어들을 계속 관심을 가지고 신문기사를 읽거나 공부를 하였다면 효율적인 영어 의사소통이 가능하겠지만 그렇지 않다면 아무리 영어 발음이 좋아도 본인이 익숙하지 않은 전문분야에 대해서는 효율적인 영어 의사소통이 어려울 것이다.

반대의 경우로 한국에서 초중고 교육을 받고 자랐으며 현재 대학원과정에서 사물인터넷과 인공지능 분야의 연구를 하고 있는 학생의 경우, 국제학술대회에서 본인의 연구내용을 발표하고 질의응답을 할 때 영어 발음은 좀 서툴러도 정확한 용어를 사용하여 내용을 전달한다면 모든 참석자들이 잘 이해할 수 있을 것이며 효율적인 영어 의사소통이 가능할 것이다. 따라서 본인이 전문적으로 업무를 담당하거나 깊은 관심을 가지는 분야에 대해서는 관련 분야에서 사용되는 영어로 된 전문용어 (terminology)들을 지속적으로 배우고 익혀야 한다. 아울러 이공계열 학생들이 본인의 학술 논문 내용을 영어로 발표하기 위하여 본인의 논문에 포함된 수학 공식이나 도형을 영어권에서 사용하는 표현 방식에 따라 발음할 수 있어야 한다.

효율적인 영어 의사소통을 위하여 두 번째로 중요한 점이 본인이 주장하는 내용의 논리적 근거를 체계적으로 제시할 수 있는 발표내용 또는 논술의 구성을 사용할 수 있어야 하는 점이다. 이 내용은 영어가 아닌 중국어나 일본어를 사용하여도 마찬가지로 중요한 사항이며, 본인의 주장을 논리적으로 쉽게 이해할 수 있도록 차근차근 설명할 수 있어야 상대방의 정확한

이해를 통하여 동의를 이끌어 낼 수 있게 한다. 만약 설명이나 논술의 구성이 두서가 없이 혼란스럽다면 주장이나 주제가 제대로 전달되지 못하고 우왕좌왕하는 느낌을 주어 신뢰감마저 떨어뜨릴 수 있을 것이다. 논리적 근거를 체계적으로 제시하는 방법에 대한 연습은 영어 논술(essay) 작성이 매우 좋은 방법이다. 간단한 영어 논술이라도 서론, 본론, 결론의 구조를 가지게 되며, 서론에서의 주제문장과 논리적 배경들의 열거, 본론에서 논리적 배경에 대한 구체적 설명, 결론에서의 종합 요약정리와 건의사항 제시 등을 작성하는 연습을 하게 되고, 이러한 요령을 바탕으로 조리 있게 의견제시를 하거나 발표를 할 수 있게 된다.

다음으로 주장에 일관성이 있게 하고 연관성 있는 뒷받침 자료들을 잘 활용하여 설득력을 높이고 쉽게 이해할 수 있도록 예를 들어 설명한다면 상대방은 쉽게 이해하고 신뢰감도 높일 수 있을 것이다. 물론 연관성 있는 뒷받침 자료들을 많이 활용하기 위해서는 대화나 발표에 앞서 많은 자료준비가 필요할 것이다.

상대방의 주장과 논리적 근거 및 질문의 요지를 신속하게 파악할 수 있어야 하는 것은 의사소통의 최종 목적이 서로 상대방의 의견과 주장하는 바를 이해하고 이를 바탕으로 모두에게 최선이 되는 방안을 도출하는 것이기 때문이다. 상대방의 주장과 논리적 근거를 신속하게 파악하기 위해서는 상대방의 주장과 설명이 어떤 구조로 진행되고 있는가를 파악하여야 하며 핵심 문장과 핵심 단어들을 파악하여 정리할 수 있어야 하고, 그 논리적 근거가 타당한 것인가를 분석한 후 추가 질문을 통하여 확인할 수 있어야 한다. 상대방의 주장과 논리적 근거 및 질문의 요지를 신속하게 파악하는 요령은 영어 논술 작성을 통하여 함께 터득할 수 있게 된다. 즉 논술에서 체계적이며 논리적인 주장을 전개하기 위하여 자료를 준비하고 핵심단어, 핵심 문장을 준비하여 서론, 본론, 결론의 구성으로 작성하는 연습을 반복적으로 수행하면 전체 논술이나 발표의 구성이 머릿속에 쉽게 구상될 수 있기 때문에 상대방의 주장과 설명을 이러한 논술의 구상에 대입하여 분석하면 논리적인 근거 구조와 체계를 쉽게 파악할 수 있게 된다.

1.3.3 효과적인 영어 의사소통의 핵심 요건

영어를 사용하여 효과적인 의사소통을 하기 위해서 필요한 핵심요건은 1.1.3절에서 설명하였던 효과적인 의사소통의 핵심요건과 동일하며 단지 사용되는 어휘, 용어 및 문법이 영어로 표현된 것이다. 즉 효과적인 영어 의사소통을 하기 위해서는 전달하고자 하는 의사를 가장 잘 표현하는 영어 어휘(vocabulary)와 그 분야의 전문용어(terminology)를 사용하여야 하며, 올바른 영어 문법을 사용하여 문장들이 구성되어야 한다. 전체 내용의 구성에서 논리적 근거를 올바른 순서에 따라 설명하는 것은 사용된 언어에 상관없다. 즉 영어를 사용할 때에도 한글을 사용할 때와 마찬가지로 듣는 사람이 쉽게 이해할 수 있고 논리적인 타당성을 쉽게 동의할 수 있는 순서에 따라 설명할 수 있어야 한다.

표 1.1에 효과적인 영어 의사소통의 핵심 요건을 정리하여 설명하고 있다.

표 1.1 효과적인 영어 의사소통의 핵심 요건

핵심 요건	설명
적절한 어휘(vocabulary), 동의어(thesaurus) 와 용어(terminology)	• 소통하고자 하는 내용을 정확한 어휘 (vocabulary)로 표현 • 만약 어떤 단어가 다양한 의미를 나타낼 수 있으면 표현하고자 하는 내용을 다른 단어(즉 동의어, thesaurus)를 사용하여 부연 설명함으로써 여러 단어로 표현된 명확한 의미가 전달될 수 있어야 함 • 전문 분야의 용어 (terminology)는 각 분야마다 다른 의미로 통용될 수 있으며 이를 잘 구분하여 표현되어야 함
정확한 문법	• 문장의 구성에서 정확한 문법을 사용하여야 함 • 누가 주체이며 누가 객체인지, 어느 시점에서 발생된 것인지, 대상 객체가 단수인지 또는 복수인지, 어떤 상황에서 발생되었는지, 어떤 조건을 가정하고 있는지에 대하여 정확하게 표현될 수 있어야 함
논리적 근거의 올바른 순서	• 다수의 논리적 근거가 사용되는 경우 그 논리적 근거들의 순서를 올바르게 하여야 함 • 올바른 논리적 근거의 순서에 따라 쉽게 이해할 수 있고, 합리적인 판단을 쉽게 할 수 있게 하여 신속하게 의사소통을 할 수 있게 하여야 함

1.4 효과적인 영어 의사소통 능력이 필요한 사례

영어 의사소통 능력은 영어로 작성되어 있는 교재나 참고서적 또는 논문의 내용을 읽고 정확하게 이해하기 위한 최신 정보의 습득에서 반드시 필요한 능력이다. 현재 전세계에서 게재되고 발표되는 학술논문들이 영어를 사용하여 작성되어 있으므로 최신 정보를 신속하게 습득하기 위해서는 반드시 영어 독해실력을 갖추어야 한다. 아울러 요즈음 대부분의 국제학술대회에서 영어를 기본 언어로 사용하고 있으므로 발표하고자 하는 학술적인 내용이나 주장을 외국 전문가들에게 효과적으로 전달하기 위해서는 영어 학술논문 발표실력을 반드시 갖추어야 한다.

1.4.1 전공 교재와 전문 서적 (text book, reference, guide)

대부분의 학문분야에서 발간되는 서적 중 가장 최신 정보를 포함하는 전공교재와 전문서적들은 영어로 작성된 자료들이 가장 많이 보급되고 있다. 이러한 현상은 인터넷의 보급 확산에 따라 영어 사용이 더욱 증가된 추세이며 이러한 추세는 당분간 계속 지속될 것으로 예상된다. 실제 인터넷 상에서 제공되는 최신 정보들 역시 대부분 영어로 작성된 자료들인 것을 확인할 수 있다.

따라서 영어로 작성된 자료를 읽고 그 내용을 신속하게 파악하여 최신 정보를 얻을 수 있는 영어 의사소통 능력이 반드시 필요하다. 각 전문 분야의 영문 자료를 신속하게 읽고 이해하기 위해서는 그 분야의 영어 전문용어(terminology)를 잘 알고 있어야 하며, 그 분야에 이미 정리되어 있는 기반 지식을 영어로 표현한 내용을 잘 이해할 수 있어야 한다.

1.4.2 전공 분야 학술 논문(article, paper, thesis, dissertation) 및 특허 (patent)

각 학문분야별로 최신 정보를 교류하기 위하여 다양한 전문 잡지(magazine)와 전문 학술 논문지(journal)가 영문으로 발행되고 있으며 이들 전문 잡지와 전문 학술 논문지는 많은 전문가들이 투고된 논문들을 엄격하게 심사하여 논리적으로 타당성이 검증된 내용들만을 게재하기 때문에 신뢰성이 매우 높은 최신 정보를 파악할 수 있다. 이 논문들은 국제적으로 많이 통용되는 양식에 따라 작성되어 있다.

전문 잡지와 전문 학술지에 게재된 학술 논문들은 글로 표현된 정보와 함께 도형과 그래프, 표 등을 사용하여 새롭게 논증된 사실이나 새롭게 개발된 기술에 대한 논리적 서술(즉 논술)을 제공한다. 전문 학술 논문들은 전공 교재나 서적과는 달리 반드시 새롭게 개발된 기술을 포함하고 있거나 새롭게 확인된 내용을 포함하고 있어야 한다. 대부분의 학술 논문들은 4 ~ 16페이지 정도의 분량으로 작성되어 있으며 매년 1 ~ 24회의 주기로 발간된다.

전공 분야 학술 논문 이외에도 특허(patent) 자료들이 많은 경우 영어로 작성되어 있다. 국제적인 경쟁력을 갖춘 글로벌 회사의 평가 기준에서 영어로 작성되어 국제적으로 관리되는 특허의 보유량이 포함되며 다른 경쟁회사가 보유하고 있는 국제 특허들을 정확하게 파악하고 있어야 기술 분쟁 등의 문제를 최소화할 수 있다.

1.4.3 영문 자기소개서(resume, curriculum vitae)

글로벌 회사에 취업을 하고자 하거나 영어권 대학으로 진학을 하고자 할 때 가장 먼저 준비하여야 하는 것이 영문자기소개서이며, 입사 지원자들의 서류 평가에서 주로 사용되는 문서가 이력서(resume) 또는 자기소개서(curriculum vitae, CV)이다. 이력서(resume)는 인적 사항(이름, 생년월일, 등), 학력 및 경력사항, 상벌 및 특기사항 등을 정리해 놓은 것이며, 회사에 지원자에 대한 가장 기초적인 정보를 제공한다.

이력서가 개인을 개괄적으로 이해할 수 있는 자료라면, 자기소개서(CV)는 출신학교, 전공 등 객관적 신상명세로는 찾을 수 없는 사항을 파악할 수 있게 한다. 자기소개서는 지원자의 가정환경이나 성장과정, 성격, 대인관계, 창의성 등의 이력서에서 제공되지 않는 개인적 특성과 성장과정을 구체적으로 보여주며, 인생관이나 논리적 표현능력 등 지원자를 구체적이고 실질적으로 파악하는 기초자료로 활용된다.

영어권 대학이나 대학원으로 진학하고자 할 때에는 반드시 영문 자기소개서를 준비하여야 한다. 각 대학에서는 영문 자기소개서에 포함되어 있는 내용들을 기반으로 이 지원자가 어떤 환경에서 성장하였으며 어떤 가치관을 가지고 있는지, 그리고 어떤 분야에 관심을 가지며 관련 지식을 쌓아 왔는지를 분석하고 이를 기반으로 이 대학에서 좋은 성취를 거둘 수 있는가를 판단하게 된다.

1.4.4 영어 면접(interview)

글로벌 기업에 취업하고자 하거나 영어권 대학으로 진학하고자 할 때 반드시 거쳐야 하는 구두시험이 영어 면접(interview)이다. 영어 면접에서는 짧은 시간 안에 본인의 소개와 지원 동기, 모집분야에 대한 경력, 관심 분야와 장래 계획 등을 적절한 어휘와 정확한 전문용어를 사용하여 전달할 수 있어야 한다. 아울러 보다 상세한 전문 지식에 대한 질의응답이 이루어 질 수 있으며, 이 경우 해당 분야의 전문용어를 사용하여 명확하게 대답할 수 있어야 한다.

영어 면접은 짧은 시간 동안 이루어지므로 잘 정리된 몇 개의 제한된 문장으로 표현할 수 있도록 준비를 하여야 한다. 영어 면접에서는 발음과 억양도 중요하며, 전문 용어들을 정확하게 발음하고 올바른 문법으로 구성된 문장들을 체계적으로 사용하여 논리적인 설명을 할 수 있어야 한다.

1.4.5 영어 논문 작성 및 발표(paper writing and presentation)

고등교육과정에서 전문적인 내용을 영어 논문으로 작성하고 국제학술대회에서 발표할 수 있는 능력을 갖추는 것은 매우 중요하며 전문 분야의 글로벌 회사에 취업할 수 있는 역량을 갖추었다는 평가를 받을 수 있다. 영어 논문 작성에서는 해당 분야의 논문지에서 사용하는 양식에 따라 논리적인 서술을 할 수 있어야 하며, 글로 표현된 정보와 함께 도형과 그래프, 표 등을 사용하여 새롭게 논증된 사실이나 새롭게 개발된 기술에 대한 논리적 서술(즉 논술)을 하여야 한다.

국제 학술대회에서 영어로 논문 내용을 발표하는 것은 국제 수준의 전문가들과 함께 해당 전문 분야에 대하여 의사소통을 할 수 있는 좋은 기회가 된다. 일반적으로 국제 학술대회에서는 각 논문 발표에 15 ~ 30분 정도의 발표시간을 허락하기 때문에 주어진 시간 내에 서론, 본론, 결론의 내용을 조리 있게 발표할 수 있어야 한다. 학술 논문 발표에서는 발표장에 설치된 화면과 프로젝터를 사용하여 준비된 Power Point(PPT) 슬라이드 발표자료를 사용할 수 있으며 미리 준비된 동영상 및 멀티미디어 자료를 활용할 수도 있다.

논문 발표는 전문 분야의 기본 지식에 대한 강의가 아니며, 기존의 방식이 가지는 문제점을 설명하고, 본 논문에서 새롭게 개발되었거나 새롭게 정립된 내용, 특히 그 전문 분야에 새롭게 기여(contribution)한 내용이 무엇인지 명확하게 강조되어야 한다. 아울러 새롭게 개발된 내용이 이전의 기술들과 어떤 차이가 있는지, 성능 개선이 이루어 졌다면 얼마나 개선되었는지에 대하여 비교 설명이 제공되어야 한다.

논문 발표의 끝 부분에서는 질의응답 시간이 주어지며 논문 발표장에 참석한 전문가들이 직접 대화형으로 질문을 하고 이에 대하여 직접 대답을 할 수 있어야 한다.

1.5 논리적 근거를 제시하는 서술 - 논술

1.5.1 논술의 핵심

다양한 형태의 의사소통에서 본인의 주장을 효과적으로 설득하고 동의를 구하기 위해서는 먼저 주장하는 내용을 간단명료하게 전달할 수 있어야 하며, 다음으로 그 주장이 논리적으로 타당하며 합리적이라는 논리적인 근거를 함께 서술(敍述)할 수 있어야 한다.

복잡한 내용을 효과적으로 의사소통할 수 있는 방법으로서의 논술(論述)은 본인의 의견과 주장을 논리적 근거와 함께 서술하는 것이다. 논술에서 사용되는 논리적 근거는 이미 잘 알려져 있는 사실을 기반으로 하거나 최근에 발표된 다른 연구 논문의 내용 또는 본인이 스스로 분석과 연구개발을 통하여 산출한 결과를 사용할 수 있다. 논술의 핵심은 본인의 개인적인 의견이나 주장을 뒷받침할 수 있는 논리적인 근거를 체계적으로 제시하는 것이며 이를 기반으로 주장하는 내용을 명확하게 전달할 수 있어야 하는 것이다.

논술에서 주장하는 내용을 간단명료하게 전달할 수 있기 위하여 적절한 핵심 주제어(key word)를 선정하여야 하고, 그 주장의 뒷받침이 되는 논리적인 근거들의 핵심 단어를 사용하여 주제문장(thesis statement)을 구성할 수 있어야 한다. 즉 주장하는 내용과 논리적 근거를 한 문장으로 정리하여 표현할 수 있어야 한다.

핵심 주제 문장에 논리적인 근거를 제공하는 세부 항목들이 합리적이지 않거나 논리적 근거가 확실하지 않다면 다른 사람들이 그 주장을 쉽게 받아들이지 않을 것이며 의사소통이 성공할 가능성은 매우 희박할 것이다. 따라서 본인의 주장에 대한 동의를 구하기 위한 효과적인 의사소통에서는 가장 먼저 논리적인 근거들의 타당성을 잘 설명할 수 있는 서술을 할 수 있어야 한다.

1.5.2 영어논술 (essay)의 기본 구조

영어를 사용하여 작성된 논술인 에세이는 논술과 동일한 구조를 가지며, 그림 1.3에서 보는 것과 같이 서론, 본론, 결론으로 구성된다. 본론은 에세이에서 주장하는 내용의 논리적 근거를 제시하는 2 ~ 3개의 문단으로 구성된다. 에세이의 기본 구조를 잘 이해하는 것은 그 에세이를 읽을 때 주장하는 주제문과 그 주장의 논리적 근거를 쉽게 파악할 수 있게 한다.

에세이의 서론(introduction)에서는 독자들의 주의를 집중하게 하는 문장으로 에세이를 시작하고, 이 글에서 다루는 주제의 배경(context)과 중요성을 간단하게 설명하며, 이 에세이에서 주장하는 주제문을 논리적 근거와 함께 제시한다.

본론은 논리적 근거 2 ~ 3개를 별도의 문단으로 구성하여 서술하며, 각 문단을 시작할 때 문단의 전환(transition)을 포함하고, 각 세부 주제에 대한 주제문장과 함께 논리적 타당성을 설명한다. 본론에서의 논리적 타당성 설명은 이미 확인된 사실들을 기반으로 설명하며 공식적으로 발표된 보도 자료나 학술논문이 내용을 근거로 설명하며 가능한 한 구체적인 데이터를 제시하며 설명하여 그 논리적 타당성의 신뢰도를 높이도록 한다.

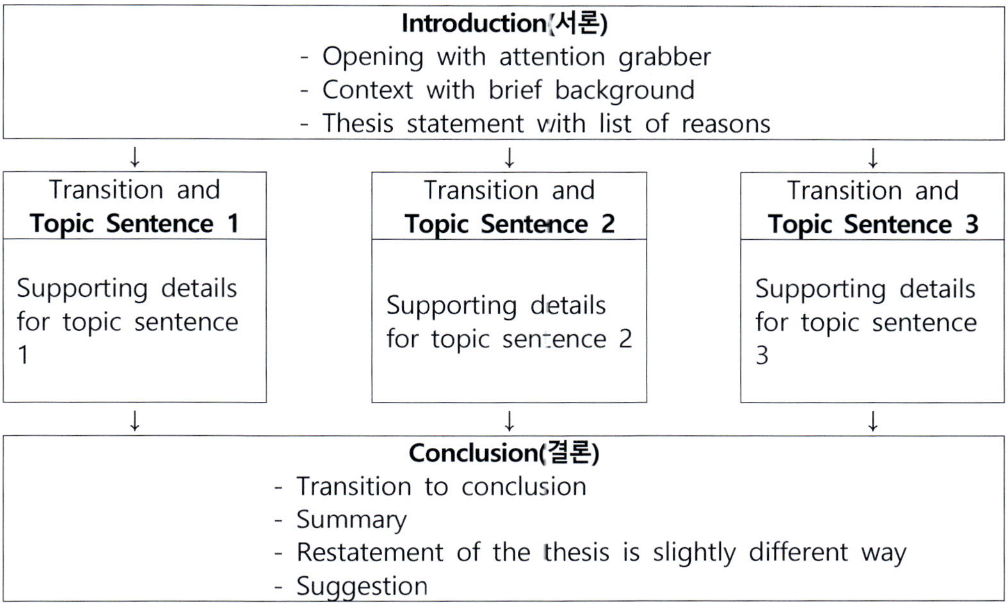

그림 1.3 Essay 상세구조

결론(conclusion)은 서론과 본론에서 제시하였던 설명들을 종합 정리하며, 이 에세이에서 주장하고자 하는 주제문을 서론과는 약간 다른 표현으로 다시 강조를 한다. 결론의 마지막 부분에서는 이 에세이에서 주장한 전체 내용이 독자들에게 어떤 의미가 있는가를 언급하고, 그 결과로서 어떤 행위를 수행하는 것이 좋을지에 대한 건의(suggestion)를 하는 것으로 매듭을 짓는다.

1.6 영어 논술(Essay) 독해 연습

영어 의사소통 기술 습득의 좋은 방법으로 에세이를 읽고 그 영어 논술이 주장하는 내용과 그 주장의 논리적 근거를 파악하는 독해 연습이 있다. 이 절에서는 동일한 주제에 대하여 서로 다른 주장을 하는 에세이를 각각 읽고 그 에세이에서 주장하는 내용과 논리적 근거를 요약정리해 보도록 한다. 영어 논술 1.1과 1.2는 정보통신 기능에서 직접 얼굴을 맞대고 대화를 할 수 있는 면-대-면 통신(face-to-face communication)과 직접 만나지 않고 E-mail, 편지, 또는 전화를 사용하여 통신을 하는 것 중에서 어떤 방법을 선호하는지에 대한 주장과 그 주장에 대한 논리적인 근거를 설명하고 있다.

1.6.1 선택형 주제에 대한 글쓴이의 주장과 논리적 근거 파악(1)

다음 영어논술 1.1을 읽고 이 에세이가 주장하는 내용과 그 주장의 논리적 근거를 요약하여 표1.2에 정리하라. 이 영어논술의 주제 문장을 한 줄로 정리하라.

Many people hold the view that face-to-face communication is better than other types of communications, such as letters, e-mails, or telephone calls. As far as I am concerned, I do not agree with that view. There are many reasons that support my point of view, and I would explore a few of the most important ones here.

The main reason is that people live and work with a fast pace nowadays. They are busy with everything. However, they also need to communicate with their friends or relatives. The result is that they have no time to set an appointment. This situation is very common. The best solution is to communicate by letters, e-mails or telephone calls. We could write letters or e-mails in our free time and send them out immediately or call somebody and talk for a few minutes. These things would not take up a long time and can be scheduled quite easily.

Another reason is that it is too time and money-consuming for two friends that live far away from each other to have face-to-face meetings all the times. In this situation, using letters, e-mails or telephone call will be a better way. People by this means could communicate with each other conveniently no matter how far they apart. Take one of my friends for example, he communicates with one of his friend in Germany by using e-mails.

Furthermore, I believe that sometimes people will find it difficult to communicate face-to-face. They need to talk about something that is hard for them to confronting each other. At this time, letters, e-mails or telephone calls are better ways of interaction.

Given the factors I outlined above, we may reach the conclusion that communication by letters, e-mails, or telephone calls is better than face-to-face communications.

영어논술 1.1 Face-to-Face Communication vs. E-mail/Telephone Call(1)
(source: http://www.scribd.com/doc/59510638/Sample-Essays-for-the-TOEFL-Writing-Test)

표 1.4 영어 논술 독해 결과의 요약 정리(1)

주요 항목	정리 내용
주장하는 핵심 내용	핵심 주장 내용:
논리적 근거	논리적 근거 1: 논리적 근거 2: 논리적 근거 3:

1.6.2 선택형 주제에 대한 글쓴이의 주장과 논리적 근거 파악(2)

다음 영어 논술 1.2를 읽고 이 에세이가 주장하는 내용과 그 주장의 논리적 근거를 요약하여 표로 정리하라. 이 영어논술이 주장하는 내용을 한 주제 문장으로 정리하라.

Since the beginning of time the most important method of communication has been the face-to-face communication. In fact for a long time, face-to-face communication was the only method used. As time progressec new methods came along with the use of letters, telephone calls, and e-mails. Even with these improvements in communications, nothing has been able to replace the face-to-face method.

One reason that face-to-face communication is better than newer method is that it allows one person to see the facial expressions of another. When a person is talking about good news they usually smile and their eye light up. Or when a person is having a serious conversation, their eyebrows are usually lower and they keep a straight face on while talking. Without these facial expressions it can be tricky to figure out a person's meaning behind what he says.

Another reason why face-to-face communication is important is that you can tell whether the person is telling the truth or not. When people communicate over the phone or through an e-mail, it is impossible to tell when a person is lying. But when it comes to personal communication it is not easy to get way with a lie. Many people in business prefer this face-to-face method because it helps them to figure out if the person's speaking is honest enough to go into business with.

When it comes to face-to-face communication there is one more reason why it is better than other methods of communication. When a person is expressing feelings of love or sympathy, no other method of communication will express them perfectly. When a person is showing his/her love for someone, he/she must do it face-to-face so that the other party can see how much he/she mean what he/she says. Also when it comes to expressing sympathy for someone, using any other types of communication is just not enough. By calling someone or e-mailing him/her to express sympathy, it just shows that you do not have the time or care enough to go over and say it in person.

For the reasons listed above, face-to-face communication will always be better than other types of communication. But while face-to-face communication is better, newer methods cannot be ignored. These methods have helped to carry communication over through long distances around the world; thereby expanding the world we live in and bring everyone closer together. Through the use of letters, telephone calls and e-mails, a person living in New York can now communicate with his/her loved one as far away as South Africa.

영어논술 1.2 Face-to-Face Communication vs. E-mail/Telephone Call(2)
(source: http://www.scribd.com/doc/59510638/Sample-Essays-for-the-TOEFL-Writing-Test)

표 1.5 영어 논술 독해 결과의 요약 정리(2)

주요 항목	정리 내용
주장하는 핵심 내용	핵심 주장 내용:
논리적 근거	논리적 근거 1: 논리적 근거 2: 논리적 근거 3:

위에서 살펴본 영어논술 1.1과 영어 논술 1.2는 동일한 주제에 대하여 서로 다른 주장을 하고 있으며, 각 에세이에서 서로 다른 논리적 근거를 제시하고 있다. 영어논술에서는 주어진 주제에 대하여 서로 다른 의견이나 주장을 할 수 있으며 어떤 의견만이 정답인 것으로 판정하지 않는다. 영어 논술에서 가장 중요한 것은 그러한 주장을 하게 된 논리적 근거가 무엇인가에 대하여 글쓴이가 어떻게 논리적으로 설명하고 있는가를 중요하게 평가한다. 만약 그 논리적 근거가 보편타당하지 않거나 쉽게 이해할 수 없다면 그 영어 논술은 좋은 평가를 받을 수 없다. 그러나 주장을 뒷받침하는 논리적 근거가 보편타당하며 쉽게 동의할 수 있는 내용을 기반으로 하고 적절한 순서에 따라 잘 정리되어 있으며 핵심 주장을 영어 논술의 첫 부분과

마지막 부분에 강조하여 잘 전달된다면 그 영어 논술은 좋은 평가를 받을 것이다.

1.7 효과적인 영어 의사소통 기술 습득 방법

효율적인 영어 의사소통 기술을 습득하기 위하여 다음과 같은 사항들을 지속적이며 반복적으로 공부하는 것이 효과적이다:

- 어휘(vocabulary)와 동의어(thesaurus) 공부
- 다양한 어휘와 동의어를 사용하는 영어논술 작성 연습을 통한 논리적 서술 방법 습득
- 영어 독해(reading comprehension) 및 청취(listening comprehension)
- 지정된 주제 분야에 관한 올바른 용어를 사용한 영어 발표 연습

1.7.1 어휘(Vocabulary)와 동의어(Thesaurus) 공부

영어 의사소통 기술의 습득에서 가장 중요한 것은 풍부한 어휘실력을 갖추는 것이다. 공통적으로 사용되는 단어들과 그 단어들이 가지는 다양한 의미를 구분할 수 있어야 하고 각 단어의 개별 의미와 동일한 다른 단어(즉 동의어, thesaurus)를 함께 알고 있다면 전달하고자 하는 의사를 정확하게 소통할 수 있게 된다. 어휘와 동의어 공부는 문법 공부보다 더 중요하며 더 많은 시간을 투자하여야 한다. 실제 많은 대화에서 정확한 문법에 따라 완성된 문장을 사용하지 않고 몇 개의 핵심적인 단어만 사용하여도 의사가 잘 전달될 수 있는 것을 볼 수 있다. 물론 문법 공부가 필요 없다는 것은 아니며 정확한 표현을 하고 불필요한 오해를 없애기 위해서는 정확한 문법을 사용할 수 있어야 한다. 특히 문어체의 글로 작성하여 문서형태로 남겨지는 영어 논술에서는 정확한 문법을 사용하여 문장들이 작성되어야 한다.

어휘 공부에서 중요한 것이 동의어 공부이다. 많은 단어들이 하나의 의미만을 가지지 않고 다수의 의미를 가지는 경우가 있다. 이 경우 하나의 단어를 반복하여 계속 사용한 경우 그 단어가 가지는 다양한 의미 중에서 어떤 뜻으로 사용되었는지 판단할 수 없는 경우가 발생되므로 그 의미를 가지는 다른 단어로 보충 설명을 함으로써 소통하고자 한 의사를 정확하게 전달할 수 있어야 한다.

1.7.2 완성된 영어 문장 작성 연습

영어 실력 향상에서 어휘 공부 다음으로 중요한 것이 완성된 영어 문장을 작성하여 보는 것이다. 주변 상황이나 다양한 사물을 영어로 어떻게 묘사할 것인가를 생각하여 보고, 이를 서술하기 위하여 가장 적절한 영어 어휘를 선정한 후, 6하원칙 (누가, 언제, 어디서, 무엇을,

어떻게, 왜)에 따라 작성하여 보는 것은 영어 실력 향상에 매우 큰 도움이 된다.

이렇게 구성된 영어 문장에서 그 상황이나 사물을 표현하는 색깔, 크기, 모양등을 바꾸어가며 문장을 구성하여 볼 수 있으며, 그 상황이 발생된 이유와 결과, 전후 상황 변화 등에 관련된 문장을 작성하여 볼 수 있다. 아울러, 그 상황에 대한 본인의 의견을 제시하여 보고, 그 의견의 근거가 무엇인가를 논리적으로 정리하여 보는 것은 실제 영어 실력 향상에 매우 좋은 방법이 될 것이다.

1.7.3 전공 분야의 전문 용어(terminology) 공부

각 전공분야에서 사용되는 전문 용어(terminology)를 배우고 정확하게 활용할 수 있도록 공부하는 것도 매우 중요하다. 전공 분야의 전문 용어들은 주로 교과과정에서 전공과목별로 배우게 된다. 다만 이공계열에서 공통적으로 사용되는 수학(mathematics) 및 과학(science) 과목의 기본 어휘들도 함께 공부할 수 있어야 한다. 영어권에서 중등 교과과정 및 대학 교과과정을 배우지 않은 학생들의 경우 수학, 물리, 화학, 생물, 지구과학, 컴퓨터 및 소프트웨어 분야의 기초 용어들을 별도로 공부하여야 하며, 공학기초에 관련된 용어들도 별도로 정리하여 사용할 수 있어야 한다.

1.7.4 영어 논술(Essay) 작성 연습을 통한 논리적 서술 방법 습득

한글로 작성하는 논술이나 영어로 작성하는 에세이는 논리적 서술 방법을 습득하는 가장 효율적인 공부 방법이다. 본인이 주장하고자 하는 핵심 주제의 논리적 근거를 체계적으로 정리하여 에세이로 작성한 후 이를 기반으로 영어 발표 연습을 하면 짧은 기간에 영어 실력을 향상시킬 수 있게 된다. 본인의 주장을 뒷받침할 논리적 근거를 조리 있게 설명하기 위하여 필요한 단어들을 찾아 사용하고 이를 정확한 발음으로 발표할 수 있을 때 그 단어들은 기억에 오래 남게 되며 실제 그 단어를 사용하여야 할 상황이 발생하면 머릿속에서 쉽게 떠올라 자연스럽게 사용할 수 있게 된다.

1.7.5 영어 자료 읽기와 영어 발표 듣기

영어 어휘력을 향상시키고 다양한 분야의 지식을 습득하기 위해서는 다양한 영어자료를 읽고, 영어로 발표된 동영상 자료들 많이 듣는 것이 큰 도움이 된다. 최근에는 인터넷 기술의 발달과 보급 확대로 다양하고 많은 자료들을 쉽게 확보할 수 있으며 해외 유명 대학에서 직접 제공하는 MOOC(massive open on-line course)들도 많이 있으므로 이들을 활용하여 영어자료 읽기와 영어 발표 듣기 연습을 별도의 비용 없이 할 수 있다.

표 1.4 전문 분야의 영어 공부에서 활용할 수 있는 인터넷 사이트

전문 분야	인터넷 사이트 및 설명
• TED(Technology, Entertainment, Design)	• https://www.youtube.com/results?search_query=ted+talks • 미국의 비영리 재단에서 운영하는 강연회이며. 정기적으로 기술, 오락, 디자인 등과 관련된 강연회를 개최함. • 최근에는 과학에서 국지적인 이슈까지 다양한 분야와 관련된 강연회를 개최하며, 강연회에서의 강연은 18분 이내에 이루어짐.
• FORA.tv(Fuel the Enlightenment)	• http://fora.tv/ • FORA.tv는 TED와 유사한 곳으로, 이슈, 저명인사 혹은 여러 가지 아이디어에 관한 강연이나 스피치 동영상이 매일 업데이트되는 사이트 • 경제, 환경, 정치, 과학, 기술, 문화의 주제를 다루는데 가벼운 주제보다 학술적인 주제를 주로 다룸
• 포럼 네트워크	• http://forum-network.org/ • 포럼 네트워크는 미국 전역에 걸친 지역사회 파트너들(도서관, 박물관, 학술단체, 문화재단 등)과 공영 방송사들 및 PBS와 NPR의 협력으로 이루어진 퍼블릭 미디어 서비스 • 지역방송과 지역사회 파트너들과의 활발한 콘텐츠 생산을 통해 전 세계 이용자에게 지역뿐 아니라 글로벌 이슈에 대한 다양한 시사점을 제공

1.7.6 영어 논술 (essay) 작성 연습

주장하고자 하는 내용을 발표하기 이전에 반드시 수행하여야 하는 것은 논리적인 서술을 글로 정리하는 논술을 작성해 보는 것이다. 특히 영어 논술 (essay) 작성 연습은 체계적이고 조리 있게 설명하거나 발표할 수 있는 기반이 된다. 논술 작성 연습은 다음과 같은 절차에 따라 수행한다.

- 주제 선정: 본인이 주장하고자 하는 내용의 주제를 선정
- 주장하고자 하는 내용, 아이디어의 개요 또는 개념도 준비
- 주제문을 작성: 독자/청중들에게 주장/설명하고자 하는 내용을 한 문장으로 요약정리. 주제문에는 논술의 주제와 함께 논술의 요지를 서술
- 본문의 작성: 주장하고자 하는 내용/아이디어를 3개 정도의 소주제로 정리하고, 각 소주제에 대한 설명을 개별적인 문단으로 작성. 본문의 각 문단/단락은 동일한 주조를 가지도록 할 것
- 서론의 작성: 서론의 첫 부분은 독자/청중의 관심을 사로잡을 수 있도록 시작할 것. 서론의 마지막 부분에 주제문을 포함하며, 본문에서 열거되는 소주제를 열거하여 어떤 순서로 진행될 것인가를 제시
- 결론의 작성: 결론에서는 주제에 대한 결말을 짓고, 이 논술에서 설명한 전반

적인 아이디어를 요약하며, 주제에 대한 본인의 관점을 제시함. 본문에서 서술한 주요 아이디어들을 보다 강력하고 간략한 어조로 지지하도록 함. 결론의 마지막에는 독자/청중들의 기억에 오래 남을 수 있도록 구체적인 행동을 권고/제시할 것

1.7.7 올바른 전문 용어(terminology)를 사용한 영어 발표 연습

본인이 주장하고자 하는 핵심 주제의 논리적 근거를 체계적으로 정리하고 적절한 영어 어휘를 사용하여 에세이로 작성한 후 이를 기반으로 영어 발표 연습을 하는 것은 가장 효과적인 영어 실력 향상 방법이다. 이 때 영어 어휘와 전문 용어의 발음을 정확하게 하는 것도 중요하며 발음의 교정에는 원어민 선생님의 도움이 필요하다.

전문분야의 국제 학술대회에서 좋은 영어 발표를 하기 위해서는 수학공식에서 많이 사용되는 그리스어 알파벳의 발음을 정확하게 할 수 있도록 준비하여야 한다.

연습문제

1.1 다음 용어를 예를 들어 설명하라.
  1) 의사소통
  2) 효과적인 의사소통
  3) 영어의사소통 기술
  4) 전문용어(terminology)
  5) 영어 논술(essay)
  6) 주제문
  7) 어휘 (vocabulary)
  8) 동의어 (thesaurus)
  9) 용어 (terminology)

1.2 효과적인 의사소통 방법에 대하여 설명하라.

1.3 효과적인 영어 의사소통을 위한 필수적인 요건들에 대하여 설명하라.

1.4 효과적인 영어의사소통 기술 습득 방법에 대하여 설명하라.

1.5 영어 논술 (essay)란 무엇이며, 어떻게 작성하는 것이 좋은 에세이를 작성할 수 있는지에 대하여 설명하라.

1.6 좋은 영어 발표를 하기 위하여 준비하여야 하는 내용과 요령에 대하여 설명하라.

1.7 좋은 평가를 받을 수 있는 영어 면접 방법에 대하여 설명하라.

1.8 다음 사진을 보고 15단어 이상을 사용하는 영어 문장 5개 이상을 작성하라. 사진의 내용을 서술하는 영어 문장에는 색깔 (color), 크기, 위치, 장소, 사용 도구 등에 대한 상세한 설명이 포함되도록 할 것.

사진 1.1 Exhibition booth of personal 3D viewer

1.9 다음 영어논술을 읽고 주장하는 핵심 주제(main theme)과 그렇게 주장하는 근거(logical reasons, rationales)에 대하여 한글로 정리하여 설명하라.

A great many achievements have been accomplished in recent decades in almost every area of technology, such as in computer science, manufacture, and medicine. But there have always existed two opposite attitudes towards technological development. Some people agree that these new technologies have made the world a better place to live, while others hold the opinion that technology has caused many problems to the world. As far as I am concerned, I agree with the first opinion that our world is becoming better for living with technology progress. Several persuasive reasons go as follow.

Firstly, technology development have greatly improved people's living conditions, making our life more convenient and efficient. We have elevators taking us to the top of a skyscraper in just a few seconds; we have air conditions to keep the indoor temperature comfortable; and we even have household robots now to help to take care of the trivial housework.

Secondly, technology developments have also made communications much easier, and thus helped to enhance relations among people. The wide use of mobile smart phones and wireless Internet has greatly facilitated the way of daily communication. They can bring people so close even through they may actually be thousands of miles apart.

Thirdly, developments in technology can provide better medical access to make people live a healthier and happier life. By taking advantages of the most recent developments in biotechnology, such as genetic engineering, I am convinced that people will have a promising prospect in treating all kinds of human diseases, including AIDS and SARS.

It is true that technological developments have also brought some serious problems. One of them is that some technological developments have done harm to the environment. For example, too much emission of wastes gases, mainly carbon dioxide, has increased the global temperature significantly. However, people can reduce and finally eliminate these harmful effects by improving the technology itself or finding a more advanced and reliable technology. I believe that with the new technologies appropriately adopted for good purposes, our world would be made an even better place to live.

영어 논술 1.3 Is technological development always good?

1.10 Why English communication skill is essential in current globalized society?(왜 영어 의사소통 기술이 현대 국제화 사회에서 필수적인가?) 주제에 대하여 본인의 주장과 뒷받침하는 근거를 3가지로 정리하라.

1.11 위에서 정리한 Why English communication skill is essential in current globalized society?(왜 영어 의사소통 기술이 현대 국제화 사회에서 필수적인가?) 주제에 대하여 본인의 주장과 근거 내용을 기반으로 300 단어 이상을 사용하는 영어 논술(essay)을 작성하라. 논술에서 주장하는 주제의 근거를 반드시 3가지 이상 설명하라.

2장 효율적인 의사소통을 위한 아이디어 도출 및 아웃라인 정리

학습목표

- 논리적 근거를 기반으로 주장을 하기 위한 아이디어 도출 방법에 대한 이해
- 도출된 아이디어의 아웃라인 정리 방법에 대한 이해
- 주제의 논리적 근거 제시 방법에 대한 이해
- 논리적 서술을 위한 구조에 대한 이해
- 영어 논술(essay)의 구조에 대한 이해

개요

2.1 논리적 근거를 제시하는 서술 - 논술

2.1.1 마음을 움직이는 설득의 미학

앞에서 설명한 것과 같이 의사소통이란 전달하고자 하는 의사나 감정 및 정보를 서로 소통하여 생각이나 뜻이 서로 통하게 하는 것이며, 의사소통에서 가장 중요한 것은 전달하고자 하는 의사, 감정, 정보를 상대방이 짧은 시간내에 명확하게 이해할 수 있도록 하는 것이다. 따라서 전달하고자 하는 내용을 가장 효율적으로 표현할 수 있어야 하며, 상대방이 잘 이해하고 공감할 수 있는 방법과 내용으로 전달할 수 있어야 한다.

특히 본인의 주장을 다른 사람에게 설득하기 위해서는 단순히 정보를 전달하는 것 이외에 상대방의 마음을 움직일 수 있게 하는 것이 가장 효과적일 것이다. 일반적으로 마음을 움직이는 설득 방법으로 다음과 같은 요령을 권장한다:

- 발표/설명/설득/주장 내용이 함께 고려하여야 할 주제라는 점을 잘 이해할 수 있도록 배경 (context)를 먼저 설명할 것
- 정확한 어휘와 용어를 사용하여 구체적으로 설명하며, 애매 모호한 표현을 사용하지 말 것
- 상대방 (독자, 청중)의 입장과 처지를 잘 알고 있다는 느낌을 줄 것

- 쉽게 수긍할 수 있는 객관적인 사실과 데이터를 사용하여 구체적으로 설명할 것
- 설득하고자 하는 내용의 배경을 설명하며, 논리적인 근거를 함께 사용하여 스토리 텔링으로 문맥을 차근차근 설명할 것
- 설득하는 내용이 상대방 (독자, 청중)에게 이익이 된다는 느낌이 들 수 있도록하며, 구체적인 행동을 함께 하여 이익을 취할 수 있도록 제안할 것

이와같이 효율적인 의사소통을 하며, 상대방의 마음을 움직여 설득하기 위해서는 체계적인 준비를 하여야 하며, 전체 설득을 어떤 순서로 어떤 내용으로 진행할 것인가를 미리 구성하여야 한다.

2.1.2 논술의 핵심 주제어와 주제 문장 (thesis statement)의 선정

다양한 형태의 의사소통에서 본인의 주장을 효과적으로 설명하고 동의를 구하기 위해서는 먼저 주장하는 내용을 쉽게 이해할 수 있도록 간단명료하게 전달할 수 있어야 하며, 다음으로 그 주장이 논리적으로 타당하며 합리적이라는 점을 함께 서술(敍述)할 수 있어야 한다.

복잡한 내용을 효과적으로 의사소통할 수 있는 방법으로서의 논술(論述)은 본인의 의견과 주장을 논리적 근거와 함께 서술하는 것이다. 논술에서 사용되는 논리적 근거는 이미 잘 알려져 있는 사실을 기반으로 하거나 최근에 발표된 다른 연구 결과 또는 본인이 스스로 분석과 연구개발을 통하여 산출한 결과를 사용할 수 있다. 논술의 핵심은 본인의 개인적인 의견이나 주장을 뒷받침할 수 있는 논리적인 근거를 체계적으로 제시하는 것이며 이를 기반으로 주장하는 내용을 명확하게 전달할 수 있어야 하는 것이다.

논술에서 주장하는 내용을 간단명료하게 전달할 수 있기 위하여 적절한 핵심 주제어(key word)를 선정하여야 하고, 그 주장의 뒷받침이 되는 논리적인 근거들의 핵심 단어를 사용하여 주제문장(thesis statement)을 구성할 수 있어야 한다. 즉 주장하는 내용과 논리적 근거를 한 문장으로 정리하여 표현할 수 있어야 한다.

핵심 주제 문장에 논리적인 근거를 제공하는 세부 항목들이 합리적이지 않거나 논리적 근거가 확실하지 않다면 다른 사람들이 그 주장을 쉽게 받아들이지 않을 것이며 의사소통이 성공할 가능성은 매우 희박할 것이다. 따라서 본인의 주장에 대한 동의를 구하기 위한 효과적인 의사소통에서는 가장 먼저 논리적인 근거들의 타당성을 잘 설명할 수 있는 서술을 할 수 있어야 한다.

2.1.3 주제의 중요성에 대한 배경(context) 설명

논술이나 강연에서 다루는 주제와 주장에 대하여 서술할 때 그 주제의 배경과 중요성을 간단하게 언급하는 것은 독자나 청중들이 그 주제에 대하여 이해를 하고 그 중요성을 인식하여 논술과 발표 내용에 더 집중할 수 있게 한다. 특히 어떤 주제가 다양한 측면을 고려하여야 할 때 그 주제를 어떤 관점에서 살펴본 것인지를 서두에서 간단하게 언급을 하면 복잡한 문제에 대한 설명도 쉽게 이해할 수 있게 되어 의사소통에 큰 도움이 된다. 이렇게 주제의 배경과 중

요성에 대한 배경(context) 설명을 하는 것은 영어논술(에세이)에서도 중요하며 학술논문에서도 매우 중요한 항목이다.

논술과 발표의 주제에 대하여 서론에서 배경설명을 할 때 그 주제 분야와 내용이 왜 중요한가에 대하여 간단하게 설명하는 것도 독자와 청중을 집중하게 할 수 있는 좋은 방법이다. 만약 그 주제가 나와 상관없다는 느낌을 가지면 논술 내용과 발표 내용에 집중하지 않고 다른 생각을 하게 될 것이나 만약 그 문제가 나와 즈 접적인 연관이 있다는 점을 이해하게 되면 보다 적극적으로 그 문제를 이해하고 해결 방안을 함께 찾으려고 노력할 것이다.

2.1.4 핵심 주제 문장의 강조

논리적 근거를 기반으로 한 서술에서 핵심 주제가 무엇인가를 쉽게 파악하고 이해하며 동의하도록 하는 것은 논술과 에세이의 최종 목적이다. 핵심 주제문을 명확하게 설명하지 않고 논리적 근거에 대한 세부 내용만을 장황하게 설명하면 독자나 청중들은 도대체 무엇이 핵심인가를 이해하지 못하고 혼란에 빠질 것이다. 따라서 대부분의 명강의나 명연설에서는 전달하고자 하는 내용을 서두에서 한번 언급한 후, 논리적 근거들을 제시하는 본론을 설명하고 난 뒤, 마지막 부분에서 다시 한번 더 정리하여 강조하여 명확하게 의사를 전달하는 양괄식 구조를 사용하고 있다.

논술과 자기소개서에서는 핵심 주제 문장을 굵은 글씨체를 사용하거나 따옴표로 나타내어 눈에 쉽게 띄도록 하여 강조하는 방법을 주로 사용한다. 핵심 주제 문장은 이 논술과 발표에서 주장하는 핵심 내용을 한 줄로 요약한 문장이며 독자들과 청중들이 다른 세부적인 내용은 쉽게 잊어버려도 이 주제문장은 반드시 오랫동안 기억할 수 있도록 논술과 발표에서 강조되어야 한다.

2.1.5 효과적인 논리적 서술 구조

논리적인 근거를 제시하는 서술에서도 그 주장을 듣는 청중들이 쉽게 이해하고 동의할 수 있는 서술 구조를 사용할 수 있어야 한다. 즉 논술이나 발표에서 설명하는 내용의 순서를 잘 구성하여 독자들과 청중들이 집중할 수 있게 하고 쉽게 내용을 파악하여 전달하고자 하였던 의사가 잘 소통될 수 있게 하여야 한다.

먼저 논술이나 발표에서 다루는 주제가 독자와 청중에게 매우 중요하며 관심을 가질 만한 내용이라는 것을 서두에서 알려주어야 하며 이를 집중 유도자(attention grabber)라고 한다. 일단 듣는 청중이나 읽는 독자들이 관심을 집중할 수 있어야 나머지 내용을 끝까지 듣거나 읽어 보도록 할 수 있는 것이다. 아울러 논술과 발표의 서두에서 나머지 내용들이 어떻게 전개되는가에 대하여 간단하게 알려주는 것이 좋다.

핵심 주제문에 대한 강조를 잘 할 수 있도록 서술하여야 하고 논리적 근거들을 순서에 따라 쉽게 동의할 수 있도록 구성하여야 한다. 현대 사회의 바쁜 일정 속에서 대부분의 사람들은 장황한 설명보다 간단명료한 설명을 선호하기 때문에 짧은 시간에 효과적으로 의사를 전달할 수 있는 논술 구성과 핵심 단어들을 사용할 수 있어야 한다.

각 문단이 시작될 때에는 문단의 첫 부분에 "첫째", "둘째", "셋째" 등의 단어를 사용하여 새로운 소주제가 시작되는 것을 쉽게 알 수 있도록 유도하여야 하며, 마지막 결론을 맺을 때에도 "끝으로", "결론적으로", "마무리하자면" 등의 단어를 사용하여 종합 정리와 함께 결론이 시작된다는 것을 쉽게 할 수 있게 하여야 한다.

2.2 논리적 서술의 기본 구조

2.2.1 논술의 기본 구조 - 귀납법(induction)과 연역법(deduction)

논리적 근거가 있는 주장을 위해서는 이미 잘 알려진 근거들을 바탕으로 새로운 결론을 도출할 수 있어야 하며, 그러한 주장이 올바르다는 점을 증명할 수 있어야 한다. 일반적인 논리학에서는 이미 증명된 논리적 근거(즉 논거(論據)를 전제 조건으로 하여 새로운 논제(論題)를 도출하는 구조로 귀납적 추론구조와 연역적 추론구조가 가장 대표적으로 사용된다.

귀납적 추론 구조 또는 귀납법(歸納法, induction)은 여러 개체들의 공통적인 특성들을 조합하여 새로운 사실을 도출해내는 방법이다. 즉 개별적인 특수한 사실이나 현상에서 그러한 사례들을 포함하는 일반적인 결론을 도출하는 추리 방법이다. 귀납은 개개의 구체적인 사실이나 현상에 대한 관찰로서 얻어진 인식을 그 부류 전체에 대한 보편타당한 결론을 이끌어 내는 구조를 가진다. 귀납법에서 사용되는 개별적인 사실이 단지 이전의 관측 자료를 근거로만 판단하기 때문에 그 부류 전체에 해당하는 보편타당한 결론에 도달할 수 있다는 보장을 할 수 없는 단점이 있다. 예를 들어 "지금까지 해, 달과 별은 일정한 주기로 동쪽에서 떠오르고 서쪽으로 지고 있다. 따라서 천체는 지구를 중심으로 회전한다."라는 천동설을 추론하는 경우 이를 증명하기 위해서는 다양한 관점에서 관찰한 사실들에 대한 확인과 증명이 필요한 데 실제 과학 수준의 한계로 모든 관찰 내용을 논리적으로 증명하지 못하고, 일부의 관측 자료만을 근거로 결론을 내리는 귀납법에서는 그 추론을 정당하게 증명할 수 없을 수 있다는 한계가 있다.

표 2.1 귀납적 추론의 예

구분	설명
전제 1	지금까지 해는 매일 항상 동쪽에서 떠서 서쪽으로 진다.
전제 2	달과 별도 항상 매일 동쪽에서 떠서 서쪽으로 진다.
결론	따라서 천체는 지구를 중심으로 회전한다. (천동설)

연역적 추론 구조 또는 연역법(演繹法, deduction)은 전제(全提, premise 또는 proposition)를 바탕으로 구체적인 결론을 도출해 내는 방법이며, 대전제에 따른 소전제들을 바탕으로 결론을 도출하는 삼단논법에 주로 사용되는 방법이다. 연역은 전제로부터 결론을 도출해 내는 것이며, 일정한 명제를 기반으로 하고, 이 명제들은 관찰이나 실험 등의 증명

과정을 거쳐 검증되는 가설 연역법이 널리 사용되고 있다. 이공계열의 논술과 학술 논문에서는 논리적인 타당성을 따지는 관점이 매우 중요하며, 따라서 귀납법 보다는 연역법이 더 많이 사용된다.

연역법에서는 대전제에 따른 소전제들을 논리적 근거로 새로운 결론을 이끌어 내는 구조를 사용한다. 일반적인 연역적 추론에서 많이 사용되는 간접 추론은 둘 이상의 전제로부터 새로운 결론을 이끌어 내는 구조이며 표 2.2에서 보는 삼단논법이 많이 사용된다. 이 삼단논법에서는 대전제를 기반으로 소전제를 이끌어 내며, 이 소전제를 기반으로 결론을 도출한다. 결론 도출에 사용된 대전제는 이미 정당하게 증명이 된 사실을 기반으로 사용하므로 논리적 타당성이 제공되는 결론을 도출할 수 있는 것이다.

표 2.2 연역법 구조의 간접추론 기반의 삼단논법

구분	설명
대전제	모든 사람은 죽는다.
소전제	소크라테스는 사람이다.
결론	따라서 소크라테스도 죽는다.

2.2.2 핵심 주제 문장의 강조를 위한 배치 - 두괄식, 미괄식, 양괄식

단순한 주장이나 일방적인 설명대신 논리적 근거가 있는 주장을 상대방이 쉽게 이해하고 동의할 수 있게 하기 위한 글의 구조로 두괄식(頭括式), 미괄식(尾括式), 양괄식(兩括式)이 있다. 표 2.3은 타당성 있는 주장을 위한 논리적 서술(즉 논술)의 구조를 비교하여 설명하고 있다. 두괄식에서는 자신의 핵심의견을 글의 첫 부분에 배치하는 방법으로 핵심의견을 강조하는 방법이며, 미괄식에서는 핵심의견을 글의 뒷 부분에 배치하는 방법으로 논리적 근거를 기반으로 부정적인 평가의 결론을 내리는 글에서 주로 사용한다.

표 2.3 논술의 구조

논술의 구조	설명
두괄식	주장하고자 하는 핵심의견을 글의 첫 부분에 배치
미괄식	주장하고자 하는 핵심의견을 글의 뒷 부분에 배치
양괄식	주장하고자 하는 핵심의견을 글의 첫 부분과 뒷 부분에 모두 배치

양괄식은 글의 앞뒤에 핵심 내용을 배치하여 강조하는 구조이며 논설문, 논술 및 학술 논문에서 사용하는 구조이다. 일반적으로 논술은 4 ~ 5개의 문단으로 구성되며, 서론, 본론 및 결론으로 구성된다. 이 논술에서 양괄식 구조를 사용하면 서론에서 핵심 내용을 간략하게 제시하며, 본론에서 핵심 내용의 뒷받침이 되는 논리적인 근거를 제시한 후, 결론에서 핵심 내

용을 다시 배치하여 주장하는 내용을 강조할 수 있는 구조를 사용하게 된다.

학술논문도 논술과 유사한 구조를 가지며 요약, 서론, 관련 연구, 본론, 결론 등 4 ~ 6개의 절로 구성된다. 학술논문에서는 양괄식으로 서론과 결론에 주장하는 주제를 배치하여 강조를 하게 된다. 2 ~ 4개의 절로 구성되는 본론에서는 주제의 근거가 되는 세부 주제를 3 ~ 5 개의 문단으로 구성하여 각 세부 주제에 대한 논리적 근거를 제시하여 전체 주제를 논리적으로 납득할 수 있도록 한다.

2.2.3 응집성이 있는 논리적 서술

논술이나 발표에서 독자나 청중들이 발표내용에 대하여 집중하도록 하고, 쉽게 이해할 수 있도록 만들기 위해서는 문장과 문장, 문단과 문단이 항상 주장하고자 하는 주제문장에 초점을 맞추어 밀접하게 연결되어야 하며, 이를 응집성 (coherence)이라고 한다. 논술과 발표가 응집성을 가지기 위해서는 중심 주제에서 벗어나지 않는 단일성 (unity)이 있어야 하며, 서술의 관점이나 문장구조, 어투에 일관성 (consistency)가 있고, 하나의 문장에서 대등한 항목들이 열거될 때에는 각 항목들이 동일한 형식으로 표현되는 대구법 (parallelism)으로 구성되어야 한다.

논술과 발표의 응집성을 높이기 위해서는 서론에서 전체 논술/빌표 구성의 순서 (outline)을 제시하고, 각 문단의 전환에서 적절한 전환문구를 사용하여 논술과 발표가 어떤 순서에 따라 진행되고 있는지, 각 문장/문단이 앞에서 설명하였던 내용과 어떤 관계에 있는지 쉽게 파악할 수 있어야한다. 특히, 결론에서는 종합적인 정리를 잘 마무리하여 어떤 내용을 전달하고자 하였는지를 요약 정리할 수 있어야 한다.

2.3 아이디어 도출

논술에서 주장하고자 하는 내용을 논리적 근거를 기반으로 체계적인 서술을 하기 위해서는 다양한 아이디어를 고려하고, 적절한 어휘와 용어를 사용할 수 있는 준비를 하여야 한다. 일반적으로 아이디어 발상에서 많이 사용하는 기법으로는 브레인 스토밍 (brain storming), SCAMPER(substitute, combine, adapt, modify, put to other uses, eliminate, reverse), 마인드 맵 (mind map), 만다라트 (mandal-art) 등이 있다.

2.3.1 브레인 스토밍 (brain storming)

브레인 스토밍은 집단 토의 형식으로 구성원들이 특정 주제에 관하여 자유롭게 발언하며, 아이디어를 창출하는 활동을 의미하며, 어떤 문제에 대한 다양한 아이디어들을 찾아 정리하여야 하는 에세이 작성에서도 사용될 수 있다. 브레인스토밍은 집단적 창의적 발상 기법으로 제안되었으며, 집단에 소속된 인원들이 자발적으로 자연스럽게 제시된 아이디어 목록을 통해서 특정한 문제에 대한 해답을 찾고자 노력하는 방법으로 사용된다. 브레인스토밍이라는 용어는 1930년에 알렉스 오스본(Alex Faickney Osborn)이 쓴 저서 Applied

Imagination를 통해 널리 알려지고 대중화되었다. 특히 프로젝트 보고서 또는 전문 학술 분야 논문을 몇 명이 함께 작성하여야 하는 경우에는 브레인스토밍 기법을 활용하여 좋은 핵심 단어와 핵심문장을 발굴할 수 있고 이를 기반으로 좋은 에세이를 작성할 수 있다.

일반적으로 브레인스토밍에서는 다음과 같은 기본 규칙들을 사용한다(참고자료: 위키백과, https://ko.wikipedia.org/wiki/브레인스토밍):

- 양(量)에 중점을 두기: 많은 숫자의 아이디어가 제시될수록 효과적인 아이디어가 나올 확률이 올라간다는 것을 전제로 두고 있으며, "양이 질을 낳는다(quantity breeds quality)"는 격언을 따라 발상의 다양성을 끌어올리는 데에 중점을 둔다.
- 제시된 의견에 대한 비판이나 비난 자제: 브레인스토밍 중에는 제시된 아이디어에 대한 비판은 추후의 비판적 단계까지 보류하고 계속해서 아이디어를 확장하고 더하는 데에 초점을 둔다. 문제해결을 위한 아이디어 수집 단계에서는 비판이나 비난을 자제함으로써 참여자들은 자유로운 분위기 속에서 독특한 생각들이나 제안들을 많이 도출할 수 있게 한다.
- 톡톡 튀는 아이디어 제안을 적극 장려: 많고 좋은 아이디어 목록을 얻기 위해서 엉뚱한 의견을 가지는 것도 적극 장려된다. 새로운 시각에서의 고찰을 통해서 혹은 당연하다고 생각해오던 가정을 되돌아보고 의심하는 것으로부터 더 좋은 해결 방안을 찾을 수 있도록 한다. 특히 이 문제를 이전에 다루어 보지 않았던 신입 멤버가 엉뚱한 질문을 하는 것도 기존의 고정 관념을 벗어나 참신한 아이디어를 발굴할 수 있는 좋은 출발점이 될 수 있다.
- 주제에 집중: 다양한 아이디어를 많이 제시하는 것도 중요하지만 주제에 연관되지 않은 내용들을 언급하는 경우 시간 낭비가 될 수 있기 때문에 토론 중에도 지속적으로 주제와의 관련성을 고려하는 것이 좋다. 아이디어를 제시하는 참가자가 주제와 어떤 관점에서 관련성이 있는가를 간단하게 설명하게 하는 것이 좋다.
- 제시된 아이디어들을 시각적으로 표현: 포스트잇 또는 화이트보드에 제시된 아이디어들을 표시하고 이들을 적절한 기준이나 관점에 따라 그룹화 하면 현재까지 제시된 아이디어들을 전체적인 관점에서 쉽게 파악할 수 있고, 새로운 아이디어를 도출할 수 있는 가능성도 높일 수 있다.
- 아이디어 조합 및 개선: 현재까지 도출된 아이디어들을 조합하거나 개선함으로써 더 좋은 아이디어를 도출할 수 있다. 1+1이 3이 될 수도 있다는 생각으로 기존에 제시되어 있는 아이디어들을 연계시키거나 개선함으로써 다양한 분야로 생각이 확장될 수 있으며 더 뛰어난 성과를 얻을 수 있다고 여긴다.

2.3.2 SCAMPER (Substitute, Combine, Adapt, Modify, Put to other uses, Eliminate, Reverse)

브레인 스토밍을 개선하여 좀 더 창의적인 사고를 하기 위한 방법으로 SCAMPER (substitute, combine, adapt, modify, put to other uses, eliminate, reverse)가

(a) White Board 사용 (b) Post-it 사용 (c) Mind map과 clustering

그림 2.1 브레인스토밍의 다양한 방법

있으며, SCAMPER에서는 기존의 방식을 다른 방식으로 대체 (substitute)하거나, 기술이나 방식을 결합 (combine), 적용 (adapt), 변경 (modify), 다른 곳에 활용 (put to other uses), 제거 (eliminate), 역할/순서/발상의 전환 (reverse) 방안을 고려하여 새로운 아이디어를 창출하는 방법을 사용한다.

2.3.3 TRIZ 기법

새로운 아이디어를 생각하는 기법 중 하나로 러시아에서 새로운 특허를 제안하기 위한 방법으로 사용하였던 TRIZ 기법이 있다. TRIZ는 기존 시스템이 가지고 있는 문제점이나 새로운 아이디어를 구현하는 과정에서 발생하는 과학 기술 분야의 문제들을 창의적으로 해결하는데 도움을 주는 체계적인 문제 해결 방법론으로 러시아에서 개발되었으며, 창의력을 실무에 연결시킬 수 있는 방법론이자 프로세스이다.

TRIZ에서는 러시아 (구 소련)의 과학자 알트슐러 (G.S. Altshuller)가 1946년 소련의 우수한 특허와 기술혁신 사례들을 분석하여 찾아낸 창의적 발명 원리들을 체계적으로 정리하여 제시한 것이며, 창의적 문제해결이라는 의미의 러시아어 Teoriya Reshniya Izobretatelshika Zadatch의 머리글자를 조합한 단어이다.

TRIZ에서는 새로운 시스템의 개발에서 서로 대립되는 기술적 요소들간의 문제점을 해결하는 방법으로 사용하였으며, 실제 문제해결에 효율적으로 사용할 수 있다. 즉, 하나의 시스템에 포함된 기술적 요소들 간에 서로 대립하는 요소들이 있는 경우 이를 극복하는 방안을 모색하여 최적의 조합 방법을 찾을 수 있게 한다. 예를 들어 커피잔의 내부는 뜨겁거나 차가운 상태가 오래 유지되도록 해야 하지만 손잡이는 상온이 유지되도록 해야 하는 요구사항이 있으며, 이를 위하여 커피잔의 용기와 손잡이를 구분하여 서로 다른 재질을 사용하도록 하는 것이다. 다른 예로 타이어의 도로 접촉면은 딱딱하게하여 마모가 잘 되지 않도록 해야 하나, 타이어의 옆면은 부드럽게 하여 도로 표면으로 부터의 진동을 차단하도록 하여야 하도록 만들어야 하므로, 타이어의 도로 접촉면과 옆면의 뚜께를 다르게 함으로써 서로 대립되는 요구사항을 해결하는 방법을 찾는 것이다.

TRIZ 기법에 포함되는 40가지의 발명의 원칙에는 문제를 작은 부분들로 구분하여 해결

방안을 찾아보는 방법, 이미 개발된 부품/장치를 다른 용도에 사용, 피드백 도입, 복합재료 사용 등이 있다.

2.3.4 마인드 맵 (mind map)

마인드 맵에서는 읽고, 생각하고, 분석하고, 기억하는 것들을 마음속에 그리는 지도와 같이 묘사하며, 마인드 맵의 중앙에 위치한 중심 주제로부터 가지를 뻗어 나가며 나열하며, 문장보다는 키워드에 중점을 두어 아이디어들을 정리한다. 일단 에세이의 주제가 선정되고 관련 자료가 수집되면 마인드 맵 양식에 대략적인 구상을 정리하여야 한다. 마인드맵은 에세이의 대략적인 구성을 정리하는 자료이며, 주요 내용으로 서론에서 제시할 주제문장(thesis statement), 주제문장을 논리적으로 뒷받침하는 2 ~ 3개 문단의 세부 사항, 그리고 결론에서 주제문장을 논리적 뒷받침 내용과 함께 재정리하며 제안 및 건의사항을 간단히 제시할 수 있는 내용들이 간략하게 핵심단어와 핵심문장의 형식으로 표현되어 상호 관계를 쉽게 파악할 수 있도록 구성하여야 한다.

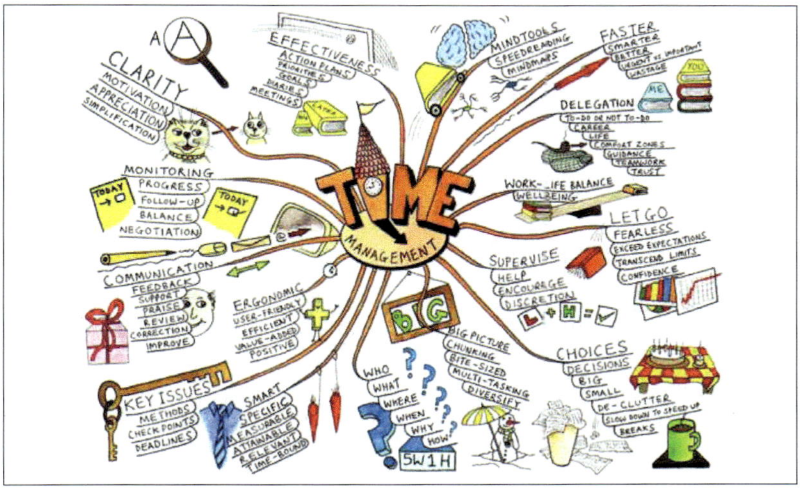

그림 2.2 마인드맵 (mind map) 작성 예
(source: https://www.pinterest.co.kr/pin/498632989963006614/)

마인드맵을 작성할 때에는 정확한 문법에 따라 핵심문장을 완성시키는 것보다 생각이 나는 대로 자유스럽게 핵심단어들을 열거하며 필요하면 이들을 쉽게 재구성할 수 있도록 노트를 사용하여 생각으로 구상된 내용을 정리하는 것이다. 마인드맵에 포함되는 내용으로 서론, 본론, 결론에서 사용할 핵심단어(key word)를 선정할 수 있게 하고, 이 핵심단어를 중심으로 핵심문장(key sentence)을 만들 수 있게 준비한다. 특히 서론에 포함될 주제문장과 결론에 포함될 주제문장은 동일한 내용을 나타내면서 같은 의미의 다른 동의어(thesaurus)를 사용하여 표현하여야 하므로 핵심단어에 관련된 동의어를 미리 생각하고 이를 마인드맵에 정리하여 두는 것이 필요하다.

마인드맵에 포함될 핵심단어들을 찾는 방법으로는 브레인스토밍, 클러스터링과 만다라트 차트 방법이 있다. 브레인스토밍에서는 일정한 순서나 양식에 구애받지 않고 생각나는 대로 단어를 나열하며 이 단어들과 연관된 단어들을 열거하며 전체 에세이에서 어떤 주장을 할 것인지, 어떤 주제문장을 사용할 것인가를 자유롭게 생각할 수 있게 한다. 클러스터링에서는 브레인스토밍에서 열거된 단어들을 클러스터(단어들의 다발)로 만들어 보는 것이다. 몇 개의 클러스터들이 구성되면 그 중에서 가장 주제에 알맞은 클러스터를 3개 정도 선정하여 핵심단어 및 핵심문장을 구성하여 마인드맵에 정리하는 방법을 사용한다.

2.3.5 클러스터링 (Clustering)

클러스터링은 데이터 분석에서 다양한 데이터들을 유사도에 따라 여러 개의 부분집합으로 군집(클러스터)시켜 보는 기법으로 기계학습, 데이터마이닝, 패턴인식, 생물정보학 등의 많은 분야에서의 데이터 분석에 많이 사용되는 기법이다. 에세이 작성에서 클러스터링은 브레인스토밍을 통하여 도출된 많은 아이디어들이나 핵심단어들을 유사한 정도에 따라 분류하여 중점적으로 주장하고자 하는 주제어를 각 클러스터로부터 도출하기 위한 방법으로 사용된다. 전체 단어들을 3개 정도의 클러스터로 분류할 때 각 클러스터에 포함된 여러 단어 중에서 가장 주제문장에 적합한 단어를 핵심단어로 선정하고, 이 핵심단어들을 핵심문장(key sentence)들로 확장시켰을 때 에세이에서 주장하고자 하는 내용을 잘 표현하도록 클러스터가 구성되어야 한다.

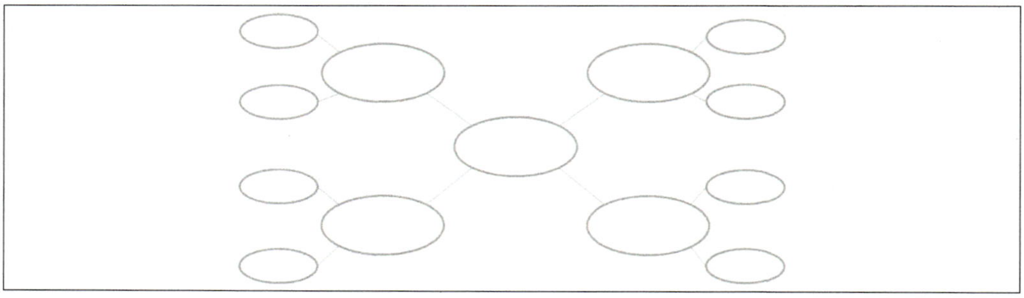

그림 2.3 클러스터링 (clustering)

각 클러스터에서 선정된 핵심단어들과 이 핵심단어를 사용하여 만들어 지는 핵심문장은 각 단락을 대표하는 문장이 되며, 서론에서 제시되는 주제문장과 긴밀하게 연관되어야 한다. 만약 논리적인 연관성이 부족하다면 클러스터로부터 다른 단어를 선정하거나 클러스터 자체를 다시 구성하는 것도 고려하여야 한다. 클러스터 내부에서도 작은 단위의 클러스터를 생각할 수 있으며, 이는 각 단락의 구성에서 핵심단어의 의미를 뒷받침할 보충 설명 문장을 구성할 때 사용하게 된다.

일반적인 에세이 구성을 고려하여 핵심주제 문장에 해당하는 클러스터 주변으로 핵심주제를 논리적으로 뒷받침할 소주제 3개를 구성하며 각 소주제별로 클러스터가 구성되어야 한다.

2.3.6 만다라트 (Mandal-art)

그림 2.4에서 보여주는 만다라트 (mandal-art)는 본질을 뜻하는 Manda와 소유를 뜻하는 la에 art를 결합하여 만든 것이며, 목표를 계획하거나 아이디어를 구체화 시킬 때 유용하게 사용할 수 있다. 만다라트 차트는 마인드 맵보다는 체계적으로 관련된 아이디어 어휘/용어를 확장시켜 나갈 수 있다.

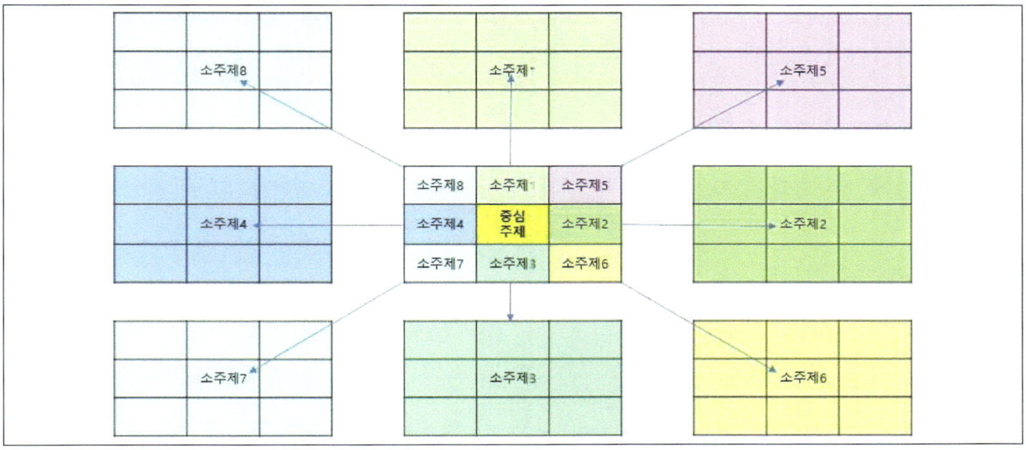

그림 2.4 만다라트 (Mandal-art) 챠트 예

2.4 아웃라인 정리

2.4.1 주장하는 내용에 관련된 핵심 주제어(keyword) 선정

논술과 발표에서 주장하는 내용을 독자와 청중들이 명확하게 이해하기 위해서는 핵심 주제어를 정확한 단어나 용어를 사용해 표현하여야 한다. 핵심 주제어는 독자들과 청중들이 쉽게 공감할 수 있는 익숙한 단어나 용어를 사용하는 것이 좋으며, 그 핵심 주제어를 수식하는 단어는 해당 문제를 어떤 관점이나 조건에서 생각하여야 하는가를 지정하게 되므로 신중하게 선정되어야 한다.

교과과정에서의 논술과 발표에서는 핵심 주제어와 핵심 주제문이 사전에 지정되는 경우와 각 개인별로 자유롭게 선정하는 경우가 있다. 사전에 지정되는 주제의 경우, 그 시대에 큰 사회적 논란이 되는 주제를 선정하여 개인의 의견과 주장을 논리적인 근거를 기반으로 서술하도록 한다. 이 경우 논술작성자와 발표자는 그 주제에 대한 배경과 세부 사항들을 조사하여 본인의 의견을 정리하고, 그 의견에 논리적 근거가 되는 사항들을 조리 있게 설명할 수 있도록 준비하여야 한다.

만약 자유 주제를 선정하여 논술을 작성하거나 발표를 준비하는 경우, 핵심 주제어와 주제문에서 사용되는 수식어를 선정하여야 한다. 특히 자유 주제 선정에서 논술 독자들과 발표 청중들이 함께 깊은 관심을 가질 수 있고 토론에 참여할 수 있는 주제를 다루는 것이 좋은 평가를 받을 수 있다.

2.4.2 핵심 주제문(thesis statement) 선정

표 2.4는 주어진 논술 주제에 대하여 본인의 의견을 기반으로 작성할 수 있는 주제문의 예를 보여준다. 주어진 주제에 대하여 찬성의견과 반대의견이 있을 수 있으며 각 주제문에는 찬성과 반대의견이 도출된 이유와 조건을 열거하며 본인의 주장을 표현하는 문장으로 구성된다.

표 2.4 논술의 주제와 주제문 예

논술 주제	주제문(thesis statement)
2020년의 최저임금 1만원은 타당한가?	(찬성 의견의 경우) • 국민 삶의 질 향상과 국가의 사회보장 기능 확보차원에서 2020년 최저 임금 1만원은 타당하다. (반대 의견의 경우) • 중소기업의 생산성과 인건비 부담을 고려할 때 2020년 최저 임금 1만원은 시기상조이다.
전력생산 방식에서 원자력 발전소(원전)는 폐기되어야 하나?	(찬성 의견의 경우) • 원전사고와 파괴 시 발생하는 심각한 환경오염을 고려할 때 원자력 발전소는 폐기되어야 한다. (반대 의견의 경우) • 미세먼지 발생과 자연환경 훼손이 가장 적은 원자력 발전소는 계속 유지되어야 한다.
미래 자동차의 기반 기술로 수소연료 전지방식이 타당한가?	(찬성 의견의 경우) • 미세먼지와 환경 오염물질이 가장 적게 배출되고 대기 정화기능이 있는 수소연료전지 방식이 미래 자동차의 기반 기술로 타당하다. (반대 의견의 경우) • 수소 생산 및 운반에서 큰 비용이 발생하는 수소연료 전지방식은 미래 자동차의 기반 기술로 타당하지 않다.

2.4.3 주장하는 의견이 왜 중요한가에 대한 배경(context) 설명

논술에서 본인의 주장을 내세우기 전에 먼저 그 주제가 왜 중요하며, 왜 함께 고민하여야 하는가에 대한 배경(context) 설명이 반드시 제공되어야 한다. 이 배경 설명은 논술이나 발표에서 다루는 주제가 독자들이나 청중들에게도 밀접한 관계가 있으며, 따라서 함께 고민하고 좋은 방안을 찾아야 한다는 필요성을 가지게 함으로써 나머지 서술과 발표 내용에 집중할 수 있게 한다. 표 2.5는 주제에 대한 배경 설명의 예를 보여준다.

표 2.5 논술의 주제와 배경 설명이 포함된 주제문 예

논술 주제	배경 설명이 포함된 주제문
2020년의 최저임금 1만원은 타당한가?	(찬성 의견의 경우) • 국민소득이 2만불을 넘어 3만불로 향하는 2020년에는 국민 삶의 질을 선진국 수준으로 향상시키고 국가의 사회보장 기능을 확보하도록 모든 근로자들의 최저 임금을 1만원을 보장할 수 있어야 한다. (반대 의견의 경우) • 대부분의 중소기업들은 생산성이 아직 낮고 인건비가 전체 비용 부담에서 큰 비중을 차지하는 점을 고려할 때 2020년 최저 임금 1만원은 시기상조이다.
전력생산 방식에서 원자력 발전소(원전)는 폐기되어야 하나?	(찬성 의견의 경우) • 미국 스리마일 원전사고, 러시아 체르노빌 원전사고, 일본 후쿠시마 원전사고에서 확인된 것과 같이 원자력 발전소가 파괴되는 경우 심각한 토양오염과 해양오염이 발생되며 주변지역 주민들의 생활환경이 심각하게 파손되는 점을 고려할 때 원자력 발전소는 폐기되어야 한다. (반대 의견의 경우) • 원자력 발전소는 실제 사고 가능성이 매우 낮고, 화력발전소나 태양열 발전 설비에 비하여 실제 미세먼지 발생과 자연환경 훼손이 가장 적으며, 전력 생산을 매우 안정적으로 유지할 수 있기 때문에 안정적인 전력 공급원이 반드시 필요한 반도체 전자 산업이 주축이 되는 우리나라에서 원자력 발전은 계속 유지되어야 한다.
미래 자동차의 기반 기술로 수소연료 전지방식이 타당한가?	(찬성 의견의 경우) • 수소연료의 생산, 저장 및 전기 생산 분야에서 비용과 안전성을 획기적으로 개선하는 신기술이 계속 개발되고 있고, 대규모 투자를 통한 규모의 경제에 의한 합리적 가격이 가능할 것으로 예상되며, 수소연료 전지 자동차에서 실제 미세먼지와 환경 오염물질이 가장 적게 배출되고 대기 정화기능이 있으므로 수소연료전지 방식이 미래 자동차의 기반 기술로 타당하다. (반대 의견의 경우) • 현재 수소 생산 비용이 매우 높고, 고압 용기를 사용한 운반 및 저장에서 폭발 위험성이 존재하며, 전기 생산에 사용되는 백금 촉매가 매우 비싼 수소연료 전지방식은 생산, 운반, 저장 및 전기 생산 분야 기술이 혁신적으로 개발되고 적절한 가격대로 상용화되기까지 오런 기간이 예상되므로 미래 자동차의 기반 기술로 타당하지 않다.

2.4.4 논리적 근거들을 분리된 문단으로 정리한 본론

논술의 본문에서는 주제문에서 정리된 의견에 대한 논리적 근거가 서술되어야 한다. 특히 본인 의견의 근거로 사용하였던 세부 주제별로 구체적인 근거를 제시하여야 하며 이들을 2 ~ 3개의 분리된 문단으로 정리하여야 한다. 각 문단에는 세부주제별 핵심어가 사용된 세부 주제문이 제시되어야 한다.

표 2.6은 주제문에 대한 논리적 근거를 3개의 문단으로 정리하는 예를 보여준다. 각 문단

은 주제문에서 주장하는 내용의 근거가 되는 세부 항목을 하나씩 구체적인 자료와 함께 서술한다. 이 세부 항목에서 사용하는 자료들은 공식적으로 발표된 보도 자료나 학술논문을 활용할 수 있으며, 또는 자체적으로 분석된 결과를 사용할 수 있다. 다만, 자체적으로 분석된 결과를 사용하는 경우 그 결과가 합리적으로 신뢰할 수 있다는 점을 증명할 수 있어야 한다.

표 2.6 논술의 주제와 배경설명이 포함된 주제문 예

배경설명이 포함된 주제문	본문 구성
• 국민소득이 2만 달러를 넘어 3만 달러로 향하는 2020년에는 국민 삶의 질을 선진국 수준으로 향상시키고 국가의 사회보장 기능을 확보하도록 모든 근로자들의 최저 임금을 시간당 1만원을 보장할 수 있어야 한다.	본문 문단 1: 외국 사례에서 보면 국민 소득 수준이 20,000 ~ 30,000달러일 때 000천원 수준의 최저 임금을 보장하는 것으로 파악, … 본문 문단 2: OECD 국가들에서는 000 등이 기본적으로 보장되는 수준의 삶을 살고 있다. 이러한 기본 수준의 삶을 유지하기 위한 비용은 000만원으로 파악되며,…. 본문 문단 3: 2019년 국가 통계자료에서 4인가족의 연간 생활비용(의식주 비용, 교육비, 의료비 포함)은 000천원으로 파악되었으며, … 따라서 4인 가족의 부모 2명이 최저 임금을 받는 환경에서 최소 000천원을 보장하여야 정상적인 생활을 할 수 있게 된다.
• 대부분의 중소기업들은 생산성이 아직 낮고 인건비가 전체 비용 부담에서 큰 비중을 차지하는 점을 고려할 때 2020년 최저 임금 시간당 1만원은 시기상조이다.	본문 문단 1: 2019년도 국가 통계자료에서 중소기업 000천개 중 00%에 해당하는 기업들의 종업원 1인당 연간 생산성은 000만원 이하로 낮은 것으로 분석되며, … 본문 문단 2: 위 통계자료에서 중소기업의 연간 예산에서 인건비가 차지하는 비율이 00% 이상으로 매우 높은 노동집약형 기업들이 많은 것으로 분석되어 인건비가 상승할 경우 많은 기업들이 도산할 우려가 있는 것으로 .… 본문 문단 3: 현재 중소기업들에서 생산성을 향상시키기 위하여 노동인력 대신 로봇을 활용하는 스마트 팩토리 기술 도입을 추진하고 있어 2025년이 되면 종업원 1인당 연간 생산성은 000만원 이상이 될 것으로 분석되어 최저임금 000만원이 가능할 것으로 분석된다.
• 현재 수소 생산 비용이 매우 높고, 고압 용기를 사용한 운반 및 저장에서 폭발 위험성이 존재하며, 전기 생산에 사용되는 백금 촉매가 매우 비싼 수소연료전지방식은 생산, 운반, 저장 및 전기 생산 분야 기술이 혁신적으로 개발되고 적절한 가격대로 상용	본문 문단 1: 현재 수소 연료전지에 사용되는 수소 연료의 생산은 대부분 화학공정에서 발생하는 부생 수소를 부분적으로 사용하고 있는 상황이며, 실제 메탄가스나 물을 분해하여 수소를 발생시키는 공정은 수소 1리터 당 생산 비용이 000천원 이상으로 매우 고가이므로… 본문 문단 2: 수소의 운반 및 저장에도 00 기압 이상의 고압가스통에 담아 운반하여야 하며, 고압가스통의 폭발위험성이 항상 존재하는 등의 환경 문제가 … 본문 문단 3: 수소 연료전지에서 전기를 생산할 때 필수적

배경설명이 포함된 주제문	본문 구성
화되기까지 오랜 기간이 예상되므로 미래 자동차의 기반 기술로 타당하지 않다.	으로 사용되어야 하는 백금 촉매는 희귀 광물질로 매우 고가이며 수소연료전지 자동차의 생산 단가를 높이는 요인 중의 하나이다. 실제 대용량의 동력을 생산하기 위해서는 …
• 수소 연료전지 자동차는 실제 미세먼지와 환경 오염 물질을 가장 적게 배출하고 대기 정화기능을 제공하는 장점이 있으며, 최근 수소연료의 생산, 저장 및 전기 생산 분야에서 비용과 안전성을 획기적으로 개선하는 신기술이 계속 개발되고 있고, 대규모 투자를 통한 규모의 경제에 의한 합리적 가격이 가능할 것으로 예상되어 수소 연료전지 방식이 미래 자동차의 기반 기술로 타당하다.	본문 문단 1: 수소 연료전지 자동차는 휘발유나 디젤 등의 화석연료를 사용하는 기존 자동차와는 달리 미세먼지를 배출하지 않으며 공기 중의 산소를 흡입할 때 공기필터를 사용함으로써 대기 정화기능을 함께 제공하는 장점이 있다.… 본문 문단 2: 수소 연료전지 자동차는 에너지원인 수소를 압축하여 사용하며 에너지 밀도(energy density)에서 전기자동차의 배터리와 비교할 때 훨씬 우수하여 버스, 트럭, 대형 화물차, 대륙 간 해상 운송 등의 장거리 대규모 운송 수단에 가장 적합한 방식으로 … 본문 문단 3: 최근 000의 발표 자료에 의하면 국내 연구진이 미래 청정 에너지원으로 주목받는 수소 생산에 쓰이는 고가의 백금 촉매를 제조비용이 100분의 1 이하인 000 촉매로 대체할 수 있는 원천 기술을 개발하였다고 한다. 이 촉매 대체 재료를 사용할 경우 수소연료전지 자동차의 생산단가를 대폭 …

2.4.5 결론에서의 핵심 주제 문장의 재강조

논술이나 발표의 결론에서는 본문에서 설명하였던 세부 논리적 근거들을 잘 정리하여 핵심 주제문으로 주장하였던 내용이 타당하다는 점을 인식하도록 하여야 한다. 즉 서론에서 배경 설명과 함께 제시하였던 주제문(thesis statement)을 결론에서 다시 주장하는 양괄식 구조를 사용함으로써 주제문장을 강조하도록 한다. 다만 서론에서 사용하였던 단어와 문장을 그대로 반복하지 않고 동의어(thesaurus)를 사용하여 약간 다른 표현을 사용하는 것이 좋다.

결론에서 재강조하는 핵심 주제 문장에서도 본문에서 서술하였던 논리적 근거를 간략하게 요약하여 언급함으로써 그 핵심 주제 문장에서 주장하는 내용의 근거를 다시 한번 정리하도록 하는 것이 좋다. 결론의 마지막 부분에서는 이 논술에서 주장하였던 사항이 어떤 의미가 있는지, 그리고 그 주장에 따라 어떤 후속 행위를 실행하는 것이 좋을지 건의하는 내용이 포함되는 것이 좋다.

표 2.7은 논술의 결론에 포함된 주제문의 재강조 예를 보여준다.

표 2.7 논술의 결론에 포함된 주제문 재강조의 예

배경설명이 포함된 주제문	주제문의 재강조가 포함된 결론의 예
• 국민소득이 2만 달러를 넘어 3만 달러로 향하는 2020년에는 국민 삶의 질을 선진국 수준으로 향상시키고 국가의 사회보장 기능을 확보하도록 모든 근로자들의 최저 임금을 시간당 1만원을 보장할 수 있어야 한다.	외국 사례에서 살펴본 소득 수준별 최저 임금 수준 분석, OECD 국가들의 기본 수준 삶을 유지하기 위한 비용 분석, 그리고 2019년도 국가 통계자료에서 분석된 4인 가족 연간 생활 비용 등을 고려할 때 국민 소득이 2~3만 달러로 예상되는 2020년도에는 모든 근로자들의 최저 임금을 시간당 1만원을 보장하는 것이 타당한 것으로 판단된다.
• 대부분의 중소기업들은 생산성 아직 낮고 인건비가 전체 비용 부담에서 큰 비중을 차지하는 점을 고려할 때 2020년 최저 임금 시간당 1만원은 시기상조이다.	2019년도 국가 통계자료에서 분석된 중소기업의 생산성 분석자료와 연간예산에서의 인건비 비중에 대한 분석자료를 고려할 때 2020년 최저 임금 시간당 1만원은 시기상조로 판단된다. 다만 중소기업들이 추진 중인 스마트 팩토리 기술 도입 등을 고려할 때 2025년이 되면 종업원 1인당 연간 생산성은 000만원 이상이 될 것으로 분석되어 최저임금 000만원이 가능할 것으로 판단된다.
• 현재 수소 생산 비용이 매우 높고, 고압 용기를 사용한 운반 및 저장에서 폭발 위험성이 존재하며, 전기 생산에 사용되는 백금 촉매가 매우 비싼 수소연료전지 방식은 생산, 운반, 저장 및 전기 생산 분야 기술이 혁신적으로 개발되고 적절한 가격대로 상용화되기 까지 오랜 기간이 예상되므로 미래 자동차의 기반 기술로 타당하지 않다.	대규모의 수소 생산을 위한 기술이 아직 개발되어 있지 않은 단계로 수소 생산 비용이 아직 매우 높은 상태이며, 수소의 안전한 수송 및 저장 기술이 미흡하고, 전기 생산에 필수적인 백금 촉매가 매우 비싼 수소연료전지방식은 생산, 운반, 저장 및 전기 생산 분야 등에서 미흡한 점이 많은 것으로 분석된다. 따라서 수소연료의 생산, 운반, 저장 분야와 수소연료전지의 전기 생산 분야 기술이 혁신적으로 개발되고 적절한 가격대로 상용화되기 까지 오랜 기간이 예상되므로 미래 자동차의 기반 기술로 타당하지 않다.
• 수소 연료전지 자동차는 실제 미세먼지와 환경 오염물질을 가장 적게 배출하고 대기 정화기능을 제공하는 장점이 있으며, 최근 수소연료의 생산, 저장 및 전기 생산 분야에서 비용과 안전성을 획기적으로 개선하는 신기술이 계속 개발되고 있고, 대규모 투자를 통한 규모의 경제에 의한 합리적 가격이 가능할 것으로 예상되어 수소연료전지 방식이 미래 자동차의 기반 기술로 타당하다.	수소 연료전지 자동차는 휘발유나 디젤 등의 화석 연료를 사용하는 기존 자동차와는 달리 미세먼지를 배출하지 않으며 공기 중의 산소를 흡입할 때 공기필터를 사용함으로써 대기 정화기능을 함께 제공하는 큰 장점이 있으며, 에너지 밀도(energy density)에서 전기자동차의 배터리와 비교할 때 훨씬 우수하여 버스, 트럭, 대형 화물차, 대륙 간 해상 운송 등의 장거리 대규모 운송 수단에 가장 적합한 방식으로 분석된다. 아울러 최근 수소연료전지의 백금 촉매의 대체 재료가 개발되는 등 수소연료의 생산, 저장 및 전기 생산 분야에서 비용과 안전성을 획기적으로 개선하는 신기술이 계속 개발되고 있어 대규모 투자가 제공될 경우 규모의 경제에 의한 합리적 가격이 가능할 것으로 예상되어 수소연료전지 방식이 미래 자동차의 기반 기술로 타당하다고 판단된다.

2.4.6 결론을 제안 (suggestion)으로 마무리

논술과 발표의 마무리는 독자와 청중의 기억에 오래 남을 수 있도록 구체적인 제안으로 마무리하는 것이 좋다. 즉, 단순히 사실을 나열하는 것으로 끝나지 않고, 논술/발표에서 주장하였던 내용이 독자/청중들에게 어떤 관계에 있는지를 잘 이해하고, 이를 활용할 수 있도록 구체적으로 어떤 행위를 수행하는 것이 좋을지에 대한 건의 또는 제안 (suggestion)을 하는 것으로 매듭지으면 논술/발표에서 무엇을 얻어 간다는 느낌을 가질 수 있어 독자/청중은 오랫동안 기억할 수 있게 된다.

2.5 영어 논술(Essay)의 아웃라인

2.5.1 에세이의 기본 구조

영어를 사용하여 작성된 논술인 에세이는 논술과 동일한 구조를 가지며, 그림 2.2에서 보는 것과 같이 서론, 본론, 결론으로 구성된다. 본론은 에세이에서 주장하는 내용의 논리적 근거를 제시하는 2 ~ 3개의 문단으로 구성된다. 에세이의 기본 구조를 잘 이해하는 것은 그 에세이를 읽을 때 주장하는 주제문과 그 주장의 논리적 근거를 쉽게 파악할 수 있게 한다.

에세이의 서론(introduction)에서는 독자들의 주의를 집중하게 하는 문장으로 에세이를 시작하고, 이 글에서 다루는 주제의 배경(context)과 중요성을 간단하게 설명하며, 이 에세이에서 주장하는 주제문을 논리적 근거와 함께 제시한다.

본론은 논리적 근거 2 ~ 3개를 별도의 문단으로 구성하여 서술하며, 각 문단을 시작할 때 문단의 전환(transition)이 일어난다는 표현을 포함하고, 각 세부 주제에 대한 주제문장과 함께 논리적 타당성을 설명한다. 본론에서의 논리적 타당성 설명은 이미 확인된 사실들을 기반으로 설명하며 공식적으로 발표된 보도 자료나 학술논문이 내용을 근거로 설명하며 가능한 한 구체적인 데이터를 제시하며 설명하여 그 논리적 타당성의 신뢰도를 높이도록 한다.

결론(conclusion)은 서론과 본론에서 제시하였던 설명들을 종합 정리하며, 이 에세이에서 주장하고자 하는 주제문을 서론과는 약간 다른 표현으로 다시 강조를 한다. 결론의 마지막 부분에서는 이 에세이에서 주장한 전체 내용이 독자들에게 어떤 의미가 있는가를 언급하고, 그 결과로서 어떤 행위를 수행하는 것이 좋을지에 대한 건의(suggestion)를 하는 것으로 매듭을 짓는다.

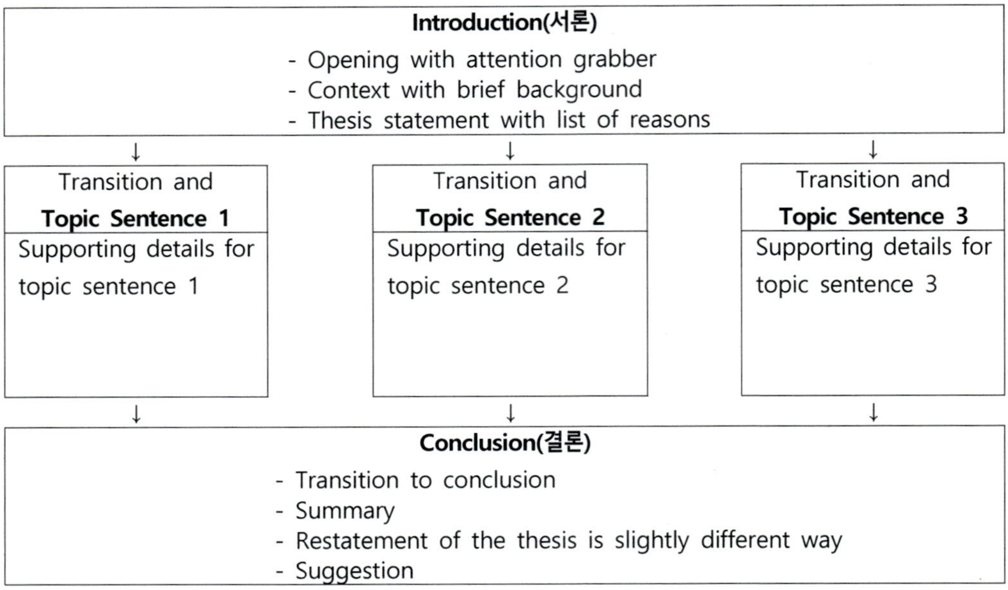

그림 2.5 Essay Outline

2.5.2 Essay 독해 연습 - 아웃라인 분석 연습

영어 논술 2.1은 자동차가 현대인의 삶을 개선시켰는가에 대한 에세이의 예이다. 이 에세이를 읽고 표 2.8의 에세이 분석표를 작성하라. 에세이 분석표에는 서론, 본론, 결론에서 제시하는 주요 항목들을 정리하도록 한다. 먼저 서론에서는 도입부가 어떻게 구성되어 있는지, 배경 설명은 어떻게 하고 있는지, 그리고 주제문장은 어떻게 제시되어 있는가를 파악하도록 한다.

본문에서는 논리적인 근거를 어떻게 제시하고 있는가를 파악하도록 하고, 각 논리적 근거에서의 핵심 문장과 주요 세부 내용을 파악하도록 한다. 결론에서는 종합적인 요약을 어떻게 하는지, 서론에서 제시하였던 주제문을 어떻게 다시 표현하여 강조하는지, 그리고 최종적으로 어떤 건의를 하는지를 파악하도록 한다.

Since the first automobile was introduced to our life, we can notice that there are a lot of changes happened around us. As a modern transportation, it not only brings convenience to our daily life, but also enhances the efficiency.

One of advantages of using automobiles is that it can give the users much more convenience compared with other transportations, such as bikes or buses. For me I like to go to the supermarket once per week and normally buy many foods at one time. Can you imagine that I need to carry a lot of foodstuff and maybe take a crowded bus to reach home ? How inconvenient it is ! Suppose that I have a car, and then I will feel very easy because what I need to do is to put all my stuff at the back of the car. I can go back with nice music and happy mood for the shopping.

On the other hand, automobiles can save our time and energy. Driving the automobile, we can go wherever we want to go. We can decide the destination and reach there faster than other transportation means. Assuming that a train takes about two hours to reach Busan from Daegu, but a car only needs about one hour. We can use saved one hour to enjoy the views or do anything that we want. After all, time means a lot to modern people. It can mean money to businessmen, knowledge to school students and profit to companies. By means of cutting time with the help of automobiles, we can increase the efficiency of our society.

Of course, I must admit that automobiles bring a lot of problems such as traffic jam and air pollution. But these outcomes cannot be avoided during the development of a society. I believe we will have a better solution to solve all these problems.

Generally speaking, I would like to say automobiles have improved modern life through providing more convenience to people and increasing efficiency. We should encourage the society to support the automobile industry and develop different kinds of automobiles to meet various needs.

영어논술 2.1 Have automobile improved modern ife?(1)

표 2.8 Essay Outline 분석표 작성(thesis statement, topic sentence 및 keywords 정리)

Introduction - Opening with attention grabber - Context with brief background - Thesis statement with list of reasons		
↓	↓	↓
Transition to first paragraph **Topic Sentence 1**	Transition to second paragraph **Topic Sentence 2**	Transition to third paragraph **Topic Sentence 3**
Supporting details for topic sentence 1	Supporting details for topic sentence 2	Supporting details for topic sentence 3

↓	↓	↓

Conclusion - Transition to conclusion - Summary - Restatement of the thesis is slightly different way - Suggestion

영어 논술 2.2는 자동차가 현대인의 삶에 어떤 영향을 주었는지에 대한 또 다른 에세이 예이다. 이 에세이를 읽고 표 2.9의 에세이 분석표를 작성하라. 에세이 분석표에는 서론, 본론, 결론에서 제시하는 주요 항목들을 정리하도록 한다. 먼저 서론에서는 도입부가 어떻게 구성되어 있는지, 배경 설명은 어떻게 하고 있는지, 그리고 주제문장은 어떻게 제시되어 있는가를 파악하여야 한다.

본문에서는 논리적인 근거를 어떻게 제시하고 있는가를 파악하여야 하고, 각 논리적 근거에서의 핵심 문장과 주요 세부 내용을 파악하도록 한다. 결론에서는 종합적인 요약을 어떻게 하는지, 서론에서 제시하였던 주제문을 어떻게 다시 표현하여 강조하는지, 그리고 최종적으로 어떤 건의를 하는지를 파악하여야 한다.

I support the statement that automobile has caused serious problems. While automobiles have brought us many conveniences, they surely have brought us many undesirable consequences, of which three can be singled out: traffic congestion, air pollution, and highway accidents.

Automobiles have congested city streets. The problem is more obvious when the masses of motor vehicles enter or leave cities at peak traffic hours. The constantly growing number of automobiles throughout the world has made the congestion problem worse and worse because planners and engineers simply cannot find a solution to keep up with the increasing volume of traffic growth. The widespread use of automobiles for business travel has also led in many cities to a decline in public-transit systems, which result in more and more use of private cars, and exacerbate the congestion problems.

Air pollution is another program caused by the automobile. Automobile exhausts commonly contribute half the atmospheric pollutants in large cities and even more in cities where atmospheric and topographic conditions cause the smog formation. Although many cities require the installation of catalytic converters and other controls on motor vehicles to restrict the emission of pollutants, the concentration of many thousands of motor vehicles in large cities has given the problem a new dimension.

Highway accidents create a distressing toll of fatalities and injuries wherever there is widespread use of automobiles. Each year there are hundreds of thousands of motor vehicle fatalities worldwide and about 50,000 in the United States alone. The social and economic costs of such accidents are enormous. Efforts to improve highway safety have been successful in most countries, but a reduction in the ratio of fatalities and injuries per distance traveled is often offset by increases in numbers of accidents because of the ever-growing use of motor vehicles.

In short, automobile has brought us more bane than boon. We should take public transportation whenever possible, and reduce the number of cars running in urban streets.

영어논술 2.2 Have automobile improved modern life?(2)

표 2.9 Essay Outline 분석표 작성(thesis statement, topic sentence 및 keywords 정리)

Introduction
- Opening with attention grabber
- Context with brief background
- Thesis statement with list of reasons

↓ ↓ ↓

Transition to first paragraph **Topic Sentence 1**	Transition to second paragraph **Topic Sentence 2**	Transition to third paragraph **Topic Sentence 3**
Supporting details for topic sentence 1	Supporting details for topic sentence 2	Supporting details for topic sentence 3

↓ ↓ ↓

Conclusion
- Transition to conclusion
- Summary
- Restatement of the thesis is slightly different way
- Suggestion

연습문제

2.1 다음 용어를 예를 들어 설명하라.

1) 주제 문장(thesis statement)
2) 핵심어(keyword)
3) 논술
4) 논리적 근거
5) 영어논술(essay)의 기본 구조

2.2 Essay 독해

영어논술 2.3을 읽고 표 2.10의 에세이 분석표를 작성하라.

Some people like to work independently, while others would prefer to work in a team. Is it more important to be able to work with a group of people in a team or to work independently ? Depending on different personal traits and working environments, people will have different answer to this question. I think being able to work in a team is more important for me. First, the modern society and industry is a complicated system that requires teamwork, communication and cooperation among companies and individuals. Take a computer system for example, it comprises of hardware, operating system and software, which are manufactured separately by different companies. Not one single company can accomplish a computer system without using products and technologies from other companies. Similarly, in a company, communication and teamwork is more and more important among workers because a worker cannot do his/her work properly without interacting with his supervisor and colleagues. Second, there are many advantages of working in a group that working alone. Teamwork provides a worker with a cooperative, friendly and enjoyable work environment. The team can also be helpful in responding to a worker's questions and problems, therefore increase the work efficiency. Teamwork can also challenge a worker's abilities and he/she can acquire valuable experiences from it. Third, the ability of working independently does not contradict with the ability to work in a team. For example, in a team environment, I enjoyed being a major contributor to my team. The fact that others depended on my work made me feel like I was doing worthwhile things. For example, I was in charge of the front end for the GUI. This was very valuable experience, because I know how important it is to work

in a team. In conclusion, I think the most important quality in a work environment is the ability to work with others in a team.

영어 논술 2.3 Working independently vs. Working in team.

표 2.10 Essay 분석표 작성(thesis statement, topic sentence 및 keywords 정리)

Introduction - Opening with attention grabber - Context with brief background - Thesis statement with list of reasons		
↓	↓	↓
Transition to first paragraph **Topic Sentence 1**	Transition to second paragraph **Topic Sentence 2**	Transition to third paragraph **Topic Sentence 3**
Supporting details for topic sentence 1	Supporting details for topic sentence 2	Supporting details for topic sentence 3
↓	↓	↓
Conclusion - Transition to conclusion - Summary - Restatement of the thesis is slightly different way - Suggestion		

3장 어휘(Vocabulary)(1) - 어근, 접두사, 접미사, 동의어

학습목표

- 어휘의 구조 분석에 대한 이해
- 그리스어와 라틴어 기반의 어근 이해
- 중요한 접두사 및 숫자의 의미를 가진 접두사 파악
- 중요한 접미사 파악
- 동의어 (thesaurus)에 대한 이해

개요

3.1 영어 어휘의 구조 분석

3.1.1 영어 어휘의 구조

영어 단어를 공부할 때 무작정 외우려고 노력하는 것보다 그 단어의 구성을 잘 살펴보고, 단어에 어떤 어근(word root)이 포함되어 있는지, 어떤 접두사나 접미사가 사용되었는지를 이해하면 전체 단어의 뜻을 정확하고 쉽게 파악할 수 있다. 많은 영어 어휘들은 표 3.1에서 보는 것과 같이 접두사(prefix), 어근(word root), 접미사(suffix)로 구성되어 있다. 따라서 전체 단어의 의미를 잘 모르는 경우에도 접두사나 어근을 알고 있는 경우 대략적인 의미를 파악할 수 있고 접미사의 형태에 따라 이 단어가 동사형, 명사형, 형용사형 또는 부사형으로 사용되는가에 대하여 짐작할 수 있게 된다.

표 3.1 영어 어휘의 주요 구성 요소

prefix(접두사)	word root	suffix(접미사)	결과 단어
astro-(별에 관련된)	naut(선원, 항해)		astronaut(우주비행사)
astro-(별에 관련된)	naut(선원, 항해)	-cal(~의)	astronautical(우주 비행의,

prefix(접두사)	word root	suffix(접미사)	결과 단어
			우주 비행사의)
deca-(10의, 10개로 된)		pod	decapod (다리가 10개인 십각류동물(게, 새우))
deca-(10의, 10개로 된)		-gon(도형)	decagon(10각형)
penta-(5개로 된)		-gon(도형)	pentagon(5각형, 5각형 모양의 미국 국방성 건물)
hexa-(6개로 된)	decimal(10진수의)		hexadecimal(16진수)
hexa-(6개로 된)		-gon(도형)	hexagon(6각형)
	easy(쉬운, 형용사)	-ly(부사형 접미사)	easily(쉽게)

3.1.2 어근(word root)

많은 영어 단어들은 그리스어와 라틴어를 기반으로 생성되었기 때문에 그리어 기반의 어근과 라틴어 기반의 어근을 먼저 공부하는 것이 큰 도움이 된다. 특히 그리스 로마 신화에 등장하는 신들과 연관된 어근들이 많이 사용되는 것을 참조하면 영어 어휘 실력을 쉽게 성장시킬 수 있는 방법이 된다.

표 3.2 그리스 로마 신화 신들과 어근의 관계

그리스/로마신화의 신	관련 영어 어근, 의미	예
크로노스(Cronos)	chron-(시간의)	chronicle(연대기)
넵투누스(Neptunus, 그리스신화의 포세이돈)	nept	Neptune(해왕성)
티탄(Titan)	titan	titan(거대한 크기를 가진 사람 또는 물건)

3.2 그리스어 기반의 어근

표 3.3은 그리스어 기반의 어근을 설명하고 있다. 어근은 접두사나 접미사로도 사용된다.

표 3.3 Greek Roots

Root	Meaning	Examples
amphi-	two, both, on both side, around	amphitheater, amphibious, amphistylar
anti-	against, opposite	antiseptic, antibiotic, anticlimax, antisocial,

Root	Meaning	Examples
		antibody
astro-	star	astronomer, astrology, astronaut, astrophysics, asteroid
auto	self, same	autograph, automobile, autobiography, automatic, autopilot
bio	life	biology, biotic, autobiography, bio-mechanical, bionic
chron	time	chronograph, chronology, chronic, synchronize, chronicle
cosm	universe, world, order	cosmos, microcosm, cosmology, macrocosm, cosmetic
-cracy	type of government	democracy, theocracy, autocracy, technocracy, bureaucracy
-crat	member of type of government	democrat, theocrat, autocrat, technocrat, bureaucrat
cycl	circle, wheel	bicycle, tricycle, unicycle, cycle, cyclic,
dem	people	demography, democrat,
geo-	earth	geologist, geography, geophysics, geometry, geopolitical
-gon	angle	polygon, octagon, pentagon, hexagon, septagon
-graph, -gram	drawn, written	photograph, graphic, polygraph, telegram, hexagram
hemi-, semi-	half	hemisphere, semisweet, hemi-cranial, semi-annual, semiconscious
hydro-, hydra-	water	hydrate, hydrometer, hydraulic, hydrologist, hydrophobia
hyper-	over, too much, a lot	hyperspace, hyperactive, hyperactivity, hypercritical, hypersensitive, hypertext
kilo-	one thousand	kilometer, kilogram, kilobyte, kiloton, kilowatt
-mania	madness, insanity	pyromania, kelptomania, bibliomania, megalomania, maniac
mech	machine	mechanic, mechanistic, mechanize, biomechanical, mechanism
mega-	big	megabyte, megalopolis, megahertz, megaton, megastar
meter	measure of	kilometer, hydrometer, speedometer, odometer, metric
micro-	small	microphone, micrometer, microscope,

Root	Meaning	Examples
		microbiology, microcosm
mis-	bad, badly, wrong, wrongly	mistake, misbehave, misnomer, mislead, misplace
mon, mono	one	monotonous, monotone, monarch, monotheist, monochrome
-ologist	one who studies	biologist, geologist, astrologist, physiologist, hydrology
-ology	the study of	biology, geology, astrology, physiology, hydrology
pan	all, every	pantheism, panorama, pandemonium, pandemic, pantheon
path	suffering, sickness, disease	pathological, empathy, sympathy, psychopath, apathy
penta-	five	pentagram, pentane, pentameter, pentagon, pentathlon
peri-	around, about, surrounding, beyond, near	perimeter, perimetry
-phobia	fear	hydrophobia, acrophobia, agoraphobia, ablutophobia, satanophobia
phon, phono	sound	microphone. telephone, phonograph, phonic, phoneme
photo	light	photograph, photon, photosynthesis, photoelectric, photogenic
phys	nature, body, natural science	physics, physiology, metaphysics, physical, geophysics
pod, ped	foot	pedal, bipedal, podiatrist, pedestrian, tripod
poly	many	polygon, polynomial, polytheism, polyandrous, polygraph
psych	mind	psychopath, psychology, psyche, psychic, psychiatry
pyro	fire	pyrotechnics, pyrotechnician, pyrolysis, pyromania, pyroclastic
scope	watch, see	microscope, telescope, scope, stethoscope, periscope
stetho-	chest	stethoscope

Root	Meaning	Examples
tele	distance	television, telephone, telescope, teleport, telekinesis
theo	god, religion	theology, theocracy, theocrat, theologian, pantheon
therm	heat	thermal, thermometer, thermonuclear, thermostat, hypothermia
tri	three	triangle, trilogy, trident, tricycle, tripod, Trinity

3.3 라틴어 기반의 어근

표 3.4는 라틴어 기반의 어근의 뜻과 그 사용 예들을 설명하고 있다. 라틴어 어근은 그리스 어근과 함께 영어 단어들의 근간을 이룬다.

표 3.4 Latin Roots

Latin Roots	Meaning	Examples
ann, enn	year, yearly	anniversary, annual, millennium, centennial, perennial
aqu-	water	aquarium, aquamarine, aqueous, aquifer, aquatic
aud-	sound	audio, audible, audience, audiovisual, audition
bene-	good, well	benefit, benign, beneficial, benefactor, benevolent
bi-	two	bicycle, binary, bifocal, bicep, binoculars
cent	one hundred	cent, centimeter, centurion, percent, percentile
circum	around	circumference, circumnavigate, circumscriber, circumvent, circumstance
con, co, col, com	with, together, joined	connect. collide, company, cooperate, common
contra, contro	against, opposite, different	contrast, contraindicate, contradict, contrary, contrarian
cred	believe	credit, credence, credible, incredible, creed
dict	say, speak, speech	diction, contradict, predict, edict, verdict
fract, frag	break	fracture, fragment, refract, fragile, infraction

Latin Roots	Meaning	Examples
inter	among, between	interval, internet, interrupt, intercollegiate, intercept
ject	cast, throw	eject, interject, trajectory, project, deject
lumin	light, shine, source	illuminate, illumination, luminous, lumen, luminary
magn	big	magnify. magnitude, magnanimous, magnificent, magnate
mal	bad, wretched, evil	malcontent, malice, malicious, malign, malfeasance
medi, midi	middle	medium, median, medieval, mediate, mediocre
migr	wander, moving	migrant, migrate, immigrate, immigrant, emigrate
min	less, smaller	mini, minus, minuscule, minimum, minute
miss, milt	send, let go	missile, transmit, remit, omit, dismiss
mort	death	immortal, morgue, mortal, mortality, mortician
multi	many	multiply, multitude, multiple, multiplex, multiplicity
non	no	nonviolent, nonfat, nonstop, nonverbal, nonprofit
omni	all	omnipresent, omniscient, omnivore, omnipotent, omnivorous
pre	before	previous, predict, predicate, prenuptial, prescription, prejudice
quad	four	quad, quadrangle, quadruple, quadrilateral, quadruped
quer, quir, ques, quis	search, seek, ask	quest, inquisition, query, question, quiz
re-	again, back, backward	redo, rewind, resubmit, rebound, react
scrib, script	write	inscribe, scripture, script, scribe, scribble
sent, sens	feel	sense, sensitive, sensible, sentiment, consent
spect	watch, look at	spectator, spectacle, spectate, inspect, introspective
struct	build, put together, arrange	construct, structure, destruct, instruct, construction
sub	under, lower than, inferior	suburbs, subway, submarine, subzero, sublime

Latin Roots	Meaning	Examples
tempo	time	tempo, temporary, temporal, contemporary, protem(pro tempore)
tain	hold	retain, contain, maintain, entertain, detain
tract	pull	tractor, attract, contract, subtract, distract
trans	across, beyond, through	transport, transmit, transcribe, translate, transparent
uni	one	unicorn, unicycle, universe, unity, unilateral
vac	empty	vacant, vacancy, evacuate, vacation, vacuum
vid, vis	see, visual	visible, video, vision, evidence, visit
volv, volut	roll, turn	convolution, revolution, revolve, revolver, devolve

3.4 중요한 접두사(Prefix)

접두사는 단어의 첫 부분에 위치하며 다양한 의미를 추가한다. 표 3.5는 중요한 접두사(prefix)의 의미와 그 접두사가 포함된 단어의 예들을 보여준다.

표 3.5 중요한 접두사(Prefix)

Prefix	Meaning	Example
a-	in a state or condition	afire
	not, without	asymmetry
an-	not, without, lacking	anarchy
ante-	before, prior	antecedent, antedate, antediluvian anteroom
anti-	against	antibody, antiwar, anticlockwise(counterclockwise)
arch-	chief, principle	archbishop, archduke, archenemy
auto	self	autobiography, autosuggestion
be-	all over, thoroughly, excessively	besmear, befuddle
	cause to be, affect	befriend
bi	two(cf. di-)	bilingual, bimonthly, bicycle
circum	circle, around	circumvent
co-	together, with, equally	coherent, cooperate, coeducation, co-driver
con-, col-, com-, cor-	together, with	conduct, condense, collect complex, combine, correlate
contra-	against	contrdict, contraceptive
counter-	opposite, in return,	counterclockwise, counterespionage

Prefix	Meaning	Example
	opposed to but like	counter-part
de-	down, reverse	decline
di-	two,(cf. bi-)	dipole
dia-	through, thoroughly, apart, across, between	diagnosis, diorama
dis-	reverse the action	disappear, disintegrate
	opposite of, deprive of	disregard, dishonest, disloyal, disfavor, disunion
e-	out, from	emit, eject
en-, em-	put(get) in(into)	enthrone, endanger, enclose
	cause to be	enlarge
equi-	equal	equilateral, equilibrium
ex-	forth, out, beyond, away from	expel, excess, expropriate
	former	ex-president, ex-wife, ex-husband
extra-	outside	extract, extraordinary
fore-	before	foretell, foreknowledge
	the front part of	forearm, foreground(cf., background)
hemi-	half	hemisphere
hyper-	over, above, excessively	hypercritical, hypercorrection, hypercube
in-, il-, im-, ir-	not, without	insignificant, infinite, illiterate, impossible, improper, inactive, irrelevant, irresponsible
	in, into, within, to	infer, induct
inter-	between, among	international, interplanetary
	mutual	interact
intra-	within, inside of	intramural(within a school)
iso-, is-	equal	isosceles, isomorphism, isochronous
macro-	long, large	macrocephaly(large brain), macro-economy(cf, micro-economy)
mal-	bad, badly	maladjustment
micro-	small	microcephaly(small brain)
	enlarging	microphone, microscope, micro-economy
mid-	middle	midbrain, midland, mid-Victorian
mini-	little, of less scope, extent than usual	miniskirt, miniwar
mis-	wrong, wrongly	mistake, misplace, misconduct, misleading
	no, not	mistrust
mono-	one(cf., uni-)	monotheism(유일신 신앙), monotone,

Prefix	Meaning	Example
		monorail
multi-	many(cf., poly-)	multinational, multichannel, multi-cultural
neo-	new, revised	neolithic, neoclassic, neo-Nazi
non-	not	nonsense, nonconformist, nonhuman
out-	better, faster, longer than	outgrow, outlive, outrun, outclass
over-	too much, excessively	overeat, overdressed, overconfident
pan-	all, comprising all	pantheism(다신 신앙), Pan-American
para-, par-	beside, alongside	parallel, parallelogram
peri-	around, about, surrounding, beyond, near	periscope, perigee
poly-	many(cf., multi-)	polygon, polysyllabic, polyglot, polymorphism
post-	after	postpone, postwar, postclassial
pre-	before	preconception, prewar, prmarital
prim-	first	primary
pro-	forth, forward	progress, promote
	acting for	proconsul, pronoun
	for, supporting	procommunist
proto-	first, original	protoplast, prototype
pseudo-	false, imitation	pseudonym(fictitious name), pseudo-code
re-	again, back	rebuild, reappear, rearrangement, recover, resound
retro-	backward, behind	retroact, retroflex
semi-	half, partly	semicircle, semi-civilized
sito-	food	sitomania, sitophobia
sub-, sup-	under, beneath	subway, submarine, submit, supposition
	less in rank	subspecies
	sightly, less than	subhuman, substandard
super-	over, above	superstructure
	higher in rank	superintendent
	more than, better	superman, superfine, supermarket
	additional	super-tax
syn-, sym-	together with, at the same time	synchronize, sympathy

Prefix	Meaning	Example
trans-	across, over	transmit, transatlantic, transpacific
	from one place to another	transplant, transform
	beyond	trans-sonicultra-
tri-	three	triangle, triple, trilingual, tri-annual
ultra-	beyond	ultraviolet, ultrasonic
	extremely	ultramodern, ultraconservative
un-	not	unexpected, unceasing, undeniable
	reverse the action	undo, untie
	release from	unhorse
under-	not enough, too little	undercook, underestimate, underdeveloped
uni-	one(cf. mono-)	unilateral, unique, unicorn,
vice-	deputy	vice-president

3.5 숫자의 의미를 가지는 접두사

표 3.6은 숫자의 의미를 가지는 접두사를 열거하고, 그 접두사의 의미와 사용된 예를 보여준다. 이 접두사들은 숫자의 의미를 가지는 기본 단위나 크기 등에서 많이 사용된다. 예를 들어 특정 개수를 가진 다각형을 나타낼 경우(예: pentagon: 6각형, 6각형 모양을 한 미국 국방성), 몇 번째 순서의 의미를 가진 단어(예: October, 로마 달력에서의 8번째 달), 100(hecto), 1000(kilo), 백만(mega), 10억(giga), 1조(tera), 1/10(deci), 1/100(centi), 1/1000(milli)등의 10진수 단위의 표준 크기들을 표시할 때 많이 사용된다.

표 3.6 숫자의 의미를 가지는 접두사

Prefix	Meaning	Example
uni-	one	unipolar, unisex, uniform, unary
bi-, di-	two	binary, bipolar, dipole
tri-, ter-	three	triangle, tripod, ternary
quad-, quar-, tetra-	four	quadrant, quadrature, string quartet, quarter tetrahedron, tetrapod
penta-, pent-, quint-	five	pentagon, quintet
hexa-, sexa-	six	hexagon, hexadecimal, sexangle, sexangular, sexagenary
septi-, sept-, hepta-	seven	septennial, September, heptagonal
octa-, octo-, oct-	eight	octet, October
nona-	nine	nonagon, nonagenarian
dec-, deca-, deka-	ten	decade, decahedral

Prefix	Meaning	Example
		Decalogue(The Ten Commandments)
hendeca-	eleven	hendecagon
dodeca-, dozen	twelve	dodecagon, dodecahedron, a dozen of eggs
score	twenty	four score and seven years ago three score and ten
hecto-	hundred	hectare, hectogram, hectopascal
kilo-	thousand	kilogram, kilometer
mega-	one million	mega-bytes
giga-	one billion	giga-bytes
tera-	one trillion	tera-bytes
deci-	one tenth	deciliter
centi-	one hundredth	centi-meter
milli-	one thousandth	milli-second

표 3.7은 국제 표준에서 사용되는 접두사의 종류와 의미를 정리하여 보여준다.

표 3.7 국제 표준에서 사용되는 단위의 접두사

Prefix	Symbol	Multiplying Factor	
yotta	Y	10^{24}	1,000,000,000,000,000,000,000,000
zetta	Z	10^{21}	1,000,000,000,000,000,000,000
exa	E	10^{18}	1,000,000,000,000,000,000
peta	P	10^{15}	1,000,000,000,000,000
tera	T	10^{12}	1,000,000,000,000
giga	G	10^{9}	1,000,000,000
mega	M	10^{6}	1,000,000
kilo	k	10^{3}	1,000
hecto	h	10^{2}	100
deca	da	10^{1}	10
deci	d	10^{-1}	0.1
centi	c	10^{-2}	0.01
milli	m	10^{-3}	0.001
micro	μ	10^{-6}	0.000001
nano	n	10^{-9}	0.000000001
pico	p	10^{-12}	0.000000000001
femto	f	10^{-15}	0.000000000000001
atto	a	10^{-18}	0.000000000000000001
zepto	z	10^{-21}	0.000000000000000000001
yocto	y	10^{-24}	0.000000000000000000000001

3.6 접미사(Suffix)

접미사란 단어의 끝 부분에 위치하여 그 단어가 의미하는 종류 등을 나타내는 역할을 한다. 접미사의 종류에 따라 동사형, 명사형, 형용사형 또는 부사형의 의미를 가지게 된다.

3.6.1 동사형 접미사

표 3.8은 동사의 의미를 가지는 접미사를 보여준다. 명사형 단어에 동사형 접미사를 붙여 동사로 만들어진 단어들의 예를 함께 볼 수 있다.

표 3.8 동사 의미를 가지는 접미사

Suffix	Example
-ize	prioritize, authorize
-ate	refrigerate, hesitate
-en	lighten, widen
-fy	magnify, verify

3.6.2 명사형 접미사

표 3.9는 명사형 접미사를 열거하고 있다. 이 명사형 접미사는 동사나 형용사에 접속되어 명사를 만드는 역할을 한다.

표 3.9 명사 의미를 가지는 접미사

Suffix	Meaning	Example
-age	a result	wreckage
-ance, -ence	an action or state	importance, independence
-ant	a person	asistant
-ee	a person	employee, attendee
-ence	an action or state	difference
-er, -or	a person	manager, refrigerator
-ery	a type or place of work	bakery
-ess	makes a feminine form	waitress
-ing	an action or result	painting
-ion	a process, state or result	decoration
-ism	a belief or condition	Judaism
-ist	a person	florist
-ment	an action or state	government, arrangement
-en	made of	woolen
-tion, -sion	an action or state	nation, conclusion, action, contribution
-ity	state of characteristic	ability, community

Suffix	Meaning	Example
-ness	quality, state	happiness, weakness, darkness
-ship	condition, character, office, skill	membership, friendship
-gon(도형)	shape with multiple sides (edges, vertices)	pentagon, polygon

3.6.3 형용사형 접미사

표 3.10은 형용사의 의미를 가지는 접미사를 설명한다. 이 형용사형 접미사는 명사나 동사에 접합하여 형용사의 의미를 가지는 단어로 변환시키는 기능을 수행한다.

표 3.10 형용사 의미를 가지는 접미사

Suffix	Example
-y	easy, wavy
-ous	mountainous, ridiculous
-able, -ible	presentable, terrible, capable
-ic, -ical	athletic, musical
-ful	beautiful, wonderful
-less	careless, joyless
-ive	productive, creative
-ant, -ent	important, dependent

3.6.4 부사형 접미사

표 3.11은 부사형 접미사로 형용사에 접합되어 부사의 의미를 가지는 단어로 변환시킨다.

표 3.11 부사 의미를 가지는 접미사

Suffix	Example
-ly	easily, importantly

3.7 동의어(thesaurus)

3.7.1 왜 동의어를 사용할 수 있어야 하는가?

영어논술 작성이나 영어 발표에서 사용하는 단어들은 많은 경우 여러 품사형태를 가질 수 있으며 여러 의미를 가지는 경우가 많이 있다. 예를 들어 mean의 경우 표 3.12에서 보는 것과 같이 동사, 형용사, 명사로 사용될 수 있으며 각 품사별로 다른 의미를 가진다. 동사로는 "~을 의도(의미)하다, ~할 작정이다, ~을 초래하다"의 뜻을 가지며, 이 의미를 가진 다른 단어(동의어)로는 denote, signify, indicate, represent, connote, imply, suggest, intend 등이 있다.

mean이 형용사로 사용될 경우에는 "(정도, 품질이) 낮은, (재능 등이) 열등한, 비열한, 평범한, 보통의, 평균의"의 뜻을 나타내며, 같은 의미를 가진 다른 동의어로는 poor, humble, miserable, average, ungenerous 등이 있다. 명사형으로 사용될 때 mean은 중간, 중용, 통계의 기대치의 뜻을 가지며, 같은 의미를 가진 동의어로는 average, norm, median, middle, midpoint가 있다. mean이 복수형인 means로 사용되면 방법, 수단, 매체의 의미를 가지며 같은 의미를 가진 동의어로는 way, method 등이 있다.

표 3.12 mean단어의 품사별 의미, 동의어 및 예문

어휘	품사	품사별 의미	동의어	예문
mean	동사	(동) ~을 의도하다, ~할 작정이다, ~이 될 운명이다, ~을 의미하다, ~의 뜻으로 말하다, ~의 의미(중요성)을 가지다,(결과로서) ~을 초래하다	(v) denote, signify, indicate, represent, connote, imply, suggest, require, cause, entail, intend, propose, aim, plan	These figures mean that almost six percent of the working population is unemployed. If you don't know what the word means, look it up in a dictionary. Advances in electronics mean that the technology is already available.
	형용사	(형)(정도, 품질이) 낮은,(재능 등이) 열등한, 평범한, 보통의, 천한, 비천한, 가치가 없는 보잘것없는,(풍채 등이) 초라한, 빈약한, 비열한, 야비한, 상스러운, (수학) 평균의,	(adj) nasty, unkind, cruel, shameful, malicious, poor, humble, miserable, middle, mid, average, miserly, stingy, tightfisted, ungenerous	Stop being so mean to me! He is a man of mean stature. The mean error of the measurement was quite big.
	명사	(명) 중간, 중위, 중용, (통계) 기대치,(means) 방법, 수단, 매체	(n) average, norm, median, middle, midpoint means: way, method, process, course, instrument	The mean of 5, 4, 10, and 15 is 8.5. Observation and interviews with the children and the classroom teachers were used as a means to gather data on the potentially psychological impact of singing. We had no means of communication.

그림 3.1은 mean의 품사별 의미와 동의어 관계를 그림으로 보여주고 있다. 만약 영어논술이나 발표에서 mean 단어를 사용하였다면 그 단어가 어떤 품사로 사용되었는지 확인할 수 있어야 하며, 품사의 유형에 따라 다른 의미로 해석되어야 한다. 실제 영어논술에서는 어떤 단어가 다양한 의미를 가지고 있는 경우 정확한 뜻을 전달하기 위하여 같은 의미를 가진 동의어로 보충 설명을 하고 이를 통하여 주장하고자 하는 내용을 강조한다.

하나의 단어가 동일한 품사인 경우에도 다양한 의미를 가지는 경우가 있다. 예를 들어 표 3.13에서 보는 right은 형용사, 부사, 명사, 동사로 사용될 수 있다. 그런데, 형용사로 사용되는 경우에도 (i) 오른쪽의 , 오른손의, (ii) (도덕, 사회 통념상) 옳은, 정당한, (iii) 곧은, 직각의, 수직의 의미들을 가질 수 있어 문맥을 통하여 어떤 의미로 사용되었는지 구분할 수 있어야 한다.

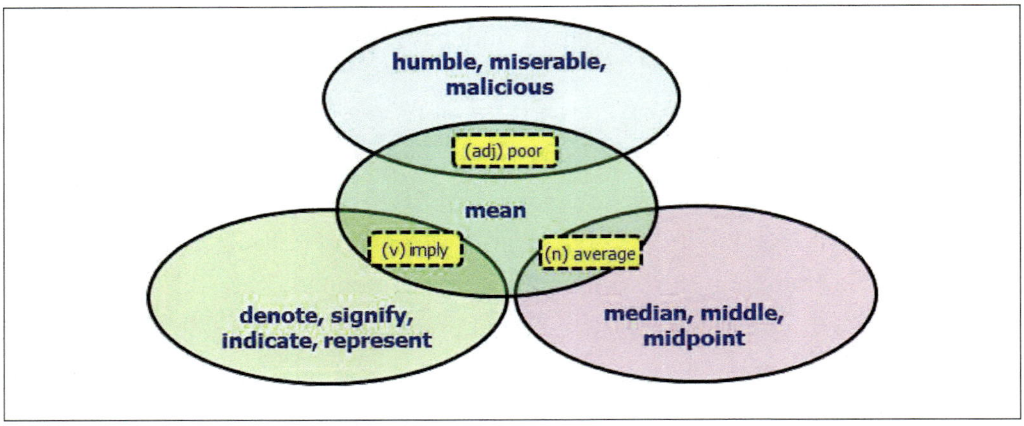

그림 3.1 mean의 품사별 의미와 동의어

표 3.13 right단어의 품사별 의미, 동의어 및 예문

어휘	품사	품사별 의미	동의어	예문
right	형용사	(형) (도덕, 사회 통념상) 옳은, 정당한, 당연한, 정의로운, 공정한, 선량한 (형) 정확한, 틀림없는, 확실한 (형) 오른쪽의, 오른손의 (형) 곧은, 수직의, 직각의	(adj) correct, true, accurate, exact (adj) well, healthy (adj) right-hand, rightward, starboard (adj) just, upright	You must put matters right by telling the truth. I think you have made the right decision. You got three answers right and two wrong. He was pointing the building with his right hand. Keep the bottle the right way up.
	부사	(부) 곧바로, 일직선으로, 직접, 알맞게, 꼭 (부) (도덕적으로) 옳게, 정직하게 (부) 오른쪽에, 우측에, 우측 방향으로	(adv) correctly, perfectly, precisely (adv) appropriately, acceptably, suitably, properly	They built a row of hotels right along the sea-front. Why does he never do anything right? Turn right at the first traffic lights.
	명사	(명) (법률, 정치, 도덕상의) 권리, 정당한 요구, 권리, 이권 (명) 옳음, 정당성, 정의, 공평, 공정성	(n) truth, honesty, morality, fairness, justice (n) entitlement, claim, justification	Everyone has a right to education. You have every right to complain. Your conscience should tell you the difference between right and wrong.
	동사	(동) ~을 똑바로 세우다, 곧추세우다, 일으켜 세우다, (동) ~을 바로잡다, 정정하다 (동) ~에게 ~의 권리를 회복시키다	(v) to put in an upright position (v) amend, rectify, correct, restore (v) avenge	The canoe will right itself if it capsizes. It's a terrible situation and we should right it as soon as possible. For more than 5 years, they have tried to be righted in court.

본 교재의 부록 A에는 이공계열에서 많이 사용되는 어휘 1600 여개를 16개의 분야별로 구분하였으며, 그 단어들의 한글 뜻과 그 단어의 품사 종류별 동의어를 열거하고, 그 단어를

사용하는 예문을 설명하고 있다.

3.7.2 문맥(context)으로 품사 파악 예

하나의 단어가 여러 품사 형태로 사용될 수 있을 때에는 문장의 문맥(context)을 잘 살펴서 그 단어가 어떤 품사로 사용되었는가를 판단하여야 한다. 예를 들어 그 단어가 어떤 용도로 사용되는 것이 올바른 문법으로 문장이 구성되는가를 판단하고, 품사를 결정한 후 전체 문맥이 잘 연결되는가를 확인하여야 한다. 표 3.14는 mean 단어가 다양한 품사로 사용되는 경우 문맥을 고려하여 그 용도를 파악하고 해당 품사로서의 의미를 판단하는 예를 보여준다.

표 3.14 문맥으로 품사를 파악하는 예

기본 예문	문맥의 고려사항	품사	의미
He is a man of mean stature.	전치사 of의 목적어인 stature를 수식	형용사	(키, 크기가) 평균의
He has mean intelligence.	동사 has의 목적어인 intelligence를 수식	형용사	(지적 능력이) 열등한
Money means everything to him.	주어 Money의 동사	동사	의미하다
We have no means of communication.	동사 have의 목적어	명사	방법, 수단

3.7.3 동의어를 사용한 보충 설명 및 강조 예문

표 3.15은 동의어를 사용하여 보충설명을 하거나 의미를 강조하는 예를 보여준다. 영어논술이나 발표에서 동일한 단어만을 반복 사용하는 경우 좋은 평가 점수를 부여하지 않으므로, 가능한 한 다양한 동의어를 사용하여 정확하게 의사를 표현하도록 한다. 이는 동일한 단어만을 여러 번 반복 사용하는 경우 전체 글이 단조로운 느낌을 줄 뿐 아니라, 그 단어가 가질 수 있는 여러 뜻 중에서 어떤 의미로 사용되었는지 혼동될 수 있기 때문이다. 특히, 발표에서 어떤 단어의 발음이 명확하지 않아 청중들이 제대로 알아듣지 못할 때 이 단어의 동의어를 사용하여 다시 표현하는 것이 반드시 필요하다.

표 3.15 동의어를 사용하여 보충설명 및 강조를 하는 문장 예

기본 예문	동의어를 사용한 보충 설명 및 강조(예)
He is a man of mean stature.	He is a man of mean stature; in other words, his height is average.
He has mean intelligence.	He has mean intelligence; in other words, his intelligence quotient(IQ) is low.
Money means everything to	Money means everything to them; in other words, they

them.	consider money is the most important one in their life.
We have no means of communication.	We have no means of communication; we have tried all methods to contact, but could not correspond with each other.

연습문제

3.1 다음 용어를 예를 들어 설명하라.

1) 어근(word root)
2) 접두사(prefix)
3) 접미사(postfix)

3.2 숫자의 의미를 가지는 접두사들을 사용하여 3각형 ~ 10각형을 의미하는 단어를 차례로 열거하라.

3.3 명사형 단어에 동사형 접미사를 붙여 동사로 만들어진 단어를 10개 열거하고, 그 의미를 정리하라.

3.4 동사형 단어에 명사형 접미사를 붙여 명사로 만들어진 단어를 10개 열거하고, 그 의미를 정리하라.

3.5 동사형 단어나 명사형 단어에 형용사형 접미사를 붙여 형용사로 만들어진 단어를 10개 열거하고, 그 의미를 정리하라.

3.6 Essay 독해

영어논술 3.1을 읽고 에세이 분석표를 작성하라.

Some people show special interest in working for a big company, while other are more willing to work for small ones. Of course, every individual has his own opinion about the strengths and weakness when it comes to serving in a big firm or a small one; for me, my choice is definitely to work for a big company.

Now let's use the analysis of "SWOT," which was always employed in the field of economies to get the problem solved. Here, S stands for "strength," W for "weakness," O for "opportunity" and T for "threat."

Working for a big company will have many advantages for your development in your career, because a big company usually provides more competitions and it demands its employees to be self-educated at the very beginning of becoming one member of the group, or he or she will be dismissed without hesitation. For as a big company, there is always a pool of talents waiting for a position to be filled.

Besides, in a big company, you will deal with different kinds of people, who are from different provinces or even different countries, having various education, thus you will be inevitably influenced by "multi-culture," which is of great importance to a person with the hope of tailoring himself to be an international talent.

Finally, in a big company you will be given more opportunities to be charged up either at home or abroad and be endowed with more chances to contact with more elites in the specific field.

When speaking of the weakness, every thing is a double-edged sword. Working for a big company, there might be little chances for many people to stick out due to the bulk of talents, but compared with the strengths and the opportunities mentioned above, it can be ignored.

When it comes to the threat, you will be continuously competing with highly capable colleagues in every stages of promotions. If you have not produced good performance and outcomes, you may not be allowed to promote. So, in a big company, you should be in alert always in order to be competitive.

All that I have explained above boils down to the conclusion that if you are a person who craves for competitions and desires to be an international talent, you should choose the big firms for your future development.

영어논술 3.1 Working in a large company vs. a small company

표 3.14 Essay 분석표 작성(thesis statement, topic sentence 및 keywords 정리)

Introduction
- Opening with attention grabber
- Context with brief background
- Thesis statement with list of reasons

↓ ↓ ↓

Transition and **Topic Sentence 1**	Transition and **Topic Sentence 2**	Transition and **Topic Sentence 3**
Supporting details for topic sentence 1	Supporting details for topic sentence 2	Supporting details for topic sentence 3

↓ ↓ ↓

Conclusion
- Transition to conclusion
- Summary
- Restatement of the thesis is slightly different way
- Suggestion

3.7 다음 한글 문장으로 영어 문장으로 번역하라.

1) 많은 영어 단어들은 그리스어와 로마어를 근원으로 생성되었다.
2) 접미사에는 동사형, 명사형, 형용사형, 부사형이 있다.
3) 10진수는 0 ~ 9의 10개 숫자 체계를 사용하지만, 16진수는 0 ~ 15의 16개 숫자 체계를 사용한다.

4장 어휘(Vocabulary)(2) - 전문용어(Terminology)

학습목표

- 수학 분야 전문 용어에 대한 이해
- 과학 분야 전문 용어에 대한 이해
- 공학 분야 전문 용어에 대한 이해
- 컴퓨터 및 AI 분야 전문 용어에 대한 이해
- 정보통신 및 사물인터넷 분야 전문 용어에 대한 이해
- 수학공식에서 많이 사용되는 그리스 알파벳 (Greek Alphabet) 및 주요 사용 용도

개요

4.1 수학 분야 전문 용어
4.2 과학 분야 전문 용어
4.3 공학 분야 전문 용어
4.4 컴퓨터 분야 전문 용어
4.5 정보통신 및 사물 인터넷 분야 용어
4.6 수학공식에서 많이 사용되는 그리스 알파벳 및 주요 사용 용도
4.7 영어 논술 (essay) 독해 연습

4.1 수학 분야 전문 용어

이공 계열 논술이나 발표에서는 다양한 수학 분야 전문 용어들을 사용하여야 정확하게 의미를 전달할 수 있는 경우가 많이 있다. 수학 분야는 세부적으로 도형과 숫자, 기하(geometry), 미분적분학(calculus), 대수학(algebra), 확률(probability) 및 통계(statistics) 등이 있으며, 각 세부 분야에서 주로 사용되는 전문 용어들이 있다.

수학 공식을 사용하는 학술 논문들에서는 대부분 가장 기초적인 근거로 사용하는 공리(axiom)를 기반으로 다양한 명제(proposition)들을 증명과정을 거쳐 정리(theorem)를 만드는 과정을 다양하게 사용한다. 따라서 이 과정에서 사용되는 전문 용어들을 정확한 의미를 이해하여야 한다.

4.1.1 도형과 기하 관련 용어

표 4.1은 다양한 도형의 종류와 그 도형에서 사용되는 관련 용어를 정리하고 있다. 다각형은 꼭짓점의 개수에 따라 다양한 이름을 가지며 꼭짓점 개수에 해당하는 숫자 접두사(3.5절 및 표 3.6 참조)에 n-각형을 나타내는 접미사 -gon(3.6절 및 표 3.9 참조)을 붙인 이름을 사용한다. 그림 4.1는 각 도형의 모양과 관련 용어를 그림으로 보여준다.

표 4.1의 수학 분야 전문 용어를 사용하여 기초 수학의 기하학에서 설명되는 피타고라스

정리(Pythagorean Theorem)와 직교좌표계(Cartesian Coordinate System)에 대해 그림 4.2와 같이 영어 표현으로 설명할 수 있다.

표 4.1 도형 종류와 관련 용어

분류	도형 종류	관련 용어
다각형 (polygon)	• 삼각형(triangle)	• base(밑변), height(높이), • side(삼각형의 변), leg(삼각형의 변), hypotenuse(직각 삼각형의 사변), • acute(예각), obtuse(둔각), • equilateral(등변), equiangular(등각), right(직각), isosceles(이등변), scalene(부등변), congruent(합동)
	• 직사각형(rectangle) • 정사각형(square)	• width(폭, 가로), length(세로)
	• 5각형(pentagon) • 6각형(hexagon) • 7각형(heptagon) • 8각형(octagon) • 9각형(nonagon) • 10각형(decagon) • 11각형(hendecagon) • 12각형(dodecagon)	• vertex(정점, 꼭짓점), • edge(테두리, 가장자리, 간선),
사다리꼴 평행사변형	• 사다리꼴(trapezoid) • 평행사변형(parallelogram) • 마름모꼴(rhombus, diamond)	• quadrilateral(사변형)
원, 타원	• 원(circle) • 타원(ellipse)	• radius(반지름), diameter(지름, 직경)
원뿔, 삼각뿔, 사각뿔	• 원뿔(circular cone, elliptical cone) • 삼각뿔, 4면체(tetrahedron) • 사각뿔(pyramid)	• height(높이), surface(표면)
기둥 (pillar)	• 원기둥(cylinder) • 삼각기둥(prism) • 사각기둥, 6면체(hexahedron) • 기둥(pillar)	• area(면적, 단면적), height(높이), • volume(부피, 체적)

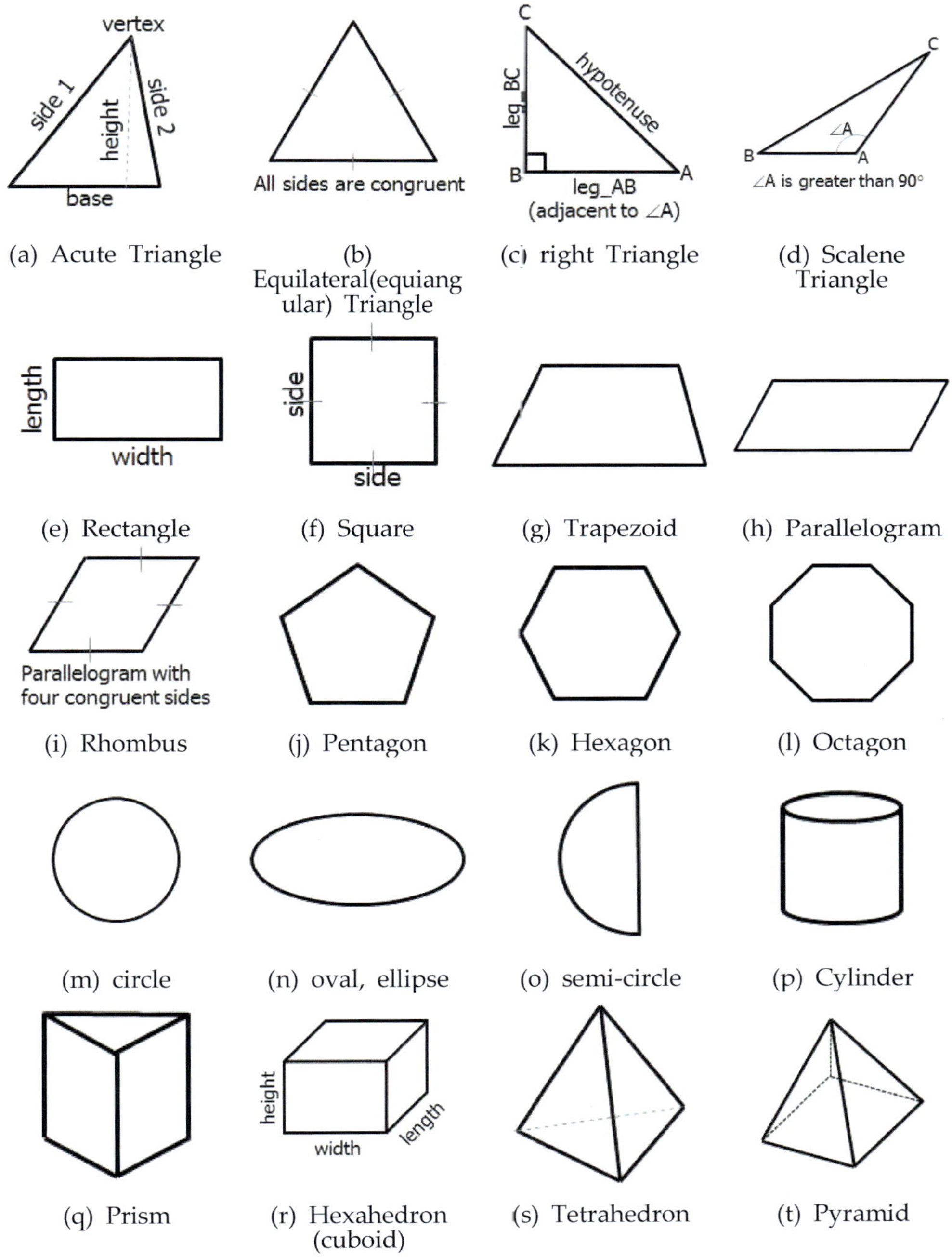

(a) Acute Triangle (b) Equilateral(equiangular) Triangle (c) right Triangle (d) Scalene Triangle

(e) Rectangle (f) Square (g) Trapezoid (h) Parallelogram

(i) Rhombus (j) Pentagon (k) Hexagon (l) Octagon

(m) circle (n) oval, ellipse (o) semi-circle (p) Cylinder

(q) Prism (r) Hexahedron (cuboid) (s) Tetrahedron (t) Pyramid

그림 4.1 도형 관련 용어

Pythagorean Theorem: In a right triangle, the square of the length of the hypotenuse equals the sum of the squares of the legs.

Cartesian Coordinate System: A coordinate grid, or Cartesian Coordinate System, is a way to locate points in a plane. To draw a picture of a coordinate grid, draw a horizontal number line, called the x-axis, and a vertical number line, the y-axis. These two lines intersect at a point called the origin. The x-axis and y-axis divide the coordinate plane into four sections called quadrants.

그림 4.2 도형과 기하관련 전문 용어를 사용한 영어 표현

4.1.2 숫자 관련 용어

표 4.2는 숫자, 분수 및 사칙연산에 관련된 수학 용어들과 관련 용어들을 설명하고 있다.

표 4.2 숫자 관련 용어

<table>
<tr><th>분류</th><th>용어</th><th>관련 용어, 예</th></tr>
<tr><td rowspan="2">Numeration</td><td>유리수(rational number)
분수(fraction)
- decimal fraction
- complex fraction
무리수(irrational number)</td><td>분자(numerator)
분모(denominator)
proper/improper fraction</td></tr>
<tr><td colspan="2">최소공배수(least common multiple)
최대공약수(greatest common factor)</td></tr>
<tr><td rowspan="3">Number theory</td><td>인수, 약수(factor)
공약수(common factor)
인수분해(resolution into factors)
계승, 팩토리얼(factorial, n!)</td><td></td></tr>
<tr><td>거듭제곱(power)
밑(base), 지수(exponent)</td><td>125 is the third power of 5.
(5^3, base 5, exponent 3)</td></tr>
<tr><td>제곱(square)
제곱근(square root)
세제곱(cube)
세제곱근(cube root)</td><td></td></tr>
<tr><td>Computation</td><td>덧셈(addition)
뺄셈(subtraction)
곱셈(multiplication)
나눗셈(division)</td><td>제수(divisor)
피제수(dividend)
몫(quotient)
나머지(remainder)</td></tr>
</table>

그림 4.3은 숫자에 관련된 전문용어를 사용하는 예를 보여준다.

A rational number is a number that can be represented by a ratio of two integers. An irrational number is a number that cannot be represented by a ratio of two integers. Irrational numbers can be represented by decimals that do not end and are not repeating.

Decimals are number that are expressed using a decimal point. A whole number is also a decimal.

A fraction is a number that represents part of something. The denominator tells how many equal parts are in a whole. The numerator tells how many of those parts we're talking about.

When fractions have the same denominator, you can say they have a common denominator. To find the least common denominator(LCD) of two or more fractions, find the least common mulitple(LCM) of the denominators of the fractions.

그림 4.3 숫자에 관련된 전문 용어 사용 예

4.1.3 기하학(geometry) 분야 용어

표 4.3은 기하학 분야의 전문 용어들을 설명하며, 그림 4.5는 각도의 종류별 영어 표현을 보여준다. 그림 4.6은 기하학과 도형의 전문 용어를 사용한 영어 표현의 예문들이다.

표 4.3 기하학 관련 용어

분류	용어	관련 용어, 예
Geometry(기하)	각도(angle) 예각(acute), 둔각(obtuse) 직각(right angle) 수직, 연직(perpendicular) 평각(plain angle): 180° 보각(supplement angle) 여각(complementary angle) 등변(equilateral, isosceles) 등각(equiangular) 부등변(scalene)	triangle(삼각형)
	4분면(quadrant) 교차(intersect) 원주, 원둘레(circumference) 주변, 주위, 주변의 길이(perimeter) 외접(circumscribe) 꼭짓점(vertex) 합동(congruent) 연장(prolong)	circle(원), ellipse(타원)

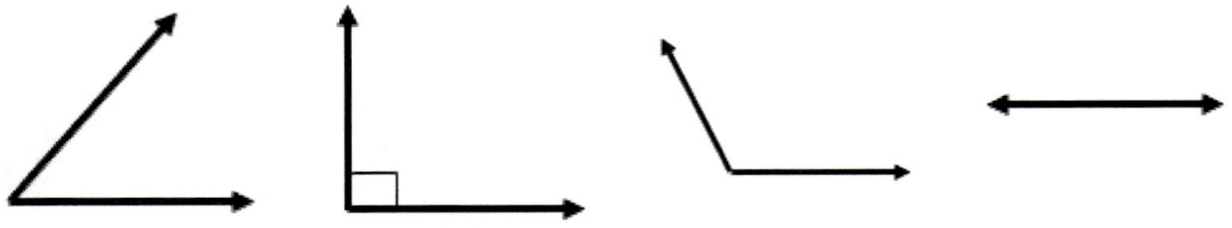

(a) acute(예각) (b) right(직각) (c) obtuse(둔각) (d) straight(직선)

그림 4.4 도형의 각도 종류별 표현

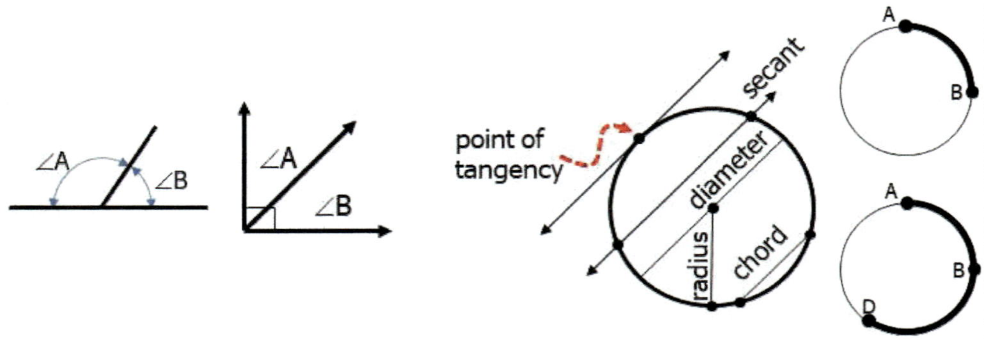

(a) supplementary angle (보각) (b) complementary angle (여각) (c) line on circle (d) minor arc, major arc

그림 4.5 기하학 (Geometry) 관련 용어

The term congruent is similar to the term equal. Congruent, however, applies to geometric figures while equal applies to numbers. Figures that have the same size and shape are said to be congruent. The symbol for congruent is $\cong$.

Parallel lines are lines that never intersect and are coplanar.

A trapezoid is a quadrilateral with exactly one pair of parallel sides. The same side interior angles formed by the two parallel bases are supplementary. An isosceles trapezoid has congruent legs, diagonals, and base angles.

The length of the diameter of a circle equals twice the length of its radius. All radii of a circle are congruent. Diameters of congruent circles are congruent.

> The distance around a polygon is call the perimeter. To find the perimeter of any polygon, add the lengths of its sides.
>
> Physical objects can be modeled using the basic solids - prisms, cylinders, cones, pyramids, and spheres, Volume and area considerations can be used to design physical objects or to meet a condition. Dimensions can be found to maximize or minimize area, volume, cost, and so on. Density can be used to find mass, population, or any other quantity specified on a per-area or per-volume basis. Numerical and graphical methods may be needed to find solutions to problems that do not result in equations that are easily solved.

그림 4.6 기하학과 도형에 관련된 전문 용어를 사용한 표현 예

4.1.4 미분적분학(calculus) 분야 용어

미분적분학은 공학 분야의 핵심 기초에 해당하며 극한, 함수, 미분, 적분, 무한급수 등을 다루며, 과학, 공학, 경제학 등 다양한 분야에서 활용된다. 표 4.4는 미분적분학에서 사용되는 전문 용어들을 정리하고 있다.

표 4.4 미분적분학 관련 용어

미분적분학 분야 전문 용어				
differential(미분)	finite	hyperbolic	coefficient	multi-variable
derivative	complex	magnitude	polynomial	solve
diagonalize	contour	theorem	lengthy	integral(적분)

> Calculus(from Latin calculus, literally 'small pebble', used for counting and calculations, as on an abacus) is the mathematical study of continuous change, in the same way that geometry is the study of shape and algebra is the study of generalizations of arithmetic operations.
>
> It has two major branches, differential calculus(concerning instantaneous rates of change and slopes of curves), and integral calculus(concerning accumulation of quantities and the areas under and between curves). These two branches are related to each other by the fundamental theorem of calculus. Both branches make use of the fundamental notions of convergence of infinite sequences and infinite series to a well-defined limit.

(Source: Wikipedia, https://en.wikipedia.org/wiki/Calculus)

그림 4.7 미분적분학 관련 전문 용어를 사용한 표현 예

4.1.5 대수학(algebra) 분야 용어

대수학(代數學, algebra)은 일련의 공리(axiom)들을 만족하는 수학적 구조의 일반적인 성질을 다루는 수학의 한 분야이며, 다양한 공학 분야의 문제들을 방정식 등의 수학적 구조와 행렬 등으로 표현하고 일련의 규칙에 따라 주어진 문제의 해(solution)를 쉽게 찾을 수 있도록 한다. 그림 4.8은 Wikipedia에서 제공하는 대수학에 대한 설명 자료이다.

표 4.5 대수학 관련 용어

대수학 분야 전문용어				
linear	vector	determinant	augmented	homogeneous
elimination	contrary	valid	joint	residue
adjoint	transposition	transition	complement	cofactor

Algebra(from Arabic "al-jabr", literally meaning "reunion of broken parts") is one of the broad parts of mathematics, together with number theory, geometry and analysis. In its most general form, algebra is the study of mathematical symbols and the rules for manipulating these symbols; it is a unifying thread of almost all of mathematics.[3] It includes everything from elementary equation solving to the study of abstractions such as groups, rings, and fields.

(source: Wikipedia, https://en.wikipedia.org/wiki/Algebra)

그림 4.8 대수학 관련 전문 용어를 사용한 표현 예

4.1.6 확률 및 통계(statistics) 분야 용어

확률 및 통계는 최근 다양한 분야에서 활용되고 있으며, 특히 빅데이터 기반의 통계 분석을 기반으로 한 응용 분야에서 많이 사용되고 있다. 표 4.6은 확률 및 통계 분야에서 많이 사용되는 전문 용어들을 열거하며, 그림 4.9는 Wikipedia에서 확률 및 통계에 관하여 제공하는 설명자료를 보여준다.

표 4.6 확률 및 통계 관련 용어

확률 및 통계 분야 전문 용어				
statistics	probability	permutation	combination	deviation
composition	implication	diminish	majority	prevalent
approximate	convergence	conjecture	minority	correlation
variance	mean	distribution	median	random

Statistics is a branch of mathematics dealing with data collection, organization, analysis, interpretation and presentation. In applying statistics to, for example, a scientific, industrial, or social problem, it is conventional to begin with a statistical population or a statistical model process to be studied. Populations can be diverse topics such as "all people living in a country' or "every atom composing a crystal". Statistics deals with all aspects of data, including the planning of data collection in terms of the design of surveys and experiments.

(source: Wikipedia, https://en.wikipedia.org/wiki/Statistics)

그림 4.9 확률 및 통계 관련 전문 용어를 사용한 표현 예

4.2 과학 용어

물리, 화학, 생물은 기초 과학 분야이며 다양한 공학 분야로 응용되는 학문 분야이다.

4.2.1 물리 분야 용어

표 4.7은 물리 분야의 전문 용어들을 열거하고 있으며, 그림 4.10은 Wikipedia에서 물리학에 관련하여 설명하는 내용이다.

표 4.7 물리 분야 전문 용어

물리학 분야 전문 용어				
axel	thermal	trajectory	concave	density
orbit	exceed	absolute	bounce	refraction
stiff	convex	mass	buoyance	gravity

Physics is the natural science that studies matter and its motion and behavior through space and time and that studies the related entities of energy and force. Physics is one of the most fundamental scientific disciplines, and its main goal is to understand how the universe behaves.

Physics is one of the oldest academic disciplines and, through its inclusion of astronomy, perhaps the oldest. Over the last two millennia, physics, chemistry, biology, and certain branches of mathematics were a part of natural philosophy, but during the scientific revolution in the 17th century, these natural sciences emerged as unique research endeavors in their own right. Physics intersects with many interdisciplinary areas of research, such as biophysics and quantum chemistry, and the boundaries of physics are not rigidly defined. New ideas in physics often explain the fundamental mechanisms studied by other sciences and suggest new avenues of research in academic disciplines such as mathematics and philosophy.

Advances in physics often enable advances in new technologies. For example, advances in the understanding of electromagnetism and nuclear physics led directly to the development of new products that have dramatically transformed modern-day society, such as television, computers, domestic appliances, and nuclear weapons; advances in thermodynamics led to the development of industrialization; and advances in mechanics inspired the development of calculus.

(Source: Wikipedia, https://en.wikipedia.org/wiki/Physics)

그림 4.10 물리 분야 전문 용어를 사용한 표현 예

4.2.2 화학 분야 용어

표 4.8은 화학 분야의 전문용어 중 대표적인 단어들을 열거하고 있으며, 이 단어들이 사용된 예로 그림 4.11에서 보는 것은 Wikipedia에서 화학의 역사와 학문적 세부 분야에 대하여 설명하는 자료이다.

표 4.8 화학 분야 전문 용어

화학 분야 전문 용어				
organic	refine	acid	catalyst	solute
diffuse	distillate	contaminate	dispose	discharge
emit	react	alloy	decompose	dilute

Chemistry is the scientific discipline involved with elements and compounds composed of atoms, molecules and ions: their composition, structure, properties, behavior and the changes they undergo during a reaction with other substances.

In the scope of its subject, chemistry occupies an intermediate position between physics and biology. It is sometimes called the central science because it provides a foundation for understanding both basic and applied scientific disciplines at a fundamental level. For example, chemistry explains aspects of plant chemistry(botany), the formation of igneous rocks(geology), how atmospheric ozone is formed and how environmental pollutants are degraded(ecology), the properties of the soil on the moon(astrophysics), how medications work(pharmacology), and how to collect DNA evidence at a crime scene(forensics).

(Source: Wikipedia, https://en.wikipedia.org/wiki/Chemistry)

그림 4.11 화학분야 전문 용어를 사용한 표현 예

4.2.3 생물 분야 용어

생물학은 의학, 약학과 환경 등으로 연계되는 학문이다. 표 4.9는 생물 분야의 전문 용어들을 열거하며, 그림 4.12는 Wikipedia에서 생물학(biology)과 필수 영양소(essential nutrients)을 설명하고 있는 자료이다.

표 4.9 생물 분야 전문 용어

생물 분야 전문 용어				
entropy	gene	organism	evolution	molecular
genetics	ecology	hybrid	species	genus
botany	bacteria	nutrition	protein	artery
fat	carbohydrate	vitamin	mineral	vein

Biology is the natural science that studies life and living organisms, including their physical structure, chemical processes, molecular interactions, physiological mechanisms, development and evolution. Despite the complexity of the science, there are certain unifying concepts that consolidate it into a single, coherent field. Biology recognizes the cell as the basic unit of life, genes as the basic unit of heredity, and

evolution as the engine that propels the creation and extinction of species. Living organisms are open systems that survive by transforming energy and decreasing their local entropy to maintain a stable and vital condition defined as homeostasis. (Source: Wikipedia, https://en.wikipedia.org/wiki/Biology)
An essential nutrient is a nutrient required for normal physiological function that cannot be synthesized in the body - either at all or in sufficient quantities - and thus must be obtained from a dietary source. Apart from water, which is universally required for the maintenance of homeostasis in mammals, essential nutrients are indispensable for various cellular metabolic processes and maintaining tissue and organ function. In the case of humans, there are nine amino acids, two fatty acids, thirteen vitamins and fifteen minerals that are considered essential nutrients. In addition, there are several molecules that are considered conditionally essential nutrients since they are indispensable in certain developmental and pathological states. (Source: Wikipedia, https://en.wikipedia.org/wiki/Nutrient#Essential_nutrients)

그림 4.12 생물분야 전문 용어를 사용한 표현 예

4.3 공학 용어

다양한 순수 과학을 바탕으로 설계된 다양한 시스템 구조에 다양한 구현기술을 직접 적용하여 구체적인 장치들이 개발되는 공학 분야는 4차 산업혁명의 기반을 제공한다. 공학 분야에서 중요한 세부 분야로 기계, 전자, 전기, 컴퓨터, 정보통신 등이 있으며, 최근 사물인터넷(Internet of Things)과 인공지능(Artificial Intelligence, AI) 등이 4차 산업 혁명의 핵심 기술이 될 것으로 예측된다.

4.3.1 기계공학 관련 용어

표 4.10은 기계 공학 분야에서 사용되는 전문 용어 중 대표적인 단어들을 열거하고 있으며, 그림 4.13은 이 전문 용어를 사용하며 기계공학에 대하여 포괄적인 설명을 제공하는 Wikipedia 제공 자료를 보여준다.

표 4.10 기계 공학 분야 전문 용어

기계 분야 전문 용어				
combustion	inertia	hydraulic	pneumatic	momentum
sophisticated	streamline	corrosion	fortify	infrastructure
entropy	resonant	hybrid	fixture	friction

Mechanical engineering is the discipline that applies engineering, physics, engineering mathematics, and materials science principles to design, analyze, manufacture, and maintain mechanical systems. It is one of the oldest and broadest of the engineering disciplines.

The mechanical engineering field requires an understanding of core areas including mechanics, dynamics, thermodynamics, materials science, structural analysis, and electricity. In addition to these core principles, mechanical engineers use tools such as computer-aided design(CAD), computer-aided manufacturing(CAM), and product life cycle management to design and analyze manufacturing plants, industrial equipment and machinery, heating and cooling systems, transport systems, aircraft, watercraft, robotics, medical devices, weapons, and others. It is the branch of engineering that involves the design, production, and operation of machinery.

(Source: Wikipedia, https://en.wikipedia.org/wiki/ Mechanical_engineering)

그림 4.13 기계공학 분야 전문 용어를 사용한 표현 예

4.3.2 전기•전자 관련 용어

전기공학 및 전자공학에서 많이 사용되는 전문용어들을 표 4.11에서 열거하였다. 그림 4.14는 전문 용어를 사용하여 전자공학의 세부 분야인 반도체에 대하여 Wikipedia에서 설명하고 있는 자료를 예로 보여준다.

표 4.11 전기.전자 분야 전문 용어

전기전자 분야 전문 용어				
resistor	impedance	dielectric	semiconductor	electromagnetic
capacitance	insulation	neutral	fume	accident
amplitude	acoustics	oscillate	alleviate	amplify
inductance	maneuver	servo	hexapod	shield
gauge	aid	robust	declare	humanoid
revolute joint	cartesian	cylindrical	haptic	manipulator

A semiconductor material has an electrical conductivity value falling between that of a metal, like copper, gold, etc. and an insulator, such as glass. Their resistance decreases as their temperature increases, which is behaviour opposite to that of a metal.

Their conducting properties may be altered in useful ways by the deliberate, controlled introduction of impurities("doping") into the crystal structure. Where two differently-doped regions exist in the same crystal, a semiconductor junction is created. The behavior of charge carriers which include electrons, ions and electron holes at these junctions is the basis of diodes, transistors and all modern electronics. Some examples of semiconductors are silicon, germanium, and gallium arsenide. After silicon, gallium arsenide is the second most common semiconductor used in laser diodes, solar cells, microwave frequency integrated circuits, and others. Silicon is a critical element for fabricating most electronic circuits.

Semiconductor devices can display a range of useful properties such as passing current more easily in one direction than the other, showing variable resistance, and sensitivity to light or heat. Because the electrical properties of a semiconductor material can be modified by doping, or by the application of electrical fields or light, devices made from semiconductors can be used for amplification, switching, and energy conversion.

(Source: Wikipedia, https://en.wikipedia.org/wiki/Semiconductor)

그림 4.14 전기전자 분야 전문 용어를 사용한 표현 예

4.4 컴퓨터·정보통신 용어

4.4.1 컴퓨터 및 인공지능 분야 전문 용어

표 4.12는 컴퓨터와 소프트웨어 분야의 전문 용어이며, 표 4.13은 인공지능(artificial intelligence, AI) 분야의 전문 용어들을 보여준다. 그림 4.15는 컴퓨터와 소프트웨어 분야의 영어 설명자료 예로서 Wikipedia에서 컴퓨터 프로그램에 대하여 설명하는 자료이다.

표 4.12 컴퓨터 및 소프트웨어 분야 전문 용어

컴퓨터 분야 전문용어				
cache	instruction	prefetch	component	peripheral
interface	configurate	mount	detach	accumulator
module	evolve	multicore	dispatch	volatile
hash	firmware	anonymous	queue	kernel
middleware	execution	reliable	manage	deplete
retrieve	throughput	interrupt	exception	concurrent
topology	traversal	asymptotic	consecutive	merge

컴퓨터 분야 전문용어				
conquer	decription	priority	resource	element
performance	elapse	structure	template	proto-type
attribute	inheritance	encapsulate	abstract	versatile
iterative	argument	transaction	halt	polymorphism
modify	heap	maintenance	overload	degrade

표 4.13 인공지능 분야 전문 용어

인공지능(AI) 분야 전문용어				
artificial	intelligence	intellectual property	negligible	hyperlink
illegible	premier	achievement	inconsistency	hypervisor
platform	facility	classification	augmented	regression
virtualization	expedition	scalability	clustering	institute
gradient	descent	estimation	neural	reinforce

A computer program is a collection of instructions that performs a specific task when executed by a computer. A computer requires programs to function.

A computer program is usually written by a computer programmer in a programming language. From the program in its human-readable form of source code, a compiler can derive machine code - a form consisting of instructions that the computer can directly execute. Alternatively, a computer program may be executed with the aid of an interpreter.

A collection of computer programs, libraries, and related data are referred to as software. Computer programs may be categorized along functional lines, such as application software and system software. The underlying method used for some calculation or manipulation is known as an algorithm.

(Source: Wikipedia, https://en.wikipedia.org/wiki/Computer_program)

그림 4.15 컴퓨터 분야 전문 용어를 사용한 표현 예

4.4.2 정보 통신 및 사물인터넷 분야 전문 용어

정보통신 및 사물인터넷은 4차 산업 혁명의 기반 기술이 된다. 표 4.14는 정보통신 분야에서 많이 사용되는 전문 용어들을 열거하며, 표 4.15은 사물 인터넷 분야의 전문 용어들을

보여준다. 그림 4.16은 사물인터넷에 대하여 Wikipedia에서 설명하고 있는 자료이다.

표 4.14 정보통신 분야 전문 용어

정보통신분야 전문용어				
compression	transform	convolution	harmonic	interpretation
derive	domain	range	periodic	delay
quantization	segmentation	asymmetric	trigonometric	stability
firewall	resilient	radiate	modulate	quadratic
attenuate	probe	preamble	analyze	face
cognitive	interference	propagation	bandwidth	exhaust
fraud	participate	surveilance	interrogate	malicious
intrusion	counterfeit	robust	liable	vulnerable
authenticate	arbitrary	violate	denial	confidential
embed	filter	discrete	frequency	jitter
simulation	tolerance	adequate	simultaneous	transport
extreme	multitasking	diagram	preemptive	round-robin

표 4.15 사물인터넷 분야 전문 용어

사물인터넷 분야 전문용어				
environment	kinematics	actuator	prudent	pollution
accelerometer	critical	feasible	consist	precipitation
humidity	barometer	precise	ultra-sonic	observe
sensor	feedback	torque	response	react

The Internet of things(IoT) is the network of devices such as vehicles, and home appliances that contain electronics, software, sensors, actuators, and connectivity which allows these things to connect, interact and exchange data.

The IoT involves extending Internet connectivity beyond standard devices, such as desktops, laptops, smart-phones and tablets, to any range of traditionally dumb or non-internet-enabled physical devices and everyday objects. Embedded with technology, these devices can communicate and interact over the Internet, and they can be remotely monitored and controlled.

(Source: Wikipedia, https://en.wikipedia.org/wiki/Internet_of_things)

그림 4.16 정보통신 및 사물인터넷 분야 전문 용어를 사용한 표현 예

4.5 Greek Alphabet, Colors, 기타

4.5.1 그리스 알파벳

표 4.16은 그리스 알파벳의 영어표기를 보여준다. 그리스 알파벳은 공학과 수학공식분야에 많이 사용된다.

표 4.16 그리스 알파벳

대문자	소문자	영어 표기 (발음)	대문자	소문자	영어 표기(발음)
Α	α	alpha (알파)	Ν	ν	nu (누)
Β	β	beta (베타)	Ξ	ξ	xi (크사이, 크시)
Γ	γ	gamma (감마)	Ο	ο	omicron (오미크론)
Δ	δ	delta (델타)	Π	π	pi (파이)
Ε	ε	epsilon (앱실론)	Ρ	ρ	rho (로)
Ζ	ζ	zeta (제타)	Σ	ς σ	sigma (시그마)
Η	η	eta (에타)	Τ	τ	tau (타우)
Θ	θ	theta (세타)	Υ	υ	upsilon (입실론)
Ι	ι	iota (요타)	Φ	φ	phi (파이)
Κ	κ	kappa (카파)	Χ	χ	chi (카이)
Λ	λ	lambda (람다)	Ψ	ψ	psi (프사이)
Μ	μ	mu (미)	Ω	ω	omega (오미가)

4.5.2 수학 공식에서 많이 사용되는 그리스 알파벳과 주요 사용 용도

표 4.17 수학공식에서 많이 사용되는 그리스 알파벳의 의미

대문자/소문자		영어 표기	주요 사용 용도	
			일반 수학 분야	물리, 화학, 전자, 기타 분야
Α	α	alpha(알파)	• 일반적인 평면, 각, 등의 변수 또는 상수(예: k = αx+βy+γz)	• 헬륨 입자(방사성)
Β	β	beta(베타)	• 일반적인 평면, 각, 등의 변수, 상수(예: k = αx+βy+γz)	• 전자(방사성)
Γ	γ	gamma(감마)	• 일반적인 평면, 각, 등의 변수, 상수(예: k = αx+βy+γz)	• 전자기파, 진동 역학에서의 over damping 변수 • propagation constant
Δ	δ	delta(델타)	• 작은 단위의 변화 량 (예: x1 = x0+δ)	• 부분 전하량

대문자/ 소문자		영어 표기	주요 사용 용도	
			일반 수학 분야	물리, 화학, 전자, 기타 분야
Ε	ε	epsilon (엡실론)	• 작은 량(예: $\varepsilon = 10^{-6}$) if(x <ε)	
Ζ	ζ	zeta(제타)		• 전자회로에서의 임피던스 값
Η	η	eta(에타)		• 열역학 • 광학에서의 굴절률
Θ	θ	theta(세타)	• 각도(radian 단위) • (예: y = A•sin(ωt+θ)	• 소프트웨어 복잡도(Θ) – Big Theta(grow at the rate of ~)
Ι	ι	iota(요타)		
Κ	κ	kappa(카파)		• 물리학에서 비전기 용량
Λ	λ	lambda(람다)	• 길이, 파장 • Queuing system의 arrival rate • 선형대수학에서 고유값 (Eigenvalue)	• 전자회로에서 파장 • 입자 물리학에서 중입자 기호
Μ	μ	mu(미)	• Queuing system의 departure rate	• 물리학에서 중성미립자, 자기장 상수
Ν	ν	nu(누)	• velocity	• 양자역학에서 파장의 속도
Ξ	ξ	xi (크사이, 크시)	• 데이터 급수의 나머지 항 변수	
Ο	ο	omicron (오미크론)		• 소프트웨어의 복잡도 Order of(O) – Big Oh(less than or equal to)
Π	π	pi(파이)	• $\prod_{k=1}^{n} \frac{1}{2k+1}$ • 삼각함수의 π= 3.1419(180°) • 통계에서 연속곱의 연산()	
Ρ	ρ	rho(로)	• 극좌표계의 변위(또는 거리)	• 물리에서 밀도(density) • conductivity
Σ	ς σ	sigma(시그마)	• 연속 덧셈($\sum_{k=1}^{n} k$) • 표준편차(standard deviation)	• 화학에서 선형 결합 • 물리에서 유전체에 대한 상수
Τ	τ	tau(타우)	• Euclid 기하학의 mapping에서 평행 이동	• 물리에서 회전력(torque)
Υ	υ	upsilon(업실론)		• 물리에서 중간자 표현 • 전자회로에서 admittance (impedance의 역수)

대문자/ 소문자		영어 표기	주요 사용 용도	
			일반 수학 분야	물리, 화학, 전자, 기타 분야
Φ	φ	phi(파이)	• 구면좌표계에서 평면 수직각 표현	
Χ	χ	chi(카이, 키)	• Fourier 변환식에서 사용	• 화학에서 mole fraction
Ψ	ψ	psi(프사이)	• Electric flux	• 파동함수(wave function)
Ω	ω	omega(오미가)	• 각속도(angle velocity); radian frequency [rad/sec]	• 천문학에서 빛의 밝기 • 전자회로에서 저항(ohm,Ω) • 물리, 화학, 열역학에서 엔트로피 • 소프트웨어의 복잡도(Ω) – Big Omega(greater than or equal to)

4.5.3 색상에 관련된 용어들

다양한 사물에 대한 설명을 할 때 모양, 크기, 위치, 색상 등의 정보를 설명해야 하는 경우가 많다. 실제 많은 색상들의 표현에서 국제 표준으로 사용되는 색상과 이름들은 표 4.18에서 보는 것과 같다.

표 4.18 표준 색상

Red	Green	Blue	Black	White	Gray
Aqua	Azure	Beige	Brown	Chocolate	Crimson
Cyan	Coral	Gold	Golden Red	Khaki	Indigo
Ivory	Magenta	Orange	Pink	Purple	Silver
Sky Blue	Violet	Yellow	Lavender	Plum	Orchid

4.5.4 별자리 (zodiac sign) 및 태양계 혹성

표 4.19는 서양 별자리에 사용되는 단어들을 정리하여 보여준다. 이 단어들은 실제 우주 항공 관련 분야에서 많이 사용되며, 다양한 상품명 및 로고, 만화 캐릭터 등에서 많이 사용된다. 예를 들어 동물을 의인화하는 만화에서 사자 모양의 캐릭터의 이름은 레오 (leo)라고 부르는 것을 많이 볼 수 있으며, 힘이 센 황소는 타우러스 (taurus)라고 부르는 것을 볼 수 있다. 이 별자리의 이름들은 대부분 그리스•로마 신화에서 사용되었던 단어들을 기반으로 한다.

그림 4.17 컴퓨터에서 사용되는 대표적인 컬러 색상 및 이름

표 4.19 별자리 (zodiac sign)

별자리	표현	별자리	표현
양	Aries	천칭	Libra
황소	Taurus	전갈	Scorpio
쌍둥이	Gemini	궁수	Sagittarius
게	Cancer	염소	Capricorn
사자	Leo	물병	Aquarias
처녀	Virgo	물고기	Pisces

표 4.20은 태양계 행성의 이름들을 열거하고 있다. 행성들의 이름 역시 그리스•로마 신화에서 사용되었던 단어들과 관계가 깊은 것을 알 수 있다.

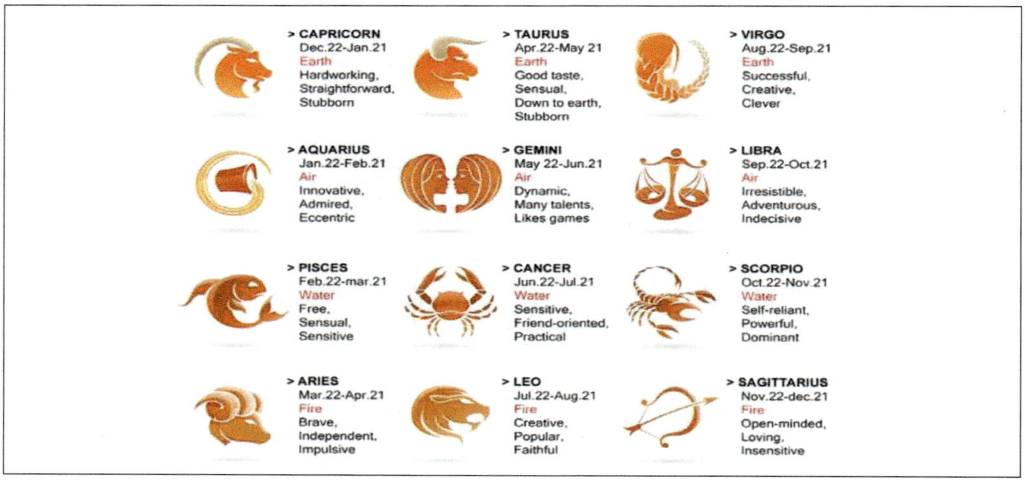

그림 4.18 별자리 관련 용어들 (source: http://eucbeniki.sio.si/ang1/3118/index4.html)

표 4.20 태양계 혹성 이름

혹성 이름	표현	혹성 이름	표현
수성	Mercury	토성	Saturn
금성	Venus	천왕성	Uranus
지구	Earth	해왕성	Neptune
화성	Mars	명왕성	Pluto
목성	Jupiter		

그림 4.19 태양계 혹성 (source: https://ko.wikipedia.org/wiki/태양계)

4.6 Essay Reading Comprehension

영어 논술 4.1은 과학 기술의 발전이 항상 좋은 점만을 제공하는가에 대한 내용이다. 이 에세이를 읽고 표 4.21의 에세이 분석표를 작성하라.

> Is progress always good ? Scientific progress brings us many conveniences and advanced machines, such as computers, automobiles, and so on. Progress seems to have made life simpler and more comfortable. But if we analyze it carefully, we will find

that progress is not always good.

Modern industry brings us many conveniences. But at the same time, some problems emerge. For example, "the green-house effect" is a very serious problem that scientists try to solve. It increases the earth's temperature, causes icebergs to melt and the ocean level become higher and higher. Maybe someday the oceans will swallow some big cities nearby them.

Progress enhances the efficiency of industrial production, but it also brings us another serious problem - pollution. Pollution in some countries is so serious that ecological balance is damaged and many animals and plants lose their living environment and become extinct eventually. The air is polluted and it is not suitable for people. The water is also polluted and people are facing deficiency of drinking water.

Progress makes the pace of life faster and faster because of the application of computers and automatic machines. People have to work faster than before and it makes them nervous. More and more physical and psychological problems disturb people's life. Many people do not have time for recreation.

From the above statements, it can be concluded that progress is not always good. It has its own negative influences on our life. Let hope those problems can be solved by more progress.

영어논술 4.1 Is progress always good ?

표 4.21 Essay 분석표 작성(thesis statement, topic sentence 및 keywords 정리)

Introduction - Opening with attention grabber - Context with brief background - Thesis statement with list of reasons		
↓	↓	↓
Transition and **Topic Sentence 1**	Transition and **Topic Sentence 2**	Transition and **Topic Sentence 3**
Supporting details for topic sentence 1	Supporting details for topic sentence 2	Supporting details for topic sentence 3

↓	↓	↓

Conclusion - Transition to conclusion - Summary - Restatement of the thesis is slightly different way - Suggestion

연습문제

4.1 다음 용어에 해당하는 영어 단어를 열거하고, 영어로 설명하라.

1) 기하학
2) 미분적분학
3) 확률
4) 통계
5) 대수학
6) 최소값
7) 최대값
8) 평균
9) 분산
10) 표준편차

4.2 Essay Reading Comprehension

영어 논술 4.2를 읽고 표 4.22의 분석표를 작성하라.

We spend more time with our co-workers during weekdays than we do with our family. Thus it is important for our co-workers to be the people we can get along with. In my opinion, there are certain characteristics that all good co-workers have in common. They are cooperative, considerate and humorous.

We no longer observe now a time that worships individual merits with great enthusiasm. Everyone should cooperate with each other. Teamwork is curial to a business. A good co-worker is willing to contribute to the office community and not too stubborn to accept advice. He realizes the fact that if one's work is left not done in time, it may hold up everyone else.

Besides, a good co-worker is very considerate. He may change his own schedule to accommodate another's emergency. He may be a sympathetic listener, comforting others when they are miserable.

What is more, a good co-worker should have a sense of humor. His positive attitude may create a pleasant environment. When we are under the great stress of work, what we need must is not a delicious meal but merely a few good jokes to relax our nerve cells.

What I have listed is not the complete set of characters of a good co-worker, however, we can feel how comfortable it is to get along with a good co-worker. Being a good co-worker will definitely contribute to other aspects of life such as friendship and a healthy life style.

영어논술 4.2 Is progress always good ?

표 4.22 Essay Outline 분석표 작성(thesis statement, topic sentence 및 keyword 정리)

Introduction - Opening with attention grabber - Context with brief background - Thesis statement with list of reasons		
↓	↓	↓
Transition and **Topic Sentence 1**	Transition and **Topic Sentence 2**	Transition and **Topic Sentence 3**
Supporting details for topic sentence 1	Supporting details for topic sentence 2	Supporting details for topic sentence 3
↓	↓	↓
Conclusion - Transition to conclusion - Summary - Restatement of the thesis is slightly different way - Suggestion		

4.3 다음 한글 문장을 전문 용어를 사용하는 영어 문장으로 번역하라.

1) 4각형의 크기는 가로와 세로로 지정되며, 6면체의 크기는 가로, 세로와 높이로 지정된다.
2) 5각형은 5개의 꼭짓점이 있는 도형이다.
3) 기둥은 2차원 도형인 삼각형, 사각형 또는 원에 높이를 더하여 만들어지는 3차원 공간상의 물체이다.
4) 복소수는 a+bi꼴로 나타내어지며, a를 실수부분, b를 허수부분이라고 한다.
5) 연립방정식을 이루고 있는 부등식 항 중에서 차수가 가장 높은 항이 이차방정식일 때, 이 연립 방정식을 연립이차방정식이라 한다.
6) 삼각형의 무게중심은 그 삼각형의 세 중심선(중선)의 교점이며, 중선은 각 꼭짓점으로부터 2:1로 내분한다.
7) 한 도형을 모양과 크기를 바꾸지 않고 일정한 방향으로 일정한 거리만큼 옮기는 것을 평행이동이라 한다.

4.4 다음 전문용어를 한글로 설명하라.

1) inertia
2) hydraulic
3) pneumatic
4) entropy
5) impedance
6) amplitude
7) inductance
8) cartesian
9) encapsulation
10) polymorphism
11) asymptotic
12) quantization
13) authenticate
14) harmonic
15) attenuate

4.5 영어의사소통기술이 왜 필요한 가에 대하여 영어 논술 (essay)을 작성할 수 있도록 핵심 키워드를 정리하고, 에세이 아웃라인을 작성하라.

5장 영어 기본문법(1) - 시제, 동명사/부정사/분사, 대명사, 관사, 비교급/최상급

학습목표

- 영어 문법에 대한 이해
- 시제(tense)에 대한 이해
- 동사의 명사형(동명사), 부정사형, 분사형 사용방법에 대한 이해
- 대명사(인칭대명사, 관계대명사, 의문대명사, 부정대명사) 및 관계 부사의 사용방법에 대한 이해
- 관사의 올바른 사용법에 대한 이해
- 비교급 및 최상급 표현방법에 대한 이해

개요

5.1 정확한 문법의 사용

5.1.1 논술에서의 정확한 문법 사용

효과적인 영어 의사소통의 핵심요건으로 정확한 문법을 사용하는 것은 적절한 어휘(vocabulary)와 전문 용어 (terminology)를 사용하는 것과 함께 매우 중요하다. 정확한 문법을 사용하지 않는 경우 누가 주체이며 누가 객체인지, 어느 시점에서 발생된 것인지, 어떤 조건을 가정하고 있는지, 어떤 것이 원인이며 어떤 것이 결과인지의 인과관계를 잘 구분할 수 없어 전달하고자 하는 의사가 모호해 질 수 있고, 잘못된 정보가 전달될 수 있다.

10년 이상 영어 공부를 한 대학생들의 경우에도 영어 논술 작성에서 기본적인 문법이 틀리는 경우를 많이 볼 수 있으며, 영어 발표에서는 더욱 많은 문법적 오류를 확인할 수 있다.

5.1.2 학생들이 많이 틀리는 대표적 문법 오류의 예

학생들의 영문 논술 작성과 영어 발표에서 많이 볼 수 있는 대표적인 문법 오류들의 사례는 다음 표 5.1에서 보는 것과 같다:

표 5.1 대표적인 영어 문법 오류 예시

구분	세부 구분	영어 문법 오류의 예시
주어와 동사의 불일치	3인칭 주어와 동사	• She **take** a shower every day. (3인칭 She의 경우 동사에 s가 붙어야 함: take -> takes) • He **have** ten dollars. (3인칭 He의 동사는 has: have -> has)
	3인칭 주어와 조동사	• He **do** his homework. (3인칭 He의 조동사는 does: do -> does)
시제의 불일치	과거 상황에서 현재 시제 사용	• He **arrive** here two days ago. (정황상 과거인데 현재 시제 사용: arrive-> arrived 또는 has arrived)
동명사와 부정사의 잘못된 사용	전치사의 목적어	• We look forward to **see** you soon. (look forward to 다음에서 동명사: see -> seeing)
	원형부정사	• The teacher made him **to** write a letter. (사역동사 make 다음에는 원형부정사: to write -> write)
관사 (a, the)의 잘못된 사용	대표성을 띈 복수형 또는 불가산 명사에 the 사용	• **The** apples are my favorite fruit. (대표성을 띈 복수형에는 the 사용하지 않음)
	구체적으로 지정되는 항목에 정관사 the 사용하지않음	• We saw a dog chasing a cat. **A** cat was chasing **the** mouse. (앞에서 cat이 구체적으로 지정되어 있으므로 A -> The; mouse는 구체적으로 지정되어 있지 않으므로 the -> a)

5.2 시제(tense)

5.2.1 동사의 시제

문장의 구성에서 동사의 시제는 어떤 시점을 기준으로 상황을 설명하는가에 대하여 매우 중요한 역할을 하며, 만약 시제를 잘못 사용하는 경우 틀린 의미가 전달될 수 있고 원인과 결과 및 선후 관계가 혼동될 수 있다. 동사의 시제에 관련된 용어는 그림 5.1에서 보는 것과 같이 정리된다. 시제는 현재 시점(now)을 기준으로 현재(present), 과거(past), 미래(future)로 나누어지며, 표 5.2에서 보는 것과 같이 세부적으로 구분된다.

단순 현재는 현재의 상태나 습관 또는 일상적인 행동을 나타낸다. 현재 어떤 상태나 행위가 계속 진행되면 현재 진행형(present progressive)이 되며, 현재 어떤 상태나 행위가 종료된 상태라면 현재 완료형(present complete)이 된다.

과거의 어떤 시점을 기준으로 어떤 행위나 상태가 완료되었으면 과거 완료형(past complete), 과거 그 기준 시점에 상태가 계속 진행 중이었다면 과거 진행형(past progressive)으로 표현되어야 한다. 미래의 어떤 시점을 기준으로 어떤 상태가 완료될 예정이면 미래 완료형(future complete)으로 표현되어야 하며, 그 기준 시점에도 어떤 상태가 계속 진행될 것으로 예상되면 미래 진행형(future progressive)으로 표현되어야 한다.

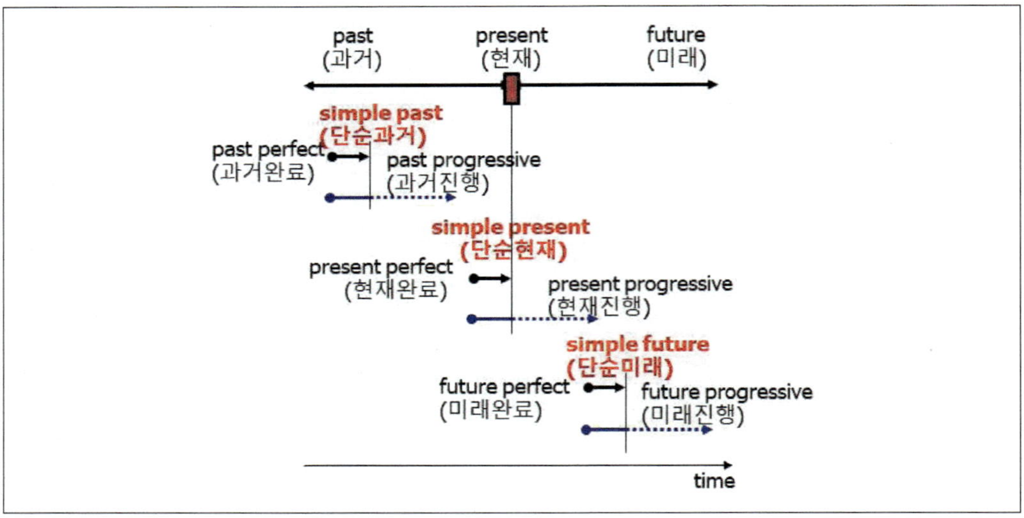

그림 5.1 과거, 현재, 미래

표 5.2 동사의 시제

동사의 시제	의미	예문
현재(present)	현재의 상태; 습관이나 일상적인 행동	• She takes a shower every day. • I usually read the newspaper in the morning. • It does not snow in Miami. • I am happy to learn essay writing.
현재진행 (present progressive)	현재 진행 중인 상태	• Babies are crying now. • It is not snowing now. • I am leaving soon.
현재완료 (present perfect)	과거에 시작되어 현재 시점에서 완료되었거나 계속 진행 중인 상태	• He has stopped smoking and drinking for his health. • Have you finished your homework? • I have known him for ten years.
과거(past)	과거 어떤 시점에서의 상태	• I finished my essay writing by last evening. • In the past, He used to wear blue jeans. • He used to be a heavy smoker when he was in the army.
과거진행 (past progressive)	과거 어떤 시점에서 진행 중이던 상태	• I was doing my homework on essay writing when you called me last evening.
과거완료	과거 어떤 시점에서	• I lost the smart phone which I had bought the

동사의 시제	의미	예문
(past perfect)	완료된 상태	day before.
미래(future)	미래 어떤 시점에서의 상태	• I will enjoy a trip in next month, after completion of this semester. • They are going to hold a press conference next Wednesday. • By the time I get a job, I will be out of school. • While I look for a job, I will continue to study.
미래진행 (future progressive)	미래 어떤 시점에서 진행 중인 상태	• I will be working all night in the restaurant, so please take care of the kids.
미래완료 (future perfect)	미래 어떤 시점에서 완료된 상태	• By the time when you arrive, the project will be completed. • She will have been in hospital for a month by next Sunday.

동사의 시제를 정확하게 표현하는 것은 각 기준 시점에서 어떤 상태나 행위가 완료되었는지, 계속 진행되는지, 또는 단순한 상태나 습관 또는 일상적인 사실인가를 구분하는 중요한 기준이 된다. 이러한 동사의 시제는 어떤 상황들 간에 선후 순서관계나 원인-결과 관계가 있을 때에도 매우 중요한 부가 정보를 제공하게 된다.

5.2.2 시간관계를 나타내는 부사

어떤 상황이나 상태가 어떤 기준 시점과 어떤 관계에 있는가를 부사로 나타내는 것은 동사의 시제와 함께 매우 중요한 보충 설명을 제공한다. 즉 기준 시점과의 시간 관계를 나타내는 부사와 함께 동사의 시제를 정확하게 사용함으로써 상황을 보다 명확하게 전달할 수 있다.

표 5.3 시간 관계를 나타내는 부사

구분	시간관계 부사	예문
현재 시점	currently, now	• Currently, I am searching the related documents.
어떤 시점	when, at the time	• When you arrive tomorrow, my homework will be completed. • When I arrived, he was leaving. • When it began to rain, I stood under a tree.
어떤 시점의 뒤	after	• After he graduates, he will get a job.
어떤 시점의 앞	before	• He will take several exams before he graduates.

구분	시간관계 부사	예문
어떤 상황이 종료된 상태	by the time	• By the time he arrived, we had already left.
시간의 구간(~하는 동안)	while, as	• While I was visiting his house, we played game together.
시간의 구간 (시간의 길이)	for(for 다음에 시간의 길이가 표현됨)	• I have been here for two hours. • I have lived here for two years.
어떤 시점이후	since(since 다음에는 구체적인 시점이 제공됨)	• Since we left, no one came to the old castle.
어떤 시점까지	until, till	• Until you finish your homework, you cannot go out for playing.
~하자마자	as soon as	• As soon as you finish your homework, you can go out for playing.
언제든	whenever	• Whenever you read the Proverbs, you will find good wisdom.
맨 처음, 맨 마지막, 다음번	the first time the last time the next time	• If you overcome any obstacle for the first time, you will solve it much easily at the next time.

5.2.3 빈도를 내타내는 부사

어떤 상황이 발생되는 빈도를 표현할 때 그 발생 빈도에 따라 적절한 부사를 사용하여야 한다. 표 5.4는 빈도를 나타내는 부사들을 발생 확률의 크기 순서에 따라 열거하고 있다. 발생될 확률이 높을 경우에는 긍정적인 빈도 부사를 사용하며, 발생 빈도가 낮을 경우 부정적인 빈도 부사를 사용하여야 한다.

표 5.4 빈도를 나타내는 부사

발생 확률	긍정/부정	빈도부사	예문
100% ↑	긍정적	always	He always studies at home in the evening
		almost always	He almost always play tennis on Sunday.
		usually	The post mail usually comes at noon.
		often	He often play piano in weekend.
		frequently	He frequently visits his parent.
		generally	I generally eat lunch around one o'clock.
		sometimes	He sometimes drinks heavily.
		occasionally	He occasionally arrives late.
	부정적	seldom	He seldom arrives late.
		rarely	He rarely wakes up late.

발생 확률	긍정/부정	빈도부사	예문
0% ↓		hardly ever	He hardly ever attended the meeting.
		almost never	He almost never drink.
		never	I never give up.

5.2.4 Already, yet, still, anymore의 사용

Already는 현재 시점 이전에 이미 발생되었다는 표현에서 사용되며, 문장의 중간에 포함된다. Yet은 현재시점까지 발생되지 않았다는 의미로 사용되며, 문장의 마지막에 포함된다. Still은 과거 시점으로부터 현재 시점까지 변함이 없이 지속되었다는 의미로 사용되며, 문장의 중간에 포함된다. Anymore는 과거의 상태가 현재에는 지속되지 않는다는 의미로 사용되며, 문장의 마지막에 포함된다.

표 5.5 Already, yet, still, anymore의 사용

단어	의미	문장에서의 위치	예
already	현재 시점 이전에 이미 발생되었음. 긍정적인 문장에 사용	중간	The mail is already arrived here.
yet	현재 시점까지 발생되지 않았음. 부정적인 문장에 사용	맨 뒤	I expected the mail an hour ago, but it has not come yet.
still	과거 시점으로부터 현재 시점까지 변함이 없이 지속되고 있음	중간	The mail did not come an hour ago. The mail still has not come.
anymore	과거의 상태가 현재에는 지속되지 않고 있음	맨 뒤	I do not live in Seoul anymore.

5.3 동명사(gerund), 부정사(infinitive), 분사(participle)

5.3.1 동명사(gerund)와 부정사(infinitive)

동명사(gerund)는 동사에 -ing를 붙여 명사처럼 사용할 수 있게 하며 주어, 목적어 또는 보어로 사용될 수 있다. 동명사는 완료형과 수동형으로 표현될 수 있다. 표 5.5에서 보는 것과 같이 어떤 동사는 목적어로 동명사만 사용할 수 있는 경우가 있다.

부정사(infinitive)는 동사원형 앞에 전치사 to를 붙여 만들어지며, 명사, 형용사 및 부사로 사용될 수 있다. 어떤 동사는 목적으로 부정사만 사용할 수 있는 경우가 있다.

표 5.6 동명사와 부정사의 제한적 사용

구분	동사	예문
동사 뒤에 동명사만 올 수 있는 경우	acknowledge, admit, appreciate, avoid, can't help, celebrate, consider, delay, deny, detest, discontinue, dislike, dispute, endure, enjoy, escape, explain, feel like, finish, forgive, give up, imagine, justify, keep(continue), mention, mind(object to), miss, postpone, practice, prevent, prohibit, quit, recall, recommend, regret, report, resent, resist, risk, suggest, understand	I enjoy dancing.(○) I enjoy to dance.(×) I am good at playing the piano.(○) I am good at to play the piano.(×) I have considered joining the team. We often go swimming in the lake. I was used to driving to work. I was used to taking the train. The council is against raising tuition.
동사 뒤에 부정사만 올 수 있는 경우	afford, agree, appear, ask, arrange, attempt, can't afford, can't wait, choose, consent, decide, deserve, expect, fail, help, hope, hurry, intend, learn, manage, mean, need, offer, pay, plan, prepare, pretend, promise, refuse, request, seem, want, wish, would like	I want to make some new friends. I asked him to help me. He decided to join a health club. She promised to go with him. He wants to leave. He wants you to leave.
동사 뒤에 동명사와 부정사가 모두 올 수 있는 경우	begin, can't stand, continue, forget, hate, like, love, prefer, remember, stop, start, try	She loves meeting new people. She loves to meet new people. He stopped smoking. He stopped to smoke.
동사 뒤에 목적어와 부정사가 오는 경우	advise, allow, ask*, cause, choose*, convince, encourage, expect*, forbid, force, help*, hire, invite, need*, order, pay*, permit, persuade, promise*, remind, require, teach, tell, urge, want*, warn, would like* (* 표시는 목적어 없이 부정사가 올 수 있음)	The CEO asked our team prepare a good market plan. She advised me to relax. He reminded me to submit document in time. My professor encouraged me to study recent progress in artificial intelligence(AI).

표 5.7은 동명사와 부정사를 사용 유형별로 구분하여 설명하고 있다. 먼저 object to, look forward to, be used to에서는 전치사 to 다음에 동명사를 그 전치사의 목적어로 사용한다. 이 경우 to 다음에 동사 원형이 와야 하는 것으로 생각할 수 있으나 동명사를 사용하는 것이 올바른 방법이다.

부정사는 명사를 수식하는 형용사로 사용될 수 있으며, 동사나 형용사를 수식하는 부사로도 사용될 수 있다. 표 5.7 예문의 homework tc do, time to stop과 house to stay에서 부정사 to do, to stop, to stay는 각각 homework, time, house를 수식하는 형용사로 사용된 것이다.

부정사가 부사로 사용되어 동사나 보어(형용사)를 수식할 수 있다. 표 5.7 예문의 eat to live에서는 동사 eat을 to live가 수식하며, happy to date에서는 happy를 to date이 수식하고 있다.

표 5.7 동명사와 부정사의 사용 유형

유형	예문
동명사를 전치사의 목적어	object to, look forward to, be used to I look forward to seeing you soon. I object to waiting. I was used to smoking.
부정사를 형용사로 사용	I have lots of homework to do. It is the time to stop. I have no house to stay.
부정사를 부사로 사용	I eat to live. She went to Busan yesterday to stay with her family during this weekend. I would be happy to date that beautiful lady. My boss is slow to make up his decision always.

5.3.2 원형부정사(bare infinitive)

부정사가 지각동사(verb of perception)나 사역 동사(causative verb) 뒤에 오는 경우 그 부정사는 to가 생략된 형태인 원형부정사르 사용되어야 한다. 또한 cannot but, do nothing but, had better 다음에는 동사 원형을 사용하여야 한다.

표 5.8 원형부정사 사용

구분	동사	원형부정사 사용 예문
지각동사(verb of perception)	see, watch, behold, observe, notice, hear, feel, listen to, look at, smell, perceive	• I saw a bird fly. • We heard the school bell ring. • I saw him enter the room.
사역동사 (causative verb)	make, have, let, get, help, bid	• I made him write a letter of apology. • The teacher let the student use his dictionary. • I will have him do it. • He made me pay the money.

구분	동사	원형부정사 사용 예문
기타	cannot but do nothing but had better	• We cannot but feel disgusted with his rudeness. • He did nothing but laugh without saying a word. • You had better consult a doctor.

5.3.3 동명사 및 부정사의 시제(tense)와 부정적 표현(negative expression)

동명사와 부정사를 사용하여 문장을 구성할 때는 그 시제에 따라 구분하여 사용하여야 한다. 만약 현재 진행형으로 표현하고자 하면 ~ing의 형태가 되며, 완료형의 경우 having ~ 과거 분사 형태가 된다.

표 5.9 동명사 및 부정사의 시제

구분	예제	예문
현재형	walking, speaking	• I enjoy walking, so I stay healthy. • Eating all those cookies gave the boy a stomachache.
완료형	having walked, having spoken	• Having completed the task earned me a vacation. • Having missed the train made us late for the concert.

동명사를 부정적으로 표현하고자 하는 경우 표 5.10에서 보는 것과 같이 not과 never를 사용하여 부정적인 표현을 구성할 수 있다.

표 5.10 동명사 및 부정사의 부정적 표현

구분	예문
not	• They regret not bringing their children. • You had better not be idle.
never	• I decided never to give up.

5.3.4 분사(participle)

분사는 동사원형 뒤에 -ing, -ed 또는 드물게 -en, -d, -t를 붙여 주로 상태를 나타내는 형용사의 역할을 하며, 보어로 사용되거나 분사구문에서 부사의 역할을 한다.

표 5.11 분사의 역할

역할	예문
형용사 (adjective)	• The crying boy was silenced by his mother. • Fallen leaves indicate the late autumn. • The stolen purse was retrieved by the police yesterday.
보어 (complement)	• He kept walking in the same direction. • The door remained locked for a long time. • He sat at his desk surrounded by books and papers. • I felt myself watched in the dark.
분사구문에서 의 부사 (adverb)	• Frightened, the little girl hid behind her mother. • Walking along the street, I ran onto an old friend.(time) • Left alone, she felt dead tired. • Not knowing what to do, he asked me for help.(reason) • Turning right, you'll find the post office on your left.(condition) • Admitting what you say, I still think you are not reasonable. • Grasping the life preservers, the exhausted passengers fell into the dinghy waiting below.(concurrent situation) • Walking on tiptoe, I approached the window.

표 5.12 분사의 시제

분사의 시제	시제별 분사의 예	예문
현재 (present)	walking, speaking	• The pretty lady walking down the street is my younger sister. • The people eating in the restaurant are obviously wealthy.
과거 (past)	walked, spoken	• The table, well constructed, was on display at the museum.
완료 (perfect)	having walked, having spoken	• The paper, having been written and revised, was ready for publication.

5.4 인칭대명사, 관계대명사, 의문대명사, 부정대명사, 관계부사

5.4.1 인칭대명사(personal pronoun)

영어 문장과 발표에서 사람에 대한 지칭을 할 때 정확한 인칭대명사(personal pronoun)를 사용하여야 한다.

표 5.13 인칭대명사

숫자	사람	주격 (Subject)	소유격 (Possessive Adjective)	목적격 (Object)	소유대명사 (Possessive pronoun)	재귀대명사 (reflexive)
단수	1인칭	I	my	me	mine	myself
	2인칭	you	your	you	yours	yourself
	3인칭	he she it	his her its	him her it	his hers	himself herself itself
복수	1인칭	we	our	us	ours	ourselves
	2인칭	you	your	you	yours	yourselves
	3인칭	they	their	them	theirs	themselves

5.4.2 관계대명사(Relative Pronoun)

관계대명사는 관련성이 있는 두 개의 문장을 연결된 형태로 표현할 때 사용되며 접속사와 대명사의 역할을 한다. 영어 논술, 논문과 발표에서 관련성이 매우 높은 두 개의 문장을 관계대명사를 사용하여 하나의 간결한 문장으로 표현하면, 보다 문장으로 명확하게 의사를 전달할 수 있는 장점을 제공한다.

관계대명사는 앞에 오는 명사(즉 선행사, 先行詞)를 대명사로 지칭하여 관계절이 구성될 수 있게 하며 그 선행사의 종류에 따라 who, which, that, what의 관계대명사가 사용된다. 관계대명사는 주격, 소유격, 목적격의 형태를 가진다.

표 5.14는 관계대명사 who, which, that, what이 주격으로 사용되는 경우 적용되는 선행사의 분류와 각 유형에 대한 소유격 및 목적격 사용 방법에 대하여 정리하여 보여준다. 표 5.15는 관계대명사를 사용하여 관계절을 구성한 예들을 보여준다.

표 5.14 관계대명사

관계대명사(주격)	적용되는 선행사	소유격	목적격
who	사람	whose, of whom	whom
which	사물, 동물	whose, of which	which
that	사람, 사물, 동물		that
what	사물(선행사)		what

표 5.15 관계대명사의 사용 예

관계대명사	예문
who	• The man who called yesterday wants to buy the house. • The guy whom you met there is my brother. • The man to whom I gave the present thanked me. • The man whose car you borrowed needs it tomorrow. • I picked up a man who I thought was honest. • I picked up a man whom I thought to be honest.
which	• He has a dog which barks furiously. • Please give me a room which commands a fine view. • The mountain whose top is covered with snow is Kilimanjaro. • There was some reason which he could not understand. • The paint on the seat on which you are sitting is still wet. • The thought him dull, which he was not. • She said nothing, which made him more angry.
that	• He is the only friend that I have. • Who that has common sense can believe such a thing? • He spoke of the men and the things that he had seen. • This is the book that I spoke of.
what	• What he said was lost in the applause that greeted him. • Are you doing what you think is right? • My uncle has made me what I am today. • Reading is to he mind what food is to the body. • He is clever, and what is better still, very brave. • What with illness and(what with) poverty, she is unhappy.

유사 관계대명사는 원래 접속사이지만 뒤에 오는 대명사가 생략되고, 그 대명사의 역할까지 하게 되어 마치 관계대명사처럼 사용되는 것이다. 유사관계대명사에는 표 5.16에서 보는 것과 같이 but, as, such, than 등이 있다.

표 5.16 유사관계대명사(pseudo relative pronoun)

유사 관계대명사	예문
but	• There is no one but knows him.(그를 모르는 사람은 아무도 없다.) • There is no rule but has some exceptions.(예외가 없는 법률은 없다. 모든 법률에는 예외가 있다.) • There is no one but hopes for happiness.(행복을 희망하지 않는 사람은 아무도 없다.)
as	• Choose such friends as will benefit you.(너에게 이익이 될 친구를 선택하라.) • I have the same trouble as you have.(나도 너와 같은 어려움이 있다.) • He often loses his temper, as is often the case with impatient young men.(그는 참을성 없는 젊은이들이 흔히 그러하듯이 화를 잘 낸다.)

유사 관계대명사	예문
such	• I like such a girl as is frank and kind.(나는 솔직하고 친절한 그런 여자가 좋다.)
than	• The next war will be more cruel than can be imagined.(다음 전쟁은 상상하는 것 이상으로 잔혹할 것이다.)

5.4.3 의문대명사(Interrogative Pronoun)

의문대명사는 의문사이면서 대명사의 역할을 하며, 의문대명사는 의문문에서 주어, 보어, 목적어의 역할을 할 뿐 아니라 명사를 수식하는 형용사의 역할도 한다.

표 5.17 의문대명사

구분	의문대명사	예문
사람	who, whose, whom, whoever	• Who is at the door? • What do you want from me? • Whom did you call last night?
사물	which, whichever	• Which(flavor) do you want? • Which boy won the match?(특정 사람을 지정)
	what, whatever	• Whatever you mean by "liberal education." I don't understand.

5.4.4 부정대명사(Indefinite pronoun)

부정대명사(indefinite pronoun)는 어떤 특정한 사람이나 사물을 가리키는 것이 아니라 부정(不定), 즉 정해지지 않은, 막연한 대상이나 정해지지 않은 수량을 나타낼 때 사용하는 대명사이다. 표 5.18은 사람, 사물, 범위 등을 대상으로 사용되는 부정대명사의 종류와 예문을 보여준다.

표 5.18 부정대명사(Indefinite pronoun) 종류와 예문

구분	부정대명사	예문
사람	everybody, everyone, somebody, someone, anybody, anyone, nobody, no one	• Someone say one thing and others say another. • Anyone will love her.
사물	everything, something, anything, nothing	• One should do his/her best in everything. • Would you please give me something to eat?

구분	부정대명사	예문
범위	each, much, either, another, all, some, several, both, few, least, less, little, lots, many, plenty, other, most, more	• Some of the books are interesting. • Would you like some coffee?(의문문이지만 질문이라기보다는 권유에 가까울 경우 some을 사용) • To some life means pleasure, to others suffering. • To know is one thing; to teach is another.

5.4.5 관계부사(relative adverb)

관계부사는 접속사 역할과 부사구 대체 역할을 함께 한다. 관계대명사는 관계사절의 주어, 목적어, 보어 역할을 하는 특정 명사(구)를 대체하며, 관계부사는 부사구를 대체한다. 표 5.19는 장소, 시기, 이유, 방법 등의 부사구를 연결할 때 많이 사용되는 관계부사인 where, when, why, how의 예문들을 보여주고 있다.

표 5.19 관계부사

선행사 종류	관계부사	예문
장소	where	• I am looking for a restaurant where I can have tacos. • The movie theater where we saw "Mission Impossible" is unforgettable.
시기	when	• The accident happened the day when we first met Joe.
이유	why	• There are three reasons why I am happy.
방법	how	• The way she teaches seems to be very effective.

관계부사 where, when, why, how는 전치사+which 관계대명사로 표현될 수 있으며, 이는 각각 at(on, in, during) which, in(on, at, to) which, for which, by which를 대신 사용할 수 있다.

5.4.6 지시대명사(demonstrative pronoun)

지시대명사는 특정 사물이나 장소, 시간 등을 가리키는 대명사이다. 일반적으로 많이 사용되는 지시대명사로는 표 5.20에서 보는 것과 같이 this, that, such, the same, so 등이 있다.

표 5.20 지시대명사

지시대명사	예문
this, that	• He is crazy about game, and this absorbs most of his time. • The climate of Seoul is similar to that of Washington D.C. • Those who likes borrowing dislike paying.

지시대명사	예문
such	• Such men as Washington and Lincoln are rare. • She is such a polite girl that everyone loves her.
the same	• They do not think the same as we do.
so	• Is it snowing? I think so. • He is rich. So is she.

지시대명사 that는 특별하게 사용하여야 하는 경우가 있으며 표 5.21에서 보는 것과 같이 that만 사용하여야 하는 경우와 that을 사용할 수 없는 경우를 잘 구분하여 사용하여야 한다.

표 5.21 that 대명사의 특별한 사용

구분	예문	예문
that만 사용해야 하는 경우	the only/ the very/ the same/ the first/ the –est+noun	• He is the only one that I feel like talking to.
	all, any/ some/ every/ many/ no+noun	• Every student that speaks English well. • Some people that enjoy the music.
	anything/something/nothing/everything	• Tell me anything that you need.
that을 사용할 수 없는 경우	comma 뒤에 절 전체가 앞의 문장을 수식하는 경우	• The project is finally completed, that was a pain in the neck.(X) --> The project is finally completed, which was a pain in the neck.(O)
	전치사+that	• This is the restaurant at that she works.(X) --> This is the restaurant where she works.(O)

5.5 관사(article) - a, the

5.5.1 부정관사 a의 사용

명사가 대표성을 띈 표현을 할 때 부정관사인 a를 사용하며, 이 경우 a+명사는 그 종류 전체를 의미한다.

표 5.22 부정관사 a의 사용 유형

유형	예문
a+명사로 대표성을 띈 표현	• A banana is yellow.(a banana가 일반적인 바나나 전체를 의미함)
복수형으로 대표성을 띈 표현	• Bananas are yellow.(bananas가 일반적인 바나나 전체를 의미함)
불가산 명사로 대표성을 띈 표현	• Fruit is good for health.(fruit이 일반적인 과일 전체를 의미함)
a+명사로 전체 중의 하나를 의미	• I ate a banana.
some+복수형 명사로 일부를 의미	• I ate some bananas.
불가산 명사에 some을 이용하여 약간의 의미	• I ate some fruit.

5.5.2 정관사 the의 사용

말하는 화자와 듣는 청취자가 모두 특정 사항을 지정한 것으로 이해하는 경우 정관사 the를 사용하여야 한다.

표 5.23 정관사 the의 사용 유형

유형	예문
the+단수 명사	• Thank you for the banana that you gave me yesterday.
the+복수 명사	• Thank you for the bananas that you gave me yesterday.
the+불가산 명사	• Thank you for the fruit that you sent us yesterday.
앞에서 설명된 사항을 구체적으로 지정	• Yesterday I saw some dogs. • The dogs were chasing a cat. • The cat was chasing a mouse. • The mouse ran into a hole. • The hole was very small.
대표성을 띈 복수형 또는 불가산 명사에 the를 사용할 수 없음	• Apples are my favorite fruit.(O) • The apples are my favorite fruit.(X) • Gold is a metal.(O) • The gold is a metal.(X)
가산 단수 명사 앞에는 항상 부정관사	• A man is standing at the door. • An orange is on the table.

표 5.24 가산 단수명사와 a/an, the, this/that, 소유격

유형	예문
가산 단수 명사 앞에는 항상 부정관사(a/an), 정관사(the), this/that, 소유격(my, your, his, her, its, ours, their)을 사용	• I drove a car.(O) • I drove the car.(O) • I drove that car.(O) • I drove his car.(O) • I drove car.(X)

5.6 비교급, 최상급

5.6.1 형용사와 부사(adjectives)의 비교급

형용사(adjectives)와 부사(adjectives)의 비교급(comparatives)을 사용하여 비교대상이 되는 두 개의 사물을 비교하는 표현을 할 수 있다. 비교급은 표 5.25에서 보는 것과 같이 형용사나 부사에 er을 붙여 비교급으로 만들 수 있으며 형용사나 부사의 단어가 길 경우 more 또는 less를 앞에 붙여 비교급을 만든다.

표 5.25 형용사의 비교급

	Comparative Adjective form		than	
The new restaurant is	brighter friendlier better		than	the old one.
	more less	comfortable beautiful		

형용사나 부사의 비교급을 "비교급+and+비교급"의 중복 형태로 표현하여 점점 더 ~해진다의 의미를 나타낼 수 있다. 형용사나 부사의 단어 길이가 긴 경우 more나 less를 중복 형태로 표현하여 점점 더 ~로 변화하는 표현을 할 수 있다. 예를 들어 "The food is getting more and more delicious."는 음식이 점점 더 맛있어진다는 의미를 표현한다.

표 5.26 비교급

	Comparative Adjective form	and	Comparative Adjective form	
The food is getting	better	and	better.	
	worse		worse.	
	more		more	delicious
	less		less	interesting

"the+비교급 ~, the+비교급" 형식은 "하면 할수록 ~하다"라는 표현을 할 때 사용

된다. 예를 어 "The more I learn, the more I want to learn." 은 나는 배우면 배울수록 더 많이 배우고 싶어진다." 의 을 나타낸다.

표 5.27 the+비교급의 사용 유형

The	Comparative Adjective form		the	Comparative Adjective form	
The	more crowded	the restaurant,	the	slower	the service
The	more	I learn,	the	more	I want to learn.

5.6.2 형용사와 부사의 동급

비교대상이 되는 두 개의 사물이 동급인 것을 표현하기 위하여 표 5.28에서 보는 것과 같이 "A is as ~ as B." 의 구조를 사용하며, 동급이 아닌 것을 표현할 때에는 "A is not as ~ as B." 의 구조를 사용한다.

표 5.28 형용사와 부사의 동급 표현

	(not) as	Adjective	as	
The new restaurant is	as	bright friendly good comfortable beautiful	as	the older one.
The new menu is	not as	expensive	as	the old menu.

5.6.3 최상급

어떤 개체가 최고인 것을 표현할 때 형용사나 부사의 최상급을 사용한다. 형용사나 부사의 최상급은 앞에 the를 포함하고 어미에 ~est를 붙여 만들거나 most 또는 least를 그 형용사/부사 앞에 붙여 최상급과 최하급을 만든다.

표 5.29 형용사의 최상급 표현

	Superlative adjective form	
You are	the sweetest the funniest the best the most wonderful the least selfish	person in the world
That is	the nicest	card I have ever received.

	Superlative adjective form	
	the loveliest the worst the most amusing the least original	

5.7 Essay Reading Comprehension

다음 에세이를 읽고 표 5.30의 에세이 분석표를 작성하라.

"Knowledge is the key to success." We can get knowledge from our personal experiences, books, and Internet. The knowledge gained from each source is important in different ways. Among the various ways of obtaining knowledge, I think personal experiences can teach us more practical knowledge than any others we can obtain from books or Internet.

First, experiencing brings us more fun to use hands and to go various places. During the experiencing, we can see, hear, smell, taste and feel using all our body senses. We can pay more attention when we are experiencing outside than when we are just reading books or surfing Internet, inside.

Second, the knowledge we gain from experience is easier to understand than information we can read in books or search from Internet. It is more difficult to understand if we just read words and look at pictures in a book or Internet. For example, we can read about a science experiment, but we may not understand it clearly. If we perform the experiment with our own hands, however, we can see exactly how it works. When we see or do something with our own eyes and hands, we are more likely to grasp the idea or task more clearly. If we make mistakes in the experiment, we can learn how to correct it next time. Experiences help us understand our failures and accomplishments.

Third, it is easy to remember life experiences. For example, we studied about China in school. It was interesting, but after all the examinations, I forgot everything that I learned from the book and Internet. Then, my family took a vacation to China. I got to see how different everything was from my country. It was very interesting to see the people and listen to them speaking their own language. I learned a lot about their culture like what they wear, what they eat, and how they live. It was an experience I will never forget.

We can stay at home and read about the world or surf Internet; or we can go out and personally experience it with our own body senses. Absolutely, personal experience, books, and Internet are all important sources of our knowledge. Among the various sources of knowledge, I believe that the knowledge gained from experience is the more important than knowledge gained from books or Internet, because personal experiences with body senses are easier to clearly understand, provide lifelong memorable, and make deep direct impact to change life. Let's try to have more personal experiences in diverse environments to be successful in our long-term life.

에세이 5.1 Best way to obtain knowledge

표 5.30 Essay Outline 분석표 작성(thesis statement, topic sentence 및 keyword 정리)

Introduction
- Opening with attention grabber
- Context with brief background
- Thesis statement with list of reasons

↓ ↓ ↓

Transition and **Topic Sentence 1**	Transition and **Topic Sentence 2**	Transition and **Topic Sentence 3**
Supporting details for topic sentence 1	Supporting details for topic sentence 2	Supporting details for topic sentence 3

↓ ↓ ↓

Conclusion
- Transition to conclusion
- Summary
- Restatement of the thesis is slightly different way
- Suggestion

연습문제

5.1 다음 용어를 예를 들어 설명하라.

1) 동명사(gerund)
2) 부정사(infinitive)
3) 분사(participle)
4) 대명사(pronoun)(인칭, 관계, 의문, 부정)(personal, relative, interrogative, negative)
5) 유사대명사(pseudo pronoun)
6) 관계부사(relative adverb)
7) 정관사, 부정관사

5.2 Essay Reading Comprehension

다음 에세이를 읽고 에세이 분석표를 작성하라.

"Knowledge is the key to success." We can get knowledge from our experiences and from books. The knowledge gained from each source is important in different ways. However, I think life experiences can teach me more than anything I can learn from books.

Firstly, experiencing brings me more fun to use hands and to go various places. During the experiencing, I can see, hear, smell, taste and feel using all body senses. I can pay more attention when I am experiencing outside than when I am just reading books inside.

Secondly, the knowledge I gain from experience is easier to understand than information I can read in books. It is more difficult to understand if I just read words and look at pictures in a book. For example, I can read about a science experiment, but I may not understand it. However, if I perform the experiment with my own hands, I can see exactly how it works. When I see or do something with my own eyes and hands, I am more likely to grasp the idea or task. If I make a mistake in the experiment, I can learn how to correct it the next time. Experiences help me understand my failures and accomplishments.

Thirdly, it is easy to remember life experiences. For example, I studied about Thailand in school. It was interesting, but after all the test, I forgot everything that I learned from the book. Then, my family took a vacation to Thailand. I got to see how different every was from my country. It was very interesting to see the people and listen to them speak their language. I learned a lot about their culture like what they wear, what they eat, and how they live. It was an experience I will never forgot.

I can stay at home and read about the world, or I can go out and experience it. Both experience and books are important sources of knowledge. However, I think knowledge gained from experience is more important than knowledge gained from books because personal experiences can be easier to understand, more memorable, and life changing.

에세이 5.2 Not everything that is learned is contained in books

표 5.31 Essay Outline 분석표 작성(thesis statement, topic sentence 및 keyword 정리)

Introduction
- Opening with attention grabber
- Context with brief background
- Thesis statement with list of reasons

↓ ↓ ↓

Transition and **Topic Sentence 1**	Transition and **Topic Sentence 2**	Transition and **Topic Sentence 3**
Supporting details for topic sentence 1	Supporting details for topic sentence 2	Supporting details for topic sentence 3

↓ ↓ ↓

Conclusion
- Transition to conclusion
- Summary
- Restatement of the thesis is slightly different way
- Suggestion

5.3 다음 한글 표현을 영어 문장으로 작성하라.

1) 3월 이후에는 날씨가 점점 더 따뜻해지고 있다.

2) 우리학과의 교수님들은 국제적 수준의 연구를 많이 수행하고 계신다.

3) 최근 4차 산업 혁명에서는 사물인터넷과 인공지능이 가장 중요한 핵심 기술이다.

5.4 영어의사소통에서 핵심적으로 필요한 세부 능력에 대하여 영어 논술 (essay)을 작성할 수 있도록 핵심 키워드를 정리하고, 에세이 아웃라인을 작성하라.

6장 영어 기본문법(2) - 구/절, 문장/문단의 연결

학습목표

- 영어 논술 작성 및 영어 발표를 위한 기본 영어 문법 이해
- 구(phrase)와 절(clause)의 구분 및 사용법 이해
- 구두점(마침표, 물음표, 느낌표, 콤마, 대시, 괄호, 세미콜론, 콜론)의 올바른 사용 방법 이해
- 문장의 연결 방법 이해

개요

6.1 구(phrase)
6.2 절(clause)
6.3 구두점(1): 마침표, 물음표, 느낌표
6.4 구두점(2): 콤마, 대시, 괄호
6.5 구두점(3): 세미콜론, 콜론
6.6 문장의 연결
6.7 문단과 문단의 전환

6.1 구(phrase)

문장에서 단어들이 연결되어 있으나 주어(subject) 또는 술어(predicate)가 포함되어 있지 않아 문장으로 완성되지 않고 명사, 형용사, 부사와 같은 역할을 하며, 하나의 품사처럼 사용되는 단어의 집단을 구(phrase)라고 한다. 예를 들어 "The boy in back yard is my son." 이라는 문장에서 "in back yard" 는 boy를 수식하는 형용사 역할을 하는 구라고 할 수 있다.

6.1.1 구(phrase)란 ?

구에는 표 6.1에서 보는 것과 같이 기능에 따라 명사구(noun phrase), 동사구, 형용사구, 부사구(adverb phrase)로 나누어지며, 구성된 형태에 따라 전치사구(prepositional phrase), 동명사구(gerund phrase), 부정사구(infinitive phrase), 분사구(participle phrase) 로 나누어진다.

표 6.1 구(phrase)의 종류와 예문

구의 종류	기능 및 예
명사구	• 명사와 수식어로 구성되며, 주어, 목적어, 보어로 사용될 수 있음 • **My little child** smiled gently.(주어로 사용됨) • We had **hard time** together.(목적으로 사용됨) • That is **a good idea**.(보어로 사용됨)
동사구	• 본동사와 조동사로 구성되며 문장의 서술어 역할을 함 • They **have bought** a house last year. • That **was not distinguished** from tree.
형용사구	• 명사를 수식하는 역할을 함 • He is **much taller than me**. • She has **a very funny and big** toy.
부사구	• 부사 역할을 함 • **Because of the reason**, he could not complete his duty. • She is **at her room** now.

표 6.2 구성형태에 따른 구(phrase)의 종류와 예문

구의 구성형태에 따른 분류	예문
전치사구 (prepositional phrase)	• The boy in back yard is my son. • Take me to the opera. • I think he is in his room. • What is in the box that came from your hometown? • He works best under pressure. • After the movie, let's drive by the river. • The woman on the phone is my elder sister. • The mysteries of outer space are waiting for us. • He was caught on the horns of a dilemma. • A large rabbit dove under the ground. • She lifted the weight with apparent ease. • Without doubt, the council decided for the best.
동명사구 (gerund phrase)	• Reading old English document is not easy as it sounds. • She places great value on living simply. • Wandering in and out of stores is her favorite way of passing time. • Living well is the best revenge. • Leaving at night helped us avoid the traffic jam. • They accused him of robbing the bank. • Having missed the bus, we arrived at the party late. • Exercising regularly is seizing an opportunity to keep healthy.

구의 구성형태에 따른 분류	예문
부정사구 (infinitive phrase)	• To know him is to know his brother. • A waiter's job is to server a table. • It is important to have good language to suit the occasion. • He brought a book to lend me. • We will have to run to catch the train. • We managed to arrive on time.
분사구 (participial phrase)	• The gentleman standing in the aisle is the owner. • Having said his piece, he sat down. • The fisherman, weathered by experience, calmly took the line. • Walking the balance beam, she was extremely careful. • Missing the bus by second, we decided to take a taxi. • Running into the house, the little girl tripped on the rug.

6.1.2 문장의 첫 부분에 위치한 분사구의 역할

문장의 첫 부분에 위치한 분사구는 그 문장의 주어를 수식하게 된다. 예를 들어 표 6.3의 첫 번째 예문에서 "Walking slowly down the road, he saw a woman accompanied by two children."의 경우 분사구인 "walking slowly down the road"는 이 문장의 주어인 그(he)를 수식하고 있다.

만약 목적어를 수식하는 분사구를 사용하고자 하는 경우 문장의 첫 부분에 배치하지 말고 그 목적어의 뒤에 배치하여야 한다. 예를 들어 표 6.3의 두 번째 예문에서와 같이 주어인 그가 바라 본 목적어(부인)를 수식하는 분사구로 수식하고자 하는 경우 "He saw a woman, accompanied by two children, walking slowly down the road."의 형태로 구성하여야 한다.

표 6.3 분사구의 구성에 따른 차이점

분사구 예	차이점
Walking slowly down the road, he saw a woman accompanied by two children.	길을 따라 천천히 걸어 내려오면서 그는 두 아이를 데리고 있는 한 부인을 보았다. (길을 따라 걸어 내려오는 사람은 그이다.)
He saw a woman, accompanied by two children, **walking slowly down the road**.	그는 두 아이를 데리고 길을 따라 걸어 내려오는 한 부인을 보았다. (길을 따라 걸어 내려오는 사람은 그 부인이다.)

6.2 절(clause)

6.2.1 절(clause)이란?

절(clause)은 주어와 동사(서술어)를 포함하여 완성된 하나의 문장을 구성한 상태로서 명사, 부사 또는 형용사의 역할을 한다. 표 6.4는 명사절, 부사절, 형용사절의 예문들이다.

표 6.4 절(clause)의 종류와 예문

절의 종류	예문
명사절 (noun clause)	• What happened yesterday meant a lot to me. • The truth is that their relationship is rocky. • I doubt whether you have ever heard of it before. • I don't know who she is talking to. • Even the doctor cannot explain why I have problems in sleeping. • Tell me how you met her. • It depends on when the show starts. • The fact that he does not drink surprises me.
부사절 (adverb clause)	• You look happy when you are reading a book. • Now that I have made up my mind, I will not look back. • We can rest as long as the baby sleeps. • Your voice is so loud that even a deaf person could hear you.
형용사절 (adjective clause)	• The book that contained the formula was missing.(It is essential that the formula be in the missing book.) • The book, which contained the formula, was missing.(It is essential only that the book is missing.) • We saw a movie that lasted two hours.(The length of the film is important.) • We saw a movie, which lasted two hours.(The length of the film is less important.)

6.2.2 독립절과 종속절

절은 다시 독립절(independent clause)과 종속절(dependent or subordinate clause)로 구분된다. 독립절은 하나의 문장으로 완성되는 완전한 문장이며, 종속절은 하나의 문장으로 완성되지 않는 불완전한 절을 의미한다.

표 6.5 독립절과 종속절의 비교

예문과 설명
Because it rained a lot yesterday,(종속절) the picnic was cancelled.(독립절)

6.2.3 Whether, if, in case, as, because로 시작되는 절의 사용법

Whether로 시작하는 절이 문장의 첫 부분에 오면 그 절이 주어로 사용되며, 문장의 뒷부분에 오면 보어로 사용된다. if 나 whether로 시작하는 절은 동사의 목적으로 구성할 수 있다. if로 시작되는 절은 그 조건이 성립되는 경우를 한정적으로 나타내며, in case는 그 조건이 성립될지 또는 되지 않을지 확실하지 않을 때 사용한다.

문장의 첫 부분에서 As와 Because를 사용하여 조건을 나타내는 절을 구성하는 경우, As는 상대적으로 중요하지 않은 이유를 의미하며, Because는 매우 중요한 이유를 나타내는 것으로 해석된다. 따라서 이유를 보다 강하게 표현하고자 하면 As 대신 Because를 사용하는 것이 더 적절하다.

표 6.6 절(clause)에서의 whether, if, in case, as, because

구분	예문
whether vs. if	• **Whether** she will come or not does not matter.(as subject) • The important thing is **whether** she will come or not.(as complement) • I wonder **if** she will come or not.(as objective) • I still question **whether** he is being honest.(as objective) • They cannot decide **whether** to leave or stay.(as objective)
in case vs. if	• Let's set up another table **if** they come.(only when it happens) • Let's set up another table **in case** they come.(whether or not it happens)
as vs. because	• **As** it is raining again, we would better stay at home.(not important reason) • **Because** I was sick, I did not go to work.(very important reason)

6.2.3 구와 절의 비교

구와 절을 사용하여 동일한 표현을 할 수 있으나, 일반적으로 구를 사용하면 좀 더 간결한 표현을 구성할 수 있다. 실제 영어 논술이나 논문에서 구와 절의 사용은 전체 문단의 구성에서 일치(unity), 통일(coherence) 및 일관성(consistency)을 유지할 수 있는 구조를 사용할 수 있도록 결정된다.

표 6.7 구(phrase)와 절(clause)의 비교

phrase	clause
We are planning a trip to the museum.	We are planning a trip so we can see the museum.
After a swim, we will have lunch.	After we swim, we will have lunch.

phrase	clause
He told them during dinner.	He told them while they were eating dinner.
In the box he found some old letters.	When he looked in the box, he found some old letters.
He laughed at the gag.	He laughed whenever the gagman opened his mouse.

6.3 구두점(1): 마침표, 물음표, 느낌표

문장에 포함되는 구두점(punctuation)에는 마침표, 물음표, 느낌표와 같이 문장의 끝을 나타내는 것들과 대시, 콜론, 괄호, 세미콜론, 콤마 등 문장을 잠시 멈추게 하는 것들이 있다. 구두점을 적절히 잘 사용하는 것은 문장을 읽고 정확하게 이해하는데 큰 도움을 준다. 보통 에세이를 기반으로 발표나 연설을 하는 경우 구두점 위치에서는 발음을 잠시 멈추고 호흡을 가다듬게 하며 제스처를 함께 사용하여 큰 호응을 이끌어낼 수 있게 한다.

6.3.1 마침표(.)

마침표는 문장의 끝을 나타낸다. 문장의 마지막에는 항상 마침표, 물음표, 느낌표로 표시하여 그 문장이 마무리되었음을 나타내어야 한다. 의문문이지만 별도의 답변을 기대하지 않거나 의문문이 문장의 내부에 포함되었을 경우에는 물음표 대신 마침표를 사용할 수 있다.

마침표는 약자나 축약된 단어를 나타낼 경우에도 사용된다. 예를 들어 Dr. 는 박사 학위(doctor)의 약자이며, 오전을 나타내는 a.m.은 ante meridiem의 약자로서 before noon의 의미를 가진다. 연도를 나타낼 때 사용하는 B.C.(기원전)와 A.D.(서기)는 각각 before Christ와 Anno Domini(in the year of our Lord)의 의미를 가진다.

마침표는 목차나 차례에서 번호 다음에 사용된다. 다만 목차 번호 뒤에 마침표를 찍는 규칙은 논문지에 따라 다르게 규정할 수 있으므로 그 논문지의 작성 규정을 확인하여야 한다.

표 6.8 마침표의 사용 예

구분	예문
문장의 끝	• Go get me news paper. I am anxious to see the news. • Into each life some rain must fall. • Last night some fel into mine. • The moon is round The star look small. • They welcomed the new comer. She was noticeably happy.
의문문이지만 별도의	• She wondered if the parade would ever end.

답변을 기대하지 않을 때이거나 의문문이 문장 내부에 포함되어 있을 때	• May we hear from you soon. • Will you please send me the flowers you advertised. • We''ll never know who the culprit was.
약자(abbreviations) 축약(contractions)	• Wed.(Wednesday), Dr.(Doctor), Jr.(Junior), Sr. • Jan.(January), Mr.(Mister), Sr.(Sir) • a.m.(ante meridiem; before noon) • A.D.(anno Domini, in the year of our Lord) • B.C.(before Christ)
목차나 차례	• a. apple b. orange c. pears • 1. President 2. Vice President 6. Minister • 1. Introduction 2. Related Work 6. Proposed Scheme • 6. Performance Analysis 5. Conclusions

영어 문장에서 마침표와 따옴표가 함께 사용되어야 하는 경우 마침표가 따옴표 구간 안에 위치하게 된다. 이는 한글 문법과 다른 점이며 영어권에서 관습적으로 사용하는 문법이다. 표 6.9에서 영어 문장에서의 마침표 사용에 주의할 점을 예문들을 사용하여 보여주고 있다.

표 6.9 마침표를 사용할 때 주의할 점

예문
• She said, "Hold my hand." • "Don't go into the park until later." • "It's not my fault," he said. • "She would have taken the car anyway."

6.3.2 물음표(?)

물음표는 직접적인 의문을 표현할 때 사용하며, 문장이 의문문 형태가 아닐지라도 물음표를 붙여 의문문으로 표현할 수 있다. 실제 의문문의 표현일 경우 연설에서는 물음표에서 목소리가 높아져서 의문문을 나타내도록 발음된다.

표 6.10 물음표의 사용 예

구분	예문
평서문+물음표	• She is here.(평서문) • She is here?(의문문)
의문문	• Where will we go next? • Would you like coffee or tea? • "Won't you," he asked, "please lend me a hand?" • "Will they ever give us our freedom?" the prisoner asked. • "To be or not to be?" was the question asked by Hamlet.
물음표를 사용한 강조	• Was the sonata by Beethoven? or Brahms? or Chopin?

구분	예문
	• Was the sonata by Beethoven, or Brahms, or Chopin? • Did they walk to the park? climb the small hill? take the bus to town? or go staking out back? • Did they walk to town, climb the small hill, take the bus to town, or go skating out back?
괄호안의 물음표로서 명확하지 않거나 의문이 있는 것을 표현	• The bombing started at 3 a.m.(?) • She said the dress cost $200,000(?) • Hippocrates(460(?) - 377(?) B.C.) is said to be the father of modern medicine.

6.3.3 느낌표 (!)와 감탄사

느낌표는 강조문을 나타내는 문장의 마지막에 사용된다. 이 느낌표는 아주 강한 감정(예를 들어 놀람, 불신, 감탄 등)을 표현할 때 사용하며 아주 강한 감정이 아닌 상태에서도 자주 사용하면 효과가 떨어진다.

감탄사(interjection) 또는 탄성은 단어 하나 또는 여러 단어를 사용하여 감정을 나타내는 표현이며, 감탄사에는 느낌표를 사용할 필요가 없다. 감정의 표현이 그다지 강하지 않는 경우 감탄사 다음에 콤마를 사용하며, 감정의 표현이 강할 경우 감탄사 다음에 느낌표를 사용한다. 표 6.11에 느낌표와 감탄사의 사용 예를 보여준다.

표 6.11 느낌표와 감탄사

구분	예문
느낌표	• Help! Fire! • It was a wonderful day! • What a beautiful woman she is! • What a wonderful day! • Fantastic! • "Unbelievable!" she gasped. • "You'll never win!" he cried.
감탄사(탄성)	• Oh dear, I forgot my keys again. • Oh, excuse me. I didn't realize that you were next on line. • Ah! Now do you understand? • Ouch! I didn't realize that the stove was hot.

6.3.4 대시(-)

대시('–')는 문장의 정상적인 흐름을 끊어 분리된 부분을 강조하기 위하여 사용한다.

표 6.12 대시의 사용 예문

구분	예문
강조	• Could you – I hate to ask! - help me with these boxes? • When we left town – a day never to be forgotten – they had a record snowfall. • She said – we all heard it - "The safe is not locked." • These are the three ladies – Mrs. Jackson, Miss Harris, and Ms. Forrest – you hoped to meet last week. • The sight of the Andromeda Galaxy – especially when seen for the first time – is astounding. • That day was the longest in her life – or so it seemed to her.
나열된 사실들의 종합	• Freedom of speech, freedom to vote, freedom of assembly – these are the cornerstones of democracy. • Carbohydrates, fats, and proteins – these are the basic kinds of food we need. • Jones, who first suggested we go; Marshall, who made all the arrangements; and Kline, who finally took us there – these were the three men I admired most for their courage. • Kim, Lee, Park, Yoon, Hong – all were displeased with the decision of the head coach.
인용문의 저자를 표시	• Nothing is good or bad but thinking makes it so. - William Shakespeare

6.4 구두점(2): 콤마, 괄호

6.4.1 콤마 (,)

콤마는 동일한 형식으로 대등한 항목(예를 들어 명사, 동명사, 부정사, 구 등)을 차례로 열거할 때 사용된다. 콤마로 열거된 항목들 중 마지막 항목 앞에는 and나 or가 사용되어 그 나열된 항목들의 전체를 의미하거나, 그 항목들 중 하나를 의미하도록 한다. 독립절이 차례로 연결될 때에도 콤마로 구분하며, 시간이나 장소의 관계절을 구분하는 관계절을 구분할 때 사용된다. 또한 콤마는 날짜의 표현에서 월-일과 년도를 구분할 때 사용된다.

표 6.13 콤마의 사용 예문

구분	예문
열거	• red, blue, and green • gold, silver, or copper

구분	예문
독립절 구분	• Boys played soccer, while girls played folk dance.
시간, 장소의 관계절	• In 1769, when Napoleon was born, Corsica had but recently been acquired by France. • Seoul, where I was born, is the largest city in Korea.
날짜 표시	• March 1, 2019 • Friday, March 1, 2019

6.4.2 괄호

문장에 포함된 핵심 내용이 아닌 사항을 부연 설명으로 제공하고자 할 때 괄호를 사용한다. 표 6.14는 괄호를 사용하여 핵심 내용이 아닌 부연 설명을 덧붙이는 예문들을 보여준다. 이 예문들에서 괄호 안의 내용을 생략하여도 전체 문장의 의미에 변화는 없는 상태이며, 단지 부연 설명을 통하여 문장에서 나타내고 있는 사항의 배경에 대한 설명이나 본인의 감정을 추가로 제공한다.

표 6.14 괄호 사용 예문

구분	예문
핵심 내용이 아닌 부연설명	• Most men(at least, most that know) like wine, women, and song but have to much work and not enough time for such enjoyments. • On Tuesday evenings and Thursday afternoons(the times I don't have classes), the television programs are not too exciting. • Last year at Seoraksan Mountain(we go there every year), the autumn leaves were the best I've ever seen. • In Daegu(I have lived there all my life and ought to know), the summer is boiling hot and the winter is freezing cold. • What must be done to think clearly and calmly(is it even possible?) and then make a decision?

괄호 내부의 내용에 대한 구두점은 괄호 내부에 포함시켜야 하며, 괄호 외부에 관련된 사항에 대한 구두점은 괄호 외부에 두어야 한다.

표 6.15 괄호와 구두점의 관계

구분	예문
괄호 내부의 내용에 관련된 구두점	• I thought I knew the poem by heart(boy, I was wrong!). • When I first saw a rose(don't you think it's the most beautiful flower?), I thought it must be man-made.

구분	예문
괄호 외부의 내용에 관련된 구두점	• For a long time(too long as far as I am concerned), women were thought to be inferior to men. • We must always strive to tell the truth.(Are we even sure we know what truth is?)

6.5 구두점(3): 세미콜론, 콜론

6.5.1 콜론(:)

콜론은 설명하고 있는 사항에 대한 추가 정보가 뒤 따라온다는 것을 알려주는 의미를 가지며, 앞서 언급한 내용을 강조, 묘사, 또는 예시를 위하여 사용되며, 그 뒤에 단어, 구, 또는 완전한 문장이 올 수 있다. 콜론은 묘사 또는 강조를 위하여 나열을 할 때에도 사용된다.

표 6.16 콜론(:)의 사용 예문

구분	예문
강조	• He has only one desire in life: to play baseball. • The weather that day was the most unusual I'd ever seen: It snowed and rained while the sun was still shining. • In his speech, the president surprised us by his final point: the conventional grading system would be replaced next year. • The tired man thought only two things in the last half hours of the his home: a bath and a bed.
묘사 또는 강조를 위한 나열	• Only a few of the graduates were able to be there: Kim, Han, Lee, Park, Yoon, and Hong. • For Omar Khayyam, a Persian poet, three things are necessary for a paradise on earth: a loaf of bread, a jug of wine, and one's beloved. • In the basement, he kept some equipment for his experiments: the test tubes, some chemical agents, three sunlamps, and the drill.
들여쓰기로 표시되는 긴 예문	• The first line of Lincoln's Gettysburg address is familiar to most Americans: *Four score and seven years ago our fathers brought forth on this continent a new nation, conceived in liberty and dedicated to the proposition that all men are created equal.*
업무용 서신의 시작	• Dear Senator Jordan: • To Whom It May Concern: • Dear Sir or Madam:

콜론 다음에 오는 단어 또는 문장의 첫 글자는 대문자 또는 소문자가 될 수 있는데 만약 새로운 완성된 문장이 뒤따라오면 대문자로 시작하여야 한다. 만약 뒤 따라오는 문장이 앞에서 언급한 내용에 연결되는 내용이면 소문자로 시작한다.

표 6.17 콜론을 사용할 때 주의할 점

예문
• May I offer you a suggestion: don't drive without your seat belts fastened. • The thought continued to perplex him: Where will I go next?

6.5.2 세미콜론(;)

세미콜론은 하나의 문장에 두 개의 절이 접속사(예: and, but, or, nor, for 등)없이 연결될 때 사용되며, 특히 이 두 개의 절이 서로 대비되는 관계일 때 세미콜론을 사용하는 것이 좋다.

표 6.18 세미콜론(;)의 사용 예문

구분	예문
두 개의 절을 연결	• It is not a good idea for you to leave the country right now; you should actually try to stay as long as you possibly can. • Burgundy and maroon are very similar colors; scarlet is altogether different. • Can't you see it is no good to go on alone; we'll starve to death if we keep traveling this way much longer.
서로 대비되는 관계의 절을 연결	• Music lightens life; literature deepens it. • Ask not what your country can do for you; ask what you can do for your country. • It started out as an ordinary day; it ended being the most extraordinary of her life. • Our power to apprehend truth is limited; to seek it, limitless.
복잡한 항목들이 나열되거나 나열된 항목 내에 구두점이 있는 경우	• You can use your new car for many things: to drive to town or to the country; to impress your friends and neighbors; to protect yourself from rain on a trip away from home; and to borrow against should need money right away. • The scores from yesterday's games came in late last night: Pirates-6, Zoomers-3; Caterpillars-12, Steelys-8; Crashers-9, Links-8; and Greens-15, Uptowns-6. • In October a bag of potatoes cost 69 cents; in December, 99 cents; in February, $1.09; and in April, $1.39. I wonder if this inflation will ever stop.

표 6.19 세미콜론으로 연결되는 절의 시작 단어

then	however	thus	furthermore
hence	indeed	consequently	also
that is	nevertheless	anyhow	in addition
in fact	on the other hand	likewise	moreover
still	meanwhile	instead	besides
otherwise	in other words	henceforth	for example
therefore	at the same time	even now	

표 6.20 세미콜론의 사용 예문

구분	예문
특별한 단어나 숙어로 시작되는 복합문	• For a long time, people thought that women were inferior to men; **even now** it is not an easy attitude to overcome. • Being clever and cynical, he succeeded in becoming president of the company; **meanwhile**, his wife left him. • Cigarette smoking has never interested me; **furthermore**, I couldn't care less if anyone else smokes or not. • Some say Bach was the greatest composer of all time; **yet** he still managed to have an ordinary life **in other ways**: he and his wife had twenty children. • We left wishing we could have stayed much longer; **in other words**, they showed us a good time.

세미콜론은 따옴표나 괄호내부의 항목에 관련된 일부분인 경우를 제외하고는 따옴표나 괄호 외부에 표시된다.

표 6.21 세미콜론의 표시

예문
• I used to call him "my lord and master"; it made him laugh every time. • The weather was cold for that time of year(I was shivering wherever I went); nevertheless, we set out to hike to the top of that mountain.

6.6 문장의 연결

6.6.1 문장의 연결과 접속사(Connectives)

논리적인 주장을 하는 에세이나 논문에서는 다수의 문장들을 연결하여 논리적인 근거를 쉽게 이해할 수 있도록 구성하며, 문장들을 연결하기 위하여 접속사를 사용한다. 접속사에는 표

6.22에서 보는 것과 같이 원인-결과, 비교, 조건에 관련된 접속사들이 있다.

원인-결과의 관계로 문장을 접속시키는 접속사로는 because, because of, due to, therefore, consequently, such(so) ~ that 등이 사용된다. 비교 관계로 문장을 연결시킬 때에는 even though, although, though, but, yet, nevertheless, however, despite, in spite of 등이 사용된다. 조건에 따른 접속을 하는 경우에는 otherwise, if, else, unless 등이 사용된다.

표 6.22 접속사의 종류와 예

분류	접속사	예문
원인-결과	because, because of, due to, therefore, consequently, such(so) ~ that	• We stayed home because the weather was cold.(절) • We stayed home because of the cold weather.(구) • We stayed home due to the cold weather.(구) • We stayed home due to the fact that the weather was cold.(절)
비교	even though, although, though, but, yet, nevertheless, however, despite, in spite of	• Even though he passed the first exam, he didn't pass the second exam. • He passed the first exam, but he didn't pass the second exam. • He passed the first exam, yet he didn't pass the second exam. • He passed the first exam. Neverthierless, he didn't pass the second exam.
조건	otherwise. if, else, unless	• If I don't eat breakfast, I cannot work. • Unless I eat breakfast, I cannot work. • I usually eat breakfast. Otherwise, I cannot work. • I usually eat breakfast, or(else) I cannot work.

6.6.2 원인과 결과(cause and effect)

표 6.23은 원인-결과 관계의 접속사를 사용한 예문들을 상세하게 설명한다.

표 6.23 원인-결과 접속사의 예문

원인-결과 접속사	예문
because / because of, therefore, consequently, such(so) ~ that	• We stayed home because the weather was cold.(절) • We stayed home because of the cold weather.(구) • We lost the game because he made a big mistake. • We lost the game because of his big mistake.
due to / due to the fact that	• We stayed home due to the cold weather.(구) • We stayed home due to the fact that the weather was cold.(절)

원인-결과 접속사	예문
therefore / consequently / so	• The weather was cold. Therefore, we stayed home. • The weather was cold. Consequently, we stayed home. • The weather was cold. So, we stayed home. • The weather was cold, so we stayed home

6.6.2 비교(contrast)

표 6.24은 비교접속사를 종류별로 분류하고, 예문들을 상세하게 보여주고 있다.

표 6.24 비교접속사의 예문

비교접속사	예문
but/ yet/ however/ nevertheless	• He passed the first exam, but he didn't pass the second exam. • He pass the first exam, yet he didn't pass the second exam. • He pass the first exam. However, he didn't pass the second exam. • He pass the first exam. Nevertheless, he didn't pass the second exam.
despite/ in spite of/ despite the fact that/ in spite of the fact that	• I went swimming despite the cold weather. • I went swimming in spite of the cold weather. • I went swimming despite the fact that the weather was cold. • I went swimming in spite of the fact that the weather was cold.
while/ whereas/ on the other hand	• Mary is rich, while John is poor. • While Mary is rich, John is poor. • Mary is rich, whereas John is poor. • Whereas Mary is rich, John is poor. • Mary is rich. On the other hand, John is poor.

6.6.3 조건(condition)

표 6.25는 조건접속사인 if, unless, otherwise, or(else)의 예문들을 상세하게 설명하고 있다.

표 6.25 조건접속사의 예문

조건접속사	예문
if	• If I don't eat breakfast, I cannot work. • I can't work if I don't eat breakfast.
unless	• Unless I eat breakfast, I cannot work. • I can't work unless I eat breakfast.

조건접속사	예문
otherwise	• I usually eat breakfast. Otherwise, I cannot work.
or(else)	• I usually eat breakfast, or(else) I can't work.

6.7 문단과 문단의 전환

6.7.1 문단(paragraph)

영어 논술이나 학술 논문에서 문단은 전체 주제를 뒷받침하는 소주제들을 개별적으로 서술하는 논리적 단위이다. 하나의 문단에는 3 ~ 10 문장이 포함될 수 있으며 각 문단에는 소주제를 나타내는 핵심 문장이 명시되고, 이 핵심 문장을 보충 설명하는 문장들이 적절한 순서에 따라 서술된다. 각 문단 내부에서도 소주제에 대한 세부적인 사항들이 순서에 따라 열거될 수 있다.

각 문단은 별도의 소주제를 정리하기 때문에 각 소주제들 간의 연관 관계에 따라 문단들의 순서가 적절히 전개되어야 한다. 예를 들어 앞에서 설명하였던 내용을 근거로 다음 소주제가 발전되는 관계로 구성될 수도 있으며 원인과 결과의 관계로 정리될 수도 있다.

6.7.2 전환(transition)

각 문단을 시작할 때에는 그 앞의 문단과의 관계를 간단히 나타내는 전환(transition) 문구를 사용하는 것이 전체 흐름을 잘 따라가며 그 영어 논술이 주장하는 내용과 관련된 논리적 근거를 쉽게 이해할 수 있게 한다. 문단의 전환에서는 일반적으로 표 6.26에서 보는 전환 문구를 많이 사용한다.

전환 문구 사용에서 고려하여야 할 사항으로 대구법 (parallelism)이 있다. 예를 들어 다수의 문단이 나열될 때, 문단의 첫 부분에서 사용되는 전환은 같은 형식을 사용하여야 한다. 즉, first, second, third의 전환문구를 사용하거나, firstly, secondly, thirdly로 사용하여야 한다. 이를 first, second, thirdly로 섞어 사용하면 대구법이 잘못된 것이며 따라서 논술의 응집성이 떨어지게 된다.

표 6.26 전환 문구

구분	전환문구
순서, 시간적 순차관계	• first, at first, in the first place, firstly • to begin with, at the beginning, starting with • initially, from this point

구분	전환문구
	• second, secondly • the next data, the next time, the following week • after that, following that • so far, later on • before, after, next, since • while, when
	• third, last of all, at last, lastly • at the end, in the end, ultimately, finally
	• to finish, to summarize • in summary
비교	• likewise, compared to, similarly • as ... as, and
대조	• however, on the other hand • but, yet, in spite of, in contrast • although, instead
보충 설명	• and, also, in addition, in fact, furthermore, moreover • another .. is/was
예시	• for example, for instance, in general, generally • specifically, in particular

6.8 Essay Reading Comprehension

"Is Internet a benefit or a curse?" This question has been continuously raising very debatable topics, and we would need to look carefully at the pros and cons of it before drawing our conclusions. Even then it would not be possible to clearly answer the question, since answering the question would depend on individual viewpoints as well as the situation that we are in. In my opinion, the Internet is definitely a good source of valuable information, but as with all forms of technology one must know how to make the best use of it.

Until the Internet became available world-wide, we had been highly dependent on books or stored data in various forms. The problems that arose with these traditional sources of information were that it was time consuming, inconvenient, and often difficult to validate the data. The act of weeding out incorrect data from old reports and books was a time consuming and painful process, and would many times deter people from exploring new information.

But today, with a touch of a button we can get any information available, sitting in the comfort of our homes. We are more knowledgeable and aware of phenomena happening around us. Technology has given us the greatest power at our fingertips, the power of knowledge! For example, if a person wants to start off a business venture, he can get all information of his competition easily using Internet. He can gather corresponding data, do a cost benefit analysis, and make new contacts, promptly and cost effectively on the Internet. If he has to discuss his startup with other potential partners, he is already armed with a wealth of valuable information.

On the other hand, the Internet does supply excessive amount of mixed information. For example, if you give a topic in a search engine, such as Google, you will get a number of sites that would cater to the required information. Now if you are unable to decide what information to cull out and what to leave, it would be a painful experience rather than an enjoyment. Absolutely, it is your own responsibility to filter out relevant information from the mixed data storage.

So in conclusion, answer to the question - "Is the Internet a boon or a bane?" - will really depend on how one uses the Internet technology. If used in an intelligent manner, it will be the greatest tool; otherwise, it will be an enemy that steals time, and deters one from achieving their ultimate goal. Let's try to be smart in making the most efficient use of it, while mitigating the possible negative aspects that entail.

에세이 6.1 Is Internet a benefic or a curse?

표 6.27 Essay Outline 분석표 작성(thesis statement, topic sentence 및 keyword 정리)

Introduction
- Opening with attention grabber
- Context with brief background
- Thesis statement with list of reasons

↓ ↓ ↓

Transition and **Topic Sentence 1**	Transition and **Topic Sentence 2**	Transition and **Topic Sentence 3**
Supporting details for topic sentence 1	Supporting details for topic sentence 2	Supporting details for topic sentence 3

↓	↓	↓

Conclusion
- Transition to conclusion
- Summary
- Restatement of the thesis is slightly different way
- Suggestion

연습문제

6.1 다음 용어를 예를 들어 설명하라.

1) 구(phrase)
2) 절(clause)
3) 전환(transition)

6.2 다음 에세이를 읽고 한글로 번역하라.

The information technology is developing so rapidly that nearly all families in most developed countries have at least one computer. Not only can students surf on the Internet and search for information at home, but they can also use computers at schools, at cyber centers and even in certain fast food restaurants. No doubt, the convenience in accessing information on the Internet helps students to learn more knowledge and learn it more quickly.

In the past, students can only learn from traditional books. In addition to the school curriculum, students might be able to learn from the extra-curricular books. They can go to the library and search for information. But this is much inconvenient than just sitting in front of the computer and learning things from websites from all over the world. In comparison, the information from the traditional books is so limited. By surfing on the Internet, students can get a wider horizon about any kind of information and have a deep understanding on each field.

On the other hand, students can never have such a quick way to search for information that they required. In a library, students might have to spend a whole hour in searching for a single book with relevant information. Yet, with a computer, students can search for an entire page of links with a search engine such as Google. The whole process involves just few clicks and several seconds. Moreover, information from books in library might be outdated. On the Internet, students can learn the first-handed information. With the help of technology, students get information much quicker.

However, searching on the Internet for information has its disadvantages too. It is difficult to ensure the information is accurate or not, as the publishing of website do not have the controlling policies as that of publishing books. Yet, in general, it is still true that information technology help students to learn more and learn more quickly.

에세이 6.2 Can new technologies help students ?

표 6.28 Essay Outline 분석표 작성(thesis statement, topic sentence 및 keyword 정리)

Introduction - Opening with attention grabber - Context with brief background - Thesis statement with list of reasons		
↓	↓	↓
Transition and **Topic Sentence 1**	Transition and **Topic Sentence 2**	Transition and **Topic Sentence 3**
Supporting details for topic sentence 1	Supporting details for topic sentence 2	Supporting details for topic sentence 3
↓	↓	↓
Conclusion - transition to conclusion - Summary - Restatement of the thesis is slightly different way - Suggestion		

6.3 다음 한글 표현을 영어 문장으로 번역하라.

1) 컴퓨터와 로봇의 이용 확대에 따라 스마트 공장이 확산되었고 인건비 절감을 할 수 있게 되었다.
2) 화력발전소 가동과 디젤 자동차의 운행으로 미세 먼지 농도가 건강을 위협할 정도로 높아졌다.
3) 머지않은 미래에 많은 분야에서 인공지능(AI)의 사용이 확산될 것이다.
4) 생명 유지에 필수적인 영양소로 탄수화물, 단백질, 지방, 무기질, 비타민 등이 있다.

6.4 효과적인 영어의사소통 능력 향상 방법에 대하여 영어 논술 (essay)을 작성할 수 있도록 핵심 키워드를 정리하고, 에세이 아웃라인을 작성하라.

7장 Essay 준비 및 작성

학습목표

- 이공계열 전공자의 실무 영어 실력 향상
- 주제가 지정된 영문 논술 작성 능력 향상

개요

7.1 Essay 작성 준비(Brainstorming, Clustering, Mind Map)1

7.1.1 Essay 주제 선정

영어 논술(essay)를 작성하기 위하여 첫 번째로 준비해야 하는 것은 주제를 선정하고, 선정된 주제에 대하여 어떤 내용으로 에세이를 작성할 것인가에 대한 자료를 준비하는 것이다. 일반적으로 교과목에서의 에세이 작성 과제는 미리 주제가 주어지는 경우가 대부분이나 자유주제로 본인이 주제를 선정해야 하는 경우, 많은 사람들이 관심을 가지는 문제에 대한 주제를 선정하는 것이 좋다. 특히 찬성과 반대, 장점과 단점이 모두 존재하여 개인적인 성향이나 선호도가 달라질 수 있는 주제는 다양한 의견을 도출할 수 있어 에세이 작성 과제의 주제로 많이 선택된다. 아울러 각자의 개성에 따라 다양한 방법이나 생각이 표출될 수 있는 주제를 선정하는 것도 좋다.

주제의 선정에서 최근 언론에서 많이 다루어진 논란을 선택하고 그 토론 내용에서의 문제점을 본인의 관점에서 분석하고 의견을 제시하는 것도 좋은 방법 중 하나이다. 일반적으로 언론에서는 논란이 되는 주제의 양면을 모두 균형 있게 보도하며 국민들이 객관적인 입장에서 살펴볼 수 있도록 하므로 언론이 제공한 정보들을 기본 자료로 사용하고 좀 더 깊이 있는 자료들을 수집하고 분석하여 본인의 의견을 제시하는 것이 에세이 작성 연습에 좋은 방법이 된다.

7.1.2 자료 준비

일단 에세이의 주제가 선정되면 관련 자료를 준비하여야 한다. 에세이에 주제에 관련된 최근 기사자료, 통계자료, 신문 방송에서의 토론 내용, 관련 학술 논문 및 보고서 등이 좋은 자료가 될 것이다. 특히 다양한 의견이 표출되었던 주제의 경우 찬성/반대, 장점/단점에 관련된 사항으로 어떤 의견들이 많이 개진되었는가를 파악하는 것이 필요하며, 이렇게 이미 발표된 내용들을 참고하여 본인의 의견을 논리적 근거에 따라 제시하는 것이 좋은 방안이다.

자료준비에 있어 중요한 사항으로 주제에 해당하는 분야의 정확한 용어를 파악하고 이 용어들을 사용하여 근거 자료 제시와 의견 제시를 하여야 한다. 예를 들어 이공계열의 주제를 다룰 경우 수학, 과학, 공학 분야의 용어를 정확하게 사용할 수 있어야 한다.

자료 준비는 에세이의 작성, 검토 및 수정 보완 단계에서 계속 이루어져야 한다. 만약 지정된 주제에 대한 본인의 의견을 뒷받침할 자료가 미흡하거나 논리적으로 타당한 자료가 부족한 경우 이를 보완하기 위한 자료 준비를 계속 수행하여야 한다.

자료준비 과정에서 다수의 인원들이 함께 새로운 아이디어를 창출하여야 하는 경우 2.3절에서 설명하였던 브레인스토밍, SCAMPER, 마인드맵, 클러스트링, TRIZ, 만다라트 차트 등의 기법을 활용할 수 있다.

7.1.3 논리적 서술 방법의 구상 - 연역법, 양괄식 정리

논리적 근거를 기반으로 주장하는 논술과 발표에서는 이미 잘 알려져 있는 논리적 근거를 바탕으로 새로운 결론을 도출하는 구조를 가지며, 대전제에 따른 소전제들을 논리적 근거로 사용하는 연역법 추론방식을 사용한다. 학술 논문에서의 연역법 추론 방식은 이미 다른 연구 분석에서 잘 파악된 결과를 전제로 사용하며 새롭게 추가 개발되거나 추가 분석된 내용들을 소주제로 사용하여 새로운 결론을 도출하여 주제군으로 정리하는 것이다.

논술과 발표에서는 주장하는 내용을 주제문으로 요약정리하고 이를 강조하기 위하여 논술과 발표의 시작 부분에서도 제시하며, 결론에서도 제시하는 양괄식 구조를 사용한다. 그러나 논술의 본문에서는 소주제문을 맨 처음에 제시하고 이에 대한 논리적 근거를 순서대로 설명하는 두괄식으로 서술하는 것이 일반적이다. 본문의 각 단락에서 양괄식으로 정리를 하면 너무 복잡하게 느껴지는 부담이 있기 때문에 문단의 서두에서만 소주제어를 제시하는 두괄식으로 정리한다.

7.2 Outline 정리

7.2.1 핵심단어(keyword), 주제문(thesis statement), 소주제문

좋은 논술과 좋은 발표는 그 논술과 발표에서 주장하는 내용의 배경과 논리적 근거를 쉽게 이해할 수 있도록 구성하여 주장하고자 하는 내용이 명확하게 전달하는 것이다. 좋은 논술과 발표의 준비는 주장하고자 하는 내용과 배경, 그리고 논리적 근거를 가장 잘 표현할 수 있는 핵심단어를 선정하고, 그 핵심단어를 중심으로 주장하는 내용을 주제문(thesis statement)으로 표현할 수 있어야 한다. 즉, 논술 전체가 한 문장으로 요약된 주제문으로 표현하여 전달하고자 하는 내용이 함축적으로 포함되어 있어야 한다.

주제문에서 주장하는 내용의 논리적 근거는 소주제문으로 표현되어야 하며, 본문의 각 단락에서 소주제문을 명시하여야 한다. 각 소주제문의 주장내용을 뒷받침하는 논리적 근거들은 각 단락 내부에서 제공하여야 한다.

7.2.2 에세이의 기본구조

일반적으로 에세이의 기본 구조는 서론, 본론, 결론의 문단으로 구성된다. 만약 350단어 정도의 분량으로 에세이가 작성되는 경우 각 문단은 10 ~ 15 단어 분량의 문장이 4 ~ 6개 정도 포함되는 문단이 5개 있는 구조가 된다. 에세이를 작성하기 위한 기본 골격을 세우는 것은 매우 중요한 단계이며, 어떻게 본인이 주장하고자 하는 내용을 좀 더 논리적으로 설득력 있게 설명할 것인가를 구상하는 것이다.

각 문단의 핵심 내용은 표 7.2에서 보는 것과 같다. 에세이에서 가장 중요한 점은 주장하고자 하는 주제문장과 이 주장을 논리적으로 뒷받침하는 근거들이 열거되는 것이다.

표 7.2 350단어 분량의 Essay 아웃라인 구성

문단	핵심 내용
서론	• 독자와 청중의 주의를 사로잡을 수 있게 하는 주의집중(attention grabber) 표현이 포함된 시작 문장 • 에세이에서 다루는 주제가 중요하다는 점을 강조하기 위한 문장(독자와 청중이 이 문제를 함께 고민하여야 한다는 점을 부각시킬 수 있는 내용) • 에세이에서 주장하고자 하는 주제문장(thesis statement)과 주장의 뒷받침이 되는 논리적 근거들의 열거
본론 1	• 주제문장의 주장을 뒷받침하는 첫 번째 논리적 근거의 주제문장 • 첫 번째 논리적 근거를 뒷받침하는 보조 설명과 보조 설명의 근거가 되는 자료
본론 2	• 주제문장의 주장을 뒷받침하는 두 번째 논리적 근거의 주제문장 • 두 번째 논리적 근거를 뒷받침하는 보조 설명과 보조 설명의 근거가 되는 자료
본론 3	• 주제문장의 주장을 뒷받침하는 세 번째 논리적 근거의 주제문장 • 세 번째 논리적 근거를 뒷받침하는 보조 설명과 보조 설명의 근거가 되는 자료
결론	• 핵심 사항을 종합적으로 요약정리 • 서론에서 제시하였던 주제문장을 본론에서 설명한 논리적 근거와 함께 다시 표현(서론에서의 주제문장에서 사용한 단어의 동의어를 사용하여 동일한 주장을 전달) • 주제문장에서 주장하는 내용이 독자와 청중들에게 어떤 의미를 가지는가에 대하여 간단한 설명과 에세이에서 주장한 사항을 고려하여 어떻게 해야 하는가에 대한 의견 또는 건의사항

7.2.3 아웃라인 정리

에세이 쓰기에서의 아웃라인 정리는 표 7.2의 에세이 구조를 생각하면서 각 문단에서 사용하고자 하는 핵심단어와 핵심문장들을 정리하는 것이다. 아웃라인 정리에서는 특별한 양식이 지정되어 있는 것은 아니나 표 7.3과 같은 양식을 사용하여 정리하면 전체 구성이 적절한 가를 쉽게 파악할 수 있고 필요하면 쉽게 수정 또는 재조정을 할 수 있어 편리하다. 각 문단에 포함될 내용들을 핵심단어와 핵심문장으로 정리할 수 있고 추가적으로 고려할 단어들을 함께 표시하여 해당 문단의 문장들을 만들 때 사용할 수 있도록 한다.

표 7.3 아웃라인 정리 양식

<table>
<tr><td colspan="3">Introduction
- Opening with attention grabber
- Context with brief background
- Thesis statement with list of reasons</td></tr>
<tr><td>↓</td><td>↓</td><td>↓</td></tr>
<tr><td>Transition and
Topic Sentence 1</td><td>Transition and
Topic Sentence 2</td><td>Transition and
Topic Sentence 3</td></tr>
<tr><td>Supporting details for topic sentence 1</td><td>Supporting details for topic sentence 2</td><td>Supporting details for topic sentence 3</td></tr>
<tr><td>↓</td><td>↓</td><td>↓</td></tr>
<tr><td colspan="3">Conclusion
- Transition to conclusion
- Summary
- Restatement of the thesis is slightly different way
- Suggestion</td></tr>
</table>

7.3 핵심단어(키워드) 및 핵심문장 준비

7.3.1 핵심단어의 선정

논술이나 발표에서 주장하려고 하는 내용을 잘 표현하는 핵심단어와 함께 그 주장의 배경과 중요성을 잘 인식시킬 수 있는 핵심단어를 선정하여야 한다. 핵심단어로 어려운 단어를 선정하여 논술을 읽는 사람이나 발표를 듣는 사람이 쉽게 이해하지 못하면 원래의 목적을 달성하지 못하기 때문에 좋은 방법이라고 할 수 없다.

특히 핵심단어는 그 글의 독자들과 발표의 청중들의 지식수준을 감안하여야 한다. 예를 들어 대학교 4학년 학생으로 졸업 논문을 작성하고 공개 발표를 하는 경우 논문을 읽는 교수나 동료 학생들은 그 전공 분야에 상당한 지식이 있는 전문가들이므로 정확한 전문용어를 사용하여 내용을 전달하는 것이 좋은 선택일 것이다. 그러나 동일한 내용을 일반인들이나 중고등학교 학생들에게 설명을 해야 한다면 전문용어에 대한 지식이 없는 상태이므로 그 내용을 쉽게 풀어서 설명할 수 있어야 한다.

7.3.2 핵심문장 준비

논술이나 발표에서 주장하고자 하는 내용을 가장 잘 표현할 수 있는 핵심단어와 함께 주장의 배경과 중요성을 함께 잘 표현할 수 있는 핵심문장을 준비하여야 한다. 이 핵심문장은 주제문장(thesis statement)라고 하며, 전체 논술과 발표 내용을 한 문장으로 요약하여 표현하는 문장이다. 이 핵심문장은 일반적으로 서론에서 한번 제시하며, 본론에서 세부적인 근거들을 설명한 후, 마지막 결론에서 다시 반복설명하여 강조를 하게 된다.

논술이나 발표에서 사용하고자 하는 핵심단어를 선정하고 핵심문장을 작성하는 것은 전체 논술 작성이나 발표 준비에서 가장 시간이 많이 걸리고 꾸준히 노력하여야 하는 부분이다. 일반적으로 좋은 핵심단어와 주제문장을 찾아내는 것은 마치 광고 카피를 만들기 위한 작업과도 유사하며 좋은 아이디어가 떠올랐을 때 이를 기록하여 두는 습관을 가져야 한다.

핵심문장은 단순히 사실을 열거하는 것이 아니라 주장하는 근거를 함께 나타낼 수 있어야 한다. 예를 들어 어떤 주장을 할 때 어떤 논리적인 근거를 배경으로 주장을 하는지에 대하여 잘 이해할 수 있는 문장으로 구성하여야 한다.

7.3.3 핵심단어, 핵심문장의 수준 점검

핵심단어와 핵심문장이 선정되었으면 이 단어와 문장이 전달하려고하는 내용을 잘 반영하는지 확인하여야 한다. 특히 이 논술을 읽을 예정인 독자들과 이 발표에 참가 예정인 청중들의 수준을 고려할 때 적절하게 선정되어 눈높이에 맞추어 의사를 전달할 수 있는가를 확인하여야 한다. 핵심문장으로 주장하는 내용을 전달할 때 그 주제의 배경과 중요성을 간단하게 설명하여야 하는데 이 배경 설명에서도 독자나 청중의 눈높이에 맞추어 주장하고자 하는 내용의 배경과 중요성을 쉽게 파악할 수 있게 해야 한다. 최근에 언론에서 발표되었던 내용을 참조하거나 일상생활에서 많이 접할 수 있는 광고 등에서 사용하는 단어와 문장을 사용하면 독자와 청중들이 보다 쉽고 빠르게 이해할 수 있을 것이다.

7.4 문장으로부터 문단으로 확장

7.4.1 주제문장(thesis statement)을 뒷받침하는 소주제문과 문단 구성

논술의 구성이 주제문장으로 정리된 내용을 논리적으로 주장하기 위해서는 먼저 논리적 근거에 대한 세부적인 사항들을 3개 정도의 소주제문으로 구성하고, 각 소주제문을 중심으로 한 문단을 구성하여야 한다. 각 문단 내부에는 그 문단의 소주제문을 보다 상세한 내용으로 뒷받침하도록 구성하여야 한다.

주제문장과 소주제문을 뒷받침하는 논리적 근거의 마련은 논술작성과 발표준비의 가장 기본적인 준비에 해당하며, 준비된 자료들의 분석에 따라 소주제문이 변경될 수 있고, 결과적으로 주제문장이 변경되거나 주제문장의 수식어들이 변경될 수 있다. 학술 논문의 작성에 필요한 논리적 근거 마련을 위하여 많은 연구자들은 수많은 논문들을 분석하고 컴퓨터를 사용하여 다양한 모의실험(simulation)을 실행하며, 생성된 데이터들을 다양한 기준에 따라 분석하는 작업을 반복적으로 수행한다.

학술논문에서는 각 문단이 개별적인 소주제별 분석결과나 새로운 세부 제안 내용을 담게 되며 이들은 전체 논문에서 주장하는 내용을 논리적으로 뒷받침하는 근거가 된다. 만약 소주제문과 문단에서 논리적 허점이 발견되면 그 허점의 근원적 이유를 분석하고 타당한 논리를 다시 세워야 하며, 해당 소주제문을 변경한 후 대주제문을 변경하여야 한다.

7.4.2 문단의 전환(transition) 표시

논술과 논문의 각 문단 간에는 논리적 연관성에 따라 연결되며 독자들이 그 연관성을 쉽게 파악할 수 있도록 문단의 시작부분에서 전환(transition)을 표시하여 주는 것이 좋다. 문단의 전환 문구는 6.7절에서 설명하였던 내용과 같이 순서, 시간적 순차, 비교, 대조, 보충 설명, 예시 등의 구분에 따라 전환문구들을 구분하여 사용하여야 한다.

예를 들어 약 350 단어를 사용하여 5개의 문단으로 구성되는 에세이는 표 7.3에서 보는 것과 같은 전형적인 문단 구조를 가진다. 맨 첫 번째 문단인 서론에서는 문단 전환 문구를 사용하지 않으며, 대신 독자/청중의 시선을 사로잡을 수 있는 시선 집중 유도 문장(attention grabber)을 사용한다. 시선 집중 유도 문장은 속담, 성경 구절, 최근 언론 보도 내용등과 같이 독자/청중들에게 익숙하면서 교훈적인 내용을 쉽게 상기할 수 있는 문장을 사용한다.

본론 1, 2, 3은 에세이에서 주장하는 주제문의 논리적 근거들 제시하는 문단이며, 보통 "First, …", "Second, …", "Third, …' 를 사용하여 문단 전환을 표시하고 논리적 근거가 대등한 수준에서 차례대로 서술되는 것을 표시한다. 본론 문단의 전환 문구에서는 동일한 형식을 사용하여야 하는 대구법 (parallelism)을 반드시 고려하여야 한다. 즉, First, Second, Third로 시작하거나, Firstly, Secondly, Thirdly와 같이 동일한 형식을 사용하여야 에세이의 응집성이 높아진다.

결론은 "In conclusion, …" , "In short, ...", 또는 "In summary ,…" 로 결론을 맺기 시작한다는 표현을 하여 지금까지 서술된 내용들을 요약 정리한 후 결론을 맺는다는 것을 미리 알려 준다.

표 7.4 5개 문단(350단어)으로 구성되는 에세이의 문단 구조

문단 구분	문단 전환 (transition) 표시	문단 내용
서론 (introduction)	• 독자/청중의 시선을 사로잡을 수 있는 attention grabber(속담, 성경구절, 최근 언론의 보도 내용 등)	• 주장하는 내용의 배경과 중요성 • 논리적 근거를 함께 열거하는 주제문장(thesis statement)
본론 1	• First, ... • Firstly, ...	• 소주제문 1과 논리적 근거 • 두괄식으로 서술
본론 2	• Second, ... • Secondly, ...	• 소주제문 2와 논리적 근거 • 두괄식으로 서술
본론 3	• Third, ... • Thirdly, ...	• 소주제문 3과 논리적 근거 • 두괄식으로 서술
결론 (conclusion)	• In conclusion, ... • In summary, ... • In short, ...	• 소주제문들의 요약 정리 • 주제문을 동의어를 사용하여 반복 강조 • 제안(suggestion)

7.5 서론(introduction) 준비

7.5.1 독자들의 시선을 사로잡기 위한 관심 끌기 문장(Attention Grabber)

대부분의 일반인들의 경우 에세이를 읽기 시작하거나 발표를 듣기 시작할 때 처음부터 논술 또는 발표 내용이 어떤 관점에서 바라본 것인지, 어떤 배경에서 문제가 된 것인지 이해하지 못하고 한동안 어리둥절한 경우가 많이 있다. 이러한 경우 많은 사람들이 모여 있는 발표장에서는 더욱 문제가 될 수 있어 발표장 전체의 분위기가 어수선하게 만들기도 한다.

논술이나 학술 논문 및 발표에서 가장 좋은 것은 처음부터 독자/청중들에게 어떤 내용을 전달하고자 하는 가를 쉽게 파악하게 함으로써 독자/청중들의 시선을 사로잡는 것이다. 좋은 논술, 에세이, 학술 논문 및 발표는 첫 번째 시작 단계에서 독자/청중들의 시선을 사로잡게 하는 문장을 관심 끌기 문장(attention grabber)이라 한다. 관심 끌기 문장은 표 7.4에서 보는 것과 같이 속담, 성경구절, 최근 보도 내용을 인용 또는 유명한 연설문 또는 소설의 한 구절을 인용하는 방법을 사용한다. 또 다른 관심 끌기 방법으로 독자/청중들에게 도전적인 질문을 던지거나 에세이에서 답을 유도하는 질문을 먼저 제시하는 방법을 사용할 수 있다.

만약 적절한 속담이나 경구를 쉽게 찾을 수 없는 경우 가장 쉬운 방법이 도전적인 질문이나 답을 유도하는 질문을 독자/청중들에게 던져서 독자/청중들이 그 문제를 먼저 생각하게 하고, 이 문제에 대한 해답을 함께 정리해 나가는 것이다. 이러한 방법은 저자/발표자와 독자/청중이 서로 의견을 주고받는 대화형 무드가 구성될 수 있게 하고 따라서 독자/청중은 더욱 깊은 관심을 가지게 된다.

표 7.5 관심 끌기 문장의 예

구분	관심 끌기 문장의 예
속담	• "Knowledge is power." • Everyone has heard the old saying "Time flies,"... • "A journey of a thousand miles must begin with the first step."
성경구절	• "Be with wise men and become wise. Be with evil men and become evil."(Proverbs 13:20) • "Those who guard their mouths and their tongues keep themselves from calamity."(Proverbs 21:23) • "Better a patient person than a warrior, one with self-control than one who takes a city."(Proverbs 16:32) • "What a shame – yes how stupid! - to decide before knowing the facts."(Proverbs 18:13)
최근 보도 내용을 인용	• "As recently reported in most broadcasting and news papers,..."
유명한 연설문 또는 소설의 구절을 인용	• "To be, or not to be : that is the question." (Hamlet)
독자들에게 도전적으로 의견 제시	• "Most people think that writing is something that only those with a born talent can ever do well." However,... .
에세이에서 답을 유도하는 질문을 먼저 제시	• "Have you ever stayed up all night for an exam, only to sleep through your exam the next morning?" • "Why shouldn't everyone have access to free dental care?"

7.5.2 배경(background, context)과 중요성에 대한 설명

대부분의 사람들은 논란이 되는 주제가 본인과 직접 관계가 없으면 그 중요성을 쉽게 이해하지 못하여 무관심하거나, 그 주제에 대하여 다양한 측면을 골고루 살펴보지 않고 속단하거나 다른 사람의 의견을 맹목적으로 따라가는 경우가 많다. 그리고 많은 사람들은 한번 마음속으로 의견을 정리한 후에 그 의견을 쉽게 변경하지 않는 속성이 있다. 이러한 독자들과 청중들에게 본인의 주장하는 내용을 정확하게 전달하기 위해서는 주제문을 제시하기 이전에 왜 그 문제가 중요한지, 그 문제를 어떤 관점에서 살피는 것이 필요한가에 대하여 배경(context)을 조리 있게 설명하여야 한다.

만약 독자들이 지금까지 막연하게 알고 있던 내용과는 다른 관점에서 살펴보고 그 문제가 나에게도 직접 또는 간접으로 심각한 영향을 줄 수 있다는 점을 이해하게 되면, 그 주제에 대하여 깊은 관심을 가질 수 있게 되며 주장하는 내용을 더욱 신뢰할 수 있게 된다.

학술논문에서도 배경과 중요성에 대한 설명은 매우 중요하다. 논문을 심사하는 평가위원들은 반드시 그 논문이 제시하는 문제점이 지금 시점에서 중요한가를 먼저 판단하며 만약 현 시점에서 중요하지 않은 문제를 다루고 있는 논문은 상대적으로 낮은 평가 점수를 부여하게 된다. 영어 표현에 "reinvent the wheel"이라는 표현이 있으며 이는 "이미 존재하며 잘 사용하고 있는 것을 다시 만드느라 시간을 허비 한다"라는 의미를 가진다. 만약 어떤 학술 논문이 현재의 시점에서 매우 중요한 문제를 다루고 있다는 점을 잘 부각시키지 않으면 그 논문을 평가하는 심사 평가 위원은 그 문제의 중요성에 대하여 잘 이해하지 못하고 이미 다른 논문에서 해결방안을 제공한 문제를 뚜렷한 큰 차이 없이 다루고 있다는 판단을 하고, 좋은 평가 점수를 주지 않게 된다.

만약 동일한 문제에 대한 해결 방안을 다른 학술 논문이 이미 제공하였다면 그 논문들이 제공한 해결방안이 그 문제를 충분히 해결하지 못하여 아직 남아 있는 문제가 있다는 점을 먼저 설명하여야 하고, 새롭게 제안하는 해결 방안이 이전에 다른 논문들이 제안하였던 해결 방안보다 얼마나 더 좋은 성능을 제공하는지에 대하여 명확하게 설명할 수 있어야 한다.

7.5.3 논리적 근거를 함께 열거하는 주제문(thesis statement) 제시

서론에서는 이 논술/발표가 주장하는 주제문을 논리적 근거와 함께 제시하여야 한다. 즉 주제문은 단순히 본인의 주장만을 나타낸 것이 아니라 왜 그런 주장을 하는가, 어떤 논리적 근거로 주장을 하는가에 대하여 쉽게 이해할 수 있도록 서술되어야 한다.

표 7.6은 좋은 주제문의 예를 보여준다. 이 주제문들은 주장에 대한 근거를 함께 제시하며, 어떤 관점에서 주장하고 있는가를 잘 표현하고 있다.

표 7.6 Essay Thesis Statement(주제문) 예

주제	주제문 예
Is technology development always good?	As far as I am concerned, I agree with the first opinion that our world is becoming better for living with technology progress that enables improved living condition, easy communication, and better medical access.
Have automobile improved modern life?	While automobiles have brought us many conveniences, they surely have brought us many undesirable consequences, of which three can be singled out: traffic congestion, air pollution, and highway accidents.

주제	주제문 예
Working independently vs. Working in team	I think being able to work in a team is more important for me, because of the complicated system and tasks in most company, the advantages of collaborations with individual expertism, and pleasures of being recognized by colleagues.
Working in a large company vs. a medium-small company	Of course, every individual has his own opinion about the strengths and weakness when it comes to serving in a big firm or a small one; for me, my choice is definitely to work for a big company, because of various advantages in career development, more experiences with peoples from various backgrounds, and better opportunity to collaborate with international experts.
Is progress always good?	The scientific progress creates several serious problems, such as the green-house effect, pollutions, and psychological problem.
Best way to obtain knowledge	Among the various ways of obtaining knowledge, I think life experiences can teach us more than anything we can learn from books or Internet, because of more fun with higher attentions, clear understanding with body senses, and better memory.
Is Internet a benefic or a curse?	In my opinion, the Internet is definitely a good source of valuable information, with convenience and time efficiency; but as with all forms of technology one must know how to make the best use of it.
Can new technologies help students?	No doubt, the convenience in accessing information on the Internet helps students to learn more knowledge and learn it more quickly.

학술 논문의 경우 기존의 해결방안보다 어떻게 기능 또는 성능이 향상되었는가를 명확하게 설명하여야 하고, 종합적으로 이 논문에서 제시하는 방안이 어떤 학문적 공헌이 있는가에 대하여 명확하게 설명하여야 한다.

논술이나 발표의 분량이 큰 경우에는 서론의 끝 부분에서 나머지 논술과 발표의 구성이 어떻게 되어 있는가를 설명하는 outline을 제공하여야 한다. 이 outline은 독자와 청중들에게 논리 전개가 어떻게 이루어질 것인가에 대한 로드맵을 제공하여 전체 맥락을 쉽게 이해할 수 있게 한다.

7.5.4 서론의 예

주어진 주제에 대하여 서론을 작성한 예를 그림 7.3 ~ 7.5에서 보여준다. 그림 7.3과 7.4의 서론에서는 첫 문장으로 속담("one picture is worth thousand words" , 百聞不如一見)과 격언("Knowledge is the key to success" , 지식은 성공의 어머니) 을 사용하였으며, 그림 7.4에서는 주어진 문제를 질문 형식으로 다시 던진 후 이에 대한 답을 제공하는 형식을 attention grabber로 사용하고 있다.

그림 7.3 ~ 7.5의 서론들에서는 attention grabber 다음에 주어진 문제에 대한 배경설

명과 중요성에 대하여 언급하고 있으며, 함께 고민하여야 할 이유와 관련된 지식들을 간단하게 소개하고 있다.

> As the old saying "one picture is worth thousand words" implies, efficient communication methods have been critical elements in successful mankind history. Various communication methods have been developed and used in the history of human life. In the early stage of history, face-to-face communication was the only method used. As new technologies developed in modern society, new telecommunication methods, such as telephone call and E-mail, have been introduced and are currently used world widely. **Even with these technology improvements and new telecommunication methods, nothing has been able to replace the face-to-face method that provides following advantages: getting additional information from facial expressions, catching the sincerity, and more efficiently expressing the feeling of love or sympathy.**

그림 7.3 서론의 예(1) – Face-to-Face Communication vs. E-mail/Telephone Call(part 1)

> "Knowledge is the key to success." We can get knowledge from our experiences, books, and Internet. The knowledge gained from each source is important in different ways. **Among the various ways of obtaining knowledge, I think life experiences can teach us more than anything we can learn from books or Internet, because of more fun with higher attentions, clear understanding with body senses, and better memory.**

그림 7.4 서론의 예(2) – Knowledge from Experience vs. Book or Internet(part 1)

> "Is the Internet a benefit or a curse?" This question has been continuously raising various debatable topics, and we would need to look carefully at the pros and cons of it before drawing our conclusions. Even then it would not be possible to clearly answer the question, since answering the question would depend on individual viewpoints as well as the situation that we are in. **In my opinion, the Internet is definitely a good source of valuable information, but as with all forms of technology, one must know how to make the best use of it.**

그림 7.5 서론의 예(3) – Is the Internet a benefit or a curse?(part 1)

5개 문단으로 구성된 서론의 마지막 문장은 대부분 주제문장(thesis statement)을 제시하고 있다. 위 서론들의 예시에서 볼 수 있는 것과 같이 어떤 관점에서 본인의 주장을 하고 있는가에 대하여 쉽게 이해할 수 있도록 논리적 근거를 함께 제시하는 것이 좋은 주제문장의 형식이다.

7.6 본론 준비

7.6.1 본론으로의 전환(transition)

서론에 해당하는 문단에 이어 본론의 문단들이 구성되며, 본론의 각 문단들이 시작되는 부분에 문단 전환(paragraph transition) 문구를 사용하여 주제문장의 논리적 근거가 되는 소주제들이 차례로 열거된다는 것을 알려준다. 논술의 내용에 따라 본론 문단들은 대등한 소주제가 차례로 나열되는 구조로 구성될 수도 있고, 각 소주제들 간에도 별도의 관계가 설정되어 있는 구조로 구성될 수 있다. 대등한 소주제가 차례로 나열되는 구조에서는 first, second, third(또는 firstly, secondly, thirdly)의 형식이나 one ~, another ~ , the other의 전환문구를 사용하는 것이 가장 대표적이다.

7.6.2 문단의 소주제와 두괄식으로 전개

본론 문단들은 전체 주제문장을 논리적으로 뒷받침하는 소주제를 중심으로 서술되며, 일반적으로 두괄식의 구조를 사용한다. 즉 본론 문단에서는 첫 번째 문장에서 전환 문구와 함께 소주제문장을 나타내어 어떠한 논리적 근거가 있는지 먼저 표현하고, 그 이후 문장들에서 세부적인 설명을 하는 구성으로 서술한다. 이러한 구조를 사용할 경우 독자들은 본론 문단의 세부적인 내용을 다 읽지 않고 첫 번째 문장들만 읽고서도 전체 논리적 근거들을 쉽게 파악할 수 있게 된다. 그리고 그 논리적 근거들이 합리적이며 타당하다고 판단될 때 각 논리적 근거에 대하여 상세한 내용을 각 문단으로부터 파악하게 된다.

자기소개서에서도 문단 구성을 두괄식으로 하도록 권장한다. 인사담당자들이 회사 지원자들의 수많은 자기소개서를 모두 상세히 읽고 내용을 파악하는 것이 아니라, 각 단락의 첫 부분에 굵은 글씨로 나타내고 두괄식으로 정리되어 있는 소주제문 만을 먼저 읽고 짧은 시간에 판단하며, 인상적인 자기소개서들만 골라 상세하게 평가하는 것이 일반적이므로 자기소개서의 각 문단 구성을 두괄식으로 작성하도록 하는 것이다.

학술논문들에서도 논문 심사 위원들은 두괄식으로 정리되어 있는 소주제들이 합리적이며 타당한가를 가장 먼저 파악하게 되며, 만약 그 소주제들이 적절한 합리적 타당성을 제공하지 못하거나 중요한 소주제를 포함하지 않은 경우에는 나머지 논문 내용들을 상세하게 읽지 않고 부정적인 심사 평가 의견을 작성하게 된다.

7.6.3 본론의 예

그림 7.6 ~ 7.8은 에세이의 본론 문단들의 예를 보여준다. 각 본론 문단들은 첫 부분에 문단 전환 문구와 함께 굵은 글씨로 표시되어 있는 소주제문들을 두괄식으로 서술하고 있는 것을 볼 수 있다.

One reason that face-to-face communication is better than new methods is that **it allows one person to see the facial expressions of another, immediately during the conversation**. When persons are talking about good news they usually smile and their eyes light up; while they are having a serious conversation, their eyebrows are usually lower and they keep stern faces. Without these facial expressions it will be difficult to figure out a person's meaning and feeling behind his/her telling.

Another reason why face-to-face communication is important is that **we can easily catch the sincerity from the person's gesture, prompt responses, and facial expressions**. When people communicate over the phone or through E-mails, it is not easy to catch the frankness of the other side based on his/her immediate reactions and real-time emotional changes during the conversation. Because of this fact, many people in business still prefer fact-to-face communication in making important business contract, because it helps them to figure out if the person speaking is honest enough to continue reliable business.

The other reason of preference of face-to-face communication is that **there is no other better method of expressing the feelings of love or sympathy perfectly than the face-to-face communication**. Because of this fact, most proposals of marriage are made in face-to-face communications, not by E-mail or telephone calls. Also, when it comes to express sympathy for someone, using any other types of communication is not enough.

그림 7.6 본론의 예(1) – Face-to-Face Communication vs. E-mail/Telephone Call(part 2)

Firstly, experiencing brings us more fun to use hands and to go various places. During the experiencing, we can see, hear, smell, taste and feel using all our body senses. We can pay more attention when we are experiencing outside than when we are just reading books or surfing Internet, inside.

Secondly, the knowledge we gain from experience is easier to understand than information we can read in books or search from Internet. It is more difficult to understand if we just read words and look at pictures in a book or Internet. For example, we can read about a science experiment, but we may not understand it clearly. If we perform the experiment with our own hands, however, we can see exactly how it works. When we see or do something with our own eyes and hands, we are more likely to grasp the idea or task more clearly. If we make mistakes in the experiment, we can learn how to correct it next time. Experiences help us understand our failures and accomplishments.

Thirdly, it is easy to remember life experiences. For example, we studied about China in school. It was interesting, but after all the examinations, I forgot everything that I learned from the book and Internet. Then, my family took a vacation to China. I got to see how different everything was from my country. It was very interesting to see the people and listen to them speaking their own language. I learned a lot about their culture like what they wear, what they eat, and how they live. It was an experience I will never forget.

그림 7.7 본론의 예(2) - Knowledge from Experience vs. Book or Internet (part 2)

Until the Internet became available world-wide, we had been highly dependent on books, word of mouth, or data that are stored and retrieved in various forms. The problems that arose with these traditional sources of information were that it was time consuming, inconvenient, and often difficult to validate the data. The act of weeding out incorrect data from old reports and books was a time consuming and painful process, and would many times deter people from exploring new information.

But today, with a touch of a button, we can get any information available, sitting in the comfort of our homes. We are more knowledgeable and aware of phenomena happening around us. Technology has given us the greatest power at our fingertips, the power of knowledge! For example, if a person wants to start off a business venture, he can get all information of his competition easily using Internet. He can gather corresponding data, do a cost-benefit analysis, and make new contacts, promptly and cost effectively on the Internet. If he has to discuss his startup with other potential partners, he is already armed with a wealth of valuable information.

On the other hand, the Internet does supply excessive amounts of mixed information. For example, if you give a topic in a search engine, such as Google, you will get a number of sites that would cater for the required information. Now if you are unable to decide what information to choose and what to disregard, it would be a painful experience rather than an enjoyment. Absolutely, it is your own responsibility to filter out relevant information from the mixed data storage.

그림 7.8 본론의 예(3) - Is the Internet a benefit or a curse?(part 2)

7.7 결론 준비

7.7.1 결론으로의 전환(transition)

본론 문단들에 이어 결론 문단이 시작될 때 가장 대표적으로 사용되는 전환 문구는 "In conclusion, …" , "In summary, … " 가 주로 사용되며, 세부적인 논리적 근거들에 대한 설명을 마치고 마무리 정리를 하며 결론을 맺게 된다는 전환을 알려준다.

7.7.2 요약정리(summary)

결론에서는 본론 문단에서 세부적으로 설명하였던 소주제별 논리적 근거 설명을 간단하게 요약 정리하여 주제문장에서 주장하는 내용이 논리적으로 타당하며 합리적인 주장을 하고 있다는 점을 인식할 수 있게 한다.

결론에서는 본론에서 설명한 논리적 근거들을 간단하게 요약 정리하는 것 이외에 새로운 사항들을 추가적으로 언급하지 말아야 한다는 점을 주의해야 한다. 즉 결론문단에서 추가적인 사항을 새롭게 언급하면 전체 논술이나 발표가 두서없이 혼란스럽다는 느낌을 주기 때문에 앞서 본론에서 설명한 내용만을 요약 정리하여야 한다.

7.7.3 주제문장의 재강조(restatement)

결론에서는 서론에서 제시하였던 주제문장을 약간 다른 표현으로 다시 서술하는 양괄식 구성을 사용하며, 이 논술에서 주장하는 내용을 강조하도록 한다. 결론에서 다시 주제문장을 표현할 때에는 반드시 그 논리적 이유를 함께 포함하여 어떤 논리적 근거를 기반으로 주제문장의 주장을 하는 것인가를 정확하게 전달할 수 있어야 한다.

7.7.4 실행에 대한 건의(suggestion)

결론의 마지막 문장으로 앞에서 제시하였던 주장과 관련하여 어떤 실행을 하는 것이 좋을까에 대한 건의(suggestion)를 하는 것도 좋은 인상을 줄 수 있다. 결론에서의 실행에 대한 건의는 이 논술을 읽고 난 뒤(또는 발표를 듣고 난 뒤) 독자나 청중들이 발표자와 함께 공감대를 가지며 그 내용을 오랫동안 기억하는 좋은 방법이다.

학술논문의 경우에도 이 논문에서 설명한 연구개발 내용과 결과를 어떤 분야에 응용할 수 있는지, 또는 앞으로 어떤 후속 연구를 수행할 계획인지에 대하여 간단하게 소개하는 것이 전체 논문에 대하여 좋은 인상을 주며, 그 논문 내용을 기반으로 후속 연구를 하고자 하는 다른 연구자에게 좋은 팁을 주는 역할을 한다.

7.7.5 결론의 예

그림 7.9 ~ 7.11은 5개 문단으로 구성된 에세이의 결론 문단의 예를 보여준다. 결론 문

단의 첫 번째 문장은 항상 결론 문단으로의 전환을 표시하는 "In conclusion, ~" 또는 "In summary, ~" 로 시작하며, 본론에서 서술하였던 논리적 근거를 간단하게 요약 정리한 후 서론에서 제시하였던 주제문장을 다시 재강조하는 구성을 가지는 것을 확인할 수 있다.

> In conclusion, **the face-to-face communication is considered to provide advantages of getting additional information through facial expressions, catching the sincerity, and more efficiently expressing the feeling of love or sympathy**. As a result, even though the E-mail and telephone call provide more conveniences in telecommunications, the face-to-face communication will always be the best method for important business negotiation and marriage proposals.

그림 7.9 결론의 예(1) - Face-to-Face Communication vs. E-mail/Telephone Call(part 3)

> In summary, even though both experience and books are important sources of knowledge, **I think the knowledge gained from experience is more important than knowledge gained from books or Internet, because personal experiences with body senses can be easier to clearly understand, more memorable, and make deep impact to change life.** Instead of just staying at home and reading about the world or search Internet, let's go out and get experiences with our own body senses.

그림 7.10 결론의 예(2) - Knowledge from Experience vs. Book or Internet(part 3)

> In conclusion, **answer to the question** - "Is the Internet a boon or a bane?" - **will really depend on how one uses the Internet technology**. If used in an intelligent manner, it will be the greatest tool; otherwise, it will be an enemy that steals time, and deters one from achieving his/her ultimate goal. Let's try to be smart in making the most efficient use of it, while mitigating the possible negative aspects that entail.

그림 7.11 결론의 예(3) - Is the Internet a benefit or a curse?(part 3)

연습문제

7.1 다음 용어를 예를 들어 설명하라.

1) brainstorming
2) blustering

3) outline
4) mind map
5) thesis, theme
6) topic sentence
7) summary
8) suggestion

7.2 Essay 작성 절차 및 단계에 대하여 설명하라.

7.3 Essay Reading Comprehension

The chances of receiving education are considered the most fundamental right of human beings in the 21st century. Naturally, the argument about what students should acquire at schools has attracted many attentions from people of various walks of life. In considering the obligatory courses required at schools, people have different ideas. Some would hold the view that it is more important for students to study science and mathematics than it is from them to study history and literature.

I agree with this point of view completely. Although both social and natural science courses play an important role in the whole education system, natural science seems to have a greater impact on human progress. Our society is developing at a high speed quite unprecedented before. One cannot deny the fact that all of these results came directly from scientific discoveries. An example is that during the period of industrial revolution, it is science and mathematics that brought many inventions and discoveries such as assembly lines, mending machines and electric appliances which have freed the most of people from manual labors once and for all.

The above reason I pointed out does not mean that literature and history cannot improve people's lives but they have few advantages to people's material life, especially to those poor people who are still struggling for the essential needs of shelters and foods. Literature and history cannot be put into practice to some extent. Research and development of science and mathematics on the contrary can be applied to our real life and improve our living standard. Take medical science for example, the new findings of treatments of certain diseases can save lives of many people. There still exist some fatal diseases that threaten people's lives. All this will depend on the development of medical science.

In short, all courses involving literature and history, science and mathematics are necessary and important to students. However, according to the reasons I discussed above, I want to make the judgment that science and mathematics course are more useful.

에세이 7.1 Study Science/Mathematics vs. History and Literature

표 7.7 Essay Outline 분석표 작성(thesis statement, topic sentence 및 keyword 정리)

Introduction - Opening with attention grabber - Context with brief background - Thesis statement with list of reasons		
↓	↓	↓
Transition and **Topic Sentence 1**	Transition and **Topic Sentence 2**	Transition and **Topic Sentence 3**
Supporting details for topic sentence 1	Supporting details for topic sentence 2	Supporting details for topic sentence 3
↓	↓	↓
Conclusion - Transition to conclusion - Summary - Restatement of the thesis is slightly different way - Suggestion		

7.4 "좋은 건강을 유지하기 위하여 효율적인 방법 (effective way to maintain good health)"의 주제로 에세이를 작성하기 위하여 Mandal-art를 작성하고, 다음 양식에 따라 outline을 작성하라.

표 7.8 Essay Outline 작성 양식

Introduction - Opening with attention grabber - Context with brief background - Thesis statement with list of reasons		
↓	↓	↓

Transition and **Topic Sentence 1**	Transition and **Topic Sentence 2**	Transition and **Topic Sentence 3**
Supporting details for topic sentence 1	Supporting details for topic sentence 2	Supporting details for topic sentence 3
↓	↓	↓

Conclusion
- Transition to conclusion
- Summary
- Restatement of the thesis is slightly different way
- Suggestion

7.5 350 단어, 5개 문단으로 구성된 영어 논술 작성

위 7.4에서 작성한 mind map을 기반으로 350단어, 5개 문단으로 구성된 영어 논술을 작성하라. 5개의 문단은 서론, 본론 1, 본론 2, 본론 3, 결론으로 구성하고, 각 문단에는 전환(transition) 문구를 사용하라. 서론과 결론에는 반드시 주제문을 양괄식으로 제시하고, 본론에는 주제문을 뒷받침하는 소주제문을 두괄식으로 서술하라.

8장 Essay 원고 교정 및 평가

학습목표

- 이공계열 전공자의 실무 영어 실력 향상
- 이공계열의 주제가 지정된 영문 논술 작성 능력 향상
- 에세이의 검토 및 교정 방법 이해
- 에세이의 평가 세부 사항에 대한 이해

개요

8.1 Essay 원고 검토(review)

8.1.1 에세이 기본 구성 검토

영어 논술의 작성은 한 번에 완료되는 것이 아니라 여러 번의 검토와 교정을 반복하면서 내용과 구성이 점차 개선되고 최종적으로 주장하는 바를 정확하게 전달할 수 있는 완성본이 된다. 일단 에세이 초안이 완성되면 표 8.1에서 정리되어 있는 에세이 구성의 세부 항목을 검토하고 보완하여야 한다. 이 에세이 기본 구성 검토는 에세이의 영어 문장들에 대하여 세세하게 문법을 따지기 전에 전체 구성을 검토하는 것이다.

에세이 구성 검토에서는 우선 서론, 본론, 결론의 구성이 제대로 되어 있는가를 확인하고, 각 문단의 기본 구성이 잘 되어 있는가를 확인하여야 한다. 먼저 서론에서는 독자/청중들의 시선을 사로잡고 집중을 유도할 수 있는 attention grabber가 적절히 사용되었는지, 주제의 배경과 중요성이 잘 표현되어 있는지, 그리고 주제 문장이 주장하고자 하는 내용을 잘 표현하고 있는지 확인하여야 한다.

본론은 주제 문장을 뒷받침하는 소주제별로 문단을 구분하여 논리적 근거를 순차적으로 제공하여야 한다. 먼저 본론 문단으로 전환하는 표현이 잘 사용되었는지, 소주제문이 두괄식으로 잘 표현되어 있는지, 소주제에 대한 논리적 근거 자료들이 순차적으로 잘 열거되어 있는지를 확인하여야 한다. 본론은 보통 3개의 문단으로 구성되며, 각 문단간의 연관성을 고려하여 적절한 논리적인 순서로 배치되어야 한다.

에세이의 마지막 문단인 결론에서는 문단의 전환이 결론에 적절한지, 본론에서 설명한 내용들이 요약 정리되어 있는지, 서론에서 제시하였던 주제 문장을 논리적 근거와 함께 동의어를 사용하여 약간 변형된 표현으로 다시 강조하고 있는지 검토하여야 한다. 끝으로 주제 문장에서 주장하는 내용에 대한 제안 및 건의로 잘 마무리되어 있는가를 확인하여야 한다.

표 8.1 에세이 구성 검토 가이드라인

항목	세부 항목	중점 검토 사항
에세이 구성	서론	• 주의 집중을 위한 attention grabber • 주제의 배경과 중요성 • 주제문장(thesis statement)
	본론	• 본론 문단으로의 전환 • 소주제문을 두괄식으로 제시 • 논리적 근거 자료의 순차적 열거
	결론	• 결론 문단으로의 전환 • 본론 내용의 요약 정리 • 주제문장의 재강조(서론에서의 주제문장을 논리적 근거와 함께 약간 변형된 표현으로 서술); 주제의 중요성에 대한 재강조 • 건의(suggestion)

8.1.2 문단의 세부 구성 검토

에세이의 전체 구성이 검토된 후에는 각 문단 내부의 구성을 세부적으로 검토하여야 한다. 먼저 각 문단은 시작 부분에서 적절한 전환 표시가 제공되어야 하며, 각 문단의 소주제가 두괄식으로 제시되어 있어야 독자들이 문맥의 전환을 쉽게 이해하고 각 소주제들이 의미하는 내용을 올바르게 이해할 수 있다. 다음으로 각 문단의 소주제들이 주제문장과 연계된 논리적 근거를 명확하게 제시하는가를 확인하여야 한다. 만약 주제문장과 관련성이 없는 소주제가 나열되어 있는 경우 그 문단의 문장들을 세부적으로 검토할 필요가 없으며 해당 문단을 다시 작성하도록 하여야 한다.

표 8.2 문단별 구성 검토 가이드라인

항목	세부 항목	중점 사항
문단의 구성	소주제 문	• 문단 시작에서의 전환 표시 • 각 문단의 주제/소주제문장의 제시 • 각 문단의 소주제별로 명확한 내용 제시
	문장의 구성	• 일관성 • 일치와 통일 • 유사와 대구(parallelism) • 올바른 문법

문단의 소주제가 올바르게 작성된 것이 확인되면 그 문단의 문장들의 구성에 대하여 상세하게 검토하여야 하며, 문장의 일관성, 일치와 통일, 유사와 병렬구조(parallelism), 올바른 문법 사용 등을 검토하여야 한다.

8.1.3 하나의 문단에 포함된 문장들의 일관성(unity) 유지

문단에 포함된 문장들은 일관성을 가지도록 작성되어야 한다. 즉 문단에 포함된 모든 문장들이 그 문단의 소주제에 관련된 내용들로만 구성되어야 하며, 소주제와 다른 내용을 언급하면 독자들에게 혼란을 주게 되어 전달하고자 하는 내용을 명확하게 이해할 수 없게 한다. 일반적으로 에세이 작성에서 주제와 문단별 소주제의 핵심 내용을 벗어나 꼭 필요하지 않은 내용을 장황하게 설명하는 경우 일관성을 해치는 결과를 초래한다.

그림 8.1은 일관성이 유지되지 않는 문단의 예를 보여준다. 이 문단은 러시아가 추진하였던 우주 개발 프로젝트들이 각각 중요한 목적을 가지고 수행되었다는 내용을 차례로 소개하고 있다. Vostok 프로젝트는 대기권 밖에서 사람이 생존할 수 있는가를 시험하기 위한 것이었으며, Voshkhod 프로젝트는 무중력 상태에서 사람이 걸을 수 있는가를 시험하기 위한 것이었다. Soyuz 프로젝트는 지구 정지궤도에서 오랜 기간 임무를 수행할 수 있도록 우주선과 우주 비행체 기술을 시험하는 것이었다. 그런데 각 프로젝트가 가졌던 중요한 목적을 차례대로 설명하는 중간에 미국 우주 비행사가 무중력 상태에서 우주 유영을 하였다는 내용이 포함된 것은 전체 맥락에서 중요하지 않은 사항이며, 따라서 일관성을 해치고 있다는 것을 알 수 있다.

Each of the Russian manned space exploration projects had specific major goals. For example, the Vostok project was designed to test whether or not human beings could survive and function in outer space. For another example, the Voshkhod project was intended to find out whether people could walk in the weightless environment of space. One Voshkhod cosmonaut, named Alexi Leonov, experimented with weightlessness by taking a "spacewalk." That is, he floated in a spacesuit outside his Voshkhod spacecraft, connected to it by a tether. <u>Several weeks later, Leonov's spacewalk was followed by that of U.S. astronaut Ed White.</u> Finally, the Soyuz project, with three cosmonauts, had goals of testing spacecraft and spaceflight skills so that people could fly long missions in Earth orbit. (source: http://litesee.com/toefl_article_07.htm)

그림 8.1 일관성이 결여된 문단 예

8.1.4 일관성, 일치와 통일

하나의 문단에 포함된 문장들은 관점(point of view)과 어투(tone)에서 일관성을 유지하여야한다. 즉 어떤 관점에서 소주제의 내용을 살펴보고 있는가에서 일정한 관점과 태도를 유지하여야 하며, 동일한 어투(예를 들어 격식을 차린 어투, 격식을 차리지 않는 어투, 또는 연극 대사와 같은 어투 등)를 계속 유지하여야 한다.

그림 8.2는 관점에서 일관성을 유지하는가를 비교하는 문장들을 보여준다. 이 예문들에서 문단의 시작에서는 제3자 관점에서 설명을 한 뒤 나중에 화자의 관점(1인칭)으로 변경되거나 다른 특정인의 관점으로 변경되는 경우에는 일관성이 유지되지 않은 것이므로 수정되어야 한다.

예문	분석
(a-1) The old woman shuffled into the room, her eyes glued to the floor. Her cloths had been carefully chosen; they were her very best. Someone coughed nervously, and a chair scraped the floor. *I think it was Mr. Ohlsen's chair.*	첫 부분에서는 제 3자 관점에서 설명하였으나, 마지막 문장(밑줄 친 부분)에서 저자의 관점(1인칭)으로 변하였음
(a-2) The old woman shuffled into the room, her eyes glued to the floor. Her cloths had been carefully chosen; they were her very best. Someone coughed nervously, and a chair, probably Mr. Ohlsen's, scraped the floor.	첫 부분부터 마지막 까지 제 3자 관점을 유지하고 있
(b-1) Mary held the papers tightly in her hand. "Let me see those," the teacher demanded, beckoning with a grasping motion. *We knew that the papers were notes meant for Charles,* and the teacher probably guess that too.	첫 부분에서는 제 3자 관점에서 설명하였으나, 마지막 문장(밑줄 친 부분)에서 저자의 관점(1인칭)으로 변하였음
(b-2) Mary held the papers tightly in her hand. "Let me see those," the teacher demanded, beckoning with a grasping motion. The papers were notes meant for Charles, and the teacher probably knew it.	첫 부분부터 마지막 까지 제 3자 관점을 유지하고 있음
(c-1) From the pool Jerry could see the men enter the house. They broke the lock on the front door and went in that way. After that, he lost sight of them. *His wife saw everything from the top of the stairs.*	첫 부분에서는 Jerry의 관점으로 설명하였으나, 마지막 부분에서 Jerry의 부인 관점으로 변경되었음
(c-2) From the pool Jerry could see the men enter the house. They broke the lock on the front door and went in that way. Although Jerry lost sight of them at this point, his wife was inside and saw everything.	첫 부분부터 마지막까지 제3자 관점을 유지하고 있음

그림 8.2 관점에서의 일관성 유지 여부의 판단 예

그림 8.3은 어투에서 일관성 유지하는가를 비교할 수 있는 문장들을 보여준다. 문장 속에서 주어가 다른 사람으로 변경되거나, 표현에서 갑자기 많은 수식어를 사용하거나, 감탄사 등을 사용하여 과도한 표현으로 변경되는 등은 어투의 일관성을 해치는 요인이 된다.

예문	분석
(d-1) At a special press conference at the White House today, the president offered reporters details of his new economic policy. Hoping to lower inflation and unemployment, he proposed a series of tax cuts that will be made over the next three years. *Many economists believe it's about time the president did something.*	밑줄 친 부분에서 시점(time)이 "... the president did something."으로 표현되어 "Many economists believe ..." 어투의 일관성이 유지되지 않고 있음
(d-2) At a special press conference at the White House today, the president offered reporters details of his new economic policy. Hoping to lower inflation and unemployment, he proposed a series of tax cuts that will be made over the next three years. Many economists believe it is a good time for the president to implement his new plan.	어투의 일관성이 잘 유지되고 있음
(e-1) At work today, I received a message that my cousins from Mississippi were arriving on the seven o'clock train, a day earlier than expected. Luckily, I was wearing an outfit that I could greet them in. All I needed to do was to pickup a few items at the supermarket. It seemed that everything was under control. *But alas, that clumsy fool at the cash register dropped my packages carelessly to the ground.* As a result, I had to shop all over again.	밑줄 친 부분에서 감탄사("alas")를 포함한 표현이 그 이전과는 다른 어투임
(e-2) At work today, I received a message that my cousins from Mississippi were arriving on the seven o'clock train, a day earlier than expected. Luckily, I was wearing an outfit that I could greet them in. All I needed to do was to pickup a few items at the supermarket. It seemed that everything was under control. The cashier, however, carelessly dropped my packages. As a result, I had to shop all over again.	어투의 일관성이 유지되고 있음
(f-1) After I had given my neighbor instructions for the pie crust, she mixed the flour and the shortening with the water and then *proceeded to knead the dough with the utmost care and patience* for five minutes.	"... proceeded to knead the dough with the utmost care and patience" 표현에서 갑자기 많은 수식어를 사용함으로써 어투의 일관성이 유지되지 않고 있음
(f-2) After I had given my neighbor instructions for the pie crust, she mixed the flour and the shortening with the water and then carefully kneaded the dough for five minutes.	어투의 일관성이 유지되고 있음

그림 8.3 어투에서의 일관성 유지 여부의 판단 예

8.1.5 대구법 (Parallelism)

에세이에서 대구법(parallelism)은 유사한 구(phrase)나 절(clause)로 구성된 하나의 문장이나 연속적인 문장이 동일한 문법 구조를 가지는 것을 의미한다. 그림 8.4는 대구법 구조가 유지되는 문장과 유지되지 못하는 문장의 예를 비교하여 보여준다.

예문	분석
She likes cooking, jogging, and to read	하나의 문장 속에 동명사와 부정사가 혼재하고 있어 병렬구조가 유지되지 않음
She likes cooking, jogging, and reading.	모든 항목이 동명사로 구성되어 있어 병렬 구조가 유지됨
The dog ran across the yard, jumped over the fence and down the alley he sprinted.	The dog을 주어로 동사들이 열거된 후, he sprinted 문장이 연결되어 병렬 구조가 유지되지 않음
The dog ran across the yard, jumped over the fence, and sprinted down the alley.	The dog을 주어로 동사들이 열거되는 병렬 구조를 유지하고 있음
Corey admires people with integrity and who have character.	people with integrity(전치사 구)와 who have character(절)이 서로 다른 구조이며, 병렬 구조가 유지되지 않음
Corey admires people with integrity and character.	people with integrity and character에서 명사들로 병렬 구조가 유지되고 있음
Corey admires people who have integrity and character.	who have integrity and character에서 명사들로 병렬 구조가 유지되고 있음

그림 8.4 대구법 구조 유지 여부의 판단 예

대구법은 에세이의 응집성 강화에 매우 중요한 요소이며, 에세이의 본문에서도 대구법이 잘 적용되어야 한다. 특히 본문의 문단 첫부분에 포함되는 전환 문구에서도 동일한 형식의 전환문구가 사용되도록 하여야 한다.

8.2 Essay 원고의 논리적 타당성 검토

8.2.1 Essay의 논리적 타당성

에세이의 기본 구성을 검토하고, 각 문단의 소주제와 문장구성에서의 내용, 관점과 어투의 일관성, 문장들에서의 병렬 구조 유지 등을 검토하고 난 후에는 전체적인 에세이의 논리적 타당성을 분석하여야 한다. 즉 그 에세이가 주장하고 있는 주제문장과 논리적 근거로 사용된 소주제문과 본론에서의 설명 내용이 논리적으로 타당한지에 대하여 살펴보아야 한다. 일반적인 주제에 대한 에세이 작성에서는 본인의 의견에 부합하는 주제문과 소주제문으로 정리되어 있으면 논리적으로 타당한 것으로 평가할 수 있다. 그러나 보통사람의 일반적인 상식으로 납득할 수 없는 논리를 기반으로 주장을 한다면 그 에세이의 논리적 타당성은 매우 낮은 것으로 평가할 수 있다.

에세이의 논리적 타당성을 분석하기 위해서는 주제문, 소주제문들과 함께 논리적 근거로 사용된 세부 항목들을 함께 사용하여야 한다. 본문의 단락에서 제시한 각 소주제문과 해당 소주제에 대한 논리적 근거들이 합리적으로 납득되거나 증명될 수 있는가를 확인하여야 한다.

학술 논문에서는 논리적 타당성을 검증하기 위하여 다양한 실험 수행과 실험 결과 분석을 제공하여야 하며, 실험과 함께 수학적인 증명이 함께 제공되면 매우 좋은 평가를 받을 수 있다. 특히 제안된 알고리즘이나 방식을 작은 규모의 문제에서만 분석하지 않고 큰 규모로 확장되었을 때에도 우수한 성능이 제공될 수 있는가에 대한 검증면에서 매우 중요하다.

8.2.2 에세이의 논리적 타당성 분석표

에세이의 논리적 타당성을 효율적으로 분석하기 위해서는 그림 8.5에서 보는 것과 같이 mind map 작성 양식을 활용하여 논리적 타당성 분석에 사용하는 것이 좋다. 각 문단이 연결된 구조에서 소주제문들의 관계를 파악할 수 있고, 본론의 각 문단에서 소주제문의 논리적 근거가 되는 사항들의 관계를 한 눈에 파악할 수 있다. 또한 서론에서 제시하고 있는 주제문장과 본론과의 관계를 쉽게 도식화할 수 있고, 결론에서 이를 재차 강조한 사항도 함께 확인할 수 있다.

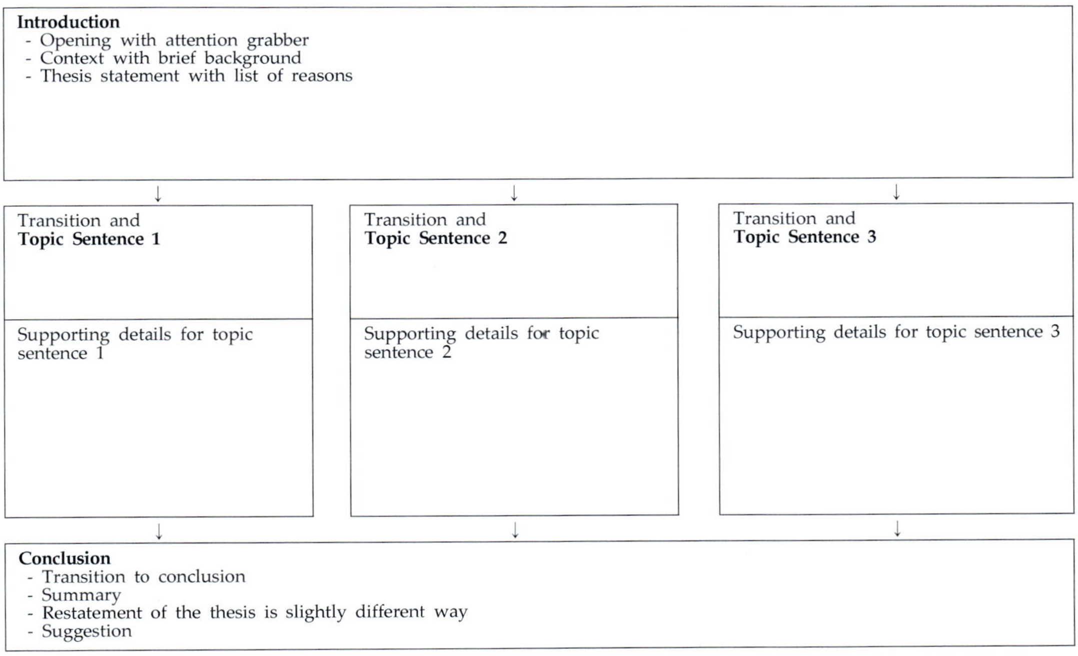

그림 8.5 Essay Outline 분석표

그림 8.5의 논리적 타당성 분석 양식에서 정리된 주제문장, 소주제문, 논리적 근거의 핵심 단어(keyword)들은 전체 에세이의 일관성과 병렬 구조를 함께 검토할 수 있게 하며, 필요에 따라 보다 더 적절한 핵심 단어나 용어를 쉽게 찾을 수 있도록 한다.

8.2.3 동료 검토 및 교정(peer review)

에세이를 작성한 후 스스로 구성과 논리적 타당성을 검토한 후 동료에게 검토를 부탁하여 의견을 듣는 것이 좋다. 대부분의 논술이나 논문 작성자는 본인의 관점에서 계속 생각하기 때문에 논리적 허점을 쉽게 발견하지 못하는 경우가 많이 발생한다. 아울러 논리적 타당성에 문제가 없다고 하여도 그 주장을 쉽게 이해할 수 있도록 서술되어 있는지 동료의 검토의견을 받아보는 것은 매우 중요하다.

동료 검토는 단순히 에세이를 읽고 논리적 타당성에 대한 이해와 분석 결과를 알려주는 정도가 있을 수 있으나 보다 상세한 동료 검토에서는 원고의 교정까지 포함할 수 있다. 이 경우 주어진 원고를 어떻게 수정하는 것이 좋을지에 대한 상세한 의견을 제공하며, 문법상 오류와 철자법, 띄어 쓰기 오류, 잘못 입력된 오타(typo) 등에 대한 상세한 정보들이 제공된다.

8.3 한글원고의 교정(update)

한글원고나 영문원고의 교정에서는 일반적으로 통용되는 교정 부호를 사용하여 수정을 제안하는 교정내용을 표시하여야 한다. 한글 원고의 교정에서는 한글 맞춤법과 원고지 사용법 등을 고려하여 교정되어야 한다. 한글 원고의 교정에서 주로 사용되는 교정부호는 표 8.3에서 보는 것과 같은 교정부호를 많이 사용한다. 한글 문서 편집기 "흔글" 에서는 한글 원고에 교정부호 넣기 기능을 검토메뉴에서 제공한다.(참조: http://help.hancom.com/hoffice/multi/ko_kr/hwp/view/ proofreadmark.htm)

표 8.3 한글 교정 부호

교정 부호 이름과 교정 내용	교정부호와 예시
띄움: 지정된 위치를 한 칸 띄움	한글원고의교정에서는.....
넣음: 지정된 위치에 지정된 문구를 삽입	한글원고 교정에서 사용되는 (많이)
부호 넣음: 지정된 위치에 지정된 부호를 삽입	한국미국, 일본 등의 ...
줄 바꿈: 한 줄로 된 문장들을 지정된 위치에 줄 바꿈을 추가하여 새로운 문단이 시작되도록 함	사물인터넷이란 다양한 사물에 인터넷 정보통신 기능을 . . . . 사물인터넷에 사용되는 정보통신 기술에는 . . .
줄 비움: 해당되는 위치에서 한 줄을 비움	첫 번째, ... 두 번째, . . .

교정 부호 이름과 교정 내용	교정부호와 예시
메모 고침: 틀린 문자나 내용을 바꾸도록 메모로 추가할 때 사용	사물인터넷이란 . . . [고침표:1] Administrator 2019-02-20 10:01 사물인터넷(Internet of Things, IoT)이란
고침: 틀린 글자나 내용을 수정할 때 사용	영어실력을 향상시킬려면 (카)
뺌(제거): 필요 없는 글자를 없앨 때 사용	영어실력역을 향상시키려면
지움: 필요 없는 부분(구간)을 지울 때 사용	빨리 ~~빨리~~ 이동하여야 합니다.
붙임: 붙여 써야 할 곳이 떨어져 있을 때 사용	사물 인터넷이란 . . .
줄 붙임: 줄과 줄 사이에 필요 없이 추가된 빈 줄을 없앨 때 사용	첫 번째 줄에서 . . . 두 번째 줄에서 . . .
줄 이음: 두 줄로 나누어진 것을 한 줄로 이을 때 사용	첫 번째 문장 . . . . 두 번째
자리 바꿈: 글자, 단어의 앞뒤 순서를 바꿀 때 사용	내린 어제
오른쪽으로 자리 옮김: 원하는 만큼 오른쪽으로 자리를 옮기고자 할 때 사용	새로운 문단은 들여쓰기를 사용하여 . . .
왼쪽으로 자리 옮김: 원하는 만큼 왼쪽으로 자리를 옮기고자 할 때 사용	이 부분의 들여쓰기는 삭제하여야 . . .
자료연결: 설명을 추가하고 참고자료를 지정하여 하이퍼링크로 연결할 때 사용	한글의 교정 부호 넣기 http://help.hancom.com/hoffice/multi/ko_kr/hwp/view/proofreadmark.h

8.4 영문원고의 교정(update)

8.4.1 영문원고 교정 부호

영문원고의 교정에서는 한글원고의 교정과는 일부 차이가 나는 교정부호들을 사용하며 본문 중에 간단한 표시를 하고 좌우측 여백에 상세한 표시를 추가적으로 하는 방법을 사용한다. 표 8.4는 영문원고 교정에서 주로 사용하는 교정부호와 사용 예시를 보여주고 있다. 한글 원고의 교정 부호에 추가되는 사항은 대문자(capital)와 소문자(lower case)지정이 있고, 서체(font)를 로마서체(roman), 이탤릭체(italic), 굵은 글씨체(bold) 등으로 지정하거나, 위첨자(superscript), 아래첨자(subscript)로 지정하는 교정부호가 있다.

표 8.4 영문 교정 부호(Source: http://www.leabhair.ie/Proof_correction.pdf)

Proof Correction Mark	Text Mark (본문 중에 표시)	Marginal Mark (여백에 표시)
delete letter(글자 삭제)	housse	ϑ/
delete word(단어 삭제)	this ~~this~~	ϑ/
close up(delete space) (빈칸을 지우고 붙임)	hou ses	⊂/
insert letter(or word) (글자 또는 단어를 삽입)	houes	s/
substitute letter (글자를 다른 글자로 교체)	houtes	s/
substitute word (단어를 다른 단어로 교체)	~~this~~ houses	these/
insert space(공란을 삽입)	thishouse	#/
substitute space(for hyphen) (하이픈을 공란으로 교체)	fully-fitted	#/
delete hyphen(and close up) (하이픈을 지우고 붙임)	un-equal	ϑ/
reduce space (공란 수를 줄임)	this house	#/
stet(cancel correction) (교정을 취소)	~~this~~ house	stet/
transpose words (단어의 순서를 앞뒤로 바꿈)	house this	trs/
start new paragraph (새로운 문단으로 시작)	house. The	¶/
run on(on new paragraph) (뒷줄을 앞줄에 붙여 연속시킴)	new house. Each time	
add space between lines (줄간에 간격을 추가)	Each time which was #	
reduce space between lines (줄간격을 줄임)		

Proof Correction Mark	Text Mark (본문 중에 표시)	Marginal Mark (여백에 표시)
	every time which was	
change to capital letters (대문자로 변경)	in dublin	cap/
change to lower case (소문자로 변경)	in the City	l.c./
change to italic (이탤릭체로 변경)	the Titanic	ital/
change to small capitals (작은 크기의 대문자로 변경)	see houses	s.c./
change to roman (로마 서체로 변경)	*this* house	rom/
change to bold type (굵은 서체로 변경)	In Dublin	bold/
indent(들여쓰기)	This house	□/
cancel indent(들여쓰기 취소)	This house	
centre(중앙으로 정렬)	In Dublin	centre/
take over(to next line) (다음 줄로 넘겨 시작)	which re-	
take back(to previous line) (앞줄에 붙이기)	sulted in	
wrong font (서체/폰트가 틀려있음)	this house	w.f./
superscript(위첨자로 변경)	and 14C	14
subscript(아래첨자로 변경)	is H2O	2/

8.4.2 영문원고의 동료 검토 및 교정의 예

학생이 작성한 에세이를 동료학생들이 서로 검토하고 평가하여 주는 것은 영어 실력을 함께 효율적으로 향상시킬 수 있는 좋은 방법이 된다. 본인의 에세이를 다른 시각에서 검토하고 평가하며, 교정을 위한 의견을 듣는 것은 본인의 관점으로만 생각하였던 주장과 논리적 근거를 다른 시각에서는 또 다르게 해석할 수 있다는 점을 파악할 수 있어 혹시 포함되었을 논리적 오류를 수정할 수 있는 좋은 기회가 주어지며, 동일한 주장을 하더라도 상대방이 더 쉽게 이해할 수 있도록 표현을 개선할 수 있다.

Although good English is basically necessary to get a good job at a good company, there are many college students who have trouble getting the basic English grade. Also, in our case, one of the conditions to graduate from school is a minimum English grade. Therefore, we should not neglect English when we come to college, but study English harder. So, in this article, I will introduce some ways to study English efficiently in college.

The first way to introduce is to watch American dramas or foreign movies. It is a way to watch American TV drama or movie twice over. At first, they put subtitles in order to recognize the situation as they are matched with the sentences the actors speak, and at the second time, they are naturally interpreted by only removing subtitles and listening to videos. This method is not boring and you can study comfortably without the burden of studying.

The second way is to use vacation. Unlike high school vacation, I can spend my vacation freely and it is very long. Use this long vacation to go overseas or travel. Not only can English skills always be used to talk to people in the country if you travel abroad, but it also helps you learn and experience culture in many countries.

The last way is to make many foreign students or exchange students. There are many foreign students in the university. When I become familiar with these friends, I can naturally talk a lot in English and build my English skills. The benefits of this method are similar to those of the second method, but it does not require the time and money to go abroad. Also, I will be able to talk a lot in daily life, so I will be able to learn many words, abbreviations and expressions.

If you study English in these ways, you will be able to learn English more efficiently, and the improved English skills will greatly help you in the future. As mentioned earlier, it will be useful in many situations, including graduation, as well as in getting a job. Also, if you make foreign friends or go on a vacation, you could say that you had a more rewarding college life.

학생 에세이 8.1 - Efficient Way of Studying English in College

동료 학생의 영문원고를 검토 및 교정하여 줌으로써 본인에게도 많은 장점이 있다는 것을 잘 이해하여야 한다. 대부분의 경우 동일하게 부과된 주제에 대하여 다른 학생은 어떤 논리를 가지고 있는지, 그리고 그 논리를 어떻게 주장하는지에 대하여 좋은 사례를 살펴볼 수 있으며, 동료 학생의 에세이에서 사용한 좋은 표현들을 참고하여 더 좋은 문장들을 만들 수 있는 경험이 될 것이다. 아울러 동료 학생의 주장에서 논리적인 오류가 있을 때 이를 함께 토론함으로써 본인이 동일한 실수를 할 수 있는 상황을 미연에 방지할 수 있는 좋은 기회로 삼을 수 있다.

학생 에세이 8.1은 “대학에서 영어공부를 효과적으로 하는 방법(Efficient way of studying English in College)” 이라는 주제에 대하여 학생이 작성한 영어논술이다. 이를 읽고 표 8.5의 에세이 분석표를 작성한 후, 이 에세이를 동료 검토 및 교정을 하라.

표 8.5 Essay Outline 분석표(thesis statement, topic sentence 및 keywords 정리)

Introduction
- Opening with attention grabber
- Context with brief background
- Thesis statement with list of reasons

↓ ↓ ↓

Transition and **Topic Sentence 1**	Transition and **Topic Sentence 2**	Transition and **Topic Sentence 3**
Supporting details for topic sentence 1	Supporting details for topic sentence 2	Supporting details for topic sentence 3

↓ ↓ ↓

Conclusion
- Transition to conclusion
- Summary
- Restatement of the thesis is slightly different way
- Suggestion

그림 8.6은 학생 에세이 8.1을 다른 동료 학생이 검토 및 교정한 예이다.

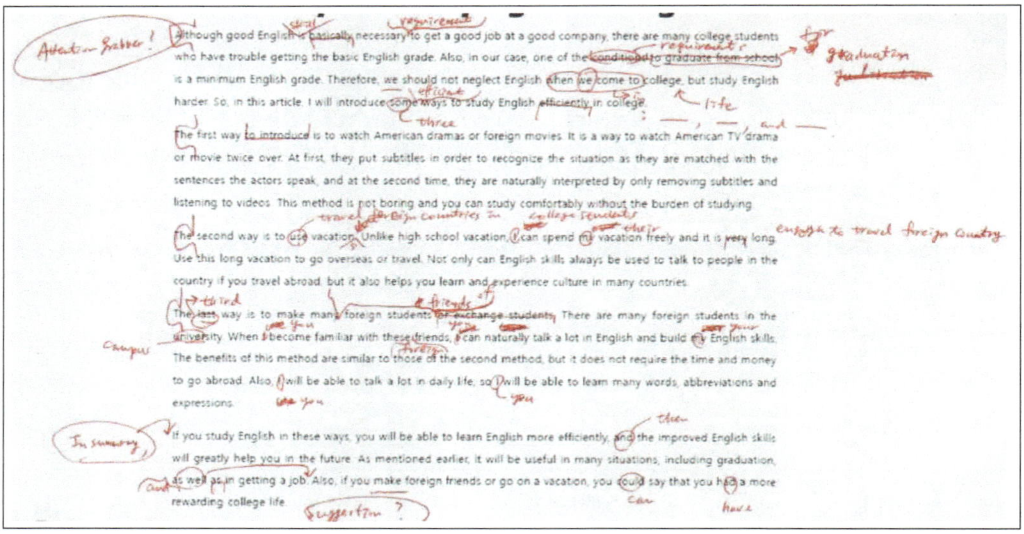

Although good English is basically necessary to get a good job at a good company, there are many college students who have trouble getting the basic English grade. Also, in our case, one of the conditions to graduate from school is a minimum English grade. Therefore, we should not neglect English when we come to college, but study English harder. So, in this article, I will introduce some ways to study English efficiently in college.

The first way to introduce is to watch American dramas or foreign movies. It is a way to watch American TV drama or movie twice over. At first, they put subtitles in order to recognize the situation as they are matched with the sentences the actors speak, and at the second time, they are naturally interpreted by only removing subtitles and listening to videos. This method is not boring and you can study comfortably without the burden of studying.

The second way is to use vacation. Unlike high school vacation, I can spend my vacation freely and it is very long. Use this long vacation to go overseas or travel. Not only can English skills always be used to talk to people in the country if you travel abroad, but it also helps you learn and experience culture in many countries.

The last way is to make many foreign students or exchange students. There are many foreign students in the university. When I become familiar with these friends, I can naturally talk a lot in English and build my English skills. The benefits of this method are similar to those of the second method, but it does not require the time and money to go abroad. Also, I will be able to talk a lot in daily life, so I will be able to learn many words, abbreviations and expressions.

If you study English in these ways, you will be able to learn English more efficiently, and the improved English skills will greatly help you in the future. As mentioned earlier, it will be useful in many situations, including graduation, as well as in getting a job. Also, if you make foreign friends or go on a vacation, you could say that you had a more rewarding college life.

그림 8.6 학생 에세이 8.1에 대한 동료학생 검토 및 교정 예

8.5 Essay 평가(evaluation)

8.5.1 Essay 평가 기준

에세이의 평가 기준은 교육 기관이나 교육 프로그램에 따라 서로 다른 다양한 기준을 사용할 수 있으나 기본적으로 평가에 포함되는 항목들은 에세이 작성에서 강조하였던 사항들을 모두 포함하게 된다. 표 8.6은 350 단어 분량의 5개 문단 구조를 사용하는 학생 교육 프로그램의 에세이 평가 기준의 예시를 보여준다. 이 평가기준은 총 100점 만점으로 편성되어 있으며, 서론 15점, 본론 30점, 결론 15점에서 에세이의 기본 구조와 문단 구조에 대한 평가를 한다. 아울러 총 350 이상의 수준에 맞는 단어를 사용하였는가에 대한 평가와 함께 전체 에세이의 문장 구성과 표현에서의 주제를 중심으로 한 일치성, 관점과 어투의 일관성, 병행 구조 등을 평가하는 20점 항목이 있고, 사용된 문장에서의 문법적 오류가 있는가를 평가하는 20점이 포함되어 있다.

표 8.6 Essay 평가 기준(100점 만점 예시)

Evaluation Grading, Comments and Suggestions
Introduction(15 points): - Opening sentence/general statement with attention grabber(5 points): - General statement and information on the topic(explaining the importance of the topic)(5 points): - thesis statement with clear opinions/preferences/reasons that support your statement(5 points):

Body paragraphs(30 points):			
	Paragraph 1	Paragraph 2	Paragraph 3
Clear transition, topic sentence with coherence, unity, consistency and parallelism:	(3 points)	(3 points)	(3 points)
paragraph structure, flow & coherence	(3 points)	(3 points)	(3 points)
Supporting sentences with **specific and enough details**:	(4 points)	(4 points)	(4 points)
Conclusion(15 points): - transition to conclusion, restatement of the thesis in different way(5 points): - summary of the main points that were suggested in this essay(5 points): - final closing comment/opinion/suggestion(something to chew)(5 points):			
Overall grammar and mechanics, specific and enough details(40 points): - Does the essay provide clear & specific opinion with enough details, - Sentences are well written with coherence, unity, consistency and parallelism - Good overall flow with more than 350 words?(20 points) - Are there any errors in grammar and mechanics, cr any unclear sentences?(20 points)			

연습문제

8.1 다음 용어를 예를 들어 설명하라.

1) Review
2) Update
3) Evaluation

8.2 Essay Reading Comprehension

> A new civilization is emerging in our lives, and blind men everywhere are trying to suppress it. The agricultural revolution of about 10,000 years ago started what we can describe as the First Wave of historic change. The industrial revolution of about 300 years ago launched today's dying Second Wave civilization. Today we find ourselves caught up in the explosive Third Wave of change. We shouldn't be surprised to find that every rule we have lived by is changing. It always happens when one epoch gives way to another.
>
> Second Wave civilization adjusted daily life to the throb of machines. Raised in this civilization, the parents take it for granted that every one must arrive and work at the same time, that rush-hour traffic is unavoidable, that mealtimes must be fixed, and that children must be trained in punctuality. They cannot understand why their children seem so casual about keeping appointments and why, if the nine-to-five job was good

enough for them, it should suddenly be regarded as intolerable by their children.

The reason is that the Third Wave, as it sweeps in, carries with it a completely different sense of time. If the Second Wave tied life to the tempo of the machine, the Third Wave challenges this mechanical adjustment, alters our most basic social rhythms, and, in doing so, frees us from the machine.

에세이 8.1 The Third Wave

8.3 Essay 작성 준비

"Why computational thinking is essential" 라는 주제에 대하여 350단어 분량과 5개 문단 구조를 사용하는 에세이 작성을 준비하라. 먼저 brain storming을 통하여 사용하고자 하는 단어들을 정리하고, 주제문장(thesis statement)와 소주제(sub-topic)들을 준비하여 다음 mind map을 작성하라.

표 8.7 Essay 작성을 위한 Outline 정리(thesis statement, topic sentence 및 keywords 정리)

Introduction - Opening with attention grabber - General statement with Context and brief background - Thesis statement with list of reasons		
↓	↓	↓
Transition and **Topic Sentence 1**	Transition and **Topic Sentence 2**	Transition and **Topic Sentence 3**
Supporting details for topic sentence 1	Supporting details for topic sentence 2	Supporting details for topic sentence 3
↓	↓	↓
Conclusion - Transition to conclusion - Summary - Restatement of the thesis is slightly different way - Suggestion		

8.4 Essay 작성

위 8.3에서 준비한 outline을 기반으로 350단어, 5개 문단 구조를 사용하는 에세이를 작성하라.

9장 좋은 에세이의 핵심 요건

학습목표

- 좋은 에세이의 핵심 요건 이해
- 능동태와 긍정적인 문체 작성 방법에 대한 이해
- 연관성과 일관성 유지 방법에 대한 이해
- 두괄식과 양괄식의 올바른 사용을 통한 강조 방법에 대한 이해
- 명사와 대명사의 올바른 사용 방법에 대한 이해
- 동사와 조동사의 올바른 사용 방법에 대한 이해

개요

9.1 좋은 에세이의 핵심 요건
9.2 응집성(coherence), 단일성(unity), 일관성(consistency), 대구법(parallelism)
9.3 능동태와 긍정적인 문체
9.4 문장에서 강조되어야 하는 단어의 올바른 배치 - 두괄식, 양괄식
9.5 명사와 대명사의 올바른 사용
9.6 주어에 따른 동사와 조동사의 올바른 사용

9.1 좋은 에세이의 핵심 요건

좋은 에세이란 주장하는 내용이 명확하게 전달되고 그 에세이에서 주장하는 사항을 뒷받침하는 근거들을 쉽게 이해할 수 있도록 작성된 것이다. 이와 같이 좋은 에세이를 작성하기 위해서는 서론, 본론 및 결론에서 각각 의도하는 바를 정확하게 전달할 수 있는 구성을 사용하여야 하며 꼭 필요한 핵심 요건들을 잘 갖추고 있어야 한다.

9장과 10장에서는 좋은 영어 논술을 작성할 스 있는 방법에 대하여 설명한다. 9장과 10장의 내용에서 많은 예문들과 내용들은 미국 대학에서 에세이 교재로 가장 많이 사용되는 William Strunk 교수와 E. B. White 교수의 "The Elements of Style" 교재에서 설명하고 강조한 내용을 참고하였음을 미리 밝혀둔다.

9.1.1 독자들을 사로잡을 수 있는 주의 집중 문구(hook, attention grabber)

훌륭한 연설문이나 좋은 에세이는 첫 번째 한 문장으로 독자들을 사로잡을 수 있도록 주의를 집중시키는 표현을 잘 사용하여야 한다. 이 첫 번째 문장이 전체 연설과 전체 에세이의 분위기를 좌우할 수 있으며 주제와 연관성이 깊고 일반인들도 큰 관심을 가지며 많이 공감하는 속담이나 고전으로부터의 인용, 성경이나 불경의 구절 인용, 또는 최근에 신문•방송에서 큰

관심을 끌었던 보도 내용 등을 간략하게 언급함으로써 그 문제(또는 주제)의 중요성을 생각하게 하며, 왜 관심을 가져야 하는가에 대한 청중(또는 독자)들의 주의를 환기시킨다면 주의를 집중시킬 수 있다.

표 9.2는 주의 집중 표현으로 사용할 수 있는 영어 격언들의 예를 보여준다.

표 9.2 Important English Proverbs(source: www.phrasemix.com)

Important English Proverbs	한글 의미(의역)
"Two wrongs don't make a right."	잘못된 일 두 가지가 하나의 올바른 일 하나를 만들지 않는다.(악을 악으로 갚는다고 하여 선이 되지 않는다)
"The pen is mightier than the sword."	펜(글, 文)이 칼(무력, 武)보다 더 강하다.
"When in Rome, do as the Romans."	로마에서는 로마법을 따라야 한다.
"The squeaky wheel gets the grease."	우는 아이에 젖을 준다.
"When the going gets tough, the tough get going."	가는 말이 고아야 오는 말도 곱다.
"No man is an island."	인간은 누구도 혼자 살아갈 수 없는 사회적 동물이다.
"Fortune favors the bold."	용감한 자가 미인을 얻는다.
"Peoples who live in glass houses should not throw stones."	비판을 당하지 않으려면 다른 사람을 비판하지 말아야 한다. 제 눈의 들보는 보지 못하면서 다른 사람의 티끌을 나무란다.
"Hope for the best, but prepare for the worst."	할 수 있는 모든 노력을 다하고, 좋은 결과를 기다려라. 盡人事待天命
"Better late than never."	늦는 것이 아예 시작조차 하지 않는 것 보다 났다.
"Birds of a feather flock together."	유유상종. 같은 종류끼리 모인다.
"Keep your friends close and your enemies closer."	친구는 가까이 두고, 적은 더 가까이 두라.
"A picture is worth a thousand words."	백번 설명 듣는 것 보다 한번 보는 것이 났다.(百聞不如一見)
"There's no such things as a free lunch."	공짜 점심은 없다.(세상에 공짜로 되는 일은 없다.)
"There's no place like home."	세상에서 집이 제일 좋은 곳이다.
"Discretion is the greater part of valor."	신중함이 더 현명한 용기이다. (무모하게 위험을 무릅쓰는 것보다 신중을 기하는 것이 더 현명하다.)
"The early bird catches the worm."	일찍 일어나는 새가 벌레를 잡는다.

Important English Proverbs	한글 의미(의역)
"Never look a gift horse in the mouth."	남의 선물(호의)을 트집잡지 마라.
"You can't make an omelet without breaking a few eggs."	어떤 순간에 할 수 있는 것은 그 순간에 해야 한다.
"God helps those who help themselves."	하늘은 스스로 돕는 자를 돕는다.
"You can't always get what you want."	항상 원하는 것을 다 얻을 수는 없다.
"Cleanliness is next to godliness."	모든 인간은 도덕적으로 청결을 유지하기 위하여 노력하여야한다
"A watched pot never boils."	조바심을 내면 더 시간이 더디 간다. 一日(刻)如三秋
"Beggars can't be choosers."	도움 받는 자가 이것저것 따질 수 없다. 찬밥 더운밥 가릴 처지가 아니다.
"Actions speak louder than words."	말보다는 행동이 더 큰 영향을 끼친다.
"If it is not broken, don't fix it."	문제가 없는 것을 굳이 뜯어 고치려 하지 마라.
"Practice makes perfect."	연습을 통하여 완벽하게 된다.
"Too many cooks spoil the broth."	사공이 많으면 배가 산으로 간다.
"Easy come, easy go."	쉽게 번 돈은 쉽게 나간다.
"Don't bite the hand that feeds you."	당신에게 잘 대해주는(도움을 주는) 사람을 나쁘게 대하지 마라.
"All good things must come to an end."	고생 끝에 낙이 온다.
"If you can't beat them, join them."	만약 상대방을 이길 수 없으면 협력할 방법을 찾는 것이 좋다.
"One man's trash is another man's treasure."	어떤 사람에게는 소용이 없을 지라도 다른 사람에게는 큰 보물이 될 수 있다.
"There's no time like the present."	현재가 가장 중요한 순간이다.
"Beauty is in the eye of the beholder."	아름다움이란 보는 사람이 눈에 달린 것이다.(제 눈에 안경)
"Necessity is the mother of invention."	필요는 성공의 어머니
"A penny saved is a penny earned."	한 푼을 아끼는 것이 한 푼을 버는 것이다.
"Familiarity breeds contempt."	친숙하면 모멸감이 생긴다.(親不敬)
"You cannot judge a book by its cover."	겉모습만으로 판단하지 마라.
"Good things come to those who wait."	무엇인가를 성취하려면 기다릴 줄 알아야 한다.
"Don't put all yours eggs in one basket."	모든 달걀을 한 바구니에 담지 마라.(위험을 고려하여 자산을 분산시켜라.)

Important English Proverbs	한글 의미(의역)
"Two heads are better than one."	백지장도 맞들면 낫다.
"The grass is always greener on the other side of the hill."	남의 떡이 커 보인다.
"Do unto others as you would have them do unto you."	대우 받고 싶은 대로 남을 대우하라.
"A chain is only as strong as its weakest link."	제일 약한 연결 부분이 전체의 강함을 제한한다.
"Honesty is the best policy."	정직이 최선의 방책
"Absence makes the heart grow fonder."	떨어져 있으면 그리움이 더해진다.
"You can lead a horse to water, but you can't make him drink."	말을 물에 끌고 갈 수 는 있어도 강제로 물을 먹일 수는 없다.
"Don't count your chickens before they hatch."	김칫국부터 마시지 마라.
"If you want something done right, you have to do it yourself."	제대로 된 일을 원한다면 직접 해야 한다.
"Strike while the iron is hot." "Make hay while the sun shines."	좋은 기회를 놓치지 마라. 기회가 주어졌을 때 머뭇거리지 마라.
"It's no use crying over spilled milk."	이미 엎질러진 물(내뱉은 말)은 다시 주워 담을 수 없다. 지나간 일을 후회해도 소용없다.

만약 적절한 경구를 쉽게 찾을 수 없을 때에는 주제를 질문 형식으로 만들어 독자나 청중들에게 먼저 던지고 이에 대한 올바른 해결방안을 함께 찾아보자는 형식으로 진행하는 것도 좋다.

9.1.2 주장하는 내용의 배경(context) 설명 - 필요성과 중요성

에세이나 발표에서 어떤 문제에 대한 본인의 의견을 주장하고자 할 때 대부분의 독자들과 청중들은 그 문제 자체를 잘 이해하지 못하거나 그 문제의 중요성을 이해하지 못하거나 그들과 어떤 관계가 있는지를 이해하지 못하여 에세이나 발표에서의 주장을 제대로 평가하지 못하는 경우가 많이 있다. 만약 그 문제를 이해하지 못하고, 그 주장의 내용을 이해하지 못한다면 에세이나 발표는 원래의 목적을 달성하지 못한 것이 된다. 따라서 에세이나 발표에서는 항상 그 문제가 왜 중요한지, 그리고 왜 함께 고민하여야 하는 문제인지 등의 배경(context)에 대하여 서론에서 간단하게 설명하여야 한다.

주제의 배경에 대한 간단한 설명은 최근 언론에서 많이 제기되었던 문제를 다시 생각해보도록 하거나 일반사람들에게 잘 알려져 있는 속담이나 격언을 사용하여 어떤 문제를 어떤 관점에서 같이 생각하여야 하는가를 서두에 알려주는 것이 좋다. 이렇게 배경 설명을 간단히 하면 에세이를 읽는 독자들과 발표를 듣는 청중들은 발표내용을 정확하게 이해할 수 있게 되고,

따라서 함께 공감할 수 있는 가능성이 높아지게 된다.

9.1.3 논리적 근거를 간략하게 포함하는 주제문장

에세이 전체를 한 문장으로 요약하여 표현한다면 바로 주제 문장(thesis statement)이 되어야 한다. 따라서 에세이 작성의 시작이 주제 문장으로부터 시작되어야 하고 에세이 작성의 마지막 검토가 주제 문장이 되어야 한다. 그러므로 주제 문장은 단순히 주장만 포함되는 것이 아니라 이 주장을 뒷받침하는 논리적 근거를 함께 제공하는 문장이 되어야 한다.

대부분의 이공계열 에세이에서는 서론에서 먼저 주장하는 내용과 논리적 근거를 간략하게 정리하는 두괄식 구조를 사용하기 때문에 논리적 근거가 함께 포함된 주제 문장이 사용되면 독자들은 주장하거나 전달하고자 하는 핵심 사항을 빨리 파악할 수 있고 그 근거가 되는 내용이 합리적이라고 판단될 때 본문을 읽고 싶은 생각이 들게 될 것이다. 만약 주장하는 바는 이해가 되지만 전혀 논리적이지 않은 근거를 바탕으로(터무니없는) 주장을 하거나 논리적 근거 없이 단순한 주장만 하는 에세이의 경우 단순히 시간 낭비를 할 것으로 예상하여 더 이상 읽지 않을 것이다.

표 9.1은 논리적 근거가 간략하게 포함된 주제 문장의 예를 보여주고 있다. 주제문 예제들의 평가 및 분석에서 정리되어 있는 것과 같이 주제 문장에는 반드시 근거 논리를 3개 정도 열거하여 왜 그러한 주장을 하는가에 대하여 독자들이 신속하게 파악할 수 있도록 하여야 한다.

표 9.1 주제 문장의 평가 및 분석 예

주제	주제문 예	평가 및 분석
Is technology development always good?	In my opinion, **the technology development produces many environmental problems.**	주장은 있으나 구체적인 논리적 근거가 제시되어 있지 않음
	As far as I am concerned, I agree with the first opinion that **our world is becoming better for living with technology progress that enables improved living condition, easy communication, and better medical access.**	주장하는 내용과 논리적 근거가 잘 표현되어 있음
Have automobile improved modern life?	As a modern transportation, **the automobile not only brings convenience to our daily life, but also enhances the efficiency.**	주장하는 내용에 대한 논리적 근거가 두 개만 제시되어 있음
	While automobiles have brought us many conveniences, **they surely have brought us many undesirable consequences, of which three can be**	문제의 두 가지 면을 잘 대비하여 설명하였으며, 주

주제	주제문 예	평가 및 분석
	singled out: traffic congestion, air pollution, and highway accidents.	장하는 내용에 대한 논리적 근거가 잘 정리되어 있음
Working independently vs. Working in team	**I think working independently is better than working in team.**	주장에 대한 논리적 근거를 제시하지 않고 있음
	I think being able to work in a team is more important for me, because of the complicated system and tasks in most company, the advantages of collaborations with individual expertism, and pleasures of being recognized by colleagues.	주장에 대한 논리적 근거를 잘 제시하고 있음
Working in a large company vs. a medium-small company	In my opinion, **working in a medium-small company provides better opportunity of career development.**	주장에 대한 논리적 근거를 상세하게 제시하지 않고 있음
	Of course, every individual has his own opinion about the strengths and weakness when it comes to serving in a big firm or a small one; for me, **my choice is definitely to work for a big company, because of various advantages in career development, more experiences with peoples from various backgrounds, and better opportunity to collaborate with international experts.**	문제의 두 가지 면을 잘 대비하여 설명하였으며, 주장하는 내용에 대한 논리적 근거가 잘 정리되어 있음
Is progress always good?	Progress seems to have made life simpler and more comfortable; but if we analyze it carefully, **we will find that progress is not always good.**	주장에 대한 논리적 근거가 제시되어 있지 않음
	The scientific progress creates several serious problems, such as the green-house effect, pollutions, and psychological problem.	주장에 대한 논리적 근거가 3가지 제시 되어 있음
Best way to obtain knowledge	**Obtaining knowledge from Internet is the best way.**	주장에 대한 논리적 근거가 제시되어 있지 않음
	Among the various ways of obtaining knowledge, **I think life experiences can teach us more than anything we can learn from books or Internet, because of more fun with higher attentions, clear understanding with body senses, and better memory.**	주장에 대한 논리적 근거를 잘 제시하고 있음
Is Internet a benefit or a curse?	**I believe Internet is absolutely a benefit.**	주장에 대한 논리적 근거가 제시되어 있지 않음

주제	주제문 예	평가 및 분석
	In my opinion, the Internet is definitely a good source of valuable information, with convenience and time efficiency; but as with all forms of technology one must know how to make the best use of it.	주장에 대한 논리적 근거를 잘 제시하고 있음
Can new technologies help students?	**Some times new technologies prohibit students' creative thinking.**	주장에 대한 논리적 근거가 제시되어 있지 않음
	No doubt, **the convenience in accessing information on the Internet helps students to learn more knowledge and learn it more quickly.**	주장에 대한 논리적 근거를 잘 제시하고 있음

9.1.4 논리적 근거를 쉽게 이해할 수 있도록 응집성을 고려하여 일관성 있게 구성한 본문

본문은 서론의 주제 문장에서 논리적인 근거로 열거한 2 ~ 3가지 사항들을 구체적으로 설명하여야 하며, 서론에서 열거한 논리적 근거를 각각 별도의 문단에서 구체적인 내용들을 쉽게 이해할 수 있도록 차근차근 설명하여야 한다. 본문은 서론에서 주장한 주제 문장에 연관된 내용으로만 구성하고 일관성을 유지하여야 한다. 본론에서 서론의 주제 문장과 관련성이 없는 내용을 열거하거나 전혀 다른 주제를 언급하는 경우 전체 에세이의 흐름을 혼란스럽게 만들고 주장하는 바를 혼동할 수 있으므로 반드시 피해야 한다.

본문에서 주제 문장의 논리적인 근거를 설명하는 순서도 중요하다. 일반적으로 3가지 정도의 논리적인 근거를 설명하는 경우, 쉽게 이해할 수 있고 쉽게 공감할 수 있는 내용을 먼저 설명하여 청중이나 독자들의 공감을 이끌어 내고, 이를 바탕으로 좀 더 복잡하거나 깊은 지식이 필요한 내용을 그 다음 순서로 설명하는 것이 좋다. 본문에서는 객관적인 사실이나 공식적으로 인정을 받는 자료와 데이터를 활용하여야 하며, 본인이 직접 생성한 자료는 실험환경이나 제한 조건 등을 구체적으로 설명하여야 불필요한 오해를 줄일 수 있다.

본문의 문단들을 차례로 설명할 때 문단의 첫 부분에 전환어구(transition signal word)를 포함하는 것이 논리적 근거들 간의 관계를 알려주는 기능도 함께 하여 독자들의 이해를 돕는다. 아울러 문장들 간의 관계에서도 접속사와 전환어구를 적절히 사용함으로써 앞문장과 뒷문장이 어떤 관계로 연결되는가를 잘 이해하고 이를 통하여 전달하고자 하는 내용을 보다 명확하게 할 수 있다. 표 9.3은 문장 연결 접속사의 예를 보여주며, 표 9.4는 전환 어구의 예를 보여준다.

표 9.3 문장 연결 접속사의 예

분류	접속사
시간	as, as soon as, before, after, since, until, while when, by the time, whenever

분류	접속사
원인/결과/이유	as, because, since, now(that), in that, so that, such ~ that
목적	in order that, in order to, so that
조건	if(=provided, providing, suppose, supposed), only if, unless, once, in case of, in the event of, on condition that, so long as
양보/양태	though, although, even if, even though, whether ~ or(not), while, whereas
제한	as, as if, as though, just as, as long as, as(so) far as

표 9.4 전환어구(transition signal word)의 예

분류	전환어구
반대/반전/대칭/양보관계	but, however, yet, actually, in fact, on the other hand, in contrast, nevertheless, nonetheless
대조 관계	in spite of, despite, although, instead
비교 관계	likewise, compared to, similarly as ... as, and
원인-결과 관계	there fore, thus, as a result, consequently, accordingly
첨가, 보충 설명 관계	and, also, in addition, additionally, in fact, furthermore, moreover, besides,
언급된 내용의 예시	for example, for instance, in general, generally specifically, in particular
언급된 내용과 다른 가정/조건	otherwise
부연 설명	in other words
동등한 수준의 나열	first, second, third firstly, secondly, thirdly first of all, above all, next, then finally, last, at last
화제 전환, 감탄	now
시점 제시	today, tonight, in the past, last year
위치 제시	there, in that place

9.1.5 주제문(thesis statement) 강조를 위한 양괄식 구성

결론은 서론에서 제시하였던 주제 문장과 본문에서 제공하였던 논리적인 근거를 종합하여 종합적인 결론을 맺는 문단이다. 결론에서는 주제 문장을 서론과는 다른 표현을 사용하여 재차 강조하는 것이 좋다. 즉, 서론의 주제 문장에서 사용된 의미를 정확하게 전달하기 위하여 동의어(thesaurus)를 사용하여 표현하면 보다 정확한 의미를 전달할 수 있고, 동일한 문장이 계속 반복되어 단조롭다는 느낌을 주는 것을 방지할 수 있다. 또한 같은 의미의 다른 단어를 사용함으로써 독자들에게 전문성을 느끼게 하고 이를 통하여 더 큰 신뢰감을 가질 수 있게 할 수 있다.

9.1.6 결론에서의 간략한 제안(suggestion) 제시

결론이 단순히 주제 문장을 다른 언어로 반복하고 종료되면 무엇인가 허전한 느낌을 가질 수 있고 많은 독자들은 "그래서 ?" 또는 "그래서 이 문제가 나와는 어떤 상관이 있지?" 라고 반문할 것이다. 따라서 결론에서는 주제 문장을 다시 언급하여 종합 정리를 한 후, 이 결과가 어떤 시사점이 있는지 또는 이 결론을 토대르 우리가 어떤 행동을 취해야 하는지 등에 대한 의견을 간략하게 제시하는 것이 좋다.

결론에 간략한 의견이 제시되어 있다면 이 에세이(또는 논문, 보고서, 발표문 등)를 읽은 독자들에게 보다 큰 관심을 가지게 할 것이며, 이 에세이 저자가 제공하는 다른 에세이에도 더욱 깊은 관심을 가지게 될 것이다. 회사에서는 단순히 문제 분석 뿐 아니라 그 결론에 대한 대응방안까지 간략하게 제시하는 에세이 및 보고서에 더욱 큰 신뢰를 할 것이며 더 중요한 업무를 맡기게 되므로 더 빨리 승진할 수 있는 기회가 제공될 것이다.

9.2 응집성 (Coherence), 단일성 (Unity), 일관성 (Consistency), 대구법 (Parallelism)

논술이나 발표에서 문장과 문장, 문단과 문단은 항상 주장하고자 하는 주제문(thesis statement)에 초점을 맞추어 밀접하게 연결되는 응집성(coherence)이 있어야 하고, 주제를 벗어나지 않는 단일성(unity)이 있어야 하며, 서술의 관점이나 어투에 일관성(consistency)이 있어야 한다. 하나의 문장에서 대등한 항목들이 열거될 때에는 대구법(parallelism)이 제공되어야 독자들이나 청중들이 전달하는 내용을 쉽게 이해할 수 있다.

9.2.1 항상 주제에 초점을 맞추고 밀접하게 연결되는 응집성(coherence)

에세이에 포함된 모든 문단과 문장은 항상 저자가 주장하고자 하는 주제문과 그 주장의 논리적 근거에 초점을 맞추고 밀접하게 연결되어 있어야 하며, 응집성(coherence)이 있도록 구성하여야 한다. 글이나 발표에 응집력이 있다는 의미는 글이나 발표에서 사용한 단어들, 핵심아이디어들, 그리고 문단들이 유기적으로 연결되면서 전체의 논지(즉 주제문에서 나타난 주장)를 논리적인 근거와 함께 발전시켜나가는 구조를 가졌다는 의미이다. 그림 9.1은 응집력이 있는 에세이 구조를 나타내고 있다.(참고: 서강대 글쓰기 센터 - 글쓰기 길잡이, 영어 글쓰기 길잡이, http://writing.sogang.ac.kr/ front/guide/guide_03_03.html)

문장이나 문단 간에 응집력이 떨어져 있으면 독자들이나 청중들은 단편적으로 나열된(즉 서로 연계성이 없는) 사항들을 두서없이 읽거나 듣고 있다는 느낌을 가지게 되고, 집중을 할 수 없게 되며, 결과적으로 저자가 글 전체를 통하여 주장하고자 하는 논지를 잘 파악하지 못하게 된다. 반면, 응집력이 강한 글에서는 저자가 의도한 바에 의해 서술된 순서에 따라 긴밀하게 연결된 아이디어와 논리적 근거를 쉽게 따라갈 수 있으며, 집중할 수 있고, 이를 통해 전체적인 의도와 논지를 잘 파악할 수 있게 된다.

글의 응집력을 높이기 위해서는 문단간의 응집력을 높여야 하고, 문단 내부에서의 각 문장 간에도 응집력을 높여야 한다. 문단간의 응집력은 그 문단의 시작 부분에서 이전의 문단과 어떻게 연결되는지에 대하여 상관관계를 나타내는 연결고리를 전환문구(transition)로 잘 표현하여야 하며, 다음으로 그 문단에서 어떤 소주제를 다루는지에 대하여 두괄식으로 설명하여야 한다. 각 문단에서는 그 문단에서 제시하는 소주제를 중심으로 서술되어야 하며, 그 소주제를 벗어나지 않도록 통일성을 유지하여야 한다.

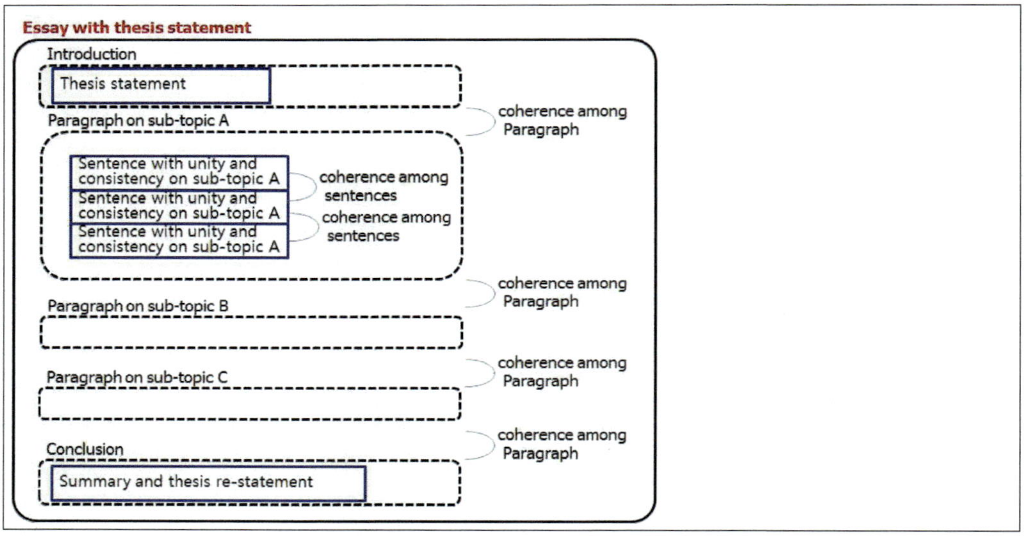

그림 9.1 응집력이 있는 에세이 구조

문단내부의 문장 간에 응집력을 높이기 위해서는 앞 문장에서 제시된 내용과 뒷 문장에서 제시하는 내용이 어떻게 연결되는지에 대하여 적절한 접속사와 대명사를 사용하여 독자들이 자연스럽게 이동하며 이해할 수 있도록 구성하여야 한다.

그림 9.2는 응집성이 있는 단락의 구성 예를 보여준다. 이 문단에서는 미국이 유인 우주탐사를 위하여 진행하였던 프로젝트들이 각각 중요한 임무를 가지며 수행하였다는 설명을 하고 있다. 이 문단에 포함된 문장들이 어떤 역할을 하는지를 쉽게 이해할 수 있도록 "For example, …", "As another example, …", "Finally, …"로 중요한 프로젝트를 구분하여 이해할 수 있게 구성하였고, 첫 번째 머큐리 프로젝트의 경우 첫 번째 임무에 대한 설명문 다음에 서술된 추가적인 임무의 문장을 시작하기 전에 "In addition, ..."을 사용하여 이전 문장과의 연계성을 잘 나타내고 있다.

> Each of the U.S. manned space exploration projects had specific major goals. ***For example,*** the Mercury project was designed to test whether or not human beings could survive and function in outer space. ***In addition,*** the Mercury project tested rockets with the new Mercury space capsule, which could hold one person. ***As another example,*** the Gemini project was intended to find out whether two people could work in the weightless environment of space. One way of doing this was by having Gemini astronauts take "spacewalks." That is, they floated outside their spacecraft in a spacesuit, connected to it by a tether. Gemini astronauts also tried out new flying skills. For example, some astronauts flew two spacecraft extremely close together; this procedure was called "rendezvous." On some Gemini flights, astronauts physically linked two spacecraft together. This linking, or "space docking," was a major goal of the Gemini program. ***Finally,*** the Apollo project, with three astronauts, had the goal of testing spacecraft and skills so that people could actually fly to the Moon and land on it. Other goals included performing scientific experiments on the lunar surface and collecting rocks for study on Earth.

그림 9.2 응집성이 유지된 단락의 예(source: http://litesee.com/toefl_article_07.htm)

9.2.2 주제를 벗어나지 않는 단일성(unity)을 유지

응집성이 있도록 구성된 에세이에서는 각 단락에서 소주제문을 제시하고 그 소주제에 대한 논리적 근거를 적절한 열거 순서에 따라 문장으로 서술하며, 문장들 간에 응집력이 유지될 수 있도록 하여야 한다. 특히 문단내부에서 사용되는 문장들은 모두 그 문단의 소주제에 집중하여야 하며, 만약 소주제를 벗어난 언급을 하는 경우 응집성을 떨어뜨리고 독자들은 집중하지 않게 된다.

그림 9.3은 단일성이 결여된 문단의 예를 보여준다. 이 문단은 그림 9.2와 거의 동일한 구조이며, 러시아에서 수행하였던 우주 탐사 프로젝트에 대하여 설명하고 있다. 각 프로젝트의 특별한 목적(임무)에 대하여 차례로 설명하고 있다. 그런데 밑줄 친 문장은 이 문단의 소주제인 러시아 우주 개발 프로젝트와 상관없는 미국 우주 비행사의 우주 유영을 설명하고 있으며, 따라서 주제를 벗어난 문장이며 통일성을 해치고 있다.

> Each of the Russian manned space exploration projects had specific major goals. For example, the Vostok project was designed to test whether or not human beings could survive and function in outer space. For another example, the Voshkhod project was

intended to find out whether people could work in the weightless environment of space. One Voshkhod cosmonaut experimented with weightlessness by taking a "spacewalk." That is, he floated in a spacesuit outside his Voshkhod spacecraft, connected to it by a tether. The cosmonaut to do this was Alexei Leonov. Several weeks later, Leonov's spacewalk was followed by that of U.S. astronaut Ed White. Finally, the Soyuz project, with three cosmonauts, had goals of testing spacecraft and spaceflight skills so that people could fly long missions in Earth orbit.

그림 9.3 통일성이 결여된 단락의 예(source: http://litesee.com/toefl_article_07.htm)

9.2.3 서술의 관점이나 어투의 일관성(consistency)을 유지

각 문단에 포함된 문장들은 서술의 관점이나 어투에서 일관성을 유지하여야 한다. 즉 동일한 문단에 포함되는 문장들은 서술의 관점(view point)나 어투가 일관성 있게 작성되어야 한다. 관점에서의 일관성은 누구의 시각에서 바라본 상황인가를 계속 일관되게 유지하여야 한다. 대부분의 학생 에세이나 학술논문에서는 제3자 관점에서 객관적으로 서술하는 것이 일반적이며, 문장의 주어로서 나(I)를 거의 사용하지 않는다. 그러나 소설의 경우에는 화자의 주관적 관점을 기준으로 서술할 수 있다. 이러한 주관적 관점의 서술에서는 모든 문장이 주관적으로 일관성 있게 유지되어야 하며, 1인칭의 주관적 관점에서 3인칭의 객관적 관점으로 글의 도중에서 변경이 일어나지 않아야 한다.

어투의 일관성을 유지하기 위해서는 하나의 문장 속에서는 주어가 일정하게 유지되어야 하며, 갑자기 많은 수식어를 사용하기 시작하거나 감탄사 등을 사용하여 과도한 표현으로 변경하지 않아야 된다.

9.2.4 대등한 항목의 열거에서의 대구법(Parallelism) 사용

문장내부에서 동일한 수준의 항목들을 열거할 때 이들은 동일한 형식과 구조를 사용하여야 한다. 예를 들어 구(phrase)나 절(clause)을 동일한 구조의 표현을 반복적으로 사용하면 전달되는 의미를 강조하고 쉽게 이해할 수 있게 한다. 다음 예는 성경에서 여덟 가지 복을 설명하는 내용으로, 동일한 구조의 절을 반복 사용하는 병렬 구조로 설명하여 쉽게 이해할 수 있게 한다.

- Blessed are the poor in spirit: for theirs is the kingdom of heaven.
- Blessed are they that mourn: for they shall be comforted.
- Blessed are the meek: for they shall inherit the earth.

- Blessed are they which do hunger and thirst after righteousness: for they shall be filled.

그림 9.4 대구법 구조의 예

다음 예문들에서는 대구법구조를 비교하고 있다. 첫 번째 예문들은 정관사 the가 있는 경우와 없는 경우가 혼재되어 대구법 구조 원칙을 우배한 것이며, 두 번째 예문들은 in 전치사가 있는 경우와 없는 경우가 혼재되어 대구법 구조 원칙을 위배한 것이다. 마지막 예문에서는 부사구에서 사용된 단어들에 연결된 전치사가 서로 다를 때 대구법 구조를 구성하는 차이를 보여주고 있다.

the French, the Italians, Spanish, and Portuguese.(X) - the가 있는 경우와 없는 경우 혼재) the French, the Italians, the Spanish, and the Portuguese.(O)
in spring, summer, or in winter.(X) - in이 있는 경우와 없는 경우 혼재 in spring, summer, or winter.(O) in spring, in summer, or in winter.(O)
His speech was marked by disagreement and scorn for his opponent's position.(X) - disagreement와 scorn 다음에 연결되는 전치사가 달라야 함 His speech was marked by disagreement with and scorn for his opponent's position.(O)

그림 9.5 정관사와 전치사가 사용되는 경우의 대구법 구조 예

다음 예문들은 대등한 항목들을 대구법 구조의 문장으로 구성하는 경우를 보여준다. 첫 번째 예문에서는 both A and B의 구조에서 사용되는 long ceremony와 tedious가 서로 대등하지 않아 대구법 구조의 원칙이 지켜지지 않은 문장에서 주어를 ceremony로 변경함으로써 병렬 구조를 만드는 예를 보여준다. 두 번째 예문에서는 not for A but for B의 구조를 구성하는 예를 보여준다. 세 번째 예문에서는 either A or B의 구조에서 대등한 항목으로 구성하기 위하여 either의 위치를 변경하는 예를 보여준다. 네 번째 예문에서는 first A, second B의 대구법 구조를 구성하기 위하여 A와 B 모두 동일한 형식인 절(clause)로 변경하여 대구법 구조를 만드는 예를 보여준다.

It was both a long ceremony and very tedious.(X) - long ceremony와 tedious가 대등하지 않음 The ceremony was both long and tedious.(O) - ceremony를 주어로 사용하여 long과 tedious를 대구법 구조로 사용할 수 있게 하였음

A time not for words but action.(X) - not for A but for B가 대등한 항목임 A time not for words but for action.(O)
Either you must grant his request or incur his ill will.(X) - grant A와 incur B가 대등한 항목이며, 따라서 either가 must 다음에 와야 함 You must either grant his request or incur his ill will.(O)
My objections are, first, the injustice of the measure; second, that it is unconstitutional.(X) - first A, second B 구조에서 A는 명사이며, B는 절이므로 대응되지 않음 My objections are, first, that the measure is unjust; second, that it is unconstitutional.(O)- first A, second B 구조에서 A와 B 모두 절로 구성하였음

그림 9.6 Both A and B, not for A but for B, either A or B, first A - second B 대구법 구조

9.3 능동태와 긍정적인 문체

9.3.1 능동태(Active voice)

에세이에 포함되는 문장은 능동태(active voice)로 표현하거나 수동태(passive voice)로 표현할 수 있다. 능동태 문장은 보다 적극적이며 활력이 넘치는 느낌을 주며, 문장을 간결한 표현으로 나타낼 수 있다. 반면 수동태 문장은 소극적이며 간결한 표현으로 나타내기가 힘든 경우가 많다. 일반적으로 에세이 작성은 능동태를 사용하여 적극적인 주장을 나타내도록 하며 활력이 넘치는 느낌을 주도록 하는 것이 좋은 평가를 받는다.

I shall always remember my first visit to Boston.(more direct) My first visit to Boston will be always remembered by me.(less direct, less concise)

직설적 표현이 아닌 "there is"가 포함되어 있거나 수동태 형식(예: "could be heard") 문장은 능동태로 변경하여 적극적이며 활기찬 표현으로 변경하는 것이 좋다. 다음 예문들에서 볼 수 있는 것과 같이 능동태 문장은 보다 강한 어감을 주며, 간결하게 표현할 수 있는 장점을 제공한다.

There were a great number of dead leaves lying on the ground. Dead leaves covered the ground.(more stronger and concise)
At dawn the crowing of a rooster could be head. The cock's crow came with dawn.(more stronger and concise)
The reason he left college was that his health became impaired. Failing health compelled him to leave college.(more stronger and concise)

It was not long before she was very sorry that she had said what she had. She soon repented her words.(more stronger and concise)

9.3.2 긍정적인 문체(Positive Form)

부정적인 어감을 주는 "not"이나, 특색이 없으며, 확신을 주지 못하고 머뭇거리는 느낌을 주는 단어들을 사용하지 말고 긍정적인 문체를 사용하는 것이 좋다.

He was not very often on time. He usually came late.
She did not think that studying Latin was a sensible way to use one's time. She thought the study of Latin a waste of time.
The Taming of the Shrew is rather weak in spots. Shakespeare does not portray Katharine a very admirable character, nor does Bianca remain long in memory as an important character in Shakespeare's works. The women in The taming of the Shrew are unattractive. Katharine is disagreeable, Bianca insignificant.

또한 부정적인 의미를 전달하는 경우에도 not 단어를 사용하지 않고 다른 표현을 사용하는 것이 좋다.

not honest → dishonest not important → trifling did not remember → forgot did not pay any attention to → ignored did not have much confidence in → distrusted

부정적인 표현 다음에 긍정적인 표현을 대조시킴으로써 보다 강한 어감을 줄 수 있다.

Not charity, but simple justice Not that I loved Caesar less, but I loved Rome more. Ask not what your country can do for you, ask what you can do for your country.

문장에 불필요한 조동사나 조건문을 포함하는 것은 결단력이 없어 보이도록 하며, 우유부단한 느낌을 주기 때문에 가급적 사용하지 않아야 한다. 예를 들어 would, should, could, may, might, can 등의 조동사를 사용한 표현은 불확실한 조건을 내포하는 표현이며, 에세이가 주장하는 내용에 결단력이 없는 느낌을 줄 수 있으므로 가급적 사용하지 않는 것이 좋다.

If you would let us know the time of your arrival, we would be happy to arrange your transportation from the airport. If you let us know the time of your arrival, we shall be happy to arrange your transportation from the airport.
Applicants can make a good impression by being neat and punctual. Applicants will make a good impression if they are neat and punctual.
Plath may be ranked among those modern poets who died young. Plath was one of those modern poets who died young.

9.4 문장에서 강조되어야 하는 단어와 주제문의 올바른 배치

9.4.1 강조되어야 하는 단어는 문장의 맨 뒤에 또는 맨 앞에 배치

문장에서 강조하고자 하는 단어는 그 문장의 맨 뒤에 위치시키거나 맨 앞에 위치시키는 것이 좋다. 다음 예문들에서는 강조하고 싶은 단어를 문장의 맨 뒤에 배치하는 예문들과 문장의 맨 앞에 배치하여 강조하는 방법들을 보여준다.

▪ Humanity has hardly advanced in fortitude since that time, though it has advanced in many other way. ▪ Since that time, humanity has advanced in many ways, but it has hardly advanced in fortitude.(강조된 표현)
▪ This steel is principally used for making razors, because of its hardness. ▪ Because of its hardness, this steel is used principally for making razors.(강조된 표현)
▪ Deceit or treachery she could never forgive.(문장 맨 앞에 위치시켜 강조) ▪ Vast and rude, fretted by the action of nearly three thousand years, the fragments of this architecture may often seem, at first sight, like works of nature.(문장 맨 앞에 위치시켜 강조) ▪ Homer is the sailor.(문장 맨 앞에 위치시켜 강조)
▪ Great kings worshiped at his shrine.(문장 맨 앞에 위치시켜 강조) ▪ Through the middle of the valley flowed a winding stream.(문장 맨 앞에 위치시켜 강조)

9.4.2 강조되어야 하는 주제문을 에세이의 맨 앞과 맨 뒤에 배치

에세이에서는 논지(theme) 또는 주제문(thesis statement)을 서론에서 한번 제시하고, 이를 결론에서 다시 제시하는 양괄식 구조를 사용한다. 결론에서 주제문을 다시 제시할 때에는 서론에서 사용하였던 문장을 그대로 복사하여 사용하면 하나의 에세이에서 동일한 문장이 반복되어 에세이가 단조롭게 느껴진다. 따라서 결론에서의 주제 문장은 본론에서 논리적 근거로 사용하였던 항목들을 함께 열거하며 종합적인 결론을 맺을 수 있는 표현으로 제시되어야 한다.

9.5 올바른 명사와 대명사 사용

9.5.1 인칭대명사, 관계 대명사, 의문대명사, 부정대명사, 지시대명사

에세이에서 사람에 대하여 처음에는 이름을 직접 사용하며, 다음번에는 인칭대명사(personal pronoun)로 지칭하여야 한다. 인칭대명사를 사용할 때 그 상황에 따라 주격, 소유격, 목적격, 소유대명사 또는 재귀대명사로 표현하여야 하며, 단수/복수와 인칭에 따라 정확하게 구분하여 사용할 수 있어야 한다.

표 9.5 인칭대명사(personal pronoun)

인칭		주격 (Subject)	소유격 (Possessive Adjective)	목적격 (Object)	소유대명사 (Possessive pronoun)	재귀대명사 (reflexive)
단수	1인칭	I	my	me	mine	myself
	2인칭	you	your	you	yours	yourself
	3인칭	he she it	his her its	him her it	his hers	himself herself itself
복수	1인칭	we	our	us	ours	ourselves
	2인칭	you	your	you	yours	yourselves
	3인칭	they	their	them	theirs	themselves

에세이에서 사람 또는 사물에 대하여 관계대명사(relative pronoun)로 표현하여야 하는 경우가 있으며, 표 9.6에서 보여주는 것과 같이 who, which, that, what를 상황에 따라 주격, 소유격, 목적격으로 구분하여 사용하여야 한다.

표 9.6 관계대명사(relative pronoun)

관계대명사(주격)	적용되는 선행사	소유격	목적격
who	사람	whose, of whom	whom
which	사물, 동물	whose, of which	which
that	사람, 사물, 동물		that
what	사물(선행사)		what

관계대명사 who가 종속절(subordinate clause)을 유도하는 경우 그 절에서의 역할에 따라 주격 또는 목적격으로 설정되어 사용되어야 한다. 다음 예에서 who 또는 whom을 사용함으로써 의미가 달라지는 것을 비교할 수 있다.

Younghee is the candidate whom we think will win.(We think we will win him) Younghee is the candidate who we think will win.(We think he will win.) Younghee is the candidate who we hope to elect.(She hopes we to elect) Younghee is the candidate whom we hope to elect.(We hope to elect him.)

인칭대명사가 주격으로 사용될 때에는 다음과 같이 재귀대명사를 사용하지 않는다.

Youngchul and myself stayed home.(X) Youngchul and I stayed home.(O) Howard and yourself brought the lunch, I thought.(X) Howard and you brought the lunch, I thought.(O)

인칭대명사의 소유격은 소유관계를 나타낼 때 사용되며, 소유격으로 표현되거나 동일한 단어가 반복되는 것을 방지하기 위하여 소유대명사로 표현될 수 있다.

The dog has buried one of **your** gloves and one of **mine** in the flower bed.

동명사를 사용할 때, 그 동적 행위를 누가 실행하는가를 나타내기 위하여 인칭대명사의 소유격으로 표현한다.

Mother objected to **our** driving on the icy roads.

현재분사가 어떤 사람의 행동을 의미할 때 그 사람의 목적격 인칭대명사를 함께 사용하여 그 행동을 하는 사람을 지정하여 묘사할 수 있다.

They heard **him** singing in the shower.

의문문에서는 표 9.7의 의문대명사(interrogative pronoun)를 사용하여 사람 또는 사물을 지칭하여야 한다.

표 9.7 의문대명사(interrogative pronoun)

구분	의문대명사
사람	who, whose, whom, whoever
사물	which, whichever, what, whatever

어떤 특정한 사람이나 사물을 가리키는 것이 아니라 부정(不定), 즉 정해지지 않은, 막연한 대상이나 정해지지 않은 수량을 나타낼 때에는 부정대명사(indefinite pronoun)를 사용하여야 한다. 표 9.8은 사람, 사물, 범위 등을 대상으로 사용되는 부정대명사를 보여준다.

다음 예문은 인칭대명사의 목적격과 의문대명사의 목적격이 사용되는 경우를 나타낸다.

The ranger offered Shirley and **him** some advice on campsites.
They came to meet the Baldwins and **us**.
Let's talk it over between us, then, you and **me**.
Whom should I ask?
A group of **us** taxpayers protested.
A group of **us** protested as taxpayers.(better)

표 9.8 부정대명사(Indefinite pronoun)

구분	부정대명사
사람	everybody, everyone, somebody, someone, anybody, anyone, nobody, no one
사물	everything, something, anything nothing
범위	each, much, either, another, all, some, several, both, few, least, less, little, lots, many, plenty, other, most, more

특정 사물이나 장소, 시간 등을 가리키는 표현을 하는 경우 지시대명사(demonstrative pronoun)를 사용하여야 한다. 일반적으로 많이 사용되는 지시 대명사로는 표 9.9에서 보는 것과 같이 this, that, such, the same, so 등을 사용한다. 지시 대명사 that는 특별하게 사용하여야 하는 경우가 있으며 표 9.9에서 보는 것과 같이 that만 사용하여야 하는 경우와 that을 사용할 수 없는 경우를 잘 구분하여 사용하여야 한다.

표 9.9 지시대명사(demonstrative pronoun)

<table>
<tr><th>지시대명사</th><th colspan="2">예문</th></tr>
<tr><td>this, that</td><td colspan="2">• He is crazy about game, and this absorbs most of his time.
• The climate of Seoul is similar to that of Washington D.C.
• Those who likes borrowing dislike paying.</td></tr>
<tr><td rowspan="3">that만 사용해야 하는 경우</td><td>the only/ the very/ the same/ the first/ the –est+noun</td><td>He is the only one that I feel like talking to.</td></tr>
<tr><td>all, any/ some/ every/ many/ no+noun</td><td>Every student that speaks English well.
Some people that enjoy the music.</td></tr>
<tr><td>anything/something/nothing/everything</td><td>Tell me anything that you need.</td></tr>
<tr><td rowspan="2">that을 사용할 수 없는 경우</td><td>comma 뒤에 절 전체가 앞의 문장을 수식하는 경우</td><td>The project is finally completed, that was a pain in the neck.(X)
--> The project is finally completed, which was a poin in the neck.(O)</td></tr>
<tr><td>전치사+that</td><td>This is the restaurant at that she works.(X)
--> This is the restaurant where she works.(O)</td></tr>
<tr><td>such</td><td colspan="2">• Such men as Washington and Lincoln are rare.
• She is such a polite girl that everyone loves her.</td></tr>
<tr><td>the same</td><td colspan="2">• They do not think the same as we do.</td></tr>
<tr><td>so</td><td colspan="2">• Is it snowing? I think so.
• He is rich. So is she.</td></tr>
</table>

9.5.2 유사관계대명사(pseudo relative pronoun)

유사관계대명사는 원래 접속사이지만 뒤에 오는 대명사가 생략되고, 그 대명사의 역할까지 하게 되어 마치 관계대명사처럼 사용되는 것이다. 일반적으로 많이 사용되는 유사관계대명사에는 표 9.10에서 보는 것과 같이 but, as, such, than 등이 있다. 유사관계대명사를 잘 사용하면 구성이 매끄럽고 수준이 높은 영어 문장들을 구성할 수 있다.

표 9.10 유사관계대명사(pseudo relative pronoun)

유사관계대명사	예문
but	• There is no one but knows him. • There is no rule but has some exceptions. • There is no one but hopes for happiness?

유사관계대명사	예문
as	• Choose such friends as will benefit you. • I have the same trouble as you have. • He often loses his temper, as is often the case with impatient young men.
such	• I like such a girl as is fran< and kind.
than	• The next war will be more cruel than can be imagined.

9.6 주어에 따른 올바른 동사와 조동사 사용

9.6.1 주어의 단수 또는 복수에 따라 동사의 단수 또는 복수 결정

문장에서 주어에 해당하는 개체의 수가 단수인가 또는 복수인가에 따라 동사의 단수형 또는 복수형이 결정된다. 단, 주어와 동사사이에 끼어 있는 수식어는 주어의 단수/복수에 영향을 주지 않는다.

> The bittersweet flavor of youth - its trials, its joys, its adventures, its challenges - are not soon forgotten.(X)
> The bittersweet flavor of youth - its trials, its joys, its adventures, its challenges - is not soon forgotten.(O)

"one of ~" 가 포함된 문장에 포함된 명사를 관계절이 수식할 때 그 관계절의 동사는 그 관계절이 수식하는 명사의 단수/복수에 따라 결정된다.

> one of the ablest *scientists* **who has** attacked this problem. . .(X)
> one of the ablest *scientists* **who have** attacked this problem (O)

Each, either, everyone, everybody, ne:ther, nobody, someone 다음에는 단수형 동사가 사용되어야 한다.

> Everybody thinks he has a unique sense of humor.
> Although both clocks strike cheerfully, neither keeps good time.

None이 "no one" 이나 "not one" 을 의미하는 경우, 단수형 동사를 사용하여야 한다. 그러나 none이 하나 이상의 사물이나 사람을 의미하는 경우 복수형 동사를 사용하여야 한다.

None of us are perfect.(X) None of us is perfect.(O) None **are** so fallible as those who are sure they're right.

두 개 또는 그 이상의 명사들이 "and"로 결합되어 복합 주어로 사용되는 경우 복수형 동사를 사용하여야 한다. 그러나 복합 명사 중에서 너무나 보편화되어 서로 분리될 수 없는 상태로 사용되는 관용 복합어, each와 every로 지정되는 복합 명사에는 단수형 동사가 사용된다.

The walrus and the carpenter **were** walking close at hand. *The long and the short* of it **is** *Bread and butter* **was** all she served. *Give and take* **is** essential to a happy household. *Every* window, picture, and mirror ***was*** smashed.

단수 명사가 with, as well as, in addition to, except, together with, no less than 등으로 다른 명사와 연결되는 경우에도 동사는 단수형을 사용하여야 한다.

His speech *as well as* his manner **is** objectionable.

명사절 또는 명사구가 주어로 사용되는 경우 동사는 그 명사절 또는 명사구의 숫자에 따라 결정된다.

What is wanted **is** a few more pairs of hands. The trouble with truth **is** its many varieties.

복수형으로 표현된 명사가 단수로 취급되는 경우 단수형 동사가 사용된다.

Politics **is** an art, not a science. The Republican Headquarters **is** on this side of the tracks.

일부 관용 어구에서는 단수 또는 복수가 예외적으로 사용된다.

the contents of a book is singular;(책의 목차는 단수로 취급)
the contents of a jar may be either singular or plural, depending on what's in the jar - jam or marbles.(항아리에 담겨있는 물건의 종류에 따라 단수 또는 복수 취급)
The general's quarters are across the river.

9.6.2 주어가 3인칭 단수인 경우 동사에 s를 첨가

주어가 3인칭 단수이거나 단수의 일반 개체일 경우 동사에 반드시 s를 붙여야 한다. 만약 조동사를 사용하는 경우 has, does를 사용하여야 하며, have, do를 사용할 수 없다.

He **has** a nice sport car, and she **has** a beautiful hat; they are just married.
Does he have a car?
The hotel provide**s** good service.
The dog **has** buried one of **your** gloves and cne of **mine** in the flower bed.

연습문제

9.1 다음 용어를 예를 들어 설명하라.

1) Coherence
2) Unity
3) Consistency
4) Parallelism

9.2 Essay Reading Comprehension

Some people prefer to get up early in the morning to start the day's work; while other people like to get up later in the day to work until late at night. Which option do you prefer? I would choose to get up early in the morning. This view is based on the following reasons.

By getting up early in the morning you can enjoy a lot of good things that the nature offers. You can breath fresh air, smell aroma of flowers, listen the birds singing in the morning. What a beautiful world! In the meantime, these can refresh our brains and quickly get ready for the day's work. We can immediately concentrate on the work, and solve the problems with great efficiency. For example, when I was in junior in college, I got up early in the morning everyday to go over my lessons and prepare for the courses that I would have that day. I found it was so efficient and I memorized my study material so deeply. On the contrary, people who get up late and go to bed late tend to leave all the day's work to the night, and tend to go to bed until the finish the day's work. This is not a good living habit and also not an efficient way of working.

Another reason why I would like to get up early to start daily work is because I believe that it is good for our health. The body's cycle follows the nature: when the sun rises, it is time to get up; when the moon rises, it is time to go to bed. Besides, by getting up early we can have time to do some exercises such as jogging, hiking and swimming, which will benefit our health. Many statistics show that most people who live a long life get up early and go to bed early. While getting up late and go to be late violates human biology and therefore will do harm to the health. And people who get up late never got a chance to do morning exercises.

As a conclusion, getting up early in the morning to start a day's work is a smart choice for people; it can benefit both people's work and health.

에세이 9.1 Getting up early vs. staying up late

9.3 "Best way of time management in college" 의 주제로 350단어 분량, 5개 문단의 에세이를 위한 Mandal-art와 mind map (essay outline)을 작성하고, 이를 기반으로 에세이를 작성하라.

10장 좋은 에세이의 핵심 요건(2)

학습목표

- 올바른 동명사, 부정사, 분사의 사용 방법 이해
- 응집성(coherence)을 고려한 접속사와 전환 문구 사용 방법 이해
- 대구법(parallelism)을 고려한 구와 절 구성 방법 이해
- 올바른 콤마 사용 방법 이해
- 올바른 콜론과 세미콜론 사용 방법 이해
- 올바른 괄호, 따옴표와 대시의 사용 방법 이해

개요

10.1 올바른 동명사, 부정사, 분사의 사용
10.2 응집성(coherence)을 고려한 접속사와 전환 문구
10.3 올바른 전치사와 숙어 사용
10.4 올바른 콤마, 콜론과 세미콜론 사용
10.5 괄호, 인용부호(따옴표)와 대시(하이픈)의 사용
10.6 대구법(parallelism)를 고려한 구와 절의 나열과 연결

10.1 올바른 부정사, 동명사, 분사의 사용

10.1.1 부정사(infinitive)의 올바른 사용

부정사는 동사 원형 앞에 전치사 to를 붙여 사용하며, 표 10.1에서 보는 것과 같이 명사, 형용사, 부사 역할을 할 수 있고, 독립부정사 및 원형부정사로 사용될 수 있다. 명사로서의 역할에서는 주어, 보어 및 목적어로 사용될 수 있고, 명사구를 구성할 수 있다. 형용사 역할에서는 명사를 수식하며, 부사로서의 역할에서는 목적, 결과, 원인, 이유, 판단의 근거, 조건을 표현할 때 사용되며, 형용사와 부사를 수식할 수 있다.

독립부정사는 to 부정사의 의미상 주어가 생략되어 있는 것이며, 의미상 주어는 일반적으로 그 말을 하는 사람 또는 일반 사람을 의미한다. 독립부정사는 관용어구로 많이 사용된다. 원형부정사는 to 없이 동사 원형으로만 구성되어 부정사 기능을 제공하며, 주로 지각동사나 사역동사의 목적 보어로 사용된다. 또한 원형부정사는 cannot but, do nothing but, had better와 함께 "~할 수 밖에 없다", "단지 ~하기 만 하다", "~하는 것이 좋다"의 관용어구로 사용된다.

표 10.1 부정사의 사용

역할 및 종류	세부 기능	사용 예
명사	주어	• To put
	보어	• My this year's goal is to get a job.
	목적어	• We want to go to Europe for a vacation.
	명사구	• I don't know how to do. • I don't know what to do.
형용사		• She was the first human being to program the computing machine. • There are many good sights to see in Grand Canyon. • I have no house to live in. • He indicated a place on map where we were to meet.
부사	목적	• The boy scouts are selling cakes to raise fund for crippled children.
	결과	• One morning he awoke to find himself famous.
	원인	• I am pleased to hear it. • I am sorry to give you so much trouble.
	이유, 판단의 근거	• He must be foolish to agree to the fake proposal. • They must be crazy to let the child drive their car.
	조건	• I would be really happy to date that charming lady.
	형용사와 부사 수식	• Good leaders are fast to make up their mind. • You are old enough to declare your independence from your parents.
독립부정사		• To do him justice, he is a fairly thorough artist. • So to speak(말하자면) • To begin with(우선) • Strange to say(이상한 이야기지만) • To make a long story short(간단히 말해) • To be sure(확실히) • To make matters worse(설상가상으로) • Not to speak of ~(~는 말할 것도 없이) • To be frank(with you)(솔직히 말해서)
원형부정사	지각 동사 뒤	• In the early morning, I heard him go out.
	사역 동사 뒤	• What makes you think so?
	cannot but	• I cannot but feel angry with his bad attitude. • (~ 밖에 할 수 없다)
	do nothing but	• He did nothing but laugh without saying a word. • (단지 ~하기 만 하다)
	had better	• You had better consult a doctor. • (~하는 것이 좋다)

10.1.2 동명사(gerund)의 올바른 사용

동명사는 동사와 명사의 역할을 하며, 표 10.2에서 보는 것과 같이 주어, 보어, 목적어 기능으로 사용될 수 있고, 명사구를 구성하여 다른 명사를 수식할 수 있다. 동명사가 주어로 사용될 때에는 목적어와 함께 명사구를 만들어 주어의 역할을 하는 경우가 많이 사용된다. 동명사를 보어로 사용하면 어떤 상황이 동적으로 일어나는 것을 보다 생생하게 표현할 수 있다. 동명사가 목적어로 사용되면 그 동작을 실행하는 행위가 목적어로 표현된다. 동명사에 명사를 연결하여 명사구를 구성하면 어떤 기능이 수행되는 사물을 잘 표현할 수 있다.

표 10.2 동명사의 사용

역할 및 종류	세부 기능	사용 예
동사와 명사	주어	**Smoking** cigarettes can cause heart disease.
	보어	She is **throwing** your money away.
	목적어	I have enjoyed **talking** to you.
	명사구	Tickets for a **sleeping** car are double the price.

표 10.3은 동명사가 포함된 관용어구(idiom) 예문과 그 의미 및 사용 예를 보여준다. 보다 상세한 관용어구는 부록 B에서 정리하여 설명한다.

표 10.3 동명사의 포함된 관용어구(idiom)

관용어와 의미	사용 예
There is no A-ing for B. (It is impossible to A for B)	• There is no accounting for his prolonged absence.
There is no use A-ing for/with B. (It is of no use to A for/with B.)	• It is no use your arguing with him.
cannot help A-ing (cannot(choose) but A)	• I could not help pitying him. • I could not but pity him.
of one's own A-ing (과거분사+by oneself)	• This is the tree of my own planting.
on A-ing (as soon as)	• On seeing the police men, the thief took to his heels. • As soon as the thief saw the police men, the ran away.
It goes without saying that ~. (It is needless to say that ~.)	• It goes without saying that computer is faster in complex numerical calculation than normal people.
need A-ing (need to be+과거분사)	• Our house needs painting. • Our house need to be painted.
feel like ~ing (feel inclined to ~)	• She feels like jogging now. • She feels inclined to run now.

관용어와 의미	사용 예
make a point of ~ing (반드시 ~하다. make if a rule to ~),(be in the habit of ~ing)	• He makes a point of getting up early.
be worth ~ing(~할 가치가 있다) (It is worthwhile to 동사원형)	• This book is worth reading.
be on the verge of ~ing (be about to 동사원형)	• We are on the verge of signing a new contract.
come near(to) ~ing (nearly escaping ~ing)	• She came near being drowned.
be far from ~ing (be never ~)	• Tom was far from helping, he disturbed us.
What do you say to ~ing (Let's ~)	• What do you say to fishing together this weekend?

10.1.3 동명사와 부정사의 제한적 사용

동사에 따라 뒤에 동명사만 올 수 있는 경우와 부정사만 올 수 있는 것으로 제한하는 경우가 있다. 표 10.4는 동명사와 부정사의 제한적 사용을 비교 설명하고 있다.

표 10.4 동명사와 부정사의 제한적 사용

구분	동사	예문
동사 뒤에 동명사만 올 수 있는 경우	acknowledge, admit, appreciate, avoid, can't help, celebrate, consider, delay, deny, detest, discontinue, dislike, dispute, endure, enjoy, escape, explain, feel like, finish, forgive, give up, imagine, justify, keep(continue), mention, mind(object to), miss, postpone, practice, prevent, prohibit, quit, recall, recommend, regret, report, resent, resist, risk, suggest, understand	• I enjoy dancing.(○) • I enjoy to dance.(×) • I am good at playing the piano.(○) • I am good at to play the piano.(×) • I have considered joining the team. • We often go swimming in the lake. • I am used to driving to work. • I have to get used to taking the train. • The council is against raising tuition.
동사 뒤에 부정사만 올 수 있는 경우	afford, agree, appear, ask, arrange, attempt, can't afford, can't wait, choose, consent, decide, deserve, expect, fail, help, hope, hurry, intend, learn, manage, mean, need, offer, pay, plan, prepare, pretend, promise, refuse, request, seem, want, wish, would like	• I want to make some new friends. • I asked him to help me. • He decided to join a health club. • She promised to go with him. • He wants to leave. • He wants you to leave.

구분	동사	예문
동사 뒤에 동명사와 부정사가 모두 올 수 있는 경우	begin, can't stand, continue, forget, hate, like, love, prefer, remember, stop, start, try	• She loves meeting new people. • She loves to meet new people. • He stopped smoking. • He stopped to smoke.
동사 뒤에 목적어와 부정사가 오는 경우	advise, allow, ask*, cause, choose*, convince, encourage, expect*, forbid, force, help*, hire, invite, need*, order, pay*, permit, persuade, promise*, remind, require, teach, tell, urge, want*, warn, would like* (* 표시는 목적어 없이 부정사가 올 수 있음)	• She advised me to relax. • He reminded me to submit document in time. • My professor encouraged me to study recent progress in artificial intelligence(AI)

10.1.4 분사(participle)의 올바른 사용

분사는 동사와 형용사의 역할을 가지며, 형용사나 보어로 사용될 수 있다. 표 10.5에서 보는 것과 같이 분사구문을 사용하면 시간, 이유, 조건, 양보, 부대 상황 등을 잘 표현할 수 있다. 의미상의 주어가 있는 독립분사구문형태에서 그 의미상의 주어가 일반적(we, they, people)인 경우 생략되어 무인칭독립분사구문의 형태가 되고, 이러한 생략의 표시로 뒤에 위치한 부사가 분사와 자리를 바꾸어(도치되어) 구성된다. 무인칭독립분사구문은 어떤 판단의 기준이나 어떤 주장의 근거 등을 간결하게 표현할 수 있는 장점을 제공한다.

표 10.5 분사의 사용

구분	역할 및 종류	사용 예
형용사적 용법	현재분사 (능동적 의미)	a sleeping baby, an exciting story
	과거분사 (수동적 의미)	fallen leaves, a broken window
	보어, 목적어, 또는 부사적 수식어구 동반	• Who is that girl wearing an beautiful hat. • Do you know a young man called John? • You'd better take the train leaving at three O'clock.
보어	주격보어	• She kept walking along the road. • The door remained locked for a long time.
	목적격보어	• I saw him carrying a big bag. • I had my car repaired. I got my car stolen. • I had him repair my car. I got him to repair my car.

구분	역할 및 종류	사용 예
분사 구문	시간	• Walking along the street, I ran into my old friend. • Left alone, she felt dead tired.
	이유	• Not knowing what to do, she asked me to guide. • Tired, I went to bed immediately.
	조건	• Turning right, you'll find the bank on your left. • This book, read carefully, will provide the way.
	양보	• Admitting what you say, I still cannot agree on such decision making. • Born from the same parents, the twin bear no resemblance to each other.
	부대상황	• Singing and dancing together, the children had a good time at picnic. • The train leaves Seoul at six, arriving Busan at ten. • It was a misty morning, with little wind blowing. • The hostage sat on the chair, with his eyes bandaged.
	무인칭 독립	• Strictly speaking, he is a novice, not a professional. • Generally speaking, each person has his/her own characteristics. • Judging from his accent, he must be from Japan.

10.2 에세이의 응집성(coherence)을 고려한 접속사와 전환문구

10.2.1 문장의 응집성을 고려한 접속사(conjunction)

접속사에는 단어, 구, 절을 문법상 대등한 관계로 결합시키는 등위접속사, 두 가지 개체의 상호 관계를 포함하는 상관접속사가 있고, 때, 장소, 원인, 이유, 목적, 결과, 조건, 양보, 비교 등의 종속적인 관계에 따라 연결시키는 종속접속사, 종속적인 상관관계에서 사용되는 종속상관접속사가 있다.

표 10.6 접속사의 종류와 예

분류	접속사
등위 접속사	and, but, or, nor(~도(아니며) ~ 도 아니다) This is not the main reason, nor is the most important.
	for(왜냐하면 ~ 이니까) He tended to overheat, for he was a glutton.
	so(그래서, 그러므로) He won the big money at lottery, as he quit his job.
	yet(그럼에도 불구하고) He said he would be late, yet he arrived in time.
상관	both A and B: A와 B 둘 다

<table>
<tr><th>분류</th><th colspan="2">접속사</th></tr>
<tr><td rowspan="5">접속사</td><td colspan="2">at once A and B: A하기도 하고, 또 B하기도 하다</td></tr>
<tr><td colspan="2">not only A but(also) B: A 뿐만 아니라 B eh</td></tr>
<tr><td colspan="2">B as well as A: A 뿐만 아니라 B도</td></tr>
<tr><td colspan="2">either A or B: A든가 B든가(어느 쪽이든 하나)</td></tr>
<tr><td colspan="2">neither A nor B: A도 B도 어느 쪽도 아니다</td></tr>
<tr><td rowspan="9">종속
접속사</td><td>때</td><td>when, as, after, since, till, as long as, the moment</td></tr>
<tr><td>장소</td><td>as far as, where</td></tr>
<tr><td>원인, 이유</td><td>because, since, now that,
not ~ because ~
due to,</td></tr>
<tr><td>목적</td><td>so that+주어+동사
in order that+주어+동사
due to
due to the fact that</td></tr>
<tr><td>결과</td><td>so ~ that, such ~ that
therefore
consequently</td></tr>
<tr><td>조건</td><td>if, unless, in case, granted(that), provided(providing), suppose
otherwise,</td></tr>
<tr><td>비교</td><td>but / yet / however / nevertheless
while / whereas / on the other hand</td></tr>
<tr><td>양보</td><td>though, although, even though,(even) if
despite / in spite of / despite the fact that /
in spite of the fact that
명사/형용사/부사+as</td></tr>
<tr><td>비교, 양태</td><td>as(~와 같이, ~대로), as if</td></tr>
<tr><td rowspan="2">종속 상관
접속사</td><td colspan="2">no sooner ~ than
hardly(scarcely, barely) ~ when
He had hardly got to the station when the train was starting.</td></tr>
<tr><td colspan="2">whether ~ or not: ~ 이든 아니든
We will drive to Busan tomorrow whether it rains or not.</td></tr>
<tr><td>접속사 구</td><td colspan="2">as soon as: ~하자마자
as(so) long as: ~하는 한
as if: 마치 ~인 것처럼
in case: ~라면, ~인 경우, ~할 경우를 대비하여</td></tr>
</table>

10.2.2 에세이의 응집성을 고려한 전환문구

에세이가 응집성(coherence)을 가지며 독자들을 집중할 수 있게 하기 위해서는 각 문단들이 적절한 전환문구로 연결되어야 하며, 각 문단 내부의 문장들이 적절한 전환문구로 연결되어야 한다. 문간이 시작될 때 전환문구를 사용하면 그 문단들이 어떤 관계(예를 들어 대등한 관계, 원인-결과 관계, 또는 시간적 순차 관계 등)에 있는지 알려줌으로 독자들이 논리 전개를 쉽게 따라 갈 수 있게 한다. 문장이 시작될 때에도 그 문장이 앞 문장과 어떤 관계(예를 들어 비교, 대조, 보충 설명, 예시 등)에 있는지를 전환문구를 사용하여 잘 표현할 수 있다.

전환문구의 사용에서는 반드시 대구법 (parallelism)을 고려하여 사용되어야 하며, 동일한 형식의 접속사를 사용하여야 한다.

표 10.7 전환 문구

구분	전환문구
대등한 관계의 순서, 시간적 순차관계	first, at first, in the first place to begin with, at the beginning, starting with initially, from this point
	second, secondly the next data, the next time, the following week after that, following that so far, later on before, after, next, since while, when
	third, last of all, at last, lastly at the end, in the end ultimately, finally
	to finish, to summarize, in summary
비교	likewise, compared to, similarly as ... as, and
대조	however, on the other hand but, yet in spite of in contrast, although, instead
보충 설명	and, also in addition in fact furthermore, moreover another .. is/was
예시	for example, for instance in general, generally specifically, in particular

10.3 올바른 전치사와 숙어 사용

10.3.1 전치사(preposition)의 사용

전치사 (preposition)는 명사, 대명사, 구, 절들을 문장 내에서 다른 단어와 연결하는 데 사용한다. 전치사는 다음 표에서 보는 것과 같이 장소, 때(시기), 원인, 이유, 원료, 재료, 수단, 도구 등을 의미할 때 지정된 전치사를 사용하므로 이를 잘 이해하고 정확한 전치사를 사용할 수 있어야 한다. 어떤 사물이나 사람이 어떤 상태에 있는지를 간결하게 잘 표현하기 위하여 "전치사+사물/사람+보어" 로 구성되는 전치사구를 사용할 수 있다.

표 10.7 전치사

구분	전치사
장소	at: 좁은 장소 in: 넓은 장소
	on:(표면에 접촉한) 위에 above:(보다 높은) 위, 위쪽에 over:(표면에서 떨어져) 바로위에
	beneath:(접해서) 바로 밑에 below:(보다 낮은) 아래에(lower than) under:(떨어져) 바로 아래에
	behind: ~의 뒤에 after: 뒤를 쫓아
	between:(둘) 사이에 among:(셋 이상) 사이에
	in: ~의 안에(상태) into: ~의 안으로(운동) out of:(안)에서 밖으로(운동)
	along:(긴 것을) 따라서 across: 횡단(교차)하여,(운동) through: 관통하여, 꽤뚫고
	to: ~으로 for: ~을 목표로 하여 from: ~으로 부터
때	at: 몇 시 몇 분, 밤, 정오, 시각 on: 날짜, 정한 시간 in: 월(month), 계절(season), 해(year), 세기(century), 아침, 저녁
	in:(현재부터) ~의 기간이 지나면 within: ~이내에

<table>
<tr><th>구분</th><th>전치사</th></tr>
<tr><td rowspan="4"></td><td>after:(과거부터) ~ 후에</td></tr>
<tr><td>till: ~까지(계속)
by: ~까지는(완료)</td></tr>
<tr><td>since: ~이래 쭉
from: ~부터(어느 때의 기점으로 부터)</td></tr>
<tr><td>for: ~동안(기간)
during: ~동안 쭉(상태의 계속)
through: ~동안 쭉(처음부터 끝까지)</td></tr>
<tr><td rowspan="7">원인, 이유</td><td>from: 직접적인 원인</td></tr>
<tr><td>through: 간접적, 소극적인 원인</td></tr>
<tr><td>of:~으로</td></tr>
<tr><td>at: ~을 보고/듣고(기쁘다, 슬프다, 놀라다 등의 감정의 원인)</td></tr>
<tr><td>over: ~에 대하여(기뻐하다, 슬퍼하다, 웃다, 울다 등의 감정의 원인)</td></tr>
<tr><td>with: ~으로(병 등의 원인)</td></tr>
<tr><td>for: ~ 때문에(유명한 이유 등)</td></tr>
<tr><td rowspan="3">원료, 재료</td><td>of: 재료가 제품이 되어도 원형을 잃지 않을 때</td></tr>
<tr><td>from: 재료가 제품이 되어 원형을 잃어버릴 때</td></tr>
<tr><td>in: write, speak, paint, carve 등의 동사와 함께 사용되는 재료를 나타낼 때</td></tr>
<tr><td rowspan="3">수단, 도구</td><td>with: 사용되는 도구를 나타낼 때</td></tr>
<tr><td>through: 수단, 중개를 나타낼 때</td></tr>
<tr><td>by: 수단을 나타낼 때</td></tr>
<tr><td>전치사+somet
hing
(명사)+보어</td><td>• You should not speak with your mouth full.
• He was standing with his hands in his pockets.
• with an eye bandaged, he could not measure the distance correctly.
• It was a misty morning, with little wind blowing.
• I will be lonely with you away.
• He was sitting with his hat on, not with his hat off.
• The old man lay back in his long chair, his head against a cushion.</td></tr>
</table>

10.3.2 관용어구/숙어(idiom)

영어 표현에서 단어와 전치사가 조합된 구를 관용적으로 많이 사용하는 것을 관용어구 또는 숙어(idiom)이라고 한다. 이 교재의 부록 B(Appendix B)에 많이 사용되는 관용어구들이 정리되어 있다.

10.4 올바른 콤마, 콜론과 세미콜론 사용

10.4.1 콤마(,)의 사용

(1) Serial Comma

3개 이상의 항목이 차례로 열거될 때 콤마를 사용하여 각 항목을 구분하고, 맨 마지막 항목은 앞에 and를 추가한다. 명사가 아닌 항목(예를 들어 구 나 절)이 차례로 열거되는 경우에도 같은 원칙이 적용된다.

- red, wihte, and blue
- gold, silver, or copper
- He opened the letter, read it, and made a note of its contents.

회사의 이름에서는 and 앞의 콤마가 보통 생략된다. 이 경우 고유명사이므로 등록된 이름을 그대로 사용한다.

- Little, Brown and Company
- Bonaldson, Lufkin & Jenrette

(2) 보충 설명의 의미를 절이나 구 앞뒤에 콤마

문장의 중간에서 보조 역할을 하는 구나 절이 포함될 때 이 보조 역할 구/절의 앞뒤에 콤마를 삽입한다. 이렇게 콤마가 앞뒤로 삽입된 보조 역할 구/절을 생략하여도, 중심이 되는 문장은 정상적으로 구성될 수 있어야 한다. 만약 보조 역할 구/절이 전체 문장의 흐름에 큰 문제를 발생시키지 않으면 콤마를 생략할 수 있다. 그러나 콤마를 생략할 경우 그 보조 역할 구/절의 앞뒤 콤마를 모두 생략하여야 하며, 하나만 생략하고 다른 콤마는 남겨두지 말아야 한다.

- The best way to see a country, *unless you are pressed for time*, is to travel on foot.

- Mary's husband, Colonel Nelson, paid us a visit yesterday.(○)
- Mary's husband, Colonel Nelson paid us a visit yesterday.(×)

- My brother, you will be please to hear, is now in perfect health.(○)
- My brother you will be please to hear, is now in perfect health.(×)

(3) 콤마를 사용한 날짜 표시

월-일-년도의 순서로 날짜를 표시할 때 연도 앞에 콤마를 삽입한다. 요일-월-일-년도의 순서로 날짜를 표시할 때에는 요일 다음과 연도 앞에 콤마를 삽입한다. 그러나 일-월-년도의 순서로 표시하는 경우 콤마는 생략된다.

- March 2, 2024
- Monday, May 20, 2024
- February to July, 2024
- 2 March 2024

(4) 문장 중에서 이름이나 직함을 직접 사용할 때

문장 중에서 사람 이름이나 직함을 직접 포함할 때 콤마를 사용하여 구분한다.

- If, Sir, you refuse, I cannot predict what will happen.
- Well, Susan, this is the book that I mentioned before.

(5) 약자(abbreviation)를 나열 뒤에 두거나 학위, 직위가 이름 다음에 오는 경우 콤마 사용

여러 항목을 나열한 후 약자(abbreviation)인 etc.를 두는 경우 그 앞에 콤마를 둔다. 사람의 이름 다음에 학위나 직위가 따라오는 경우 그 학위/직위 앞에 콤마를 둔다. 그러나 사람을 수식하는 명사절(직업, 전문직, 큰 행적 등)인 경우 콤마를 사용하지 않는다.

- Letters, packages, etc., must be placed here.
- Young-Chul Kim, Ph.D., presided.
- Rachel Simonds, Attorney
- The Reverand Harry Lang, S.J.

- Billy the kid
- The novelist Jane Austen
- William the Conqueror
- The poet Sappho

(6) 시간과 장소 등을 보충 설명하는 비제한적 관계절이 접속사로 연결될 때 콤마 사용

시간, 장소와 일반적인 개체들을 보충 설명하는 비제한적 관계절이 접속사로 연결될 때, 그 관계절 앞뒤에 콤마를 사용하여 수식 관계가 있는 구간을 쉽게 파악하게 한다. 그러나 시간과 장소가 특정 개체를 한정적으로 수식하는 경우 콤마를 사용하지 않아야 한다.

- The audience, which had at first been indifferent, became more and more interested.
- In 1769, when Napoleon was born, Corsica had but recently been acquired by France.
- Nether Stowey, where Coleridge wrote The Rime of the Ancient Mariner, is a few miles from Bridgewater

- People who live in glass houses, shouldn't throw stones.
- People sitting in the rear couldn't hear.(restrictive)
- Uncle Bert, being slightly deaf, moved forward.(nonrestrictive)
- My cousin Bob is a talented harpist.(restrictive)
- Our oldest daughter, Mary, sings.(nonrestrictive)

(7) 복합문장 구성에서의 콤마 사용

문장의 핵심 절 앞에 종속절이 사용되어 수식하는 경우 핵심절과 종속절을 콤마로 구분한다. 다음 예에서는 "Partly ~ " 가 종속절이며, 이 문장의 핵심 절인 "they enlarged ~" 사이를 콤마로 구분한다. 문장이 서로 독립적인 절이 연결되는 경우 콤마로 각각의 독립절을 구분한다. 두 개의 독립절이 포함되어 복합 문장을 만들고, 두 번째 절이 as, for, or, nor, 또는 while의 접속사로 시작하는 경우 그 접속사 앞에 콤마를 둔다.

- Partly by hard fighting, partly by diplomatic skill, they enlarged their dominions to the east and rose to royal rank with the possession of Sicily.
- The early records of the city have disappeared, and the story of its first years can no longer be reconstructed.
- Boys played soccer, while girls played folk dance.

조건이나 상황을 나타내는 종속절을 사용하여야 할 때 그 종속절을 핵심절 앞에 두고 콤마로 구분한다. 두 개의 절이 동일한 주어를 사용하며 동사가 서로 다를 때 주어는 한번만 나타내며, 두 번째 절의 앞에 콤마와 함께 동사를 둔다. 즉 두 번째 절에서 주어는 생략된다. 그러나 하나의 주어가 두 개의 절에 모두 적용되고, 그 두 절이 and로 긴밀하게 결합되어야 하는 경우 콤마가 사용되지 않아야 한다.

- The situation is perilous, **but** if we are prepared to act promptly, there is still one chance to escape.
- I have heard the arguments, but am still unconvinced.
- He has had several year's experience and is thoroughly competent.

10.4.2 콜론(:)의 사용

콜론은 독립절 다음에 이 독립절과 긴밀하게 연관된 항목(사물, 사람, 동격 어구)들을 차례로 나열할 때 주로 사용한다. 콜론을 사용하면 콤마보다 더 효과적인 표현이 된다.

- Your dedicated whittler requires: a knife, a piece of wood, and a back porch.(X)
- Your dedicated whittler requires three props: a knife, a piece of wood, and a back porch.(O)

독립절을 구성하는 주어, 동사와 목적어, 또는 전치사에 연결되는 목적어를 콜론이 분리하지 않도록 해야 한다.

- Understanding is that penetrating quality of knowledge that grows from: theory, practice, conviction, assertion, error, and humiliation.(X)
- Understanding is that penetrating quality of knowledge that grows from theory, practice, conviction, assertion, error, and humiliation.(O)

연속되는 독립절에서 두 번째 독립절이 앞의 독립절을 부연 설명하거나 강조하는 경우 콜론으로 연결하는 것이 좋다. 콜론은 앞 절에서 인용하는 내용을 함께 나타낼 때에도 사용된다.

- But even so, there was a directness and dispatch about animal burial: there was no stopover in the undertaker's foul parlor, no wreath or spray.
- The squalor of the streets reminded her of a line from Oscar Wilde: "We are all in the gutter, but some of us are looking at the stars."

콜론은 특별한 형식으로 표현하는 경우에도 사용된다. 먼저 업무용으로 형식을 갖춘 서한문의 첫 인사말에서 수신자의 이름 다음에 콜론으로 표시하고 다음 줄에 본문을 시작하는 형식을 사용한다. 시각을 표시하는 경우에 시, 분, 초 사이를 콜론으로 구분하다. 책이나 논문에서 제목(title)과 부제목(subtitle)을 함께 표시할 때에도 콜론을 사용하여 표시한다. 성경구절의 장, 절을 언급할 때 콜론을 사용한다.

표 10.7 콜론이 사용되는 형식

구분	예문
형식을 갖춘 편지의 인사(salutation)	Dear Mr. Montgomery: Dear Sir: Dear Senator Jordan: To Whom It May Concern: Gentlemen: Dear Sir or Madam:
시:분:초 시각 표시	This train departs at 10:48 P.M.
제목과 부제목	Practical Calligraphy: An Introduction to Italic Script
성경 구절(장:절)	1 Corinthians 13:4-8("Love is patient, love is kind. It does not envy, it does not boast, it is not proud. …)(고린도전서 13장 4절 ~ 8절)

10.4.3 세미콜론(;)의 사용

만약 서로 독립적이며 문법적으로 완성된 두 문장이 서로 관련성이 있고 이 독립적인 문장들을 별도의 접속사로 연결하지 않는 경우 세미콜론으로 연결하면 문장간의 응집성(coherence)이 좋아진다. 특히 서로 상관성이 있는 두 개의 독립절이 연결되며, 두 번째 절이 접속사로 시작되지 않고 부사(accordingly, besides, therefore, thus 등)로 시작되는 경우 세미콜론을 사용한다.

- Dr. Kim's recent research result is promising; it is full of new ideas that can greatly enhance the performance of electric vehicles.
- It is nearly 6 O'clock; we cannot arrive in time.
- I had never been in Budapest before; besides, it was late when I arrived.

다음 단어들로 새로운 절이 시작되면 세미콜론으로 연결하여야 한다.

표 10.8 세미콜론으로 연결되는 절의 시작 단어

accordingly	for example	indeed	on the other hand
also	furthermore	in other words	otherwise
anyhow	hence	instead	still
at the same time	henceforth	likewise	that is
besides	however	meanwhile	then
consequently	in addition	moreover	therefore
even now	in fact	nevertheless	thus

10.5 괄호, 인용부호(따옴표)와 대시의 사용

10.5.1 괄호의 사용

문장에 포함된 핵심 내용이 아닌 사항을 부연 설명으로 제공하고자 할 때 괄호를 사용한다. 괄호를 사용하여 핵심 내용이 아닌 부연 설명을 덧붙이는 문장에서 괄호안의 내용을 생략하여도 전체 문장의 의미에 변화는 없는 상태이며, 단지 부연 설명을 통하여 문장에서 나타내고 있는 사항의 배경에 대한 설명이나 본인의 감정을 추가로 제공한다.

- Most men(at least, most that I know) like wine, women, and song but have too much work and not enough time for such enjoyments.

- On Tuesday evenings and Thursday afternoons(the times I don't have classes), the television programs are not too exciting.
- Last year at Vail(we go there every year), the skiing was the best I've ever seen.
- In New York(I've lived there all my life and ought to know), you have to have a license for a gun.
- What must be done to think clearly and calmly(is it even possible?) and then make the decision?

괄호내부의 내용에 대한 구두점은 괄호 내부에 포함시켜야 하며, 괄호 외부에 관련된 사항에 대한 구두점은 괄호 외부에 두어야 한다.

- I thought I knew the poem by heart(boy, was I wrong!).
- For a long time(too long as far as I'm concerned), women were thought to be inferior to men.
- We must always strive to tell the truth.(Are we even sure we know what truth is?)
- When I first saw a rose(don't you think it's the most beautiful flower?), I thought it must be man-made.

10.5.2 인용부호(따옴표)의 사용

문장에서 다른 발표내용이나 논문 내용을 공식적으로 인용할 때에는 콜론 다음에 인용 부호로 표시된 구절을 포함시킨다.

- The United States Coast Pilot has this to say of the place: “Bracy Cove, 0.5 mile eastward of Bear Island, is exposed to southeast winds, has a rocky and uneven bottom and is unfit for anchorage.

인용된 문구가 이전의 문장과 동등하게 나열되는 사항이거나 앞 문장의 동사에 직접적인 목적격으로 사용되어야 하는 경우 콤마 다음에 인용부호로 표시된 구절을 포함시킨다.

- I am reminded of the advice of my neighbor, “Never worry about your heart till it stops beating.”
- Mark Twain says, “A classic is something that every-body wants to have read and nobody wants to read.”

인용된 문구 다음에 부속절이 따라 오는 경우 콤마는 따옴표 안으로 포함시킨다. 이 규칙은 한글에서의 따옴표와 콤마의 규칙과는 다른 것이며, 영어권에서 관용적으로 사용되는 규칙이다.

- "I cannot attent," she said.
- "The Fish," "Poetry," and "The Monkeys" are in Marianne Moore's Selected Poems.

인용되는 문구가 하나의 완성된 문장이거나 구절 전체가 인용되는 경우 콜론 다음에 들여쓰기로 구분하여 표시할 수 있으며, 이 경우 인용부호(따옴표)가 생략된다.

- Wordsworth's enthusiasm for the French Revolution was at first unbounded:
  Bliss was it in that dawn to be alive,
  But to be young was very heaven!

인용 문구를 that으로 연결할 수 있으며, 이 경우 인용부호를 사용하지 않는다.

- Keats declares that beauty is truth, truth beauty.
- Dickinson states that a coffin is a small domain.

속담으로 표현된 인용 문구나 문학작품에서 잘 알려진 문구의 경우에는 인용부호를 사용하지 않는다.

- These are *the times that try men's souls*...yet we have this consolation with us, that the harder the conflict, the more glorious the triumph. What we obtain too cheap, we esteem too lightly; it is dearness only that gives every thing value. Heaven knows how to put a proper price upon its goods. <Thomas Paine>
- He lives *far from the madding crowd*.(Thomas Hardy의 네 번째 소설 제목)

10.5.3 대시(하이픈)의 사용

문장의 정상적인 흐름을 끊어 일부 분리된 구절을 강조하고자 하는 경우 대시(하이픈, '–')를 사용한다.

- Could you - I hate to ask! - help me with these boxes?
- When we left town - a day never to be forgotten - they had a record snowfall.
- She said - we all heard it - "The safe is not locked."
- These are the three ladies - Mrs. Jackson, Miss Harris, and Ms. Forrest - you

hoped to meet last week.
- The sight of the Andromeda Galaxy - especially when seen for the first time - is astounding.
- That day was the longest in her life - or so it seemed to her.

대시는 이미 앞에서 설명하고 나열한 항목들을 종합적으로 요약할 때에도 사용한다.

- Freedom of speech, freedom to vote, and freedom of assembly - these are the cornerstones of democracy.
- Carbohydrates, fats, and proteins - these are the basic kinds of food we need.
- Jones, who first suggested we go; Marshall, who made all the arrangements; and Kline, who finally took us there - these were the three men I admired most for their courage.
- James, Howard, Marianne, Angela, Catherine - all were displeased with the decision of the teacher.

10.6 대구법(parallelism)을 고려한 구와 절의 나열과 연결

10.6.1 대구법 구조의 구(phrase) 나열과 연결

에세이에 포함된 문장에서 대등한 항목(예를 들어 사물, 사람, 구, 절 등)들을 나열하는 경우 이들을 동일한 형식과 구조를 사용하여 반복하면 글을 읽는 사람들이 쉽게 의미를 파악할 수 있다. 대구법 구조에서 사용되는 각 항목들이 공통적으로 사용하는 주어나 동사는 분리시켜 동일한 단어가 반복되지 않도록 하는 것이 좋다. 다만, 동일한 단어를 반복적으로 사용하여 전달하고자 하는 내용을 강조할 수 있다.

European Union includes multiple ethnic group, such as the French, the Italians, the Spanish, and the Portuguese.
His speech was marked by disagreement with and scorn for his opponent's position.
Jeju island is always beautiful; I want to live there in spring, summer, and winter.
Jeju island is always beautiful; I want to live there in spring, in summer, or in winter.

10.6.2 대구법 구조의 절(clause) 나열과 연결

(1) 상관성이 있는 두 개의 독립 절 연결

만약 서로 독립적이며 문법적으로 완성된 두 문장이 서로 관련성이 있을 때 이들을 하나의 문장으로 구성하면 문맥상의 응집성이 좋아진다. 이 경우 독립적인 문장들을 별도의 접속사로 연결하지 않는 경우 콤마 대신 세미콜론으로 연결하는 것이 좋다.

- Mary Shelley's work is entertaining; she is full of engaging ideas.
- It is nearly half past five; we cannot reach town before dark.

만약 서로 상관성이 있는 두 개의 독립절을 접속사를 사용하여 연결하는 경우 그 접속사 앞에 콤마를 사용한다.

- Mary Shelley's work is entertaining**, for** she is full of engaging ideas.
- It is nearly half past five**, and** we cannot reach town before dark.

서로 상관성이 있는 두 개의 독립절이 연결되며, 두 번째 절이 접속사로 시작되지 않고 부사(accordingly, besides, the, therefore, thus 등)로 시작되는 경우 세미콜론을 사용한다.

- I had never been in the place before; besides, it was dark as a tomb.

만약 나열되어야 하는 절이 짧고 동일한 형태를 가지거나 쉬운 대화형 어투인 경우 콤마를 사용하여 순서대로 나열한다.

- Man proposes, God disposes.
- The gates swung apart, the bridge fell, the portcullis was drawn up.
- I hardly knew him, he was so changed.
- Here today, gone tomorrow.

(2) 긴밀한 연관성이 있는 문장들을 하나의 문장으로 결합

두 개의 문장이 서로 긴밀한 연관성이 있는 경우 이들을 하나의 문장으로 결합하여 응집성이 높이는 것이 좋으며, 이 경우 앞에서 설명한 콤마나 세미콜론을 사용하여 연결할 수 있다.

- I met them on a Cunard liner many years ago. I was coming home from Liverpool to New York at that time.(X)
- I met them on a Cunard liner many years ago, coming home from Liverpool to New York.(O)

- She was an interesting talker. She is a woman who had traveled all over the world and lived in half a dozen countries.(X)
- She was an interesting talker, a woman who had traveled all over the world and lived in half a dozen countries.(O)

연습문제

10.1 다음 용어를 예를 들어 설명하라.

1) conjunction
2) parallelism
3) idiom
4) serial comma
5) quotation
6) parenthesis

10.2 다음의 에세이 초안을 읽고 mind map을 작성한 후, peer review 관점으로 교정을 하라.

"The time I wasted today is the tomorrow the dead man was eager to see yesterday." As stated above, the times we wasted inadvertently may have been a badly needed time for others. We need to think about whether this time consumption is beneficial. So, how can we spend our studying time at university efficiently and effectively?

Firstly, It is to make good used of leisure time.
Leisure hours include games, watching movies, reading, sleeping, exercising, and so on. Most people felt anxiety when they try to make use of their free time before starting to study. Because they think whether they enjoy the free time. But studying when your head is full and you're not feeling well, It can also disrupt your concentration and cause physical problems. So it is effective to enjoy a leisure time to get your body in top shape and then study.

Secondly, It is to make good use of the time when there is a lot of time left before the next class. How to make use of your time is to review the subjects you took in the previous class, and to prepare for the next class in advance. If you ake good use of the rest of this time, you don't have to be pressed for time because you are using the time after class. It can be a very efficient way.

thirdly, When you study, it is more efficient t focus on one subject and then start the next one. Some people leave something they don't understand while studying and then move on to other subjects. It's highly likely to cause you to forget what you were doing before and to have on-similar information stored in your brain at the same time. It can cause Overload, which can cause a headache or even make you feel sick. So if there is something you don't understand, ask your friends or seniors, understand them, and finish the subject first. It is a way to spend time efficiently.

Many college students, including me, tend to adjust to the old way of studying and find themselves very awkward in using the time efficiently. But it's time for us to make a decision. I don't want to be an idiot who regrets not using my time properly when I look back on the day after I get older. Let's all try to become university students who can make good use of our time.

에세이 초안 10.1 How to efficiently manage time in college.

11장 업무용 영문 서신 및 E-mail 작성

학습목표

- 업무용 영문 서신 양식 및 내용에 대한 이해
- 업무용 영문 서신 작성 방법에 대한 이해
- 업무용 전자우편 양식 및 내용에 대한 이해
- 업무용 전자우편 작성 방법에 대한 이해
- 업무용 문서 작성에서 자주 혼동되는 영어 단어들에 대한 이해

개요

11.1 Business Correspondence (Business Official Letter)

11.1.1 업무용 서신 양식

직장에서 업무용으로 사용되는 서신은 공식적인 문서의 역할도 함께 할 수 있도록 국제적으로 통용되는 규격과 형식을 갖추어 작성하여야 한다. 일반적으로 많이 사용되는 업무용 서신 양식으로는 표 11.1에서 보는 것과 같이 Block, Modified Block, Semi-Block 양식이 많이 사용된다.(Source: https://en.oxforddictionaries.com/writing-help/letter-formats-block-modified-block-and-semi-block)

업무용 서신 양식에서 Block 포멧과 Modified Block 포멧의 가장 큰 차이점은 발신자 주소, 날짜, 끝맺음 인사와 서명이 페이지의 중간 지점으로 좌측 정렬되어 본문을 쉽게 구분할 수 있게 한 것이다. Semi-Block 양식은 발신자 주소와 수신자 주소를 편지 내용에는 포함하지 않으며 비교적 자유로운 양식을 사용한다. 그림 11.1에서 업무용 서신 양식을 비교하여 보여준다.

표 11.1 업무용 서신 양식

업무용 서신 양식	정렬	줄간격, 문단 간격
Block	• 모든 항목을 왼쪽으로 정렬	• 문단 간격은 2줄

업무용 서신 양식	정렬	줄간격, 문단 간격
Modified Block	• 발신자 주소, 날짜, 서명은 페이지의 중간에 정렬	• 편지의 길이에 따라 문단 간격은 1줄 또는 2줄
Semi-Block	• Block과 유사하나 자유로운 양식을 사용하며, 편지 내부에 발신자와 수신자 주소를 포함하지 않음 • 각 문단의 시작은 5칸의 공란으로 들여쓰기	• 문단 간격은 2줄

123 Anywhere Place
London
SW1 6DP

1 July, 2014

Mr John Smith
XYZ Partnership
10 Utopia Drive
London
SW1 1AE

Dear Mr Smith:

My former colleague Joan Brown informed me that you are seeking to hire an office manager. I worked with Ms Brown at Acme and have 10 years of experience as an administrative assistant. I have long admired XYZ Partnership and would be honoured to work for your company.

As you can see from my CV, I have performed many administrative duties in my previous positions at Acme and Ajax. At Ajax, I facilitated the company's transition from handwritten to digital records. That work paved the way for my move to Acme, where I assisted the director of innovation in tracking the development of new products. I helped introduce the company's workflow management system, which enabled Acme to cut the average development time of its software upgrades from 18 weeks to 12 weeks.

I would be pleased to speak with you to discuss the details of the office manager position. Thank you for your consideration of my application.

Best regards,

Jane Clark

(a) Block

123 Anywhere Place
London
SW1 6DP

1 July, 2014

Ms Joan Brown
XYZ Partnership
10 Utopia Drive
London
SW1 1AE

Dear Joan:

Thank you so much for informing me of the vacancy at XYZ Partnership. I appreciate all the support you have given me throughout my career, and I would be delighted to work alongside you once again. In order to build upon my qualifications, I have applied to the evening administrative degree program at St John's College. I would greatly appreciate it if you would be willing to serve as one of my references.

In the year since you left Acme, I have taken on additional duties as Mr Jones's administrative assistant. In November, the company introduced a proprietary workflow management system, and I was charged with ensuring that each department received the upgrade on schedule. Additionally, I completed 20 hours of software training in order to input updates. As a result, I was able to pursue certification in Microsoft Office, which I received last month.

For your reference, I have also enclosed a copy of my current CV. Please let me know if you would like any additional information. Thank you once again for your help.

Regards,

Jane

(b) Modified Block

1 July, 2014

Dear Katie,

I hope you are settled in comfortably in Manchester. I miss you already! But I know your new position will open up a lot of career opportunities for you. It's also great that you'll be closer to your family. And, at least for now, it's still warm!

I too have some good job news. My former boss just told me about a great position at her new company. I would still be doing administrative duties but would be managing the whole office, and it'd include a nice pay rise too. She says she's already spoken highly of me to the person I'd be working for, so I think there's a good chance it will come through.

Besides that, everything else is going pretty well..

I'm already looking forward to seeing you in December. As soon as the tickets for the winter extravaganza go on sale, I'll book us a couple of tickets. Let me know if Rob decides to come, too—if so, I'll make it three. Let's talk soon!

Until next time,
Jane

(C) Semi-Block

그림 11.1 Block 양식의 편지 예(Source: https://en.oxforddictionaries.com/writing-help/letter-formats)

표 11.2는 업무용 서신에 포함되는 세부 항목을 정리하여 보여주며, 그림 11.2와 그림 11.3은 업무용 서신 양식과 실제 사례를 보여준다.

표 11.2 업무용 서신에 포함되는 세부 항목

세부 항목	설명
Heading, Letter head	• 업무용 편지지 양식의 머릿글이며, 회사의 로고와 주소, 연락처 등이 포함되어 있음
발신자 우편 주소 및 연락처	• 이름, 직책, 소속 부서, 우편 주소, 연락처 등이 포함된 발신자의 주소 및 연락처를 명시
Dateline	• 업무용 서신의 작성 및 발송 일자
수신자 우편 주소 및 연락처	• 이름, 직책, 소속 부서, 우편 주소, 연락처 등이 포함된 수신자의 주소 및 연락처를 명시
Reference lines	• 이 업무용 서신에 관련된 참조 사항(이전에 교환된 문서나 서신, 담당자, 담당부서 등)을 명시; 이 서신이 비밀로 분류되어 지정된 사람에게만 전달되어야 하는 가를 함께 명시 • 서신의 중점 내용이나 목적을 쉽게 파악할 수 있는 제목
Opening Salutation	• 수신자에 대한 인사
Letter Body	• 업무용 서신의 본문(이 서신의 목적 또는 배경, 서신에서 요청하는 내용, 요청 사항에 대한 상세한 이유 또는 배경 설명, 수신자가 처리하도록 요청하는 사항
Complimentary Close	• 업무용 서신의 끝맺음과 정중한 인사
Signature	• 발신자의 이름과 서명
Enclosures or Copies	• 업무용 서신에 함께 포함된 별첨 자료 목록

그림 11.2의 업무용 서신 양식의 예에서 페이지의 맨 윗부분 중앙에 회사로고와 회사이름이 표시되어 있는 것이 편지용지의 헤딩(heading)이다. 이 부분에 회사의 홍보 차원에서 로고와 회사이름, 회사의 주소와 대표 연락처를 함께 표시한다. 대부분의 회사나 기관에서는 공식적인 업무용 서신을 보낼 때에는 이러한 헤딩 편지지에 출력하여 수신자가 그 서신을 받을 때 서신 발송 회사에 대한 좋은 이미지를 가지도록 한다.

업무용 서신의 우측 상단에는 발신자의 주소와 연락처를 기입하여 누가 이 서신을 보냈는지 쉽게 파악할 수 있도록 한다. 그 다음으로 업무용 서신의 수신자 주소와 연락처가 왼쪽으로 정렬되어 나타난다. 이렇게 하여 업무용 서신이 수신측 회사의 부서로 배달되었을 때 누가 그 서신에서 요청하는 업무를 처리하여야 하는지 쉽게 파악할 수 있도록 한다. 업무용 서신의 경우 공식적인 문서로서의 기능도 가질 수 있으며 이를 위하여 반드시 서신이 발송된 날짜를 표시한다. 일반적으로 서신의 발송 날짜는 발신자 주소와 연락처가 표시되었던 오른쪽 위치에 나란히 정렬되어 표시된다.

다음으로 이 업무용 서신에 관련된 참조내용이 명시되며 세부적인 내용으로는 이 서신에 관련되어 이전에 진행되었던 관련사항들을 간단히 정리하여 어떤 업무에 대한 후속 업무인가를 쉽게 파악할 수 있게 한다. 아울러 이 업무용 서신이 보안(security)이 필요한 내용을 포함하고 있는지 아니면 특정 개인에게 전달되어 처리되어야 하는지에 대해서도 명시할 수 있다. 아울러 참조내용에는 이전에 수신측 회사나 기관에서 공지하였던 특정 공지에 대한 회신을 하는 경우 그 특정 공지의 제목을 함께 표시하여 해당 업무를 어느 부서 또는 어떤 담당자가 처리하여야 하는가를 쉽게 파악할 수 있게 한다. 만약 회사의 신입사원 공채 모집을 보고 지원을 하는 경우에는 그 공채 모집 공고의 제목과 일자를 함께 명시할 수 있다.

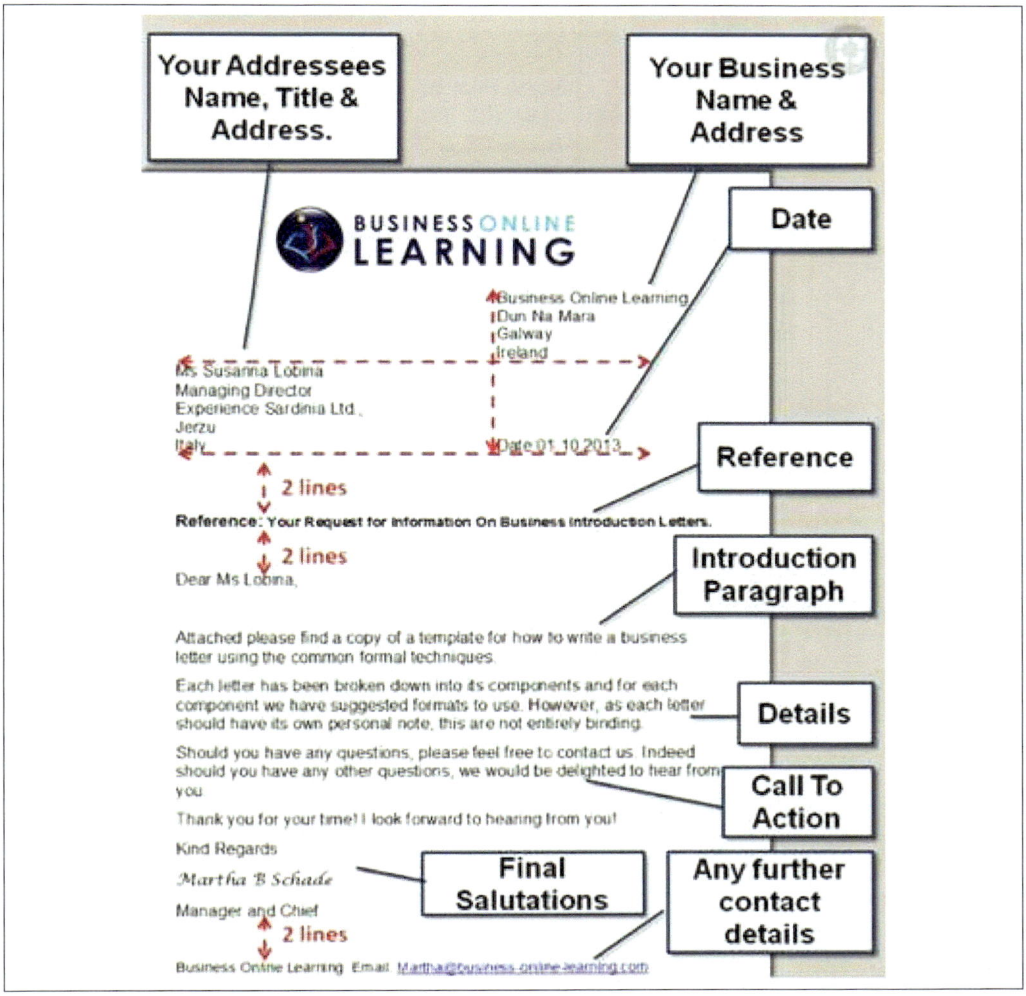

그림 11.2 업무용 서신 양식의 예
(source: https://www.pinterest.co.kr/pin/396880404400071077/)

업무용 서신의 본문이 시작되기 직전에 수신자에 대한 정중한 인사를 하여야 한다. 만약 수신자가 지정되는 경우 그 수신자의 직함과 함께 이름을 명시하고 그 다음에 콤마 또는 콜론(:)을 표시하고 줄 바꿈을 한다. 만약 수신자를 명확하게 지정하지 못하는 경우에도 "OOO 담당자 귀하(예: Dear Manager of Human Resource Department," 의 표현을 하도록 한다.

본문의 내용은 필요에 따라 여러 문단으로 구성될 수 있다. 본문의 내용을 구성하는 일반적인 요령은 다음 절에서 보다 상세하게 설명한다. 본문의 마지막 부분은 업무용 서신의 끝맺음과 함께 격식을 차린 정중한 인사(예: Best regards,)를 하여야 한다. 본문의 아래에는 송신자의 이름과 서명이 포함되며, 그 송신자의 직함 또는 직책을 함께 표시하여 어떤 자격으로 이 업무용 서신을 작성하고 발송하였는가를 표현하도록 한다.

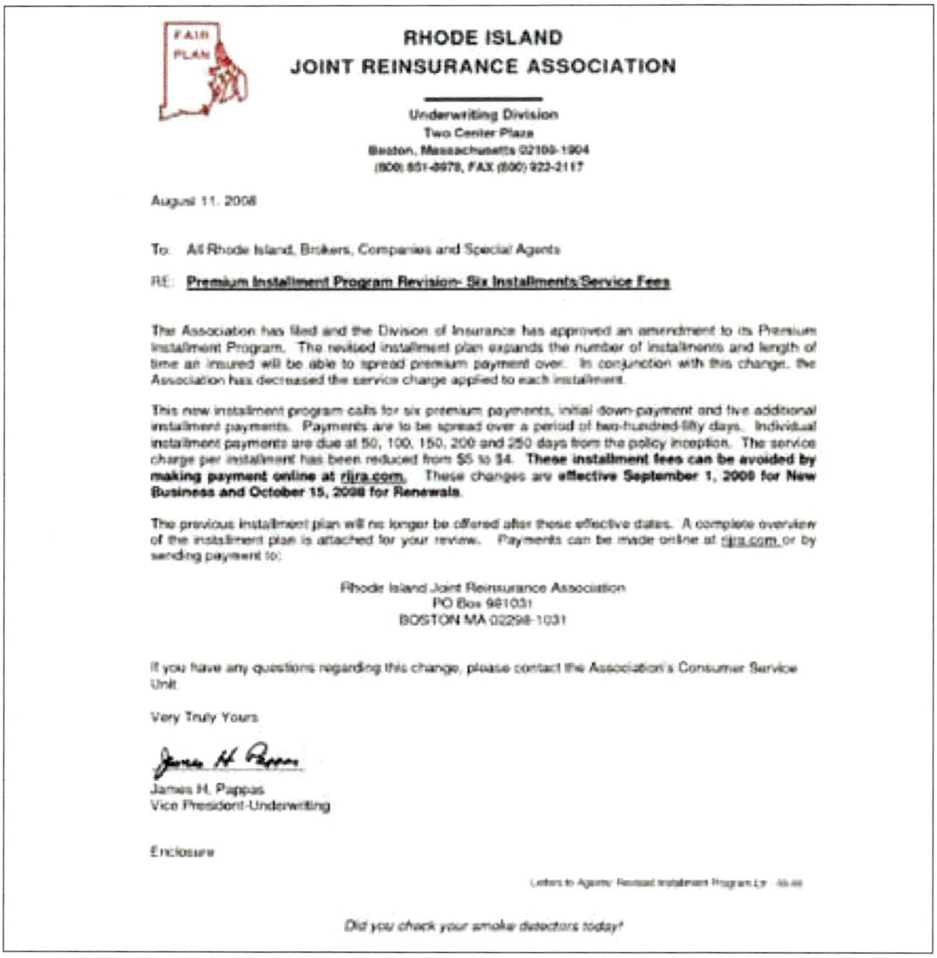

RHODE ISLAND
JOINT REINSURANCE ASSOCIATION

Underwriting Division
Two Center Plaza
Boston, Massachusetts 02108-1904
(800) 651-8979, FAX (800) 922-2117

August 11, 2008

To: All Rhode Island, Brokers, Companies and Special Agents

RE: Premium Installment Program Revision- Six Installments/Service Fees

The Association has filed and the Division of Insurance has approved an amendment to its Premium Installment Program. The revised installment plan expands the number of installments and length of time an insured will be able to spread premium payment over. In conjunction with this change, the Association has decreased the service charge applied to each installment.

This new installment program calls for six premium payments, initial down-payment and five additional installment payments. Payments are to be spread over a period of two-hundred-fifty days. Individual installment payments are due at 50, 100, 150, 200 and 250 days from the policy inception. The service charge per installment has been reduced from $5 to $4. **These installment fees can be avoided by making payment online at rijra.com.** These changes are **effective September 1, 2008 for New Business and October 15, 2008 for Renewals.**

The previous installment plan will no longer be offered after these effective dates. A complete overview of the installment plan is attached for your review. Payments can be made online at rijra.com or by sending payment to:

Rhode Island Joint Reinsurance Association
PO Box 981031
BOSTON MA 02298-1031

If you have any questions regarding this change, please contact the Association's Consumer Service Unit.

Very Truly Yours

James H. Pappas
Vice President-Underwriting

Enclosure

Did you check your smoke detectors today?

그림 11.3 업무용 서신의 예 (source: http://www.rijra.com/wp-content/uploads/2014/09/RIServiceFee.pdf)

업무용 서신의 마지막 항목은 이 서신에 별첨으로 포함되어 있는 항목들의 목록을 열거하거나 이 업무용 서신이 여러 부서 또는 여러 수신자에 전달되어야 하는 경우 누구누구에게 복사되어 전달하여야 하는가를 명시한다.

그림 11.3은 업무용 서신의 다른 예를 보여준다. 이 업무용 서신의 양식은 그림 11.2에서 보았던 양식과는 약간 다른 위치와 순서를 사용하고 있으나 표 11.2에서 열거한 핵심 항목들은 대부분 포함하고 있는 것을 알 수 있다.

11.1.2 업무용 서신에 사용되는 약어(abbreviations)

업무용 서신에서는 가능한 한 정확한 표현을 사용하여야 하며 표준어를 사용하여야 하지만 표 11.3에서 보는 것과 같이 일반적으로 통용되는 약어를 사용할 수 있다. cc는 수신자가 여러 부서 또는 여러 명으로 지정될 때 사용되며, enc는 별첨 자료가 있는 것을 표현할 때 사용하고, pp는 어떤 사람을 대신하여 서명을 한 것을 표시한다. ps는 본문을 마무리하고 서명을 한 뒤에 추가하고자 하는 추신 내용을 의미한다.

asap는 "가능한 한 빨리(as soon as possible)"라는 의미의 약자이며, RSVP는 "회신 요청(please reply)"의 의미로 사용된다. 그러나 공식적인 업무용 서신에서는 asap나 RSVP는 사용하지 않는 것이 바람직하다.

표 11.3 업무용 서신에 자주 사용되는 약어

약어	의미, 설명
asap	as soon as possible
cc	carbon copy(when a letter is sent to more than one person)
enc	enclosure(when other letter(s) is(are) included in the letter)
pp	per procurationem(a Latin phrase meaning that you are signing the letter on behalf of somebody else; if they are not there to sign it themselves, etc.)
ps	postcript(when you want to add something after you have finished and signed it)
pto(informal)	please return over to make sure that the other person knows the letter continues on the other side of the page
RSVP	please reply

11.1.3 업무용 서신의 우편 봉투

업무용 서신의 우편 봉투는 그림 11.4에서 보는 것과 같은 규격과 양식을 사용한다. 봉투의 좌측 상단은 우편물을 보내는 발신측 이름과 주소가 표시되고, 우측 하단에는 우편물을 받는 수신측의 이름과 주소가 표시된다. 수신측 주소에는 우편번호가 명시되며, 사서함을 사용하는 경우에는 사서함 번호가 명시된다.

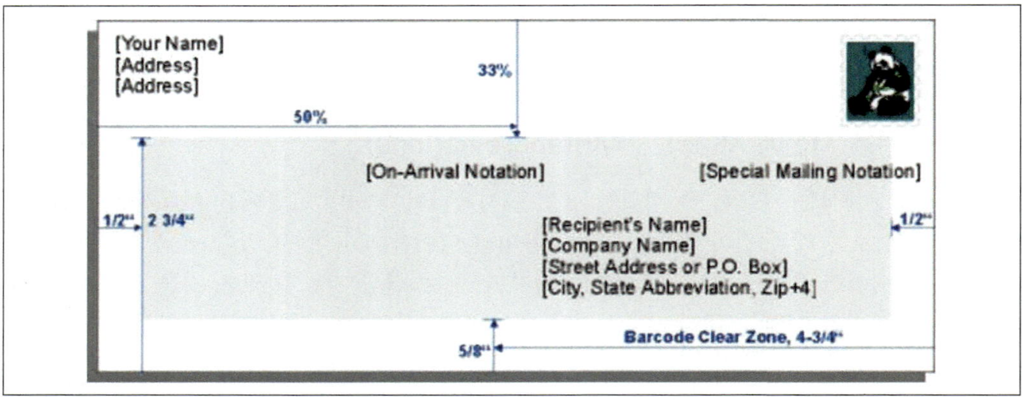

그림 11.4 업무용 서신의 우편 봉투 양식

봉투에 포함된 바코드를 사용하여 우편물들을 자동 분류하는 기능이 사용되면서 회사나 기관에서 사용하는 업무용 서신들은 대부분 표준화된 규격 봉투를 사용하고 있다.

11.2 업무용 서신 작성 요령

11.2.1 개인별 업무용 서신 포맷 준비

업무용 서신은 11.1절에서 설명하였던 양식을 참조하여 문서 편집기의 포맷으로 설정하여 쉽게 준비할 수 있다. 개인용 양식에서 송신측 주소는 본인의 이름과 본인이 소속된 회사나 기관의 주소를 기입하고, 사무용 전화번호와 E-mail 주소를 포함한다. 발송 일자는 송신측 주소로부터 2줄 간격을 띄운다. 송신측 주소와 발송 일자는 Modified-Block 양식에 따라 편지지의 중앙에 좌측 정렬로 편집한다.

수신측 주소는 왼쪽에 들여쓰기 없이 정렬하며, 수신자의 이름, 부서명, 소속 기관, 소속 기관 주소, 사무용 전화번호, Fax 번호, E-mail 주소를 기입하여 수신측 부서에서 담당자를 쉽게 파악하고 정확하게 전달할 수 있게 한다.

업무용 서신의 인사말(salutation) 부분은 Dear ~ 표현으로부터 시작한다. 만약 수신측의 담당자 이름과 직책을 알고 있는 경우 직접 이름과 직책을 사용하는 것이 가장 정확하게 전달하는 방법이 된다. 박사 학위가 있는 경우 Dr. 로 표시하며, 별도의 직책이 없는 경우 Mr., Mrs., Ms., 등으로 표시한다.

다음으로 이 서신이 어떤 목적인가를 쉽게 파악할 수 있도록 참고 정보를 명시한다. 예를 들어 회사의 신입사원 공채에 대한 지원서 제출이라면 언제 공지되었던 모집공고에 대한 내용이며, 어느 부서로 지원하는가에 대한 정보를 간단히 명시한다. 만약 이 서신이 이전에 교환되었던 다른 서신의 후속 업무 처리인 경우 참고하여야 하는 이전 서신의 제목과 날짜를 간단히 명시하여 해당 업무 처리가 신속하게 진행되도록 한다.

업무용 서신의 본문은 이 서신을 보내는 목적, 이유 또는 관련 배경 설명, 본인의 주장을 뒷받침하는 설득 내용, 요청하는 업무 처리 내용, 그리고 끝맺음 인사와 서명, 첨부 서류 목록이 포함되도록 한다.

<Sender's Details>
Sender Name
Address
Contact Telephone Number
E-mail Address

<Date>
March 2, 2019

<Receiver's Details>
Company Name
Human Resource Manager, Job Title
Address
Phone, Fax, Email

<Salutation>
Dear ------------------:

<Reference>
Re: Job Title and Job ID

<Paragraph 1 - Reason>
I am applying for the above position in your company that you have advertised in the OOO on May 1, 2018.

<Paragraph 2 - Interest>
Explain why you are applying for the position. Explain your skills, experiences, qualities, and qualifications which are required to for the position.
Explain why you are interested in the position and in the company.

<Paragraph 3 - Persuasion>
Refer to your resume and provide more details about the skills and experience that you have to offer. Prove or explain why you are suitable for the position(you may provide some short examples or refer to previous experience/pcsitions).

<Paragraph 4 - Action and Closing>
State what you believe will occur next. Also prove that you are keen by stating that you look forward to having an interview. Sign off with "Best regards," followed by your signature and printed name.

Please find my resume attached for your further reference. I look forward to having the opportunity to discuss my application further and am available for an interview any time.

Thank you for your time and consideration of my application.

<Complementary Close>
Best regards,

<Signature>
(signature)
Your name

<Enclosure>
Enclosure:
[1] Resume.
[2] Transcript

그림 11.5 개인별 업무용 서신 양식(예)
(Source: http://topformtemplates.com/free-sample-cover-letter-for-job-application/)

11.2.2 업무용 서신 예 - 입사 지원서 Cover Letter

그림 11.6은 회사에 입사 지원서를 제출하면서 사용하는 cover letter의 예를 보여준다.

JEFF CATANNER 206-555-1212 ~ support@resumeedge.com

#1 Main Street ~ Seattle, Washington 98101

October 10, 2003

Mr. Thomas Givens
Vice President, Human Resources
Millennium, Inc.
111 Coast Drive
Seattle, Washington 98101

Dear Mr. Givens:

As an IT Professional skilled in Access database development, business/systems analysis, web design, and computer software training for *First Trust*, *Shoe Source of the Pacific*, and as an independent consultant, I feel confident of the skill I can bring to your opening.

In addition to pursuing a Bachelor of Science in Information Technology from Washington College, which will be awarded in December, my background also includes:

- Integrating new projects into a custom application based on Internet Explorer by developing and documenting a systems testing process to ensure effectiveness before production was implemented for *First Trust*.
- Tracking projects, issues, and resolutions by developing an Access database application for *Shoe Source of the Pacific*.
- Boosting productivity 78% and transforming the process for tracking client inquiries for *First Trust* by developing an Access database application, which included custom search forms, user-friendly data entry forms, effective management reports, and automated calculations.
- Increasing Quality Assurance efficiency 45% and reducing manual processes 87% for *Shoe Sources of the Pacific* by developing an Access database that implemented the new Quality Assurance program and provided automated reports.
- Solid computer skills with seven years of experience in several Microsoft applications, WordPerfect, and Lotus 1-2-3; and knowledge of programming languages such as Visual Basic, VBA, JavaScript, HTML, CSS, and SQL.
- Superior communication skills, analytical capabilities, and a continuing pursuit for increased knowledge of new technologies.

Additional capabilities are listed in the enclosed résumé. In an effort to discuss this matter further, I will be calling your office within the next few days to see if we might set up a time to meet.

If you have any questions, I can be reached at the number listed above. Thank you for your attention.

Sincerely,

Jeff Catanner
Enclosure

그림 11.6 입사 지원서 Cover Letter 예 -(Source: https://www.pinterest.fr/pin/300052393894052923/)

11.2.3 업무용 서신 작성 연습

(1) Opening Line

업무용 서신의 본문에서 첫 번째 문장은 상대방에게 첫 인상을 주는 매우 중요한 문장이다. 이 첫 문장은 왜 이 서신을 보내는지, 수신자를 어떻게 알게 되었는지, 누구의 소개를 받았는지, 왜 그 수신자에게 보내게 되었는지 등에 대한 내용을 포함한다. 만약 상대방의 서신에 대한 답신이라면 그 서신의 발송 날짜와 제목 등을 표시하여 정확하게 어떤 서신에 대한 답신인가를 명시한다. 만약 상대방의 요청에 대한 답신인 경우 그 요청의 날짜와 간단한 내용을 명시하는 것이 좋다.

만약 업무용 서신의 수신자와 잘 알지 못하는 사이인 경우, 이 서신을 누가 보내며, 어떤 직책이나 직무 관련으로 서신을 보내는지에 대한 정보를 opening line에 간단히 포함하는 것이 좋다. 가장 많이 사용되는 opening line 문장의 예는 다음과 같다.

- With reference to your letter of 8 June, I ...
- I am writing to enquire about ...
- After having seen your advertisement in ... , I would like ...
- After having received your address from ... , I ...
- I received your address from ... and would like ...
- We/I recently wrote to you about ...
- Thank you for your letter of 8 May.
- Thank you for your letter regarding ...
- Thank you for your letter/e-mail about ...
- In reply to your letter of 8 May, ...

그림 11.7 Opening Line의 예

(2) Closing Line

업무용 서신의 마지막 줄은 향후 계속되는 업무 협조에 대한 신속한 처리를 미리 부탁하거나, 또는 사죄의 편지인 경우 사과의 표현을 다시 한번 더 정중하게 하는 것이 좋다. 또는 상대방에게 추가적인 정보가 필요하면 언제든지 알려 달라는 표현도 좋은 호감을 가지게 한다.

- If you require any further information, feel free to contact me.
- I look forward to your reply.
- I look forward to hearing from you soon.
- I look forward to seeing you soon.
- Please advise as necessary.
- We look forward to a successful working relationship in the future.
- Should you need any further information, please do not hesitate to contact me.
- Once again, I apologize for any inconvenience.
- We hope that we may continue to rely on your valued custom.
- I would appreciate your immediate attention to this matter.

그림 11.8 Closing Line의 예

(3) Salutation

형식을 갖춘 서신의 마지막은 경건한 끝맺음 인사로 마무리하게 된다. 그림 11.9에서 일반적으로 많이 사용되는 끝맺음 인사의 예를 볼 수 있다. 끝맺음 인사 뒤에는 항상 콤마를 붙여야 하며, 그 다음에 서명과 이름이 기재되어야 한다.

- Yours faithfully,
- Yours sincerely,
- Sincerely yours,
- Best regards,

그림 11.9 끝맺음 인사의 예

11.3 업무용 전자우편(Business E-mail)

11.3.1 업무용 전자우편 양식

업무용 전자우편 양식은 표 11.4에서 보는 것과 같은 항목들을 포함한다. 일반적으로 수신자와 참조 수신자의 E-mail 주소는 전자우편 작성에서 사용하는 E-mail 편집기에서 미리 포함되어 있는 주소록으로부터 찾아서 설정하거나 새로운 전자우편 주소를 기입하게 된다. E-mail 발신자 주소는 자동적으로 입력되거나 별도로 입력한다.

전자우편의 제목 난은 이 전자우편이 어떤 내용인가를 쉽게 파악할 수 있도록 간단하게 표시하는 제목을 사용한다. 전자 우편의 발송 일자와 시간은 전자우편 시스템이 자동적으로 기록하여 준다. E-mail의 첫 번째 줄은 시작 인사말이며, 격식을 갖춘 전자우편인 경우 "Dear ~" 로 표현하는 것이 가장 무난하다. 만약 수신자와 친숙하다면 "Hi ~" 등의 보다 친근한 표현을 할 수 있다. 이 첫 번째 줄이 인사말 끝에는 콜론(:)이나 콤마(,)를 붙인다.

전자우편의 본문에서는 이 편지가 어떤 목적인가를 잘 표현하도록 구성하여야 하며, 업무용 서신 작성과 같은 방법으로 구성할 수 있다. 전자우편의 맺음말도 업무용 서신의 맺음말과 같은 요령으로 작성할 수 있으며, 마무리 인사를 정중하게 하여야 한다.

전자우편에서는 대부분의 경우 서명을 생략하며, 송신자의 이름을 명시하고, 우편주소, E-mail 주소, 연락처 전화번호를 이름 다음에 명시한다.

표 11.4 업무용 E-mail 양식

항목	예	설명
From	Hyung-Jun Kim	E-mail 발신자 이름
To	John Smith	E-mail 수신자 이름
Cc	Alex Denver	E-mail 참조자 이름
Subject	Submission of Application	제목
Dateline	March 1, 2019, 09:15 A.M.	발송 일자, 시간
Opening salutation	Dear Mr. John Smith:	시작 인사말
Main Body	I hereby submit my application to	메일 본문
Closing line	I look forward to working with your	맺음말

항목	예	설명
	company in near future.	
Salutation	Best regards,	마무리 인사말
Sender's Name Address Contact point	Hyung-Jun Kim Dept. of Info & Comm. eng, Yeungnam University 280 Daehak-ro, Gyeongsan-si, Gyeongbuk, 38541 KOREA hjkim@ynu.ac.kr +82-53-810-1234	보내는 사람 이름 우편 주소 E-mail 주소 전화번호

11.3.2 직장 상사에게 보내는 업무용 전자우편 예

그림 11.10은 직장 상사에게 업무용 전자우편을 보내는 예를 보여준다. 최근 많은 회사에서 전자우편을 업무 처리의 중요한 수단으로 사용하고 있으며, 전자우편 내용이 법률적인 효력을 가지기 때문에 기본적인 형식을 갖추어 작성하여야 한다.

To:jjones@jonesofficesolutions.com
From: tmcaden@jonesofficesolutions.com
Subject:Meeting About New Internet Service Provider 1/8/2013

Mr. Jones:

I have been researching our choices for Internet providers over the past week, and I wanted to update you on my progress. We have two options: H.C. Cable and Toll South. Both offer business plans, and I will go over the pricing of each plan at the meeting on Tuesday. Both of the options I listed have comparable speed and data usage offerings as well. I called your personal provider, GoGo Satellite, but they did not have any business offerings. They primarily do residential Internet service.

I will talk with Joe and Susan in IT about these options and get their suggestions. I will also send out meeting requests to everyone, including Mr. Morris in operations. If you have any questions prior to the meeting, please let me know.
Respectfully,

Tina McAden
Administrative Assistant
Jones Office Solutions
http://www.jonesofficesolutions.com
(555) 124-5678

그림 11.10 회사 상사에게 보내는 전자우편 예

11.3.3 직장 상사에게 보내는 사과 편지 예

그림 11.11은 직장 상사에게 보내는 사과 편지의 예를 보여준다. 사과의 편지에서는 본인의 실수나 업무 처리 미숙을 진솔하게 인정하고 재발하지 않도록 하겠다는 내용이 반드시 포함되어야 한다.

Dear Ms. Wallace:

I write to formally apologize for my actions at last week's staff meeting. When I heard that the company was planning to layoff over 200 employees at the end of the quarter, it struck me on a deeply emotional level. Of course this is a sensitive situation that impacts many of the workers I manage, however, my outburst during the announcement was unprofessional and simply uncalled for.

As a Senior Manager, I strive to be a leader within my department. I know that my actions(and reactions) reflect broadly on the company that I serve. I should have better contained my response.

I hope to be a positive force during this transition period. Letting members of our community go, is always a difficult endeavor to navigate; I hope to make that transition as peaceful and productive as possible. Please let me know how I can best serve during this time.

Sincerely,

Edward Miller

그림 11.11 직장 상사에게 보내는 사과 편지

11.4 업무용 전자우편 작성 연습

11.4.1 E-mail에서 많이 사용되는 표현

E-mail 작성을 연습하기 위해서는 전자우편에서 많이 사용되는 표현을 상황별로 나누어 공부하고 이를 잘 활용하는 것이 효과적이다. 다음의 표현들은 TOEIC 시험에서 자주 사용되는 상황별 표현이다.(참조: 서경주, 김진영, TOEIC Writing Plus, YBM 시사 영어사)

(1) 인사 및 자기소개

- Hi! I'm + 이름 + from + 장소/도시
- Good morning! I'm + 이름 + 소속(직업)
- Hi! My name is + 이름 + and I'm + 소속(직업)
- I'm sending this E-mail from + 장소/도시
- Hi! My name is + 이름 + and I work for + 소속 회사명

(2) 수신 확인 및 용건

- I'm responding to ~
- Here is my answer to your request(of+날짜)
- I have just received/read/got your letter/E-mail(of+날짜) concerning/which refers to/regarding
- We acknowledge the receipt of your letter/E-mail(dated+날짜)
- This is to acknowledge the receipt of your letter/E-mail(dated+날짜)

(3) 감사(appreciation) 표현

- Thank you very much for your letter/E-mail(dated+날짜)
- Thank you for your letter/E-mail(dated+날짜) about ~
- I would like to thank you for ~
- I really appreciate(your) ~
- Thank you in advance for your help.
- I'm writing to thank you again for ~
- Thanks for your quick/prompt reply/response
- Please accept my sincerest appreciation for ~
- We are most grateful to you for ~

(4) 주문 확인(confirmation) 및 감사(appreciation)

- We are pleased to receive your order(of+날짜) for ~
- We are very pleased to accept your order No. ABC-1234(of+날짜) and confirm that we have all the items in stock.
- With great honor and pleasure, we confirm your order for ~
- We have noted your order for ~ placed on+날짜
- We very much appreciate your order(of+날짜) for ~
- Thank you for your letter of+날짜+and your order No. ABC-1234 for ~

(5) 사과(apology)

- Sorry for my delayed response.
- I apologize for not having gotten into contact with you sooner.
- First of all, I would like to apologize for ~
- We would like to express our sincere apology for ~
- We sincerely apologize for ~
- Please accept my sincere apologies for ~
- We extend our sincerest apology for
- Please forgive us for ~

- Sorry again for ~
- Let me reiterate our sincere apology for ~

(6) 거절(decline), 유감(regret)

- Unfortunately, we have to inform you that we are unable to ~
- Unfortunately, we are unable to accept/accommodate your request for ~
- I must tell you that I'm obliged to decline your request for ~
- We are sorry that we have to advise you that ~
- We regret not being able to accept/accommodate your request for ~
- To our regret to, we are obliged to decline your offer ~
- We regret to advise you hat we cannot comply with your request for ~
- It is to be regretted that we are unable to ~

(7) 불평, 불만, 항의(complain)

- It is very much disappointing to know that ~
- To our amazement and great regret, we have noticed that ~
- We are most disappointed with ~
- With deep concern and regret, we call your attention to ~
- With deep regret and disappointment, I have to point out ~
- It is unfortunate that we have to inform you of/that ~
- I very much regret to inform you of/that ~
- I am writing to complain about ~
- Unfortunately, we have to inform you of/that
- We would like to draw your attention to ~
- We must tell you that ~
- Please note that ~
- I am deeply distressed by ~

(8) 문의(inquiry)

- I am writing to inquire about ~
- We would like to inquire about ~
- We are interested in your ~ . We hope you can inform us of ~
- We are presently looking for ~ . Please contact us if your company ~
- We are currently in need of ~
- We would like to learn more about ~

(9) 요청(request)

- This is to requst that ~
- This E-mail is to make a request for ~
- We would like to request that ~
- Would you do me a favor of allowing us to ~?
- May I ask you a favor of allowing us to ~?
- It would be much appreciated if you could ~
- I would like to ask you to ~
- Would it possible for you to ~ ?

(10) 답장 요청(request for response)

- Please write back soon.
- I hope to have a reply soon.
- E-mail me or call me collect, please.
- Hope to hear from you soon.
- I'm looking forward to receiving your reply at your earliest convenience.
- Please send responses by+날짜

(11) 동봉(enclosing)

- Enclosed/Attached is
- We have enclosed ~
- We are enclosing ~

(12) 기대(expectation)

- I look forward to seeing you soon.
- We very much look forward to meeting you+장소/시간
- I hope we could meet again in the near future.
- I hope to meet you soon.
- It would be my great pleasure if I could see you again.

(13) 통지, 통보(notification)

- This is to notify you of/that
- This is to notify you of our final decision about ~
- It is our pleasure that we inform you of/that ~
- We are much pleased to notify your of/that ~
- We wish to notify you of/that ~

- We would like you to know that, effective today, we have ~
- We want to update you on our decision to ~
- Please be informed of/that ~

11.4.2 맺음말에서 많이 사용되는 표현

- I'll keep in touch with you.
- I look forward to seeing you soon in ~
- We very much look forward to meeting you in ~ next week/month/year.
- I hope we could meet again in the near future.
- It would be my great pleasure if I could see you again in ~.

11.5 업무용 문서 작성에서 자주 혼동되는 영어 단어들

11.5.1 업무용 E-mail 작성에서의 철자법 확인

업무용 문서의 경우 정확한 의사가 전달되어야 회사 간의 업무처리에 혼선이 없게 된다. 특히 E-mail로 업무가 처리되는 경우에 본문 내부에 포함되어 있는 단어가 잘못 기재되어 혼선이 발생하면 전체 업무처리에 지장을 주기 때문에, E-mail 작성을 별도의 문서 편집기에서 먼저 준비하고 단어 spelling check을 실행한 후 E-mail 편집기로 옮겨 처리하는 것이 실수를 줄일 수 있는 방법이다.

요즈음 일반 데스크탑 컴퓨터 환경에서 사용할 수 있는 문서 편집기에는 영어 단어 spelling check 기능과 문법 검사 기능이 포함되어 있기 때문에 단어가 잘못 타이핑되었거나 문장에 문법적인 오류가 있는 경우 밑줄로 표시되어 쉽게 오류를 발견할 수 있다.

11.5.2 자주 혼동되는 영어 단어들

다음에 정리된 단어들은 문법적인 오류는 없어도 의미가 전혀 달라질 수 있는 표현이 되므로 주의하여 사용해야 하는 단어들이다. 영문 서류를 급하게 만들다 보면 단어를 잘못 타이핑하여 실수를 할 수 있고, 단어의 미세한 차이를 구분하지 못하여 혼동하는 경우도 있으므로, 아래 설명 및 예문을 잘 살펴보고 의미를 정확하게 구분할 수 있도록 공부하여야 한다.

표 11.5 자주 혼동되는 영어 단어들 사례

혼동하기 쉬운 단어	설명 및 예문

혼동하기 쉬운 단어	설명 및 예문
accept, except	• accept - to take, agree. I accept the offer • except - to exclude, omit. It's OK, except for this.
advice, advise	• advice - opinion, counsel. He needs your advice. • advise - to counsel. Please advise him
affect, effect	• affect - influence, change. Inflation always affects our level of income. • effect - impression, results; to cause. The computer has had a profound effect on communications. It has effected a real change in office procedures.
already, all ready	• already - even now. They are already here. • all ready - all prepared. We're are all ready to leave.
assent, ascent	• assent - to agree; permission. Did you assent to the request? The CEO gave his assent to the project. • ascent - advancement. He made the ascent up the corporate ladder.
capital, capitol	• capital - seat of government; wealth. Our sales force is in the capital city. We need more capital. • capitol - government building. We are in the capitol.
cite, site, sight	• cite - refer to. He cited new sales figures. • site - location. The new building site is in Dallas • sight - scene. The skyline is a beautiful sight.
consul, council, counsel	• consul - foreign embassy official. Check these trade arrangements with the West German consul. • council - official body. The city council met. • counsel - legal advisor. The corporate lawyer will act as counsel in this matter
continuous, continual	• continuous - uninterrupted, unbroken. A continuous water supply is essential. • continual - repeated. The printer typed the same letter continually.
dissent, descent, descend	• dissent - disagreement. Voice your dissent at the meeting tonight. • descent - to come down. Authority descends from top management down to line supervisors.
fewer, less	• fewer - used for numbers, individual units. We require fewer salespeople. • less - used for quantities. Net income was less than last year.
formerly, formally	• formerly - previously. She was formerly at IBM. • formally - officially. She joined formally today.
later, letter	• later - after a time. I'll deal with that later. • latter - last mentioned of the two. If I am offered a raise or a promotion, I'll take the latter.
lie, lay	• lie - to rest or recline. I lie down. I lay down this morning. I

혼동하기 쉬운 단어	설명 및 예문
	should have lain down earlier. • lay - to put or place something. I lay the book on your desk. I laid it there a minute ago. I have laid it there many times and have never lost it.
lose, loose	• lose - misplace. Don't lose that address. • loose - not fastened down; release. The pressure plate seems loose. Turn loose your imagination.
past, passed	• past - preceding. Our past record is good. • passed - to go by. Production this year passed last year's high. We passed the factory this morning.
personal, personnel	• personal - individual. I jog for personal reasons. • personnel - workers; a department. The human resources(personnel) office keeps records on company personnel.
precede, proceed	• precede - to come before. Hard work precedes recognition. • proceed - to go ahead. We can proceed with the talk.
principle, principal	• principle - rule, standard. Values are principles that guide our lives. • principal - main, chief; superintendent. His principal goal is quality. The principal taught us well.
quiet, quite	• quiet - silence. The office is quiet after 5 o'clock. • quite - completely; to a considerable degree. I am quite sure she'll come. He's quite a person!
rise, raise	• rise - to go up, to get up. I rise early every day. I rose a little late yesterday. However, I have risen on time today. • raise - to lift, bring up. If you need help, raise your hand. I am raising this issue for a good reason. No one raised an objection before. You have raised three times in the past half hour.
sit, set	• sit - to assume an upright position. I sit at my desk. I sat here yesterday. I have sat here for years, it seems. • set - put or place something down. I set your lunch on the table. I set the coffee there a minute ago. I have set it all in front of you.
stationary, stationery	• stationary - still, fixed. The chair is stationary. • stationery - letter paper. The company stationery is printed on gray paper.
than, then	• than - after a comparison; when. I'm taller than Ted. The copier no sooner started than it broke down. • then - next; in that case. She spoke then left. If you want more pens, then I'll order some.
weather, whether	• weather - climate. The crop needs good weather. • whether - if; regardless. I'm going whether you're coming or not. Do you know whether she's at home?

연습문제

11.1 다음 용어를 예를 들어 설명하라.

1) Modified Block 업무용 서신 양식
2) Opening Salutation
3) Closing Salutation
4) asap
5) cc
6) ps
7) Contact point

11.2 Modified-Block 양식에 따라 업무용 서신을 작성하라.

11.3 다음 내용이 포함되는 Business E-mail을 작성하라.

- Heading or Letterhead
- Dateline
- Inside address
- Reference lines(attention, personal and confidential, subject)
- Opening Salutation
- Letter Body
- Reason with brief introduction to your self
- Interested work area
- Persuasion with your qualified experience and capabilities
- Action with(optional) special comments
- Complimentary close
- Signature
- Enclosures or Copies

12장 이력서(Resume)와 자기소개서 (Curriculum Vitae) 작성

학습목표

- 이력서와 자기소개서의 구성에 대한 이해
- 영문 이력서(resume)와 자기소개서(curriculum vitae)에 대한 이해
- Resume와 Curriculum Vitae(CV)의 차이점에 대한 이해
- Resume 작성 방법에 대한 이해
- Curriculum Vitae 작성 방법에 대한 이해

개요

12.1 이력서(Resume)와 자기소개서(Curriculum Vitae)
12.2 인사담당자의 시선을 끄는 자기소개서 작성법
12.3 영문 이력서(Resume)
12.4 영문 자기소개서(Curriculum Vitae, CV)
12.5 영문 자기소개서 작성 요령
12.6 영문 자기소개서에서의 권장단어

12.1 이력서(Resume)와 자기소개서(Curriculum Vitae)

12.1.1 이력서(Resume)

이력서(resume)는 인적 사항(이름, 생년월일, 연락처, 주소 등), 학력 및 경력사항, 상벌 및 특기사항 등을 정리해 놓은 것이며, 회사에 지원자에 대한 가장 기초적인 정보를 제공한다. 그림 12.1은 많이 사용되는 기본 이력서 양식을 보여 준다. 이 양식에서는 기본적인 사항으로 증명사진, 성명(한글 및 영문), 생년월일, 연락처(휴대전화), 현주소, E-mail 주소 등이 기재된다. 추가적으로 학력사항에서 고등학교, 대학교, 대학원의 학교와 전공 및 성적을 기재하도록 한다.

경력사항에서는 근무기간, 회사명, 직위, 담당업무, 퇴사 사유 등을 기록하여 이전에 어떤 분야에서 근무한 경력이 있는지 평가할 수 있게 한다. 병역 사항에서는 군필 여부와 복무 기간을 기록하도록 한다. 가족사항에서는 부모, 형제•자매 등을 기재하도록 한다. 기타 사항에는 신장, 체중, 시력, 취미, 특기, 종교 등이 포함된다. 최근에 컴퓨터 활용 능력과 소프트웨어 능력의 필요성이 증대함에 따라 이력서에 전산 능력 항목이 포함되어 있으며, 사용할 수 있는 프로그램명과 활용도 및 관련 자격증 보유 여부를 기재하도록 한다.

이력서 양식은 회사의 필요에 따라 기재 항목이 변경될 수 도 있으므로 각 채용 기관에서 지정하는 양식을 사용하도록 준비하여야 한다. 최근 출신학교와 나이 등을 입사 평가에서 제외시키는 블라인드 면접을 하는 경우도 있어 이력서 양식에 포함되는 항목은 그 시대의 보편적 사회적 기준에 따라 계속 변경될 것이다.

이 력 서

지원구분 : 신입 ( ), 경력 ( )
지원부분 :
희망연봉 : 만원

사 진	성 명	(한글)	생년월일	
		(영문)	휴 대 폰	
	현주소		이메일	

학력사항	졸 업 일	학교명	전 공	졸업여부	소재지	성 적
	년 월	고등학교				/
	년 월	대 학				/
	년 월	대학교				/
	년 월	대학원				/

경력사항	근 무 기 간	회 사 명	직 위	담 당 업 무	퇴사사유
	-				
	-				
	-				

병역사항				
	군 필 여 부	군필( ), 미필( ), 면제( ), 기타( )	군 별	
	복 무 기 간	- (년 개월)	계 급	

가족사항	관계	성 명	생년월일	학 력	직 업	직장명	직위

기타사항						
	신 장	cm	체 중	kg	시 력	/
	취 미		특 기		종 교	
	전산능력	프로그램명	활용도	자격증 보유 현황		

상기 내용은 사실과 다름없음을 확인합니다.

년 월 일

작 성 자 : (인)

그림 12.1 이력서 양식

12.1.2 자기소개서(Curriculum Vitae)

이력서는 학력, 경력, 병력, 가족사항 등 개인을 개괄적으로 이해할 수 있는 자료를 제공하며, 자기소개서는 이력서의 객관적 신상명세로는 파악할 수 없는 여러 가지 사항을 추가로 파악할 수 있게 한다. 자기소개서는 지원자의 가정환경이나 성장과정, 성격, 대인관계, 창의성 등 이력서에서 제공되지 않는 개인적 특성과 성장과정을 구체적으로 보여주며, 인생관이나 논리적 표현능력 등 지원자를 구체적이고 실질적으로 파악할 수 있는 기초자료를 제공한다.

대부분의 회사들은 A4용지 1~2매 분량의 자기소개를 요구한다. 자기소개서에 들어가야 할 내용에는 성장과정, 특기사항, 입사지원동기, 장래포부 등이 있으며, 자기소개서를 작성할 때에는 이런 필수사항들을 언급하며 독특한 에피소드나 체험을 곁들여 자신의 장점이나 개성을 내보이도록 작성하여야 한다. 단 몇 줄로 자신을 모두 표현하기는 어려운 일이지만 최대한 자신을 어필할 수 있도록 강렬하면서도 논리 정연하게 작성하여야 한다. 자신의 장점과 개성을 최대한 돋보이게 해야 하며 지원동기와 포부를 구체적으로 피력하는 것이 매우 중요하다.

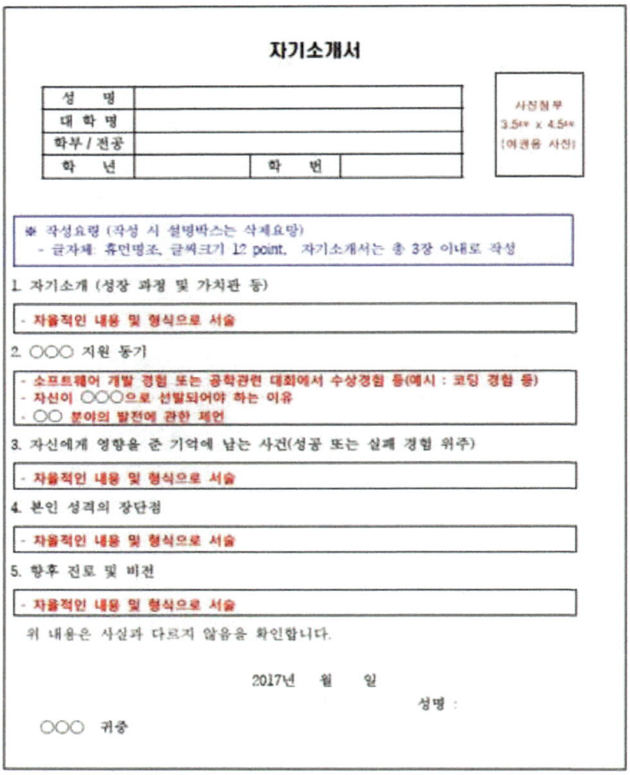

자기소개서

성 명				사진첨부 3.5㎝ x 4.5㎝ (여권용 사진)
대 학 명				
학부 / 전공				
학 년		학 번		

※ 작성요령 (작성 시 설명박스는 삭제요망)
- 글자체: 휴먼명조, 글씨크기 12 point, 자기소개서는 총 3장 이내로 작성

1. 자기소개 (성장 과정 및 가치관 등)

- 자율적인 내용 및 형식으로 서술

2. ○○○ 지원 동기

- 소프트웨어 개발 경험 또는 공학관련 대회에서 수상경험 등(예시 : 코딩 경험 등)
- 자신이 ○○○으로 선발되어야 하는 이유
- ○○ 분야의 발전에 관한 제언

3. 자신에게 영향을 준 기억에 남는 사건(성공 또는 실패 경험 위주)

- 자율적인 내용 및 형식으로 서술

4. 본인 성격의 장단점

- 자율적인 내용 및 형식으로 서술

5. 향후 진로 및 비전

- 자율적인 내용 및 형식으로 서술

위 내용은 사실과 다르지 않음을 확인합니다.

2017년 월 일

성명 :

○○○ 귀중

그림 12.2 자기소개서 양식(예)

12.2 인사담당자의 시선을 사로잡을 수 있는 자기소개서 작성

12.2.1 회사에서의 자기소개서 평가

회사의 인사 담당자들은 지원자들의 자기소개서를 중심으로 지원자의 가치관, 직무역량, 글로벌 역량 등을 종합적으로 판단하고, 그 회사의 인재상과 개인이 보유한 가치관이 일치하는가를 검증하며, 지원자의 학점, 자격증, 동아리/봉사활동 등 지원자의 경험과 역량을 종합적으로 고려한다.

자기소개서에서는 단순히 본인이 경험한 실패담과 고생에 대한 나열보다는 그 경험과 고생을 어떻게 극복하였으며, 이를 통하여 어떤 것을 배우게 되었는지에 대한 설명에 좋은 평가 결과를 부여하므로 그렇게 배운 내용을 통하여 문제해결 능력이 있는 것을 강조하여야 한다. 회사에서는 사원에게 주어진 문제를 주도적으로 수행할 수 있는 능력이 있고 이 문제해결에서 리더십을 가지고 팀을 이끌어 해결할 수 있는 인재를 찾기 위하여 노력하고 있는 점을 이해하고, 본인이 리더십과 문제 해결능력이 있다는 점을 잘 표현하는 것이 매우 중요하다. 특히 모집 분야에서 요구하는 전문성을 갖추고 있으며, 다양한 직원들과 함께 팀워크로 문제를 풀 수 있는 능력과 인성을 갖추고 있다는 것을 강하게 어필하여야 한다.

최근에 대부분의 회사에서 외국 회사와의 협력이 필수적인 항목이 되고 있는 점을 고려하여, 본인이 외국어 능력을 갖추고 있으며 진취성을 갖추고 있어 국제적인 협력 활동도 가능하다는 점을 어필할 수 있어야 한다. 신기술의 연구개발과 함께 회사의 다양한 분야를 혁신시킬 수 있는 창의성을 강조하는 경우도 많으므로 자기소개서에서 창의성을 잘 나타낼 수 있어야 한다.

12.2.2 뽑히는 자기소개서 작성법

(1) 인사담당자들의 시선을 사로잡을 수 있도록 작성

자기소개서를 아주 형식적으로 작성하는 것은 전혀 의미가 없다: "저는 인자하신 아버지와 자애로운 어머니의 밑에서...", "지금은 잘 모르지만 가르쳐주신다면 무엇이든 열심히 하겠습니다." 의 형식으로 자기소개서를 작성하지 말아야 한다. 수십, 수백 통의 비슷한 자기소개서를 읽는 인사담당자들의 눈에 들기 위해서는 남들과 다르게 시선을 끌 수 있고, 더 눈에 들어오도록 작성하여야 한다.

(2) 지원 기관(회사)의 특성을 고려하여 작성

자기소개서를 제출하여 평가를 받는 기관의 심사관의 관점에서 왜 내가 선발되어야 하는가에 대한 당위성을 쉽게 파악할 수 있도록 작성하여야 한다. "귀사에서 모집하는 분야에 제가 지금까지 배우고 경험하였던 학력과 경력이 적합하기 때문에 나를 선발하여야 한다"는 의미가 전달될 수 있게 작성하여야 한다. 자기소개서 하나를 작성하여 여러 회사에 회사명만 변경하여 제출하는 것으로는 좋은 결과를 기대할 수 없다.

(3) 헤드라인을 구성하여 작성(소제목으로 정리)

작은 글씨로 빼곡히 적힌 수백 장의 원서 가운데에서 내 글을 찾아 읽는 것을 기대하는 것은 상당히 큰 행운이 있어야 하므로, 매 문항마다 내용을 압축할 수 있는 헤드라인을 구성하고, 이를 굵은 글씨체로 표시하여 심사관 들의 시선을 좀 더 쉽게 잡아 끌 수 있어 중점 내용을 이해시킬 수 있게 해야한다. 소제목으로 정리하는 것도 효과적이다.

(4) 두괄식과 연역법 구조의 문단 구성 - 결론을 맨 앞에 배치

전체 문단을 **두괄식**으로 정리하여 연역법 구조를 가지도록 전개하는 것이 효과적이다. 2.2절에서 설명한 것과 같이, 연역법 구조는 이론/결론적인 주장(즉 핵심적인 요점)을 문단의 앞에서 제시한 후, 요점의 근거가 되는 사례를 차례로 설명하는 구조이다. 각 문단에는 개성 있는 소제목을 헤드라인으로 구성하여 인사담당자들이 쉽게 파악하고 좋은 인상을 받을 수 있도록 작성하는 것이 좋다. 즉 헤드라인을 구성해서 글을 읽게 만드는 것에 성공한 다음, 지루한 스토리를 늘어놓아 다시 흥미를 잃어버리지 않도록 하여야 하고, '결론(핵심 내용)'이 먼저 나오는 두괄식 구성으로 작성하여야 한다.

(6) 평범하지 않은 본인을 잘 소개하도록 작성

자기소개서는 구직시장에서 지원자의 홍보물(광고, 전단지)이다. 즉 본인을 하나의 상품으로 보고 남들(다른 상품들)과 다른 점은 무엇인지, 나를(이 제품을) 선발(구매)함으로써 어떤 혜택을 더 많이 얻을 수 있는지를 잘 어필하도록 작성한다. 수십의 혹은 수백의 비슷한 상품들 가운데 '나' 라는 상품이 가장 매력적으로 보일 수 있도록 하기 위해서는 '남들과는 차별화 된' 점이 강조되어야 한다.

본인의 경험을 입사 후 회사에서의 문제 해결에 어떻게 활용할 수 있고, 어떻게 활용할 계획을 가지고 있는가를 강조할 수 있어야 한다. 자기소개서에서 나만이 가지고 있는 차이점(특히 장점)을 잘 표현하고 어필하여야 경쟁에서 승리할 수 있다. 여러 가지를 어설프게 늘어놓기보다는 본인만의 특별함을 잘 정리하여 강조해서 표현하는 것이 효과적이다.자신의 경험에 대한 단순한 에피소드 들의 나열 대신, 그 경험을 통하여 구체적으로 배운 것을 조리있게 설명하여야 한다. 본인이 그 경험을 통하여 배운 것을 STAR(Situation, Task, Action, Result)로 구성하여야 하며 구체적 경험을 통해 배운 점을 어필하고 입사 후에 이 경험을 어떻게 활용할 수 있는가에 대한 방안을 제시하면 좋은 평가를 받게 된다.

지원회사의 사훈 등에서 강조하는 내용을 파악하고, 이에 부합하는 인성, 진취성, 창의성, 전문성 등의 단어를 사용하여 작성하여야 회사의 모집 분야에 부합하는 인재라는 점을 강조하게 된다.

(7) 모집분야 업무와의 맞춤형 강조

자신만의 구체적 경험과 이를 통하여 배운 내용이 회사의 모집 분야 직무와 연관성이 있는 것을 부각하여 업무 맞춤형을 잘 표현하고, 회사의 모집 분야와 지원자의 직무 능력이 큰 연관성이 있다는 교집합을 강조하여야 한다. 특히 대부분의 회사에서 요구하고 있는 인성이 있다는 점을 부각하여야 하고, 어려움이 있어도 인내심을 가지고 참을 수 있으며 리더십으로 동료들을 이끌어 난관을 극복할 수 있다는 점을 잘 부각하여야 한다. 또한 글로벌 기업에서 반드시 요구하는 창의성과 국제 협동 능력이 있다는 점을 잘 어필할 수 있어야 한다.

대부분의 인사담당자들이 모든 지원 서류를 상세하게 파악할 수 있는 시간이 주어지지 않기 때문에 두괄식에서 눈에 띄게 잘 표현된 소제목으로 시선을 사로잡도록 하여야 한다.

(8) 부정적 이미지의 단어 사용을 피하고, 긍정적이며 능동적인 인상을 줄 수 있는 단어사용

자기소개서에서 부정적 이미지를 주는 단어는 사용을 피하는 것이 좋다. 대신 긍정적이며 능동적인 인상을 줄 수 있는 단어를 사용하여야 한다. 자기소개서에 포함되어 있는 자신만의 경험과 그 경험으로부터 배운 내용을 바탕으로 긍정적인 사고방식, 인성, 진취성, 창의성, 전문성 등이 잘 갖추어진 업무 맞춤형 인재라는 점을 부각할 수 있어야 한다.

12.3 영문 이력서(Resume)

12.3.1 Resume와 Curriculum Vitae(CV)

영문으로 작성하는 이력/경력서와 자기소개서는 표 12.1에서 비교 설명하는 resume와 curriculum vitae(CV)가 사용된다. Resume는 1 ~ 2페이지의 제한된 분량으로 작성되며, 회사/기관에서 채용하고자 하는 모집분야에 해당하는 최근 10 ~ 15년 이내의 근무 경력(회사/기관명, 직책, 담당 직무)을 주요 성과/실적과 함께 포괄적이며 개요 수준으로 작성한다.

표 12.1 Resume와 Curriculum Vitae(CV)의 비교

항목	Resume	Curriculum Vitae(CV)
구성 (Content, layout)	• 회사/기관에서 채용하고자 하는 모집분야에 해당하는 경력/이력을 중심으로 작성	• 본인의 개인적 경험, 정규 교육, 회사 근무 경력, 전문 분야 프로젝트 수행 실적, 전문 분야 논문 게재 및 발표 실적 등을 포함 • 최근으로부터 역순으로 정리
주제 (Topics)	• 채용기관의 모집분야에 대한 10 ~ 15년 이내의 경력을 우선적으로 포함 • 근무 경력을 직책/직위, 회사/기관명, 주요 실적 위주로 작성 • 학력(education), 경력(work experience), 전문분야 경험(professional experience), 위원회 활동(board position, association membership) 등이 포함될 수 있음 • 채용 기관/모집 분야에 따라 달라 질 수 있음	• 학력(education) • 자격증(certification) • 면허증(license) • 경력(Work/teaching experience) • 인턴 경력(Internship) • 전문분야 프로젝트 수행 실적(Professional project experience) • 표창, 수상실적(Honors/Awards, grants) • 협회가입(Organizational Memberships) • 사회봉사실적(Community Service) • 논문발표, 전문학술지 게재 실적(Presentations, Publications) • 기타 이력(miscellaneous skills and experiences) • 신원보증인(Reference) 포함

항목	Resume	Curriculum Vitae(CV)
길이, 분량 (Length)	• 1 ~ 2 페이지 분량으로 제한	• 보통 3~5페이지 분량, 전문직인 경우 20 ~ 30페이지 분량도 허용
용도, 목적 (Goal)	• 포괄적이며 개요 수준으로 작성	• 상세한 내용을 세부적으로 작성

Curriculum Vitae(CV)는 보통 3 ~ 5페이지 분량(전문적인 경우 20 ~ 30페이지 분량도 허용)으로 본인의 개인적 경험, 교육/회사/기관/협회 경력, 전문분야 프로젝트 수행 실적, 전문분야 논문 게재 및 발표 실적 등을 최근으로부터 역순으로 정리하여 상세하게 작성한다.

그림 12.3은 resume와 curriculum vitae의 예제를 비교하여 보여준다. Resume는 이력서에 해당하며 일반적인 채용에서 많이 사용되며, curriculum vitae는 연구개발이 필요한 전문적인 분야에서 전문가를 채용을 할 때 많이 사용되며, 같은 분야에서 근무하고 있는 전문가들에 의하여 평가된다.

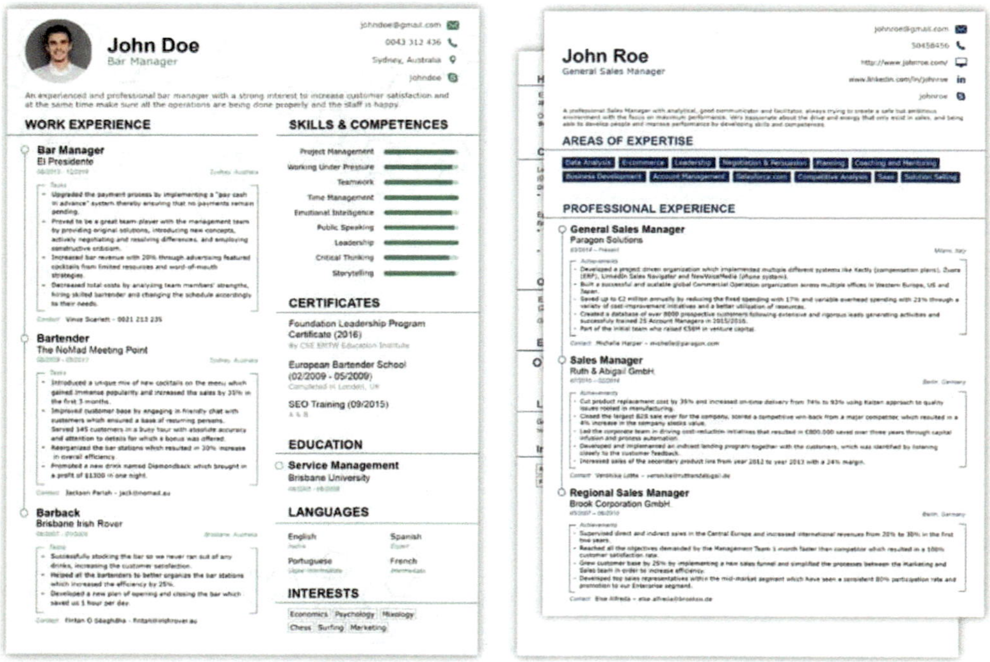

(a) Resume (b) Curriculum Vitae(CV)

그림 12.3 Resume와 CV의 비교(source: https://novoresume.com/career-blog/cv-vs-resume-what-is-the-difference)

12.3.2 Resume 양식

영문 이력서(resume) 작성에서는 a) 최근 근무경력(회사/기관, 직책/직급, 담당업무)과 주요 실적을 연도별 역순을 작성하는 양식, b) 주요 경력 분야별로 작성하는 양식, c) 이 두 가지를 혼용하여 작성하는 양식이 사용된다. 실제 인사담당자들은 근무경력과 주요 실적을 연도별 역순으로 작성하는 양식을 가장 선호하며, 지원자가 어느 회사/기관에서 어떤 직책/직급으로 근무하였으며 어떤 실적을 내었는지를 가장 최근 실적으로부터 이전 실적까지 쉽게 파악할 수 있기 때문이다.

주요 경력 분야별로 작성하는 양식은 특정 분야에서 어떤 능력(skill)과 경력(experience)이 있는가를 강조하여 보여줄 수 있는 장점이 있는 반면, 최근에 어떤 회사/기관에서 어떤 직책/직급으로 일을 하였는가에 대한 연도별 경력 정보가 강조되지 않는 단점이 있다. 위 두 가지 형식을 조합하여 작성하는 양식에서는 각 업무 분야별로 근무 경력을 연도별 역순으로 정리하여 최근 얼마동안 어떤 분야에서 전문적인 일을 하였는가를 나타내며, 이전에 다른 분야에서도 일을 한 경력이 있다는 점을 설명할 수 있는 장점이 있다.

12.3.3 영문 이력서(resume) 예

그림 12.4는 영문 이력서(resume) 예를 보여준다. 영문 이력서에 포함된 가장 중요한 항목으로 업무 영역별로 회사/기관, 소재지, 근무 기간 및 주요 담당 업무 및 실적이 포함된 경력이 중점적으로 정리되어 있다. 그 외에 본인이 가진 기술(skills), 학력(education), 수상 실적(awards)등이 간략하게 정리되어 포함된다.

Resume objective에서는 전체 resume를 간단하게 요약하며, 지원하는 부서와 담당 업무에 본인의 주요 근무 경력과 주요 담당 업무, 보유 학위와 자격증 등이 어떻게 적합한지에 대하여 간결한 표현으로 서술한다. 연락처(contact)에는 본인의 E-mail 주소, 휴대전화 번호, 우편 주소, SNS 주소 등이 포함된다. Resume의 분량이 1 ~ 2 페이지로 제한되기 때문에 보유 기술(skills), 학력, 보유 학위 등은 간단히 기재한다.

12.4 영문 자기소개서(Curriculum Vitae, CV)

12.4.1 영문 자기소개서의 핵심 항목

영문자기소개서를 CV라고 하는데 이는 curriculum vitae의 줄임말이며, 영어 표현으로는 course of life에 해당한다. CV는 전체 분량이 1 ~ 2 페이지로 제한되는 영문 이력서(resume)보다는 상세하게 작성할 수 있다. Resume에서는 간단하게 작성하며, 뒷부분에 배치하였던 학력(education)을 첫 부분에 배치하며, 본인의 개인적 경험, 프로젝트 수행 실적, 개인적 경험과 프로젝트 수행으로부터 배운 내용 등을 상세하게 설명할 수 있다. CV에 포함되는 핵심적인 내용과 작성 방법은 표 12.2에서 설명하는 것과 같다.

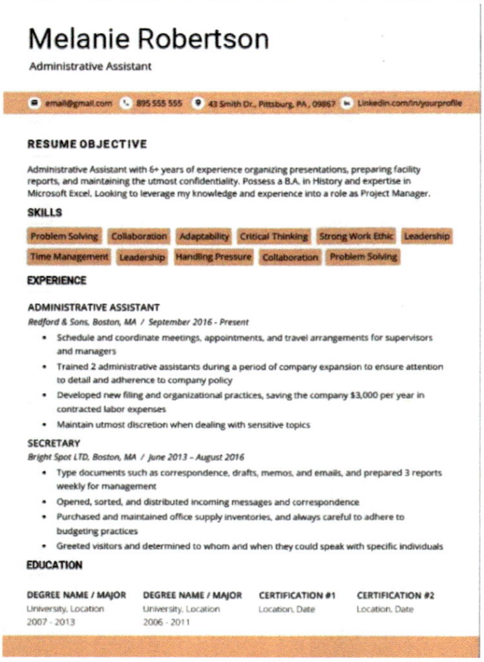

Melanie Robertson

Administrative Assistant

email@gmail.com 895 555 555 43 Smith Dr., Pittsburg, PA, 09867 Linkedin.com/in/yourprofile

RESUME OBJECTIVE

Administrative Assistant with 6+ years of experience organizing presentations, preparing facility reports, and maintaining the utmost confidentiality. Possess a B.A. in History and expertise in Microsoft Excel. Looking to leverage my knowledge and experience into a role as Project Manager.

SKILLS

Problem Solving Collaboration Adaptability Critical Thinking Strong Work Ethic Leadership Time Management Leadership Handling Pressure Collaboration Problem Solving

EXPERIENCE

ADMINISTRATIVE ASSISTANT

Redford & Sons, Boston, MA / September 2016 - Present

- Schedule and coordinate meetings, appointments, and travel arrangements for supervisors and managers
- Trained 2 administrative assistants during a period of company expansion to ensure attention to detail and adherence to company policy
- Developed new filing and organizational practices, saving the company $3,000 per year in contracted labor expenses
- Maintain utmost discretion when dealing with sensitive topics

SECRETARY

Bright Spot LTD, Boston, MA / June 2013 – August 2016

- Type documents such as correspondence, drafts, memos, and emails, and prepared 3 reports weekly for management
- Opened, sorted, and distributed incoming messages and correspondence
- Purchased and maintained office supply inventories, and always careful to adhere to budgeting practices
- Greeted visitors and determined to whom and when they could speak with specific individuals

EDUCATION

DEGREE NAME / MAJOR University, Location 2007 - 2013

DEGREE NAME / MAJOR University, Location 2006 - 2011

CERTIFICATION #1 Location, Date

CERTIFICATION #2 Location, Date

(a) Resume Format Example 1

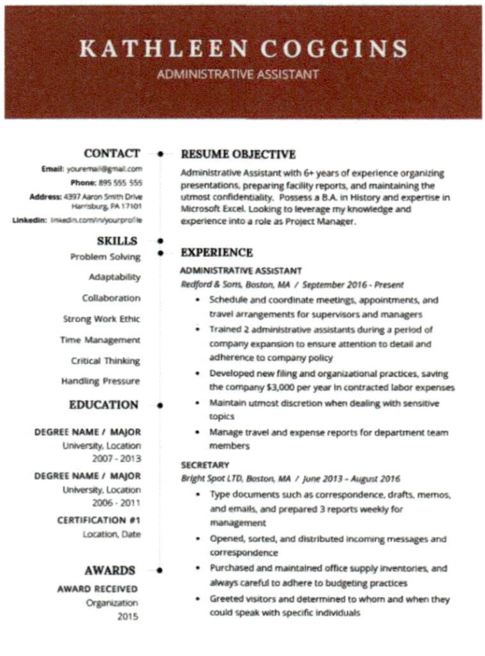

KATHLEEN COGGINS

ADMINISTRATIVE ASSISTANT

CONTACT

Email: youremail@gmail.com

Phone: 895 555 555

Address: 4397 Aaron Smith Drive Harrisburg, PA 17101

Linkedin: linkedin.com/in/yourprofile

SKILLS

Problem Solving

Adaptability

Collaboration

Strong Work Ethic

Time Management

Critical Thinking

Handling Pressure

EDUCATION

DEGREE NAME / MAJOR University, Location 2007 - 2013

DEGREE NAME / MAJOR University, Location 2006 - 2011

CERTIFICATION #1 Location, Date

AWARDS

AWARD RECEIVED Organization 2015

RESUME OBJECTIVE

Administrative Assistant with 6+ years of experience organizing presentations, preparing facility reports, and maintaining the utmost confidentiality. Possess a B.A. in History and expertise in Microsoft Excel. Looking to leverage my knowledge and experience into a role as Project Manager.

EXPERIENCE

ADMINISTRATIVE ASSISTANT

Redford & Sons, Boston, MA / September 2016 - Present

- Schedule and coordinate meetings, appointments, and travel arrangements for supervisors and managers
- Trained 2 administrative assistants during a period of company expansion to ensure attention to detail and adherence to company policy
- Developed new filing and organizational practices, saving the company $3,000 per year in contracted labor expenses
- Maintain utmost discretion when dealing with sensitive topics
- Manage travel and expense reports for department team members

SECRETARY

Bright Spot LTD, Boston, MA / June 2013 – August 2016

- Type documents such as correspondence, drafts, memos, and emails, and prepared 3 reports weekly for management
- Opened, sorted, and distributed incoming messages and correspondence
- Purchased and maintained office supply inventories, and always careful to adhere to budgeting practices
- Greeted visitors and determined to whom and when they could speak with specific individuals

(b) Resume Format Example 2

그림 12.4 영문 이력서 예(source: https://resumegenius.com/resume-templates/modern-templates#advanced)

표 12.2 영문자기소개서(Curriculum Vitae, CV)의 주요 항목과 작성 요령

주요 항목	작성 요령
Contact Details	• E-mail 주소, 휴대전화번호, 우편주소, SNS 주소 등
Career Objective/ Profile/ Personal Profile/ Highlight	• 영문 자기소개서의 요약이며, 본인이 지원하는 부서와 담당 업무에 본인의 주요 근무 경력, 프로젝트 수행 실적과 주요 담당 업무, 보유 학위와 자격증, 논문 게재 및 발표 실적 등이 어떻게 적합한지에 대하여 간결한 표현으로 서술
Education	• 학력에 대한 사항 기재. 가장 최근 학력부터 연도별 역순으로 기재
Work Experience	• 근무 경력 기재. 회사/기관, 소재지, 근무 기간 및 주요 담당 업무 및 실적을 간결하게 정리. 가장 최근 경력부터 연도별 역순으로 기재
R&D Project Experience	• 연구프로젝트 수행 실적. 프로젝트 수행 기간, 연구비 지원 기관, 담당업무 및 역할, 주요 연구 결과 등을 가장 최근 경력부터 연도별 역순으로 기재
Honors and Awards	• 표창 또는 수상실적을 기재

주요 항목	작성 요령
Achievements	• 지원하는 부서/업무와 연관된 본인의 성취 내용을 기재
Publications and Presentations	• 주요 학술 논문지에 게재한 논문 실적과 주요 학술대회에서의 논문 발표 실적을 가장 최근 실적부터 연도별 역순으로 기재
Professional Associations	• 가입하여 활동한 학술단체, 전문 협회, 직책, 주요 담당 업무 등을 기재 • 고등학교/대학의 동아리 활동 중 모집 분야의 직무와 연관된 단체 활동 포함
(Computer, Programming, SW, Communication) Skills	• 프로그래밍 언어, (공개) SW, 컴퓨터 (운영체제별), 네트워크, 공작 기계, 측정 기계 등을 전문적으로 다룰 수 있는 보유 기술에 대하여 기재 • 아울러 외국어 의사소통 능력에 대해서도 공인어학 성적, 말하기 능력 등을 기재
Hobbies and Interests	• 좋아하는 취미와 특기에 대하여 기재. 담당 업무와 연계성이 있으면 이를 강조. 취미와 특기를 기반으로 창의성 등을 평가할 수도 있으며, 채용 부서와 다른 부서와의 협력 가능성에 대해서도 고려할 수 있음
Referees	• 추천인, 보증인으로 영어권 취업에서는 매우 중요함 • 직접 전화 연락을 하여 평가 대상 지원자에 대하여 문의할 수 있으며, 자기소개서에 작성된 내용과 관련하여 본인(지원자)와 직접적인 관계가 있었던 사람 중에서 객관적으로 평가하여 줄 수 있는 사람을 기재. 부모, 친척, 형제, 단순한 친구를 지정할 수 없으며, 지원하는 분야의 업무 능력을 갖춘 사람으로 지도교수, 선배, 프로젝트 수행 경력의 과제 책임자, 이전 직장의 상사 등을 1 ~ 2 명 지정

영문자기소개서(CV)의 첫 부분에 포함되는 Career Objective(또는 profile, personal profile, highlight로 표현하기도 함)는 자기소개서의 요약에 해당하며 지원하는 부서와 담당업무를 명시하여 본인의 학력, 경력, 프로젝트 경험 및 보유 기술이 그 직종과 직무에 잘 맞는다는 점을 어필할 수 있다.

학력(education) 난에는 가장 최근부터 학교, 학위, 전공, 전문 교육 프로그램 등을 기재한다. 경력(work experience) 난에는 본인의 근무 경력 기재하며, 소속 회사/기관, 소재지, 근무 기간 및 주요 담당 업무 및 실적을 간결하게 정리하여 가장 최근 경력부터 연도별 역순으로 기재한다. 연구개발 경력(R&D experience)난에는 본인이 참여하였던 프로젝트 수행 기간, 연구비 지원 기관, 담당업무 및 역할, 주요 연구 결과 등을 가장 최근 경력부터 연도별 역순으로 기재한다.

표창 및 수상 실적(Honors and Awards)에는 지원하는 업무와 연관된 표창이나 수상 실적을 기재한다. 성취(Achievements)에는 지원하는 부서/업무와 연관된 본인의 성취 내용을 기재한다. 장학금 수혜나 클럽 활동에서 공로상 등이 포함될 수 있다.

만약 전문적 학술지에 논문 게재나 전문 학술대회에서의 논문 발표 실적이 있으면 가장 최근 실적부터 연도별 역순으로 기재한다. 지원하는 부서와 담당업무에 관련된 논문 게재나 논문 발표가 있었다면 이를 반드시 기재하는 것이 좋다. 전문 협회/단체 활동(professional association)은 본인이 가입하여 활동한 적이 있는 학술단체, 전문 협회 등에서의 활동 실적을 기입하며, 그 협회에서의 직책, 주요 담당 업무 등을 기재한다. 최근 5 ~ 10년 간의 고등학교/대학의 동아리 활동 중 모집 분야의 직무와 연관된 단체 활동을 포함할 수 있다.

최근 영문 자기소개서에는 외국어 능력과 함께 컴퓨터/소프트웨어 활용 능력, 프로그래밍 능력, 기계장치와 실험/측정 설비의 전문적 운용 능력 등을 기재하며, 모집 부서/직무와 연관성이 있는 경우 반드시 기재하는 것이 좋다. 외국어 능력의 경우 공인 어학 시험 성적이나 해외 인턴 경력, 국제 공동 프로젝트 수행 실적 등 구체적인 내용을 기재하는 것이 좋다. 아울러 프로그래밍 능력과 기계장치 및 실험/측정 설비의 전문적 운용 능력도 구체적인 실적을 기재하여야 한다.

취미 및 특기 난에서는 본인이 좋아하는 취미와 특기에 대하여 기재한다. 만약 취미나 특기가 모집분야의 직무와 연계성이 있으면 이를 강조하여야 한다. 취미와 특기를 기반으로 창의성 등을 평가할 수도 있으며, 채용 부서와 다른 부서와의 협력 가능성에 대해서도 고려할 수 있다. 취미로 단체 활동을 하는 스포츠나 음악 합주/합창 등이 포함되어 있는 경우 동료사원들과의 협동 및 공동 작업 능력, 의사소통 및 문제해결 능력에 좋은 평가를 받게 된다.

끝으로 추천인/보증인(referee)는 추천인, 보증인으로 영어권 취업에서는 매우 중요하다. 이 추천인/보증인에게 직접 전화 연락을 하여 평가 대상 지원자에 대하여 문의할 수 있고, 그 추천인의 추천서를 함께 제출하도록 요청하는 경우도 있다. 추천인/보증인으로 자기소개서에 작성된 내용과 관련하여 본인(지원자)와 직접적인 관계가 있었던 사람 중에서 객관적으로 평가하여 줄 수 있는 사람을 기재. 부모, 친척, 형제, 단순한 친구를 지정할 수 없으며, 지원하는 분야의 업무 능력을 갖춘 사람으로 지도교수, 선배, 프로젝트 수행 경력의 과제 책임자, 이전 직장의 상사 등을 1 ~ 2 명 지정하는 것이 좋다. 추천인/보증인은 지원자의 장점 뿐 아니라 단점까지도 객관적으로 평가할 수 있는 사람이 더 신뢰성이 있는 것으로 판단되어 그 사람의 의견을 비중있게 반영하는 것이 일반적이다.

12.4.2 영문 자기소개서(CV) 예제

표 12.2의 주요 항목 중에서 본인이 작성할 수 있는 항목을 작성요령에 따라 차례로 정리하면 좋은 영문 자기소개서(CV)를 작성할 수 있다. 그림 12.5는 영문 자기소개서의 작성 예시를 보여준다.

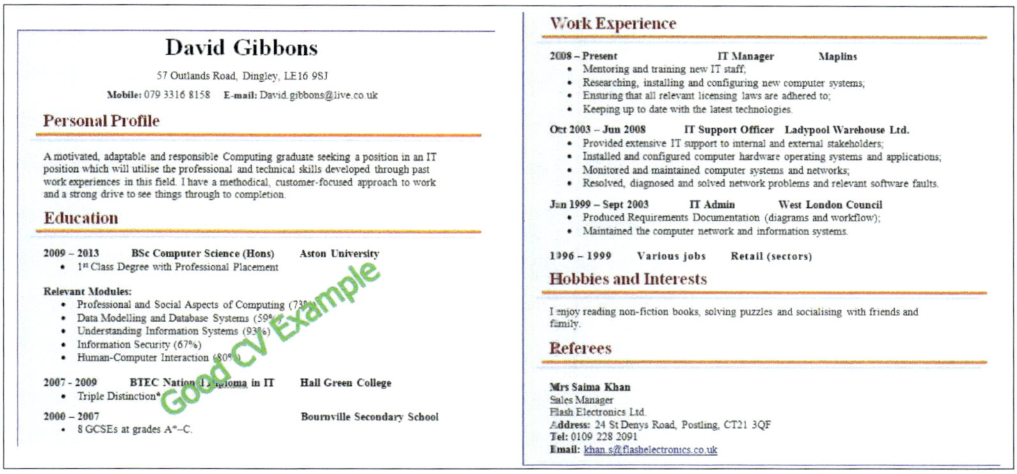

David Gibbons

57 Outlands Road, Dingley, LE16 9SJ

Mobile: 079 3316 8158 **E-mail:** David.gibbons@live.co.uk

Personal Profile

A motivated, adaptable and responsible Computing graduate seeking a position in an IT position which will utilise the professional and technical skills developed through past work experiences in this field. I have a methodical, customer-focused approach to work and a strong drive to see things through to completion.

Education

2009 – 2013 BSc Computer Science (Hons) Aston University
- 1st Class Degree with Professional Placement

Relevant Modules:
- Professional and Social Aspects of Computing (73%)
- Data Modelling and Database Systems (59%)
- Understanding Information Systems (93%)
- Information Security (67%)
- Human-Computer Interaction (80%)

2007 - 2009 BTEC National Diploma in IT Hall Green College
- Triple Distinction*

2000 – 2007 Bournville Secondary School
- 8 GCSEs at grades A*–C.

Good CV Example

Work Experience

2008 – Present IT Manager Maplins
- Mentoring and training new IT staff;
- Researching, installing and configuring new computer systems;
- Ensuring that all relevant licensing laws are adhered to;
- Keeping up to date with the latest technologies.

Oct 2003 – Jun 2008 IT Support Officer Ladypool Warehouse Ltd.
- Provided extensive IT support to internal and external stakeholders;
- Installed and configured computer hardware operating systems and applications;
- Monitored and maintained computer systems and networks;
- Resolved, diagnosed and solved network problems and relevant software faults.

Jan 1999 – Sept 2003 IT Admin West London Council
- Produced Requirements Documentation (diagrams and workflow);
- Maintained the computer network and information systems.

1996 – 1999 Various jobs Retail (sectors)

Hobbies and Interests

I enjoy reading non-fiction books, solving puzzles and socialising with friends and family.

Referees

Mrs Saima Khan
Sales Manager
Flash Electronics Ltd.
Address: 24 St Denys Road, Postling, CT21 3QF
Tel: 0109 228 2091
Email: khan.s@flashelectronics.co.uk

그림 12.5 영문 자기소개서 예 (source: https://www.cvplaza.com/cv-examples/good-bad-cv/)

12.4.3 커버레터(Cover Letter) 작성

영문자기소개서(CV)를 제출할 때 맨 앞에 커버레터(cover letter)를 함께 제출하게 되며, 이 커버레터에는 자신이 어떻게 이 채용 공고를 알게 되었는지, 왜 그 부서/직무에 지원하고자 하는지, 지원자 자신이 왜 그 부서/직무에 적합한지 등을 한 페이지 분량으로 간략하게 작성한다.

CV의 커버레터 역시 공식적인 업무용 서신이며 따라서 11장에서 배운 업무용 영문 서신 작성 방법에 따라 준비하여야 한다. 다만 채용 공고에 대한 응답 형식으로 작성되어야 하며, 본인이 가지고 있는 학력/경력/프로젝트 수행실적 등이 채용 분야/부서/직무에 잘 맞으며 준비된 인재라는 점을 간략하게 어필할 수 있도록 작성하여야 한다. CV 커버레터의 문단 구성과 각 문단의 작성 요령은 표 12.3에서 보는 것과 같다.

커버레터의 첫 부분인 heading 에는 발신자 이름, 연락처, 주소 등이 기재되어야 하며, 이 커버레터의 발송 일자, 수신자의 이름, 부서, 회사명, 회사 우편 주소, 연락처가 기재되어야 한다. 개인용 업무 서신 헤딩 양식을 만들어서 커버레터의 헤딩으로 사용하는 것도 가능하다.

시작 인사말(opening salutation)에서는 일반적으로 가장 많이 사용되는 표현(Dear Mr. Kim)을 사용할 수 있으며, 채용 공고에 명시되어 있는 담당자 이름을 지정하여야 한다.

첫 번째/시작 문단(opening paragraph)에서는 지원 서류에 채용담당자인 수신자가 집중하여 읽을 수 있도록 채용 공고에서 명시된 지원부서와 담당 업무 등의 내용을 간결하고 정확하게 표현하여야 한다. 만약 채용 공고에서 지원부서 및 담당업무 코드가 공지되어 있으면 그 코드를 반드시 기재하여야 한다.

두 번째 문단에서는 왜 이 채용 부서/담당업무가 지원자인 본인에게 적합하지에 대하여 설명하며, 지원자의 학력, 경력, 프로젝트 수행 실적, 단체 활동 경력 등을 기반으로 설명한다.

세 번째 문단에서는 왜 이 채용 회사/기관이 본인에게 최적인가를 설명한다. 그 회사의 사훈이나 중점 추진 분야 등을 잘 파악하여 작성하는 것이 좋다. 맺음 문단에서는 추가 문의 사항이나 추가 요청 사항이 있을 때 연락을 해 달라는 표현과 빠른 응답을 기다리고 있다는 표현을 함께 표시하는 것이 좋다.

표 12.3 CV 커버레터의 문단 구성과 작성 요령

CV 커버레터 항목/문단	핵심 요점과 작성 요령
헤딩 (Heading)	• 개인용 업무 서신 헤딩 사용 가능 • 발신자의 이름, 현 직책/직급, E-mail 주소, 연락처, 주소 등 기재 • 발송 일자(예: March 1, 2019) • 수신자 이름, 부서, 회사명, 회사 우편 주소, 연락처
시작 인사말 (Opening Salutation)	• Dear John Doe, • Dear Mr. OOO, • Dear Hiring Manager, • To whom it may concern,
첫 번째/시작 문단 (Opening Paragraph)	• I'm writing to apply for the position ~ , as advertised/posted on ~ • I am so excited ABC needs a R&D manager in ~ • 수신자가 집중할 수 있도록 지원부서와 담당 업무 등 채용 공고에서 공지된 사항을 기재하며, 간결하며 정확하게 표현할 것. 만약 채용 공고에서 지원부서 및 담당업무의 코드가 공지되어 있는 경우 그 코드를 반드시 기재할 것.
두 번째 문단 (Second Paragraph)	• 왜 이 채용 부서와 담당업무에 본인이 적합한지에 대하여 본인의 학력, 경력, 프로젝트 수행 실적 등을 기반으로 설명.
세 번째 문단 (Third Paragraph)	• When I saw the job opening, I knew it was perfect opportunity to offer you my professional skills on ~ • I have included my CV so you can learn more about my ~ • 왜 그 회사/기관이 본인에게 최적인가를 설명.
맺음 문단 (Closing Paragraph)	• Please feel free to E-mail me or call my cell phone at 123-4567-8901. I hope to hear from you soon.
맺음 인사말 (Closing Salutation)	• Best regards, / Sincerely yours,/Sincerely, • Signature(hard copy letter) • Applicant's name(지원자 이름)
추신(Postscript(PS))	• 추가적으로 기재하여야 할 사항이 있는 경우 이를 기재

맺음 인사말(closing salutation)은 일반적으로 많이 사용하는 정중한 인사말을 격식에 맞추어 작성하고, 본인의 이름 위에 서명을 추가한다. 만약 추가로 언급할 내용이 있으면 추신(postscript, PS)으로 간단하게 기재할 수 있다. 전체적으로 커버레터는 한 페이지 이내의 분량으로 작성하여야 하며, 절대 양면 출력 시 뒷 페이지로 넘어가지 않도록 하여야 한다. 그림 12.6은 CV 커버레터의 작성 예를 보여준다.

Joseph Q. Applicant

123 Main Street, Anytown, CA 12345 · 555-212-1234 · josephq@email.com

September 1, 2018

Jane Smith
Director, Human Resources
Fit Living
123 Business Rd.
Business City, CA 54321

Dear Ms. Smith,

I'm writing to apply for the position of Social Media Manager for Fit Living, as advertised on your website careers page. I have three years of experience as a Social Media Assistant for Young Living, and I believe I am ready to move up to the manager position.

In your job posting, you mention that you want to hire a Social Media Manager who understands Internet and social media trends. During my time at Young Living, I was given the responsibility of increasing follower numbers on Instagram. I explained to my manager that I would be happy to do so, and that I would also work hard to increase follower participation, because engagement has become an important metric.

Within six months, I increased our followers by over 50 percent and increased engagement by 400 percent. I'm very proud of that accomplishment. Currently, I'm working to build a following with the best influencers in our niche.

When I saw the job opening, I knew it was the perfect opportunity to offer you both my social media marketing skills and people skills. I've included my resume so you can learn more about my educational background and all of my work experience. Thank you for your time and consideration.

Please feel free to email me or call my cell phone at 555-555-5555. I hope to hear from you soon.

Sincerely,

Joseph Q. Applicant

그림 12.6 CV cover letter의 예(source: https://www.google.com/search?q=cv+cover+letter+examples)

12.5 성공을 부르는 영문 이력서와 영문 자기소개서 작성 요령

12.5.1 성공적인 Resume/CV의 작성 기본 요령

회사의 인력 채용을 담당하는 인사 담당자들은 수많은 지원자들로부터 resume/CV와 커버레터를 받아 심사하며, 커버레터에서의 표현과 resume 또는 CV에 포함된 표현에 따라 다음 단계에서 계속 검토할 것인지, 아니면 중간 탈락시킬 것인지를 결정하게 된다. 따라서 커버레터 resume/CV에 포함되는 간결한 표현 한 문장이 그 지원자의 운명을 좌우할 수 있으므로 매우 신중하게 작성하여야 한다.

먼저 Resume/CV의 문장에서 문법 오류가 발견되면 이는 치명적인 결과를 초래할 수 있다. 영문이력서와 영문자기소개서에 사용된 문장에서 문법 오류가 있으면 그 자체로 영어 실력이 없다는 것을 스스로 밝히는 것이기 때문에 좋은 결과를 기대할 수 없다. 각 단어의 정확한 스펠링 점검과 정확한 시제를 사용한 표현, 그리고 동의어를 적절히 사용하여 표현하는 것 등이 기본적인 영어 문장 작성에서 점검되어야 한다.

문장의 시제에서도 주의를 하여야 하며, 과거 경험을 설명하는 문장은 과거형 시제로 표현되어야 하며, 현재 담당하고 있는 업무나 참여하고 있는 프로젝트에 대한 설명에서는 현재형 시제로 표현해야 한다. 만약 각 경험/경력/수행 실적 간에 상호 연관성이 있는 경우 적합한 접속사를 사용하여 문장과 문단의 응집력을 높일 수 있어야 한다.

Resume/CV에서는 긴 문장으로 표현하는 것보다는 불릿을 사용하여 개조식으로 작성하고 구체적인 데이터 값을 사용하는 것이 좋다. 예를 들어 단순히 성능이 개선되었다 보다는 "increased the performance by 5%" 와 같이 구체적으로 얼마만큼 개선되었는지 데이터와 함께 표현하는 것이 좋다.

영문 이력서(resume)와 영문 자기소개서(CV)를 작성할 때 동일한 단어를 계속 반복하여 사용하지 않고 동의어(thesaurus)를 사용하여 다양한 표현을 사용하는 것이 좋으며, 약한 느낌의 단어로 애매모호하게 표현하는 것보다는 구체적인 자료와 데이터 값을 언급하는 표현을 힘찬 느낌의 단어로 표현하는 것이 좋다. 약한 느낌의 단어와 힘찬 느낌의 단어에 대해서는 다음 절에서 설명한다.

12.5.2 성공적인 Resume/CV에서 많이 사용되는 권장 단어

성공적인 resume/CV에서는 긍정적, 생산적, 진취적인 단어들을 선호하며 이 단어들과 함께 구체적인 데이터를 제시할 수 있는 경험/실적 근거가 제시되면 좋은 평가를 받을 수 있다. 표 12.4는 성공적인 resume/CV에서 사용되는 권장 단어를 열거하고 있다. 이 단어들은 모두 문제의 해결, 좋은 방향으로의 변경, 기존 제품/기술보다 가격/부피/성능의 개선, 규모/효율의 성장 등의 긍정적인 개선 결과를 의미하는 단어들이다.

성공적인 resume/CV에서는 문장의 구성에서도 수동적인 표현보다는 능동적인 표현을 사용할 것을 권장한다. 예를 들면 "my responsibilities included", "hired to" 등으로 표현하지 말고 "got responsibility of ~", "worked in/at ~" 등으로 표현하는 것이 더 좋은 평가를 받는다.

표 12.4 성공적인 Resume와 CV에서 많이 사용되는 권장 단어

25 Proven Success Words for Resume	
accelerated achieved added awarded changed contributed	generated grew improved increased introduced maximized

decreased delivered eliminated exceeded expanded gained	minimized optimized produced reduced saved sold streamlined
(Source: https://www.inc.com/bill-murphy-jr/25-proven-success-words-you-should-be-using-on-your-resume-in-2018.html)	

12.5.3 Resume/CV를 약하게 만드는 단어들

(1) Resume/CV에 사용된 경우 약한 느낌을 주는 단어와 힘찬 느낌을 주는 단어

Resume/CV에서는 애매모호한 표현은 사용하지 않아야 하며, 구체적인 데이터를 사용하여 간결하면서도 능동적으로 실천하였으며 구체적인 결과를 도출하였다는 느낌을 줄 수 있도록 표현해야 한다. 표 12.5는 애매모호한 표현의 약한 느낌을 주는 단어와 구체적인 데이터를 사용하여 강한 느낌을 주는 단어를 비교 설명하고 있다.

예를 들어 "어떤 업무를 수행하였다"라는 표현을 단순히 "did something"로 표현하는 것 보다는 "implemented A for B"의 표현으로 어떤 임무를 어떻게 수행하였는지에 대하여 구체적으로 서술하는 것이 보다 힘찬 느낌을 주게 된다. 마찬 가지 요령으로 made, helped, led, researched, organized, communicated, got results, used 등의 단어를 사용하는 대신 보다 구체적인 항목과 데이터를 제시하며 힘찬 느낌의 단어로 표현하여야 한다.

표 12.5 약한 느낌의 단어와 힘찬 느낌의 단어/동의어

약한 느낌의 단어	힘찬 느낌의 단어와 동의어(power verb or thesaurus)
did	**implemented** a new IoT system for better productivity **handled**, **executed**, **carried out**, **processed**, **initiated**, **facilitated**, **conducted**
made	**developed** new wireless transmitter module for longer distance communications **designed**, **produced**, **devised**, **formulated**, **established**, **created**, **fostered**
helped	**assisted**, **aided**, **demonstrated**, **provided**
led	**managed**, **coordinated**, **supervised**, **oversaw**, **spearheaded**, **directed**
researched	**analyzed** trends and reported on opportunities for growth **diagnosed**, **measured**
organized	**maintained** a database of over 2,000 customers **arranged**
communicated	**collaborated** with other department on special projects

약한 느낌의 단어	힘찬 느낌의 단어와 동의어(power verb or thesaurus)
	reported, highlighted
got results	**increased** gross sales by 5 % **generated, identified, strengthened, improved, accomplished**
used	**operated** manufacturing system following best safety practices
(Source: https://www.youtube.com/watch?v=SVAIXGhwYt8)	

(2) 구체적인 근거를 함께 제시하지 않으면 애매모호하거나 공허한 느낌을 주는 단어

많은 한글 자기소개서와 영문 자기소개서에서 사용되는 단어이지만 구체적인 근거를 함께 제시하지 않으면 애매모호하거나 공허한 느낌을 줄 수 있다. 표 12.6에 포함된 단어들은 CNN에서 "resume를 망칠 수 있는 단어들" 이라는 제목으로 설명하고 있는 단어들이다. 이 목록에 포함된 단어들은 그 단어 의미 자체로는 매우 좋은 느낌을 가지고 있으나 워낙 많은 자기소개서에서 사용되기 때문에 신선한 느낌을 주지 못하며, 구체적인 근거를 함께 제시하지 않으면 공허하게 느껴질 수 있다. 따라서 이 단어들을 사용할 때 반드시 왜 그러한 객관적인 평가를 내릴 수 있는가를 검증할 수 있는 논리적 근거를 함께 제시하여야 한다.

예를 들어 어떤 첨단 기술 회사들에서 "창의적인 인재" 를 구한다는 채용 공고를 하였을 때 이 채용 심사에 지원한 CV에 단순히 creative라는 단어가 포함되었다고 하여 좋은 평가를 받을 수는 없다. 구체적으로 어떤 프로젝트에 참여하여 어떤 창의적인 아이디어를 내었고, 이 아이디어를 기반으로 어떤 제품이 개발되어 기존의 방식보다 얼마나 개선(가격이나 성능이 개선된 데이터를 제시)되었는지 함께 설명하면 그 지원자는 창의적 인재(creative human resource)로 인정을 받게 될 것이다. 따라서 단순히 단어의 의미만으로 인정을 받을 수 없으며 반드시 그 단어에 해당하는 논리적 근거를 함께 제시하여야 한다.

표 12.6 구체적인 근거를 함께 제시하지 않으면 애매모호하거나 공허한 느낌을 주는 단어

Examples of vague/empty claim in resume	
aggressive(적극적인) ambitious(패기 있는) competent(능력 있는) creative(창조적인, 창의적인) detail-oriented(꼼꼼한) determined(단호한) efficient(능률적인) experienced(경험 많은) flexible(융통성 있는) goal-oriented(목표의식이 강한) hardworking(열심히 일하는) highly motivated(높은/강한 동기를 가진)	knowledgeable(아는 것이 많은) logical(논리적인) motivated(동기가 확실한) meticulous(자극하는) people, person(막연한 의미의 사람) professional(전문적인) reliable(믿을 만한) resourceful(수완 좋은) self-motivated(혼자서도 잘하는) skillful(능숙한) successful(성공적인) team played(팀워크가 좋은)

independent(독립심이 강한) innovative(혁신적인)	well-organized(계획적인)
(Source: http://edition.cnn.com/2006/US/Careers/01/20/cb.words.hurt.resume/)	

연습문제

12.1 다음 용어를 예를 들어 설명하라.

1) Curriculum Vitae(CV)
2) Resume
3) power verb
4) cover letter

12.2 Resume에 포함되는 주요 항목들과 작성 방법에 대하여 설명하라.

12.3 Curriculum Vitae에 포함되는 주요 항목과 작성 방법에 대하여 설명하라.

12.4 Resume와 CV의 차이점에 대하여 설명하라.

12.5 본인의 Curriculum Vitae(CV)를 2 페이지 분량의 영문으로 작성하라.

13장 기술보고서와 학술 논문 작성

학습목표

- 기술보고서의 상세구조 이해 및 작성 요령 습득
- 이공계열 전공자의 영어 학술 논문 작성 실력 향상
- 학술대회 논문과 학술지 논문 작성 요령 습득
- 학술논문의 서론, 기존 연구, 본론, 결론, 참고 문헌의 작성 요령 습득
- 학술 논문 검토 및 교정 방법 습득

개요

13.1 기술보고서 작성

13.1.1 기술보고서란?

기술보고서는 전문 분야의 특정 기술에 대한 상세 내용을 쉽게 파악할 수 있게 하여 주는 매우 중요한 문서자료이며, 간단한 기술 메모로 부터 해당 기술에 관련된 기술 분석 보고서, 해당 기술로 구현된 상용 시스템의 구조 및 동작, 사용 방법 시 주의 사항 등이 포함된 메뉴얼 등이 기술보고서에 포함된다. 기술 보고서는 회사나 기관 내부용으로 사용되기도 하며, 외부 고객 및 사용자들에게 제공되기도 하므로 용도에 적절한 어휘와 전문용어를 사용하여 잘 형되어야 한다.

기술보고서와 논문의 가장 큰 차이점은 논문에서는 반드시 새로운 아이디어가 포함되어 있어야 하나, 기술보고서에서는 새로운 아이디어가 포함되어 있지 않아도 된다는 점이다. 즉, 기술 보고서의 주요 목적은 특정 기술에 관련된 정보를 쉽게 파악할 수 있도록 상세한 정보

를 제공하는 것이며, 논문은 새롭게 개발된 기술이나 분석 결과를 해당 분야 전문가들에게 전달하기 위한 목적을 지니므로 기존에 발표되어있는 내용 이외에 새로운 아이디어나 분석 결과, 구현 기술 등이 논문에는 반드시 포함되어야 한다.

13.1.2 기술보고서의 주요 항목

좋은 기술보고서나 논문에서는 반드시 중점적으로 다루는 세부 기술이나 문제 및 관련 항목들이 잘 정의되어 있으며, 그 문제의 핵심 내용이 왜 중요한지에 대한 배경 설명(context, background)을 함께 포함하여야 한다. 이 배경 설명은 해당 기술보고서 또는 논문을 읽고 이해할 때 어떤 측면을 잘 고려하여야 하는지에 대하여 안내를 해 주는 역할을 하며, 이 기술보고서나 논문에서 제시하는 내용을 빠르게 파악할 수 있게 하고, 보다 정확하게 이해할 수 있게 한다. 만약 기술보고서나 논문에서 다루는 세부 기술이나 문제점의 중요성을 파악하지 못한다면, 그 기술에 관련된 최신 개발 내용이나 아이디어 및 공헌의 중요성의 가치를 잘 이해하지 못하고 인정을 받지 못하게 될 수 있다.

기술보고서와 논문에서는 현재까지의 관련 연구와 기술 개발 현황에 대하여 요약 정리가 함께 포함되어 있어야 하며, 개발된 기술의 장점과 단점 및 아직 해결하지 못한 문제점에 대한 설명이 제공되어야 한다. 기술보고서에는 현재까지 개발된 기술의 활용 방안이나 이를 기반으로 추가적인 제품 개발 아이디어 등에 관련된 내용이 포함되어야 한다. 아울러, 개발된 기술을 활용하는 조건이나, 예상되는 성능 등에 대한 설명이 포함되어야 한다. 기술보고서와 논문에서는 소개하거나 제안하고 있는 기술/방식/아이디어를 사용하여 개선된 성능이 어떤 의미를 가지는가에 대해서도 잘 설명하여야 한다.

기술보고서와 논문에서 주의하여야 할 사항으로 관련 참고 문헌들을 정확하게 표기하여야 하며, 기술보고서/논문에서 새롭게 제시하는 기술/방식/아이디어와 기존의 다른 회사나 논문/특허 등에서 제시되었던 내용과의 차별성을 정확하게 설명하여야 한다. 만약 기존의 다른 회사나 논문/특허 등에서 제시되었던 내용을 참고문헌 표기없이 마치 이 기술보고서/논문에서 새롭게 제시하는 것으로 인식되는 경우 이는 표절에 해당하게 되며, 특허 분쟁이나 법률적인 다툼이 발생할 수 있는 심각한 상황이 발생할 수 있게 된다.

13.1.3 기술보고서의 구성

기술보고서는 표 13.1에서 보는 것과 같이, 일반적으로 요약문 (abstract), 서론 (introduction), 관련 기술 및 기존 연구개발 내용 (related work), 본론 (main body), 결론 (conclusion) 및 참고 문헌 (references)으로 구성된다. 본론의 경우 다루는 기술의 범위나 규모에 따라 기존 기술의 활용방안 및 장단점 상세 분석, 새로운 기법 제안, 구현 및 실험 방법, 성능 분석 및 평가 등의 내용을 포함하는 장(chapter) 또는 절(clause)로 구성할 수 있다. 일반적으로 기술보고서의 경우 전체 분량에 대한 제약이 논문보다는 강하지 않으므로 각 항목별 중요성이나 내용에 따라 적절히 조절하여 구성할 수 있다.

표 13.1 기술보고서의 구성

기술보고서 절 구성 (Section, Subsection)	주요 내용
요약문(abstract)	• 기술보고서에서 다루는 문제 및 그 문제의 중요성 • 현재까지 제시된 기존 해결방법들과 그들의 제한점, 문제점, 진행 상태 • 기존 해결 방법의 활용 방안, 추가 개선 방안 등 • 성능 측정, 실험 결과와 성능 개선 데이터의 요약정리 • 기대 효과에 대한 요약
1. 서론(introduction)	• 보고서 작성 동기와 배경 • 관련 연구/방법/제품/기술 등 • 기존 방식의 유효성을 증명하기 위한 시험구현, 시뮬레이션, 측정 또는 실험, 실험 결과, 성능 개선 결과 • 본 기술보고서의 구성
2. 관련 기술 및 기존 연구내용 (Related Work)	• 기술보고서에서 중점적으로 다루는 기술/문제에 관련된 기존 기술/방식/기법 및 연구 내용, 장단점 분석
3. 기존 기술의 활용 방안 및 장단점 분석, 추가적인 새로운 기법의 제안 (proposal)	• 기존 기술을 활용하는 방법에 대한 설명 • 장단점 분석 • 추가적인 새로운 기법의 제안 • 기능블록도(functional block diagram), 기능순서도(sequence diagram), 유사코드(pseudo code), 상태천이도(state transition diagram)으로 표현 • 수학적 모델링(예: Markov chain model) 으로 표현
4. 구현(implementation) 및 실험(experiment) 방법	• 시험 구현 플랫폼(하드웨어, 소프트웨어) • 실험, 측정 및 시험 방법 및 환경, 설정 파라메터 • 모의실험(simulation) 구성 및 설정 파라메터
5. 성능분석 및 평가 (performance analysis and evaluation)	• 데이터 측정 결과 및 분석표 • 그래프 사용 • 결과 분석 내용 및 그 의미
6. 결론(conclusion)	• 본 기술보고서에서 분석된 방식 및 기술의 간략한 요약 설명 • 성능 개선 정도, 그 의미 • 추후 진행 계획
참고문헌(references)	• 본문에서 인용한 참고 문헌(기존 기술에 관련된 특허, 기술보고서, 논문지 논문, 학술대회 논문, 단행본, 인터넷 자료 등)

13.1.4 기술 보고서 작성 및 검토

기술보고서는 새로운 아이디어 제안 보다는 기존 개발된 기술의 비교 분석 및 성능 평가를 중점적으로 다루기 때문에 가장 먼저 보고서에서 핵심적으로 포함될 기술/내용에 대한 철저한 자료 조사가 선행되어야 한다. 관련 특허 자료 및 논문, 기술 보고서 등을 찾아 상세하게 분석하고, 해당 기술을 활용하여 제품이 개발된 현황, 소비자의 호응도 등도 함께 분석되어야 한다. 아울러, 그 기술을 활용하기 위한 비용이나 단제품 형태의 모듈을 구매하기 위한 비용 등을 함께 파악하여 기술보고서에 포함시켜야 한다.

기술보고서의 작성은 표 13.1의 구성에 따라 작성하게 되며, 각 절의 분량이 적절히 배분될 수 있도록 작성하여야 한다. 기술 보고서의 핵심 내용이 잘 표현되어 쉽게 이해될 수 있도록 기능블록도/기능순서도/상태천이도 등을 활용하여 표현하여야 하며, 그래프와 표를 적절히 사용하여 비교항목들을 쉽게 파악할 수 있게 작성하여야 한다.

기술보고서의 요약문, 서론 및 결론에서는 본 기술 보고서에서 중점적으로 다룬 내용이 왜 중요한지, 어떤 의미가 있는지에 대한 배경 설명이 반드시 포함되도록 작성하여 본론을 읽지 않아도 핵심 항목을 파악할 수 있게 하여야 한다.

기술보고서의 관련 참고 문헌 표기는 서론 및 본론에서 상세하게 표시를 하고, 정확하게 요약 설명을 제공하여 표절 문제가 제기되지 않도록 하여야 하며, 해당 기술에 대한 추가적인 자료 조사에서 잘 활용 될 수 있게 하여야 한다.

13.2 학술논문

13.2.1 학술논문이란?

학술논문이란 학문적인 연구와 분석 결과를 체계적이고 논리적으로 정리하여 공식적으로 많은 사람들에게 알려주기 위하여 작성되는 글이며 본인의 감정이나 느낌을 위주로 작성하지 않고 객관적인 사실을 기반으로 작성되어야 한다. 학술논문은 크게 학술대회(conference)에서 발표되고 학술대회논문집(proceedings)으로 발간되는 학술대회 논문과 학술논문들을 투고 받아 전문가들에 의하여 평가되고 수정 및 보완된 논문을 전문 분야별 논문집(journal)에 정기적으로 게재하는 학술지 논문으로 구분된다.

최신 연구 개발 결과를 공유하고 전문가들과 토론하기 위한 목적으로 개최되는 학술대회에서 발표되는 학술대회논문은 길이가 4 ~ 8페이지의 비교적 짧은 논문으로 구성되며, 본인의 연구개발 내용과 분석결과 위주로 작성된다. 이와 비교하여 학술지 논문은 분야별 전문가에 의하여 심도 있게 평가되고 수정 및 보완을 거치며 보통 8 ~ 14페이지 분량으로 긴 논문으로 작성되고, 논문에서 주장하고 있는 핵심 내용에 관련된 타 연구 개발 내용도 비교적 자세하게 소개하여 개선된 내용을 쉽게 파악할 수 있도록 구성된다. 특히 학술지 논문의 경우 특정 문제점에 대하여 현재까지 제안되었던 방식들의 문제점이나 한계점을 잘 설명하고, 아직 해결되지 않은 문제점을 해결하기 위한 새로운 방안을 제안하며 제안된 방안이 그 문제점을 얼마나 해결하였는지, 그리고 성능이 얼마나 개선되었는지를 실험적으로 증명하거나 시뮬레이션을 사용하여 분석한 결과를 포함하여야 한다.

학술지 논문 중에서 리뷰(review) 논문들은 본인의 새로운 연구개발 내용 대신 특정 주제의 연구개발 내용과 추세를 개괄적으로 조사, 평가 및 분석한 내용을 위주로 작성되며 20페이지 이상의 큰 분량으로 작성되는 경우도 많이 있다.

13.2.2 학술논문의 구성

학술논문은 요약문(abstract), 서론(introduction), 관련 기존 연구내용(related work), 본 논문에서 새롭게 제안하는 사항(proposal), 구현, 실험 및 시험결과 분석(implementation, performance analysis of experiment/test results), 결론(conclusion), 참고문헌(references)으로 구성된다.

표 13.1 학술논문의 구성

학술논문 절 구성 (Section, Subsection)	주요 내용
요약문(abstract)	• 논문에서 다루는 문제 및 그 문제의 중요성 • 현재까지 제시된 기존 해결방안들과 그들의 제한점, 문제점 • 본 논문에서 사용한 기법, 알고리즘, 구현 기술 등 • 성능측정, 실험 결과와 성능 개선 데이터의 요약정리 • 본 논문의 학문적 공헌(contribution) 요약
1. 서론(introduction)	• 연구개발의 동기와 배경 • 관련 연구 • 본 논문에서 제안하는 새로운 방법(new idea) • 본 논문에서 제안한 기법의 유효성을 증명하기 위한 시험구현, 시뮬레이션, 측정 또는 실험, 실험 결과, 성능 개선 결과 • 본 논문의 학문적 공헌(contribution) • 본 논문의 구성
2. 관련 기존 연구내용	• 논문 주제 관련 기존 연구 내용, 기존 기법
3. 제안구조, 제안 방식(proposal)	• 본 논문이 제안하는 새로운 방식, 알고리즘, 구조의 설명 • 기능블록도(functional block diagram), 기능순서도(sequence diagram), 유사코드(pseudo code), 상태천이도(state transition diagram)으로 표현 • 수학적 모델링(예: Markov chain model) 으로 표현
4. 구현(implementation) 및 실험(experiment)	• 시험 구현 플랫폼(하드웨어, 소프트웨어) • 실험, 측정 및 시험 방법 및 환경, 설정 파라메터 • 모의실험(simulation) 구성 및 설정 파라메터
5. 성능분석 및 평가(performance analysis and evaluation)	• 데이터 측정 결과 및 분석표 • 그래프 사용 • 결과 분석 내용 및 그 의미
6. 결론(conclusion)	• 본 논문에서 제시된 새로운 개념, 방식 및 기술의 간략한 요약 설명 • 기존의 방식들과 비교할 때 성능 개선 정도, 그 의미 • 본 논문의 학술적 공헌 • 추후 연구 개발 계획
참고문헌(references)	• 본문에서 인용한 참고 문헌(논문지 논문, 학술대회 논문, 단행본, 인터넷 자료 등)

13.2.3 학술논문의 양식

일반적으로 학술논문의 양식은 해당학술대회나 학술논문지에서 논문양식을 지정하며 이에 따라 작성하여야 한다. 대부분의 경우 한 페이지에 좌우 두 개의 단으로 구성하는 양식을 많이 사용하며, 각 절(section)의 구성 양식도 함께 지정한다. 학술논문의 양식에는 각 절의 제목, 세부 절 제목, 표 제목, 그림 제목 등의 글자 크기와 폰트 종류 등이 지정되며, 아울러 문단 처음의 들여쓰기나 세부 항목의 내어 쓰기 등이 지정된다.

이전에는 학술논문의 지정양식에 따라 저자가 직접 LaTex를 사용하여 문서편집을 하여야 하였으나 최근에는 학술논문의 지정된 양식에 따라 쉽게 작성할 수 있도록 MS-Word의 스타일을 미리 지정하여 제공하는 경우도 많이 있으그로 이를 사용하여 논문을 작성하는 것이 매우 편리하다.

13.2.4 좋은 학술논문의 필수조건

좋은 학술 논문에서는 다음 사항들이 명확하게 설명될 수 있어야 한다:

- 이 논문이 어떤 문제를 다루고 있으며, 그 문제가 왜 중요한가?
- 제시된 문제를 해결하기 위하여 현재까지 제안된 방법은 어떤 것이 있으며, 기존 방법들이 해결하지 못하고 아직 남아 있는 문제가 무엇인가?
- 본 논문에서는 그 문제를 해결하거나 해결 방법의 성능을 개선하기 위하여 어떤 방안(기법, 알고리즘, 구현 기술 등)을 제안하고 있는가?
- 본 논문에서 제안하고 있는 방법의 제시된 문제를 해결할 수 있다는 것(또는 기존 방법보다 더 좋은 성능을 제공할 수 있다는 것)을 확인하기 위하여 어떻게 구현을 하였는지, 어떤 실험을 하였는지, 또는 어떤 모의실험(시뮬레이션)을 하였는가?
- 본 논문에서 제안하였던 방법의 측정 결과는 어떠하며 분석 결과는 무엇인가? 그리고 이를 통하여 기능이나 성능이 개선되었다는 것을 어떻게 확인할 수 있는가?
- 결론에서는 본 논문에서 다루고 있는 문제점과 그 중요성, 그리고 기존 연구들을 제한점을 간략하게 요약 설명하고 있으며, 본 논문에서 여전히 남아 있는 문제를 해결하기 위하여 어떤 제안을 하고 있는가? 그리고 제안된 방식의 기능과 성능을 검증하기 위하여 어떤 실험, 시험 또는 모의실험을 하였으며, 그 측정결과는 어떻게 분석되었는지, 기존의 방식들과 비교하면 어떤 기능개선이나 성능향상이 있는지를 명확하게 설명하고 있는가?

학술논문에서 가장 중요한 점이 문제를 정확하게 정의하여야 하며, 그 문제가 현재 시점에서 매우 중요하다는 것을 쉽게 이해할 수 있어야 하고, 그 문제를 해결하는 것이 현재 시점에서 많은 사람들과 많은 분야에 큰 이익이 될 수 있다는 점이 잘 표현되어야 한다. 아무리 어려운 기술을 개발하였다고 하더라도 현재 시점에서는 필요하지 않거나, 이미 다른 연구개발에서 유사한 기능과 유사한 성능을 가진 결과물이 발표되었고, 이 기존 연구개발 결과와 차이점이 거의 없고 성능 개선이 없다고 한다면 그 학술논문은 좋은 평가를 받기 어렵다.

따라서 좋은 논문을 작성하고 발표하기 위해서는 우선 좋은 문제를 찾아야 하며, 이를 위하여 많은 연구 개발자들이 중요한 문제점으로 인식하고 있는 문제와 연구 주제에 대한 기존 연구 내용들을 끊임없이 파악하고 있어야 한다. 많은 경우 단순히 종이와 연필 그리고 머릿속의 상상만으로는 좋은 논문을 작성할 수 없으며, 기존의 방법들보다 더 좋은 방법을 찾기 위하여 다양한 실험, 시험, 모의실험과 시험 구현을 수행하여야 하고, 결과 데이터를 분석하여 기능과 성능이 개선되었다는 것을 증명할 수 있도록 준비하여야 한다.

좋은 논문을 작성할 수 있는 준비가 되었다면 다음 단계로 논문의 전체 골격을 잡아 간선(main track)을 쉽게 파악할 수 있는 구조를 갖추어야 하고, 의도하였던 사항들이 효과적으로 잘 전개될 수 있도록 구성하여야 한다. 특히 요약문과 서론에서 제시된 주제에 집중하는 일관성과 관련성이 잘 유지되도록 하고, 본 논문이 어떻게 문제를 더 효율적으로 해결하였으며, 얼마나 큰 성능 향상을 가질 수 있었는가에 대하여 명확하게 제시할 수 있도록 작성하여야 한다.

13.3 요약문(abstract)

13.3.1 요약문의 핵심 내용

요약문은 보통 50 ~ 200단어로 작성되며 전체 논문의 핵심 내용을 간결하게 설명하여야 한다. 요약문에 반드시 포함되어야 하는 내용은 다음과 같다:

- 이 논문에서 다루고자 하는 문제(또는 기술)이 왜 중요하며 왜 필요한가에 대한 배경설명을 1줄 이내로 요약정리
- 현재까지 이 문제를 해결하기 위하여 어떤 기존 방법들이 제안되었으며, 그 (기존) 방법들이 어떤 제한점(또는 문제점)이 있는가에 대한 문제정의를 1줄 이내로 요약정리
- 본 논문에서는 이전에 제안되었거나 현재 사용 중인 기존의 방법들과 비교하여 어떤 방법, 기법(알고리즘)을 제안하는가, 또는 어떤 구현기술을 새롭게 제안하며, 새롭게 제안된 방법을 사용하여 어떻게 기능 또는 성능을 개선하였는가에 대하여 1 ~ 2줄로 요약정리
- 본 논문에서 새롭게 제안한 방법, 기법 또는 기술의 기능 또는 성능을 어떤 방법으로 실험, 시험 또는 모의실험을 하였으며, 그 측정결과와 성능분석 결과가 기존 방식에 비하여 얼마나 개선되었는가를 구체적인 데이터를 사용하여 1 ~ 2줄로 요약정리
- 본 논문에서 제안하고 있는 학문적 공헌(contribution)을 간단하게 요약정리하고, 이를 어떻게 활용할 수 있는가에 대하여 1 ~ 2줄로 요약정리

요약문은 이 논문이 제안하고 있는 새로운 방법과 그 효율성 및 학문적 공헌에 대한 내용

을 중심으로 작성되어야 하며, 다음 사항은 피해야 한다:

- 다루고자하는 문제의 배경에 대한 장황한 설명
- 다루고자하는 문제를 해결하기 위하여 기존에 제안되었던 방법•기술들에 대한 장황한 설명
- 제안된 기술의 시험 방법이나 시험 환경에 대한 장황한 설명
- 제안된 기술이 어떻게 활용될 수 있는가에 대한 장황한 설명

13.3.2 요약문 작성 요령

논문의 요약문에서는 서론에서 설명하는 문제의 배경, 관련 기존 연구의 요약, 그리고 본론에서 설명하는 구현 및 실험, 성능 분석 및 평가 결과를 요약 정리하여야 하므로, 논문의 본문이 완성된 후에 요약문을 작성하여야 한다. 요약문에서 어떤 내용을 강조할 것인가를 위 13.2.1절에서 설명하였던 핵심 사항별로 1 ~ 2줄씩 먼저 정리를 한 후 이를 문장으로 다듬어 요약문에 포함시키는 것이 요약문을 빠르고 정확하게 작성하는 방법이다.

13.4 서론(introduction)

13.4.1 서론의 핵심 내용

서론은 논문에서 다루고 있는 문제에 대한 배경설명과 관련 기존 연구들에 대한 기본 개념 및 기능을 소개하며, 아울러 이들의 제한점을 소개하여 본 논문에서 어떤 방식을 새롭게 제안하며 이 제안된 방식이 어떻게 기존 방식들의 제한점을 해결하고 제시된 문제를 해결하여 개선된 성능을 발휘할 수 있는가에 대하여 소개하는 중요한 논문 항목이다. 서론에서 독자의 흥미를 유발시킬 수 없다면 아무리 본론에서 좋은 기술을 소개하고 있어도 논문 자체를 읽지 않고 덮어둘 가능성이 크기 때문에 서론을 작성하는 것 역시 매우 중요한 사항이다.

좋은 논문으로 평가되기 위해서는 서론에서 다음 내용이 반드시 포함되어야 한다:

- 연구개발의 동기(motivation)와 배경(background): 왜 이 연구개발이 중요하며 반드시 필요한가에 대하여 배경(context)을 설명하는 부분이 하나의 문단으로 정리되어야 한다. 특히 이 문제가 많은 사람들의 실제 생활에 큰 영향을 끼치거나 많은 사회•산업 부문의 발전을 위하여 반드시 필요한 사항이라는 점을 부각할 수 있으면 독자들의 큰 관심을 끌 수 있게 될 것이다.
- 관련 연구(related work): 위에서 소개한 문제점을 해결하기 위하여 기존에 발표되었던 연구개발 결과나 현재 사용 중인 기술 또는 방식에 대하여 소개하며, 이들의 제한점이나 아직 해결되지 않은 어떤 문제점이 남아있는가에 대하여 설명하여야 한다. 다른 연구결과나 본 논문에서 직접 측정 및 분석한 결과 데이터를 사용하여 남아있는 문제점의 심각성을 설명할 수 있다.
- 본 논문에서 제안하는 새로운 방법, 기법 및 기술: 본 논문에서 제시하고 있는

문제를 해결하기 위하여 새롭게 제안하는 방법에 대하여 설명하며 기존의 방식과 비교하여 어떤 방법으로 이를 해결하였으며 어떤 측면에서 문제를 해결하였는가에 대하여 설명한다.

- 본 논문에서 제안하는 새로운 방법이 유효하다는 것을 확인하기 위하여 사용된 실험, 시험, 모의실험(simulation) 또는 시험 구현(prototype): 본 논문에서 제시하였던 문제점을 확인하고 기존 방식과의 비교 분석을 할 수 있으며 제안된 방식으로 성능이 개선되었다는 점을 확인할 수 있도록 진행하였던 실험, 시험, 모의실험 또는 시험 구현 방법과 조건, 그리고 결과 데이터 분석에 대한 설명을 제공한다. 각 방식의 구현방법이나 실험 환경에 따라 다른 결과 데이터가 도출될 수 있기 때문에 객관적인 평가를 할 수 있도록 기존의 논문들에서 사용하였던 것과 동일한 실험환경, 구현방법 및 조건을 사용하거나, 새롭게 구성된 실험환경에서 기존 방식을 함께 구현하여 동일한 조건으로 비교한 데이터를 제시하고, 얼마나 개선되었는가를 설명하여야 한다.
- 본 논문이 제공하는 학술적 중요 공헌(major contribution)에 대한 정리: 이 논문이 새롭게 제시하는 방법과 분석 결과가 어떤 중요한 공헌을 하는가에 대하여 2 ~ 3가지로 요약 정리하여 논문 독자들이 명확하게 이해할 수 있게 한다.
- 논문의 구성: 이 논문의 구성이 어떻게 되어 있는가에 대하여 간략하게 소개한다. 특히 관련 연구에서 소개하는 핵심 기술, 본론에서 새롭게 제안하고 있는 핵심 기술, 제안 기술의 구현 또는 실험 환경, 성능 측정과 분석, 결론 등을 어떤 절에서 다루고 있는가에 대하여 간략하게 설명한다.

서론은 제한된 분량으로 논문의 핵심사항들을 소개하여야 하므로 매우 신중하게 작성되어야 한다. 요약문 보다는 큰 분량으로 작성되기는 하나 위에서 설명한 내용들을 1 ~ 2페이지 이내로 정리하여야하기 때문에 문단의 구성과 각 문단 내부에서의 문장 구성이 매우 효율적인 구조를 가져야 한다. 효과적이며 효율적인 서론을 구성하기 위해서는 다음과 같은 사항은 서론에서 제외되어야 한다:

- 관련 기술에 대한 자세하고 장황한 설명은 피하여야 한다. 관련 기술에 대해서는 주로 별도의 관련기술(related work) 절에서 별도로 다루므로 서론에서 자세하고 장황하게 설명할 필요가 없다. 다만 서론에서는 관련 기술의 기능과 장점 및 단점을 요약하여 정리하여야 하며, 이를 본 논문이 제시하는 방법과 어떤 유사성 또는 차이점이 있는가를 부각할 수 있게 하여야 한다.
- 본 논문에서 제안하고 있는 방식 또는 기술에 대한 장황한 설명을 피하여야 한다. 새로운 제안 기술은 보통 본론에 해당하는 절들에서 별도로 설명하므로 서론에서는 제안하는 방식•기술의 특징과 관련 기술들과의 차별성 위주로 간략하게 설명하여야 한다.

13.4.2 서론의 작성 요령

서론은 제한된 분량으로 논문의 핵심사항들을 소개하여야 하므로 매우 신중하게 작성되어야 한다. 요약문보다는 큰 분량으로 작성되기는 하나 위에서 설명한 내용들을 1 ~ 2페이지 이내로 정리하여야하기 때문에 문단의 구성과 각 문단 내부에서의 문장 구성이 매우 효율적인 구조를 가져야 한다.

13.5 관련 기존 연구(related work)

13.5.1 논문 주제 관련 기존 연구 조사 및 정리

논문에서 중점적으로 다루고자하는 주제에 관련된 기존 연구내용들을 상세하게 조사하고 분석된 내용을 논문의 관련 연구(related work) 절에서 체계적으로 정리하는 것 매우 중요하다. 학술논문의 평가 내용 중에 반드시 포함되는 사항으로 관련 기존 연구에 대한 상세한 조사와 분석을 하였는가라는 항목이 빠지지 않는다. 만약 이미 학술지 논문(journal paper)으로 잘 알려져 있는 내용을 설명하지 않은 채로 논문이 작성되어 있는 경우 틀림없이 이 기존 연구내용과 비교 분석하라는 논문평가 결과를 받게 되고, 또 다시 2~4개월에 걸친 수정보완 후 재심사 과정이 반복된다.

예를 들어, 기존 연구에 대한 조사를 하는 세부 내용으로 관련 기술 및 알고리즘의 적용 범위, 구현가능성, 대상 데이터의 양이 많아짐에 따른 복잡도(데이터 처리시간과 메모리 사용량)의 증가추세, 기타 제약사항이나 한계점 등을 분석하여야 한다. 특히 기존에 제안되었던 기술이나 방식이 특정 조건에서만 유효하다면 이를 일반적인 조건에서도 사용될 수 있는 기술을 새롭게 개발하여 제안하는 내용을 수록한 논문은 매우 좋은 평가를 받을 수 있다. 다른 예로 기존의 방식이 데이터양의 증가에 따라 매우 급격한 복잡도의 증가추세(예를 들어 데이터 개수의 제곱에 비례하는 데이터 처리시간 증가)를 가졌는데 이를 개선하여 데이터양이 증가하여도 비교적 완만하게 복잡도가 증가하는(예를 들어 데이터 개수 n에 비례하거나 $nlog_2n$에 비례하는 데이터 처리시간 증가) 새로운 알고리즘을 개발하여 수록하는 논문도 매우 우수한 평가를 받을 수 있다.

관련 기존 연구 내용을 기술하는 절에서는 기존의 기술들의 특성과 장점과 함께 이들이 가지는 한계점과 문제점을 잘 부각하여야 한다. 만약에 기존 기술들에 대한 장황한 설명만 한 채 단점, 한계점 또는 문제점을 지적하지 않으면 그 기술을 사용하는 대신 새롭게 제안하는 기술을 사용하여야 하는 이유가 무엇인지에 대하여 설명을 하고 비교 분석 결과를 추가하라는 논문 평가 의견을 받게 될 것이다.

13.5.2 논문의 관련 기존 연구 절 작성의 주의사항

논문의 관련 기존 연구 내용을 기술할 때 주의하여야 할 사항은 기존 연구 내용에 대하여 너무 장황한 설명은 불필요하다는 점이다. 대부분의 경우 기존 연구 내용은 이미 독자들이나 논문 심사위원들이 잘 알고 있는 내용일 것이며, 따라서 그 특징과 단점, 문제점 또는 한계점을 정확하게 파악하여 이를 정리하고 그 단점과 문제점 또는 한계점을 어떻게 극복하였는가를 간단하게 정리하면 논문의 독자와 심사위원이 차이점을 정확하게 이해할 것이며, 아울러 이 논문의 공헌내용에 대하여 정확한 평가를 할 수 있을 것이다.

독자들과 논문 심사위원들이 "관련 기존 연구" 절에서 기대하는 것은 해당 주제에 관련된 기존 연구 내용을 정확하게 파악하고 있으며, 기존 방식 또는 기술들의 문제점, 단점 및 한계점을 정확하게 파악하여 추가적인 해결방안을 제시하고 있는가에 대한 답일 것이다. 이 질문에 대한 답을 정확하게 제시하지 않으면 읽어볼 필요가 없는 논문이거나 아주 지엽적인 개선만 이루어진 논문으로 평가 절하할 것이다.

13.6 본론 - 새로운 방식, 기법, 알고리즘의 제안(proposal)

13.6.1 논문이 제안하는 새로운 방식, 알고리즘, 구조의 설명

논문의 가장 중요한 내용은 새롭게 제안하는 방식, 기법 또는 알고리즘일 것이며, 새롭게 제안하는 내용들은 기능블록도(functional block diagram), 순서도(sequence diagram), 상태천이도(state transition diagram), 유사코드 등으로 표현된다. 기능블록도, 순서도, 상태천이도와 유사코드(pseudo code)는 논문에서 제안하는 새로운 아이디어를 잘 표현할 수 있도록 준비하여야 하며, 간결하면서도 핵심 내용을 잘 표현할 수 있어야 한다.

13.6.2 기능블록도(Functional Block Diagram)

논문이 새로운 기능을 제안하는 경우 그 기능모듈을 어떻게 구현하는가에 대하여 기능블록도로 표현하며 기존에 사용되고 있는 기능블록들과 어떤 관련성이 있는가를 함께 표현하여야 한다. 특히 하드웨어와 소프트웨어 모듈들의 관련성을 기능블록의 위치에서 잘 표현하여야 하고 전체 시스템의 동작을 한눈에 잘 파악할 수 있는 기능블록도로 표현하여야 한다. 기능블록도에는 핵심 기능모듈들을 모두 포함하고 있어야 하며 이들 모듈 간의 상호 동작은 다음 13.5.3절에서 설명하는 순서도(sequence diagram)로 설명하게 된다. 각 핵심 기능모듈의 내부 기능 실행 순서는 13.5.4절의 유사코드(pseudo-code)로 설명하게 된다. 각 핵심 기능모듈에 포함된 중요한 정보들이 동적으로 생성되고 변경되며 소멸되는 과정은 13.5.5절의 상태천이도(state transition diagram)로 설명한다.

그림 13.1은 기능블록도의 예를 보여준다. 이 기능블록도는 인터넷에 접속되어 있는 서버를 사용하여 다자간 문자 메시지 통신 서비스를 제공하기 위한 응용 계층(application layer) 프로토콜 모듈을 구성하는 방안을 표시하고 있다. 다중스레드(multi-thread) 구조를 사용하여 메시지의 송수신을 동시에 처리하기 위한 기능모듈들의 구성과 각 기능모듈 간의 정보 전달을 위한 송신 큐 및 수신 큐, 메시지 전송에서의 흐름제어(flow control)와 에러 제어(error control) 기능 구현을 위한 송수신 모듈 간의 정보 전달, 하위 소켓 통신 모

듈과의 연관성 등을 보여주고 있다.

기능블록도에서는 시스템을 구성하는 핵심 기능모듈을 표현하여야 하며, 이 시스템이 처리하는 대상인 패킷, 전송 프레임, 시스템 상태 등은 포함되지 않는다. 즉, 시스템의 기능을 제공하기 위하여 존재하는 기능블록들을 나타내고, 이들 간에 어떤 연계성이 있는가를 잘 표현하도록 해야 한다. 기능블록에는 하드웨어 블록과 소프트웨어 블록이 포함되며, 소프트웨어 기능블록의 예로서 정보를 효율적으로 전달하기 위하여 사용되는 버퍼, 큐 등이 포함된다.

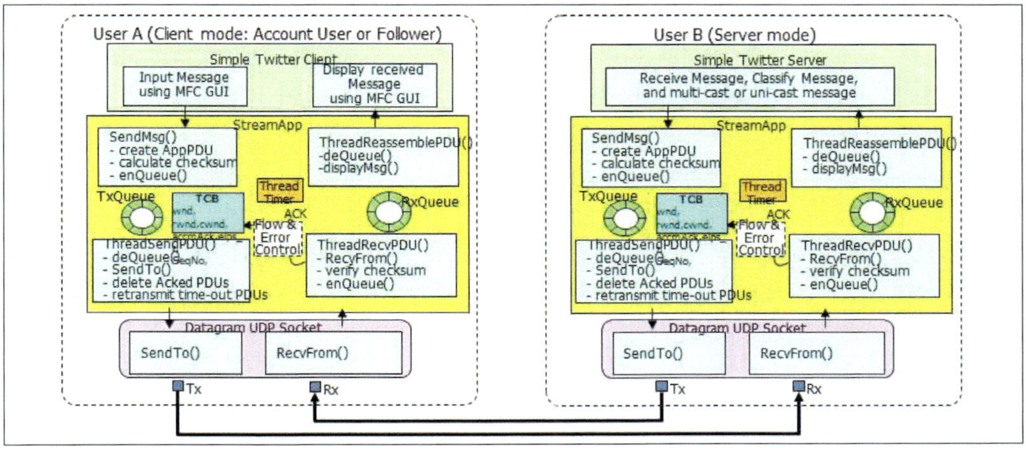

그림 13.1 기능블록도(예)

기능블록도에서는 기능블록 간의 상호 연관성을 중심으로 표현하며, 전체적인 정보의 흐름을 표현하고, 통신 프로토콜의 계층적인 개념을 표현하도록 구성한다. 일반적으로 응용 프로그램의 소프트웨어 기능블록을 상단에 배치하며, 시스템 운영체제와 같은 기능을 중간 부분에, 하드웨어 기능블록을 하단에 배치하는 것이 일반적인 구조이다. 이렇게 함으로써 통신 프로토콜에서 상위계층에서 생성된 메시지가 프로토콜 데이터 단위(protocol data unit, PDU)에 담겨서 하위 계층 프로토콜로 전달되며, 가장 하위 계층인 물리 계층에서 비트 단위로 전송되는 개념을 잘 표현할 수 있도록 구성할 수 있다.

13.6.3 기능순서도(Sequence Diagram)

기능블록도는 시스템의 기능을 구현하기 위하여 필요한 기능블록 구성 및 상호 연관성을 대략적으로 표현한다. 그러나 기능블록도는 각 기능블록 간에 어떤 순서에 따라 어떤 상호 동작이 이루어지는가에 대한 진행 순서에 관련된 사항은 표현하지 못한다. 기능모듈들 간의 상호 동작을 시간의 흐름에 따라 표현하는 것은 그림 13.2에서 보는 기능순서도(sequence diagram)로 잘 표현할 수 있다. 순서도에서는 전체 기능의 실행순서에 따라 번호를 붙여 표시하며, 각 실행순서에서 어떤 함수가 실행되는가를 함께 표시할 수 있고, 각 모듈 간에 어떤 메시지(또는 정보)가 전달되는지 또는 어떤 함수 호출이 이루어지는지에 대하여 표현한다.

실제 시스템 설계에서는 기능블록도를 준비한 다음 기능블록 간의 상호동작을 기능순서도로 정리하면서 각 기능블록들의 구현에 관련된 사항을 확인할 수 있고 혹시 빠져있었던 세부 기능을 파악하여 보완할 수 된다. 특히 각 기능모듈이 제공하여야 하는 외부 인터페이스 함수들을 구체적으로 정리할 수 있고 그 인터페이스함수를 호출할 때 어떤 정보가 전달되어야 하는가를 정리할 수 있어 새로운 기능 구현이 수반되는 논문에서는 반드시 기능순서도가 포함하는 것이 좋다.

그림 13.1에서 설명한 기능블록도에서는 각 기능블록들 간의 상호 연관성을 위주로 정리되어 있는 것과 비교하여, 그림 13.2에서 설명하는 기능순서도(sequence diagram)에서는 각 세부 기능들이 어떤 순서에 따라 이루어지며, 이때 기능블록들 간에 어떤 메시지(또는 제어정보)가 전달되는가에 대한 설명을 상세하게 표현하고 있다. 이 기능순서도에 따라 하나의 기능블록이 다른 기능블록에게 어떤 기능 실행을 요청하는지, 그리고 그 기능이 실행된 후 어떤 결과 데이터가 반환되는지에 대한 표현이 잘 나타나 있어야 한다. 만약 일련의 기능들이 순차적으로 실행되면 시간적인 순서에 따라 위에서 아래로 순서대로 정리되어야 한다. 만약 일련의 기능들이 반복적으로 수행되는 경우, 이를 기능순서도에 표현하여야 하며, 반복적인 기능이 수행되는 기능블록의 수직선 상에 반복적으로 수행되는 사항이 표현되어야 한다.

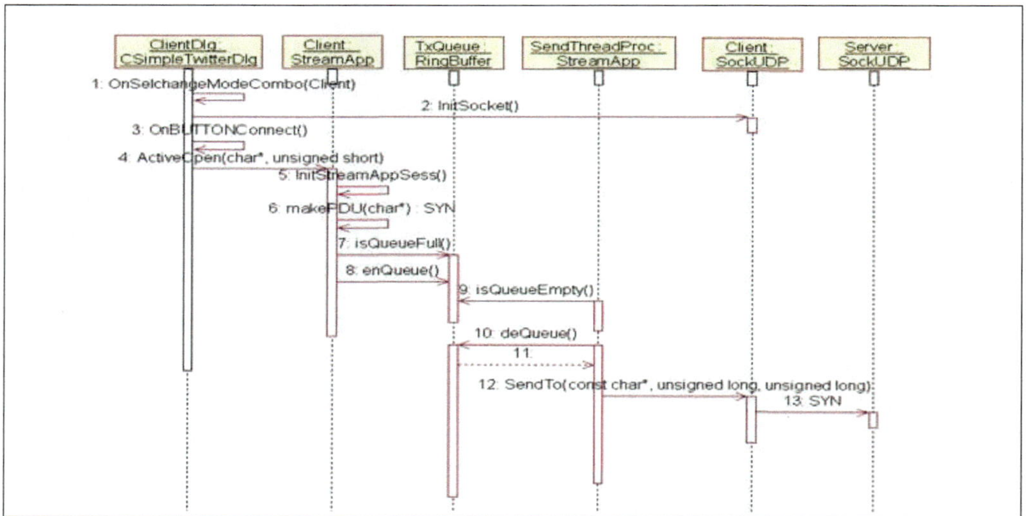

그림 13.2 기능순서도(Sequence Diagram)(예)

기능블록도와 기능순서도를 함께 검토하면 대부분의 기능 실행 절차를 파악할 수 있고, 각 기능블록들이 어떻게 동작하며, 다른 기능블록들과 어떻게 연계되어 있는가를 파악할 수 있다. 기능블록도와 기능순서도는 시스템 설계 단계에서도 상호 보완적인 기능을 제공한다. 만약 상세 설계 단계에서 기능블록 간에서 이루어지는 상호 연계 기능들이 기능순서도 상에서 정리될 때, 해당 기능블록에서 이 기능이 정의되어 있지 않거나 구현되어 있지 않다면 이를 보완하여야 한다. 또한, 기능블록이 정의되고 구현되어 있지만, 기능순서도에서 정리되어 있는 메시지 형식을 정확하게 처리하도록 구현되어 있지 않다면 이를 수정하도록 하여야 한다.

일반적으로 기능모듈 내부에 구현되는 알고리즘은 유사코드로 표현되며, 기능순서도 상에서 실행되는 세부 기능들의 순서와 메시지 송수신 기능은 이 기능모듈의 상세 기능을 표현하는 유사코드(pseudo code)에서도 확인되어야 한다.

13.6.4 알고리즘의 표현: 흐름도(flow chart)와 유사코드(pseudo-code)

알고리즘이란 일을 처리하는 작업들을 지정된 절차에 따라 수행하게 하는 업무 처리 순서를 정리한 것으로, 이 알고리즘에 따라서 명령이 실행되면, 입력 데이터가 지정된 절차에 따라서 가공 및 처리되고, 지정된 곳으로 저장되거나 출력된다. 그리고 실행된 명령들은 유한한 단계의 지정된 절차를 걸쳐서 데이터를 가공 처리하게 된다. 지정된 절차에 따라서 명령들이 실행된 이후에 이 프로그램은 일정한 시간 내에 실행이 종료되어야 한다. 만약 프로그램 실행이 종료가 되지 못하는 무한 루프가 발생되면, 알고리즘에 문제가 있는 것이다.

알고리즘을 표현하는 방법으로 크게 두 가지가 많이 사용이 된다. 첫 번째가 그림 13.3에서 보는 것과 같이 흐름도(flow chart)로 표현하는 방법이다. 알고리즘을 표현하는 방법 중 하나인 흐름도는 프로그램에서의 실행하게 되는 명령어들의 논리적인 순서나 작업 순서 등을 도형으로 표현한 것이다. 그림 13.3의 알고리즘에서는 N개의 원소를 가지는 배열 dataArray[0..N−1]에서 가장 큰 원소를 찾아내는 업무 처리 순서를 표현하고 있다. 열의 각 원소는 색인(index)을 사용하여 읽고 쓰며, 맨 처음 원소(dataArray[0])의 값을 잠정적으로 최댓값(max)으로 설정한 후 배열의 나머지 원소를 차례로 읽어 현재까지 파악된 최댓값과 비교하고, 만약 현재까지의 최댓값보다 더 큰 값이 발견되는 경우 최댓값을 이 새롭게 파악된 더 큰 값으로 교체하는 작업을 인덱스 N−1까지 반복 실행하게 한다. 흐름도에서는 데이터 처리에 대한 내용은 사각형 박스 내에 표시를 하며, 조건부 분기를 하는 곳은 마름모 내부에 조건 검사를 표현한다. 또한 화살표에 따라 실행 순서를 변경함으로써 순차적인 실행과 반복 실행을 나타내고 있다. 그러나 흐름도로 표현하는 방법은 알고리즘이 복잡해지게 되면 기술하기가 매우 힘들어 지고, 전체적인 부분이 혼잡해 보이기 때문에 복잡한 알고리즘을 나타내는 기술 문서와 논문 등에서는 흐름도 표현 방법보다는 유사 코드(pseudo−code) 표현 방법을 주로 사용하고 있다.

유사코드는 일반적인 프로그래밍 언어가 가지그 있는 모든 문법적인 상세한 내용들을 다 포함하는 것이 아니라 기본적인 골격만 이해할 수 있도록 소스코드와 비슷하지만 간략화된 표현 방법을 사용하는 것이다. 그래서 전체 프로그램의 실행 순서와 각 단계별 기능에 대하여 쉽게 파악할 수 있게 하고, 각각의 프로그래밍 언어가 가지고 있는 상세한 문법적인 내용들은 간단하게 표현하여 전체 골격 위주로 빨리 이해할 수 있게 한다. 따라서 유사코드를 이용하면 그 알고리즘이 어떤 절차를 통해서 그 문제를 어떻게 해결하고 있는가를 쉽게 파악하고, 이해할 수 있다.

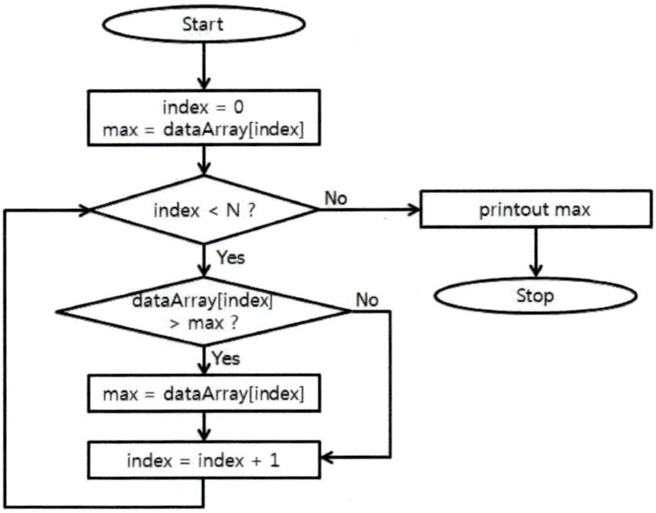

그림 13.3 흐름도(flow chart) 예(FindMax)

```
Procedure FindMax(dataArray, N)
//input argument: int dataArray[0..N-1];
// array of data with N elements
// output result: maximum value of the given data array

int index = 0;  // define local variable and initialize
int max;  // define local variable

max = dataArray[index];
 while(index < N)
 {
   if(dataArray[index] > max )
       max = dataArray[index];
   index = index+1;
 }  // end of while

 printout max;
 end   // end of Algorithm FindMax()
```

그림 13.4 유사코드(pseudo code)의 예(FinxMax)

그림 13.4에서 보여주는 것은 그림 13.3에서 표현하였던 알고리즘(즉 주어진 데이터 배열로부터 가장 큰 값을 찾아내는 알고리즘)을 유사코드로 표현한 예이다. 먼저 각각의 데이터들은 N 개의 항목들을 포함할 수 있는 배열에 있는 것으로 초기단계에서 가정하며, 첫 번째 실행하는 부분에서 0 번째에 있는 원소로부터 찾기 위해서 인덱스(index)를 0으로 설정

한다. 그리고 그 인덱스를 사용하여 가장 먼저 0번째에 있는 원소(dataArray[0])를 지금까지 파악된 가장 큰 값(max)으로 설정한다. 그 후 while-반복문 구조에서 나머지 원소들을 차례로 읽어 내어, 현재까지 파악된 최댓값 보다 더 큰 값이 나타나면, 그 값으로 max를 변경한다. While-loop 내에서는 인덱스 값을 하나씩 증가시켜가며 그 배열에 포함되어 있는 원소들의 값과 지금까지 파악된 가장 큰 값을 서로 비교하여 만약에 더 큰 값으로 판단되면, 그 값을 새로운 최댓값(max)으로 저장한다. 이 반복문을 인덱스가 N-1이 될 때까지 수행하면, 마지막 단계에 남아있는 그 최댓값이 그 배열 안에 있는 여러 개의 원소들의 값 중에서 가장 큰 값이 되며, 그 최댓값을 가진 원소를 다음 단계에서 활용할 수 있게 된다. 이와 같이 알고리즘 설계는 먼저 기본적인 절차와 각 절차에서의 데이터 연산과 세부적인 실행 내용들을 간략하게 유사코드로 표현하는 것이다.

13.5.5 상태천이도(State Transition Diagram)

기능모듈에 포함된 시스템 상태 변수가 프로그램이 실행되면서 변화하는 상태를 표현하거나 통신 프로토콜의 실행 상태가 진행되면서 상태가 변화하는 내용을 표현하기 위해서는 그림 13.5에서 보는 상태천이도(state transition diagram)를 사용한다. 상태천이도란 시스템의 상태를 나타내는 상태변수(state variable)가 하나의 상태로부터 다른 상태로 천이(transition)되는 것을 표현하는 것이며 프로그램이 실행되면서 동적으로 변화하는 상태변수가 포함되어있는 기능모듈의 경우 상태천이도를 사용하여 정리되어야 한다.

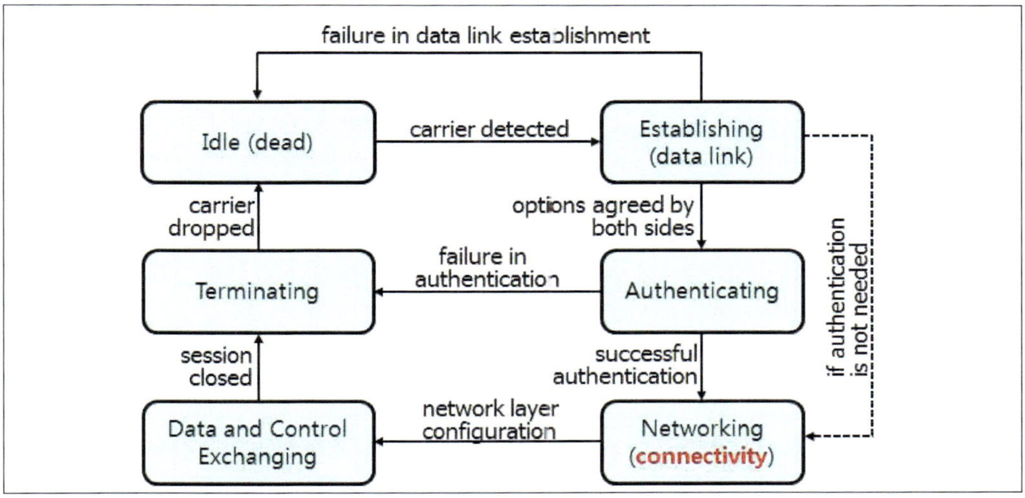

그림 13.5 상태천이도(state transition diagram) – PPP 프로토콜

그림 13.6의 상태천이도는 인터넷 통신에서 사용되는 TCP(transmission control protocol)의 연결 설정, 데이터 전송 및 연결 해제에서 각 단계별 상태에 대하여 설명하는 상태천이도이다. 이 상태천이도에서 상태변수가 가질 수 있는 상태들은 둥근 사각형(또는 타

원형) 내부에 표시되며 각 상태는 어떤 상태로 변경되었다는 의미인 -ed 로 표시되거나 어떤 동작이 진행 중이라는 의미인 -ing의 이름으로 표시되어 있다.

그리고 각 상태 간에 천이가 발생될 수 있는 곳에는 어떤 조건에 따라 발생하는지 그리고 상태 천이가 발생할 때 어떤 동작이나 메시지 전송이 이루어지는가를 상태 천이 화살표에 표시하고 있다. 상태 천이 발생 조건은 화살표 위에 있는 표시에서 빗금 앞부분에 표시되며, 상태 천이가 발생될 때 추가적인 동작이나 메시지 전송은 빗금 다음에 표시된다. 그림 13.6의 예에서 CLOSED 상태에서 SYN-SENT 상태로 변경되는 상태 천이에서 Active-Open / SYN의 의미는 Active-Open이 실행되면 SYN 메시지를 송신한 후 SYN-SENT 상태로 천이된다는 것을 의미한다.

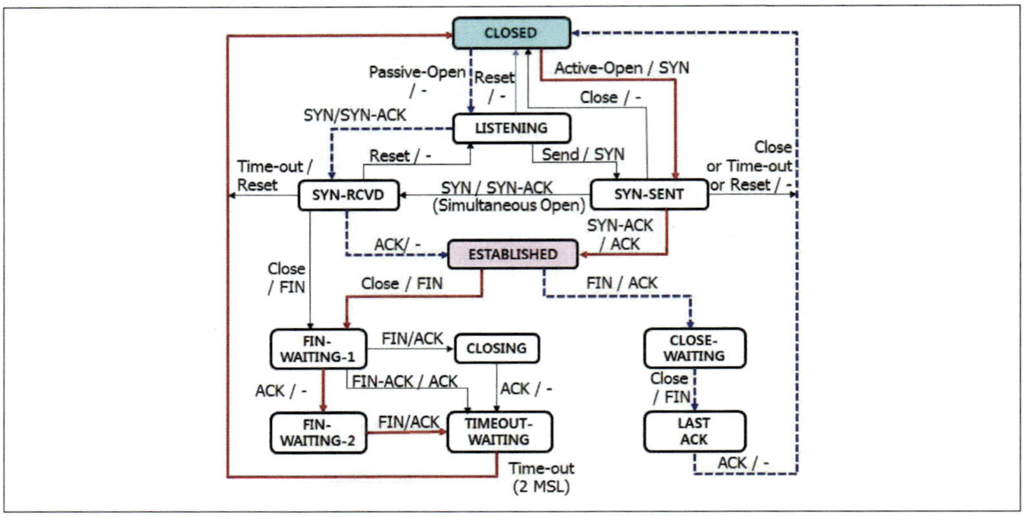

그림 13.6 상태천이도(state transition diagram) - TCP 프로토콜

초보자들의 기술문서나 논문 작성에서 기능블록도와 상태천이도를 혼동하여 정확한 표현을 하지 못하는 경우가 종종 있는데 이러한 오류를 줄일 수 있도록 표 13.2에서 비교하여 설명하고 있다. 기능블록도의 박스는 주요 기능모듈을 의미하며 하드웨어 모듈, 소프트웨어 모듈, 스레드, 함수 등이 될 수 있으며, 상태천이도의 둥근 박스는 주요 기능모듈이나 프로토콜 또는 시스템 변수의 상태(state)를 의미한다. 즉, 상태천이도에서의 둥근 박스에는 "-ed", "-ing" 로 표시되는 상태이며 기능블록 자체가 아닌 것이다.

기능블록도에서 기능블록 간에 연결되는 선이나 화살표는 기능모듈간의 상호 연관성을 나타낸다. 상태천이도에서의 화살표는 하나의 상태에서 다른 상태로 상태천이(state transition)가 실행되는 것을 의미하며, 상태천이 조건과 상태천이에서 실행되는 기능 수행(예를 들어 메시지 전송 등)을 함께 표시한다.

표 13.2 기능블록도, 순서도, 상태천이도의 비교

구조설명 자료	박스의 의미	박스간 연결 선의 의미
기능블록도 (functional block diagram)	주요 기능모듈(하드웨어, 소프트웨어, 스레드, 함수 등)	• 기능모듈간의 상호 연관성(화살표를 사용하여 정보의 흐름 방향을 나타낼 수 있음)
시퀀스 다이어그램 (sequence diagram)	주요 기능모듈(하드웨어, 소프트웨어, 스레드, 함수 등)	• 기능모듈간의 메시지 전송, 함수 호출 등이 화살표로 표시됨(함수 호출에서 전달되는 인수 등이 함께 표시됨) • 화살표가 도착하는 기능블록에는 해당 함수가 구현되어 있어야 함.
상태천이도 (state transition diagram)	주요 기능모듈, 프로토콜 진행 상태, 시스템 변수의 상태(state)	• 하나의 상태에서 다른 상태로의 상태천이(상태천이 조건과 상태천이에서의 기능 수행 등이 화살표에 함께 표시됨)

13.6 본론 – 구현 및 실험(implementation and experiment)

논문에서 제안하는 새로운 방식이 실제 구현되었고 실험이 수행되었다면 구현과 실험에 관련된 사항을 논문에 포함하여야 한다. 구현과 실험에 대한 설명을 바탕으로 다른 연구자들이 동일한 환경 또는 유사한 환경으로 관련 방식을 시험할 수 있게 하고 추가적인 연구개발이 진행될 수 있도록 구현 환경과 실험에서의 다양한 파라메타 설정에 대하여 상세하게 설명하여야 한다.

13.6.1 시험구현 플랫폼(하드웨어, 소프트웨어)

시험 구현이나 시제품이 제작된 경우 사용된 하드웨어 플랫폼과 소프트웨어 플랫폼에 대한 설명이 제공되어야 하고 표의 형태로 요약 정리하여 쉽게 이해할 수 있도록 하여야 한다. 표 13.3에서 플랫폼 관련 정보의 주요 내용과 작성요령에 대하여 설명하였다.

표 13.3 플랫폼 관련 정보

플랫폼	주요 내용	작성 요령 및 주의사항
하드웨어 플랫폼	• 프로세서(CPU) 종류 및 클락 속도 • 메모리 용량 • 통신 모듈 • 디지털 신호처리 보조 프로세서(DSP co-processor)	• 성능에 관련된 사항들의 데이터 값에 대하여 상세하게 설명
소프트웨어 플랫폼, 펌웨어	• 운영체제 종류 및 버전 • 펌웨어 종류 및 버전 • 장치 구동 프로그램(디바이스 드라이버)의 종류, 제조사 및 버전	• 사용된 운영체제, 펌웨어 및 디바이스 드라이버 모듈들의 버전과 주요 기능에 대하여 상세하게 설명
응용 프로그램 플랫폼	• 응용 프로그램 구현을 위하여 사용된 플랫폼(예: 데이터베이스 모듈, 영상처리 패키지 등 시스템 라이브러리로 사용된 소프트웨어 모듈)	• 데이터베이스 모듈, 영상처리 패키지 등 시스템 라이브러리로 사용된 소프트웨어 모듈에 대하여 상세하게 설명

13.6.2 실험 및 시험 방법 및 환경

논문에서 제시한 새로운 방식의 검증을 위하여 다양한 실험 또는 시험을 수행하게 되며 논문에서는 결과 데이터와 함께 어떻게 실험이 수행되었는가에 대한 시험 방법 및 환경에 대한 설명을 함께 제공하여야 한다. 그림 13.7에서 보는 것과 같이 실험•시험 대상 모듈을 중심으로 어떤 구동프로그램이 사용되었으며 시험 대상 모듈이 생성한 데이터를 기록하는 기능과 발생시킨 신호나 동작을 측정하는 기능 등이 설명되어야 한다.

논문에서 설명하고 있는 실험 및 시험 방법과 환경은 동일한 실험과 시험을 하였을 때 거의 유사한 결과를 생성할 수 있어야 검증되는 것이므로 상세하게 설명하여야 한다. 특히 특수한 장치를 사용하여 발생된 신호의 세기, 동작 범위, 힘의 세기 등을 측정하였을 때 측정 장치의 모델명과 설정 파라메타 등을 함께 설명하여야 한다.

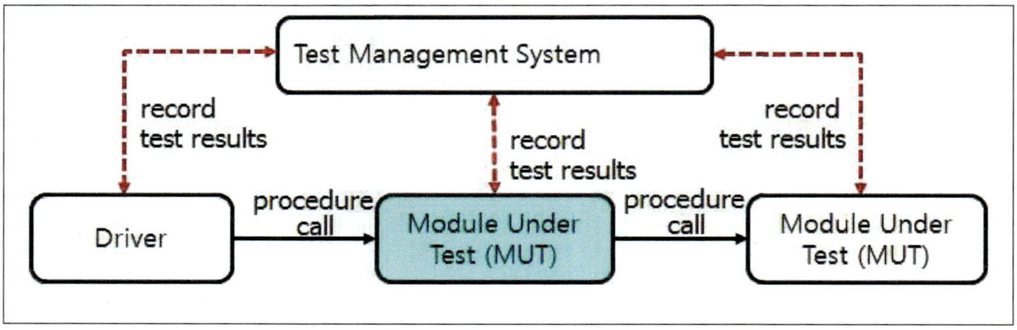

그림 13.7 실험 및 시험 환경

13.6.3 모의실험 구성

제안된 방식의 성능을 검증하기 위한 실험 규모가 직접 구현할 수 있는 범위를 초과하는 경우 모의실험(simulation)을 하게 된다. 예를 들어 10개 정도의 무선 랜 AP(access pointer)와 20개 정도의 단말기로 구성되는 소규모 구내망(local area network)은 직접 구성이 가능하지만 100개 정도의 AP와 1000개 정도의 단말기로 구성되는 캠퍼스 네트워크를 직접 실험하는 것은 매우 어려운 실질적인 문제가 되므로 대부분 모의실험으로 연구를 진행하게 된다.

모의실험의 경우 모의실험 프로그램에 대한 상세한 정보를 제공하여야 하며, 모의로 구성한 환경의 다양한 파라메타 값을 반드시 설명하여야 한다. 그림 13.8은 사물인터넷 통신망의 모의실험에 사용하였던 환경설정 파라메타 값을 표로 정리하여 제공한 예이다.

Parameters	Value
Carrier frequency	900 MHz
Channel bandwidth	2 MHz
Physical rate	650 Kbps
Transmission power (uplink)	30 dBm
Transmission power (downlink)	30 dBm
Transmission gain (uplink)	3 dBi
Transmission gain (downlink)	3 dBi
Reception gain (uplink)	3 dBi
Reception gain (downlink)	3 dBi
Noise figure (uplink)	3 dB
Noise figure (downlink)	5 dB
Propagation loss model	Outdoor, macro [18]
Error rate model	YansErrorRate

그림 13.8 모의실험 환경 설정 예

13.7 본론 – 성능분석 및 평가(performance analysis and evaluation)

학술논문에서 매우 중요한 부분이 제안된 방식의 성능을 객관적으로 측정한 후 분석하고 그 분석 결과를 평가하는 것이다.

13.7.1 데이터 측정 및 분석표 작성

논문의 자료준비에서 측정된 데이터를 표로 잘 정리하고, 분석 내용을 설명하는 것은 가장 기본적인 준비로, 데이터의 분석 결과를 표, 그래프 등으로 표현하여 비교된 내용이나 추세를 쉽게 파악할 수 있도록 구성하여야 한다. 그래프의 종류에도 막대그래프, 꺾은선 그래프, 최솟값/최댓값/평균값을 함께 표시하는 그래프, 방사형 그래프, 3차원 그래프 등이 있으므로 데이터 분석 결과를 가장 잘 표현할 수 있는 그래프를 선택하여야 한다.

13.7.2 그래프 종류 및 활용

다양한 그래프는 데이터의 변화 추세를 시각적으로 표현하여 쉽게 이해할 수 있게 한다. 논문에서 많이 사용되는 그래프로는 막대그래프, 꺾은선 그래프, 최솟값/최댓값/평균값을 표시하는 그래프, 방사형 그래프, 3차원 표면형 그래프 등이 있으며, 이들의 주요 특징과 사용 분야는 표 13.4에서 보는 것과 같다.

표 13.4 그래프의 종류와 주요 사용 분야

그래프 종류	주요 특징과 사용분야
막대그래프	• 서로 독립적인 개체의 값의 크기를 쉽게 비교할 수 있도록 값의 크기에 비례하는 막대의 길이로 표시함
꺾은선 그래프	• 기준 변수 값의 변화에 따라 종속된 값이 어떻게 변화하는가를 쉽게 파악할 수 있게 하며 변화량이 꺾은선의 기울기로 표시됨
원형(파이차트)	• 전체를 구성하는 각 항목들이 얼마만큼의 영역을 차지하는가를 쉽게 파악할 수 있으며, 예를 들어 100% 중 각 항목별로 몇 퍼센트에 해당하는지 표시할 수 있음
방사형 그래프	• 다수의 속성을 가지는 사물(또는 사실)이 각 속성을 얼마나 포함하고 있는가를 넓이로 비교할 수 있는 그래프이며, 전체 면적의 넓이가 넓을수록 더 좋은 특성을 가질 경우에 적합함. • 또한 각 속성을 균형 잡히도록 확장시키는 것이 좋은 경우를 잘 표현하며, 어느 특정 속성의 값이 작은 것을 쉽게 파악할 수 있게 함
3차원 표면형 그래프	• 2차원 평면의 각 좌표별로 다른 값을 가지며 이 값들이 일정한 패턴으로 변화하고 있을 때 그 변화 추세를 쉽게 파악할 수 있게 함. • 3차원 표면형 그래프의 한 예로 입체감이 나타나도록 등고선을 표시하여 지형을 나타내거나 기압골을 입체적으로 표시한 기상도가 있음
거품형 (버블)	• 부피, 영향력, 분량의 상대적인 크기를 쉽게 비교하도록 거품의 크기로 표현

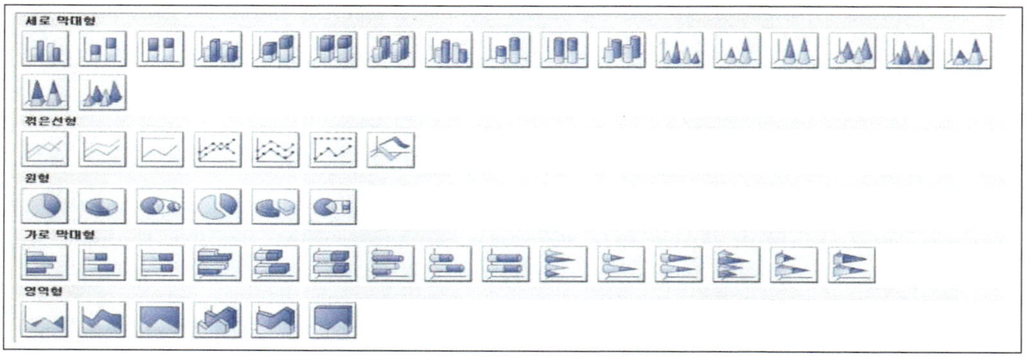

그림 13.9 그래프의 종류(1) - 막대형, 꺾은선 형, 원형, 영역형

그림 13.10 그래프의 종류(2) - 분산형, 주식형, 표면형, 도넛형, 거품형, 방사선형

13.7.3 결과의 분석내용 작성

데이터 측정 결과가 정리된 표와 이를 그래프로 표시한 항목과 함께 이 표에서 정리된 데이터와 그래프에 표현된 내용이 어떤 의미를 가지는가에 대하여 정확하게 설명한다.

13.8 결론(conclusion)

13.8.1 결론에 반드시 포함되어야 하는 내용

논문의 결론에서는 제시된 새로운 개념, 방식 및 기술을 간략하게 요약하여 설명하며 이 새로운 제안 내용이 기존 관련 기술들과 비교할 대 얼마만큼의 개선이 있는지, 그리고 이 개선된 내용이 어떤 중요한 의미를 가지는지에 대하여 설명하여야 한다. 기존의 방식이나 기술에 비교하여 얼마만큼의 개선이 있었는가에 대해서는 실험 또는 시험 환경(파라메타 설정)과 함께 구체적인 수치를 제시하여야 한다. 즉, 단순히 "기능이 개선되었다" 가 아니라 "○○ 조건에서 ○○의 성능이 측정되었으며, 기존의 방식에 비교하여 ○○ % 만큼 성능이 개선되었다" 와 같이 구체적인 수치로 설명하여야 한다. 만약 기존의 방식으로는 제공되지 않았던 기능이 구현된 경우에도 구체적으로 "○○ 상황에서 사용할 수 있는 ○○ 기능이 구현되었으며, ○○ 조건에서 기능 시험을 하였을 때 ○○의 성능이 측정되었다" 와 같은 설명을 제공하여야 한다.

결론에서는 특히 이 논문에서 제안한 내용을 중심으로 어떤 학술적 공헌(contribution)이 있는지에 대하여 명확하게 열거하여 어떤 내용이 핵심적인 사항이며, 어떤 방법이나 새로운 아이디어로 기존의 문제를 해결하였고, 얼마만큼의 개선이 이루어졌는지 잘 이해할 수 있도록 공헌 내용을 요약 정리하여야 한다.

결론의 마지막 부분에서는 논문 저자의 추후 연구개발 계획에 대하여 간략하게 설명하거나 본 논문에서 제안하였던 사항을 어떻게 활용할 것인가에 대한 설명을 간략하게 함으로써 독자들과 논문 평가자들에게 좋은 인상을 줄 수 있다.

13.8.2 결론에 포함되지 않는 내용

결론은 이 논문에서 제안하였던 방안의 분석 결과를 정리함으로써 종합적으로 마무리하는 내용으로 구성되어야 하며, 개선된 내용이 어떤 의미를 가지는지 그리고 새로운 제안 방안이 어떤 학술적 공헌이 있는가에 대한 요약 설명이 제공되어야 한다.

결론에서 새로운 문제를 제기하거나 기존의 방식에 대하여 장황하게 설명하거나 새롭게 제안된 방식에 대한 상세한 설명하는 것은 불필요하며, 논문에서 일관성 있게 중점적으로 강조하고 있는 주제를 모호하게 할수 있으므로 피해야 한다.

13.9 참고문헌(references)

13.9.1 참고문헌의 표기법

학술논문에서 참고문헌을 표기하는 방법은 참고문헌의 종류에 따라 달라진다.

(1) 학술지 논문(journal paper)

학술지 논문의 경우 저자명, 논문제목, 전문 학술 논문지의 이름과 권 호, 페이지 구간 번호, 발행 년-월이 표기되어야 한다. 학술지 논문의 참고문헌 표기는 다음과 같다. 페이지 구간 번호에서 pp.의 의미는 page-to-page의 의미이다. 논문 제목이 이중 따옴표 내에 표시되며 영어 표기법에 따라 콤마가 닫는 이중 따옴표 안에 표기되는 것을 주의해야 한다. 논문지의 이름은 보통 이탤릭체로 표기한다.

[1] Shinnazar Seytnazarov and Young-Tak Kim, "QoS-Aware Adaptive A-MPDU Aggregation Scheduler for Voice Traffic in Aggregation-Enabled High Throughput WLANs," *IEEE Transactions on Mobile Computing*, Vol. 16 No. 10, pp. 2862-2875, October 2017.

[2] Nurullah Shahin, Rashid Ali, and Young-Tak Kim, “Hybrid Slotted-CSMA/CA-TDMA for Efficient Massive Registration of IoT Devices,” *IEEE Access*, Vol. 6, pp. 18366-18382, 1018.

[3] Shinnazar Seytnazarov, Jin-Ghoo Choi, and Young-Tak Kim, “Enhanced Mathematical Modeling of Aggregation-enabled WLANs with Compressed BlockACK,” Accepted in *IEEE Transactions on Mobile Computing*.

(2) 학술대회 논문(Conference paper)

학술대회 논문의 경우 저자명, 논문제목에 이어 "in Proceedings of ..." 이라는 학술대회 논문집 표시를 하고 학술대회 이름과 개최 도시, 개최 국가, 개최 일자(연월일)와 논문집에서의 페이지 구간을 표시한다. 학술대회 논문에서도 논문제목이 이중 따옴표 내에 표시되며 영어 표기법에 따라 콤마가 닫는 이중 따옴표 안에 표기되는 것을 주의해야 한다. 학술대회 논문집의 이름은 보통 이탤릭체로 표기한다.

[1] Youngtak Kim, Hyung-Woo Choi, Hyo-Sung Kim, "A QoS-guaranteed DiffServ-aware-MPLS VPN and its Network Management System," in Proceedings of *4th Software Engineering, Artificial Intelligence, Networking and Parallel/Distributed Computing(SNPD'03)*, Lubeck, Germany, Oct 16-18, 2003, pp. 123-1213.

(3) 단행본 저서

단행본 저서의 경우 저자명과 책 제목, 출판사, 출판년도가 표시된다. 책 제목은 보통 이탤릭체로 표시된다.

[1] 김영탁, *자료구조와 알고리즘을 함께 배우는 C 프로그래밍*, 배움터, 2021.

[2] 김영탁, *컴퓨팅사고와 파이썬 프로그래밍*, 홍릉과학 출판사, 2023.

[3] 김영탁, *의사소통기술*, 홍릉과학 출판사, 2023.

13.9.2 참고문헌의 표기순서

참고문헌을 표기하는 순서는 논문에서 다른 논문이나 단행본 서적 또는 표준 문서 등을 참조하였을 때 그 순서에 따라 열거된다. 각 장 및 절에서 다른 연구 내용과 결과를 인용할 경우에는 반드시 참고문헌으로 표기하고 참고문헌 목록에 포함시켜야 하며 만약 참고문헌 표기가 없는 상태로 다른 연구결과를 기술하면 의도하지 않게 표절 시비가 발생될 수 있으므로 매우 조심하여야 한다.

특히 영어로 논문을 작성하는 것이 어려워 인터넷 상에 있는 표현을 그대로 옮겨 적거나 다른 논문들의 일부분을 여기저기에서 그대로 복사하여 붙여넣기를 하고 이를 편집하여 정리하는 경우, 참고문헌 표기를 하지 않으면 표절한 것으로 판단되어 논문 심사 자체에서 불이익을 받게 되므로 절대 피해야한다. 반드시 본인이 전체 논문의 일관성을 유지하며 문장들과 문단들을 정리하고, 다른 연구 내용을 인용한 경우 반드시 참고문헌 표기를 하여야 한다.

13.10 학술논문 작성 후 검토 및 교정

13.10.1 문장의 구성 및 표현의 점검

학술논문의 초안을 작성한 후 반드시 검토와 교정 절차를 거쳐 전체 구성과 각 장, 절의 구성 및 중요한 제안사항들이 명확하게 제시되고 분석되었으며, 결론이 잘 도출되었는가를 확인하여야 한다. 우선 기본적으로 각 문장이 잘 구성되었는지, 표현이 모호하지 않고 쉽게 이해될 수 있으며 논리적의 서술의 순서가 효율적으로 정리되어 있는가를 검토하기 위하여 다음 세부 사항을 점검하여야 한다:

- 어휘 (vocabulary)나 전문용어 (terminology)의 표현이 적당한가?
- 설명이 난해하지는 않은가?
- 불필요한 형용사나 선입관을 나타내는 형용사는 없는가?
- 동사는 정확하고 적당한가?
- 문장의 도중에서 주어가 변하지는 않는가?
- 대명사를 적절히 사용하며, 모호한 지시를 하지는 않는가?
- 명확한 설명인가?
- 문장은 길지 않는가?
- 문장은 단락 범위 내에서 잘 정리되어 있는가?

13.10.2 장, 절, 단락의 구성에 대한 점검

각 장, 절, 단락의 구성은 적절한 크기로 구성되어야 하며, 세부 주제를 논리적인 순서에 따라 잘 이해할 수 있도록 배치하여야 한다. 장, 절 및 단락에 대해서는 다음 사항들을 점검하여야한다:

- 전체 장(chapter)의 구조는 적절한가?
- 각 장의 Section 들은 세부 주제별로 체계적으로 정리되어 있는가?
- 각 Section의 각 단락은 세세부 주제/토픽의 내용으로서 정리되어 있는가?
- 단락의 목적과 구조로부터 탈선하고 있지는 않는가 ?
- 각 단락의 길이는 적당한가? 너무 길거나(10줄 이상의 단락) 너무 짧은 단락(1~2 줄 단락)으로 구성되어 있다면 이를 조정할 것
- 단락을 부적당하게 분리되어 있지 않는가?
- 하나의 세부 주제에 대한 연계 설명은 하나의 문단으로 정리되어 있는가?

13.10.3 논문전체에서의 일관성에 대한 점검

각 장, 절 및 단락들이 적절하게 구성되었다면, 논문 전체적인 일관성에 관련된 다음 세부 사항들을 점검하여야한다:

- 논문 전체가 명료하고 정확하며, 불필요한 부분없이 정리되어 있는가?
- 논문 전체에서 주장하고자 하는 점이 잘 나타나 있으며, 설명들이 논리적으로 순서에 따라 연결되어 있고, 체계적으로 설명되어 있는가?
- 논문의 핵심 주제에서 벗어난 내용을 장황하게 설명한 곳은 없는가?
- 정확한 용어를 사용하고 있는가?

13.10.4 논문의 양식에 대한 점검

논문의 내용이 잘 정리되었으면 논문의 양식에 대한 점검을 하여야 한다. 학술논문의 경우 양식이 사전에 지정되는 경우가 대부분이므로 지정된 양식에 따라 작성되어 있는가를 점검하여야 한다. 표 13.5는 학술논문의 양식을 지정한 예를 보여준다.

표 13.5 국문 학술논문지의 논문 양식(예)

도입부		글자모양					문단모양					
		글꼴	장평 (%)	자간 (%)	크기 (pt)	진하게	왼쪽 여백 (pt)	오른쪽 여백 (pt)	들여 쓰기 (pt)	내어 쓰기 (pt)	줄간격 (%)	정렬 방식
논문 제목	국문 제목	맑은 고딕	85	-5	18	○	0	0	0	0	130	가운데
	국문 부제목	맑은 고딕	85	-5	11	×	0	0	0	0	130	가운데
	영문 제목	맑은 고딕	90	-5	11	○	0	0	0	0	130	가운데
	영문 부제목	맑은 고딕	90	-5	9	×	0	0	0	0	130	가운데
	사사 표기	신명조	85	-5	18 (위첨자)	×	0	0	0	0	130	가운데
연구 자명 및 소속	연구자 영문명	맑은 고딕	90	0	8	×	0	0	0	0	150	오른쪽
	연구자 국문명	맑은 고딕	95	30	8	○	0	0	0	0	150	양쪽
	연구자 소속	맑은 고딕	90	0	8	×	0	0	0	0	150	양쪽
	교신저자 표식	맑은 고딕	90	0	9 (위첨자)	×	0	0	0	0	150	양쪽
영문 요약	요약 제목	맑은 고딕	95	0	9	○	0	0	0	0	150	양쪽
	요약 내용	맑은 고딕	95	0	9	×	0	0	0	0	150	양쪽
키워드	키워드 제목	맑은 고딕	95	0	9	○	0	0	0	0	140	양쪽
	영문 키워드	맑은 고딕	95	0	9	×	0	0	0	0	140	양쪽
	국문 키워드	맑은 고딕	95	0	9	×	45	0	0	0	140	양쪽

연습문제

13.1 다음 용어를 예를 들어 설명하라.

1) 기능블록도(functional block diagram)
2) 순서도(sequential diagram)
3) 상태천이도(state transition diagram)
4) pseudo-code

13.2 학술논문 작성 준비 단계에서 수행하여야 할 주요 항목에 대하여 설명하라.

13.3 학술논문의 핵심 구성 요소에 대하여 설명하라.

13.4 요약문에 반드시 포함되어야 하는 사항에 대하여 설명하라.

13.5 서론에 반드시 포함되어야 하는 사항에 대하여 설명하라.

13.6 결론에 반드시 포함되어야 하는 사항에 대하여 설명하라.

13.7 기능블록도와 순서도(sequential diagram)의 관계에 대하여 설명하라.

13.8 상태천이도를 예를 들어 설명하라.

13.9 학술논문의 작성 후 점검 사항에 대하여 설명하라.

14장 효과적인 영어발표

학습목표

- 이공계열 전공자의 영어 논문 발표 실력 향상
- 논문 발표의 구성에 대한 이해
- 논문 발표 준비 요령 이해
- 이공계열 수학 공식의 영어 발표 표현 이해
- 서론, 본론, 결론의 발표 요령 습득
- 질의 응답 요령 이해 및 방법 습득

개요

14.1 논문 발표의 구성 및 준비
14.2 이공계열 수학 공식의 영어 발표 표현
14.3 서론 부분의 발표
14.4 본론 부분의 발표
14.5 결론 부분의 발표
14.6 질의 응답

14.1 논문발표의 구성 및 준비

14.1.1 학술 논문의 발표 구성

많은 전문가들이 함께 모여 최신 연구개발 결과를 발표하고 토론하는 국제학술대회에서 학술논문을 발표하고 질의응답을 할 수 있는 실력을 갖추는 것은 전문 분야에서 국제 수준의 전문가가 되기 위하여 반드시 필요한 것이다. 학술논문을 학술대회에서 구두로 발표하는 것은 학술논문을 작성하는 것과는 다르게 영어 문장과 각 용어들을 정확하게 발음할 수 있어야 하며, 제한된 시간 내에 발표를 완료하도록 발표 내용을 구성하여야 하며, 발표 이후 질의를 받고 실시간적인 응답을 할 수 있어야 한다.

일반적인 학술대회에서의 학술논문 발표는 표 14.1에서 보는 것과 같은 단계를 가진다. 학술대회에서의 논문발표는 각 세션을 관리하는 좌장의 사회로 시작된다. 좌장은 해당 세션에 배정된 4 ~ 5편의 논문에 각각 20 ~ 30분의 발표시간을 할당하며, 각 논문별로 발표자에 대한 간단한 소개를 하며, 참석자들의 환영 박수와 함께 발표를 시작하게 된다.

발표자는 좌장의 소개에 대하여 감사를 표현한 후, 발표장 화면에 떠 있는 슬라이드의 논문의 제목과 발표자 명단을 기반으로 간단한 소개를 함으로써 발표가 시작된다. 논문 발표에서는 보통 목차 슬라이드에서 전체 발표의 아웃라인을 간단하게 설명하며, 서론에서는 연구개발 주제의 배경과 중요성, 제안한 기법과 실험/시험 결과에 대하여 간단히 요약 설명을 한다.

본론에서는 이 논문에서 제안하는 새로운 방식, 알고리즘, 시스템 구조에 대하여 설명하며, 기능 기능블록도(functional block diagram), 기능순서도(sequence diagram), 유사코드(pseudo code), 상태천이도(state transition diagram) 등을 사용하여 구현 방법(시뮬레이션, 시제품 등)에 대한 설명을 하며, 측정 및 분석 결과에 대해서는 표와 그래프 등을 사용하여 설명한다.

결론에서는 논문에서 도출한 결과에 대하여 요약정리를 하며, 연구 결과의 중요성과 의미를 설명한 후, 향후 연구 개발 계획 및 전망에 대하여 설명함으로써 발표는 마무리된다. 논문 발표의 끝부분에서는 좌장의 사회에 따라 질의 응답을 진행하게 된다. 각 발표에 대해 2~3개의 질의응답을 할 수 있게 하며, 발표자는 질문에 대하여 즉석에서 대답을 하여야 한다.

표 14.1 학술 논문의 발표 구성

단계	내용 및 준비 요령
좌장의 발표자 소개	• 좌장이 발표자와 논문 제목을 소개
발표자의 발표 시작	• 발표자가 발표를 시작
목차 및 서론	• 발표 내용의 목차 (outline)를 간략하게 소개 • 연구개발 배경 및 중요성에 대한 간략한 소개 • 논문에서 제안하는 기법과 실험/시험 결과에 대한 소개 • 연구결과의 학문적 공헌에 대한 간략한 요약정리 • 논문 발표의 구성에 대한 소개
관련 연구	• 연구 개발 내용과 관련된 관련 연구에 대한 간단한 비교 소개
본론	• 본 논문이 제안하는 새로운 방식, 알고리즘, 시스템 구조의 설명 • 기능블록도(functional block diagram), 기능순서도(sequence diagram), 유사코드(pseudo code), 상태천이도(state transition diagram)으로 표현 • 구현 방법(시뮬레이션, 시제품 등)에 대한 설명 • 측정 및 분석 결과에 대하여 표, 그래프 등으로 설명
결론 및 마무리	• 본 논문에서 도출한 결과에 대한 요약 설정 • 연구 결과의 중요성과 의미를 설명 • 향후 연구 개발 계획 및 전망에 대하여 설명
좌장의 사회에 따른 질의응답	• 좌장의 사회에 따른 질의응답 • 질문에 대하여 즉석에서 대답

14.1.2 학술 논문의 영어 발표 준비

학술 논문의 발표 준비는 표 14.1의 학술 논문 발표의 각 단계를 고려하여 준비하여야 한다. 일반적으로 학술대회의 세션에서 논문 발표에 할당하는 시간은 3~5분가량의 즉석 질의

응답 시간을 포함하여 총 20분 ~ 30분 정도이다. 학술논문의 발표준비는 파워포인트(PPT) 자료를 만들고 이 발표 자료를 중심으로 발표 대본(script)을 작성하고 소리 내어 발표 연습을 하는 것이 바람직하다. 파워포인트 발표 자료에 사용되는 기능블록도, 기능순서도, 유사코드, 상태천이도, 연구개발 결과의 표와 그래프 등의 자료는 논문 작성 단계에서 준비하였던 자료들을 사용할 수 있다. 보통 20 ~ 30분 정도의 발표 시간인 경우 15 ~ 20 슬라이드를 준비하며, 각 슬라이드별로 발표시간을 할당하여 연습을 하여야 한다.

영어로 논문을 발표하여야 하는 경우, 각 슬라이드마다 별도의 스크립트를 만들고, 이 스크립트를 여러 번 큰 소리를 내어 읽는 연습을 할 필요가 있다. 영어가 모국어가 아닌 상태에서는 사전에 연습을 하지 않으면 각 단어의 발음이 꼬일 경우도 있으며, 각 문장 간의 연결도 매끄럽지 못하게 되어 발표 중에 당황할 수 있기 때문이다. 스크립트의 내용이 거의 입에 익숙해지면 스크립트를 보지 않고 직접 청중을 바라보며 발표하는 연습도 하여야 한다. 국제 학술대회에서 논문발표를 하는 도중에 노트북의 화면만 계속 바라보며 발표를 하는 것은 결코 좋은 발표 태도가 아니다. 반드시 청중들을 바라보며 발표를 하고, 필요할 때에만 화면의 내용을 레이저 포인터로 가리키며 설명할 수 있도록 미리 철저히 준비를 하여야 한다.

14.1.3 영어 논문 발표에서의 질의 응답 준비

영어 논문 발표를 처음 경험하는 학생들이 겪는 가장 큰 어려움은 질의응답에서 질문자의 질의 내용을 알아듣고 이에 대하여 영어로 즉석에서 대답을 해야 하는 부분이다. 실제 학술대회 발표장에는 영어권 전문가들 뿐 아니라 전 세계의 다양한 국가에서 참가한 전문가들이 많으며 그들의 영어 발음 역시 쉽게 이해하기 어려운 경우도 있다. 영어 논문 발표 준비에서는 사전에 예상 질문을 10개 이상 만들고 이에 대한 질문과 대답의 스크립트를 만든 후, 실시간 질의 응답 연습을 친구들이나 지도교수와 함께 준비하는 것을 사전에 반드시 준비하여야 한다.

만약 질문자의 영어 발음이 매우 알아듣기 힘든 경우에는 좌장에게 도움을 청하여 그 질문을 다시 확인하여 달라고 할 수도 있으며, 발표장에 함께 참석하고 있는 동료 저자가 대신 대답을 하여도 무방하다. 다만, “I am sorry for my poor English.” 만 반복하며 쩔쩔매지 않도록 사전에 준비를 철저히 하여야 한다.

14.2 이공계열 수학공식의 영어 발표 표현

이공계열 학술 논문의 영어 발표에서 가장 준비를 많이 하여야 하는 부분이 논문에서 사용한 수학공식을 영어 발표 표현을 할 수 있도록 준비하는 것이다. 이 절에서는 이공 계열에서 많이 사용되는 수학공식들을 영어 발표 표현하는 방법들을 정리하였다.

14.2.1 Logic and sets

표 14.2 논리와 집합 관련 공식의 영어 발표 표현

수학 공식	영어 발표 표현
$\exists$	there exists
$\forall$	for all
$p \Rightarrow q$	p implies q / if p, then q
$p \Leftrightarrow q$	p if and only if q p is equivalent to q p and q are equivalent
$x \in A$	x belongs to A x in A x is an element(or a member) of A
$x \notin A$	x does not belong to A x is not an element(or a member) of A
$\varnothing$	empty set
$A \subset B$	A is contained in B A is a subset of B
$A \supset B$	A contains B B is a subset of A
$A \cap B$	A cap B / A meet B / A intersection B / A intersected with B
$A \cup B$	A cup B / A join B / A union B
A^c	the complement of A
$A \setminus B$	A minus B / the difference between A and B
$A \times B$	A cross B / the cartesian product of A and B

14.2.2 실수(Real numbers)

표 14.3 실수 관련 공식의 영어 발표 표현

수학 공식	영어 발표 표현
$x+1$	x plus one
$x-1$	x minus one
$x \pm 1$	x plus or minus one
xy	xy / x muliplied by y
$(x-y)(x+y)$	x minus y, x plus y

수학 공식	영어 발표 표현
$\frac{x}{y}$	x over y
$=$	the equal sign
$x = 5$	x equals 5 / x is equal to 5
$x \neq 5$	x(is) not equal to 5
$x \equiv y$	x is equivalent to(or identical with) y
$x \neq y$	x is not equivalent to(or identical with) y
$x > y$	x is greater than y
$x \geq y$	x is greater or equal to y
$x < y$	x is less than y
$x \leq y$	x is less than or equal to y
$0 < x < 1$	x is greater than 0 and less than 1
$0 \leq x \leq 1$	x is greater than or equal to 0, and less than or equal to 1
$\lvert x \rvert$	absolute value of x(if x is a real number)
$\lvert z \rvert$	mod z / modulus z(if z is a complex number)
Re(z), Im(z)	real part of z, imaginary part of(complex number) z
$\lVert x \rVert$	norm of x
$\langle v, w \rangle$	scalar product of v and w
a^b	a to the b / a to the b-th(power)(if b is a positive integer)
x^2 6^2	x squared / x(raised) to the power 2 6 squared
x^3 2^3	x cubed two cubed
x^4	x to the fourth / x to the power four
7^5	seven to the fifth power
x^n	x to the n-th(power) / x to the power n
x^{-1}	x inverse
x^{-n}	x to the(power) minus n
$\sqrt{x}$ $\sqrt{25}$	(square) root x / the square root of x the square root of 25 / twenty-five to the one half power
$\sqrt[3]{x}$ $\sqrt[3]{27}$	the cube root(of) x / cubic root of x the cube root of 27 / cubic root of 27
$\sqrt[4]{x}$	fourth root(of) x
$\sqrt[n]{x}$ $\sqrt[8]{32}$	n-th root(of) x the eighth root of thirty-two
$x^2 + y^2 = z^2$	x squared plus y squared equals z squared(Pythagorean Theorem)
$(x + y)^2$	x plus y all squared

수학 공식	영어 발표 표현
$\frac{1}{2}, \frac{1}{3}, \frac{1}{4}, \ldots, \frac{1}{10}$	one half, one third, one fourth, ..., one tenth
$\frac{5}{2}, \frac{2}{3}, \frac{5}{8}, \ldots, \frac{7}{10}$	five halves, two thirds, five eighths, . . . , seven tenth
$\frac{x^2+3}{x}$	the quantity x squared plus three(pause) divided by x x squared plus three(pause) all over x
$\left(\frac{x}{y}\right)^2$	x over y all squared
$y = (x-2)^{(a+1)}$	y equals the quantity x minus two(pause) all raised to the quantity a plus one
$f(z) = (7+z)^{\frac{1}{z}}$	f of z equals the quantity seven plus z raised to the one over z power
$n!$	n factorial
$\hat{x}$	x hat
$\bar{x}$	x bar
$\tilde{x}$	x tilde
x_i	x i / x subscript i / x suffix i / x sub i
$\sum_{i=1}^{n} a_i$	the sum as i runs from 1 to n of the a i
$\sum_{i=1}^{\infty} a^i$	the sum as i runs from one to infinity of a to the i-th power
$\lim_{n \to \infty} \sum_{i=1}^{n} \left(\frac{2i}{n}\right)\left(\frac{2}{n}\right)$	the limit as n goes to infinity, of the sum as i runs from one to n, of two i over n times two over n the limit as n goes to infinity, of the sum of the quantity two i over n times two over n, as i runs from one to n
$\prod_{k=1}^{n} \frac{2k+1}{2k+2}$	the product as k runs from 1 to n of 2k+1 all over 2k+2

14.2.3 선형대수(Linear Algebra)

수학 공식	영어 발표 표현
$\Vert x \Vert$	the norm(or modulus) of x
$\overrightarrow{OA}$	OA / vector OA
$\overline{OA}$	OA / the length of the segment OA
A^T	A transpose / the transpose of A
A^{-1}	A inverse / the inverse of A

14.2.4 함수(Functions)

수학 공식	영어 발표 표현
$f(x)$	the function f of x / f x / f of x
$f: S \rightarrow T$	a function f from S to T
$x \mapsto f(x)$	x maps to f(x)
$x \leftrightarrow y$	x maps to y / x is sent(or mapped) to y

14.2.5 미분 적분(calculus)

수학 공식	영어 발표 표현
$f'(x)$	f prime x / the(first) derivative of f with respect to x
$\frac{d}{dx}$	d by dx
$\frac{df}{dx}$	df by dx,
$\frac{\partial f}{\partial x}$	the partial derivative of f with respect to x
$f''(x)$	f double prime x / the second derivative of f with respect to x
$f'''(x)$	f triple-prime x / the third derivative of f with respect to x
$f^{(4)}(x)$	the fourth derivative of f with respect to x
$\frac{\partial f}{\partial x_1}$	the partial derivative of f with respect to x1
$\frac{\partial^2 f}{\partial x_1^2}$	the second partial derivative of f with respect to x1
$\int_0^\infty$	the integral from zero to infinity
$\int_a^b f(x)dx$	integral from a to b(of) f(x) dx
$\iint_D, \iiint_D$	double integral, triple integra over the domain D
$\pm\infty$	plus / minus infinity
$\lim_{x \rightarrow 0}$	the limit as x approaches to zero
$\lim_{x \rightarrow a} f(x)$	(the) limit of f(x) as x approaches to a (the) limit of f of x as x approaches to a
$\lim_{x \rightarrow -\infty}$	the limit as x approaches negative infinity

14.2.5 삼각함수(Trigonometric Functions)

수학 공식	영어 발표 표현
sin, cos, tan	sine cosine tangent
$\sin(x^2)$	sine of x squared
$\sin^2(x)$	sine squared of x
$(\sin x)^2$	sine of x all squared sine of x(pause) quantity squared
$\arcsin(2\pi)$	arcsine of two pi
$\tan^{-1}x$	inverse tangent of x
$\lim_{x\to\infty}\frac{x}{\sin x}$	the limit as x goes to infinity of x over sine x the limit as x tends to infinity of x divided by sine x

14.2.6 지수 · 로그함수(Exponential and Logarithm Functions)

수학 공식	영어 발표 표현
$\log_e y$	natural log of y / log y to the base e / log to the base e of y /
$\log_2 9$	log base two of nine(logarithm base two of nine) log nine base two
$\log(x), \log_a x$	logarithm of x, logarithm in base a of x
$\ln y$	natural log(of) y / log y to the base e / log to the base e of y
$\ln 2$	natural log of two / natural logarithm of 2 / or log base e of two
$\exp(x),\ e^x$	exponential x, e to the x

14.2.7 순열 · 조합(permutation and combination)

수학 공식	영어 발표 표현
$\binom{5}{2}$	five choose two; 2 permutations of 5
P(n, k)	permutation n, k; k permutations of n
C(n, k)	combination n, k; the number of k combinations of an n-set

14.2.8 그리스어 기호의 발음

다음 그리스어 기호는 수학 공식에서 많이 사용되며, 이 그리스어 기호의 발음을 정확하게 할 수 있도록 미리 준비하여야 한다. 실제 그리스 알파벳의 그리스식 발음은 영어식 발음과는 약간의 차이가 나며, 실제 국제 학술대회에서는 영어식 발음으로 발표하여도 무방하다.

대문자	소문자	그리스 발음	영어식 발음
Α	α	alfa (알파)	alpha (알파)
Β	β	vita (비타)	beta (베타)
Γ	γ	gamma (감마)	gamma (감마)
Δ	δ	thelta (델타)	delta (델타)
Ε	ε	epsilon (앱실론)	epsilon (앱실론)
Ζ	ζ	zita (지타)	zeta (제타)
Η	η	ita (이타)	eta (에타)
Θ	θ	thita (시타)	theta (세타)
Ι	ι	iota (이오타, 요타)	iota (요타)
Κ	κ	kappa (까빠)	kappa (카파)
Λ	λ	lamtha (람다)	lambda (람다)
Μ	μ	mi (미)	mu (무)
Ν	ν	ni (니)	nu (누)
Ξ	ξ	ksi (크시)	xi (크사이, 크시)
Ο	ο	omicron (오미크론)	omicron (오미크론)
Π	π	pi (피)	pi (파이)
Ρ	ρ	ro (로)	rho (로)
Σ	ς σ	sigma (시그마)	sigma (시그마)
Τ	τ	taf (탚)	tau (타우)
Υ	υ	ipsilon (입실론)	upsilon (입실론)
Φ	φ	fi (피)	phi (파이)
Χ	χ	xi (시)	chi (카이)
Ψ	ψ	psi (프시)	psi (프사이)
Ω	ω	omega (오미가)	omega (오미가)

(그리스어 발음 참고: Greek Reading and Pronunciation, https://www.youtube.com/watch?v=EQkHQIjntik)

14.2.9 International Radiotelephony Spelling Alphabet(Phonetic Alphabet)

다음 표는 국제 무선 통신에서 알파벳 철자를 개별적으로 호출하는 방법이다. 실제 영어권 국가들에서는 전화를 사용하는 의사소통에서 알파벳 철자를 알려 주어야 할 때 이 방법을 많이 사용한다.

Alphabet	Phonetic Alphabet
A B C D E F G	Alpha Bravo Charlie Delta Echo Foxtrot Golf
H I J K L M N	Hotel India Juliet Kilo Lima Mike November
O P Q R S T U	Oscar Papa Quebec Romeo Sierra Tango Uniform
V W X Y Z	Victor Whiskey X-ray Yankee Zulu

14.2.10 괄호의 종류 및 발음

공학계열의 논문에서는 다양한 종류의 괄호를 사용하는 경우가 많이 있다. 특히, 프로그램 소스코드를 설명하여야 하는 경우 실제 다음과 같은 괄호를 사용하게 되며, 이에 대한 발음을 구분하여 설명할 수 있어야 한다.

parentheses / bracket	name / pronounce
( )	round bracket, parenthesis
{ }	curly bracket, brace
[ ]	square bracket
< >	angle bracket

14.3 발표장에서의 영어 논문 발표 준비 및 시작

14.3.1 발표장에서의 발표 준비

학술대회에서 발표의 시작은 세션 좌장의 발표자 소개와 참석자들의 환영으로 시작된다. 보통 발표 자료는 미리 단상에 준비된 컴퓨터에 미리 설치해 둔 상태로 발표가 시작하는 것이 일반적이므로 단상이나 발표장 앞으로 이동하여 곧 바로 발표를 시작할 수 있게 된다. 발표가 시작되기 직전에 발표자는 호흡을 가다듬고 차분하게 발표할 수 있도록 심호흡을 하여야 하며 생수를 미리 준비하여 입이 마르지 않은 상태로 발표를 시작할 수 있게 하여야 한다. 만약 심호흡을 하지 않으면 첫 번째 문장부터 발음에 힘이 없거나 흔들릴 수 있으며, 입이 건조하여도 긴장상태와 어우러져 목소리가 제대로 나오지 않거나 정확한 발음이 되지 않는 경우가 발생한다.

14.3.2 좌장의 발표자 소개

보통 좌장이 발표자를 간단하게 소개한 후, 청중들에게 발표자를 환영하도록 요청하는 멘트는 다음과 같으며, 이를 듣고 발표할 위치(단상이나 무대 앞)로 이동하면 된다.

- "Ladies and gentlemen, please welcome our first speaker !"
- "Ladies and gentlemen, please join me to welcome Mr./Dr. Kim"

14.3.3 발표 시작

일단 발표를 시작하게 되면 맨 먼저 발표자를 소개하여준 좌장에게 간단하게 감사의 인사를 한 후 시작하는 것이 좋다. 만약 좌장의 이름을 미리 알고 있다면 이름을 직접 사용하여도 좋다.

- "Thank you chairman/chairperson/!"
- "Thank you Prof. Kim"

다음으로 화면에 이미 떠 있는 표지 슬라이드에 있는 논문 제목과 저자에 대하여 다음과 같이 간단히 소개하고 outline이 정리되어 있는 다음 슬라이드로 넘어가면 된다. 첫 번째 표지 슬라이드에서 너무 장황하게 설명하면 발표 시간이 부족할 우려가 있기 때문에 핵심적인 단어에 대한 언급만하는 것이 좋다.

그림 14.1 표지 슬라이드 구성 예

발표를 하는 도중에는 가급적 청중들을 바라보며 설명을 하여야 한다. 영어 발표를 처음하는 경우 어색하기도 하고, 청중들의 시선이 부담스럽기도 하여 발표 원고만을 쳐다보며 발표하거나 화면만 응시하며 발표를 진행하는 것은 좋은 발표 태도가 아니다. 아울러 긴장하게 되면 말이 빨라지므로 이를 의식하여 가능한 천천히 발표하며 정확한 발음이 될 수 있도록 속도를 잘 유지하여야 한다.

- Good morning everyone! / Hi everyone!
  My name is OOO, from OOO university in Korea.
- I am glad to make a presentation and discuss with you on "*paper title*."
- In this presentation, I will explain the major results and contributions of our research work on A, B, and C. This research was performed in collaboration with my colleague student O-O Park, O-O Lee, and advisor Prof. O-O Kim in the OOO laboratory of OOO university in Korea.

14.4 목차 및 서론 부분 발표

14.4.1 목차 발표

논문 발표에서는 반드시 발표의 순서를 정리한 목차 슬라이드가 준비되어야 한다. 목차 슬라이드는 보통 발표의 줄거리를 의미하는 "Outline" 의 제목으로 슬라이드를 준비하여야 하며, 다음과 같은 구성으로 준비한다.

목차(outline) 슬라이드에는 반드시 서론, 관련연구, 제안 알고리즘/기법, 시험 구현 또는 시뮬레이션, 성능 분석, 결론, 질의응답(Q&A)이 포함되어야 하며, 각 항목마다 작은 불릿으로 중요 항목을 열거할 수 있다. 서론에서는 이 연구의 배경(background)과 동기(motivation)가 설명되는 것을 언급하고, 관련 연구(related work)를 설명한다는 언급을 하여야 한다.

- The presentation will follow this outline.
- I will firstly introduce the back ground and motivation of the research on OOO.
- Then the main idea and proposal will be explained.
- Next, I will explain the prototyping and simulation of the proposed schemes, followed by performance analysis and evaluations.
- Finally, I will make conclusion with brief remark on future research plan, followed by Q&A.

본론에서 제안 알고리즘/기법(proposed algorithm/scheme), 시험구현(prototype implementation) 또는 모의실험(simulation), 성능분석 및 평가(performance analysis and evaluation)가 발표되는 것을 언급하여야 한다.

끝으로 결론(conclusion)을 설명한 후, 질의응답(Q&A)이 뒤따른다는 것을 언급한다.

14.4.2 서론 발표

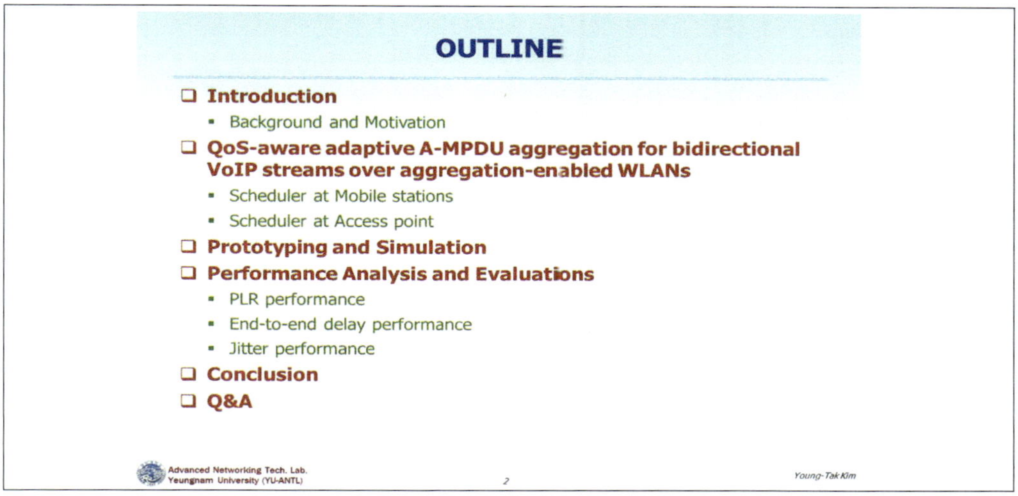

그림 14.2 목차(Outline) 슬라이드 구성 예

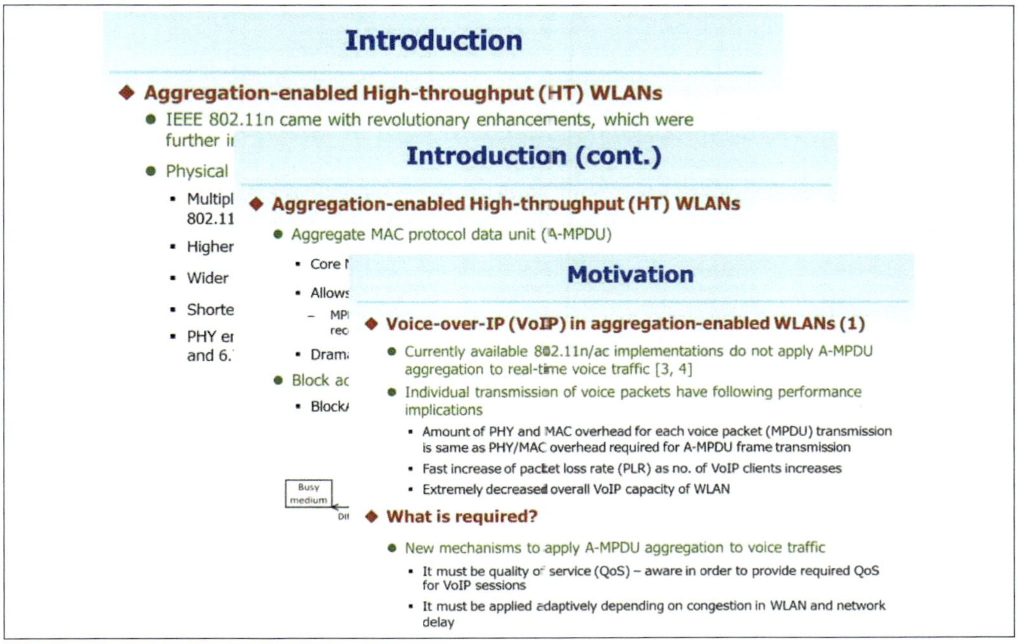

그림 14.3 서론(introduction) 슬라이드 구성 예

서론에서는 이 연구 주제의 배경과 중요성에 대하여 간단히 설명하고, 연구를 하게 된 동기(motivation)에 대하여 설명하여야 한다. 특히 현재 사용되고 있거나 최근에 발표된 기술 또는 기법이 어떤 문제가 있는지, 그리고 그 문제가 어떤 심각한 영향을 끼치는가에 대하여

강조를 하여야 한다. 서론 내용은 그림 14.3에서 보는 것과 같이 1 ~ 3 슬라이드를 사용할 수 있으며, 이 도입부에서 문제점을 얼마나 잘 부각하는가에 따라 나머지 연구 개발 내용과 그 결과의 중요성이 부각되어 좋은 평가를 받을 수 있다.

14.4.3 관련 연구(related work) 발표

서론 다음으로 이 논문의 연구 주제에 대하여 현재 기술 수준이나 다른 연구자들에 의한 연구 결과를 소개하여야 한다. 대부분의 연구 주제들은 기존의 유사한 시스템과 기법이 있거나, 최근 국내외의 다른 연구자들이 이미 연구를 진행하여 부분적인 결과가 발표된 상태에 있는 경우가 많이 있기 때문에 반드시 이들을 간략하게 소개하고, 다른 연구자들의 연구결과에서 어떤 문제점이 아직 남아 있는지에 대하여 소개를 한 후, 이 부분을 본 연구에서 어떻게 해결하였는가를 간단히 설명하여야 한다.

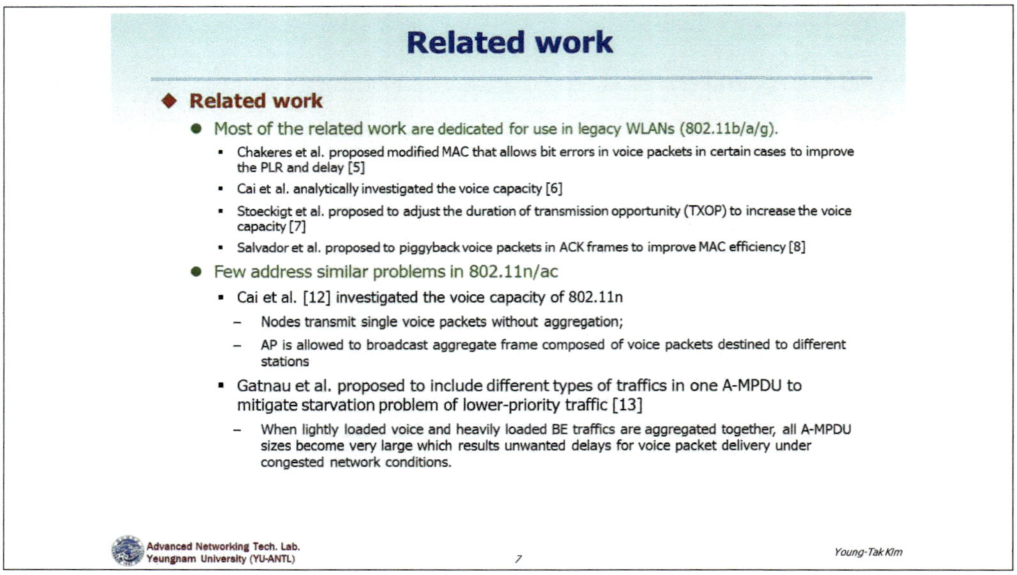

그림 14.4 관련 연구(related work) 슬라이드 구성 예

학술 논문에서 매우 중요한 것 중 하나가 관련 연구에서 발표된 내용을 정확하게 인용하고 이와 개선된 결과와 다양한 비교를 한 내용을 소개하는 것이다. 만약 관련 연구를 제대로 소개하지 않으면 최신 연구결과를 조사 분석하지 않았다는 지적을 받게 되며, 만약 다른 연구 자료를 일부 활용하면서 이에 대한 인용을 명확하게 표시하지 않으면 표절(plagiarism)한 것으로 의심을 받을 수 있어 심각한 문제가 발생할 수 있다.

14.5 본론 내용 발표

14.5.1 새롭게 제안된 내용(알고리즘, 기법, 구조, 처리 방법 등)발표

본론에서는 이 학술논문에서 새롭게 제안한 내용에 대하여 설명하게 되며 논문 발표에서 가장 중요한 부분이 된다. 새롭게 제안한 내용이 알고리즘인 경우 13.5절에서 설명하였던 기능흐름도(flow chart)나 유사코드(pseudo code)로 설명하게 되며, 시스템 기능구조의 경우 기능블록도(functional block diagram), 기능순서도(sequence diagram), 상태천이도(state transition diagram)를 슬라이드에 포함시켜 설명하게 된다. 그림 14.5는 기능블록도와 기능흐름도와 함께 핵심 아이디어를 개조식 설명과 공식을 사용하여 제안된 기능구조를 설명하는 예를 보여준다.

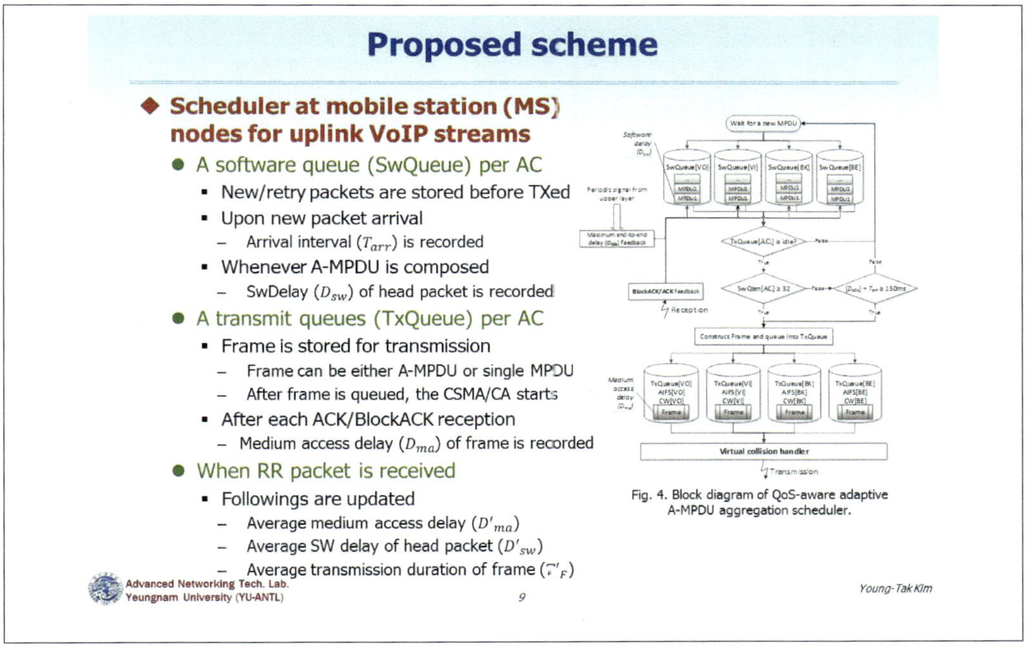

그림 14.5 기능블록과 기능 흐름도로 표현된 제안 기능 구조(예)

새롭게 제안하는 내용에 대한 설명에서 기존의 다른 연구들과 비교하는 것도 매우 중요하다. 가장 좋은 방법은 기능흐름도, 유사코드, 기능블록도, 기능순서도 또는 상태천이도에서 다른 방식을 검은색으로 표시하고, 본 논문에서 제안하는 내용을 붉은색 또는 푸른색으로 쉽게 구별되게 구분하여 설명하면 화면을 보면서 발표를 함께 듣는 청중들도 쉽게 이해할 수 있게 된다.

14.5.2 검증을 위한 시험 구현(prototyping), 모의 실험(simulation), 수학적 모델 분석에 대한 설명

많은 논문에서 제안된 기법과 방식이 유효하며 기존의 기법과 방식에 비교하여 더 좋은 성능이나 효율성을 제공할 수 있다는 것을 검증하기 위하여 시험 구현(prototyping) 또는 모의 실험(simulation)을 하고, 이를 수학적 모델로 분석하여 더 큰 규모의 문제가 되었을 때 어떤 추세의 성능, 처리 시간 또는 비용이 발생할 것인가를 예측하도록 한다.

그림 14.6은 논문에서 제안하는 기법에 관련된 수학적 모델을 정리하고 이를 설명하는 슬라이드를 만든 예를 보여준다.

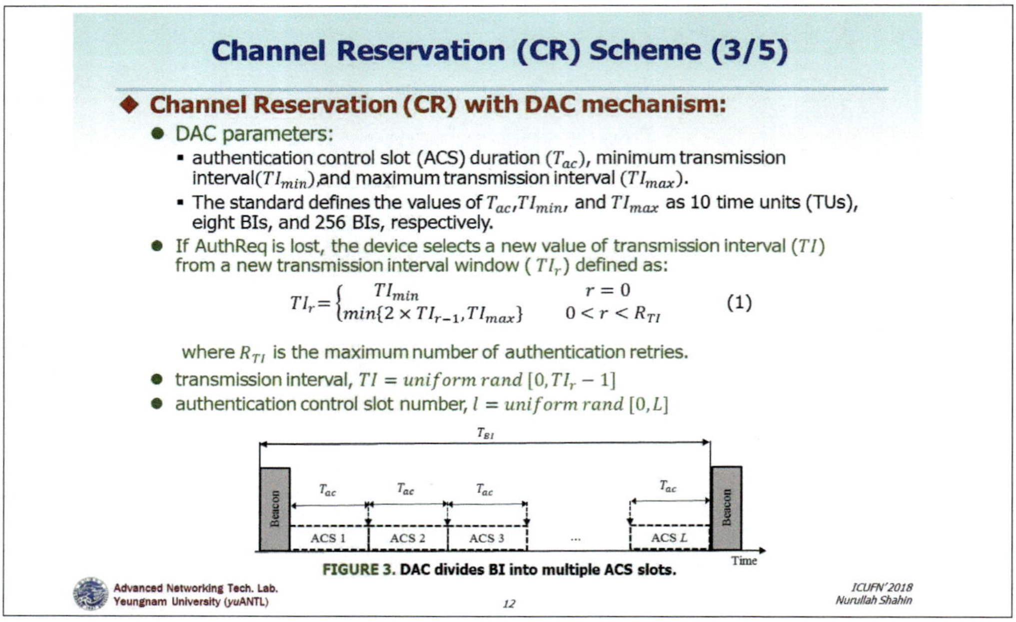

그림 14.6 관련 연구(related work) 슬라이드 구성 예

14.5.3 결과 분석 및 평가 내용 발표

이공계열 논문에서는 새롭게 제시한 기법이나 시스템 구조 개선이 다양한 운용 조건에서 어떤 성능을 제공하는가에 대하여 시험 구현 결과나 시뮬레이션 결과를 그래프로 나타내고, 이를 발표에서 설명하는 경우가 많이 있다. 결과 분석과 기존 방식과의 비교 검토에서 사용할 수 있는 그래프의 종류는 13.7절에서 설명한 내용과 같이 막대그래프, 꺾은선 그래프, 원형 그래프(파이 차트), 방사형그래프, 3차원표면그래프 중에서 다양한 종류를 비교 결과를 가장 잘 표현할 수 있는 그래프 종류를 선정하여 사용하여야 한다.

그림 14.7은 시험 구현과 시뮬레이션 결과를 꺾은선그래프를 사용하여 비교 분석하는 예

를 보여준다. 이 꺾은선그래프는 기준값(VoIP 세션 개수)가 20개 단위로 증가함에 따라 패킷 손실이 어떻게 변화하는가를 잘 보여주고 있다. 그림 14.8은 막대그래프를 사용하여 비교 분석 결과를 잘 보여주고 있다. 막대그래프의 막대 높이는 평균값을 표시하며, 최댓값과 최솟값을 함께 보여주어 전체 분포가 어떻게 나타나는가를 쉽게 파악할 수 있게 하고 있다.

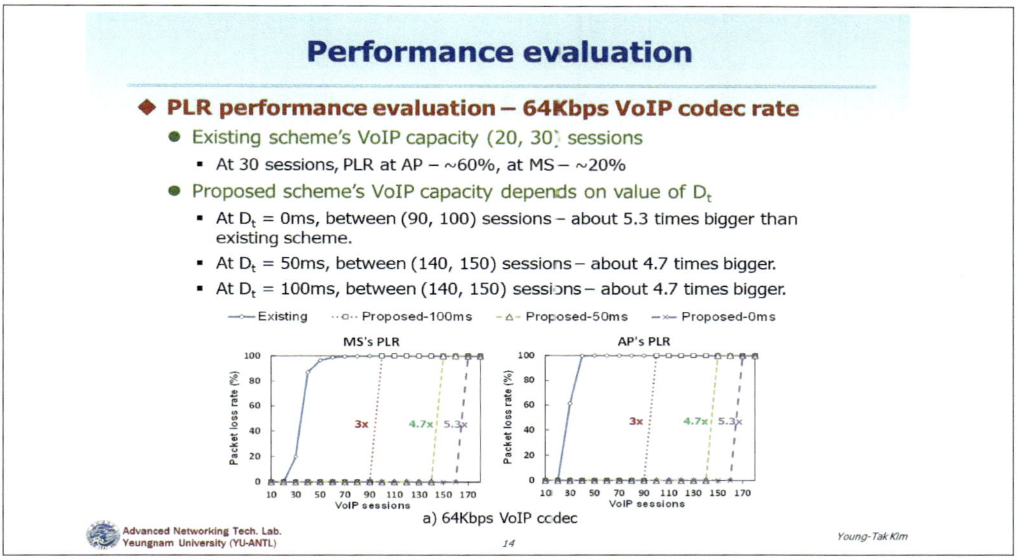

그림 14.7 꺾은선그래프를 사용하는 분석 결과 슬라이드 구성 예

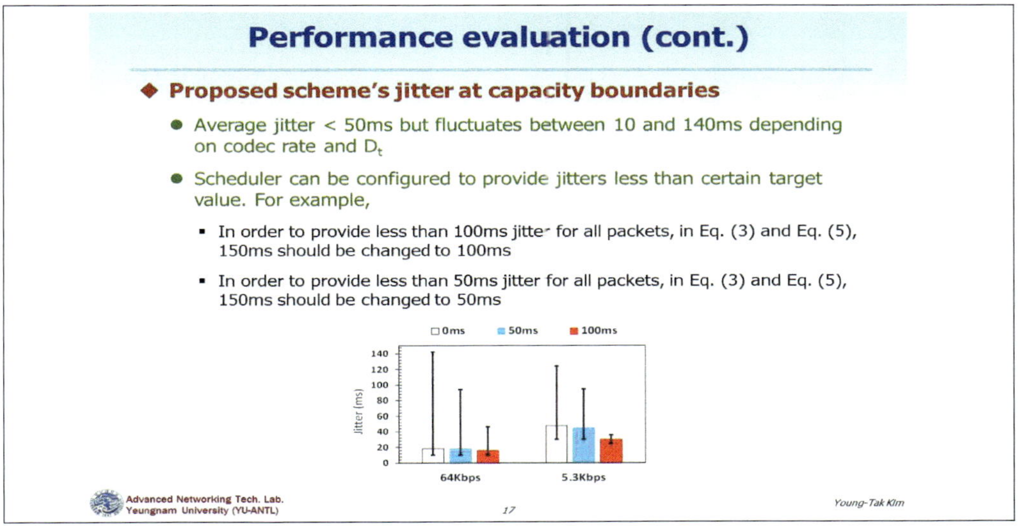

그림 14.8 막대그래프를 사용한 분석 결과 슬라이드 구성 예

14.6 결론 및 마무리 발표

14.6.1 발표 내용의 전체 요약 정리

논문 발표의 마지막 부분인 결론에서는 전체 내용을 요약 정리하게 되며, 새롭게 제안한 내용이 무엇인가를 다시 간략하게 설명하여야 한다. 제안된 기법의 핵심 아이디어는 무엇인지, 이 제안된 기법이 어떻게 문제를 해결하고, 성능을 개선하게 되었는지를 쉽게 이해할 수 있게 설명하여야 한다. 그림 14.9는 결론 슬라이드 구성의 예를 보여준다.

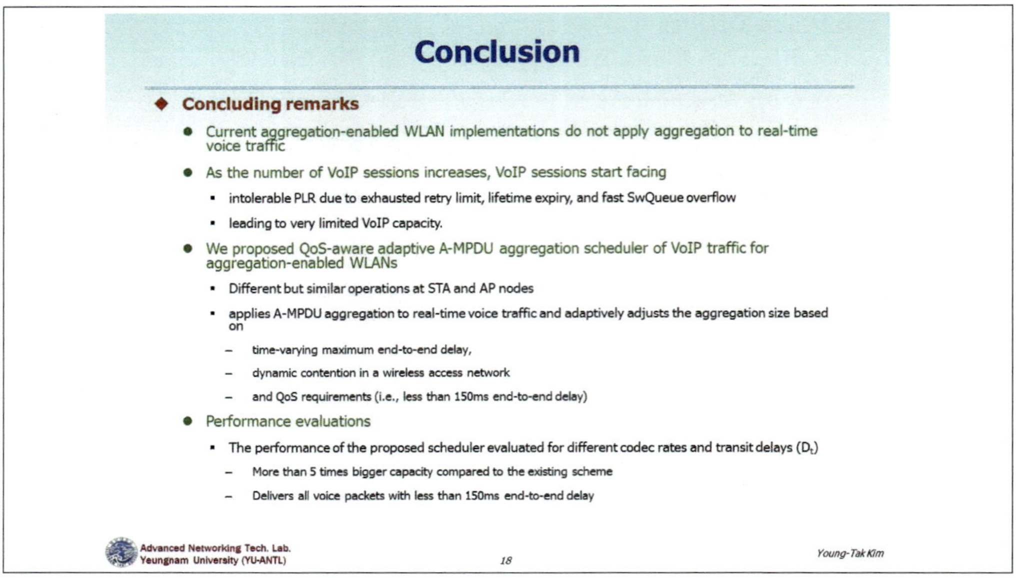

그림 14.9 결론 슬라이드 구성 예

14.6.2 발표 내용이 의미하는 핵심 포인트 정리

논문 발표의 결론에서는 핵심 포인트를 다시 강조하는 것이 필요하다. 기존의 방식에 비교하여 성능 개선이 얼마나 되었는지, 효율성이 얼마나 좋아졌는지를 강조하여야 한다. 특히 관련 연구와의 비교 데이터를 구체적인 수치를 제시하며 비교 설명하는 것이 중요하다. 아울러 이렇게 개선된 성능이나 효율성이 어떤 의미를 가지는가에 대해서도 강조하여야 한다.

논문 발표의 마지막은 논문 발표를 집중하여 들어준 청중들에게 다음과 같이 감사를 표현하는 것으로 마감하는 것이 좋다.

▪ Well, that concludes my presentation.
Thank you for your kind attention.

14.7 질의응답

14.7.1 질문 받기

일반적으로 학술논문 발표장에서 논문 저자의 논문 발표가 완료되면 좌장이 발표에 대하여 감사를 표시하며 질의응답을 이어간다. 먼저 좌장이 청중들에게 질문이 있는지 확인하고 발언권을 부여하며 해당 한 사람씩 질문을 할 수 있도록 관리한다. 질문자가 질문을 하면 발표자는 그 질문에 대하여 대답을 하여야 한다. 일반적으로 청중과의 친밀감을 높이고, 발표내용에 대하여 관심을 가지며 질문을 한 전문가와 이후 계속 관계를 유지하기 위하여 질문을 하여준 것에 대하여 다음과 같이 감사를 표현하는 것이 좋다.

- Excellent question !
- Thank you for your good question.

만약 질문자가 마이크를 사용하지 않아 그 질문을 다른 사람들이 잘 알아들을 수 없는 경우에는 발표자가 질문을 자신의 마이크를 사용하여 간단하게 반복함으로써 다른 사람들이 어떤 질문인가를 이해할 수 있게 한 후, 질문에 대한 대답을 하는 것이 좋다.

만약 질문자의 질문을 잘 알아듣지 못한 경우, 다시 한번 더 질문을 하여 달라고 요청할 수 있다.

- I'm sorry. I couldn't hear you properly. Would you repeat your question, please?
- I'm sorry. I didn't catch your point correctly. Would you repeat your question once more, please?

질문자의 영어 발음이 좋지 않아 계속 알아들을 수 없을 때에는 그 분야의 전문가인 좌장에게 질문을 정리하여 달라고 요청할 수 있다.

14.7.2 질문에 대한 성실한 대답

질문에 대한 대답을 할 때 이미 발표에서 사용하였던 슬라이드로 이동하여 그 슬라이드에 포함된 유사코드, 기능블록도, 기능흐름도, 기능순서도와 상태천이도, 그래프, 표 등을 다시 보여 주면서 설명하는 것이 좋다. 이것은 발표에서 해당 내용을 잘못 이해하여 질문을 하는 경우가 많이 있기 때문이다.

논문 발표에 주어진 시간은 제한되어 있기 때문에 질문에 대한 대답이 너무 길어지면 좌장이 이를 중단시키고 세션 뒤의 쉬는 시간에 질문자와 발표자가 개인적으로 만나 상세하게 토의하도록 유도하는 것이 일반적이다. 이 경우에는 다음과 같이 표현할 수 있다.

- Thank you very much for your question and comment. But because of the limited time, I cannot give you detailed answer now. Can we continue our discussion in the following break time?

14.2절에서도 설명하였지만 논문 발표에서 예상되는 질문을 10개 이상 사전에 준비하고 이 질문에 대한 대답을 미리 스크립트로 준비하여 동료학생이나 지도교수와 함께 실제 상황과 비슷하게 연습하는 것이 좋다. 어렵게 외국 출장을 오고, 전문가들 앞에서 발표할 수 있는 기회를 가지게 되었는데 계속 발표 원고만 읽고 발표를 마치거나 질의응답이 진행되었을 때 "I' m sorry for my poor English." 만을 반복하지 않도록 사전에 철저히 준비하여야 한다. 30분 정도의 시간 안에 지난 몇 개월 또는 몇 년간 열심히 노력하고 고생하여 준비한 연구 결과를 명확한 표현과 정확한 영어 발음으로 자신 있게 발표한 후 질의응답까지 잘 마무리 하였다면 국제 전문가들과 함께 협동을 할 준비가 되었다는 자부심을 가질 수 있게 되며, 스스로를 대견하게 생각하는 기쁨이 그동안의 고생을 충분히 보상할 수 있을 것이다.

14.7.3 질의 응답 및 토론에서 주의할 사항

국제학술대회나 공식적인 발표에서는 무례하다고 생각될 정도로 공격적인 질문을 받을 수도 있으며, 영어로 질의응답을 하는 것에 익숙하지 않는 경우 많이 당황할 수 있다. 질의 응답과 토론에서 주의할 사항으로 반드시 질문 내용을 정확하게 파악하고, 이에 대하여 대답을 할 수 있어야 하며, 만약 질문의 내용이 명확하지 않는 경우 다시 질문을 하거나 좌장에게 질문의 내용을 확인하여 달라는 요청을 할 수 있다.

특히 제한된 시간내에 질의 응답을 마무리하여야 하는 경우에는 시간을 많이 허비하지 않고, 논문 발표 이후에 별도로 토론을 하자는 제안으로 일단 마무리를 하여야 한다. 실제 논문 발표 후에 아무런 질문이 없는 것보다 활발하게 질의 응답이 이루어 지는 것이 훨씬 더 바람직하며, 향후 국제 전문가들과의 인적 네트워크를 쌓아 나갈 수 있는 좋은 출발점이 되기 때문에 자신감을 가지고 질의 응답에 적극적으로 대처하는 것이 올바른 태도이다.

연습문제

14.1 다음 수학공식을 영어로 표현하라.

1) $f(x) = Ax^3 + Bx^2 + Cx + D$

2) $\dfrac{(ax+b)}{\sqrt{x}}$

3) $\sum_{n=0}^{N-1} x^n$

4) $f'(x) = \frac{d}{dx} f(x)$

5) $\int_0^{\infty} f(x)dx$

14.2 "제4차산업혁명 이 개인의 일상생활에 주는 영향(The effects of 4th industrial revolution to personal daily life)" 이라는 주제에 대하여 7 슬라이드 분량의 파워포인트(PPT) 발표자료를 만들어라. PPT 발표자료의 7개 슬라이드는 표지, 목차, 서론, 본론1, 본론2, 본론3, 결론으로 구성할 것. 필요한 그림이나 그래프 등을 사용할 수 있으나, 반드시 영문으로 정리된 개조식 설명을 포함할 것.

14.3 위 14.2에서 준비한 PPT 발표자료를 영어로 발표하기 위한 스크립트를 작성하라.

14.4 위 14.2 ~ 14.3에서 준비한 PPT 발표자료와 스크립트를 사용하여 직접 발표를 하며 영상으로 촬영라라.

14.5 위 14.4에서 촬영된 발표 영상을 확인하며, 자체 평가를 실시하라. 보완될 점을 정리하라.

15장 효율적인 토론과 회의

학습목표

- 효율적인 토론/회의 방법에 대한 이해
- 토론/회의 사회자의 역할에 대한 이해
- 토론/회의 시작 방법에 대한 이해
- 토론/회의 진행 방법에 대한 이해
- 토론/회의 마무리 요령에 대한 이해

개요

15.1 효율적인 토론/회의 방법
15.2 토론/회의 준비
15.3 토론/회의 시작 및 효율적인 진행
15.4 토론/회의 마무리

15.1 효율적인 토론/회의 방법

15.1.1 토론 (討論)과 회의(會議)란?

많은 회사나 기관에서의 단계별 업무 추진과정에서 다양한 아이디어와 방안들을 도출하고, 결정을 내리기 위하여 토론과 회의를 진행하고 있다.

회의란 어떤 주제에 대하여 주관자가 준비한 의안을 참가자들에게 설명하고 의견을 묻거나 동의를 구하는 것을 의미한다. 회의에서는 하나의 가장 좋은 의견을 선택하는 결정을 내리는 것이 일반 적이다.

토론이란 어떤 일에 대하여 찬성하는 측과 반대하는 측의 사람들이 각각 자신의 생각을 발표하고, 자신의 생각에 상대방이 따르도록 의견을 주고 받는 것을 의미한다. 회의와는 달리 토론 참가자들은 어떤 주제에 대하여 찬성하는 쪽과 반대하는 쪽으로 나누어져서 누가 옳고 그런지에 대하여 주장을 하는 경우가 많다.

15.1.2 토론과 회의의 핵심 기능

회의와 토론 모두 상대방의 의견을 듣고 그렇게 주장하는 배경에 대하여 이해하도록 노력하며, 무조건 자신의 주장만 하는 것이 아니라, 상대방의 주장으로 부터 배울것은 배우며, 올바른 해결책과 답을 찾아가는 과정이라는 공통점을 가진다. 회의와 토론에서 가장 기본적인 태도는 항상 상대방의 의견을 경청하고, 상대방의 주장에 뒷받침이 되는 논리적 근거를 확인하여 만약 그 논리적인 근거가 합리적이라면 이를 수용하는 자세를 갖추는 것이다.

15.1.3 효율적인 토론과 회의

회의와 토론이 효율적으로 진행되어 생산적이며 건설적인 결과를 도출하기 위해서는 참가자 전원이 주어진 주제에 대한 정확한 이해와 상세 정보를 파악하는 준비가 필요하다. 정확하며 논리적인 근거를 기반으로 한 설명은 많은 참석자들로 부터 공감을 받을 수 있을 것이며, 이를 기반으로 좋은 결론을 맺을 수 있게 될 것이다. 반면, 정확한 이해와 충분한 상세 정보 없이 단순히 이러저러한 생각이나 추측 및 예상만으로 주장을 한다면 좋은 결론에 도달하지 못하고 감정적인 주장만을 되풀이하는 비효율적인 회의와 토론이 될 것이다.

아울러, 토론과 회의에서는 어떤 한 두 사람이 득점적으로 일방적인 주장을 펼치는 상황에서는 효율적인 토론과 회의가 될 수 없다. 모든 참가자들이 비교적 공평한 발언 기회를 가질 수 있어야 하며, 각 참가자들은 논리적인 근거와 정확한 데이터를 기반으로 차근차근 설명할 수 있어야 한다.

각 참가자의 발언 내용에 대해서는 자유로운 질의를 통하여 확인할 수 있도록 진행되어야 하고, 질문에서도 인신 공격적인 질문과 질책은 삼가하여야 좋은 의견과 아이디어를 많이 도출할 수 있다.

15.2 토론/회의 준비

15.2.1 토론/회의의 준비

앞서 설명한 것과 같이 토론과 회의의 궁극적인 목적은 주어진 문제에 대하여 올바른 해결책과 답을 찾아가는 과정으로 이해하여야 하며, 많은 사람들의 지혜를 모아 잘못된 정보를 배제하며 논리적인 근거가 확인된 합리적인 방안을 도출하도록 모두가 노력하여야 한다. 이를 위해서는 주어진 주제와 문제에 대하여 정확한 정보를 수집하여야 하며, 정확한 데이터를 기반으로 한 분석 결과를 사용하여 단계별 결정을 내릴 수 있어야 한다.

경우에 따라서는 주어진 문제의 다양한 면들에 대한 검토를 회의/토론 참가자가 분담하여 데이터를 수집하고, 분석하며, 기존에 발표되어 있는 자료들을 기반으로 장점과 단점, 제한점 등을 정확하게 파악하고, 이를 토론과 회의에서 설명할 수 있어야 한다. 토론에서 상대편의 논리적인 근거에 대해서도 이렇게 파악된 정보를 기반으로 질문을 할 수 있도록 준비하여야 하며, 필요에 따라서는 상대방이 주장하는 내용에 대하여 반박할 수 있도록 준비하여야 한다.

토론과 회의 준비에서 사용된 근거 자료는 반드시 그 출처가 분명하며, 누구나 신뢰할 수 있는 데이터와 정보를 기반으로 제시될 수 있어야 한다. 만약 출처가 불분명하고, 논리적인 근거가 희박한 정보를 기반으로 잘못된 결정을 내렸을 때 심각한 문제가 발생될 수 있다는 점을 반드시 이해하고, 정확안 데이터와 논리적인 근거를 갖춘 정보를 충분한 준비를 하여야 한다.

15.2.2 토론/회의 개최 통보 및 참석 안내

토론회나 회의는 대부분 사전에 주제가 선정되고 일정이 조정되어 관련자들이 참석할 수있도록 사전 개최 통보 및 참석 안내를 하는 것이 일반적이다. 아울러, 토론/회의에서 다룰 주제별로 발표자가 선정되어 관련 기본 정보 및 중점 사항을 정리하여 발표하게 하고, 이에 대한 세부적인 사항을 토의 및 결정할 수 있게 한다.

토론/회의 개최 통보 및 참석 안내에서는 표 15.1의 안내문을 미리 준비하여 참석 대상자들에게 공지하며, 미리 준비할 수 있게 한다. 토론/회의 공지 및 참석 안내문에는 제목, 일시 및 장소, 참석 대상, 세부 일정 등이 포함된다. 만약 토론/회의 시간이 90분 이상인 경우 휴식 시간을 포함하여 일정 계획을 세우는 것이 좋다.

표 15.1 토론/회의 개최 통보 및 참석 안내문의 구성

세부 항목	주요 내용
토론/회의 제목	• 토론/회의의 주요 목적이 포함된 제목
일시 및 장소	• 토론/회의 개최 일시 (날짜 및 시간) • 토론/회의 개최 장소
참석 대상	• 토론/회의 참석 대상
토론/회의 세부 일정	• 토론/회의의 진행 목차 • 소주제별 배정 시간 및 담당자 (사회자, 발표자 등) • 90분 이상의 토론/회의에서는 휴식 시간 포함

15.2.3 토론/회의의 사회자

효율적인 토론과 회의가 되기 위해서는 참석자들이 주어진 시간 안에 각자가 파악한 정확한 정보와 분석 결과를 설명할 수 있는 기회를 부여하여야 하며, 이를 기반으로 좋은 결론을 맺을 수 있어야 한다. 토론의 경우 찬성과 반대 의견이 대립됨에 따라 서로 다른 관점의 주장이 제시되기 때문에 균형잡힌 토론이 되기 위하여 반드시 각 진영의 논리적인 근거를 잘 설명할 수 있는 기회가 주어져야 한다.

회의에서도 준비된 데이터와 정보를 발표한 후, 이에 대한 질의 응답을 효율적으로 진행함으로써 다양한 측면에서 함께 검토할 수 있도록 하여야 하고, 이렇게 다양한 의견과 다양한 측면에서의 검토 결과를 기반으로 회의 결론을 맺음으로써 많은 참가자들의 정확한 이해와 공감을 이끌어 낼 수 있게 된다.

실제 토론과 회의의 진행에서 사전에 준비된 자료를 발표하고, 참석자들의 질의 응답을 할 수 있도록 세션을 관리하는 역할을 사회자가 담당하여야 한다. 토론에서의 사회는 찬성과 반대 진영에 중립적인 사람이 맡아 각 진영에서 논리적인 의견 발표와 상대편에 대한 질의 기회를 공평하게 제공받을 수 있도록 관리하여야 한다.

회의에서의 사회는 그 회의를 주관하는 단체장이 직접 맡을 수 도 있으며, 해당 분야 전문가가 맡아서 사전에 준비된 자료의 발표, 회의 참석자들의 질의응답과 상호 토론을 진행할 수 있다.

토론과 회의의 사회자는 주어진 주제에 대하여 정확한 이해를 할 수 있도록 미리 준비를 하여야 하며, 각 발표 자료를 사전에 전달받아 분석하여야 한다. 만약 발표 내용에 대하여 잘못 이해한 참석자의 질의인 경우, 발표자가 이를 바로 잡을 수 있으며, 경우에 따라서는 사회자가 잘못 이해된 부분을 바로 잡아 시간 허비 없이 회의 진행을 효율적으로 관리할 수 있어야 한다.

15.3 토론/회의 시작 및 효율적인 진행

15.3.1 토론/회의의 시작

일반적으로 토론과 회의는 시간적인 제약이 있으며, 주어진 시간 동안 진행되고, 마무리되어야 한다. 따라서 토론과 회의는 사회자가 사전어 지정되고, 사회자나 의장의 토론/회의 개시 선언과 함께 시작되며, 진행된다. 토론과 회의의 첫 부분에서는 먼저 이 토론과 회의의 주제에 대하여 사회자가 간략하게 소개하며, 토론과 회의 진행 순서에 대하여 간략하게 소개한다.

이어서 토론과 회의에 참석한 주요 인사들에 대하여 소개를 하는 것이 일반적이다. 특히 주제 발표가 있거나 지정 토론자가 있는 경우 이들을 간략하게 소개하는 절차를 가진다. 경우에 따라서는 토론과 회의에 중요한 인사 (예를 들어 회사 대표, 단체장 또는 중역, 저명한 전문가 등)가 참석한 경우, 이들을 간단하게 소개하는 절차를 가진다.

토론과 회의 주제와 참석자 소개가 끝난 후, 본격적인 진행을 하게 되며, 이 때 기본적인 절차와 순서, 질의 응답에서 주의하여야 할 사항 등에 대하여 사회자가 간단하게 안내를 하게 된다.

영어를 사용하는 회의에서 진행자 또는 사회자 역할을 맡았을 때, 다음과 같이 간단한 인사와 함께 회의 목적을 밝히면서 회의를 시작하는 표현을 사용할 수 있다.

- "Good morning/afternoon. Now it time for our meeting, and we are ready to start.
  First of all, I appreciate all participants in this meeting.
  Today, we are here to discuss 000.
  Please look at your copy of the agenda."
- "There are 00 items on the list today.
  Let's start from the first item which is titled as 000.
  (or Let's start from number 00.)"
- "Now, we've discussed 00, let's move on to 00."

15.3.2 이전에 논의/결정되었던 내용의 재검토

이전에 개최되었던 토론/회의에 이어서 토론이나 회의가 개최되는 경우에는 이전에 논의되고 그 결과로 결정되었던 내용을 다시 상기시키고 재검토하도록 한 후, 이번 회의의 소주제를 안내하고, 추가 안건을 선정하도록 하는 것이 일반적이다. 이 절차에서는 이전 토론/회의의 회의록이나 보고서를 참조하며, 핵심 사항들에 대하여 다시 확인하고, 참석자들의 동의를 받도록 한다.

이전 토론/회의의 회의록 또는 보고서는 영어로 "minutes from the previous meeting"이라고 표현되며, 이를 간단하게 검토하자라고 다음과 같이 표현할 수 있다.

- "To begin, let's quickly go over the minutes from our last meeting."

15.3.3 회의 소주제 안내 및 추가 안건 선정

토론에서는 사전에 공지된 안건 및 주제를 대상으로 찬성과 반대 진영의 주제 발표와 토의가 진행되며, 사전에 공지되지 않은 사항을 토론장에서 추가하는 경우는 거의 없으며, 필요한 경우 차기 토론에서 이를 다룰 수 있도록 조정을 하게 된다.

그러나 회의에서는 사전에 공지된 의제/안건 이외에도 회의장에서 즉석으로 의제/안건을 추가하고 논의할 수 있도록 하는 경우가 많이 있다. 회의에서의 의제/안건의 발의/제안 및 의제 선정에서는 표 15.2에서 정리된 동의(動議), 발의(發議), 재청(再請), 부의(附議) 등의 용어를 사용하며, 회의 의제에 대하여 찬성하는 의견으로 동의(同意), 결의(決議) 등의 용어를 사용하는 것이 일반적이다.

표 15.2 회의의 의제/안건 제안 및 선정, 의제별 결정 사항에 대한 찬성에서 사용되는 용어

용어	주요 내용	영어 표현
동의(動議)	• 회의에서 의사 결정을 위하여 안을 맨 처음 제안(발의)	move
발의(發議) 제출(提出)	• 의원이 의안을 낼 때에 발의라고 표현 • 지자체 단체장이 의안을 낼 때에는 의안 제출이라고 표현	submit
재청(再請)	• 제안된 의제에 대하여 찬성한다는 의사 표시	second
부의(附議)	• 안건을 본 회의에서 심으할 수 있는 상태에 놓는 것	open to debate/vote
동의(同意)	• 다른 사람의 의견에 찬성한다는 의사 표시	motion
결의(決議)	• 회의의 결론으로 의제에 대한 결정	the motion is carried

회의자료 (agenda)에 포함된 항목들을 차례대로 논의하고, 다음 단계로 진행하는 영어 표현은 다음과 같다.

- "Secretary, please read the minutes."
- "Are there any corrections to be made in the minutes?"
- "Secretary, please read the agenda."
- "The agenda for this meeting is as follows: First, 000. Second, 000. Finally, 000."
- "As you see in today's agenda, there are 00 items on the list today."
- "Let's start from the first item which is titled as 000.
  (or Let's start from number 00.)"
- "Now, we've discussed 00, let's move on to 00."

15.3.4 토론/회의의 효율적인 진행

토론과 회의에서는 미리 준비된 데이터와 정보를 기반으로 한 발표를 듣고, 이에 대한 질의 응답과 토론이 이어지는 것이 일반적인 진행 방법이다. 특히 제한적인 시간 안에 다수의 발표가 포함되는 경우에는 각 발표자의 발표 시간이 잘 관리되어야 발표 내용에 대한 검증 및 추가적인 질의 응답 기회가 제공될 수 있으드로 사회자는 이를 잘 관리하여야 한다.

세부 주제별 발표를 담당한 참가자는 허용된 발표 시간 내에 논리적인 근거를 바탕으로 한 기본 정보 및 분석 결과를 발표할 수 있도록 하여야 하며, 추가적으로 참석자들의 질문을 받고 이에 대답하며 올바른 결론을 도출할 수 있도록 적극적으로 협조하여야 한다.

각 발표자와 질의자는 사회자의 안내에 따라 질서를 유지하며 토론과 회의에 참여하여야 하며, 특정 한 두 사람이 전체 토론과 회의를 장악하지 못하게 하여야 하며, 참석자들에게 골고루 발언이나 질문 기회가 주어지도록 사회자가 관리하여야 한다. 특히, 찬성 진영과 반대 진영이 대립하는 토론에서는 찬성 의견과 반대 의견에 대한 발표 시간과 응답 시간이 균형잡힌 상태로 제공될 수 있도록 관리하여야 한다.

15.3.5 토론/회의에서의 발표, 질의 응답 및 의견 개진

토론과 회의에서 주제 발표는 매우 중요하며, 이 주제 발표에서 정확한 데이터와 논리적인 분석을 바탕으로 제시되는 내용은 토론과 회의의 결과에 매우 큰 영향을 주게 된다. 주제 발표는 참석자들이 모두 쉽게 이해할 수 있도록 정리되어야 하며, 일반적으로 사전에 자료를 참석자들에게 배포하여 미리 검토할 수 있게 하는 방법도 많이 사용하고 있다.

발표 내용에 대하여 참석자가 질문을 하거나 의견을 개진할 수 있는 기회를 제공하는 것도 매우 중요하며, 다양한 의견을 반영하여 좋은 결론을 도출할 수 있도록 토론과 회의가 진행되어야 한다. 발표 내용에 대하여 참석자들이 질문을 함으로써 불명확한 내용에 대하여 추가 검증할 수 있게 하고, 토론/회의 주제에 관련된 논리적 근거들의 관련성에 대하여 논의할 수 있게 된다.

토론과 회의에서의 질의 응답과 의견 개진에서 명심하여야 하는 점은 주제에서 벗어난 내용을 언급하지 말아야 하는 것이다. 특히 흥분하지 말고, 차근차근 논리적으로 반박을 하거나 잘못된 점을 구체적인 예를 들어가며 상대방의 논리에 허점이 있다는 점을 밝히고, 본인의 주장을 논리적인 근거를 사용하여 잘 전달되도록 하여야 한다.

15.3.6 회의에서의 안건별 결의(決議)

회의에서는 사전에 공지된 의제/안건별로 결정을 내리는 경우가 많이 있다. 주어진 의제/안건별로 결정을 내리도록 회의에서 심의 상태에 놓는 것을 부의(附議)한다고 하며, 사전에 설정된 결정 방식에 따라 찬성의견과 반대의견을 파악하여 결정을 하게 된다. 의제 및 안건에 대한 결정 방식은 사전에 협의된 방식에 따라 모두가 찬성하여야 결정되는 만장일치(滿場一致)나 찬성하는 의견이 많은 내용으로 결정하는 다수결(多數決) 등이 사용될 수 있다.

주어진 의제/안건별로 회의에서 최종 결론으로 결정되는 것을 결의(決議)라고 한다.

15.4 토론/회의의 마무리

15.4.1 토론/회의의 마무리

토론과 회의는 지정된 시간 동안 진행한 후 마무리 짓게 된다. 토론의 경우, 찬성과 반대

의견에 대한 토의 결과를 하나의 결론으로 맺지 못하고, 각 진영의 주장 내용을 상세하게 파악하는 것으로 마무리 짓는 경우가 있다. 그러나 회의의 경우, 주제에 관련된 세부 사항들의 발표와 추가적인 질의 응답 및 토의를 통하여 하나의 결론을 맺으며 마무리 짓는 것이 일반적이다.

토론과 회의의 마무리 정리는 사전에 설정된 주제에 관련되어 발표된 자료들의 요약과 질의 응답 및 종합 결론에 대한 요약 정리를 하여 마무리를 하는 것이 일반적이다. 아울러, 토론과 회의의 마무리에서는 향후 추가적인 계획에 대하여 간략하게 언급을 함께 하는 경우도 많이 있다.

회의를 마무리하고 종료하며, 폐회를 선언하기 위한 영어 표현으로는 다음과 같은 예시문을 활용할 수 있다.

- "To sum up, we've discussed and determined 000."
- "Thank you all for attending, good discussions, opinions, and proposals."
- "Our next meeting is scheduled at 000. See you all at next meeting. Thank you."
- "Today's meeting is adjourned."

15.4.2 토론/회의의 회의록 (minutes, report) 정리

토론과 회의에서 발표되고 질의 응답을 거쳐 토의된 내용들은 의장이나 사회자의 마무리 발언으로 끝나지 않고, 회의록으로 정리되어 기록으로 남기고, 이를 다음 토론이나 회의의 기본 자료로 사용하도록 하는 것이 매우 효과적이다. 회의록에는 발표 자료와 관련 참고 문헌을 부록으로 포함시키고, 질의 응답에서 추가적으로 제시되었던 자료들도 함께 포함하여 다음 단계의 토론과 회의에 참고할 수 있도록 한다.

회의록 정리를 위하여 토론이나 회의가 시작되기 전에 기록을 담당하는 서기를 선임하여 정리하도록 하는 것이 일반적이다. 아울러, 정리된 회의록은 참가자들과 관련자들에게 공람을 하여 검증하게 하고, 혹시 회의록에 오류가 있는 경우 이를 수정하도록 한다.

표 15.3 토론/회의 회의록/보고서 구성

회의록/보고서 세부 항목	주요 내용
토론/회의 제목	• 토론/회의의 주요 목적이 포함된 제목
일시 및 장소	• 토론/회의 개최 일시 (날짜 및 시간) • 토론/회의 개최 장소

회의록/보고서 세부 항목	주요 내용
참석자 명단	• 토론/회의 참석자 명단
토론/회의 세부 일정	• 토론/회의의 진행 목차 • 소주제별 배정 시간 및 담당자 (사회자, 발표자 등) • 90분 이상의 토론/회의에서는 휴식 시간 포함
토론/회의에서의 주요 논의 내용 및 주요 결정 사항	• 토론/회의에서 다루어진 주요 의제 및 토의 내용 요약 정리 • 토론/회의에서 결정된 주요 사항 및 향후 수행 내용
차기 토론/회의 일정	• 차기 토론/회의 일정에 대한 내용
첨부 자료	• 토론/회의에서 사용된 발표자료 및 안건별(세부 분야별) 토의 내용을 포함한 자료들의 목록과 해당 자료들을 회의록/보고서의 첨부자료로 포함

연습문제

15.1 토론과 회의의 목적과 진행 방법을 비교하여 차이점을 설명하라.

15.2 토론의 준비 단계에서 고려하여야 하는 주요 사항들에 대하여 상세하게 설명하라.

15.3 회의의 시작 부분에서 진행되는 세부 절차들의 순서와 각 단계별로 실행되는 구체적인 내용에 대하여 상세하게 설명하라.

15.4 토론과 회의에서 의제를 제안할 때 사용되는 용어인 동의(動議), 발의(發議), 제출(提出), 재청(再請), 부의(附議)에 대하여 각각 설명하고, 이 의미를 영어로 표현하는 문장을 작성하라.

15.5 토론에서 다른 사람의 의견에 찬성할 때와 사용하는 의제에 대한 결정을 할 때 사용되는 용어인 동의(同意)와 결의(決議)를 예를 들어 설명하고, 이를 영어로 표현하라.

15.6 회의록에 반드시 포함되어야 하는 사항에 대하여 예를 들어 설명하라.

참고문헌

R.1 References for Vocabulary and Thesaurus

[1] *Essential Words for the TOEIC*, 4th Edition, Barron, 2011.
[2] *Essential Words for the TOEFL*, 4th Edition, Barron, 2007.
[3] C.L.Brantly, *Word Smart Junior - Build a Straight 'A' Vocabulary*, Princeton Review, 1995.
[4] David Cho, *해커스 토익보카*, 해커스 어학연구소, 2011.
[5] Student Notebook Thesaurus, Random House Roget, 2nd Edition, 2001.
[6] *Thesaurus for Children*, Simon and Schuster, 2001.
[7] Cambridge On-line Dictionary, https://dictionary.cambridge.org/dictionary/english/proficient.
[8] Wikipedia, https://en.wikipedia.org/wiki/Main_Page.
[9] Naver 영어사전, https://endic.naver.com/?sLn=kr.
[10] 한영사전, https://small.dic.daum.net/index.do?dic=eng.
[11] 한글 문법 확인, http://speller.cs.pusan.ac.kr/.
[12] Jerome Shostak, *Vocabulary Workshop*, Level Blue, New Edition, Sadlier-Oxford, 2006.
[13] Andrew Kaplan and Ann Petroni-McMullen, Math on Call - A Mathematics Handbook, Bill Smith Studio, 1998.

R.2 References for English Grammar

[1] Betty Schrampfer Azar, Fundamentals of English Grammar, 3rd Ed, Longman, 2003.
[2] Marjorie Fuchs, Margaret Bonner, Miriam Westheimer, Focus on Grammar - An Intermediate Course for Reference and Practice, 2nd Ed., Longman, 2000.
[3] Understaning and Using English Grammar, 4th Edition, Longman.
[4] 송성문, 성문종합영어.

R.3 References for Essay Writings

[1] William Strunk Jr. and E.B. White, The Elements of Style, 4th Edition, Longman, 2000.
[2] Information Technology English - A Hands-On Course for IT

Professionals, LiveABC, Hebron Soft Limited, 2016.
[3] Virginia Evans, Jenny Dooley, and Enrico Pontelli, Software Engineering, Express Publishing, 2014.
[4] Virginia Evans, Jenny Dooley, and Will Kennedy, Computing, Express Publishing, 2014.
[5] David Cho, Writing Start, 해커스 어학연구소, 2011.
[6] 서경주, 김진영, TOEIC Writing Plus, YBM 시사, 2007.
[7] Grant Trew, Tactics for TOEIC Writing Test, YBM Sisa, 2009.
[8] Janet Lane, Ellen Lange, Writing Clearly - An Editing Guide, 2nd Edition, Heinle & Heinle Publishers, 1999.
[9] Litesee.com - Your test tutor, http://litesee.com/toefl_article_07.htm.
[10] 최동주, 박승희, 박종갑, 이공계열 직업세계와 맞춤형 글쓰기, 영남대학교 출판부, 2006. 2.
[11] 김기호, 김원준, 조보라미, 이공계열 맞춤형 글쓰기, 영남대학교 출판부, 2016. 8.
[12] 서강대학교 글쓰기 센터, http://writing.sogang.ac.kr/front/guide/guide_03.html.

R.4 References for Essay Readings

[1] David Cho, TOEFL Reading, iBT Edition, 2006.
[2] David Cho, TOEFL Reading - Approach by Patterns, 해커스 어학연구소, 2006.
[3] Casey Malarcher, College Reading Workshop, 2nd Edition, 2005.
[4] New SAT Insider - Critical Reading, Lingua Forum, 2004.

R.5 References for Writings of Resume and Curriculum Vitae

[1] 뽑히는 자기소개서 작성 요령, https://www.youtube.com/watch?v=gFXTG0epEfc.
[2] How to Write a CV / Resume, https://www.youtube.com/watch?v=9Oe8UgcZU3Q.
[3] How to make a resume, https://uptowork.com/blog/how-to-make-a-resume
[4] A Guide to CV Writing, https://www.slideshare.net/jamesjenkins77/a-guide-to-cv-writing
[5] How to Write an Effective Job Resume, https://www.youtube.com/watch?v=qifDfR8njB8.
[6] How to Write a Winning Resume, https://www.youtube.com/watch?v=_0fjkKCsM1w.
[7] Power Verbs, https://www.youtube.com/watch?v=SVAIXGhwYt8.
[8] Vague/empty Words to avoid in Resume, https://www.youtube.com/watch?v=4m0aaujgajk.

[9] 25 words that hurt your resume (CNN.com),
http://edition.cnn.com/2006/US/Careers/01/20/cb.words.hurt.resume/.
[10] 25 Proven 'Success Words' You Should Use On Your Resume,
https://www.inc.com/bill-murphy-jr/25-proven-success-words-you-should-be-using-on-your-resume-in-2018.html.
[11] Cover Letter for a Resume,
https://www.youtube.com/watch?v=cIg52wGIS2k.
[12] How To Write A Cover Letter,
https://www.youtube.com/watch?v=jHg0b7Nai6c.
[13] How to write a powerful cover letter,
https://www.youtube.com/watch?v=lq6aGl1QBRs
[14] How To Write A Cover Letter For A Resume - Top 5 Cover Letter Strategies, https://www.youtube.com/watch?v=9iDCpvkzRK0
[15] Job application cover letter,
https://www.youtube.com/watch?v=Q4XCn4VLfM8.

R.6 References for Good Speech

[1] 복주환, 말하기와 글쓰기를 동시에 잘할수 있는 방법이 있다, YouTube
https://www.youtube.com/watch?v=hU-4a8IbQYQ.

Appendix A. 이공계열 대학생의 필수 영어 어휘 (Essential Vocabulary for Scientists and Engineers)

Outline

A.1 Applications to Job Recruits (취업 지원)

A.1.1 Job advertisements and recruits

(참고: (자)/(타)/(동)/(v): (자)/(타)동사, (형)/(adj): 형용사, (부)/(adv): 부사, (파): 파생어, (cf): 참고(confer))

단어	품사	한글 의미, 동의어 예문
abundant	(형)	(형)풍부한, 많은, 넘칠 정도로 많은, (자원 등이) 풍부한 (adj) plentiful, ample, lavish, (ant) scarce
		The information and communication engineer was glad to have chosen a field in which jobs were abundant. The recruiter was surprised by the abundant number of qualified applicants.
accomplish	(동)	(동)(일, 의무 등)을 이룩하다, 다하다, 성취하다, 완수하다, (시간)을 지내다, (연령)에 달하다 (v) achieve, complete, do, finish, realize, undertake

단어	품사	한글 의미, 동의어	예문
		(파) accomplishment	The company was interested in hiring the Internet of Things (IoT) expert because of his list of accomplishments. Finding the right applicant for the job is a big accomplishment.
approve	(동)	(타) ~을 찬성하다, 시인하다, (의회 등이 정식으로) ~을 승인하다, 허가하다, ~을 ~이라고 보여주다, 증명하다 (자) 승인하다, 찬성하다 (v) favor, accept, endorse, grant, consent, allow, authorize (파) approval	The survey showed that 32% of respondents approve, 54% disapprove and the rest are undecided. The survey showed that 32% of respondents approve, 54% disapprove and the rest are undecided.
aptitude	(명)	(명)경향, 습성, 성벽, 기질, (학문, 예술 습득의) 소질, 재능, 적성, 적합 ability, skill, talent, capacity, fitness, propensity, (ant.) inability	He has an aptitude for mathematics. Aptitude test is a test that measures your ability to succeed at something.
candidate	(명)	(명)지원자, 지망자, 수험자, 후보자, 입후보자, 학위 취득 희망자, ~을 할 것 같은 사람, ~이 될 만한 사람 (n) possible choice, nominee, applicant, aspirant,	The recruiter will interview all candidates for the position. The president of our company is a candidate for the Outstanding Business Award.
challenge	(명)	(명)(경기, 권위에의) 도전, (결투, 시험에의) 신청, 도전장, (해볼 만한) 과제, 난제, 설명의 요구, 요청, 청구, (법률) (배심원에 대한)거부, 기피, (의학) 공격(면역 반응의 항원 또는 예방 접종의 병원균 투여)	Finding a solution to this problem is one of the greatest challenges faced by scientists today. Finding a cure for cancer is one of the biggest challenges facing medical researchers.
	(동)	(동)도전하다, <법률> 배심원을 기피하다 (v) dare, face, confront, dispute	She has challenged me to a game of poker. Children challenge their parents' authority far more nowadays than they did in the past.
come up with	(동)	(동) ~에 다가가다, 따라가다, 따라잡다, (필요한 물건)을 공급하다, 주다, 산출하다, ~을 제안하다, (어떤 생각)을 꺼내다, ~이 생각나다, 떠오르다, ~을 발견하다 (v) to plan, to invent, to think of, discover, create, produce, furnish, procure	In order to find good candidates for the position, we need to come up with a good advertising plan. How was the new employee able to come up with that cost-cutting idea after only one week on the job?
commensurate	(형)	(형)같은 정도의 , 액수가 상응하는, 적당한, 균형잡힌, 공통의 단위를 가진, 같은 단위로 계산할 수 있는, 약분(통분) 할 수 있는 (adj) equal, comparable, equivalent, proportionate, corresponding, appropriate, matching, alike	Generally the first year's salary is commensurate with experience and education level. As mentioned before, the number of new recruits will be commensurate with the number of vacancies at the company.
match	(명)	(명)성냥, 도화선, (명) 경기, 시합, 대전, 대결, 경기에의 참가, 호적수, (경쟁) 상대, 동등한 사람, (다른 한쪽의) 짝이 되는 사람, 서로 어울리는 한 쌍, 결혼상대, 결혼, 혼인 (n) safety (Sulphur) match to make fire, equivalent, mate, race,	It is difficult to make a decision when both candidates seem to be a perfect match. Korean succer team has a match with Japan team next month.
	(동)	(동)~에 필적하다, ~와 대등하다, ~에 어울리다, 조화되다, ~을 (~에) 어울리	

단어	품사	한글 의미, 동의어
		예문
		게 하다, 조화시키다, ~을 꼭 들어맞게 하다, (사람)을 대항시키다, (전기) (2개의 전기회로를) 정합하다 (v) equalize, equate, pair, harmonize
		A headhunter matches qualified candidates to suitable positions. It would be difficult to match the customer services that this air line provides.
certificate	(명)	(명) 증명서, 졸업증명서, 면허증, 자격증, (법률) (법률상의 증거가 되는) 증명서, 증권 (n) diploma, credential, record, license (파) (v) certify, confirm, verify
		Certificate is a document providing evidence of status or qualifications, as one attesting to the completion of a course or the truth of facts stated. The preparatory certificate is the minimum qualification required to teach English in most language schools.
abbreviate	(동)	(타) (어구)를 단축(생략)하다, 단축하여 ~이라고 쓰다, 약어를 사용하다, 생략하다, (수학) 약분하다 (v) shorten, reduce, cut, condense, abridge, truncate, curtail
		Abbreviation is to shorten a word or phrase by omitting letters, substituting shorter forms s that the shortened for can represent the whole word or phrase. "Chief Executive Officer" is abbreviated as "CEO".
familiar	(형)	(형)잘 알려진, 눈(귀)에 익은, 낯익은, 흔한, 보통의, 잘 알고 있는, 정통한, (태도, 문체 등이) 격식을 차리지 않는, 스스럼없는, 친한, 친밀한, 허물없는 (adj) acquainted, aware, accustomed, conversant, recognizable, well-known, customary, habitual, regular
		The house looked strangely familiar, though she knew she'd never been there before. She looks familiar but I can't place her - did she use to work here?
interest	(명)	(명)흥미, 관심, 호기심, 관심을 불러일으키는 것, 관심사, 취미, (기업 등의) 소유권, 권리, 이권, 이해(관계), 이익, 이자, 이식, 이율, 세력, 지배력, 영향력, 연줄 (n) attention, notce, curiosity, concentration, attentiveness, importance, significance, consequence, concern, good, profit, benefit, hobby, appeal
		I've always had an interest in engineering. He wanted science students to take an interest in the arts, and so he always prepared good examples of modern arts using science and engineering.
	(동)	(타) (남)의 주의를 끌다, ~에게 흥미(호기심)을 갖게 하다, 관심을 갖게 하다, ~을 관계시키다, (v) attract, appeal, fascinate, draw
		History doesn't really interest me. He was interested to know the reason.
opportunity	(명)	(명)~의/~할 좋은 기회, 호기, 향상의 기회, 행운 (n) chance, occasion, prospect
		Everyone will have an opportunity to comment. There are some great opportunities now for engineers trained in computer-aided design.
profile	(명)	(명)(사람 얼굴의) 윤곽, 외형, 외곽선, (건축) 측면도, (인물) 인물소개, (변화, 추이, 활동, 실적 등의) 개요, 윤곽, (통계) (데이터의) 도표, 분석표, (사람, 물건의) 특징, 특성, (개인의) 태도, 자세 (n) outline, summary, sketch, (v) summarize
		The recruiter told him that, unfortunately, he did not fit the job profile. As industrial environments change, so does the company's profile for the job candidate.
qualify	(동)	(타) ~에게 (~의/~로서의/~할) 자격(권한)을 부여하다, ~을 적격(적임)으로 하다, ~을 수정하다, ~을 제한하다, 한정하다, ~을 부드럽게하다, 완화하다, ~을 (~이라고) 칭하다, 평하다 (법률) ~에게 법률상의 적격성(법적 권한)을 부여하다 (자) ~으로서/~하는데 적임히다, ~할 자격을 얻다, 면허를 받다, (법률) 자격을 얻다

단어	품사	한글 의미, 동의어 / 예문
		(v) succeed, restrict, limit, moderate, temper, reduce, lessen, soften, modify (파) qualification: (명) 자질, 조성, 능력, 자격부여, 제한, 한정; (n) aptitude, requirement, prerequisite, attribute
		The job seeker had done extensive volunteer work and was able to add this experience to his list of qualifications. The applicant had so many qualifications that the company created a new position for her.
recruit	(명)	(명) 신병, 초년병, 보충병, 신입사원, 신입회원, 신참자, 신입생, 보충, 신규 보급 (n) employee, trainee, apprentice
		The new recruits spent the entire day in training. Raw recruits (who are completely new soldiers) were trained for six months and then sent to the war front.
	(동)	㈕ (신병, 신입회원)을 모집하다, ~을 (신병, 신입회원 등으로) 강화하다, 보강하다, (군대)에 신병을 보충하다, ~을 고용하다, (v) employ, draft, hire
		When the consulting firm recruited her, they offered to pay her relocation expenses. Having slimmed to around 1000 staff, the company is noew recruiting again.
require	(동)	(타) ~을 필요로 하다, ~이 필요하다, (권위를 가지고) 에게 요구하다, 명하다, 요청하다, 착용 의무가 있다 (자) 필요하다, (법률 등이) 요구하다, 명하다 (v) need, necessitate, involve, oblige, compel, demand, expect (파) requirement
		You are required by law to stop your car after an accident. This is a very sensitive case requiring extreme circumspection.
submit	(동)	㈕ ~을 ~에 순종(복종)하게 하다, ~을 제출(제시)하다, 기탁하다, (의회, 법정 등에) ~을 제기하다, ~을 의견으로 진술하다, 상신하다 ㈋ 복종하다, 굴복하다, (의견 등에) 따르다, 감수하다, (조치 등을) 받다 (v) present, offer, suggest, succumb, surrender, yield, accept
		Submit your resume to the human resources department. The applicant submitted all her paperwork in a professional and timely manner.
time-consuming	(형)	(형)(일 등이) 많은 시간을 요하는 (낭비하게 하는), 시간이 걸리는 (adj) laborious, slow, inefficient, onerous, arduous
		Even though it was time-consuming, all of the participants felt that the open house was very worthwhile. After five interviews, he had the job, but it was the most time-consuming process he had ever gone through.
vacant	(형)	(형)공허한, 빈, ~이 없는, 사용되지 않은, 비어 있는, (직책, 지위 등이) 비어 있는, 공석의, 결원의, 틈이 난, (마음, 머리, 표정이) 멍한, 허탈한, 방심한, 얼빠진 (adj) empty, available, unoccupied, free, unused, blank, indifferent, vacuous, uncomprehending
		A vacant job is one that no one is doing and is therefore available for someone new to do. She had a vacant expression on her face.
vocation	(명)	(명)직업, 장사, 업무, 천직, 사명, 소명, (어떤 직업에 대한) 적성, 소질, 재능 (n) aptitude, talent, ability, career, profession, job, occupation, work
		Most teachers regard their profession as a vocation, not just a joA. To work in medicine, you should have a vocation for it.

A.1.2 Applying and Interviewing

단어	품사	한글 의미, 동의어 / 예문
ability	(명)	(명)~할 수 있음, 능력, 역량, 수완, 재능, 재주, (법률) (경제적) 능력, 법정 자격 (n) aptitude, skill, capability, faculty
		The designer's ability was obvious from her portfolio. The ability to work with others is a key requirement.

단어	품사	한글 의미, 동의어	예문
appearance	(명)	(명)출현, 출두, 출연, 등장, 출판, 발간, 외관, 외견, 모양, 겉보기, 풍채, 풍모, 체면 (n) arrival, presence; look, form, manifestation; emergence, advent	This was the defendant's third court appearance for the same offence. You can alter/change the whole appearance of a room just by lighting it in a certain way.
apply	(동)	[타] (법규, 이론 등)을 적용하다, (원리 등)을 응용하다, (물건)을 대다, (힘, 압력, 열)을 가하다, (성냥)을 켜다, (어떤 목적에) ~을 충당하다, (주의력, 마음, 정력 등)을 쏟다, 기울이다 [자] 꼭 들어맞다, 적용되다, 적합(해당)하다, 신청하다, 지원하다, 출원하다, ~에 전념하다 (v) smear, relate, request, use, join	The college graduate applied for three jobs and received two offers. Everyone who is interested should apply in person at any branch office.
background	(명)	(명)(풍경, 그림, 무대의) 배경, 원경, 남의 눈에 띄지 않는곳, 이면의 사정, 예비 (기초) 지식, (사람의) 성장 환경, 소양, 경력, 학력, (물리) 주변의 영향, (통신) 배경 잡음, (컴퓨터) 화면의 배경 (n) contextual, related, upbringing, experience	Your background in the Internet industry is a definite asset for this joA. The employer did a complete background check before offering him the joA.
call-in	(명)	(명) (방송) 시청자(청취자) 전화 참가 프로 (n) to ask to come, to beckon	The young woman was so excited when she was called in for an interview that she told everyone she knew. The human resource manager called in all the qualified applicants for a second-round interview.
confidence	(명)	(명)신뢰, 신용, 신임, 자신, 확신, 확실함 (n) a belief in one's ability, self-esteem	Good applicants show confidence during an interview. He had too much confidence and though that the job was his.
ensure	(동)	[타] ~을 책임지다, 보증하다, 확실하게 한, ~을 확보하다, 손에 넣게 하다, ~을 안전하게 하다, 지키다, ~의 보험을 들다 (v) guarantee, confirm, certify, warrant	The company's sole concern is to ensure the safety of its employees. You have a legal obligation to ensure your child receives a proper education.
expert	(명)	(명)숙련자, 전문가, 명인, 대가, 권위자 (n) specialist, professional (파) expertise (명) 전문가적 의견, 전문적 지식(기술), (서화, 골동, 자료 등에 대한) 전문가의 감정서	Our department head is an expert in Internet of Things (IoT). The candidate demonstrated that he was an expert in C/C++ programming.
	(형)	(형)숙달한, 노련한, 능숙한, (제품 등이) 정교한, 정교하게 만들어진, 전문가의, 지식(기량)을 가진, 명의 (adj) skilled, proficient, practiced, proficient, professional, knowledgeable	He provided expert advice to us on the unexperienced phenomena.
entry	(명)	(명)들어감, 입장, 입학, 입회, 가입, 참가, 입장허가권리, 입구, 들어가는 길, 통로, 현관, 기입, 기재, 등기, 등록, (경기 등의) 참가자, 출품물, (법률) 가택침입, 토지 점유, (세관) 통관절차, 통관 신고(서), (컴퓨터) 입구, 입력, 항목, (음악) 도입부 (n) admission; record; application; entrance	The entries from one school are limited to five players. You'll need an entry visa to get into the country.
gentle	(형)	(형)(사람, 말투 등이) 부드러운, 온화한, 친절한, 정중한, (날씨, 동작 등이) 평온한, 조용한, 부드러운, (지배, 처벌 등이) 관대한, 엄하지 않은, (경사 등이) 가파르지 않은, 완만한, 가문(태생)이 좋은, 상류 계급의, (동물이) 순한, 길이 든, 고상한, 세련된, 교양이 있는, 신사의, (약, 술 등이) 독하지 않은, (맛, 기분 등이) 부드러운, 무던한 (adj) mild, calm, moderate, soft, quiet, soothing, mellow, peaceful	

단어	품사	한글 의미, 동의어 예문
		You can actually accomplish a lot more by gentle persuasion. Outside the flat, she could hear the gentle wash of the waves on the beach.
hesitant	(형)	(형)머뭇거리는, 주저하는, 주춤거리는, 내키지 않아 하는, 말을 더듬는, 우물거리는 (adj) reluctant, with reservation, uncertain, cautious
		She was hesitant about negotiating a higher salary. The recent college graduate was hesitant about accepting his first offer.
interview	(명)	(명)(신문, 잡지 기자의) 인터뷰, 취재방문, 기자회견, 회견 기사, 방문기, 회견기, (공식적인) 회견, 면담, 회담, (입학, 취업 때의) 면접 (시험) (n) a meeting for getting information, consultation, question, interrogate
		It is very important to act professionally during a job interview. We had to interview a lot of people before we found the right one for the joA.
	(동)	(타) ~와 면담(회담, 면접)하다, (기자가 취재를 위하여) ~와 회견하다, ~을 탐문 수사하다 (v) question, interrogate, quiz, cross-examine
		We have had more than 200 applicants for the job, but we only plan to interview about 20 of them. Police are interviewing a 50-year old man in connection with the cause of the recent accident.
neat	(형)	(형)정돈된, 단정한, 깔끔한, (몸치장 등이) 말쑥한, 아담한, 깨끗한 것을 좋아하는, 말끔한, 품위 있는, 균형이 잡힌, (문체, 말이) 적절한, 요령 있는, 재치 있는, 솜씨 좋은, 교묘한
		Neat people like to keep themselves, their house, and their possessions tidy and in good order. We arranged the chairs in neat rows.
optimistic	(형)	(형)낙관적인, 낙천적인, 쉽게 여기는, 낙천적인, 쉽게 여기는 (adj) hopeful, positive, expectant, enthusiastic, confident
		The doctor said she was optimistic about the outcome of the operation but forbore to make any promises at this early stage. The treasurer has been taking a more optimistic view of economic recovery in his recent public pronouncements.
proficient	(형)	(형)~에 숙달한, 숙련된, 능숙한 (adj) capable, talented, expert, dexterous, competent, adroit
		It takes a couple of years of regular driving before you become proficient at it. Candidates must be able to demonstrate a high level of proficiency in both languages.
unique	(형)	(형)유일한, 독특한, 비길 데 없는, 유례없는, 진기(희귀)한, 좀처럼 없는, 굉장한, 놀랄만한 (adj) sole, exclusive, exceptional, inimitable, distinctive, matchless
		Unique means being the only existing one of its type or, more generally, unusual, or special in some way. As many as 100 species of fish, some unique to these waters, may have been affected by the pollution.
unanimous	(형)	(형)일치한, 동의의, 이의가 없는, 만장일치의, 이구동성의 (adj) common, agreed, united, undisputed
		If a group of people are unanimous, they all agree about one particular matter or vote the same way, and if a decision or judgment is unanimous, it is formed or supported by everyone in a group. The committee's recommendations were accepted unanimously.
resume	(동)	(동)(그만 두었던 일 등)을 다시 시작하다, 재개하다, (장소, 자리 등)을 다시 차지하다, (명칭 등)을 다시 사용하다, (건강, 권리 등)을 되찾다, 회복하다 (v) recommence, restart, continue, reoccupy, return
		If an activity resumes, or if you resume it, it starts again after a pause. The company expects to resume production of the vehicle again after a two-month hiatus.
	(명)	(명)적요, 요약, 개요, 이력서

단어	품사	한글 의미, 동의어 예문
		(n) summary, overview
		Resume is a short statement of the important details of something.
weak	(형)	(형) 약한, 힘(체력)이 없는, 허약한, 가냘픈, 병약한, 쇠퇴한, 지력이 모자라는, 정신 박약의, (성격, 의지, 판단력 등이) 약한, 결단력이 없는, 불충분한, (이론, 설명 등이) 근거가 박약한, 설득력이 없는, 서투른, (상업) (시황 등이) 약세인, 하락세인, (음성) 악센트가 없는, 무강세의 (adj) without strength, poorly
		She was so nervous at her first interview, and she spoke weakly. She wrote so weakly we could not read it properly.

A.1.3 Hiring and Training

단어	품사	한글 의미, 동의어 예문
appropriate	(동)	[타] (공공물)을 전유하다, 사물화하다, 제 것으로 만들다, ~을 도용하다, 착복하다, ~을 충당(유용)하다, (의회가) ~의 지출을 승인하다, (정부가) (어떤 금액)을 예산에 계상하다 (v) take, misappropriate, seize, assume, arrogate, usurp, adopt
		He lost his job when he was found to have appropriated some of the company's budget. As the empire expanded, they eagerly appropriated the artistic styles of neighboring provinces.
	(형)	(형) 적당한, 타당한, ~에 어울리는 (adj) suitable, fitting, proper, apposite, applicable; (v) take, seize, assume, arrogate
		Please complete the appropriate parts of this form (= the parts that are right or necessary for your particular situation) and return it as soon as possible. Is this an appropriate time to discuss company's budget issue?
career	(명)	(명) 생애, 경력, 이력, 일생의 직업, 생계를 위한 직업, (특수 훈련을 받는 전문적) 직업, (직업에서의) 성공, 출세, 진행, 경과, 질주, 전속력 (n) vocation, job, occupation, profession
		During a successful business career, she accumulated a great amount of wealth. Many women sacrifice interesting careers for their family.
	(동)	(자) 질주하다, 바쁘게 이리저리 뛰어다니다 (v) hurtle, dash, tear, rush, gallop, thunder, run, (anto) dawdle
		The coach careered down a slope and collided with a bank. Without driver, the car careered down a slope and hit a telephone pole.
conduct	(명)	(명) 행위, 품행, 행실, 운영, 관리, 수행, 처리, 지휘, 지도, 안내, (n) to hold, to take place, behavior, manner, management,
		The school has a strict code (set of rules) of conduct. He was criticized for his conduct of the inquiry.
	(동)	[타] 처신하다, 행동하다, (전기) (열, 전기, 소리 등)을 전하다, 전도하다 (v) lead, manage
		We plan to conduct the training session in the auditorium. The interviews were conducted over a period of three weeks.
embarrass	(동)	[타] ~을 난처하게 하다, 당혹(당황)케 하다, 쩔쩔매게 하다, (문제 등)을 뒤얽히게 하다, 복잡하게 하다, ~을 훼방 놓다, ~을 방해하다, (신체, 기관 등)의 기능을 손상시키다, 장애를 일으키다 (v) humiliate, mortify, shame, disconcert
		Why did you make an announcement in front of everyone? Did you have to embarrass us like that? She looked a bit embarrassed by all the praise.

단어	품사	한글 의미, 동의어 / 예문
equipment	(명)	(명) (집합적) 설비, 비품, 기기, 용구, (군대, 선박 등의) 장비, 장구, (개개의) 장치, 설비된 상태, 장비, 무장, 준비, 갖추기, 차리기, (필요한) 지식, 기술, 능력, (집합적) 철도 차량, 비행기 (n) gear, apparatus, kit, tools
		Firefighters had to cut the trapped driver free using special equipment. Radar equipment is used to detect enemy aircraft.
evaluate	(동)	[타] 평가하다, 감정하다 (v) assess, appraise, gauge, estimate, calculate, weigh, value, price
		It is very important to evaluate your competition when making a business plan. The bank evaluated our creditability and decided to loan us money.
fluent	(형)	(형) 유창한, 거침없는, 능변의, 달필인, (움직임, 곡선 등이) 완만한, 부드러운, 우아한, (강 등이) 거침없이 흐르는, 유동성의, 모양이 일정하지 않은, (모양 등이) 쉽게 변하는, 유연한 (adj) easy, flowing, confident, assured, articulate, eloquent, voluble (명) (수학) 변수, 변량
		When a person is fluent, they can speak a language easily, well, and quickly. She's fluent in French and English and has a working knowledge of Spanish.
generate	(동)	[타] ~을 낳다, 산출하다, (전기, 열 등)을 일으키다, 발생시키다, (생각, 감정, 결과, 상태 등)을 야기하다, 초래하다, 빚다, (수학) (점, 선, 면이 움직여서) (선, 면, 입체)를 만들다, (언어) (생성, 문법에서) (문장)을 생성시키다, (전기가) 발생하다 (v) to create, to produce
		The new training program generated a lot of interest among employees. The job fair at the college campus should generate interest in our company.
graduate	(명)	(명) 졸업생, 대학원생, 경험이 풍부한 사람, 달인 (n) alumna, ex-student, former student
		He is a graduate of the College of Engineering in Yeungnam University. At present the organization has to rely on young, inexperienced graduates. There are numerous opportunities for young graduates recently.
	(동)	(자) 졸업하다, 학위를 받다, ~의 자격을 따다, 승진하다, 서서히 ~으로 변화하다, 차츰 ~이 되다, (타) ~에게 학위를 수여하다, ~을 졸업시키다, (대학, 학교)를 졸업하다, ~을 유별하다, ~에 등급을 매기다, (v) progress, advance, proceed, adapt, modify, adjust, accommodate, arrange
		He graduated from Yeungnam University. She has just graduated with first-class honors in computer engineering.
hire	(동)	[타]~을 고용하다, (물건)을 세내다, (요금을 내고) 빌리다, ~을 임대하다, 세놓다, 돈을 주고 일을 시키다 [자] 고용되다,
		She was hired after her third interview. How much would it cost to hire a car for the weekend?
	(명)	(명) (사람의) 고용, (물건의) 임차, 임대, 임대료, 사용료, 임금, 보수, 고용인, 신입사원 (n) employee, (v) to employ
		The price includes flights and car hire. The new hire has integrated well with his colleagues.
mentor	(명)	(명) 현명하고 성실한 조언자, 훌륭한 지도자(교사), 스승, 사부, (유력한) 후원자, 비호자 (n) a person who guides and instructs, a resource, counselor, tutor, guru, advisor
		The mentor helped her make some decisions about combining career and family. One problem with many programs is that the mentors don't feel invested in the progress of the employees with whom they are working.
orientation	(명)	(명) (환경 등에) 적응시키기, 순응, 적응, 방위(위치)의 확정, (교육) 오리엔테이션, 진로(입문) 지도, 정세 판단, 태도 결정, 방향 감각, 태도, 관심, 대응 (n) alignment, positioning, placement, coordination, focus, thrust, inclination, tendency, proclivity, preference, adjustment,, initiation, direction
		Orientation means the particular things that a person prefers, believes, thinks, or usually does. We employ people without regard to their political or sexual orientation.

단어	품사	한글 의미, 동의어 / 예문
routine	(명)	(명) 판 (틀)에 박힌 일, 일과, 틀에 박힌 수법, 기계적인 수법, 정례적인 일, 관례, (컴퓨터) 루틴 (정형적인 프로그램), (예능인의) 판에 박힌 연기 (n) procedure, practice;
		The airline has been criticized for failing to heed warnings about lack of safety routines. Most companies insure property and equipment against damage or theft as a matter of routine.
	(형)	(형) 일상적인, 판에 박힌, 일과의, 상례적인, 재미없는, 지루한, 진부한, 평범한 (adj) monotonous, tedious, repetitive, unchanging, mundane; (adj) usual, regular, habitual; (anto) unusual
		My job is so routine and boring; so, I am finding another job. The company is doing a routine inspection in order to avoid severe acident.
sophisticate	(명)	(명) 닳고 닳은 사람, 안식이 높은 사람, 세련된 사람 (n) socialite, trendsetter; (v) educate, acculturate (파) sophisticated: (형) 순진성을 잃은, 불순물을 섞은, 교양있는, 세련된, 안식이 높은, (기계, 기술 등이) 정교한, (문체 등이) 기교에 치우친, 멋 부린, (음악, 소설 등이) 지식인 취향의, 고급의
		By building theories and inventing concepts, we sophisticate the subjective image of the world rather than get a grasp of the material reality behind it. Object-oriented languages, especially, have sophisticated support for user-defined overloading.
	(동)	(동) (기계 등)을 복잡하게 하다, 정교하게 하다, (취미 등)을 세련시키다, ~의 순진성을 잃게 하다, ~을 세파에 물들게 하다
		(v) acculturate, educate, mold
safety	(명)	(명) 안전, 무사, 무난, 안전성, 안전장치, 안전판, (야구) 안타, 피난처, 대피소 (n) care, security, protection, shelter, welfare
		Reporters may enter the danger zone but unfortunately we cannot guarantee/assure their safety. In view of these considerations, it is indeed necessary to conduct tests for safety's sake.
utilize	(동)	[타] ~을 이용하다, 소용되게 하다 (v) use, apply, exploit, employ, operate, consume, develop
		The vitamins come in a form that is easily utilized by the body. It seems probable that neither of these species regularly utilizes the agricultural matrix but both can migrate through it when food limitations dictate.
necessity	(명)	(명) 필요물, 필수품, 필요 불가결한 것, ~의 필요성, 불가결한 일, 긴급한 필요(유구), 필연(성), 불가피(성), 당연할 결과, 강제, 강요, 가난, 빈곤, 궁핍, (철학) 필연(성), (논리) 추론의 결과가 반드시 성립하는 것 (n) need, requirement, obligation, stipulation; essential, requisite, necessary
		We'll employ extra staff to help out as and when the necessity arises. I had a couple of months to spare between jobs so I thought I'd make a virtue of necessity by acquiring a few new skills.
present	(형)	(형) 현재의, 오늘날의, 지금의, 당장의, 지금(현재) 고려하고 있는, (물건 등이) 존재하는 (adj) current, contemporary, existing, extant, existent, near, nearyby, (anto) past
		Present time refers to the time around the moment of writing. Her book is written entirely in the present tense. The whole family was present. Please state your present occupation and salary.
	(명)	(명) 현재, 지금, 현시점, (문법) 현재 시제, 현재형; (n) now, today, (명) 선물; (n) gift, offering, grant, dowry, boon,
		The children squealed in delight when they saw all the presents under the Christmas tree. They gave me baseball tickets as a birthday present.
	(동)	(동) ~을 (남에게) 증정하다, (기회 등)을 주다, 제공하다, (~에게) (어음, 수표 등)을 건네다, 제시하다, (보고서 등)을 제출하다, (계획, 이론 등)을 제안

단어	품사	한글 의미, 동의어 / 예문
		하다, ~에게 (남을) 소개하다, ~을 공개하다, 발표하다 (v) give, award, bestow, donate, offer, stage, show, exhibit, organize, display, pose, cause, represent, raise, produce, portray, represent, depict, cast, describe, render, appear, arrive, attend, impart, submit, communicate, state (파) presentation : (명) (승인을 받기 위한) 제출, 제시, 발표, 설명, 시연, (논문 등의) 구두 발표, 공연, 공개
		The winners were presented with medals. The team presented their project report to the committee. The letter presented the family with a problem that would be difficult to solve.
reject	(동)	(타) (제안, 요구 등)을 거절하다, 거부하다, 받아들이지 않다, 인정하지 않다, (남)을 퇴짜 놓다, 거절하다, (쓸모없거나 불만족하여) ~을 제거하다, 물리치다, 버리다
		Even though he rejected their offer, they remained in contact. He applied for a job as an mechanical engineer, but unfortunately he was rejected.
	(명)	(명) 거부된 사람(물건), 폐기물, 불합격품, (징병) 불합격자, 쓸모없는 놈 (n) something that has been turned down, (v) to turn down, to stay no, to not accept
		We put the rejects in this box. She considered herself to be one of her life's rejects.
solicit	(동)	(타) ~을 (~에게) 간절히 원하다, 간청하다, 졸라대다, (못된 짓을 하도록) (남)을 부추기다, 유혹하다, 간청하다, 거래(주문)을 원하다, 구걸하다, 손님을 끌다 (v) ask, petition, implore; beg, seek, beseech
		It is illegal for public officials to solicit gifts or money in exchange for favours. It generated about 40% of its new customers through telemarketers hired to call and solicit potential customers.
novice	(명)	(명) 초심자, 신출내기, 풋내기, (교회의) 새신자 (n) beginner, trainee, apprentice, rookie, learner
		I've never driven a car before - I'm a complete novice. They found that experts use significantly more analogies than novices do.

A.1.4 Salaries and Benefits

단어	품사	한글 의미, 동의어 / 예문
affect	(동)	(타) ~에 영향을 미치다, (불리하게) 작용하다, (병 등이) ~을 침범하다, 해치다, ~에 해롭다, ~을 감동시키다, ~에 감명을 주다 (v) influence, involve, concern, alter; (v) touch, assume, adopt, pretend
		The tall building were badly affected by the strong fire. They were deeply affected by his speech. Farmers and market gardeners have been badly affected by the drought.
basis	(명)	(명) (체계 등의) 기초, 기저, 토대, (이론, 지식 등의) 원리, 기본, 논거, (협상 등의) 공통 기반, 주성분, (근사) 근거지, (수학) 기저 (n) base, foundation, root, source, beginning, footing
		The manager didn't have any basis for firing the employee. On the basis of my ten years of loyalty to this company, I feel that I deserve three weeks' vacation.
contract	(명)	(명) 계약, 약정, 협약, 계약서, 협약서, 청부, 도급, 하청 (n) agreement, bond, treaty; (v) agree to, commit, engage, diminish, sign, incubate
		They could take legal action against you if you break (the terms of) the contract. Under the terms of their contract, employees must give three months' notice if

단어	품사	한글 의미, 동의어 예문
		they leave.
compensate	(동)	(타) 보상하다, 변상하다, 배상하다, (보수, 급료를) ~에게 지불하다, ~을 보충(벌충)하다, 상쇄하다, (기계) ~를 보정하다, (경제) (통화)의 금 함유량을 보정하다 (v) reimburse, reward, balance, counterweigh
		The company compensates employees for overtime by paying double for extra hours. The company will compensate employees for any travel expenses.
delicate	(형)	(형) (감촉, 자태 등이) 섬세한, 우아한, (음식 등이) 맛이 좋은, (색 등이) 부드러운,어렴풋한, 엷은, (인지가 불가능할 만큼) 미미한, 미세한, 미묘한, 부서지기 쉬운, 허약한, 가냘픈, 신중한 취급을 요하는, 다루기 힘든, (기계 등이) 정교(정밀)한, 민감한, 고감도의, 품위 있는, 세련된, 얌전한, 사려가 깊은, (감각, 감정이) 자상한, 섬세한, 민감한 (adj) subtle, faint, gentle, mild, elusive, tactful, refined, considerate, thoughtful, sympathetic, fragile, weak, slight, graceful, precise, difficult (파) dedicately (부) 우아하게, 섬세하게, 미묘하게, 정교하게, 품위 있게, 세련되게
		Senior management is handling these contract negotiations delicately. The company delicately asked about the health of its client.
eligible	(형)	(형) (~할) 자격이 있는, 적임의, 적당한, 바람직한, (법적으로) 적격의 (a) qualified, able to participate in something, entitled, suitable, fit, appropriate, adequate
		Some employees may be eligible for the tuition reimbursement plan. I do not understand why I am not eligible if I have been with the company for over a year.
flexible	(형)	(형) 구부리기 쉬운, 낭창낭창한, 유연성이 있는, (제도, 목소리 등이) 마음대로 바꿀 수 있는, (예절, 정신 등이) 융통성 있는, 유연한, 적응성이 있는, (사람이) 고분고분한, 순종하는, 다루기 쉬운 (adj) elastic, plastic, lithe, supple, adaptable, accommodating, variable, compliant, open, acquiescent, tractable, amenable, malleable, docile, (anto) rigid, stiff, intractable (파) flexibility: with the ability to change, compliantly, adaptably, openly
		My manager thinks flexibly, enabling herself to solve many sticky problems. We need to respond flexibly if we want to keep customers in this competitive market.
reward	(명)	(명) 보수, 보상, 포상, 사례금, 보상금, 현상금, 응보, (악의) 과보, 벌 (n) prize, incentive, compensation, return;
		The police offered a reward for any information about the robbery. The rewards of motherhood outweight the anguish.
	(동)	(타) ~에 보답하다, ~에 상(포상)을 주다, ~에게 보복하다, ~을 벌하다, 보답하다 (v) recompense, compensate
		All her hard work was rewarded when she found her book published and distributed. The company rewarded him for his years of service with a grand farewell party and several presents.
insure	(동)	(타) (사람, 보험 회사가) (사람, 재산 등)에 보험을 계약하다, 보험을 들다, (남)을 (위험에서) 지키다, 안전하게 하다, ~을 보증하다, 확실하게 하다, 책임지다, 보험에 가입하다 (v) protect, cover, assure, indemnify (파) insurance : (n) cover, assurance, protection, coverage, indemnification
		All our household goods are insured against accidental damage. We had reporters check to insure the accuracy of the story.
stipulate	(동)	(타) (계약, 약정서 조항속에) ~을 명기하다, 규정하다, 명문화하다, ~을 계약조건으로서 요구하다 (v) specify, instruct, order, require, demand (파) stipulation : (n) condition, requirement, demand, prerequisite, provision, clause
		The law stipulates that new cars must have seat belts for the driver and every passenger.

단어	품사	한글 의미, 동의어 예문
		There was a stipulation that the land be used as a park.
negotiate	(동)	[타] ~와/~을 교섭하다, 협상하다, 협의하다, (교섭, 협의 등에 의하여) ~을 결정하다, 협정하다, (업무 등)을 처리(수행)하다, 다루다, (상업) (어음 등)을 유통시키다, 양도하다, 현금으로 바꾸다, (장애 등)을 극복하다, (곤란)을 타개하다 (v) to talk for the purpose of reaching an agreement, especially on prices or contracts, talk, bargain, sell, exchange, consult, settle, cooperate, pass, traverse
		You must know what you want and what you can accept when you negotiate a salary. The associate looked forward to the day that she would be able to negotiate her own contracts.
raise	(동)	[타] 올리다, 들어 올리다, 높이 들다, ~을 일으키다, 일으켜 세우다, (건물 등)을 세우다, 건립하다, (먼지 등)을 일으키다, (파도, 바람 등)을 일게 하다, (소동, 사건)을 일으키다, (양, 가격, 요금 등)을 상승시키다, (지위, 신분)을 올리다, 승진시키다, (정도, 강도 등)을 높이다, 증대시키다, (소리)를 지르다, (목소리)를 높이다, (법률) (소송)을 제기하다 ~의 힘을 북 돋우다, 분발시키다, (돈)을 모으다, 모금하다, (봉쇄, 금지 등)을 풀다, (수학) ~을 ~에 거듭제곱하다, (통신) ~와 (무선, 전화로) 교신하다, ~을 호출하다 (v) an increase in salary, to move up
		With his raise, he was able to afford to buy a new car. We need to raise the standard for timeliness.
retire	(동)	[타] 물러나다, 물러서다, 물러가다, 은퇴(퇴직)하다, 은둔하다, (군대가) 퇴각하다, (파도 등이) 물러가다, 자다, 잠자리에 들다 (v) to stop working, to withdraw from a business or profession, leave, retreat
		He retired at the age of 65, but continues to be very active with volunteer work. Many people would like to win the lottery and retire.
vested	(형)	(형) 소유권이 정해진, 확정된, 기득의, 제복을 입은 (adj) guaranteed as a right, involved, conferred, bestowed, entrusted
		The day that she became fully vested in the retirement plan, the company gave her two weeks' notice. The company has a vested interest in the happiness of its employees.
wage	(명)	(명) 임금, 급료, 대가, 보수 (n) salary, pay, stipend,
		Hourly wages have increased by 20 percent over the last two years. The intern spends more than half of her wages on rent.
	(동)	[타] (전쟁, 투쟁)을 하다, 행해지다, 발생하다 (v) conduct, pursue
		The president needs a permission of National Assembly to wage war on another country. The community has been waging a long campaign to change the law on environmental protection.

A.1.5 Promotions, Pensions, and Awards

단어	품사	한글 의미, 동의어 예문
morale	(명)	(명) (군대, 집단 등의) 사기, (노동자의) 근로의욕, (일에 대한) 의기, 패시, (노동자의) 근로의욕, (일에 대한) 의기, 패기 (n) confidence, self-esteem, assurance, optimism, determination
		Morale means the amount of confidence felt by a person or group of people, especially when in a dangerous or difficult situation. High morale helps teamwork and information-sharing.
contribute	(동)	(타) (돈 등)을 기부하다, 주다, ~에 기여하다, 공헌하다, (글, 기사 등)을 기고하다, [자] 기부를 하다, 공헌 하다 (v) to add to, to donate, to give, subsidize, sponsor (파) contribution

단어	품사	한글 의미, 동의어 / 예문
		Make sure your boss is aware of the work you contributed to the project. All employees are asked to contribute a few minutes of their spare time to clean up the office.
dedication	(명)	(명) 헌신, 봉헌, 헌납 (n) a commitment to something, devotion, commitment, perseverance, loyalty
		The professor's dedication to a high-quality education has motivated many of his students. We would never be where we are today if it weren't for many long hours and so much dedication.
look forward to	(동)	㈕ ~을 디대(고대)하다, 기다리다 (v) to depend on, to rely on
		The workers always looked to him to settle their disagreements. The staff is looking to his supervisor for guidance and direction.
loyal	(형)	(형) ~에 충성스러운, 충의가 있는, (약속, 의무 등에) 충실한, 성실한, 의리가 있는, 고결한 (adj) faithful, believing in someone or something
		You have been such a loyal advisor for so many years, I am not sure what I'll do without you. Even through your assistant is loyal, you have to question his job performance.
apparent	(형)	(형) 눈에 보이는, 분명한, 명백한, 뚜렷한, 외관상의, 겉으로의, 겉보기의, (법률) 명백한, 절대 상속권을 가진 (adj) obvious, evident, perceptible, clear, seeming, superficial, specious
		At school she was a late developer, and it wasn't until she went to university that her talents became apparent. The apparent cause of death was drowning, but further tests were needed.
advice	(명)	(명) 충고, 조언, 권고, (의사의) 진단, 진찰, (변호사의) 감정, 통지, 알림, (상업) (거래상의) 통지, 안내 (n) information, guidance, assistance, intelligence; recommendation, counsel, suggestion, opinion
		I think I'll take your advice (= do what you suggest) and get the green dress. You should get some legal advice before you take any further action.
gratitude	(명)	(명) (일에 대한) 감사(하는 마음), (사람에 대한) 사의, (n) thankfulness, appreciation, gratefulness, appreciativeness (파) gratuity 축의금, 팁, 공로 포상금: (n) tip, token, donation; privilege, bonus, extra, advantage
		Take this as a token of my gratitude for all your help. Finally, particular gratitude goes to those music teachers who contributed their valuable time and histories.
stance	(명)	(명) 서있는 자세, 포즈, 위치, 장소, (사물에 대한) 태도, 자세, (야구, 골프 등에서) 자세, 발의 위치 (n) attitude, position, viewpoint, opinion; posture, carriage, deportment
		The leader's aggressive stance seems to have foreclosed any chance of diplomatic compromise. The UN called on all parties in the conflict to take a positive stance towards the new peace initiative.
pension	(명)	(명) 연금, 생활보조금, (예술가, 학자 등에 대한) 보조금, 장려금 (n) annuity, allowance, income
		Pension means an amount of money paid regularly by the government or a private company to a person who does not work any more because they are too old or have become ill. After years of loyal service, his boss fired him just before he would have qualified for a pension.
merit	(명)	(명) 뛰어남, 빼어남, (칭찬할 만한) 가치, 장점, 좋은 점, 취할 점, 쓸모, 공적, 공훈, 공로, (상응하는) 상(벌), 공죄, 공과 (n) excellence, high quality, advantage, ability, worth, value ㈕ (상벌, 비난 등)을 받을 만하다, ~할 가치가 있다 (형) 공적(실력)에 근거한
		Employees are evaluated on their merit and not on seniority. Your work has improved tremendously and is of great merit.

단어	품사	한글 의미, 동의어 / 예문
obvious	(형)	(형) 뚜렷한, 명백한, 알기 쉬운, (의도, 감정 등이) 빤히 들여다 보이는, 노골적인, (언행, 색 등이) 유난히 두드러진, 눈에 거슬리는, 아니꼬운 (adj) clear, understandable, noticeable, apparent, evident, observable, recognizable (파) obviously: clearly, evidently
		Her tardiness was obviously resented by her coworkers. He was obviously working hard to get the promotion.
incentive	(명)	(명) 자극, 유인, 동기, (생산성 제고 등에 대한) 보조금, 포상물 (n) inducement, enticement, motivation, encouragement
		Tax incentives have been very effective in encouraging people to save and invest more of their income. The management have introduced a productivity incentive scheme for members of staff.
promote	(동)	㈕ (성장, 발달, 진보 등)를 촉진(조장)하다, 증진하다, 장려하다, ~으로 진급(승진)시키다, (교육) ~을 ~으로 진급시키다, (사업, 조직 등)을 설립하다, ~의 판매(보급)을 (광고, 선전으로) 촉진하다, ~의 판로를 넓히다 (v) to give someone a better job, to support, to make known, endorse, stimulate, boost
		Even though the sales associate has a good year, it wasn't possible to promote him. The assistant director promoted the idea that the director was incompetent.
recognize	(동)	(타) ~을 보고 곧 알아보다, 분간하다, 생각해내다, 인지하다, ~을 (진실임을) 인정하다, 승인하다, (알아보고) ~에게 인사하다, (법률) ~을 인지하다 (v) know, identify, distinguish, diagnose, accept, appreciate, understand, admit, comprehend, concede, grant, realize, agree, cherish, value, credit, cherish (파) recognition: (명) 알아보기, 인식, 승인, 전정, 표창, 사례, (다른 나라에 의한 새 정권의) 승인, 발언 허가, 발언권; (n) credit, praise for doing something well
		The president's personal assistant was finally given the recognition that she has deserved for many years. Recognition of excellent work should be routine for every manager.

A.2 Office Issues (사무실 근무)

A.2.1 Office Computers and Internet

단어	품사	한글 의미, 동의어 / 예문
access	(명)	(명) 접근, 면회, 이용, ~에의 접근 방법, 통로, 입구, 증대, 첨가, (컴퓨터) 시스템에 대한 접근 (n) the ability or right to enter or user;
		You cannot gain access to the file unless you know the password. The database system has been designed to provide the user quick and easy access to the searched information.
	(동)	(동) (컴퓨터) 정보를 기억장치에 입출력하다, ~의 이용권을 얻다, ~에 접근하다, 도달하다 (v) to obtain; to gain entry, entrance, ingress, passage, admittance, route, approach
		Employees need their ID tag with photo to access restricted areas in the company. We accessed the information on the company's website.
allocate	(동)	(동) ~을 할당하다, 배분하다, ~을 배치하다, ~의 위치를 정하다, (컴퓨터) (기억장치, 입출력 장치, 계산 등을 프로그램에) 배정하다 (v) to designate for a specific purpose, assign, apportion, share, give
		The office manager did not allocate enough money to purchase software. We will need to allocate more space on the website for advertising.

단어	품사	한글 의미, 동의어 예문
compatible	(형)	(형) 양립할 수 있는, 호환성의, 공용할 수 있는 (adj) able to function together; well-matched, matching, fitting, similar, harmonious, harmonizing, congruent, (ant) incompatible
		This operating system is not compatible with this computer model. Users of software applications want new versions to be compatible with current versions.
delete	(동)	(동) 삭제하다, 지우다, 말살하다 (v) remove; erase, cancel, eradicate, obliterate
		The engineer deleted all data on the disk accidentally. This button on the keyboard deletes the characters from the screen.
display	(동)	(동) ~을 보여주다, ~을 전시하다, 진열하다, 장식하다, (감정, 성질 등)을 나타내다, (능력, 용기 등)을 발휘하다, ~을 노출시키다, (기 등)을 게양하다, (돛, 신문 등)을 펼치다, ~을 자랑해 보이다, 과시하다, (인쇄) (특수 활자나 배열로) ~을 눈에 띄게하다, (컴퓨터) (데이터)를 화면에 표시(출력)하다 (v) to show, show, exhibit, manifest, demonstrate, evince, reveal, uncover, unfold, (ant) conceal, hide, cover
		The web page should not display secure information such as passwords and credit card numbers. There were photographs of her children proudly displayed on her desk.
	(명)	(명) (감정 등의) 드러냄, 표시, 보여주기, 전시, 진열, 장식, 진열품, 자랑해 보이기, 과시, (인쇄) 눈에 띄는 조판법, (컴퓨터) 디스플레이, 영상 출력(표시) 장치, (국기 등을) 펼침, 게양 (n) an act or instance of displaying, exhibition, (computer) electronic device that provides visual representation
		The light on the LCD display is too weak. Currently there is an Asian art collection on display at the museum.
duplicate	(형)	(형) (다른 어떤 것과) 아주 똑 같은, 딱 들어 맞는, 중복의, 이중의, 쌍을 이루는, 사본의, (adj) double, twofold, identical, twin, matching,
		The thieves had carefully prepared duplicate keys to the safe. We cannot return the documents, so prepare a duplicate copy before you submit.
	(명)	(명) 사본, 등본, 복사, 복제(물), 동의어 (n) copy, replica, clone
		He lost the original form so the office must send him a duplicate. If a form is in duplicate, an exact copy has been made of it.
	(동)	(동) ~의 사본을 만들다, ~을 복제하다, 중복하다 (v) to produce something equal; to make identical;
		Duplicate the file and save it in another place. The new software package is expected to duplicate the success of the previous one. Parenthood is an experience nothing else can duplicate.
recover	(동)	(동) ~을 되찾다, 다시 수중에 넣다, (잃은 기능 등)을 회복하다, (손실을) 보상하다, 메우다, 벌충하다, ~을 교정하다, ~을 회복시키다, 회복하다, 원상대로 복구되다 (v) recuperate, improve, mend, claim, regain, retrieve, recoup
		It took a long time for the economy to recover after the slump. The initial outlay of setting up a company is considerable and it takes a while to recover those costs.
severe	(형)	(형) (사람, 규율 등이) 엄한, 용서 없는, 통렬한, 신랄한, (태도, 외견이) 엄숙한, 무서운, 가까이 하기 어려운, (태풍, 병 등이) 맹렬한, 진지한, 엄격한, 엄정한, (경쟁, 심사 등이) 어려운, 까다로운, 능력을 요구하는 (adj) stern, string, harsh, stark, unyielding, uncompromising, hardhearted, firm, acute, critical, serious, dangerous
		This is a school for children with severe learning difficulties. There are severe penalties for failing to declare all your income to the Inland Revenue.

단어	품사	한글 의미, 동의어	예문
mean	(동)	(동) ~을 의도하다, ~할 작정이다, ~이 될 운명이다, ~을 의미하다, ~의 뜻으로 말하다, ~의 의미(중요성)을 가지다, (결과로서) ~을 초래하다 (v) denote, signify, indicate, represent, connote, imply, suggest, require, cause, entail, intend, propose, aim, plan	These figures mean that almost six percent of the working population is unemployed. If you don't know what the word means, look it up in a dictionary. Advances in electronics mean that the technology is already available.
	(형)	(형) (정도, 품질이) 낮은, (재능 등이) 열등한, 평범한, 보통의, 천한, 비천한, 가치가 없는 보잘것없는, (풍채 등이) 초라한, 빈약한, 비열한, 야비한, 상스러운 (수학) 평균의, (adj) nasty, unkind, cruel, shameful, malicious, poor, humble, miserable, middle, mid, average, miserly, stingy, tightfisted, ungenerous	Stop being so mean to me! The landlord was very mean with the heating. She turned on the heater for only 1 hour even in the winter.
	(명)	(명) 중간, 중위, 중용, (통계) 기대치, (means) 방법, 수단, 매체 (n) average, norm, median, middle, midpoint by means or foul 온갖 수단을 다 써서, 수단 방법을 가지리 않고	The mean of 5, 4, 10, and 15 is 8.5. Observation and interviews with the children and the classroom teachers were used as a means to gather data on the potentially psychological impact of singing.
symptom	(명)	(명) 징후, 조짐, 전조, (병리) 증상, 증후, (n) indication, (warning) sign, indicator	It's her feeling that the recent outbreaks of violence are a symptom of the dissatisfaction that is currently affecting our society. Tiredness, loss of appetite and sleeping problems are all classic symptoms of depression.
failure	(명)	(명) 실패(자, 작), (교육) 낙제(자, 점), 성공하지 못한 것(사람), (해야할 일의) 태만, 소홀, 불이행, 부족, 결핍, 흉작, (주요기능의) 쇠약, 감퇴, (기계 등의) 고장, 파손, (회사 등의) 지불 불능, 파산, 도산 (n) an unsuccessful work or effort; unsuccessfulness, miscarriage, abortion, failing, neglect, omission, loser, decline, decay, (ant.) success	The repeated failure of the printer made us to be delayed in submission our report in time. The failure to inform about the changed access code costed the company a day's work.
deteriorate	(동)	(동) ~을 악화 시키다, 나쁘게 하다, (품질, 가치 등)을 저하시키다, ~을 타락시키다, ~을 쇠퇴(붕괴) 시키다 (v) worsen, decline, depreciate, weaken, wane, fail, fade	She was taken into hospital last week when her condition suddenly deteriorated. If the economy continues to deteriorate, it will affect the firm's future performance.
ignore	(동)	(동) 무시하다, 모르는 체하다, 돌보지 않다, 묵살하다, (법률) (대배심이) ~을 기각하다 (v) not to notice; to disregard	Do not ignore the step-by-step directions of the guideline when you install new software package. When the director is working at the computer, she ignores everything around her.
warning	(명)	(명) 경고, 경보, 주의, 권고, 훈계, 본보기, 점호, 소집, 소집 신호, (퇴거, 해고 등의) 예고, 통지, 해약, (n) an alert to danger or problems; notice, threat, forewarning,	The red flashing light gives a warning to users that the battery is low. The analysis gave a warning that profits would be lower than expected.
	(형)	(형) 경고(경계)의, 충고(권고, 훈계)의 (adj) cautionary, cautioning, alerting	Regulators were accused of ignoring the warning signs that led to the ecomomic collapse.

단어	품사	한글 의미, 동의어 / 예문
		Flashing images on a web page are warnings to attract users' attention.
shutdown	(명)	(명) (공장 등의) 일시휴업(폐쇄), 조업정지, (기계 등의) 활동(운전) 정지, 방송중지 (n) to turn off; to cease operations
		We decided to shut down the blog after receiving so many bad comments. Before you leave your work place, make sure that you shut down the computer.

A.2.2 Office Technology

단어	품사	한글 의미, 동의어 / 예문
affordable	(형)	(형) (가격 등이) 알맞은, 감당할 수 있는, (명) (~s) 적당한 가격으로 구입할 수 있는 것, 감당할 수 있는 비용 (adj) able to be paid; not too expensive
		Obviously, the computer systems that are affordable for a world top ranking companies will not be affordable for a small company. The company's first priority was to find an affordable Internet provider.
customize	(동)	(동) ~을 주문에 따라 만들다, 특별 주문하다, 사용자의 사정(희망)에 맞추다 (v) modify, tailor, adapt, alter, convert
		Employees can customize the software to suit their needs. The company offers a customized version of the classic model for disabled drivers.
utility	(명)	(명) 쓸모가 있음, 유용(성), 효용, 실리, 실익, (경제) 효용, 실용적인 것, 유용한 것, (n) usefulness, helpfulness, value, efficacy, effectiveness, convenience, service, function, advantage, benefit, practicality, functionality, worth (형) 실익을 위주로 한, 실용 본위의, 다용도의, 만능인, 공공 사업의 (파) utilities 가스, 수도, 전화, 전기 등 공익사업, 공공시설, 공공요금
		The utility of this substance has been proven in a series of tests. With energy consumption rising, many public utilities are struggling to meet peak-time demand.
capacity	(명)	(명) 수용력, 수용인원, 정원, 용량, 용적, 체적, 포용력, 생산능력, 조업능력, 역량, 잠재력, 지위, 자격, 입장, (물리) 열 용량, (전기) 정전용량, (컴퓨터) 기억용량 (n) the ability to contain or hold; the maximum that something can hold or do
		The memory requirements of this software application exceed the capacity of our computers. The stadium has a seating capacity of 50,000.
durable	(형)	(형) (의상, 재료 등이) 질긴, 튼튼한, 오래가는, 내구력이 있는, (색이) 바래지 않는 (adj) sturdy, strong, lasting
		This phone is durable; I have dropped it several times and it still works well. The printer is so durable that, with a little care, it will last another five years.
initiative	(명)	(명) 주도권, 발단, 개시, 선제, 창의, 진취적인 마음, 스스로의 책임있는 결정, (n) the first step; an active role, inventiveness, creativity, enterprise, edge, plane
		Our technology initiative involves an exciting new database system and will help us revolutionize our customer service. Employees are encouraged to take the initiative to discuss their technology needs with management.
repair	(동)	(동) ~을 수리하다, 수선하다, (기운 등)을 회복하다, (잘못, 부정 등)을 정정하다, 교정하다, (손해, 부족 등)을 벌충하다, (부정, 죄 등)을 배상하다 (v) mend, fix, restore, renovate, darn
		You should disconnect the power before attempting to repair electrical equipment. After careful checking of my car, the garage told me that my car is so old and it is not worth repairing.
	(명)	(명) 수리, 수선, 수리(수선) 작업, 수리된 상태, 회복

단어	품사	한글 의미, 동의어 예문
		(n) overhaul, reparation, restoration, mending, healing
		The mechanic pointed out the repair (= repaired place) on the front of my car. My car is in the garage for repairs.
construct	(동)	(동) (부품 등)을 조립하다, (철도, 다리 등)을 건설(부설)하다, (건물 등)을 세우다, (이론, 글, 계획 등)을 구성하다, 고안하다, ~을 궁리하다, 생각해 내다, (기하) ~을 작도하다 (v) build, make, create, erect, raise, fabricate, form, compose, structure
		Students need the ability to construct a logical argument. The pipeline was constructed to transport oil across Alaska to ports on the coast.
	(명)	(명) 건조물, 구조물, (심리) 복합개념, (문법) 구문 (n) concept, hypothesis, theory, paradigm, idea
		Her reputation as an artist is largely a media construct. Construct means a complex one formed from a number of simpler elements.
elaborate	(형)	(형) 정성들인, 공들인, 잔손질이 많이 간, 정교(정밀)한, 뒤얽힌, 복잡한, 화려하게 꾸민, 겉만 번지르르한, (웃음 등이) 억지인, 부자연스러운 (adj) intricate, decorative, elegant, ornate, sumptuous, rich, complicated, complex, detailed, involved, convoluted, sophisticated
		That seems a very elaborate way of recording the information - do you really need all of those details? The company has long been making the most elaborate preparations for the anouncement of its new product.
	(동)	(동) ~을 공들여 만들다, 정성 들여 끝내다, 정밀하게 고안하다, (계획 등)을 한층 더 다듬다, (문장 등)을 퇴고하다, 상세하게 하다, 상세하게 설명하다 (v) expound, enlarge, expand, particularize, complicate, develop, detail
		The congresswoman said she was resigning, but refused to elaborate on her reasons for doing so. At the conference presentation, he elaborated on the basic mechanism of the proposed system.
damage	(명)	(명) 손해, 손상, (n) injury, harm, hurt, impairment, mulilation, destruction, cost, price, bill
		The doctors were worried that he might have suffered brain damage. The company was lucky to get away with little damage to its reputation.
	(동)	(동) (물건)에 손해(손상)을 입히다, ~을 파괴(손상)하다, 훼손하다 (v) injure, harm, spoil, hurt, break, dent, scratch, wound, ravage
		Certain chemicals have been banned because they are damaging the environment. Many buildings were badly damaged by the strong earthquake.
stock	(명)	(명) 재고(품), 저장품, 사들인 물건, 축적, 저장, 비축, 온축, (경제) 주식자본, 주식, 주, 공채 증서, 국고 채권, (식물) 줄기, 근경, (원예) (접목의) 대목, (기계, 기구 등의) 대, 자루, (인류 분류상의) 족, 민족, 인종, 종족, 가계, 혈통, 가문, (도서관) 장서 (n) store, supply, reserve, accumulation, livestock, sheep
		The office's stock of toner for the printer was quickly running out. It is now halfway through winter and food stocks are already low.
	(형)	(형) 가지고 있는, 재고의, 주요한, 표준의, 보통의, 흔이 있는, 주식의, 가축(사육)의, 목축의 (adj) typical, routing, ordinary, normal, standard
		He always tells "Don't worry, everything will go well!" as his stock expression whenever he faces some trouble. An adjective "stock" means usual or typical, and used so many times that it is no longer original.
	(동)	(타) (가게에) (상품)을 사들이다, 사재다, ~을 공급하다, (농장)에 가축을 넣다, (못, 강 등)에 물고기를 방류하다, (밭 등)에 씨를 뿌리다, ~에 자루(대, 받침나무 등)을 달다 (자) 사들이다, 사재다, 비축하다 (v) to keep in hand;
		Most supermarkets stock a wide range of foods. Please stock the shelves with a large supply of toner and paper for the laser printers.
physically	(부)	(부) 육체적으로, 물질적으로, 물리(학)적으로 (adv) with the senses; of the body

단어	품사	한글 의미, 동의어 예문
		Physically moving your screen from one place on the desk to another can help reduce same-position-strain syndrome. The computer screen is making her physically uncomfortable.
provide	(동)	(동) ~에게 ~을 주다, 공급하다, ~을 낳다, 산출하다, ~에 대비하다, 준비하다, ~을 부양하다, 원조하다, (법률) ~을 규정하다, 허용하다 (v) deliver, offer, afford, stipulate, postulate, require, keep, prepare, arrange, support, give, offer, supply, present, afford, grant, impart, bestow, endow, furnish (파) provider: a supplier
		We need to find a new provider of supplies for our office equipment. The department was extremely pleased with the service they received from the Internet provider.
recur	(동)	(동) (좋지 않은 일이) 다시 일어나다, 재발하다, 되풀이되다, 순환하다, (생각, 기억 등이) 되살아나다, (본래의 화제, 생각, 기억 등으로) 되돌아가다, ~에 의지하다, 호소하다, (수학) 순환하다 (v) occur again or repeatedly (파) recursive (형) 되풀이해서 쓰이는, 회귀되는, (수학, 컴퓨터) 귀납(재귀)적인
		The managers do not want that particular error to recur. The need for repairs to the laser printer recurs too often.
reduction	(명)	(명) 축소, 감소, 삭감, 변형, 유별, 축척, 축사, 정복, 함락, 하락, (화학) 환원 분열, (수학) 약분, 통분 (n) a lessening; a decrease
		The outlet store gave a 20 percent reduction in the price of the desktop computer. The reduction in office staff has made it necessary to automate more tasks.
stay on top of	(동)	(동) 어떤 일이나 상황을 잘 파악(관리, 통제, 장악) (v) to know what is going on; to know the latest information
		It is important to stay on top of supplies for the printers and reorder then before they run out. In this industry, you must stay on top of current developments.

A.2.3 Office Procedure

단어	품사	한글 의미, 동의어 예문
appreciation	(명)	(명) (바르게) 평가하기, 올바른 인식, 식별, 감지, 인지, 감사, (가격, 가치 등의) 상승, 등귀, (상황, 인물들에 대한) 평가, 의견, 식별(력) (n) recognition, understanding, thanks, thankfulness, gratefulness, commendation, esteem
		Your appreciation of my efforts inspired me through the final stages of the construction. In appreciation of your hard work on the recent project, the department will hold a casual lunch party on next Wednesday.
survey	(동)	(동) ~을 총괄적으로 훑어 보다, 개관(개설)ㅎ다, ~을 둘러보다, 전망하다, (가치, 상태 등)을 자세히 조사하다, 검사하다, (토지 등)을 측량하다, (v) plot, measure, graph, gage, fathom, examine, review, inspect, investigate, assess, analyze, scan, consider, scrutinize, evaluate, check, peruse, regard
		The research group published a report that surveyed the available technologies for the target system. Before the new system was built, the necessary technologies were carefully surveyed.
	(명)	(명) 개관, 개괄, 개론, 전망, 조망, 조사, 답사, 추출 검사, 관측, 측량, 조사서, 측량(실측)도, 견적표 (n) review, study, examination, investigation, inspection, assessment, analysis, appraisal, scrutiny, evaluation, consideration, inquiry, probe

단어	품사	한글 의미, 동의어 / 예문
		A recent survey found/revealed/showed that 58 percent of people did not know where their heart is. The findings of this survey are demonstrative of the need for further research.
casually	(부)	(부) 우연히, 뜻밖에, 무심코, 문득, 이따금, 때때로, (복장이) 약식으로, 캐주얼하게 (adv) informally, carelessly, indifferently
		On Fridays, most employees dress casually. He spoke casually, as if he was chatting with friends.
code	(명)	(명) 법전, 법체계, 조례, (도덕, 사회 생활상의) 법도, 규약, 관례, 도덕, (컴퓨터) 신호법, 코드, 암호, 약호, 부호 (시스템) (n) rule of behavior, cipher, program, system,
		Even the most traditional companies are changing their dress code to something less formal. The new employees observed the unwritten code of conduct in their first week on the job. The team managed to decipher the code written in secret form.
	(동)	(동) ~을 법전으로 작성하다, (정보)를 (전신, 컴퓨터 등의) 기호(부호)로 만들다, 코드화하다, 유전 암호를 지정하다, 심장발작을 일으키다 (v) create program source code
		The original data is coded by the encoder before transmission, and decoded into its original form by the decoder in receiver. Most college students learn to code programs. To avoid any bias in the experiments, the sample were coded with numbers rather than names.
expose	(동)	(동) (위험, 공격, 위해 등에) ~을 드러내다, (비, 바람, 추위 등에) ~을 노출하다, (상품 등을) 진열하다, (계획, 비밀, 정체 등을) 폭로하다, (사진) (건반, 필름 등)을 노출 시키다 (v) to make aware, to give experience
		Mergers require that employees be exposed to different business practices. The new hires' week in each department exposed them to the various functions in the company.
glimpse	(명)	(명) 힐끗 보기, 일견, 얼핏 나타나기, 희미하게 보임, 어렴풋이 알아채기 (n) quick look, glance at,
		The secretary caught a glimpse of her new boss as she was leaving the office. After one year with the company, he still felt as though he had only a glimpse of the overall operations.
	(동)	(동) ~을 힐끗 보다, 잠깐보다, 일별하다 (v) peep, peek, preview
		They glimpsed the ruined abbey from the windows of the train. He glimpsed his wife walking back from market.
subsequent		(형) (시간적으로) 뒤의, 그 이후의, (위치, 순서가) 바로 다음의 (adj) following, succeeding, ensuing, successive, consequent, later, (antonym) preceding
		Everything I do makes me better at each subsequent thing. Those explosions must have been subsequent to our departure, because we didn't hear anything.
certain	(형)	(형) (사람이) 틀림이 없는, 믿을 수 있는, 의심하지 않는, 확신하는, 반드시 ~하는, 피할 수 없는, 확실한, 부정할 수 없는, 논의(반박, 의심)의 여지가 없는, 특정한, 일정한, (한정적으로) 어떤, 어느, 모 (말하기 거북한 경우에 완곡한 표현으로, 경멸의 뜻으로) (adj) sure, convinced, positive, confident, firm, definite, clear, evident, assured, particular, specific, precise, specified, some
		I'm absolutely certain I left my purse on the desk. Are you absolutely certain (that) you gave them the right number?
inevitable	(형)	(형) 피할 수 없는, 면할 수 없는, (논리적으로) 당연한, 필연적인 (adj) unavoidable, certain, foreseeable, expected, predestined, fated
		Unfortunately, violence is the inevitable corollary of such a revolutionary change in society. The accident was the inevitable consequence of careless driving in dangerous curves.

단어	품사	한글 의미, 동의어 / 예문
refrain	(동)	(동) 억제(자제)하다, 삼가다, 그만두다, 참다, ~을 억제하다, 삼가다 (v) desist, abstain, cease, renounce, hold back, (antonym) persist
		The sign on the wall said "Please refrain from smoking." We refrained from talking until we knew that it was safe.
prefer	(동)	(동) ~을 (보다) 좋아하다, 오히려 ~을 택하다, (법률) (채권자 등)에게 우선권을 주다, 우선 변제하다, ~을 등용(임명)하다, 승진시키다 (v) favor, wish, desire, choose, select, fancy
		Some people prefer a vegetarian diet, while others prefer a meat-based diet. He prefers watching football to playing it.
jeopardize	(동)	(동) (생명, 재산 등)을 위험에 빠뜨리다 (v) risk, endanger, expose, threaten
		She knew that by failing her finals she could jeopardize her whole future. The rate increase may jeopardize economic recovery.
practice	(명)	(명) (평상시 늘 하는) 일상적 행위(업무), 관습, 관례, 습관, 관행, (반복적, 규칙적인) 연습, 실습, 훈련, 연습기간, 숙련, (이론에 대하여) 실습, 실행, 실천, 실제, 실무, (의사, 변호사 등의) 개업(영업)장소, 실무, (법률) 소송절차, (수학) 실산, (교회) 예배의 실행, 예배, (종교) 전례, 의식, 예배식 (n) method of doing something,
		The research team explained how to put their proposal into practice. It seemed to be a good idea at first, but in practice it was confirmed as a disaster.
	(동)	(동) ~을 늘 (습관적으로) 행하다, ~을 관습(관르))에 따라 행하다, (이론 등)을 실천하다, 실행(실시)하다, (마술 등)을 하다, (의사, 변호사 등)이 개업하다, 영업하다, ~을 연습(실습)하다 (v) to repeat in order to learn
		He practiced handling the machine until he was satisfied. The manager had started her practice of weekly breakfast meetings more than twenty years ago.
reinforce	(동)	(동) ~을 보강하다, ~를 증강하다, 강화하다, (의논 등을)를 보다 효과적으로 하다. 증원을 구하다. (v) strengthen, support, underpin, emphasize, fortify, bolster
		The financial officer's unconventional method of analyzing data was reinforced by the business journal article. The final technical report on the accident was reinforced with details of simulation results.
verbally	(부)	(부) 말로, 말에 관하여, 구두로, 축어적으로, 동시적으로 (adv) in spoken form, orally
		The guarantee was made only verbally. The manager verbally reprimanded the new hire in front of his entire team.

A.2.4 Office Electronics

단어	품사	한글 의미, 동의어 / 예문
device	(명)	(명) 궁리, 계획, 방책, 고안물, (기계적) 장치, (장식적) 도안, 의장, 문장, (문학) (표현상의) 취향, 수사적 기교 (n) a tool or machine used for a specific task
		You can connect this device to your computer and use it to store your files. A smart phone is a small device that everyone personally carries all the time.
facilitate	(동)	(동) 용이하게 하다, 촉진시키다 (v) to make easier, enable, simplify, expedite, accelerate
		The computer program facilitated the scheduling of appointments. The director tried to facilitate the transition to the new policy by meeting with all staff who would be affected.
inform	(동)	(타) ~에게 알리다, 통지하다, ~에 관한 지식을 갖다, 숙지하다, 정통하다,

단어	품사	한글 의미, 동의어 / 예문
		(작품 등)을 특징 짓다, (감정, 활기 등을) ~에 불어 넣다, 채우다 (자) 정보, 지식을 제공하다, 계발하다, 밀고하다, 고발하다 (v) notify, update, apprise, advise, enlighten, tell, denounce, tattle, grass
		The name of the dead man will not be released until his relatives have been informed. Companies publish annual reports to inform the public about the previous year's activities.
popular	(형)	(형) ~에게 인기 있는, 평판이 좋은, 대중의, 서민의, 민중의, 민간에 널리 퍼진, 일반 대중에 널리 보급된, 통속적인, 이해하기 쉬운, (요금, 값 등이) 싼, 염가의 (adj) general, prevalent, current, widespread, common, standard, well-liked, accepted, admired, trendy, fashionable (파) popularity: the state of being widely admired, sought, or accepted
		This brand of notebooks is extremely popular among college students. After the new commercials began running, the popularity of the new smart phone increased significantly.
process	(명)	(명) (일련의) 과정, 절차, 변화, 변천, 진행, 진전, (시간의) 경과, (사태, 일의) 추이, 방법, 조치, 제조법, 공정, 작용, 변화, (인쇄) 사진 제판법, (법률) 소송절차, 영장, (동, 식물) 융기, 돌기 (n) a series of operations or actions to bring about a result, procedure, course, progression, route,
		There is a process for determining why your computer is malfunctioning. He finally arrived at the correct answer by a process of questions and answers with his colleagues.
	(동)	(타) ~을 가공 처리(저장)하다, (법률) ~을 기소하다, ~에 영장을 발송하다, (필름 등)을 현상하다 (v) to put through a series of actions or prescribed procedure, treat, handle, administer, manage
		I have processed the simulation data, and have gotten some unusual phenomena. I need to get those simulation data processed. The insurance claim will take several months to process.
replace	(동)	(타) ~에 대신하다, ~의 뒤를 잇다, ~를 원위치에 놓다, 제자리에 놓다, ~을 돌려주다, 갚다, ~을 바꾸어 놓다, ~을 대체하다, 교환하다, ~을 복귀시키다 (v) to put back in a former place or position; to take the place of
		I have replaced the hard disk drive that was malfunctioning. We have been looking for quite long time to find one who can replace our key research manpower who recently resigned.
revolution	(명)	(명) (정치상의) 혁명, 대변혁, 개혁, 순환, 회귀, 일순, (기계) 회전(운동), 회전, (천문) (천체의) 공전, (지질) 변혁 (n) a sudden or important change in a situation
		Cellular phones have caused a revolution in communication. We are experiencing a revolution in the Internet field almost every year.
sharp	(형)	(형) (날, 끝이) 날카로운, 예리한, (형이) 모가 난, 끝이 뾰족한, 급격히 굽은, 급한, 가파른, 선명한, 뚜렷한, 눈이 부신, (맛, 냄새가) 강렬한, 격심한, (추위, 바람 등이) 모진, 매서운, (고통, 통증, 욕망 등이) 심한, 강렬한, (감각이) 예민한, 민감한, (두뇌가) 예민한, 영리한, 빈틈없는, (언사가) 신랄한, 과격한, (동작이) 기민한, 재빠른, (무선, 전자) 분리가 잘되는, 감도가 좋은 (adj) abrupt, acute, smart, shrill, strident, harsh, severe, critical, intense, pointed, razor-sharp, quick, urgent, sour, acid, clear, exactly, promptly
		There was a sharp decline in calls to the help desk after we upgraded each employee's computer. The new employee proved how sharp she was when she mastered the new program in a few days.
	(부)	(부) 예리하게, 심하게, 통렬하게, 불의의, 급히, 정각에, 제시간에 꼭 (adv) exactly, precisely, promptly, punctually
		The performance will start at 7:30 sharp. After the church, turn sharp left.
skill	(명)	(명) 숙련, 노련, 능란, 뛰어난 능력, 역량, 솜씨, 기능, 기술 (n) a developed ability, talent, cleverness, expertise, aptitude

단어	품사	한글 의미, 동의어 예문
		The software developer has excellent technical skills and would be an asset to our software programming team. His job as a designer of electronic tools makes good use of his manual dexterity skills.
endure	(동)	(동) (물건이) ~을 견디어 내다, 지탱하다, (사람이) (곤란, 고통)을 견디다, 감당하다, 계속되다, 지속하다, 인내하다, 참다, 견디다 (v) bear, tolerate, suffer, withstand, stand, sustain, undergo, last, persist, continue, survive, prevail, remain
		By the third month of the expedition they had endured many hardships, but worse was to follow. The political system established in 1400 endured until about 1650.
premise	(명)	(명) ~이라는 전제, 가정, (논리) 삼단논법의 두 가지 전제, (양도 대상이 되는) 재산, 부동산, (건물을 포함한) 토지, 저택, 가택 (n) evidence, principle, ground, statement, basis, proposition, assertion, thesis, assumption, argument
		The research project is based on the premise stated earlier. Could you explain the basic premise of your argument?
remittance	(명)	(명) 송금, 송금액, 송금 수단 (n) payment, transmittal, transfer, settlement, allowance, release, discharge, dispatch
		Complete the membership form and send it to the address below, together with your remittance for the membership fee. She sends a small remittance home to her parents each month.
entail	(동)	(동) (필연적인 결과로서) ~을 일으키다, 수반하다, (비용, 노력 등)을 필요로 하다, 부과하다, (법률) (부동산)의 상속인을 한정하다 (v) involve, need, require, necessitate, demand, cause, occasion
		Such a large investment inevitably entails some risk. As many of the suggested activities in each chapter entail collecting and analyzing data, the information that is provided in appendix 1 is valuable.
store	(명)	(명) 가게, 상점, 창고, 저장소, (지식 등의) 축적, (컴퓨터의) 기억장치 (n) stock, supply, hoard, accumulation, collection, mass, pile, warehouse, storehouse, depot, repository, retailer
		A store is a large shop where you can buy various goods. He is a manager in the department store.
	(동)	(동) ~을 비축하다, 저장하다, 축적하다, (저장품 등을) ~에 공급하다, 갖추다, ~을 (창고에) 보관하다, ~을 넣다, (전기) ~을 축전하다, (컴퓨터) 기억장치에 입력(저장)하다, 필요품(물자)을 사들이다 (비축하다) (v) to keep, stock, deposit, warehouse, stockpile, accumulate, stow, amass, hoard
		You can store large data more efficiently on a database. You can store 256 Giga-bytes in one small USB memory stick.
technical	(형)	(형) 기술적인, 과학기술의, 전문의, 특수한, 전문어를 쓰는, (기술 등에) 정통한, 숙달된, (경제) (시세 등이) 인위적인, 법률적으로 성립되는, 절차상의, 형식적인, 엄밀한, 규정에 따른, 판정에 의한 (adj) practical, mechanical, procedural, methodical, nominal, official, strict, literal, specialized, precise, professional, specialist, expert, scientific, industrial (파) technically: with specialized skill or knowledge
		We find that our younger employees tend to be more technically skilled. Technically speaking, the virus infected all system programs.

A.2.5 Correspondence

단어	품사	한글 의미, 동의어 예문
assemble	(동)	(동) ~을 모으다, 집합시키다, ~을 소집하다, (컴퓨터) (기호(고급)언어로 작성된 프로그램을) 기계어로 된 프로그램으로 번역하다 (v) to put together, to bring together

단어	품사	한글 의미, 동의어 / 예문
		She copied and assembled the documents. The technician carefully read the directions before assembling the parts to the new production robot.
beforehand	(부)	(부) 미리, 사전에, 전부터, (정해진 때보다) 이전에, 너무 이른, 속단의, (경제적으로) 여유가 있는 (adv) in advance, in anticipation
		To speed up the mailing, we should prepare the labels in advance. The goods could have been shipped before weekend, if they have ordered before Thursday.
complication	(명)	(명) 복잡(화), 복잡한 상태, 착잡, 분규, 복잡하게 만드는 요소, 뒤얽힌 관계, (심리) 혼화, 복화 (n) difficulty, complex situation (파) complicate
		Complications always arise when we try to cover too many topics in one letter. There was a complication with the delivery because the address was written incorrectly.
courier	(명)	(명) 급사, (외교) 특사, 밀사, 급송 택배, 급한 소식을 전하는 기관, (관광회사의) 가이드, 여행 안내원 (n) a messenger, an official delivery person
		We hired a courier to deliver the package. The courier service will clear the goods through customs.
distribute	(동)	(동) ~을 분배하다, 나누어 주다, 할당하다, (물건, 편지 등)을 ~에게 배달(배포, 배급)하다, (온 면에 넓게) ~을 살포하다, 뿌리다, ~을 구분(분할)하다, ~을 분류하다, (법률) (재산, 유산)을 분배하다 (v) to pass out to a variety of people
		We no longer distribute our newsletter by mail because everyone reads it online. We plan to distribute the Call-for-Paper of the international conference through E-mails.
express	(동)	(동) (사상, 생각 등을) 표현하다, 말로 나타내다, (감정 등을) 나타내다, 밖으로 드러내다, (기호, 숫자 등으로) 표시하다, 상징하다, ~을 급송하다, 급행 열차로 가다, (v) state, articulate, communicate, convey, extract
		His eyes expressed his deep sadness of losing his family in the war. This pie chart expresses well the percentages of each part of the total.
	(형)	(형) 명시된, 명백한, 특별한, 급행 운송편의, (adj) fast and direct, precise, courier,
		It is very important that this document be there tomorrow, so please send it via express mail. Express mail costs more than regular mail service, but it is more efficient.
colleague	(명)	(명) (관직, 직업상의) 동료 (n) coworker, associate, assistant, partner, collaborator, teammate
		We're having a small drinks party for one of our colleagues who's leaving next week. His colleagues became suspicious when he did not appear at work, since he was always punctual.
correspond	(동)	(자) 일치하다, 부합하다, 상응하다, (구조, 기능, 양 등이) 같다, (~에) 해당(상당)하다, 대응하다, 편지 왕래를 하다, 소식을 주고받다, (수학) ~에 대응하다 (v) agree, resemble, parallel, link, match, tally, relate, write, communicate (파) correspondence: (명) 일치, 부합, 조화, (구조, 기능의) 유사, 해당, 대응, 일치, 편지 왕래, 통신, 연락, (집합적) 통신문, 편지, (수학) 대응
		His story of what happened that night didn't correspond with the witness's version. I've been corresponding with several experts in the field.
cordially	(부)	(부) 성심성의로, 정성껏, 진심으로, 정중하게, 친절하게 (adv) pleasantly, genially, affably, warmly, affectionately, jovially, amiably, convivially
		We look forward to seeing you again in six months. Cordially, Young Kim. You are cordially invited to attend our annual wine-tasting evening.
revise	(동)	(동) ~을 개정하다, 정정(교정, 수정)하다, 교열을 보다, (의견 등)을 바꾸다,

단어	품사	한글 의미, 동의어
		예문
		(시험을 위해) ~을 복습하다 (v) review, study, reread, rewrite, amend, modify, adjust, alter, change, correct, improve, rework
		The brochure was revised several times before it was finally sent to the printer. We need to revise the brochure since our address has been changed.
fold	(동)	(타) (헝겊, 종이 등)을 접다, 접은 자국을 내다, 접어 겹치다, (다리 등)을 오그리다, (양손, 양팔)을 끼다, (양다리)를 꼬다, (날개, 깃)을 접다, ~을 감아 붙이다, ~을 싸다, 씌우다, 포장하다, (요리) (계란 흰자 등)을 뒤섞다 (자) 접히다, 포개지다, 접혀 개어지다, (승부를 단념하고) 카드를 엎다, (사업, 공장 등이) 망하다, 도산하다, (지질) (지층에) 습곡이 생기게 하다 (v) bend, crease, crinkle, double, pleat, corrugate, close, collapse
		Fold the letter into three parts before stuffing it into the envelope. Do not fold the document if it does not fit the envelope.
layout		(명) 펼치기, 차리기, (도시, 공원, 공장 등의) 설계, 배치, (신문, 광고, 책 등의) 지면 배정, 레이아웃, (도구, 기구 등의) 한 벌, 형세, 정세, 사태, (수영, 체조에서) 자세, 체형, (카드놀이) 놓은 패 (n) a format, the organization of material on a page
		We had to change the layout when we changed the size of the paper. The layout for the new office room was reviewed by all workers.
mention	(동)	(동) ~을 이야기하기 시작하다, ~을 쓰다, 언급하다, ~의 이름을 말하다, ~라고 말하다, 이야기하다, 표창하다, 경의를 표하다 (v) to refer to
		You should mention in the letter that we can arrange for mailing the brochures as well as printing them. Did he mentioned whether he would come back soon?
	(명)	(명) 언급, 진술, 거명, 촌평 (n) something said or written;
		There was no mention on the cost in the proposal. Tracking brand mentions can provide a clearer understanding of how others interact with the brand's products or services.
succinct	(형)	(형) (표현 등이) 간결한, 간단명료한 (adj) concise, brief, pithy, terse, laconic, neat, crisp
		Succinct means telling in a clear and short way, and expressing what needs to be said without unnecessary words Keep your letter succinct and to the point.
proof	(명)	(명) (집합적) ~의 증거, 증거가 되는 것, 논증, 거증, 입증, 증명, (법률) (재판의) 증거, 증거서류, 증언, 시험, 실험, 품질 검사, (화약, 화기의) 시험(소), (수학) 증명, 검산, (사진) 시험 인화, (인쇄) 교정쇄 (n) evidence, testimony, confirmation, witness,
		Keep your receipt as proof of purchase. The police have no definitive proof of his guilt.
	(형)	(형) ~에 견디는, 저항할 수 있는, 뚫을 수 없는, (품질, 성능 등이) 시험(검사)필의, 보증된 (adj) resistant, waterproof, impermeable, impervious, resilient, immune
		This letter was not proofed very carefully; it is full of typos. Please proof the memo one more time before you distribute it.

A.3 General Business (비즈니스 일반)

A.3.1 Contract

단어	품사	한글 의미, 동의어
		예문
abide	(동)	(타) 머무르다, 체류하다, 살다, 지속하다, 계속되다, ~을 감수하다, ~을 참다, ~에 대항하다, 맞서다, ~를 기다리다

단어	품사	한글 의미, 동의어 예문
		(v) remain, stay, wait, dwell, tolerate, bear, accept, stand one's ground against
		Abide with us. I cannot abide dishonesty. You should abide by your promise. The two parties agreed to abide by the judge's decision.
agreement	(명)	(명) 약속, 협정, 협약, 계약, (법적인) 협정서, 계약서, (의견, 취미, 감정 등의) 일치, 화합, 협조, (문법) (수, 격, 성, 인칭의) 일치, 호응 (n) bargain, compact, contract, covenant, treaty, pact, settlement, unanimity, harmony, concord
		The landlord and tenant made an agreement on rental fee. According to the agreement, the carter will also supply flowers to the event.
assurance	(명)	(명) 보증, 보장, 언질, 확언, 단언, 확신, 확실성, (생명)보험 (n) declaration, avowal, pledge, promise, guarantee, commitment, vow, warranty, trust
		We should not begin the work without the assurance of a signed contract. He spoke with assurance about his programming skill.
cancel	(동)	(타) ~을 지우다, 삭제하다, ~을 무효로 하다, 취소(철회)하다, ~을 소멸시키다, (수학) 약분하다, 맞줄임하다 (v) stop, abandon, withdraw, annul, revoke, terminate, rescind, repealcross out, delete, erase, void (파) cancellation: (명) 취소, 삭제, 말살, (인쇄) 생략, 말소, 삭제부분, , (음악) 제자리표 (natural), (컴퓨터) 취소, 삭제
		Work on the project had to stop because of the cancellation of the contract. They cancelled the plan because of the unexpected obstacle.
define	(동)	(타) ~을 정의하다, (말)의 뜻을 분명하게 하다, ~을 설명하다, ~이라 정의하다, (입장 등)을 분명히하다, ~을 설명하다, ~을 특징지우다, (경계, 범위)를 한정하다, ~의 윤곽을 뚜렷하게 하다, (권리, 의무 등을)명시하다, 규정하다 (자) 정의를 내리다 (v) describe, express, delineate, outline, mark, identify, characterize (파) definitely (부) 명확히, 분경히, 확실히, (부정문에서) 결코, 절대로
		Responsibility, I suppose, is what defines adulthood. In the dictionary, "reality" is defined as "the state of things as they are, rather than as they are imagined to be".
determine	(동)	(타) ~을 결정하다, 결정(조건) 짓다, 확정하다, (일정 등)을 미리 결정하다, 예정하다, ~을 결심하다, 결의하다, ~을 결심시키다, (문제 등)을 재결(재정)하다, 해결하다, (법률) ~에 판결을 내리다, ~을 종결시키다, (거리, 성분 등)을 측정(산정)하다, (논리) ~을 한정하다, (기하) ~의 위치를 결정하다, (법률) (효력 등이) 끝나다, 종결되다 (v) settle, decide, conclude, infer, affect, govern, regulate, impel, induce, lead, incline
		After reading the contract, I was still unable to determine if our company was liable for back wages. The skill of the union bargainers will determine whether the automotive plant will open next week.
engage	(동)	(타) (사람)을 ~에 종사시키다, 몰두시키다, (시간 등)을 차지하다, ~을 바쁘게 하다, (~으로) 고용하다, ~을 끌어들이다, (방, 좌석 등 을 예약하다, ~을 (~와) 약혼시키다, (전투) ~와 교전하다, ~와 접촉을 유지하다, 맹세하다, 보증하다, (톱니바퀴 등이) 맞물다 (v) involve, appoint, battle, hold, connect
		Before engaging a new business, it is important to do thorough research. He engaged us in a fascinating discussion about current business law.
renew	(동)	(타) ~을 다시 시작하다, 재개하다, ~을 새롭게 하다, 갱신하다, 쇄신하다, ~을 새것과 바꾸다, 교체하다, (계약, 어음 등)의 기한을 연장하다, 갱신하다, 재계약하다, (책 등)의 대출 기한을 연장하다, ~을 다시 하다, 반복하다, 재건하다, (젊음, 원기 등)을 되찾다, 회복하다, ~을 다시 채우다, 보충하다, 새로워지다 (v) renovate, restart, reintroduce, recommence, replenish, regenerate, revitalize, refresh
		The council have refused to renew the company's operating licence. Every year I renew my membership of the sports cluA.
annotate	(동)	(타) ~에 주석 (comment)을 달다, ~을 주해하다 (v) note, mark, add footnotes, interpret, gloss

단어	품사	한글 의미, 동의어 예문
		An annotated bibliography is a list of books or articles with notes giving additional information about each item. Annotated editions of Shakespeare's plays help readers to understand old words.
mediate	(동)	㈙ (중개하여) ~을 달성하다, 성립시키다, 가져다주다, (분쟁, 논쟁 등)을 조정하다, 해결하다, (말, 선물 등)을 전해주다, 전달하다, (v) arbitrate, facilitate, referee, umpire, reconcile, negotiate, resolve, intercede
		The governor appointed a mediator and asked both sides to return to the bargaining table. Negotiators were called in to mediate between the two sides.
specific	(형)	(형) 특수한, 특별한, 일정한, 특정의, 한정된, 명확한, 분명한, 특유의, 독특한, (생물) 종의, (의학) 특효가 있는 (adj) exact, precise, explicit, definite, particular, certain, individual, exclusive, special, peculiar, distinctive
		We're looking for a very specific sort of person and this candidate seems to fulfil all of our criteria. The disease seems to be specific to (= only found in) certain types of plant.
	(명)	(명) 특별(특정)한 것, 특질, 특성, 명세, 세목, 시방서, 명세서, (의학) ~의 특효약 (n) detail, particular, fact, point, aspect, feature, limitation (파) specify (동), specification: (명) 명세 사항, 세목, 내역, (특허 출원에서의) 특허 설명서, 설계 명세서, 시방서
		Please send us the specifics of this material. The noun "specific" means something, as a quality, statement, or attribute, that is special.
establish	(동)	㈙ (정부 등)을 수립하다, (학교, 회사 등)을 설립하다, 창설하다, (법률, 제도 등)을 제정(실시)하다, (지위, 직업 등에) ~을 앉히다, 임명하다, 자리잡게 하다, (명성, 관례 등)을 확립하다, 정착시키다, (이론, 동기 등)을 입증(확증)하다 (v) set up, found, institute, form, organize, create, fix, settle, install, support
		When this company was established, the owners signed contracts with all their employees. The contract establishes a relationship between the company and the service provider.
obligation	(명)	(명)(도덕, 법률, 협정 등에 의한) 책무, 의무, 구속, (의무, 책임 등을 지우는) 약정, 협정, 계약 (n) requirement, duty, responsibility, charge, agreement, contract, covenant, bond, promise, commitment
		The contractor was obligated by the contract to work 40 hours a week. I felt obligated to finish the project even though I could have exercised my option to quit.
party	(명)	(명) (사교적) 모임, 회, (공동의 목적을 가진) 일단, 일행, 단체, 동아리, (특별 임무로 파견된) 분대, 정당, 당파, 파벌, (계약, 거래의) 당사자, 관계자 (n) gathering, social, faction, celebration, gathering, group, assembly, company, body, circle, ring, league, alliance, participant
		The parties agreed to settlement in their contract dispute. The party that prepares the contract has a distinct advantage.
	(동)	㈙ ~을 파티에서 대접하다, 파티에 가다, 파티를 열다 (v) celebrate, gather, revel, groove
		They partied until dawn. Let's party!
outsource	(동)	(타) (경영) 외주 제작(조달)하다, 외부 자원을 활용하다 (v) subcontract, farm out
		Some companies outsource to cheaper locations to cut costs. Unions are fighting a plan by the university to outsource all non-academic services.
resolve	(동)	㈙ ~에게 결심(결의)하게 하다, 결정하게 하다, (문제, 의문 등)을 해결(해명)하다, ~을 설명하다, (의심, 공포 등)을 해소(제거)하다, 풀다, ~을 (구성요소로) 분해(용해)시키다, (법률) 무효가되다, 실효하다, 소멸하다 (v) fix, determine, decide, confirm, solve
		The mediator was able to resolve the problem to everyone’s satisfaction. The businessman resolved to clean out all the files by the end of the week.

단어	품사	한글 의미, 동의어 / 예문
	(명)	(명) 결심, 결의, 결단(력), 불굴, (의회 등의) 결의 (n) resolution, determination, decision, intention, obstinacy, dedication
		The team made decision to strengthen their resolve. The government made a resolve to increase tax.

A.3.2 Marketing

단어	품사	한글 의미, 동의어 / 예문
attract	(동)	(타) (물리적으로) ~을 끌다, 끌어 당기다, (주의, 흥미 등)을 끌다, 유인하다, (남)을 매혹하다, (비용 등)을 필요로 하다, 끌어 당기다 (v) entice, appeal, fascinate, charm, interest, cause to approach, magnetize, draw, pull, invite, allure, absorb, fascinate, hypnotize, magnetize
		The display attracted a large number of people at the convention. The new advertisement attracted the wrong kind of customer into the store.
compare	(동)	(타) ~을 비교하다, 견주어보다, 대조하다, ~을 비유하다, 비기다, (문법) (형용사, 부사)를 비교급, 최상급으로 변화시키다, (부정문, 의문문에서) 필적하다, 동등하다, 겨루다 (v) liken, contrast, associate, resemble, equal, correspond, match, parallel, approximate (파) comparison : (명) 비교, 비류
		The price of this brand is high compared to other brands on the market. Once the customer compared the two products, her choice was easy.
compete	(동)	(타) 경쟁하다, 다투다, 겨루다, (경기 등에) 참가(출전)하다, 필적하다, 어깨를 겨루다 (v) contend, contest, rival, vie, emulate, oppose, dispute, conflict, fight, battle, clash, strive, cope, struggle
		In order to keep up with the competition, we need to market out product better. In the competition for best paper, he has come out on top.
consume	(동)	(타) ~을 다 써버리다, 소모하다, 소비하다, (시간, 금전 등)을 낭비하다, ~을 열중하게 하다, 몰두하게 하다, 소비되다, 파괴되다, 여위다, 수척해지다 (v) destroy, expend, use up, exhaust, spend, waste, deplete, drain, dissipate, squander, absorb, engross, occupy one's attention, obsess, preoccupy, distract, keep one busy
		Marketing costs consume a good part of the company's budget. The business plans consumed all of our attention this fall.
convince	(동)	(타) 확신시키다, 납득시키다, 확신하다 (v) persuade, satisfy, sway, influence, win over, talk into
		Before a company convinces customers that it provides a quality product, it must convince its marketing staff. The sales man convinced his customer to buy his entire inventory of pens.
current	(형)	(형) 현재의, 지금의, 최신의, (화폐가) 유통되고 있는, (사상, 말 등이) 통용되고 있는, (소문 등이) 유포되고 있는, 유행의, (~의) 최신 정보에 정통한 (adj) present, existing, recent, up-to-date, contemporary, modern
		Currently, customers are demanding big discounts for bulk orders. Currently we do most of our advertising on the Internet.
	(명)	(명) 흐름, 유동, 흐르는 것, (전기) 전류, (때, 정세 등의) 흐름, 풍조, 경향, 추세 (n) flow, stream, undercurrent, tide, flux (파) currently : now, presently, at present, at this time
		Make sure to switch off the electric current before changing the light bulb. She was swept out to sea by the strong current.
advertise	(동)	(타) ~을 광고하다, 선전하다, 판매 촉진을 하다, ~을 광고하다, 광고하여 구하다, 자기선전을 하다 (v) promote, publicize, market, announce, broadcast, trumpet, tout, hype, flaunt, peddle
		Financial companies have changed the way they advertise.

단어	품사	한글 의미, 동의어 예문
		The concert was well enough advertised but ticket sales were poor.
increment	(명)	(명) 증가, 증대, 증식, 증가물, (수학) 증분, 이익, 이윤, (컴퓨터) 일정량, 일정 수의 증분 (n) increase, addition, augmentation, raise, rise, growth, (antonym) decline
		You will receive annual salary/pay increments every September. Workers were promised two incremental pay increases a year.
rush	(동)	[타] 돌진하다, 급하게(빠르게) 가다, 급하게(세차게) 흐르다, 돌격하다, 갑자기 달려들다, 덮치다, 갑자기 생각이 떠오르다, 급히 하다, 성급하게 (함부로) 하다, ~을 화급하게 처리하다 (v) run, hurry, dash, sprint, flash, charge, cuttle, precipitate, hasten, bolt
		The United Nations has rushed medical aid and food to the famine zone. I rushed up the stairs/to the office/to find a phone.
	(명)	(명) 돌진, 세차게 흐르기, 돌격, 쇄도, 갑자기 나타나기, 돌발, (감정의) 폭발 (n) haste, hurry, urgency, flash, blast, current, gust, blow, draught
		Everyone seemed to be in a rush. Slow down! What's the rush?
satisfaction	(명)	(명) 만족, 흡족, 만족하고 있는 상태, 만족시키기, 충족, (교회) 참회의 고행, (신학) 그리스도에 의한 인류의 죄 갚음, 속죄 (n) gratification, consummation, fufillment, approval, pleasure, contentment, agreement, enjoyment, pride, redress, reparation, compensation, settlement, repayment (파) satisfy :
		Satisfaction means the pleasant feeling you get when you receive something you wanted, or when you have done or are doing something you wanted to do She derived/obtained great satisfaction from/out of helping other people.
complaint	(명)	(명) 불평, 불만, 푸념, 넋두리, 고충, 비난, 꾸지람, 신체적 고통의 원인, 병, (법률) 고소, 소송제기 (n) grievance, criticism, protest, grumble, moan, objection, illness, condition, ailment, disorder (파) complain
		The manufacturers are reported to have received a long list of complaints from dissatisfied customers. We've received a complaint from one of our listeners about offensive language.
inspire	(동)	[타] ~을 분발하게 하다, 고무(격려)하다, ~에게 (감정, 사상 등을) 불어넣다, ~을 고무하여 ~ 할 마음이 생기게 하다. (v) stimulate, motivate, encourage, instigate, arouse (파) inspiration
		His suggestion inspired the research team. The high sales of our products in China provided a good inspiration to other designs.
market	(명)	(명) (식품, 가축류의) 저자, 장, 시장, (특정 일시, 장소에서 열리는) 장, 장날, 장에 모인 사람들, 마켓, 식료품점, (특정 상품이나 서비스의 잠재적) 고객층, 구매층, 시가, 시세, 시황, 경기 (n) bazaar, arcade, fair
		There was a good market for brightly colored clothing last year, but this year nobody seems interested in buying it. Our company will bring a new product to market in this fall.
	(동)	[타] 시장에서 거래하다, 시장에서 사다, ~을 시장에서 (팔려고) 내놓다, 시장에서 팔다 (v) advertise, promote, sell
		Their products are very cleverly marketed. This is a good product for under-developing countries if we can find the right way to market it.
persuade	(동)	[타] 설득하다, 확신시키다 (v) induce, influence, exhort, dispose, entice, impel, incline
		Companies use different methods of persuasion to get people to buy their products. The seminar teaches techniques of persuasion to increase sales.
productive	(형)	(형) 생산적인, 생산력이 있는, (논의 등이) 건설적인, (토지가) 비옥한, (사업 등이) 이익을 낳는

단어	품사	한글 의미, 동의어 예문
		(adj) generative, creative, imaginative, inventive, resourceful, rich, fecund, prolific, fertile, fruitful
		Productive advertising results in increased sales. He is excited about his productive marketing staff.

A.3.3 Warranties

단어	품사	한글 의미, 동의어 예문
characteristic	(형)	(형) 독특한, 특유의, 특질 있는 (a) typical, distinctive, discrete, special, peculiar, singular, representative, emblematic, symbolic, idiosyncratic, symptomatic
		The creamy richness is characteristic of the cheese from this region. He behaved with characteristic dignity.
	(명)	(명) 특질, 특성, 특색, 특징, (수학) (로그의) 지표, 지수 (n) trait, feature, quality, attribute, point, property
		The salesperson has an annoying characteristic – he always pushes his customers to buy the extended warranty. It is the characteristic of this company to provide only a limited warranty with its products.
consequence	(명)	(명) 결과, 귀추, 결론, 귀결, 중요함, 중대함 (n) effect, result, outcome, issue, upshot, sequel, aftermath, importance, significance, moment, weight, concern, interest, distinction, importance, singularity
		As a consequence of not having seen a dentist for several years, she had several cavities. The consequence of not following the service instructions for your car is that the warranty is invalidated.
consider	(동)	[타] ~을 고찰하다, 숙고하다, 곰곰이 생각하다, 검토하다, ~을 ~으로 생각하다, ~을 참작하다, 고려에 넣다, ~을 배려하다, ~에 주의(관심)을 기울이다, 마음을 쓰다, ~을 존경하다, 존중하다, ~(의 구입, 채택)에 관해 고려하다, 숙고하다, 주시하다 (v) contemplate, meditate, reflection, ruminate, ponder, muse on, deliberate, revolve, study, think about (파) reconsider : ~를 제고(재심)하다
		After considering all the options, he decided to buy a used car. The customer considered buying the DVD player until he learned that the warranty coverage was very limited.
expire	(동)	[타] 만기가 되다, 만료되다, 기한이 끝나 무효가 되다, (등불 등이) 꺼지다, 숨을 거두다, 숨을 내쉬다, ~을 배출하다 (v) die, perish, decease, finish, terminate, conclude, elapse, invalidate
		After the warranty expires, you will have to pay for repairs yourself. Our contract with the cleaning company will expire next month.
frequent	(형)	(형) 자주 일어나는, 빈번한, 흔히 있는, (맥박이) 빠른, 상습적인, 단골의, 보통의, 늘 하는 (a) common, normal, regular, repeated, (ant) infrequent, rare (파) frequently: often, repeatedly, many times, regularly, continually, habitually, commonly, ordinarily, generally
		Warranties for this kind of appliance are frequently limited in their coverage. Appliances frequently come with a one-year warranty.
	(동)	[타] ~에 종종가다, ~을 자주 방문하다, 자주 ~에 모이다, ~와 교제하다, 흔히 ~와 함께 있다 (v) visit, haunt, patronize (파) frequency: (명) 자주 일어남, 빈발, 빈번, 빈도, (물리) 진동, 진동횟수, (교류의) 주파수, (수학, 통계) 도수, 빈도, (광고) 평균 접촉 회수
		They went to clubs which were frequented by musicians. When we visit Paris we frequent the art galleries and enjoy new collections.

단어	품사	한글 의미, 동의어 예문
coverage	(명)	(명) 보호, 보상범위, 위험 범위, (적용) 범위, (라디오, TV의) 유효 시청 범위, (신문, 정기 간행물의) 보급 범위, 보급률, (신문, 방송의) 보도, 취재 범위 (n) shelter, concealment, protection, refuge, asylum, insurance, shield, hide, obscure, mask
		The warranty covers the cost of all repairs for a period of one year. An extended warranty covers the product for a longer period of time.
unlimited	(형)	(형) 무제한의, 한정하지 않은, 무조건의, 한없는, 끝없이 펼쳐지는, 무한의, 무수의, 무한 책임의 (adj) limitless, infinite, unrestricted, unrestrained, boundless, indefinite, bottomless
		Passes are available for one month's unlimited travel within Europe. Demand for healthcare appears virtually unlimited.
client	(명)	(명) 소송(변호) 의뢰인, (공공기관에) 상담하는 사람, 민원인, (상점의) 고객, 단골 손님, 사회 복지의 수혜자, (컴퓨터) 서버의 지원을 받는 클라이언트 소프트웨어 (n) customer, shopper, consumer, patron, user, buyer, purchaser
		It's important to create a good impression when you meet a new client. She used cognitive therapy on her client to try to inhibit those negative thoughts which were damaging his self-esteem.
deliberate	(형)	(형) 신중히 생각한, 심사숙고한, 계획적인, 고의적인, 신중한, 사려 깊은, 꼼꼼한, (adj) thoughtful, careful, cautions, measured, considered, meditative, purposeful, premeditated, conscious, intentional, planned
		I don't think his name was left off the list by accident - I think it was deliberate. They made a deliberate decision to live apart for a while.
	(동)	㈖ ~을 숙고하다, ~을 심의(고찰)하다, 곰곰이 생각하다, (위원회가) 심의(협의, 검토)하다 (v) reflect, think, consider, ponder
		The committee has deliberated the question at great length. The jury took 5 days to deliverate on the case. The committee has deliverated the question at great length.
vague	(형)	(형) (말, 뜻, 감정, 생각 등이) 막연한, 애매한, 명확하지 않은, 희미한, 어렴풋한, (형태, 윤곽, 색깔, 소리 등이) 분명하지 않은, 희미한, 흐릿한, (사람이) 애매한 말을 하는, (표정, 눈빛 등이) 멍한, 넋이 나간 (adj) unclear, imprecise, ambiguous, equivocal, indefinable, hazy, fuzzy, absentiminded, distant, dreamy (파) vagueness: (명) 애매모호한 생각 (느낌)
		Their report is studiously/deliberately vague on future economic prospects. I do have a vague memory of meeting her many years ago.
imply	(동)	㈖ ~의 뜻을 내포하다, 함축하다, ~을 뜻하다, ~을 넌지시 비차다, ~을 암시하다 (v) suggest, infer, indicate, denote, entail, mean, hint (파) implicate, implication
		The warranty implies that repairs will take several weeks. The salesperson implied that the warranty covered all damages to the product for one year.
promise	(명)	(명) ~하겠다는 약속, 계약, 약속한 것, 계약 사항, 장래의 가망, 촉망, 믿음직함 (n) word, pledge, assurance, vow, oath, bond, commitment, agreement, contract, covenant, compact,
		A warranty is a promise that the manufactures makes to the customer. I will put my things away tomorrow, and tha's my promise.
	(동)	㈖ ~을 약속하다, 약정하다, ~을 하기로 약속하다, ~할 가망이 있다, ~할 염려가 있다, 가망있다, 유망하다, 약속하다, 계약하다 (v) pledge, agree, engage, assure, swear, vow, guarantee, take an oath
		The government have promised that they will reduce taxes. The sales associate promised that our new HDTV will arrive by noon on Saturday.
warranty	(명)	(명) 정당한 이유, 근거, 권한, (법률) (상품의 품질, 안정성 등의) 보증, 에프터서비스 보증(서) (n) guarantee, contract, pledge, assurance, permit, license, warrant

단어	품사	한글 의미, 동의어 예문
		Mention of a proprietary product name is for identification purposes only and does not imply endorsement or warranty to the exclusion of other products. The warranty covers the car mechanically for a year, with unlimited mileage.
reputation	(명)	(명) 평판, 세평, 명성, 호평, 신망 (n) estimation, regard, repute, standing, stature, status, position, credit, esteem, honor, fame, celebrity, distinction, renown, name, notoriety, acclaim, repute
		The company knew that the reputation of its products was the most important asset it had. Even though the salesperson showed me a notebook I had never heard of, I bought it because of the good reputation of the manufacturer.
variety	(명)	(명) 다양성, 변화, 단조롭지 않음, 상위, 어긋남, 불일치, 가지각색의, 종류, 이종, (생물) 변종 (n) variation, diversity, multiplicity, diversification, heterogeneity, miscellany, assortment, mixture, mix, choice, selection, range, kind, sort, category, brand, genre, strain, breed
		A variety of unexpected problems appeared after the product had been on the market for about six months. There are a lot of standard terms that you will find in warranties.

A.3.4 Business Planning

단어	품사	한글 의미, 동의어 예문
address	(명)	(명) (공식적인) 연설, 강연, 인사말, (편지, 소포 등의) 받는이의 주소, 호칭, 부르는 말, 응대하는 태도, 솜씨 있음, 능숙함, (일을 처리하는) 기교, (골프) (공을 치기 전의) 자세, (컴퓨터) 주소, 번지 (n) discourse, lecture, speech, oration, talk, sermon, residence, domicile, abode, dwelling,
		The article praised the general chairman's address at the conference. Any further correspondence shculd be sent to my new address.
	(동)	㈕ ~에게 연설(설교)하다, (남)을 부르다, (~에게) ~을 신청하다, ~을 청원하다, 건의하다, (일, 문제 등)에 본격적으로 착수하다, 대처하다, ~에 초점을 맞추다, (컴퓨터) (데이터)를 기억장치의 특정 위치에 넣다 (v) talk to, deliver or give a speech to, greet, hail, approach, accost, (syn) speech
		He addressed a few introductory remarks to the audience. The government's plan addresses the needs of small business owners.
avoid	(동)	㈕ ~을 피하다, 회피하다, ~하지 않도록 하다, (법률) (계약, 소송 등)을 무효로 하다, 취소하다 (v) keep away from, shun, evade, escape, elude, eschew, leave alone, steer clear of, refrain from, dodge, circumvent, sidestep, fly from, shrink from, (ant) confront, face
		To avoid any unexpected trouble, the companies should prepare proper business plans with extra budget. His errors in accounting could have been avoided by a business consultation with his banker.
demonstrate	(동)	㈕ ~을 논증(증명)하다, (사물이) ~의 증가(실증)가 되다, (상품)을 실물로 선전하다, (기술)을 실지 교수하다, (감정)을 밖으로 드러내다, (능력 등)을 보여 주다, 시위 운동을 하다, 감정(사상)을 밖으로 드러내다, (군사) 양동(견제) 작전을 하다, 실지르 교수(설명)하다 (v) show, explain, explicate, illustrate, exhibit, manifest, evidence, disclose, divulge, protest, object, rally,
		His business plan demonstrated that he had put a lot of thought into making his dream a reality. The professor demonstrated through a case study that a business plan can impress a lender.
develop	(동)	㈕ (산업, 능력 등)을 발달시키다, 발전시키다, 발육시키다, ~을 계발하다,

단어	품사	한글 의미, 동의어 / 예문
		(자원 등)을 개발하다, (장치, 품종 등)을 개발하다, (이론, 계획 등)을 전개하다, 진전시키다, ~을 충분히 고려하다, (경향, 소질 등)을 드러나게 하다, (비밀)을 밝히다, (증상)을 나타내다, (질병)에 걸리다, (습관 등)을 익히다, (수학) ~을 전개하다, (음악) (주제)를 전개하다, (생물) 발생(진화)시키다, (사실 등이) 밝혀지다, (밖으로) 나타나다, 우연히 알려지다 (v) grow, mature, progress, advance, change, ripen, improve, cultivate, acquire, foster, breed, obtain, expand, enlarge, extend, increase, widen, expound, elaborate, arise, exploit
		She developed her ideas into business plan by taking a class at the community college. The restaurant opened ten years ago has developed into a national chain.
administer	(동)	(타) ~를 관리(운영)하다, 처리하다, 통치하다, 지배하다, (법률, 재판, 의식 등)을 시행하다, (자선 등)을 베풀다, (수당 등)을 주다, (타격 등)을 가하다, (법률) (유산, 신탁 재산)을 행하게 하다, ~을 부과하다 (자) 통치하다, 관리하다, (법률) 유산관리인의 일을 맡다, ~에 기여(공헌)하다, 조력하다, 도움이 되다 (v) manage, direct, order, control, govern, oversee, dispense, process
		The economy has been badly administered by the present government. King Darius I is noteworthy for his administrative reforms, military conquests, and religious toleration.
gather	(동)	(타) 모으다, 끌어(긁어) 모으다, (물건)을 하나 하나 줍다, (자료, 정보 등)을 모으다, 얻다, ~을 축적하다, 저축하다, (관찰하여) ~을 배우다 (알다), ~으로 추정(추측)하다, (꽃, 과실 등)을 따다, 채집하다, (농작물)을 거두어 들이다, ~을 가려내다, 골라내다, (힘, 기력 등)을 모으다, (속도, 체력 등)을 늘이다, 증가시키다, (체력)을 회복하다, (세금, 회비 등)을 징수하다 (자) 모이다, 집합하다, ~에 집결하다, (속도 등이) 증가(증대)하다, 늘다, 더하다, (종기가) 곪다, 화농하다 (v) get together, collect, aggregate, assemble, muster, accumulate, amass, garner, hoard, pluck,
		We gathered information for our plan from many sources. I gather that interest rate for small businesses will soon change.
revenue	(명)	(명) (세금에 의한 국가, 도시의) 세입, 수익, 수입원, 수입항목, (국가, 개인 등의) 총 수입, 소득 총액 (n) income, proceeds, profits, returns
		Television companies have been massaging their viewing figures in order to attract more advertising revenue. Three are used in this study: a radial measure of technical efficiency, a radial measure of revenue efficiency, and a derived measure of allocative efficiency.
subordinate	(형)	(형) 하위의, 하급의, ~ 아래의, (중요성이) 떨어지는, 부차적인, 부수적인, 복종하는, 예속되는, 수하의, 부하의 (adj) secondary, lesser, minor, subsidiary, inferior, lower, outranked, subservient
		The individual's needs are subordinate to those of the group. She was happy in a subordinate role that did not request serious decision makings.
	(명)	(명) 부하, 하급자, 부속물, (문법) 종속절 (n) assistant, junior, underlining, minion, aide, dependent, attendant
		He left the routine checks to one of his subordinates. 'Tiger' is a subordinate of the category 'animal.'
exclusive	(형)	(형) 배타적인, 서로 용납되지 않는, 모순되는, 유일한, 독점적인, 전문적인, (상품 등을) 다른 곳에서 입수할 수 없는, (상류 계급 등) 특정 계급의 사람들을 대상으로 하는, 고급의, 고가의, (논리) 배타적인, ~을 제외하고, 전용의, 그것에만 한정된 (adj) high-class, select, limited, private, special, elite, restricted, absolute, whole, complete
		There is a danger of being exclusive if you're not willing to be flexible about different styles of worship. Some people think that uncontrolled economic growth and environmental stability are mutually exclusive.
	(명)	(명) 독점권, 독점 판매권
		The newspaper published an exclusive about the accident. Patent provides exclusives of new technologies.
substitute	(명)	(명) 대리, 대역, 대용품, 대용어, 대체,

단어	품사	한글 의미, 동의어 예문
		(n) surrogate, make shift, stopgap, replacement, alternative, relief, standby, auxiliary
		I participated at the meeting as a substitute for my boss. There is no substitute for hard work and perseverance.
	(동)	㈕ ~에게 대리시키다, 대용하다, ~에 대신하다 (v) replace, displace, relieve, exchange places, displace
		Lee was substituted for Kang in the second half of the soccer game. Gas-fired power stations will substitute for less efficient coal-fired equipment.
offer	(동)	㈕ ~을 제공하다, 권하다, 내밀다, (의견 등)을 제시하다, 제안(제출)하다, ~하자고 제의하다, 권고하다, (기도 등)을 (신 등에게) 바치다, ~에게 결혼을 신청하다, 청혼하다, (의향, 의도 등을) 나타내다, 보이다, (물건)을 내놓다, (남에게) ~을 주다, 전시하다, 공연하다, (강좌, 과목 등)을 설치하다, 개강하다, (학생 등이) 과목 이수를 신청하다, (전화) (통화)를 (어느 회선으로) 보내다, (v) present, proffer, tender, bid, propose, give, move, tender, volunteer, sacrifice, immolate, present, (n) presentation, proposal, proposition,, overture
		She accepted out offer to write the business plan. He must offer his banker new statistics in order to encourage the bank to lend his money toward his start-up business.
primary	(형)	(형) 제1의, 제1차의, 주요한, 가장 중요한, 원시 시대의, 원시적인, 초보의, 초등의, 예비의, 본래의, 근본적인, 직접의, 초기의, (전기) 1차의, (명) 제1의 사물, (공직자 후보의) 예선, 예비 선거 (adj) first, highest, chief, principal, main, prime, leading, earliest, initial, primordial, embryonic, germinal, ultimate, primitive, elementary, essential, underlying, elemental, rudimentary, beginning, opening
		We are primarily concerned with convincing the board of directors to apply for the second plan. The developers are thinking primarily of how to enter the China market.
risk	(명)	(명) 위험, 손해 (손상)을 입을 우려, 모험, 도박걸기, (보험) 사고 발생의 가능성, 위험(율), 위험의 정도, 위험 분자 (n) hazard, chance, danger, venture, gamble, peril, jeopardy, exposure,
		The primary risk for most start-up businesses is insufficient capital. Expanding into a new market is a big risk.
	(동)	㈕ ~을 위험에 맡기다, 걸다, ~을 각오하고 해보다, 감히 ~하다 (v) hazard, take a change, endanger, imperil, jeopardize, venture upon, date
		He risked losing his house when his company went bankrupt. The gambler was prepared to risk everything on a last throw of the dice.
sector	(명)	(명) (기하) 부채꼴, 함수 자, (기계) 부채꼴 톱니바퀴, 구역, 지역, (산업 등의) 부문, 분야, (컴퓨터) 하드디스크의 정보 저장 구역 단위 (섹터), (통신) 레이더의 유효 범위 (n) subdivision, segment, area, part, division, sone, area, region, quarter, district
		The country has a new policy of transferring state industries from the public sector to the private sector. The buildings are in an industrial sector in the southern part of the city.
strategy	(명)	(명) 용병학, 전략, 방법, 교묘한 전략 (책략, 계략), 훌륭한 작전(수단), (목적 달성을 위한) 계획, 방법 (n) tactics, plan, design, scheme, policy, procedure, scenario, game plan, master plan, skillful management
		A business plan is a strategy for running a business and avoiding problems. Let's develop a strategy for promoting our new product.
strengthen	(동)	㈕ ~을 강하게 하다, 튼튼하게 하다, 강화하다, ~을 격려하다, 활기차게 하다, 강해지다, 증원하다, 활기차다 (v) reinforce, fortify, brace, support, toughen, increase, intensify, bolster, improve, consolidate, support
		You can strengthen your plan by including the possibility of rising costs. We are working on a plan to strengthen sales over the next two quarters.

A.3.5 Office Meeting

단어	품사	한글 의미, 동의어 / 예문
accommodate	(동)	㈕ 편의를 도모하다, ~을 돌보다, ~에게 공급하다, 충당하다, ~을 수용하다, ~을 숙박시키다, ~에 적응(순응)시키다, (분쟁 등)을 조정하다, 화해시키다 (v) oblige, serve, supply, aid, assist, make suitable, favor, suit, adjust, adapt, fit, reconcile, compose, harmonize, contain, hold, conform, agree, concur, assent, (ant) inconvenience, incommode
		The meeting room was large enough to accommodate the various needs of the groups using it. Because the deadline for reserving rooms was past, the hotel manager could not accommodate our need for more rooms.
arrange	(동)	㈕ ~을 가지런히 하다, 정돈(정리)하다, ~을 배열하다, 정렬시키다, (분쟁)을 수습하다, 조정하다, 해결하다, (일)을 처리하다, 조처하다, (미리) ~을 계획하다, 준비(주선)하다, 마련하다, ~의 채비를 갖추다, (음악) ~을 편곡하다, ~을 개작하다, 각색하다, 결말짓다, 해결하다, 협정을 맺다, 준비(채비)하다, 계획을 짜다, 마련하다, 정하다, 손을 쓰다 (v) order, place, adjust, array, group, sort, dispose, prepare, plan, contrive, organize, orchestrate, score, interpret, adapt
		The travel arrangements were taken care of by Jane, Mr. Kim's capable assistance. The arrangement of speakers was alphabetical to avoid any hurt feelings.
associate	(동)	㈕ ~을 연상하다, 연합시키다, (v) connect, link, join, affiliate, unite, combine, couple, fraternize, consort, keep company
		Membership in a trade or professional association provides business contracts and mutual support. Because of his association with the director of the conference, we were able to get good prices for the use of the rooms.
	(명)	(명) 동료, 한패, 친구 (n) acquaintance, comrade, fellow, companion, friend, peer, equal, confederate, accomplice, ally, colleague
		A close associate of the author denied reports that he is currently in serious cancer. He is my business associate.
attend	(동)	㈕ ~에 출석하다, 참석하다, 참여하다, (결과로서) ~에 수반하다, 따르다, ~의 곁에서 시중들다, (병자 등)을 돌보다, 간호하다, 진료하다, ~을 주의해서 듣다, 경청하다, 주의(주목)하다 (v) be present at, frequent, accompany, escort, squire, tend, heed, minister to
		We expect more than 300 participants to attend the international conference of Internet of Things. The hotel manager attended to all our needs promptly.
get in touch	(동)	㈕ ~와 연락하다, 접촉하다, (v) get in touch with ~ : keep in touch: (구어) 연락해요, to make contact with
		As soon as we arrive at the hotel, we will get in touch with the manager. The registration desk is a good central location for people to get in touch with each other.
issue	(명)	(명) 공포, 발행, 발간, 출판물, 간행물, 출구, 배출구, 강어귀, 밖으로 나오기, 방출, 유출, (긴급한) 문제점, 쟁점, (문제의) 핵심, 논란, 논쟁, 결과, 결말, 소산, 지급(배급), (집합적) 지급품, 관급품, (법률) 자녀, 자손, (토지에서 나오는) 이득, 수익, (의학) (혈액, 고름 등의) 배출, (피, 고름이 나오는) 궤양, 베인 상처 (n) subject, matter, question, topic, problem, concern, dispute, production, release, distribution, circulation, publication, delivery, issuance, progeny, offspring, posterity, copy, edition, installment
		There's an article on motorbikes in the latest/next issue. Don't worry about who will do it - that's just a side issue (= not the main problem).
	(동)	㈆ 나오다, 발하다, 흘러나오다, 나타나다, 유래하다, 생기다, (타) (선언, 명령 등)을 내다, 발하다, ~을 공포하다, ~을 출판하다, (어음)을 발행하다, (군사) ~을 지급(배급)하다, (야구) (4구로) 출루시키다

단어	품사	한글 의미, 동의어 / 예문
		(v) deliver, distribute, dispense, publish, release, disseminate, circulate, originate, stem, arise, proceed, follow, emanate, emerge, gush, erupt, announce, declare
		The office will be issuing permits only on Tuesday and Thursday mornings. The school issued a statement about its plan to the press.
conference	(명)	(명) 회의, 회담, 협의회, 회견, (중요 문제의) 협의, 상담, (연차) 총회 (n) session, meeting, discussion, consultation, symposium, seminar, forum, convention, meeting, congress, summit, league, association, alliance, union, federation
		An international medical conference was established for the interchange of new ideas and approaches. Should I book the conference room for the meeting?
convey	(동)	[타] (여객, 화물 등)을 나르다, 운송하다, 수송하다, (음, 열, 전류 등)을 전달하다, (질병 등)을 (사람에게) 옮기다, (감정, 의미, 정보 등)을 전달하다, 알리다, (법률) (재산 등)을 양도하다 (v) take, carry, transport, bear, send, transfer, deliver, express, communicate, suggest, mean, give
		With a single wag of her finger she managed to convey her total disapproval. Please convey our condolences to the family.
acquaint	(동)	(타) (남)에게 ~을 알려주다, 전하다, ~에게 (새로운 일, 사실 등을) 숙지시키다, 잘 알게 하다, ~을 ~에게 소개하다, (사실 등)을 알다, ~에 정통하다, (v) inform, familiarize, apprise, explain, notify, tell, accustom
		The museum offers workshops to acquaint children with the world of radio. Professor Kim is a professional acquaintance of mine - shall I introduce you to him?
contend	(동)	[타] (곤란, 장애와) 싸우다, ~을 위해 투쟁하다, 다투다, 겨루다, 경쟁하다, 논쟁하다, 토론(토의)하다, 반박하다, (강력히) 주장하다 (v) struggle, resist, oppose, cope, compete, vie, challenge, run, argue, assert, insist, maintain, state, declare
		The lawyer contended (that) her client had never been near the scene of the crime. He's contending against someone with twice his experience.
adverse	(형)	(형) 반대(적대)하는, 적의를 가진, (방향, 운동이) 역(반대)의, 불리한, 해로운, 불운(불행)한, 대응하는, 반대쪽의 (adj) opposing, contrary, hostile, adversative, confrontational, antagonistic, argumentative, oppositional, unfavorable, unpleasant, difficult, harmful, undesirable
		Many experts believe it may be too late to prevent adverse consequences to the world's climate system. They received a lot of adverse publicity/criticism about the changes.
overcrowded	(형)	(형) 초만원의, 인구 과잉의, 사람이 넘치는 (adj) overfull, congested, stuffed, jammed, swarming, heaving, clogged
		To avoid being overcrowded, we limited the number of guests that members can bring. As soon as the guests entered the dining room for dinner, she could see that the room would become overcrowded.
register	(명)	(명) 등록부, 등기부, 명부, 기록, 기입, 선적 증명서, 세관 증명서, 금전 등록기, (컴퓨터) 레지스터, 등기우편, [타] ~을 (정식으로) 기록하다, 등록하다 (n) record, catalog, account book, ledger, archive, roll, roster, chronicle, schedule, (v) enroll, list, record, demonstrate, show, evince, display, express
		According to the register, more than 300 people attended the afternoon seminar. Hotels ask all guests to register and give their home addresses.
session	(명)	(명) (의회의) 개회, (법정의) 개정, (거래소의) 개장, (의회의) 회기, (집단 활동의) 기간, (대학의) 학년, 학기, 수업 (n) meeting, sitting, assembly, conference, term, period, shift, stint, phase, turn
		The morning sessions tend to fill up fast, so sign up as soon as possible. Due to the popularity of this course, we will offer two sessions.
take part in	(동)	[타] ~에 참가(참여)하다, 가담하다, 협력하다 (v) to join or participate
		The format of the session is very informal, which makes it easier for people to take part in the discussion. We could not get enough people to take part in the meeting, so we canceled it.

A.4 Purchasing (구매)

A.4.1 Shopping

단어	품사	한글 의미, 동의어 예문
bargain	(명)	(명) 매매계약, 거래, 협정, 싸게 산 물건, 투매품, 특가품, 턱없이 (이외로) 싼 (n) deal, agreement, arrangement, pack, covenant, contract, steal
		He compared the sweaters carefully to determine which was a better bargain. The airline regularly offers last-minute bookings at bargain prices.
	(동)	㉹ 상담하다, 흥정하다, 매매 조건을 논의하다, 값을 깎다, ~라는 조건을 붙이다, ~을 바꾸다, ~을 보증하다 (v) haggle, barter, negotiate, trade
		She bargained for over an hour, finally reducing the price by half. Labor unions bargain with employers for better payments each year.
bear	(동)	㉹ ~을 낳다, 태어나다, (꽃, 열매)를 맺다, 산출하다, (무게)를 지탱하다, (고통 등)을 참다, 견디어 내다, (시험, 검사 등)에 견디다, ~이 가능하다, ~에 적합하다, ~을 나르다, ~을 떠받치다, 부담하다, 지탱하다, 버티다, 참다, 누르다, 기대다, 영향을 미치다, 관계가 있다, 열매를 맺다 (v) tolerate, stand, abide, endure, suffer, assume, carry, support, show, produce
		Most men cannot bear crowded stores so they do most of their shopping online. If you can bear with me, I'd like to stop in one more store.
behavior	(명)	(명) 행동, 행위, 처신, 행실, 품행, 버릇, 예절, 태도, (생물의) 습성, 생태, (특정 상태 하에서의 물질의) 작용, 성질, 반응, (기계 등의) 작용, 상태 (n) conduct, performance, comportment, deeds, activities
		She is conducting a survey on whether consumer behavior differs between men and women. Suspicious behavior in a department store will draw the attention of the security guards.
comfort	(동)	㉹ ~을 위로하다, 기력을 북돋우다, 격려하다, (육체)를 편하게하다, (v) to calm somebody, condition or feeling of pleasurable ease, well-being, and contentment
		After a long trip, we are usually comforted by the home environments. I tried to comfort him, but it was no use.
	(명)	(명) 위로, 위안, 안심, 위안을 주는 사람, 쾌적함, 안락, 편안함 (n) ease, consolation, relaxation, relief, pacify, console
		Some people use shopping as a way to comfort themselves after a stressful day. I like to dress for comfort if I am spending the day shopping.
document	(명)	(명) 서류, 법률 서류, 증서, 공문서, 선적 서류, (책, 기사, 편지 등 자료적인) 기록, 문서, 증거(가 되는 것), 기록 영화 (n) text, file, article, essay, paper, manuscript, deed, certificate, record (파) documentation (명) 증거 서류(문서, 자료)의 활용(제공, 첨부), 증거 서류에 의한 뒷받침, 전문 지식의 수집(기록), 서류(증서)의 교부, (컴퓨터) 문서화, 소프트웨어(하드웨어) 설명서, 메뉴얼
		This certificate is an important document, and should be kept securely. They are charged with using forged documents.
	(동)	(타) ~에 문서(증거, 필요서류)를 첨부하다, 증서(증권)을 교부하다, ~을 증거(서류)로 입증하다, ~을 문서에 기록하다, (선박)에 (국적, 소유권, 용적 톤수 등의) 상세한 증명서를 주다 (v) record, detail, verify, authenticate, support
		The research project documented various aspects of ancient lives in this area. His interest in cars has been well-documented (= recorded and written about) by the media.
expand	(동)	㉹ (범위, 크기)를 확장(확대)하다, 넓히다, (부피 등)을 팽창시키다, 부풀게

단어	품사	한글 의미, 동의어
		예문
		하다, (줄어든 것)을 펴다, 펼치다, (화재, 논의 등)을 전개하다, 발전시키다, (마음)을 넓게 하다, 크게 하다, (수학) (방정식)을 전개하다, (범위, 한도가) 커지다, 화대되대, (마음이) 부풀다 (v) to increase the size, volume, quantity, or scope of; enlarge, swell, grow
		The new manager has significantly expanded the store's inventory. The shoe store is out of room and is thinking about expanding into the adjacent vacant building.
brochure	(명)	(명) 팸플릿, 소책자, 브로셔, 광고전단 (n) booklet, catalog, leaflet, pamphlet, flier, flyer
		Enclosed is a brochure that highlights the benefits that you can receive as a corporate donor. They produced a brochure on healthy eating that was to be distributed in supermarkets.
voucher	(명)	(명) 보증인, 증명하는 사람, 증거물, 증표, 영수증, 수령증, (현금 대용의) 인환권, 상품권, 할인권 (n) coupon, ticket, receipt, check, chit
		The voucher is valid between July and December and entitles you to ten percent off all overseas flights. Just present your travel voucher to the airline ticket agent, and she will give you the tickets.
procurement	(명)	(명) 획득, 입수, 주선, 달성, (정부에 의한) 조달 (n) obtaining, gaining, finding, locating, winning, earning, attaining, buying, purchasing, ordering, obtaining
		He vows to cut procurement costs 10% by halving the number of global suppliers. There will be training needs, procurement and logistic supply issues to address, and cost issues to work through with producers.
receipt	(명)	(명) 수령, 수취, 영수, 수취한 물건, 수령액, 수입금, 영수증, 인수증 (n) receiving, reception, delivery, unloading, acceptance, acknowledgement, note, slip, tab, voucher, chit
		Make sure you are given a receipt for everything you buy. If you've got your receipt you can usually exchange the goods.
purchase	(동)	[타] ~을 사다, 구입하다, (돈 등)을 살 수 있다, (노력, 희생 등을 치르고) ~을 얻다, 손에 넣다, 쟁취하다, ~을 뇌물로 매수하다 (v) buy, acquire, obtain, procure, obtain, win, secure, acquire
		Except under clearly defined circumstances, it is illegal in Britain for a company to purchase its own shares. Members will have the opportunity to purchase additional shares in the company at a big discount.
	(명)	(명) 구입, 구매, 매입, 구입품, 산 물건 (n) acquisition, buying, obtaining, procurement, securing, consumption, grip, grasp, hold, leverage, foothold, asset, item, possession
		How are you going to pay for your purchases? A house is the most expensive purchase that most people ever make.
explore	(동)	[타] ~을 탐험(탐사)하다, (미지의 지역 등)을 답사하다, (문제 등)을 조사하다, 탐구하다, (의학) 검진하다, 체계적으로 조사하다 (v) travel, discover, reconnoiter, search, investigate, survey
		The collector likes to explore antique shops looking for bargains. If you explore the Internet, you'll probably find the item you're looking for at a good price.
mandatory	(형)	(형) 명령의, 지령의, 명령적인, 강제적인, 의무적인, 위임의, 위탁의, 통치를 위임받은 (adj) obligatory, required, compulsory, needed (파) mandate
		The jewelry store has a mandatory policy of showing customers only one item at a time. There is a mandatory limit of nine items for use of this checkout line.
merchandise	(명)	(명) (집합적) 상품, 제품, (n) items available in stores, produce, stock, goods
		I am very impressed with the quality of the merchandise on this website.

단어	품사	한글 의미, 동의어
		예문
		She wanted to make sure that the store had a wide variety of merchandise before she committed to buying a gift certificate.
	(동)	(타) 매매하다, 거래하다, 장사하다 (v) sell, retail, market, provide
		She had to merchandise the new product line. The way in which you merchandise what you have in store in terms of display is very important.
strict	(형)	(형) 엄격한, 엄한, 가혹한, 엄밀한, 정확한, 주의 깊은, 면밀한, 완전한, 절대적인, (식물) 직립성의, 수직의 (adj) severely, firmly, stringently, rigorously, exactly, precisely, accurately (파) strictly: (adv) rigidly, without flexibility
		Our store strictly enforces its return policy. Their high turnover rate is not surprise, considering how strictly the manager deals with them.
trend	(명)	(명) 경향, 추세, (도로, 하천, 해안선 등의) 방향, 기울기, 향 (n) current style, vogue, tendency, fashion, style, drift, leaning, movement, fashion, style, craze, fad
		The clothing store tries to stay on top of all the new trends. She followed market trends closely before she bought a clothing franchise.

A.4.2 Ordering and Supplies

단어	품사	한글 의미, 동의어
		예문
consistent	(형)	(형) (의견 등이) 일치하는, 양립하는, 모순되지 않는, 변함없는, 언행이 일치하는, 견실한, 결합하는, 응집하는 (논리, 수학) 모순이 없는 (adj) reliable, steady, dependable, constant, coherent, uniform, harmonious
		If we order new paper and ink at the beginning of every month, we will have a consistent supply of these necessary items. We order from that supplier because of the consistent quality of their merchandise.
diversify	(동)	(타) ~을 다양화하다, ~에 변화를 주다, (기업이) (투자)의 대상을 넓히다, (기업이) 업종을 다각화 하다 (v) to broaden, to make more varied, expand, spread, differentiate
		The stationery department plans to diversify its offering of paper products. The consultant that we hired recommends that we don't diversify at this time.
dominate	(동)	(타) ~을 지배하다, ~을 좌우하다, ~보다 우세하다, 우위를 차지하다, ~에 큰 영향을 주다, (걱정 등이) (마음)을 꽉 채우다, 빼앗다, (격정 등)을 억누르다, ~보다 우뚝 솟다, ~을 내려다 보다, ~을 위압하다 (자) 지배하다, 우세하다, 우위를 차지하다, 우뚝 솟다, 현저하다, 두드러지다 (v) control, rule, lead, govern, direct, dictate, overlook, dwarf
		They work as a group - no one person is allowed to dominate. The cathedral dominates the landscape for miles around.
enterprise	(명)	(명) 기획, 기도, 계획, 큰 계획, 대담한 계획, 기업(체), 회사, 사업, 진취적 정신, 기업심, 모험심, (사업, 기업에의) 참가, 종사, 기업 경영 (n) initiative, creativity, inventiveness, originality, boldness, readiness, venture, business, company, firm, organization, scheme
		The new enterprise quickly established an account with the office supply store. This enterprise has become unmanageable and is beginning to lose money.
essential	(형)	(형)필수의, 없어서는 안될, 절대로 필요한, 본질적인, 근본적인, <수학> 진성의, <음악> 주요한, 기본의, <병리> 본태성의, 원인 불명의 (adj) vital, indispensable, important, crucial, critical, needed, necessary, fundamental, basic, elemental, key, central, chief, main, principal, cardinal (파) essentially
		Government support will be essential if the project is to succeed. There is essestial work to be done before the building can be re-occupied.

단어	품사	한글 의미, 동의어 예문
	(명)	(명) 본질적(불가결의) 요소, 필수사항, 중심적 요소, 요점, <음악> 으뜸음, 주음 (n) lifeblood, essence, necessity, basic, need, necessity, requirement, want, prerequisite, basic, must, necessary, demand
		When we go travel, we usually carry only the bare essentials. For the people who live in a remote location, car is regarded as an essential.
function	(명)	(명) 기능, 작용, 목적, 구실, 직능, 직분, 역할, (사회적, 종교적인) 의식, 제전, 행사, 상관 관계, 상관조 요소, (수학) 함수, (문법) 기능, (컴퓨터) 기능 (n) a purpose, meaning, gathering,
		What is the function of this device? The function of the veins is to carry blood to the heart.
	(동)	[타] 기능(직분)을 다하다, 구실을 하다, (기계 등이) 작동하다, (문법) 기능을 가지다 (v) to perform tasks, work, perform, operate
		This room will function as the supply closet while the office is being painted. The system was functioning normally until yesterday.
maintain	(동)	[타] ~을 지속(계속)하다, 유지하다, (어떤 상태로) ~을 보존(유지)하다, ~을 지키다, (건물, 도로, 기계 등)을 건사(유지)하다, 보존하다, ~을 옳다고 주장하다, 단언하다, (의론, 연설 등에서) ~을 지지(후원)하다, (공격, 위험으로부터) ~을 지키다, 버티다, 방어하다, (돈 등으로) ~을 유지(지탱)하다, (가족 등)을 부양하다 (v) uphold, preserve, keep, sustain, conserve, retain, continue, argue
		I have been maintaining a list of supplies that are in greatest demand. Trying to maintain two different stockrooms is too much work.
obtain	(동)	[타] (노력하여) ~을 얻다, 손에 넣다, 획득하다, 사들이다, ~에게 (사물)을 얻게하다, (관습, 법규 등이) 통용되다, 행해지다, (의견 등이) 인정 받다, (관계 등이) 성립되어 있다, (v) get, gain, attain, acquire, achieve
		I have been trying to obtain a list of supplies from the administrator for three weeks now. We can obtain all the supplies we need online.
prerequisite	(명)	(명) 필수(전제)조건 (n) something that is required or necessary as a prior condition, precondition, requirement, qualification, essential, necessity
		A prerequisite for ordering supplies from that website since the quality of their merchandise is usually poor. Here are the prerequisite that you need to purchase before coming to class.
quality	(명)	(명) 질, 품질, 본래의 성질, 본질, 양질, 고급, 탁월, 우량성, 특질, 특성, 속성, 자질, 소질, 인품, 성격, 장점, (논리) (긍정, 부정의) 명제, 질, (음성, 음향) 음질, 음색, (철학) 질, 성질 (n) a distinguishing characteristics, a degree of excellence, superiority, eminence, value, worth, feature, attribute, property
		The most important qualities we look for in a supplier are reliability and quick response. I do not recommend ordering supplies from the website since the quality of their merchandise is usually poor.
smooth	(형)	(형) (물체의 표면이) 매끄러운, 매끈매끈한, 평탄한, 요철이 없는, (수면이) 물결치지 않는, (날씨, 바다 등이) 잔잔한, 평온한, (버터, 소스 등이) 응어리가 없는, (기계 등이) 원활히 움직이는, 고장이 없는, (사물이) 술술 진행되는, 순조로운, (감정, 기질 등이) 온건한, 조용한, 부드러운, (말, 문체, 태도가) 붙임성이 있는, 유창한, 말솜씨가 좋은, (adj) without difficulties, deliberately polite and agreeable in order to win favor, flat, even, plane, charming, soft, easy, (v) flatten
		Thanks to our smooth transition to the new supplier, there was no interruption in shipments. Her smooth manner won her the appreciation of the manager but not her colleagues.
source	(명)	(명) 근원, 근본, 원인, 수원(지), 원천, 출처, 전거, 제조업자, 공급자 (n) the origin, basic, foundation, informant, upwelling,
		This website is a good source for paper and other office supplies. The source of this rare pottery that we are selling in our shop is a small

단어	품사	한글 의미, 동의어 / 예문
		village in India.
	(동)	㈐ ~의 정보원(출전)을 밝히다, (부품, 자료 등)을 공급하다, (생산 활동)을 전개하다, (회사 등이) 제조업자 (공급자)와 계약하다, (인재 등에 대하여) 정보를 구하다, 가능성을 찾다 (v) obtain
		The vegetables used in our restaurant are sourced locally. Nowadays, financial information can be sourced from various online services.
standard	(명)	(명) 표준, 기준, 규범, 전형, (조폐) (화폐의) 법정 순도, 본위, (도량형) 원기 (n) criterion, benchmark, touchstone, yardstick, pattern, guideline, specification, measure
		Not everyone judges success by the same standards - some people think happiness is more important than money. Certain of the candidates were well below the usual standard, but others were very good indeed.
	(형)	(형) 표준의, 표준에 따른, 표준(기준)이 되는, 법정 순도의, 모범적인, 일류의, 권위있는, 수동의, 전동(자이 아닌, 표준 굵기(크기)의 (adj) normal, typical, average, usual, ordinary, regular, prevailing, traditional
		These are standard procedures for handling radioactive waste. The meter is the standard unit for measuring length in the SI system.
stationery	(명)	(명) 문방구, 지필묵, 편지지, 필기용지 (n) notepaper, notepad, writing paper and envelops
		We do not have enough stationery, so please order some more. The new stationery featured the company's logo in blue ink at the top of the page.
retail	(명)	(명) 소매, (n) trade, selling, marketing, wholesale
		Shares in retail businesses were marked up on the news that consumer spending rose last month. Large retail chains are usually only prepared to locate stores in areas of high population density.
	(동)	㈐ ~을 소매하다, (소문 등)을 퍼뜨리다, 자세히 옮기다 (v) sell, go, trade, vend
		The company manufactures and retails moderately priced sportwear. This notebook retails at $1,500.
auction	(명)	(명) 경매, 공매, 경매회 (n) sale, mart
		In an auction, goods or property are sold to the highest bidder. Due to the emergence of auctions, direct contacts between producers and sellers declined and this altered the nature and existence of the spousal cooperation.
	(동)	㈐ ~을 경매하다, 경매에 부치다 (v) public sale, sell by auction
		The house will be auctioned tomorrow. The company is auctioning its unused machines.
cater	(동)	㈐ (파티 등에) 음식을 출장 준비하다, 공급(조달)하다, 요구(소망)을 들어주다, ~에 영합하다, (식사, 여흥 등)을 제공하다 (v) provide, supply, outfit, furnish, accommodate, gratify, satisfy, tailor, serve, offer, organize
		I'm catering for twelve on Sunday - the whole family is coming. Delegates can have meals catered by the hotel while the conference is underway.
vendor	(명)	(명) 제품 판매자(인), 판매 업자 (n) seller, retailer, dealer, supplier, merchant
		The vendor of the house wants to exchange contracts this week. Our company deals with many vendors of women's clothing.

A.4.3 Shipping

단어	품사	한글 의미, 동의어 예문
accurate	(형)	(형) 정확한, 틀림없는, 결점이 없는, 주의 깊은, 용의 주도한, (계기 등이) 정밀한, 오차가 없는 (adj) precise, truthful, correct, exact (파) accurately: (부) 정확히, 틀림없이
		To gauge these figures accurately, we first need to get some facts from the shipping department. The container company must balance the load accurately or there could be disaster at sea.
carrier	(명)	(명) 운송인, 우편 집배원, 신문 배달원, (차, 화물 열차 등의) 운반 용기, 짐받이, (기계) 운반 장치, 운송업자, 운송 회사, 항공회사, (면역) 병원균 매개체, 보균자, (무선) 반송파 (carrier wave), 보험업자, 보험 회사 (n) a person or business that transports passengers or goods, transporter, carter, shipper
		The express carrier takes extra care of electronics equipment boxes with "fragile" mark. Our company switched carriers in order to get a price savings on deliveries out of state.
catalog	(명)	(명) (도서관) 장서 목록, 도서 목록, (알파벳 순서의) 목록, 카탈로그, 일람, 열거, 대학 편람(안내서) (n) a list of itemized display, set list,
		The upcoming fall catalog shows a number of items that we have never before been able to offer. If you order goods from the catalog, they usually takes 3 or 4 days to be delivered.
	(동)	(타) ~의 목록을 만들다, ~을 목록에 수록하다, 목록에 오르다 (v) to make an itemized list of, enter, document, itemize
		Many plants become extinct before they have even been cataloged. The manager cataloged the complaints from customers according to severity.
fulfill	(동)	(타) (약속 등)을 이행하다, 실행하다, (의무, 직무 등)을 다하다, 수행하다, (요구, 조건 등)을 만족시키다, (기간, 일 등)을 만료하다, (자기 자신)의 힘(자질, 역량)을 완전히 발휘하다, (부족분)을 채우다, (결손 부분)을 바로잡다, (v) to finish completely, achieve, satisfy, complete, fill, succeed
		All orders are fulfilled and ready for shipment within twenty-four hours. Her expectations were so high, we knew they would be hard to fulfill.
integral	(형)	(형) 필수의, 절대 필요한, 긴요한, 일체화된, 통합된, 완전한, (수학) 정수의, 적분의, (adj) essential, vital, important, basic, fundamental, whole, complete, connected
		Good customer relationship is an integral component of any business. A dependable stream of inventory is integral to reliable shipping of orders.
	(명)	(명) 전체, 완전한 총체, (수학) 적분 (n) definite integrals in calculus
		Integral in calculus is very important in engineering applications. This is a good software program that provides the calculation of definite integrals.
inventory	(명)	(명) (상품, 재산, 가재 등의) (재고)목록, 일람표, 재고품 목록, 목록에 있는 물품, 재고 조사, 재고 정리, 목록 작성 (n) goods in stock, an itemized record of goods, list, stock,
		The store closes one day a year so that the staff can take inventory of the stockroom. Their inventory has not changed much over the years.
	(동)	(타) (재산, 상품 등)의 목록을 만들다, ~의 재고 정리를 하다. (v) make list
		The judge ordered that all property should be inventoried before any more sales were made. You must inventory your current stocks before you purchase more materials.

단어	품사	한글 의미, 동의어
		예문
minimize	(동)	㈜ ~을 최소한도록 하다, 되도록 적게 하다 (v) to reduce, to give less importance to, underestimate
		The shipping staff minimized customer complaints by working overtime to deliver the packages quickly. To keep the customers happy and to minimize the effect of the carrier strike, we shipped orders directly to them.
item	(명)	(명) (제각기 독립된) 항목, 조항, (상품, 제품 등의) 품목, 종목, 세목, (신문, 방송 등의 짧은) 기사 (뉴스), (연극, 영화 등의) 상연물 (n) article, piece, entry, element, point, detail, couple, pair, twosome, match (파) itemize: ㈜ 항목별로 기입하다, ~을 적어두다
		How many items of hand luggage am I allowed to take onto the plane? The restaurant has a long menu of about 50 items.
receive	(동)	㈜ (제공, 배달 된 것)을 받다, 수령하다, (사물)을 받다, 수여받다, (정보, 지시, 경고 등)을 받다, 통지 받다, (무게, 부담, 압력 등)을 받다, 지다, 부과받다, (건물 등이) (사람, 물건)을 수용하다, 받아 들이다, (그릇 등이) (액체 등)을 담다, (통신) (전파 등)을 받다, 수신하다, 청취(수상)하다, 용인하다, 이해하다, (사람, 사물)을 ~으로서 인정하다, (친절, 호의, 동정 등)을 받다, 경험하다, (교육, 훈련 등)을 받다, 익히다 (v) get or accept something that is given, obtain, collect, hear, grasp, catch
		You will receive your order within one week of the shipping date. When we received the package, the box was broken and some of the contents were missing.
ship	(명)	(명) 배, 함선, 비행선, 비행기, 우주선 (n) vessel, boat, craft, liner
		They boarded a ship that was sailing the next day. The crane lifted the containers off the ship.
	(동)	㈜ ~을 배에 싣다, ~을 선편으로 보내다, ~을 수송하다, ~을 배 안에 넣다, (선원 등)을 고용하다, 승선하다, 배를 타다 (v) to transport, to send, dispatch, convey
		He shipped the package carefully, since he knew the contents were made of glass which is fragile. Very few customers think about how their packages will be shipped, and are seldom home when the packages arrive.
sufficient	(형)	(형) (양, 수가) 충분한, ~하기에 족한, 충분한 자격(능력)이 있는 (adj) adequate, enough, satisfactory, necessary, appropriate, ample, plenty, abundant (파) sufficiently : (adv) enough, adequately, satisfactorily, suitably, appropriately, necessarily, amply
		The boxcar was sufficiently damaged that it could not be loaded on the truck. We are sufficiently organized to begin transferring the palettes tomorrow.
supply	(동)	㈜ ~에 (필요물품, 부족품 등)을 공급하다, 지급하다, (손실, 결핍 등)을 보충하다, 벌충하다, (필요, 요구)를 충족시키다 (v) to make available for use, to provide, deliver, give, contribute, furnish, equip, distribute, deal, trade, sell, outfit, stock, present
		He supplied the shipping staff with enough labels to last a year. Electical power is supplied by underground cables in the metropolitan areas.
	(명)	(명) 공급, 배급, 보급, 공급품, 보급품, 재고품, (경제) 수요에 대한 공급, (군사) 양식, 보급품, 군용 물자, 병참, 필수품, 용품, 비품, (임시의) 대리, 보결, (국회가 승인한) 세출, 지출, (개인의) 지출액, 송금 (n) stock, source, hoard, stream, amount, quantity, resource, fund, reserve, allocation, store
		By making better use of our supplies, we can avoid ordering until next month. In the capital, demand for cheap housing far outstrips supply.
depot	(명)	(명) 정거장, 역, 공항, 버스 정류장, (군사) 보급소, 병참부, 연대본부, 보관소, 저장소, 창고 (n) yard, garage, workshop, siding, storehouse, warehouse, depository, store, terminus
		Within a year of its founding, the institute supplied the local depots of more than 350 communities that had participated in the subscription. He took a job in the supply depot of a Ulsan Hyundai shipyard.

단어	품사	한글 의미, 동의어 예문
embargo	(명)	(명) (상선의) 출항(입항) 금지, 선박 억류, (시설 부족, 체화 등으로 인한) 화물 적재 금지 명령, (특정 상품의) 통상 정지, 수출 금지, 금지, 제한, 억제 (n) restriction, ban, prohibition, restraint, bar, impediment, block
		They have put an embargo on imports of networking equipment from that country. The police asked for a news embargo while they tried to find the kidnapper.
	(동)	㈕ (선박)에 대해 출항(입항) 금지를 명하다, (특정 종류의 상품)의 통상을 금지(정지)하다, (선박, 화물)을 몰수(징발)하다 (v) forbid, prohibit, ban, restrict, impede, block, confiscate, sequestrate, seize, expropriate
		The government is planning to embargo chemical products exports to the country. The country has not embargoed grain exports since 1980, but it could happen again if the supplies become dwindling and prices are soaring.
bulk	(명)	(명) 크기, 부피, 용적, (종이 등의) 뚜께, 태반, 대부분, (포장하지 않은) 상품, 산적 화물, (해사) 뱃짐, 화물, (장의 연동 운동을 돕는) 섬유질 식품, (제본) 책의 표지를 제외한 부분의 뚜께 (n) majority, substance, size, mass, volume, immensity, vastness, form, body
		Many health food stores carry organic grains, beans, and flours in bulk. We buy a lot of our groceries in bulk (= in large quantities) to save money.

A.4.4 Invoices

단어	품사	한글 의미, 동의어 예문
invoice	(명)	(명) 송장, 송장 기재 (n) statement, demand, account, bill
		You need to have a copy of your original invoice if you want a refund. Invoices must be submitted by the 25th of every month.
	(동)	㈕ 송장을 작성하다, 송장에 기입하다 (v) bill, charge, debit
		Firstly, all equipment should be bought and owned by specific members of the band, and all purchase invoices should be kept. We will invoice you for parts and labor.
compile	(동)	㈕ (자료)를 모으다, 하나로 종합하다, 집계하다, (자료를 모아) (책)을 편찬하다, 편집하다, (컴퓨터) (소스코드 프로그램)을 번역하여 실행 코드를 만들다 (v) to gather together from several resources, amass, accumulate, collect, assemble, gather, list
		I have compiled a list of the most popular items for sale on our website. The clerk is responsible for compiling the orders at the end of the day.
customer	(명)	(명) (상점의) 고객, 손님, 단골, 거래처, (은행의) 예금주 (n) one who purchases a commodity or service, client, purchaser, buyer, patron, consumer
		Let's make sure all invoices sent to customers are kept in alphabetical order. As part of our customer satisfaction plan, let's offer a discount to customers who pay their invoices within a week.
discount	(동)	㈕ ~에 대해 (계산, 요금 등에서) (일정액)을 감하다, 할인하다, ~을 에누리해 듣다 (생각하다), ~의 가치(효과)를 떨어뜨리다 (자) 이자를 떼고 대출하다, 할인하다 (v) reduce, deduct, subtract
		You should not discount the possibility of success. In the outlet mall, you can buy many good discounted goods.
	(명)	(명) 할인, 할인액, 할인율, (액면 가치의) 감소, (대출금의) 선이다, 할인이자, (당구) (하수에게)할인해 주는 점수 (n) a reduction in price, disregards, concession,
		Customers who pay their invoices before the end of the month receive a 5 %

단어	품사	한글 의미, 동의어 / 예문
		discount. The discount on the sale items was not very big.
dispute	(동)	㈕ 논쟁하다, 토론하다, 말다툼하다, (v) argue, challenge
		Customers may dispute certain charges on an invoice. A customer called the company to dispute the no returns policy.
	(명)	(명) 논의, 토론, 논쟁, 쟁의, 분쟁, 말다툼, 싸움 (n) argument, question, disagree with,
		They have been unable to resolve the dispute over working conditions. The labor unions are in dispute with management over pay.
efficient	(형)	(형) (기계, 방법 등이) 능률적인, 효율적인, 사용이 쉽고 경제적인, 유능한, 실력있는, 민완의, 솜씨가 좋은, 효과가 있는, 유효한, (직접) 효과를 내는 (adj) acting or producing effectively with a minimum of waste or unnecessary effort, well-organized, inexpensive
		The accountant was so efficient in processing the customer receipts that she has the job done before lunch. Electronic invoicing has helped us to be efficient.
premium	(명)	(명) (~에 대한) 상, 상금, 상품, (특별한 노동에 대한) 상여(금), 경품, 할증금, 보험료, 보험료 납입금, (경제) 초과 구매력, (직업 훈련 등에 대한) 사례금, 수업료 (n) payment, percentage, bonus, reward, perk, extra, dividend, prize
		Customers will be required to pay a premium for this extra service. The modified cars are available at a premium of five percent over the original price.
	(형)	(형) (같은 종류의 다른 것 보다) 상급의, 고급의, 고가의, 값비싼, 프리미엄이 붙은 (adj) best, finest, quality, first-class, superior, exceptional
		The building is on a premium site. This gas station provides premium gasoline at higher price.
bill	(명)	(명) 청구서, 계산서, (금융) 환어음, 어음, 증권, 증서, (세관의) 신고서, 지폐, 광고물, 삐라, 전단, 벽보, 포스터, 의안, 법률안, 목록, 명세서 (n) beak, poster, invoice, statement, check, demand, cost, amount, charge, price
		If this bill is not paid within five days, your gas supply will be cut off. They asked the waitress for the bill.
	(동)	(타) 계산서에 기입하다, ~을 일람표를 만들다, ~의 목록을 만들다, ~에게 계산서를 보내다, 계산서로 청구하다 (v) promote, portray, publicize, charge, invoice, debit
		Please bill me for any additionally required parts to finish this system. She was billed to perform every night for this month.
endorse	(동)	㈕ (계획, 주장 등)을 시인 (승인)하다, (사람)을 지지하다, (주의, 내용의 설명 등)을 서류 이면에 기입하다, (TV나 신문에서 유명인사가 상품을) 보증 선전하다, 추천하다, (어음)에 서명하다, 배서(이서)하다 (v) approve, ratify, recommend, authorize, validate, certify, support, advocate, favor
		I fully endorse what the speaker said. After long debate, the Council is expected to endorse the committee's recommendations.
rebate	(명)	(명) 할인, (상품, 대급 부과금의 일부) 환불 (n) refund, repayment, discount, reimbursement, reduction, return
		Consumers who were putting off buying a new car have been lured into dealerships by big cash rebates, analysts said. Car makers are still using special incentives - such as rebates and cut-rate financing - to sell their vehicles.
	(동)	㈕ (지불액의 일부)를 환불하다, 할인하다, 감액하다 (v) discount, repay, return
		Buying your house through an independent adviser who can rebate all commision will keep your charges down. All overpayments must be rebated to taxpayers.
estimate	(동)	㈕ ~을 어림하다, 견적하다, 평가하다, (인물, 능력 등)을 평가하다, 판단하다, 어림잡다, 견적하다, 견적서를 작성하다 (v) to approximate the amount or value of something; to form an opinion about

단어	품사	한글 의미, 동의어 / 예문
		something
		We estimated our losses this year at about 5,000 dollars. Government sources estimate a long-term 50% increase in rail fares.
	(명)	(명) 평가, 개산, 견적, 어림, 판단, 평가, 견해, 견적서 (n) approximation, quote
		The number of candidates who applied for the course was 120 compared with an initial estimate of around 50. In the owner's estimation, the high level of customer satisfaction was an adequate measure of how well the company was doing.
impose	(동)	(타) (세금, 형벌, 의무 등)을 지우다, (의견 등)을 (남에게) 강요하다, (남의 일에) 주제 넘게 나서다, 탄복하게 하다, 위엄하다, 교묘히 속이다, 기만하다 (v) to establish or apply as compulsory; to force upon others, levy, enforce, inflict, intrude,
		The company will impose a surcharge for any items returned. We should not impose upon our staff by requiring them to work on weekends.
promptly	(부)	(부) 기민하게, 민첩하게, 즉시, 즉시불로, 딱, 정확히 (adv) on time, punctually, quickly
		We always reply promptly to customer's letters. The new sales agent promptly offered a full refund for the damaged goods.
rectify	(동)	(타) ~을 바로잡다, 바꾸다, 고치다, 수정하다, 교정하다, (화학) (알코올 등)을 정류하다, (전기) (교류)를 직류로 바꾸다, 정류하다, (수학) (곡선, 호)의 길이를 구하다 (v) to set right or correct, remedy, cure, repair, fix, resolve, mend
		He rectified the problem by giving the customer credit for the unused items that he returned. Embarrassed at his behavior, he rectified the situation by writing a letter of apology.
term	(명)	(명) 말, 술어, 전문어, 용어, 말투, 말씨, 표현, 기간, 임기, 근무 기간, 형기, 기한, 기일, 약정 기간, 학기, (법원의) 개정기, (지급, 계약 등의) 조건, 조항, 약정, 협정, 규정 (n) period, time, tenure, span, duration, word, expression, phrase, idiom (파) terms : conditions, stipulations, requisites, footings, rapports, standings, languages, expressions, vocabularies, terminologies, nomenclatures, words, idioms,
		The terms of payment were clearly listed at the bottom of the invoice. The terms of the agreement required that items be fully paid for before they would be shipped.
	(동)	(타) ~이라고 칭하다, 이름 짓다, 부르다 (v) call, name, label, dub, designate, characterize
		Technically, a horse that is smaller than 1.5 meters at the should is termed a pony. None of the problems was termed serious.

A.4.5 Inventory

단어	품사	한글 의미, 동의어 / 예문
adjustment	(명)	(명) 조정, 정비, 조절, 조절장치, (분쟁 등의) 조정, 해결, <사회> (환경, 자연 등에 대한 사람의) 적응, 순응, <보험> 지불 보험 금액의 결정 (n) a change in order to match, alteration, modification, tuning, regulation, correction, amendment, variation
		With these adjustments to the numbers of screws and nuts, we are close to having an accurate count. An adjustment to the number of damaged items would help us align our figures.

단어	품사	한글 의미, 동의어 예문
automatically	(부)	(부) 자동으로, 반사적으로, 무의식적으로, 기계적으로 (adv) independently, without outside prompting, mechanically, routinely, involuntarily, inevitably
		The computer automatically updates the inventory files when a sale is made. This door opens automatically so it is easier to carry large boxes out of the stockroom.
crucial	(형)	(형) 결정적인, 아주 중대한, 가혹한, 어려운, 괴로운, 없어서는 않될, 필수적인, 십자형의 (adj) vital, critical, decisive, essential, fundamental
		Knowing how many products we have in stock is crucial to out shipping procedures. Inventory is crucial process and must be taken seriously by all staff.
discrepancy	(명)	(명) (진술, 계산 등의) 불일치, 모순, 앞뒤가 어긋남 (n) inconsistency, difference, incongruity, divergence, disagreement
		We easily explained the discrepancy between the two counts. Unless you catch the error immediately, the discrepancy gets entered into the computer and becomes very difficult to correct.
install	(동)	[타] (장치 등)을 설치하다 (달다), 비치하다, (컴퓨터) (하드웨어, 소프트웨어 등)을 장치하다, 설치하다, (남)을 임명하다, 취임시키다, (어떤 장소에) 자리잡다, 정착하다, 착석하다, 지위를 차지하다 (v) put equipment into place, fix, mount, fit, appoint, inaugurate, settle, position
		Since we installed the new software, taking inventory has become a lot easier. We will need to get the new computers installed before we can take inventory.
apparel	(명)	(명) (집합적) 옷, (여성, 아동의) 의류, 겉옷, 기성복, 옷차림, 장식 (n) attire, clothing, garb, wear, gear, kit
		Apparel means clothes of a particular type when they are being sold in a shop, such as sports apparel. The enterprises to be set up include units for ornaments, apparels and diamond cutting.
rigorous	(형)	(형) 엄격한, 엄한, 엄밀한, 정밀한, 정확한, (기후, 풍토가) 혹독한, (논리, 수학) 이론적으로 정당한, 근거 있는 (adj) hard, severe, difficult, demanding, laborious, rough, arduous, harsh, exact, thorough, precise, meticulous, painstaking, accurate, careful, scrupulous
		Refrigeration of food, improved hygiene and rigorous standards in the food industry prevent gastro-intestinal infections. Reputable manufacturers test rigorously to make sure their products perform at the highest level.
attach	(동)	[타] ~을 붙이다, 첨부하다, 달라붙게 하다, (단체 등에) ~을 소속(참여)시키다, (군사) ~을 배속(소속) 시키다, ~을 ~에 돌리다, ~의 특성으로 생각하다, ~을 첨가하다, 덧붙이다, 달라붙다, 귀속하다 (v) ascribe, assign, attribute, accord, bestow, fasten, join, connect, fix, add, affix, append, stick, glue, screw, nail, clip
		You attach this device to your windshield, and it sends a signal that opens the garage door. Use this cable to attach the printer to the computer.
carton	(명)	(명) (큰) 판지 상자, 판지, 판지 상자에 넣은 것, 과녁 복판의 흰 점, 명중탄 (n) (cardboard) box, container, packet, pack, sachet
		The cardboard cartons were placed in environmental chambers maintained at the same conditions as mentioned above. Empty egg cartons can be reused or recycled.
procrastinate	(동)	[타] ~을 질질 끌다, 꾸물거리다, 지체하다 (v) delay, postpone, adjourn, dally, defer, dawdle
		I know I've got to deal with the problem at some point - I'm just procrastinating. When it comes to housework, I tend to procrastinate.
reflect	(동)	[타] (빛, 열)을 반사하다, (소리)를 반향하다, (거울 등이) (상)을 비추다, ~를 초래하다, (결과로서) ~를 가져오다, (비유적) 반영하다, 나타내다, (~을) 숙고하다, 곰곰이 생각하다, (v) show, indicate, reproduce, imitate, replicate, mirror, echo, reveal, expose, think

단어	품사	한글 의미, 동의어 / 예문
		The numbers on the computer log should accurately reflect the actual numbers in the warehouse. The way you handled the problems with the inventory reflects your professional attitude.
scan	(동)	㊔ ~을 자세히 조사하다, 정밀 검사하다, ~을 눈여겨 보다, 유심히 보다, (신문, 책 등)을 대충 훑어 보다, 급히 읽다, (레이더) ~에 전파를 발하다, (넓은 장소)를 몇 번이나 둘러보다, 시의 운율을 살피다 (v) to look over quickly; automatically record data with a scanner, skim, peruse, examine, scrutinize,
		She quickly scanned the list to see if any information was missing. When we take inventory, we have to scan each item number into the computer.
	(명)	(명) 정밀 검사, 음미, 눈여겨보기, 대충 (급히) 읽기, 시야, 이해력, 이해의 범위, (의학) 컴퓨터 단층 촬영 (n) image, perusal,
		I gave the equipment a quick scan, and found it useless. The doctor proposed having an ultrasound scan to make sure.
subtract	(동)	㊔ ~을 빼다, 공제하다, (수학) ~을 빼다, 뺄셈을 하다, 제하다 (v) to take away, to deduct, withdraw, detract
		Once you ring up an item, the computer automatically subtracts if from the inventory log. Whoever did the inventory forgot to subtract the items that arrived damaged and were never put into the stockroom.
tedious	(형)	(형) 지루한, 따분한, 장황한 (adj) tiresome by reason of length, slowness, or dullness, boring, dull, deadly, monotonous, wearisome, uninteresting
		This may be tedious work but you will be glad the inventory is accurate when you hit the busy holiday sales season. Counting merchandise all weekend is the most tedious job I can imagine.
verify	(동)	㊔ ~을 검증하다, 입증하다, 확증하다, (조사, 비교에 의하여) ~이 진실임을 확인하다, 대조 확인하다, (명) 검증 (v) prove the truth of, confirm, test, check, authenticate, validate, substantiate, corroborate, attest, authenticity
		I cannot verify the accuracy of these numbers, since I was not present for inventory weekend. The inventory process verifies that you have accounted for all the items that are supposed to be in the store.

A.5 Financing and Budgeting (재무, 예산)

A.5.1 Banking

단어	품사	한글 의미, 동의어 / 예문
accept	(동)	㊔ (선물 등)을 받아들이다, 수납하다, (초대, 신청, 임명, 직위 등)을 수락(승낙)하다, 받다, 응하다, (대학, 클럽 등에) ~을 입학(입회) 시키다, (사태, 상황, 운명)에 순응(적응)하다, 수용(감수)하다, (사실, 답신, 학설 등)을 용인하다, 인정(납득)하다, ~을 해석하다, 이해하다, (위원, 임원의) (직무 수행 등)을 만족스러워하다, 인정하다 (v) to receive, to respond favorably
		He could not manage his bank account online because the web site would not accept his wrong password. Without hesitating, she accepted the job of accounting manager.
balance	(명)	(명) 저울, 천칭, 균형, 조화, 평가, 견적, 나머지, 잔여분, (상업, 회계) 대차 계정, 수지, 차감 잔액, (n) the remainder, equilibrium, weighing scale, (v) to compute the difference

단어	품사	한글 의미, 동의어 / 예문
		between credits an debits of an account, equalize, poise, assess
		His healthy bank account balance showed a long habit of savings. It took him over an hour to balance his checkbook.
borrow	(동)	㈕ 빌리다, 차용하다, 꾸다, (남의 글 등)을 무단 차용하다, (풍습 등)을 모방하다, (수학) (뺄셈에서) ~을 윗자리에서 꾸어오다(내리다) (v) to use temporarily, copy, derive, pirate, plagiarize, use, scrounge
		She borrowed a pen in order to sign the check. The couple borrowed money from the bank to buy a home.
cautious	(형)	(형) 조심성 있는, 주의 깊은, 신중한 (adj) careful, watchful, alert, wary, vigilant, restrained, precautious, chary, prudent (파) cautiously: carefully, warily, watchfully, thoughtfully, prudently, vigilantly
		The bank manager spoke cautiously when giving out information to people he did not know. Act cautiously when signing contracts and read them thoroughly first.
deduct	(동)	㈕ 공제하다, ~를 빼다 (v) to take away from a total, to subtract, remove, withhold
		If you choose, the bank will automatically deduct regular charges such as electric bills from your account. By deducting the monthly fee from her checking account, she was able to make her account balance.
dividend	(명)	(명) (주식의) 배당금, (보험) (계약자가 받는) 이익 배당, (은행) 예금이자, (기대 이상의) 여분의 것, 번 것, 덤, (수학) 피제수, 나뉨수 (n) a share in distribution, surplus, extra, bonus (파) divisor (수학) 제수, 나눗수, 약수
		The stockholders were outraged when their quarterly dividends were so small. The dividend was calculated and distributed to the group.
bilateral	(형)	(형) (생물) 좌우 상칭의, 양측성의, (축의) 반대쪽에 있는, 양쪽(양면)이 있는, (법률) 쌍무의, 당사자 쌍방에 의무가 있는, 복계의 (adj) two-sided, two-pronged, joint, mutual, consensual (명) 양자 (양국간) 회의
		Korea and China have signed a bilateral agreement to help prevent drug smuggling. Futures contracts are bilateral agreements, with both the purchaser and the seller equally obligated to complete the transaction.
deposit	(동)	㈕ (은행에) 예금하다, (귀중품을) 맡기다, 공탁하다, 계약금(보증금)으로서 지불하다, (물건)을 담보로 잡히다, (정확하게) ~을 놓다, ~을 퇴적시키다, 침전시키다 (v) put, leave, place, drop, dump, credit, bank, consign, accumulate
		There's a night safe outside the bank, so you can deposit money whenever you wish. The flood waters fell, depositing mud over the whole area.
	(명)	(명) (은행에 맡겨둔) 예금, 예금액, 공탁금, 예치금, 맡김, 보관, 기탁, 퇴적물, 침전물 (n) credit, bond, security, guarantee, pledge, surety, sediment, residue, accumulation, accretion,
		After the big rain fall, the flood left a thick deposit of mud over the entire ground floor of the house. Decant the wine carefully, so that you do not disturb the deposit in the bottom of the wine bottle. To open an account, you need to make a minimum deposit of $100.
transfer	(동)	㈕ ~에서 ~로 옮기다, 움직이다, 이동시키다, 나르다, 건네다, 이적 시키다, (사상 등)을 전하다, 전승하다, (권력 등)을 물려주다 ㈑ 옮기다, 이동하다, 전학하다, 전임하다, ~에서 ~로 갈아타다 (v) move, transport, relocate, remove, shift, convey, reassign, convey
		The new government's policy is to transfer state industries from the public sector to the private sector. She studied for two years at Daegu university, then transferred to Seoul University.
	(명)	(명) 이동의 방법, 이동, 이전, 운반, 전임, 전속, 갈아타기, 갈아타는 장소, 전학생, (재산, 권리 등의) 양도, 인도, 이전, 양도 증서, (유가 증권 등의) 명의 변경, 환전, 대체, (컴퓨터) 정보 이송(전달) (n) transmission, handover, assignment, allocation, transference, transferal,

단어	품사	한글 의미, 동의어 예문
		relocation, removal, resettlement, displacement, reassignment
		The official transfer of ownership will take a few days to complete. The price includes flight, hotel and all transfers.
dwindle	(동)	(타) 줄다, 차츰 작아지다, 감소되다, (품질이) 저하되다, 타락하다, 야위다, (명성 등이) 쇠퇴하다, ~을 점점 작아지게 하다, 줄이다, 감소시키다 (v) decrease, decline, diminish, fall, drop, reduce, lessen, shrink, fade, disappear
		Her hopes of success in the race dwindled last night as the weather became worse. Companies are having recruitment difficulties as they battle it out for a dwindling number of skilled staff.
down payment	(명)	(명) (할부의) 첫 납입금, 계약금 (n) an initial partial payment
		After she bought her car with a 30% down payment in cash, she was able to make her monthly payments on line. He was disappointed when the real estate agent told him he needed a large down payment on the house.
mortgage	(명)	(명) <법률> 저당, 저당권, (타) ~을 저당잡히다, (보증으로) ~을 바치다, (n) the amount due on a property, (v) to borrow money with your house as collateral, loan, debt, advance, credit, finance, (v) pledge, forfeit, guarantee
		Due to low interest rates, she moved quickly to find a good deal on a mortgage. He mortgaged his home to get extra money to invest in his business.
restricted	(형)	(형) 제한된, 한정된, 좁은, (정부, 군사) 기밀의, 특정 집단에 한정된 (adj) limited, controlled, constrained, circumscribed, regulated, classified, confidential, privileged
		The number of free withdrawals a customer can make from his or her account each month is restricted to five. Access to the safe deposit box vault is restricted to key holders.
signature	(명)	(명) 서명, 사인, 서명하기, (음악) 기호, (제본) 접지, 쪽지, (의학) (의사가 처방전에 쓰는) 사용법, 표시, 용법 주의 (n) the name of a person written by the person, autograph, sign, monogram
		Once we have your signature, the contract will be complete. The customer's signature was kept on file for identification purpose.
accrue	(동)	(타) (자연히) 증가하다 (생기다), (이자 등이) 붙다, 결과로서 생기다, (법률) 권리로서 성립하다 (v) accumulate, ensue, grow, amass, increase, enlarge
		Interest will accrue on the account at a rate of seven percent. The reduction of the cost of capital raises the equilibrium value of capital intensity, making the flow of profits accruing to a successful innovator grow.

A.5.2 Accounting

단어	품사	한글 의미, 동의어 예문
account	(명)	(명) (구체적이고 상세한) 설명(서), 보고서, 기사, 보도, 이야기, 이유, 근거, 동기, 중요성, 가치, 평가, 판단, 예금(액), 계좌, (상업상의) 거래관계, (부기) (금전상의) 대차 계정, 계산, 셈, 계정, 회계, (출납에 관한) 보고서, 수지 계산서, (상업) 신용거래, (신용을 바탕으로 하는) 고객, 거래처, 이윤, 이익, 편의 (n) explanation, version, interpretation, justification, reason, excuse, description, story, report, narrative, credit, bill, tab, balance, arrangement (파) accounting: (n) the recording and gathering of financial information for a company, bookkeeping, secretarial
		Good accounting is needed in all businesses. There are a number of good software programs to help with both personal and business accounting.
accumulate	(동)	(타) ~을 쌓아 올리다, 모으다, ~을 축적하다,

단어	품사	한글 의미, 동의어
		예문
		(자) 쌓이다, 축적되다, 모이다, 붇다 (v) accrue, amass, collect, gather, hoard, add, store
		As people accumulate more wealth, they tend to spend a greater proportion of their incomes. While the deficit was allowed to accumulate, nothing was done to address the problem.
asset	(명)	(명) 유용한 것, 가치 있는 것, 자산 가치가 있는 것, (회사 등의) 자산, 재산, 유동자산 (n) something of value, advantage, strength, qualification, endowment, property, resource
		The company's assets are worth millions of dollars. A sophisticated accounting system is an asset to a company.
audit	(명)	(명) 회계 감사 (검사), 심사, 결산, 결산서, 회계보고서, (특정 목적의) 감사, 검사 (n) a formal examination of financial records, review, check, inspection, assessment, inventory,
		No one looks forward to an audit by the government. The agency is subject to annual financial audits.
	(동)	(타) ~을 검사하다, (회계 장부 등)을 감사하다, (수업, 강의 등)을 청강하다, 회계 감사를 하다 (v) to examine the financial records of a company, check, review, inspect, assess, appraise
		As a senior citizen, he is allowed to audit college classes. The independent accountants audited the company's budgets.
budget	(명)	(명) 예산, 예산 집행계획, 경비, 비용, 생활비, (n) financial plan, finantial statement, estimates, allocations, a list of probable expenses and income for a given period, financial plan, accounts,
		The department head was pleased that she received a 10% increase in her department budget. The school budget is going to be cut again this year.
	(동)	(타) 예산을 세우다, (자금, 시간 등)을 ~에 할당하다, 예산에 넣다, (v) plan, account, allocate expenditure, balance income and outgo, plan for expenses, plan, account, cost
		The company will have to budget more money for this department next year. An extra $10 million has been budgeted for public schools this year.
	(형)	(형) 예산에 들어있는, 싼, 적당한, 알뜰한, 검소한 (adj) cheap, economical, inexpensive, reasonable, low_priced, modest,
		Considering their financial status, they made a decision to had a budget holiday this year. Budget airlines have forced major airlines to lower some of their prices.
confront	(동)	(타) ~에 면하다, 직면하다, ~와 마주보다, (적, 위험, 죽음 등)에 맞서다, 적대하다, ~을 마주보게 하다, 대결시키다, (증거 등)을 들이 대사, (비교, 검사를 위해) ~을 맞추어 보다, 대비하다 (v) challenge, oppose, antagonize, provoke, meet, threaten, defy, tackle, encounter, handle
		We were confronted with a lot of problems when we tried to buy a house in Seoul. When I took office, I was confronted with new guidelines.
decline	(동)	(타) ~을 거절하다, 사절(사퇴)하다, ~을 기울이다, (고개)를 숙이다, 정중하게 거절하다, 사절하다 (v) weaken, fail, deteriorate, degenerate, decay, wane, drop, flag, sink, worsen
		Their economy has expanded enormously, while ours, by/in contrast, has declined. Even though interest rates could decline further, they are now near their lowest point.
	(명)	(명) 경사, 내리막, (힘, 체력의) 감퇴, 쇠약, 소모성 질환, 해가 기움, 일몰, (인생의) 만년, (일의 최종 단계) (n) weakening, failure, deterioration, decay, waning, degeneration, regression, fall, decrease
		The party's populaity has declined in the opion polls. The land declines sharply away from the house.
debt	(명)	(명) 빚, 부채, 채무, 빌려준 돈, 은혜, 의리, 덕택, (종교) 죄, 부채 (n) something owed, as in money or goods, obligation, duty, liability,

단어	품사	한글 의미, 동의어 / 예문
		commitment, debit, balance, bill
		The company has been very careful and is slowly digging itself out of debt. The banks are worried about your increasing debt.
ledger	(명)	(명) (부기) 원장, 대장, 원부, (건축) (비계의) 가로대, 발판으로 건너지른 통나무, 대석, (무덤의) 대석, 상석 (n) book, record, register, archieve, journal
		The pages of the ledger book were divided into seven columns and each recaptive was assigned one line. These summaries were prepared from actual ledgers listing day-by-day transactions.
liquidate	(동)	㈖ (부채)를 지불(청산)하다, 변제하다, (회사 등)을 해산(정리)하다, 퇴출시키다, (부채, 손해액)을 결정하다, (증권, 상품)을 현금으로 바꾸다, (사람, 물건)을 치우다, 제거하다, 청산하다, 재고 정리하다 (v) settle, discharge, honor, pay, satisfy, square, quit, clear up, bankrupt, shut down, kill, execute, eliminate, exterminate
		Investors have started to liquidate their mutual funds. The company was forced into liquidation.
monetary	(형)	(형) 화폐의, 통화의, 금전상의, 금융의, 재정적인 (adj) financial, fiscal, economic, pecuniary, regulatory, monetarist, budgetary
		Meanwhile the debate on European political and monetary union continues. The monetary unit of Korea is Won.
outstanding	(형)	(형) 눈에 띄는, 현저한, 우수한, 남의 눈을 끄는, 남아 있는, 미결제의, 미해결의 (adj) still due, not paid or settled, unresolved, unpaid, remaining, exceptional, terrific, marvelous, excellent, grate, superior, remarkable
		The client still has several outstanding bills. Clients with outstanding bills will not receive further service until the bills are paid.
profit	(명)	(명) 이익, 수익, 이윤, 흑자, 이익률, (금전이외의) 수익, 이점, 유리함 (n) revenue, turnover, income, yield, advantage, gain, benefit, use, reward (파) profitably: advantageously, lucratively, cost-effectively, gainfully, valuable, helpfully
		The company used its accountant's advice profitably. We invested in the stock market profitably.
	(동)	㈖ ~의 이익이 되다, ~에게 도움을 주다, 득이 되다 (v) earn, make, benefit, gain, aid, serve
		It is sad that there are lots of person who try to profit from hes misfortune. What will it profit us to make this bargain.
reconcile	(동)	㈖ ~을 감수하다, 만족시키다, ~을 화해시키다, ~와 조화시키다, 양립시키다, ~을 정화하다 (v) to make consistent, settle, reunite, resolve, merge, square, join
		The client uses his bank statements to reconcile his accounts. The accountant found the error when she reconciled the account.
surplus	(명)	(명) 나머지, 여분, 과잉, 잉여물, 잉여 농산물, (회계) (자본) 잉여금, 부가자본 (n) excess, extra, spare, remainder, overage, oversupply, surfeit, overflow, plethora, glut
		The world is now producing large food surpluses. We produce enough vegetables for our community, and any surplus is sold to local shops.
	(형)	(형) 나머지의, 과잉의, 잉여의 (adj) extra, excess, spare, leftover, remaining, superfluous, excessive, redundant, residual
		As the economy slowed, companies that had invested surplus funds in the stock market found their returns dwindling. The form of the payout of surplus cash to investors will be announced soon.
turnover	(명)	(명) 전복, 전도, 뒤집힘, 전환, 전향, 변경, 조직 개편, 인사 이동, 접어 넘긴 것, (회계) 자금의 회전율 (n) income, business, revenue, throughput, trade, business, yield (형) (옷깃 등이) 접힌, 접을 수 있는
		The large number of temporary contracts resulted in a high turnover of staff.

단어	품사	한글 의미, 동의어 예문
		Consequently, lower turnovers mean that the fixed charge operates at a far greater proportion of the company's gross profitability than it otherwise would.

A.5.3 Investment

단어	품사	한글 의미, 동의어 예문
aggressive	(형)	(형) 침략적인, 공격의(적인), 싸움을 좋아하는, 정력적인, 의욕적인, 적극적인, (부정적) 지나친, 저돌적인, (증권) 공격형(투자)의 (adj) violent, hostile, destructive, forceful, insistent, assertive, determined (파) aggressively: violently, belligerently, destructively, hostilely, forcefully, insistently, assertively, determinedly,
		Some people are risk takers and prefer to invest aggressively. His ideas were not well received because he spoke so aggressively.
attitude	(명)	(명) 태도, 마음가짐, 자세, 몸가짐, (항공) 비행자세 (n) a feeling about something or someone, manner, outlook, stance, approach, opinion, posture
		The new fund manager's attitude changed quickly after the first big downturn in the market. Each investor should assess his or her own attitude toward investment.
amend	(동)	㈕ (법안 등)을 개정하다, 수정하다, ~을 개량하다, 개선하다, (행실)을 고치다, (잘못)을 고치다, 정정하다, ~을 교정하다, 좋아지다, 개심하다 (v) alter, adjust, modify, revise, improve, change, correct
		Until the constitution is amended, the power to appoint ministers will remain with the president. The terms of the contract were amended in later years.
bond	(명)	(명) (인간 관계의) 유대, 연분, 연고, 결속, 묶는 것, 새끼, 끈, 띠, 속박, 의무, 의리, 은혜, (법률) 맹약, 약정, 계약, 계약서, 채무 증서, (법률) 보증, 보증인, 보석금, (화학) 화학결합, (건축, 석공) 접착제, 접합제, 결합, 접착 (n) promise, pledge, oath, word, tie, link, connection, union, attachment, relationship
		He invested some money in savings bonds. When the glue has set, the bond formed is watertight.
	(동)	(타) (물품)을 담보로 하다, 저당하다, (채권을 발행하여) ~의 지불을 보증하다, ~의 보증인이 되다, ~을 잇다, 접착시키다, (전기) ~에 전기 양도체를 붙이다 (자) 이어지다, 접착(밀착, 접합)되다, 친밀한 관계를 맺다, (심리) (가족간의) 유대를 형성하다 (v) connect, relate, adhere, stick, glue, fix, join, bind, attach, cement, link, affix
		This new adhesive can bond metal to glass. The aim was to bond the group into a closely knit team.
commit	(동)	㈕ (죄, 과실 등)을 범하다, (나쁜 뜻으로) ~을 행하다, ~을 위임(위탁)하다, 맡기다, (기록, 기억 등에) 적어놓다, (병원, 전쟁터 등으로) ~을 내보내다, 수용하다, (도의적, 법적으로) 꼼짝 못할 입장에 서다, 관련되다, (문제, 질문에 대하여) 자기 입장(의지)를 분명하게 말하다, (자기 자신)을 (약속 등으로) 구속하다, ~에 언질을 주다, 약속하다, ~에 전념하다, ~의 의무(책임)를 지다, ~을 약속하다 (v) to consign for future use, to promise, obligate, pledge, promise, constrain, earmark, entrust, entrust, perform
		It is a good idea to commit a certain percentage of your income to investments. The stockbroker committed herself to finding the best investments for each client.
conservative	(형)	(형) 보수적인, 온건한, 조심스러운, 겸소한, 수수한, 보존력이 있는 (adj) traditional, reactionary, cautious, restrained, conventional, conformist, moderate, careful, unprogressive, illiberal, right-wing, unchanging (antonym) progressive

단어	품사	한글 의미, 동의어 / 예문
		Her conservative strategy paid off over the years. Generally, older people should be more conservative in their investing that younger people.
	(명)	(명) 보수주의자, 방부제, Conservative ((영국) 보수당원) (n) traditionalist, conformist, preserver, right-winger
		She is a very loyal Conservative. The Conservatives won an overall majority in this year.
fund	(명)	(명) 기금, 자금, (수표, 어음 결제용의) 예금, (지식, 정보 등의) 축적, 비축, 소지금, 재원, 자원, 기금 관리 조직(기구), 투자 신탁 기구(회사) (n) an amount of money, an organization that manages money for a particular purpose, account, trust, deposit, stock,
		If you have extra funds, talk to your stockbroker about the best place to put them. My stockbroker recommended investing in this fund.
	(동)	㈕ (단기 차입금)을 장기 공채로 바꾸다, (빚)의 이자 지불에 자금을 공급하다, (계획, 사업 등)에 자금을 제공(출자)하다, ~을 기금으로 적립하다, 저축하다, (지식, 경험 등)을 축적하다 (v) supply, stock, bank, subsidize, sponsor, finance
		The company has agreed to fund my business trip to USA. The new college is being privately funded.
invest	(동)	㈕ ~에 투자하다, 지출하다, ~에게 입히다, 걸치게 하다, ~에 (성질, 능력 등을) 띠게 하다, (권한 등)을 (~에게) 주다, ~을 덮다, 싸다, 투자하다, 출자하다 (v) to put money into a business or activity with the hope of making more money; to put effort into something, capitalize, participate, devote, endow, provide, authorize
		The chief financial officer invested in the stock at a very good time. Don't invest all of your time in just one project.
lucrative	(형)	(형) 이익이 있는, 유리한, 수지맞는, ~에게 득이 되는 (adj) profitable, well-paid, rewarding, worthwhile, beneficial, productive
		The merger proved to be very lucrative for both companies. She advised us to look abroad for more lucrative business ventures.
option	(명)	(명) 선택권, 선택의 자유, 선택할 수 있는 것, 선택지, (보험) 보험금 지불 형태, 옵션, (제품 등의) 옵션, 선택 사양 (n) choice, selection, decision, possibility, opportunity, route, preference, alternative
		There are various options open to someone who is willing to work hard. The committee decided in favour of the cheapest option.
plummet	(명)	(명) 추, 다림추, 측연, 연추, 무겁게 누르는 것, 중압, 폭락, 급락 (n) the piece of lead or other weight attached to a plumb line, bob of a plumb line
		Plummet means a sudden and large reduction in value or amount. There was a big plummet in the price of the product recently.
	(동)	㈕ ~에 수직으로 떨어지다, 뛰어들다, (물가 등이) 폭락 (급락)하다 (v) fall, plunge, drop, dive, tumble, crash
		Temperatures plummeted last night. The reform has not seriously addressed the problem from the perspective of the health workers: without informal payments their standard of living would plummet. The parachute failed to open and he plummeted to the ground.
portfolio	(명)	(명) 종이끼우개, 접는 가방, 관청의 (휴대용) 서류가방 (n) a list of investments, collection, assortment, case, folder, file
		Investors are advised to have diverse portfolios. The investor's portfolio consisted of blue chip company stocks and government bonds.
pullout	(명)	(명) 빼내기, 없애기, (군대 등의) 철수, (자금의) 회수, (신문, 잡지의) 접어 넣은 페이지, (도로의) 대피소, (항공) (급강하 직후의) 수평(상승) 비행 (n) to withdraw, to stop participating
		A lot of people pulled out their money when it became clear that the bank was in trouble.

단어	품사	한글 의미, 동의어 예문
		He pulled out of the company and took all of his money with him.
return	(동)	[타] (원래의 장소, 지위, 상태 등으로) 돌아가다, 되돌아오다, (재산 등이 원 소유자에게) 돌아가다, (상태, 감정 등이) 되살아나다, (병이) 재발하다, ~을 반환하다, ~에게 되돌려 주다, (v) repay, refund, reimburse, resume, revert, revisit, restore, send, replace
		Odysseus returned home after many years of traveling. Within a week, the situation had returned to normal.
	(명)	(명) 돌아옴, 귀국, 되돌리기, 반환, 반송, 반품, 복귀, 회복, 답례, 보답, 납세 신고, 수익, 이익, 총매출, 수확, 복귀 (n) reappearance, reoccurrence, arrival, profit, yield, revenue, gain, benefit, repay, resume
		The 44% return on the new stock was far more than the stockbroker had anticipated. Some investors are satisfied with a 15% return, while others want to see a much larger return.
wise	(형)	(형) 영리한, 현명한, 총명한, 분별이 있는, 지혜가 있는, 신중한, 생각이 깊은, 박식한, 박학한, ~에 정통한, 영리한 체하는, 건방진, 교활한, 요령이 있는 (adj) astute, intelligent, prudent, sage, sensible, judicious, clever, sagacious, shrewd, knowledgeable, learned, learnt, erudite, aware, cunning, crafty, devious, artful (파) wisely: knowledgeable, smartly, astutely, intelligently, cleverly, prudently, eruditely, consciously
		If you invest wisely, you will be able to retire early. She wisely followed her stockbroker's advice and took her money out of some bad investments.
withdraw	(동)	(타) ~을 움츠리다, 뒤로 빼다, ~을 거두다, 물러나게 하다, 끌어 올리다, 끌어 내다, (군대 등)을 철수시키다, (은혜, 원조 등)을 철회하다, 거둬들이다, (제안, 약속, 명령, 소송 등)을 철회하다, 취소(취하)하다, (마약 등의) 사용(상용)을 중지시키다, 끊게하다, (시선 등)을 ~으로 부터 돌리다 [자] (모임 등에서) 탈퇴하다, 앞말을 취소하다, (군대 등이) 철수하다, ~에서 물러나다, 퇴출하다 (v) remove, extract, draw, retract, renounce, disavow, revoke, unsay, leave, depart, abandon, retire, retreat (파) withdrawal: (명) 물러나기, 물러나게 하기, (병력 등의) 회수, 철수, 철퇴, (예금의) 인출
		Following his nervous breakdown, he withdrew from public life and refused to give any interviews. Trade sanctions will only be lifted when the aggressor nation withdraws its troops.

A.5.4 Taxes

단어	품사	한글 의미, 동의어 예문
allowance	(명)	(명) (일정한) 할당액, 수당(금), 지급금, 정액, 여유 부분, 참작, 특별한 고려, 공제, 할인, 승인, 허용, 찬성, (기계 치수 등의) 허용 오차, 공차, (스포츠) 핸디(캡) (n) payment, grant, stipend, budget
		We should make allowance for bad weather and have plenty of umbrellas available. In Europe nearly all of the valuable emission allowances - permits that each allow one ton of emissions - were given away to power companies.
calculate	(동)	(타) ~을 계산하다, 셈하다, 산출(추계)하다, (어떤 목적에) 적합하게 하다, ~을 의도하다, (장래의 일)을 산정하다, 예측하다, 어림(추정)하다, 평가하다 [자] 계산하다, 견적을 내다, 기대하다, 의지하다 (v) compute, analyze, estimate, gauge, determine, reckon, assess (파) calculation: computation, estimate, control, cunning, computation, reckoning
		It took my accountant some time to complete the calculations on my income tax.

단어	품사	한글 의미, 동의어 예문
		According to my calculations, I'll owe less money on my income taxes this year.
compulsory	(형)	(형) 강제하는, 강제적인, 강요하는, 강제된, 의무적인, 필수의 (반의어: elective) (adj) required, obligatory, enforced, essential, unavoidable
		English is compulsory for all students, but art and music are optional. Education is compulsory for children between the ages of 5 and 16.
confiscate	(동)	(타) (직권으로) ~을 압수하다, 몰수(징발)하다 (v) remove, seize, impound, appropriate, commandeer, sequester, repossess
		His passport was confiscated by the police to prevent him from leaving the country. here was a record number of confiscations by customs officers last year.
deadline	(명)	(명) 넘을 수 없는 (경계)선, 사전, 원고 마감시간, 최종 기한, 접수 마감, (군사) 정비, 수리 대기 차량 (n) limit, goal, aim, target
		The end of the year was their self-imposed deadline for finishing the building work. The deadline for filing income taxes is April 15th.
donate	(동)	(타) ~을 ~에 기증하다, 기부하다, 증여하다, (시간, 노력 등)을 ~에 바치다 (v) give, contribute, bestow, bequeath, provide, offer
		An anonymous businesswoman donated one million dollars to the charity. Tons of internationally donated food was distributed to the starving peasants.
exempt	(동)	(타) 에게 (의무, 책임을) 면제하다, (고통 등을) 덜어 주다, (v) excuse, free, except, release, relieve, spare, discharge, pardon
		Small businesses have been exempted from the tax increase. The government plans to exempt small businesses from the tax increases.
	(형)	(형) (의무 등의) 면제된 (adj) excused, exempted, excepted, relieved, discharged, immune, freed
		Goods exempt from this tax include books and children's clothes. Pregnant women are exempt from dental charges under the current health system.
file	(명)	(명) 서류철, 서류 정리함, 철하는 판, (정리된) 자료, 기록, 파일, 신문(공문서) 철, 세로줄, 열, 행, (컴퓨터) 파일 (체계적으로 정리된 데이터의 집합) (n) folder, sleeve, dossier, heading, case, organizer, categorizer, wallet, report, profile, information, summary, line, row, column, procession, queue, crocodile, lineup
		Yesterday, I lost a file containing a lot of important documents. I deleted the file by accident.
	(동)	(동) (서류를) 철하다, 정리하다, ~를 제출하다, (고소 등)을 제기하다, 신청하다 (v) march, troop, parade, snake, funnel, trail, rub, rasp, scrape, sand, smooth, chafe, record, keep, categorize, store, sort, organize
		If you file your taxes late, you will have to pay a find. If you believe the tax preparer gave you incorrect information, you should file a complaint with her boss.
owe	(동)	(타) ~을 ~에게 신세지고 있다, 은혜를 입고 있다, ~을 ~에 돌리다, 덕택으로 하다, ~을 ~에게 빚지고 있다, 지불할 의무가 있다, ~에게 (어떤 감정)을 품고 있다, (감사, 경의 등)을 표시할 의무가 있다 (v) be indebted, be obliged
		I owe you a lot. 큰 신세를 졌습니다. 대단히 감사합니다. I owe my success to my education.
penalty	(명)	(명) 형벌, 처벌, 벌금, 위약금, 인과응보, (스포츠) 패널티 (n) punishment, price, fine, sentence, consequence, disadvantage, drawback, forfeit
		There was a penalty clause which said you had to pay half the cost if you cancelled your booking. Loss of privacy is one of the penalties of success.
prepare	(동)	(타) ~을 준비하다, (회식, 요리 등)을 준비하다, ~을 예비조사하다, 예습하다, ~에게 ~할 준비 교육을 시키다, ~을 각오하게 하다, ~에 대비하다 (v) make, cook, fix, concoct, formulate, arrange, organize, plan, practice, train, groom, coach, prime

단어	품사	한글 의미, 동의어 예문
		This course prepares students for middle and senior managerial positions. The Southeast prepared for the worst as the hurricane turned toward the Atlantic coast.
refund	(동)	(타) (금전)을 갚다, 환불하다, 반환(상환)하다 (v) repay, reimburse, compensate, restore, return
		With the tax refund, we bought two plane tickets. The government will refund any money that you overpaid.
	(명)	(명) 반환(금), 상환(물), 변제 (n) repayment, reimbursement, compensation, recompense
		I returned the stereo audio system back to the shop and asked for a refund. Even if the condition is fine, you can still demand a refund if the item is not fit for its purpose.
spouse	(명)	(명) 배우자, 남편, 아내 (n) a husband or wife, partner
		You can claim your spouse as a dependent on your tax return if he or she doesn't earn an income. My spouse prepares the tax return for both of us.
waive	(동)	(타) (권리, 주장 등)을 버리다, (법률) (당연한 권리 등)을 고의로 포기하다, (문제 등)을 당분간 무시하다, 관망하다, (행동, 연구 등)을 삼가다, 자제하다, 연기하다 (v) surrender, relinquish, ignore, abandon, renounce
		The bank waived the charge, because the mistake was their fault. In principle, the answer is yes, although two factors support waiving this responsibility and imposing more stringent duties on mere genetic contributors.
withhold	(동)	(타) ~을 말리다, 억제하다, (세금 등)을 급료에서 공제하다, 원천징수하다 (v) to keep from, to refrain from, refuse, deny, suppress, reserve
		My employer withholds money from each paycheck to apply toward my income taxes. Do not withhold any information from your accountant or he will not be able to prepare your tax form correctly.

A.5.5 Financial Statements

단어	품사	한글 의미, 동의어 예문
appraisal	(명)	(명) (재산 등의) 평가, 감정, 값을 매기다, 견적, 사정, 감정, 가치 판단 (n) assessment, evaluation, judgment, review, consideration
		The newspaper gave an editorial appraisal of the government's achievements of the past year. Many companies operate regular job appraisals, often on an annual basis.
capitalize	(동)	(타) ~을 대문자로 쓰다 (인쇄하다), (부채 등)을 주식으로 전환하다, 자본화하다, (회계) (지출)을 자산으로 계상하다, ~에 자본을 투자(공급)하다, 출자하다, 이용하다, 기회로 삼다 (v) exploit, take advantage of, make the most of
		The names of political parties are always capitalized, e.g. the Green Party. We can capitalize the cost of new machinery over the next ten years.
collapse	(동)	(타) (건조물 등이) 무너지다, 붕괴하다, (사람이) 넘어지다, 주저앉다, 졸도하다, (계획, 희망 등이) 좌절되다, 실패하다, (가격이) 폭락하다, (신체가 급격히) 쇠약해지다, (의지 등이) 꺾이다, 재기 불능이 되다, (의자 등을) 접을 수 있다 (v) crumple, subside, disintegrate, fail, end, fold, dissolve, flop, minimize, disassemble
		Thousands of buildings collapsed in the earthquake. Lots of people lost their jobs when the property market collapsed.
	(명)	(명) 무너짐, 붕괴, 도괴, (계획 등의) 좌절, (가격 등의) 폭락, (신체 등의 급격한) 쇠약, (의지 등의) 꺾임, 의기 소침 (n) failure, ruin, downfall, breakdown, flop, fall, end, illness, attack, crisis,

단어	품사	한글 의미, 동의어	예문
		crackup, fit	I do not have any idea what caused the collapse of the building. A poor economy has caused the collapse of thousands of small businesses.
collateral	(형)	(형) 나란히 있는, 옆으로 늘어선, 평행하는, 나란히 나아가는, (식물) 병립하는, 대생하는, 부수적인, 보조적인, 부차적인, 증권류를 담보로 한, 추가 담보로 보증된, 본제에서 벗어난, 2차적인, 간접의, 방계의 (adj) accompanying, auxiliary, additional, confirming, secured or incidental, different line, situated at the side	Collateral means connected but less important, or of the same family although not directly related. They are belong to a collateral branch of my family.
	(명)	(명) (융자를 위한) 담보(물건), 저당물, 대충 물자, 방계 친족, 부수적 사실, 부대 사항 (n) security, surety, warranty, guarantee, insurance, indemnity, deposit	She put up her house as collateral for the loan. Regressive events such as cell death and the elimination of long axon collaterals and dendritic processes are essential mechanisms of brain maturation.
desire	(동)	㈕ ~을 바라다, 원하다, 욕구하다, 희망하다, 소망하다, ~을 요구하다, 요망하다, ~이라 부탁하다, 희망을 말하다 (v) want, covet, crave, request, ask, require, appeal, implore, entreat, beg	We desire to have our own home. He desires to retire when he becomes forty.
	(명)	(명) 욕망, 욕구, 소망 (n) wish, want, longing, craving, need, aspiration, plea, request, appeal, entreaty, petition	They certainly have no desire to have children. There is a strong desire for peace among the people.
detail	(명)	(명) 세부, 세목, 항목, 상세한 기술 (설명), (군사) 선발, 차출, 선발대, 특별 임무 (n) part, feature, aspect, element, group, unit	We don't know the full details of the story yet. She refused to disclose any details about the plan.
	(동)	㈕ ~을 상세하게 설명하다, ~을 열거하다, (군사) ~을 파견(분견)하다, 특별 임무를 맡기다, (건축, 미술) ~을 세부 장식(묘사)하다, 세부 설계도를 작성하다 (v) to report or relate minutely or in particulars, specify, itemize, particularize, delegate, conscript, designate, assign	The business planner detailed the steps we should follow to write our financial statement. He created a financial statement that detailed every expected expenditure for the next quarter.
fiscal	(형)	(형) 국고의, 국고 수입의, 재정(상)의, 재무의, 회계의 (adj) financial, monetary, economic	The governor said the fiscal crisis couldn't be solved by spending cuts alone, insisting the state needs additional revenue. Our fiscal 2009 results were challenged by the world economic downturn.
forecast	(동)	㈕ ~을 예상하다, 예측하다, (날씨 등)을 예보하다, ~의 전조가 되다, ~에 대비하여 계획을 세우다, (v) to estimate or calculate in advance, calculate, anticipate, foretell, predict	Analysts forecast a strong economic outlook. Snow has been forecaste for tonight.
	(명)	(명) 예측, 예상, (날씨의) 예보 (n) a prediction of a future event, guess, conjecture, projection,	The financial forecast indicates a deficit in the next quarter. The weather forecast said we are going to have heavy rain later tonight.
perspective	(명)	(명) 조망, 전망, 균형잡힌 관점, 시점, 원근화법, 투시도, 투시 (n) aspect, attitude, outlook, a mental view or outlook, view point, proportion, lookout	The budget statement will give the manager some perspective on where the costs of running the business are to be found.

단어	품사	한글 의미, 동의어 / 예문
		His accountant gave him some perspective as well as some data on how much he could expect to earn in his first year in business.
project	(명)	(명) 계획, (야심찬) 설계, 기획, (대규모의) 사업(계획), (교육) 연구과제(계획) (n) scheme, plan, development, mission, venture, job, assignment, task, undertaking, endeavor, blueprint, design, strategy
		Out next project is decorating the kitchen. In our fourth year at college everyone had to do a creative design project.
	(동)	(타) ~을 계획하다, 고안하다, (계획, 안 등)을 제출(제시)하다, 제안하다, ~을 추계(추정)하다, 예측하다, ~을 발사하다, 방출하다, (광선)을 ~에 투사(영사)하다, (사항, 상상 등)을 그려내다, (건물의 일부)를 돌출 시키다, (수학, 지도) ~을 투영하다, ~의 투영도를 그리다, (화학) ~를 투입하다 (v) to estimate or predict, protrude, bulge, distend, throw, propel, impel, launch, shoot, cast,
		We need to project our earnings and expenses in order to plan next year's budget. The director projects that the company will need to hire ten new employees this year.
realistic	(형)	(형) 현실적인, 실제적인, 사실파의, 사실적인, 박진감이 있는, 실물같은 (adj) tending to or expressing an awareness of things as they really are, truthful, accurate, faithful, genuine, convincing, authentic, sensible, practical, pragmatic, rational
		He found that an accurate accounting gave him a realistic idea of his business's financial direction. Realistic expectations are important when your review your financial statements.
subsidiary	(형)	(형) 보조의, 보충적인, ~에 종속적인, 부수적인, (회사가) 모회사의 지배하에 있는 (adj) lesser, minor, secondary, junior, lower, subordinate, (ant) major
		All the major record companies had subsidiary labels under their control. The company yesterday said its strategy is to grow subsidiary businesses for furture sale.
	(명)	(명) 보조자, 부속물, (음악) 부 주제 (n) company, firm, holding, business, affiliate, division, branch
		Industry, on the contrary, underwent enormous difficulties due to the crisis in sectors related to alimentary industries and subsidiaries, milling, canning, timber industries.
translate	(동)	(타) ~을 번역(통역)하다, (기호, 동작 등)을 ~로 해석하다, 설명하다, ~의 모양(상태, 성질 등)을 바꾸다, 변형(전환)하다, 바꿔 쓰다, 전사하다, ~을 ~에서 옮기다, 수송하다, 이동시키다, (물리) (회전시키지 않고) ~을 움직이다, 병진시키다, (전신) ~을 중계하다, (컴퓨터) (프로그램, 데이터, 코드 등)을 다른 언어로 변역(컴파일)하다, (수학) (함수, 도형 등)을 평행이동시키다 (v) interpret, decode, decipher, render, explain, convert, transform, turn, change, transmute (파) translation: expressing something in a different language or form, paraphrase, rendition, interpretation
		The translation of the statement from Korean into English was very helpful. The accountant was able to provide a translation of the financial terms into language we could all understand.
typical	(형)	(형) 전형적인, 대표적인, 상징적인, (생물) 모식적인 (adj) characteristic, archetypal, distinctive, representative, emblematic, classic, usual, normal, standard, mainstream, average, conventional, prdictable, regular, acting in conformity to a type,
		Office expenses typically include such things as salaries, rent, and office supplies. Banks typically require a financial statement before they will lend money to a small business.
yield	(동)	(타) (농산물 등)을 산출하다, (수확)을 올리다, (결과, 이익)을 가져오다, 내다, (압박, 강제 되어) ~에 무릎을 꿇다, ~을 내주다, 양도하다, 포기하다, (권리, 특권 등)을 양도하다, 주다, (타협, 승인 등)을 표명하다, 인정하다 (자) 산출하다, 낳다, (노력이) 보수를 가져오다, (외압, 요청에) 지다, 꺾이다, 응하다, 따르다, (권력, 폭력에) 지다, 굴복하다, (물리적인 힘 등에) 밀리다, 지다, 무너지다, 구부러지다, (권리, 입장, 의견 등을) 양보하다, (차가 다른 차에게) 길을 비켜주다, (치료한 결과 병이) 좋아지다

단어	품사	한글 의미, 동의어 예문
		(v) to produce a profit, generate, return, concede, grant, relinquish, resign
		The company's investment yielded high returns. Favourable weather yielded a good crop this year.
	(명)	(명) 산출, 생산, 생산량, 산출액, 산물, 수확물, 이윤, 이율, 수익률, 보수, (원료에 대한) 제품 비율, (화학) 수율, (전자) (제조 부품의) 합격품 비율, (군사) 핵무기의 탄두 위력(파괴력) (n) an amount produced, harvest, profit,
		His budget gave him the desired yield: a better indication of his expected profit. Yields on gas and electricity shares are consistently high.

A.6 Management Issues (경영)

A.6.1 Property and Departments

단어	품사	한글 의미, 동의어 예문
adjacent	(형)	(형) 근접(인접)한, 붙어 있는, ~의 근처(이웃)의 (adj) next to, neighboring, nearby, contiguous, adjoining, bordering, close
		My office is adjacent to the reception area on the 3rdfloor. The office manager found it very efficient to have the copier adjacent to the mail room.
affiliate	(동)	(타) ~을 합병하다, 산하에 두다, (동료로서) ~을 가입시키다, ~에 제휴시키다, ~의 일원으로 넣다, ~의 근원을 ~에 돌리다 (자) 가입하다, 제휴하다, 협력하다 (v) associate, link, connect, join, conglomerate
		The college is affiliated with a national association of engineering colleges. I am not affiliated with any political party.
	(명)	(명) 분회, 지사, 지부, 가입자, 회원, 동료, 조합원, (컴퓨터) (인터넷) 관련 (파생) 사이트 (n) associate, partner, colleague, member
		The study estimates that the school and its affiliates generate employment of 50,000 workers. The company has sold its affiliate marketing business.
centralize	(동)	(타) ~을 집중하다, 중앙화하다, 중심에 모으다, ~을 중앙 집권화하다 (자) 한점 (중앙)에 집중하다 (v) unify, consolidate, integrate, compact, concentrate, merge, collect
		The law centralized control over the banking industry. In an effort to increase profits, the company plans to centralize its production facilities.
charge	(동)	(타) ~에게 (지불, 대금 등)을 청구하다, ~을 청구하다, (세금 등을) ~에게 부과하다, ~차변에 기입하다, (마음, 정신)에 부담을 주다, ~에게 명령하다, ~을 비난하다 (v) order, cost, custody, accusation, assault, accuse, attack, rush
		He appointed someone to be in charge of maintaining a supply of paper in the printer room. I am in charge of the task.
collaboration	(명)	(명) 협력, 협동, 합작, 공동연구 (n) the act of working with someone, teamwork, partnership, association, cooperation, collusion
		The manager had never seen such effective collaboration between two groups. We believe that it was our collaboration that enabled us to achieve such favorable results.
concentrate	(동)	(타) ~을 한 점에 모으다, ~에 집중하다, (불순물 등을 제거하여) ~을 순화

단어	품사	한글 의미, 동의어	예문
		(농축)하다, (광석)을 선광하다, ㈍ 한 점 (중심)에 모이다, 집중하다 (v) to focus, to think about, deliberate, contemplate, converge, cluster, reduce, distill	In his quiet, corner office, the manager could comfortably concentrate and finish his work. We should concentrate our efforts on the last quarter of the year.
conducive	(형)	(형) 도움이 되는, 조성하는, 촉구하는 (adj) contributing to, leading to, favorable, helpful, encouraging, beneficial	The new office arrangement is much more conducive to work that the dark, depressing space the company had before. Arranging chairs so that participants can see each other easily is conducive to open communication.
disruption	(명)	(명) 혼란, 중단, 붕괴, 분열, 환경파괴 (n) interruption, disturbance, distraction, interference, disorder, commotion	If there are no disruptions, the office renovations will be finished this week. The strike caused a disruption in production at the factory.
hamper	(동)	㈓ ~을 훼방하다, 방해가 되다, (v) to impede or interfere, prevent, obstruct, hinder, shackle, encumber, debilitate	When the weight of the freezing rain broke the telephone lines, the telemarketers' jobs were seriously hampered. The lack of supplies hampered our ability to finish on schedule.
	(명)	(명) 장애, (평소에 필요하나 유사시에 방해가 되는) 선구 (배의 도구) (n) basket, creel, pannier	He gave she a picnic hamper as a Christmas gift. They prepared a hamper, as a laundry basket, to store clothes and bed sheets waiting for washing.
hierarchy	(명)	(명) 계급제(도), 조직, 계층제, 서열, 지배층, 권력층, (생물) 분류 체계, 단계적 분류명, 성직자, 성직 지배권, 성직 위계 제도, 교회 계급 제도, (교회) 천사의 계급 (n) ladder, grading, order, pyramid	Every organization has a hierarchy, and trying to understand that, and the systems and processes of the organization, is important. It's a very hierarchical organization in which everyone's status is clearly defined.
inconsiderate	(형)	(형) (남의 감정, 권리 등에 대해) 배려가 없는, 인정미(이해심)가 없는, 지각없는, 경솔한 (adj) selfish, thoughtless, uncharitable, unkind, uncaring, careless, insensitive, discourteous (파) inconsiderately: rudely, impolitely	The manager inconsiderately scheduled the meeting for late Friday afternoon. He inconsiderately disrupted the meeting by asking a lot of irrelevant questions.
intervention	(명)	(명) 사이에 끼어들기, 개재, ~의 중재, 조정, (다른 나라 내정에 대한) 간섭, (경제) 환 평형조작(개입), (법률) 소송 참가, (교육) 부모에 의한 자녀 교육 (n) interference, involvement, intrusion, intercession, interposition, interpolation, mediation, intermediation	Repeated interventions on the currency markets have failed to prevent the value of the currency falling. There is still some hope that the economic blockade will work and make military intervention unnecessary.
lobby	(명)	(명) (호텔, 극장 등의) 로비, (대기실, 휴게실로 쓰이는) 큰 복도, 회견실, 투표자 대기실, (의회의) 압력단체 (n) an anteroom, foyer, waiting room, porch, faction,	The salesperson waited in the busy lobby for the buyer to see him. The reception area was moved from the lobby of the building to the 3rd floor.
	(동)	㈓ (의안)의 통과 운동을 하다, 로비활동을 하다, 진정(청원)하다 (v) petition, promote	Small businesses have lobbied hard against changes in the tax laws. They have been lobbying National Assembly to change the legislation concerning environmental protection.

단어	품사	한글 의미, 동의어 / 예문
opt	(동)	[타] (~의 중에서) 선택하다, 고르다, ~을 택하다 (v) to choose, to decide on, to select, to determine, to decide
		The operations manager opted for the less expensive office design. If she opts to join that department, you will be working together.
propose	(동)	[타] (계획 등)을 발의하다, 제안하다, (동의 등)을 제출(건의)하다, (결혼 등)을 ~에게 신청하다, ~을 꾀하다, 계획하다, ~을 ~에 추천하다, ~을 위해 (건배, 축배)를 제의하다 [자] 제안하다, 꾀하다, 기도(획책)하다, 계획을 세우다 (v) suggest, offer, recommend, proposition, advise, intend, plan, aim, mean, insinuate, purport
		Now, if you'd all please raise your glasses, I'd like to propose a toast to the bride and groom. There has been an angry reaction to the government's proposal to reduce unemployment benefit.
reorganize	(동)	[타] 재편성하다, 재조직하다, 개편하다, (재정 등을) 개편하다, (기업을) 다시 일으키다 (v) regroup, reorder, rearrange, restructure, change, reschedule, alter, adjust, adjust
		I've reorganized my files so that I can easily find what I'm looking for. The new managing director plans to completely reorganize this department.
scrutiny	(명)	(명) 응시, 정밀한 조사, 꼬치꼬치 따지기, 감시, 감독 (n) close, careful examination, inspection, analysis, inquiry (파) (v) scrutinize
		After a great deal of scrutiny, the manager decided that the employee's work had improved considerably. He left his old job because he found it difficult to work under the close scrutiny of his boss.

A.6.2 Board Meeting and Committees

단어	품사	한글 의미, 동의어 / 예문
adhere	(동)	(자) 들러붙다, 부착(밀착, 점착)하다, (사람, 의견, 신조 등에) 집착(고집)하다, 고수하다, 충실하다, (병리) 아물다, 유착하다, (타)~를 부착시키다 (v) stick, follow to, pay attention to
		The chairman never adhered to his own rules. The best committee members are those who adhere to the time limits and speak only when they have something important to add.
agenda	(명)	(명) 의제, 의사일정, 협의사항, 예정표, 비망록, 메모장, (단계적 수순을 담은) 계획, 행동 강령(지침), (교회) (예배)의식, 예배 규정(서), (컴퓨터) 문제 해결의 순서를 이루는 일련의 조작 (n) a list of topics to be discussed, outline, itinerary, schedule
		The board was able to cover fifteen items on the agenda. The agenda was sent out three weeks ago so that everyone could prepare for the meeting.
adjourn	(동)	[타] (회의 등)을 휴회(정회)하다, ~을 연기하다, 미루다 [자] 휴회(정회)하다, 회의를 연기하다 (v) suspend, defer, delay, postpone, shelve, interrupt, finish
		The meeting was adjourned until Tuesday. The district judge adjourned the case for 16 weeks to allow time for experts to give evidence.
adopt	(동)	(타) (사상, 방법, 의견 등)을 채용(채택)하다, 택하다, (외국어)를 차용하다, (타국의 문물 등)을 몸에 익히다, ~을 양자(양녀)로 삼다, (의안 등)을 채택(가결)하다, (v) accept, assume, approve, espouse, implement, embrace, agree
		Only about 20 percent of all dogs and cats that come into the rescue centre will be

단어	품사	한글 의미, 동의어 / 예문
		adopted. His language to his emperor and adoptive father was deeply respectful and he spoke modestly of himself.
bring	(동)	㈙ (물건)을 가져오다, (사람)을 데려오다, ~을 오게 하다, 초래하다, ~을 (어떤 상태에) 이르게 하다, (소송 등)을 제기하다, (수입, 이익)을 가져오다, (v) transport, carry, take, fetch, convey, get, pass, cause, produce, create, beget, generate, effect, command, earn, produce, make (파) bring up: (아이)를 기르다, 양육하다, 가리치다, (문제 등)을 꺼내다, 제기하다, (합계가) ~에 이르게 하다, (법률) ~을 기소하다, ~에 직면하게 하다, to introduce a topic,
		Just as the meeting was about to finish, the manager brought up a controversial issue. No one brought up the resignation of the director.
clout	(명)	(명) 한 대 치기, (정치적) 힘, 영향력, 권력, 정치 세력, 연고, 연줄 (n) thump, wallop, whack, smack, blow, cuff, influence, power, pull, authority, weight, sway, effectiveness,
		The Queen may have privilege but she has no real political clout. The small firms banded together so they would have more clout in Washington
	(동)	㈙ (주먹, 손바닥으로) ~을 치다, 때리다 (v) hit, strike, thump, bask, wallop, beat, smack, slap, whack
		The boxer clouted his opponent's head. The taekwondo player clouted his opponent across the side of the head.
committee	(명)	(명) 위원회, 평의회, (집합적) 위원, (법률) 관재인, 수임자, 후견인 (n) group, board, team, commission, agency
		It took a lot of persuasion to convince the committee of the advantages of the new scheme. In his capacity as secretary of the residents association, he regularly attends meetings of the community policing committee.
consent	(동)	㈙ 동의하다, 승낙하다 (v) agree, comply, assent, acquiesce, concur, accede, subscribe, permit, allow, approve, accept, sanction, endorse
		Very reluctantly, my parent consented to allow me to travel Africa. The director consented to change the ending of the movie.
	(명)	(명) 동의, 묵인, 허가, (의견 등의) 일치 (n) agreement, accord, consensus, harmony, permission approval, assent, sanction, authority, concurrence, compliance
		By common consent the committee adopted the proposal. They cannot publish your name without your consent.
consolidate	(동)	㈙ (학교, 회사 등)을 합병하다, ~을 하나로 뭉치다, 통합하여 ~으로 하다, (권력, 지위 등)을 강화하다, 굳건히 하다, 하나로 되다, 통합되다, 합병되다, 굳어지다, 튼튼해지다 (v) combine, unite, join, fuse, merge, associate, amalgamate, strengthen, establish, confirm, enhance, secure (파) consolidated: (형) 통합된, 합병된, 합쳐진, 강화된
		The success of their major product consolidated the firm's position in the market. They considered consolidating all their small debts and taking out a new loan to cover them.
faction	(명)	(명) (당 내부의) 소수그룹, 당파, 파벌, 파벌 다툼, 내분, 당파심, (n) group, party, section, division, clique, conflict, disunity, schism, discord, strife, sectarianism, dissension, dissention, disagreement, contention
		The president's advisors represent every faction of his party.
matter	(명)	(명) (정신에 대해) 물질, 물체, 질, (특정 용도를 가진) 물질, 재료, 소재, 요소, 성분, (책, 연설, 논문 등의) 내용, 재료, (인쇄된) 것, 우편물, 문제, 일, 사건, 원인, (논리) 명제의 내용 (n) an item, issue, topic of interest
		If there are no other matters to discuss, we will conclude the meeting. This is not the place to bring up personal matters.
oppose	(동)	㈙ ~에 반대(저항, 적대)하다, ~와 싸우다, ~을 방해하다, 훼방하다, ~을 방해물로서 놓다, 대항(대립)시키다,

단어	품사	한글 의미, 동의어 / 예문
		[자] 반대(대립)하다, 대항하다 (v) face, compete with, resist, combat, contest, fight, counter, dissent, dispute, contradict, differ (파) opposite
		Most of the local residents opposed the closing of the school. Two of the president's chief advisors have staked out opposite positions on this issue.
resignation	(명)	(명) 사직, 사임, 퇴직, 사표, 사직원 (n) notice, notification, acceptance, acquiescence, acknowledgement, submission, forbearance
		A series of apparently unconnected events led to his resignation. He resigned from the company in order to take a more challenging joA.
retaliation	(명)	(명) (같은 방법에 의한) 앙갚음, 보복 (n) revenge
		They are angry about a loss of manufacturing jobs and have threatened retaliation. If someone insults you, don't retaliate as it only makes the situation worse.
waste	(동)	[타] ~을 낭비하다, 허비하다, (기회 등)을 놓치다, 잃다, ~을 소모시키다, 마모시키다, 쇠약하게 하다, 침식하다, ~을 황폐하게하다, 쓸데없이 소비하다 (v) not to use wisely,
		Without a leader, the group members wasted time and energy trying to organize by themselves. You waste a lot of water by taking a bath instead of a shower.
	(명)	(명) 낭비, 허비, (기회 등을) 놓치기, 실기, 소모, 쇠약, 감소, 황폐, 파괴, 폐허, 황야, 쓰레기, 폐물, 폐기물, 찌꺼기, 배설물 (n) useless consumption or expenditure, neglect, gradual impairment or decay, desolate desert
		The meeting achieved absolutely nothing - it was a complete waste of time. My mother could not stand waste - she always asked us to eat everything on our plates. The meeting wasn't a waste of time, but the members had hopes to accomplish more than they did.
	(형)	(형) 이용(활용)되고 있지 않은, (토지, 지역 등이) 황량한, 불모의, 미개간의, 폐허가 된, 남은, 여분의, 역할을 끝낸, 허사가 된, 쓸모없게 된 (adj) not worthwhile
		The government prepared a rule for the collection and recycling of waste materials. The company is developing a new technology to utilize waste products of manufacture.

A.6.3 Quality Control

단어	품사	한글 의미, 동의어 / 예문
brand	(명)	(명) 상표, 품종, 브랜드, (가축에 찍는) 낙인, 종류, 타입 (n) make, product, variety, kind, sort, marque, style, an identifying mark or label; a trademark, identification, label
		Consumers often buy highly advertised brands of athletic shoes. All brands of aspirin are the same.
	(동)	[타] ~에 상표를 붙이다, ~에 등급을 매기다, (가축, 죄수 등)에 낙인을 찍다, ~을 마음속에 깊이 새기다 (v) mark, imprint, stamp, label, call, classify, categorize
		Because of one minor offence he was branded as a common criminal. The cattle were rounded up and branded.
conform	(동)	[타] (규칙 등에)따르다, 순응하다, (기준을) 충족시키다, (형상, 성질이) 같아지다, 동형으로 되다, 일치시키다, (v) adapt, to match specifications or qualities; imitate, correspond, fit
		The quality control manager insisted that every product that left the plant conform to the company's rigorous standards.

단어	품사	한글 의미, 동의어 예문
		Our safety standards conform to those established by the government.
defect	(명)	(명) ~의 결점, 단점, 약점, 결함, 하자, 흠, (병리) 결함, 장애, 부족, 결핍, 부족량(액) (n) flaw, fault, imperfection, blemish, shortcoming, failing, deficiency, weakness,
		Because of the defect in stitching, the entire suit was thrown out. One way to sell a product with a defect is by labeling it as such and reducing the price.
	(동)	[타] (국가, 정당, 주의 등을) 버리다, 배반(이반)하다, 망명(탈당)하다, 도망치다, 변절하다 (v) desert, abscond, decamp
		The spy defected to the Soviet Union from USA in 1963. Some of the major's long-time supporters have defected to other candidates recently.
enhance	(동)	[타] (정도)를 올리다, 늘리다, 강화하다, (가격 등)을 올리다, 인상하다, (사진) (컴퓨터 처리로) 화질을 높이다 (v) to make more attractive or valuable
		The reason behind quality control is to enhance the company's reputation for superior products. A stylish color enhances the appeal of a car.
garment	(명)	(명) 의류 한 점, 속옷 한 점, 외관, 겉치장, 덮개, 씌우개, 외피 (n) an article of clothing; clothing, dress, vestment, attire, apparel, coat, skirt
		Every garment must be carefully inspected for defects before it is shipped. The garment workers are accountable for production mistakes.
inspect	(동)	[타] ~을 세심하게 조사하다, 점검(검사)하다, ~을 시찰(감사, 검열)하다, (군사) 사열하다 (v) to look at closely; to examine carefully or officially
		A quality control agent who does not inspect every product carefully can ruin his company's reputation. Children's car seats are thoroughly inspected and tested for safety before being put on the market.
induce	(동)	[타] (남)을 꾀다, 권유하다, 권(설득)하여 ~하게 하다, ~을 일으키다, 야기시키다, 유발하다, (물리) (전기, 자기)를 유도하다, (논리)~을 귀납하다, (귀납적으로) ~을 추론하다 (v) persuade, encourage, tempt, make, bring, prompt, provoke, stimulate, produce, cause, generate, engender, suggest, remind
		They induced her to take the job by promising editorial freedom. Pills for seasickness often induce drowsiness.
perceptive	(형)	(형) 지각력이 있는, 지각하는, 예민한, 통찰력이 날카로운, (~에) 잘 알려져 있는 (adj) insightful, observant, aware, sensitive, keen, alert, incisive, sharp
		She always hires good workers because she is very perceptive about people's abilities. "Perceptive" means having or showing keenness of insight, understanding, or intuition which are very essential attribute of a good manager.
repel	(동)	[타] (침략자 등)을 쫓아버리다, 격퇴하다, 반박하다, (생각, 감정 등)을 억누르다, 거절하다, ~에게 혐오감을 주다, (자석 등이) 반발하다 (v) to keep away, to fight against
		Umbrellas that do not repel water should never be passed through quality control. Faulty products repel repeat customers.
take back	(동)	[타] ~을 도로 찾다, 돌려받다, 반품하다, 돌려주다, ~을 취소하다, 철회하다 (retract) (v) to return something; to withdraw or retract
		Good quality control significantly limits the number of products taken back for a refund. The quality inspector took the shoddy work back to the assembly line to confront the workers.
superior	(형)	(형) (지위, 순위, 중요성 등이) 상위의, 상급의, 고위의, (~보다) 위의, 우위의, 상위에 있는, (지력, 능력, 가치 등이) 우수한, 뛰어난, 발군의, 상등(상질)의, 질이 좋은, 고급의, 질적으로 (~ 보다) 나은, (수적으로) 나은, 더 많은, 우세한, 남을 깔보는 듯한, 오만한, (장소, 위치가) ~ 보다 높은 (곳에 있

단어	품사	한글 의미, 동의어 / 예문
		는), 위쪽의 (adj) larger, greater, bigger, higher, more, grander, longer, excellent, exclusive, expert, exceptional, outstanding, fine, notable, arrogant, haughty, condescending, patronizing, aristocratic, imperious, better, better-quality, advanced, improved, enhanced
		She was chosen for the job because she was the superior candidate. Although badly out-numbered by the enemy, we had vastly superior firepower.
	(명)	(명) 손위사람, 선배, 상관, 윗사람, (인쇄) 위 첨자 (n) boss, chief, elder, better, director, supervisor, leader, commander
		I will pass your complaint on to my superiors. The company requested a letter of recommendation from one of her superiors.
throw-out	(명)	(명) 내던지기, 내던져진 사람(것), (제품의) 불합격품, 쓰레기, 버려진 것, (기계) 클러치(기어)를 빼는 장치 (n) to dispose of
		It is cheaper to throw out shoddy products that to lose customers. The factory decided to throw out hundreds of light bulbs that might have been damaged, rather than lose customers.
uniform	(형)	(형) 모양(형식)이 같은, 동일한, 다 같은, 일률적(획일적)인, 같은 모양의, (행동, 의견 등이) 변함없는, 언제나 같은, 일정 불변의, 질이 한결같은, 균등한, 고른 (adj) unchanging, unvarying, even, constant, identical, like, similar, equal, equivalent, consistent, standardized, homogeneous, identical, regular, harmonized, monotonous (파)uniformly: in the same way; consistently
		The office walls and furniture are a uniform grey. Small businesses are demanding that they receive uniform treatment from the banks The products are checked to make sure they are uniformly packaged before they leave the factory.
	(명)	(명) 제복, 군복, 관복, 유니폼. (n) livery, dress, costume, garb. attire, outfit, regalia
		She loves a man in uniform. I never wear grey because it reminds me of my school uniform.
unwavering	(형)	(형) 동요하지 않은, 흔들리지 않는, 확고한 (adj) firm, stanch, solid, steadfast, untiring, dogged, resolute, steady, unswerving, staunch
		She met his unwavering stare. Her belief in the project has been unwavering.
wrinkle	(명)	(명) (피부의) 주름(살), (천의) 주름, 구김살 (n) a crease, ridge, or furrow, especially in skin or fabric
		A wrinkle that is ironed into a permanent-press product will annoy the consumer each time the garment is worn. A wrinkle in the finish can be repaired more economically before a sale than after.
	(동)	㈕ ~을 주름지게하다, 주름을 잡다, 주름지다, 구겨지다 (v) crumple, crinkle, crease, fold, rumple, screw
		Sunbathing can prematurely age and wrinkle the skin. She wrinkled up her nose at the strage smell coming from the kitchen.

A.6.4 Product Development

단어	품사	한글 의미, 동의어 / 예문
anxious	(형)	(형) 걱정하여, 근심(염려)하여, 걱정스러운, 염려가 되는, 몹시 ~하고 싶어하여, 갈망(열망)하여 (adj) worried, nervous, concerned, restless, fearful, frightened, eager, impatient

단어	품사	한글 의미, 동의어
		예문
		The developers were anxious about the sales forecast for the new product. The graphic designers tried to be calm during their presentation, but you could tell they were anxious it would not be well received.
ascertain	(동)	[타] (실험, 검사 등에서) ~을 확인하다, 규명하다, 확정하다 (v) discover, find out for certain, determine, establish, learn
		A necessary part of product development is to ascertain whether the product is safe. A customer survey will help to ascertain whether there is a market for the product.
assume	(동)	[타] ~이라 가정하다, 간주하다, ~을 추측하다, (책임, 의무, 역할 등)을 떠맡다, ~을 지니다, (태도)를 취하다, (태도 등)을 가장하다, 주제넘게 굴다, (v) presume, to take upon oneself, to believe to be true
		The young man felt ready to assume the new responsibilities of his promotion. A company should assume nothing about the market but instead pay close attention to research results.
commodity	(명)	(명) (경제) 상품, 산물, 일용품, 생활 필수품, 유용(편리)한 것 (n) product, service, goods
		The country's most valuable commodities include tin and diamonds. In other commodity markets, lumber prices jumped, while oil prices fell sharply.
consignment	(명)	(명) 교부, 탁송, 위탁, 위탁 판매, (상업) 탁송품, 위탁화물, 위탁 판매품 (n) batch, delivery, shipment, load, package, quantity
		If goods are on consignment, the person or company that receives them will only pay for them after they have been sold. The goods have been consigned to you by air.
credit	(명)	(명) 신용, 신뢰, 신용(신뢰) 가능성, 확실성, 명성, 평판, 신망, 근무 평가, 명예, 영예, (교육) (대학 특정 과목의) 이수 증명, (상업) (거래상의) 신용, 신용도, 신용대출(판매), 외상, 신용장, (은행) 예금(액), 대월(액), 대출 금액, (이용 자료 등의) 출처 (제공자, 작성자) 명시 (n) praise, recognition, acclaim, glory, acknowledgement, repute, status, esteem, prestige, honor, belief, confidence, traust, faith
		The government has imposed a sharp credit squeeze in an attempt to hold down inflation. The shop was offering six months' (interest-free) credit on electronic goods.
	(동)	[타] (부정문, 의문문에서) ~을 믿다, 신용하다, 신뢰하다, ~의 체면을 세우다, ~에게 명예가 되다, (공적, 명예 등)을 (남에게) 돌리다, (교육) ~에게 학점(이수 증명)을 주다 (v) believe, accept, trust, acknowledge, recognize, acclaim, praise, attribute
		They credited my account with $100 after I pointed out the mistake. It was hard to credit some of the stories we heard about her.
decade	(형)	(형) 10년간, 10권, 10편, 10개 한 벌로 된 것, (전자) 10진 저항기 (adj) a period of ten years
		After a decade of trying, the company finally developed a vastly superior product. Each decade seems to have its own fad products.
examine	(동)	[타] ~을 조사하다, 검사(심사)하다, 검열하다, (학생, 지원자 등에게) ~을 시험하다, (증인, 피고 등)을 심문하다, (사실 등)을 심리하다, ~을 진찰하다, 조사(심사)하다, 시험(진찰, 심리)하다 (v) to interrogate, to scrutinize
		Before marketing a new product, researchers must carefully examine it from every aspect. Good researchers have to examine every possible option, including some that seem bizarre.
experiment	(명)	(명) 실험, 시험, 실험장치, [타] 실험(시험)하다, 시도하다 (n) to try out a new procedure or idea, (n) a test or trial
		Product developers must conduct hundreds of experiments in their research. After designing a new product, researchers continue experimenting to determine whether it has other uses.
fabric	(명)	(명) 직물, 피륙, 옷감, 짜는 법, (건물, 사회 등의) 구조, 조직, 기구, 건축물, 구조물, (암석) 구조 (n) cloth, material, textile, drapery, stuff, structure, framework, composition, constitution, frame, organization, foundation, brickwork, masonry, cladding,

단어	품사	한글 의미, 동의어 예문
		tiling, roofing (파) fabricate: ㈕ ~을 만들어내다, 제작하다, ~을 건조하다, (부분품)을 짜 맞추다, 조립하다, (부품)을 규격대로 제작하다, (원재료)를 가공하다, (이야기 등)을 지어 내다, (문서 등)을 위조하다
		The fibres are woven into fabric. She designs her own fabrics using woodblocks and stencils to create patterns on the material.
logical	(형)	(형) 논리적인, 이치에 맞는, 논리적으로 생각하는, (논리상) 당연한, 필연적인, 어울리는, 적절한, 논리학(상)의, (컴퓨터) 논리(회로)의 (adj) formally valid; using orderly reasoning
		It is only logical for a research and development team to concentrate on one or two new products at a time. In addition to logical thinkers, a good research and development team should include a few dreamers.
research	(명)	(명) (학술적) 연구, 탐구, 조사, (신중한) 수색, 탐구, 조사, 연구 능력(의욕), 연구용의, 연구에 종사하는 (n) the act of collecting information about a particular subject, investigation, study, exploration, examination, inquiry
		Part of the research the team does is to determine whether similar products are already on the market. For toy manufactures, research can be pure fun.
	(동)	㈕ ~을 연구(조사)하다 (v) investigate, study, explore, examine, seek
		She was researching into possible cures for AIDS. The newspapers were frantically researching the new candidate's background, family, and interests.
responsible	(형)	(형) (주어진 의무에 대하여 그것을 수행할) 책임이 있는, 책임을 져야할, 책임이 따르는, ~의 원인이 되는, 합리적으로 생각하고 행동할 줄 아는, 신뢰(신용)할 수 있는, (부채 등을) 갚을 수 있는, 의무 이행 능력이 있는, 확실한, (정부가) 책임을 지는 (adj) accountable, answerable, liable, guilty, blamable, dependable, conscientious, trustworthy, reliable, sensible, mature (파) responsibility: a task; duty, charge, obligation, restraint, assignment, commission, dependability,
		The product development department has a huge responsibility to be sure that the product is safe, even if used improperly. Another responsibility of product development is to ensure that there will be a demand for the product.
systematic	(형)	(형) 체계적인, 조직적인, 규칙 바른, 정연한 (adj) methodical, orderly, regular, organized, efficient, logical (파) systematically: methodically, following a system
		Once the creative development is completed, the department works systematically toward making the idea a reality. While creative thinking is necessary, analyzing a problem systematically is indispensable.
supervisor	(명)	(명) 감독(자), 관리자, (교육) (공립학교의) 지도 주임, (컴퓨터) 감시 프로그램 (슈퍼바이저) (n) an administrator in charge, manager, superintendent, director, head, chief
		The department supervisor has to balance his department's responsibilities in order to keep the president satisfied with its progress. A good supervisor gets his team to work with him, not just for him.
weave	(동)	(자) 천(직물)을 짜다, 여러 가지 요소를 짜서 맞추다, 누비듯이 나아가다, 비틀 거리다, 들락 날락 하다 (타) (실, 천)을 짜다, (바구니, 화환 등)을 엮다, ~을 조립하다, 궁리해서 짜다, (차 등)을 지그재그로 몰다, ~을 누비듯이 지나가다, (거미 등이) (집)을 엮다 (v) interlace, lace, intertwine, plait, knit, entwine, merge, unite, interweave, zigzag, stagger, wind, twist, snake, meander, lurch, careen, invent, create, compose, construct, fabricate, contrive, concoct, spin, tell
		We were shown how to roughly weave ferns and grass together to make a temporary shelter. The biography is woven from the many accounts which exist of things she did.

단어	품사	한글 의미, 동의어 / 예문
	(명)	(명) 짜는 (엮는) 법, ~직 (n) pile, texture
		The blanket has a loose weave. He explained the method of plain weave.

A.6.5 Renting and Leasing

단어	품사	한글 의미, 동의어 / 예문
apprehensive	(형)	(형) 이해력이 빠른, 이해력이 날카로운, 명석한, 지각의 , 염려하는, 불안한, 우려하는 (adj) anxious about the future, uneasy, nervous, fearful, hesitant, frightened, concerned, afraid, troubled, worried, uncertain
		Since the real estate market has been fluctuating recently, most new home buyers are apprehensive about their decision. The mortgage lender was apprehensive about the company's ability to pay.
affix	(동)	㊐ ~을 첨부하다, (우표 등)을 붙이다, (도장 등)을 찍다, (죄 등)을 뒤집어씌우다 (v) attach, fix, fasten, stick, pin, glue, (anto) remove (명) 첨부물, (문법) 접사 (접두사, 삽입사, 접미사)
		She affixed a stamp to the envelope. The affixes un- and -less are often used to make negative words, such as "unhappy" and "careless".
annul	(동)	(동) ~을 무효로(취소)하다, (법령 등)을 폐지하다, ~을 소멸시키다, 제거하다 (v) cancel, withdraw, end, terminate, dissolve, rescind, invalidate, (anto) prolong (파) annulment (명) 무효화, 취소, 폐기, 제거, (정신분석) (불쾌한 관념 등의) 소멸;
		His second marriage was annulled because he never divorced his first wife. Judges only grant marriage annulments in exceptional circumstances.
bid	(동)	㊐ ~에게 명령하다, 이르다, (신사, 기도 등)을 말하다, 고하다, 드리다, (상업) (경매 등에서) 값을 부르다, ~을 경매하다, 입찰하다 ㊍ 명령(지시)하다, (명성, 지지 등을) 얻으려 노력하다 (v) try, attempt, undertake, endeavor, strive, seek, tender, propose, submit, proffer
		The communications group has shown an interest in bidding for the company. Online auctions, where buyers bid for items over the internet, have become increasingly popular.
	(명)	(명) ~의 입찰, 경매(입찰) 물건, ~을 얻으려는 시도, 노력, (법률) 경매 가격 신고, ~에의/~하라는 초대 (n) offer, proposal, attempt, try, effort, undertaking, endeavor
		I made a bid of $2000 for the painting. Seoul made a successful bid to host the Olympic Games in 1988.
circumstance	(명)	(명) (주변의) 상황, 환경, 사정, (남의) 처지, 살림형편, 사실, 우연히 생긴 일, (사실, 사건의) 부수적인 것, 이차적인 것 (n) condition, situation, context, event, occurrence, incident, instance, happening, episode, case, fact ㊐ (어떤 상황, 관계에) ~을 두다
		unforeseen circumstances 예견하지 못한 상황 under normal circumstances 보통은, 통상은
fluctuate	(동)	㊍ (정책, 가격, 온도 등이) 계속 변화하다, 오르내리다, 동요하다, 불안정하다, 파도처럼 움직이다, 파동하다, (타)파동시키다, 동요시키다 (v) vary, alter, swing, oscillate, vacillate, waver, sway, change
		Vegetable prices fluctuate according to the season. I fluctuate between feeling really happy and utterly miserable.
furnish	(동)	㊐ (필요한 것)을 공급하다, 제공하다, 주다, ~에 필수품(가구)을 비치하다, 설비하다, 가구(세간)을 비치하다

단어	품사	한글 의미, 동의어 / 예문
		(v) supply, provide, equip, give, deliver, hand, endow, secure, yield, hand over
		The catering company furnished all the food for the party. The fund may include information on its investment results in reports furnished to present or prospective shareholders.
get out of	(동)	(타) ~을 ~에서 얻다, 알아내다, 받아내다, ~에서 나오다, 도망치다, (차 등)에서 내리다, ~이 미치지 않는 곳으로 가다, (책임, 의무 등)을 면(피)하다, (나쁜 버릇 등)을 버리다, 버리게 하다 (v) to escape, to exit
		The agent was not sure if the executives could get out of their prior real estate arrangement. The company wanted to get out of the area before property values declined even further.
indicate	(동)	(타) ~의 징후(조짐)가 되다, ~을 나타내다, 예시(암시)하다, ~을 가리키다, (장소, 방향)을 지시(지적)하다, ~을 표시하다, 보여주다, (병이) ~의 징후를 나타내다, (운전자가) 방향지시기로 신호를 보내다 (v) designate, specify, show, direct, signify, denote, imply, suggest, reveal, signal, wink, flash (파) indicator: a sign, a signal
		If the economy is an accurate indicator, rental prices will increase rapidly in the next six months. The results of the elections were seen as an important indicator of the stability in the area.
lease	(명)	(명) (토지, 가옥의) 임대차 계약, 임대차, (토지, 건물 등의)임차 물건, 임차 기간, (생명 등의) 정해진(주어진) 기간 (n) let, tenancy, occupancy, rent, agreement, contract, a contract to pay to use property for an amount of time,
		With the lease expiring next year, they need to start looking for a new location as soon as possible. We signed a three-year lease when we moved into the house.
	(동)	(타) (토지, 가옥)을 임대하다, 세놓다, ~을 임차하다, 세 얻다 (v) rent, let, charter, hire, to make a contract to use property
		It was agreed they would lease the apartment to him. They decided to lease the property rather than buy it.
legitimate	(형)	(형) 합법의, 적법한, 정당한, 도리에 맞는, 합리적인, 논리적인, (자녀 등이) 적출의, (군주, 정권 등이) 정통의, 정통성이 있는, 진짜의, 진정한 (adj) genuine, sincere, real, valid, authentic, appropriate, reasonable, lawful, rightful, legal, genuine, justifiable, acceptable, logical, fine, sensible, recognized
		He claimed that the restaurant bill was a legitimate business expense. They complained about excessive government intrusion into their legitimate activities.
	(동)	(타) ~을 합법으로 인정하다, ~을 합법화하다, 정당화하다 (vt) to make lawful or legal, pronounce as lawful, to confer legitimacy upon, to justify
		The government fears that talking to terrorists might legitimate their violent actions. Parliament legitimated her accession to the throne.
lock	(명)	(명) 자물쇠, (기계의) 정지(안전) 장치, (총의) 발사 장치, (차량 등의) 혼잡, 정체, 꽉 쥐기, 장악, 확실한 것 (n) padlock, deadbolt, bolt, latch, curl, tuft, wisp, tress, ringlet, hank, skein, strand
		Thieves got in by smashing the lock off the door. If the lock has frozen up, try lubricating it with oil.
	(동)	(타) ~에 자물쇠를 채우다, (물건)을 치워두다, (비밀 등)을 마음에 간직하다, ~을 움직이지 않게 하다, ~을 껴안다, (팔, 손가락 등)을 단단히 깍지끼다, (운하 등)에 갑문을 설치하다, (토지 등이) ~으로 둘러싸이다 (자) 자물쇠가 잠기다, (기계 등이) 문을 닫다, 얽히다, 고착되다, (군사) 밀집 대형으로 전진하다, (배가) 갑문을 통과하다 (v) fasten, bar, bolt, padlock, secure, lodge, wedge, confine, link, clasp, intertwine, join, unite, interlink, clinck, brace, clench, stiffen, tighten (파) lock in: to commit; to be unable to change
		The company locked itself into a ten-year lease that they didn't want. Before you lock yourself into something, check all your opinions.

단어	품사	한글 의미, 동의어 / 예문
occupy	(동)	㈙ (토지, 가옥 등)을 차지하다, 점유하다, 사용하다, 거주하다, (군대가) ~을 점령하다, (지위, 직책 등)을 차지하다, (근심 등이) (마음)을 차지하다, 종사시키다, 전념시키다 (v) to dwell or reside in, inhabit, lodge, conquer, subjugate, dominate, rule, seize, oppress, capture, engage, absorb, interest, divert, entertain, amuse, concern, use, fill
		Tenants are usually allowed to occupy their space beginning on the first day of the month. Our company has occupied this office for more than 5 years.
subject	(명)	(명) 주제, 제목, 주기, 논제, 화제, (미술작품의) 테마, 학과, 과목, 교과, (다른 사람, 사물)의 지배하에 놓인 사람(것), 숭배자, (문법) 주어, 주부, (논리) 주위, (철학) 주체, 주관, 자아 (n) topic, theme, focus, question, issue, matter, business, substance, text, specialty, field, study, discipline, area, follower, dependent, subordinate, liege, vassal, citizen
		She has made a series of documentaries on the subject of family relationships. Books on every conceivable subject line one wall.
	(형)	(형) 지배를 받는, 복종하는, 종속의, ~을 받기(당하기) 쉬운, ~에 걸리기 쉬운, (승인 등을) 받아야 하는, ~를 조건으로 하는, (adj) under legal power; dependent
		This contract is subject to all the laws and regulations of the state. The go-ahead to buy is subject to the president's approval.
	(동)	㈙ ~을 종속시키다, 복종시키다, ~에게 ~을 당하게 하다, ~을 제시하다, 맡기다, 위임하다 (v) expose, endanger, imperil, lay open to, put in danger
		The invaders quickly subjected the local tribes. The military combat team subjected the rebel leader.
tenant	(명)	(명) 토지 차용자, 소작인, (법률> 부동산 보유자, 거주자, 주민 (n) a person who rents property; lodger; lessee; resident, renter, boarder, lessee, occupier
		Property owners want tenants who are respectful of their neighbors and pay their rent on time. The new tenant wants to move in before the first of the month.

A.7 Daily Life (일상 생활)

A.7.1 Selecting a Restaurant

단어	품사	한글 의미, 동의어 / 예문
appeal	(명)	(명) 간청, 애원, 요청, 호소하기, (법률) 항소, 상고, (심판, 판정에 대한) 항의 (n) the ability to attract, plea, charm, attract, request
		A restaurant with good food and reasonable prices has a lot of appeal. The pleasing décor and friendly waiters are what give that restaurant its appeal.
compromise	(명)	(명) 타협, 양보, 화해, 절충, (명예, 신용 따위를) 위태롭게 하기, (굴욕적인) 양보, 굴종, (n) a settlement of differences, give-and-take, bargaining, granting concessions, accommodation, trade-off
		The couple made a compromise and ordered food to take out. We all hope that a compromize will be reached in today's negotiation.
	(동)	㈙ 타협하여 해결하다, (주의, 주장)을 양보하다, 굽히다 (v) settle differences, find a middle ground, cooperate, bargain, concede, negotiate
		Party unity is threatened when some members do not compromise.

단어	품사	한글 의미, 동의어 예문
		He doesn't like sweet dishes so I compromised by adding just a small amount of sugar.
confine	(동)	㈜ ~을 한정하다, 제한(국한)하다, ~에 한정시키다, ~을 가두다, 유폐하다, 그금(감금)하다 (v) restrain, restrict, limit, curb, narrow, keep, detain, sequester, quarantine, imprison, jail, impound, incarcerate, keep
		By closing the infected farms we're hoping to confine the disease to the north of the region (= stop it from spreading to other areas). Men have always played an active part in leading worship while women have been confined to more passive roles. He was tired of the constant confinement of his office.
dare	(동)	㈜ 감히(대담하게) ~하다, ~할 용기가 있다, (위험을 무릅쓰고) ~을 해보다, ~에 용감히 맞서다, (남)에게 덤비다, 도전하다 (v) venture, risk, gamble, presume, challenge, defy, taunt, provoke, goad, urge (파) daringly: bravely, boldly, audaciously, courageously
		We daringly ordered the raw squid. He daringly asked to see the menu in French.
	(명)	(명) 도전, 감히, 용기 (n) taunt, challenge, provocation, goad, spur, stimulus
		He jumped into the river at midnight on a dare. He took a dare of the challenge.
delicious	(형)	(형) 맛좋은, 맛있는, (맛, 냄새가) 맛깔스러운, 아주 즐거운, 유쾌한 (adj) tasty, good to eat, appetizing, yummy
		This restaurant is famous for its delicious soups. The fish stew wasn't as delicious as we had expected it to be.
dignitary	(명)	(명) 고위 인사, 고관 (n) notable, VIP, personage, bigwig, luminary, celebrity, worthy
		Several foreign dignitaries attended the ceremony. His responsibilities included welcoming visiting dignitaries from foreign countries.
eventually	(부)	(부) 최후에는, 마침내는, 결국 (adv) finally, ultimately, in the end, in due course, at the end of the day, (anto) immediately
		I found it hard to follow what the teacher was saying, and eventually I lost concentration. A system passes through a succession of a finite number of states, but it must eventually reenter a state that it has previously encountered.
guide	(동)	㈜ ~에게 길을 안내하다, ~을 인도하다, (관광객 등)을 안내(가이드)하다, (사람, 동물, 탈것 등)을 (어떤 방향으로) 나아가게 하다 (이끌다, 유도하다), ~에 빠뜨리다, (사상, 감정 등이) ~을 움직이다, 좌우하다, (남)에게 조언(권고)을 주다, 상담하다, 길 안내를 하다, 안내역을 맡다 (v) direct, show, steer, lead, conduct, channel, funnel, point, pilot, escort, shepherd, drive, handle, manage
		Our lawyer guided us through the more complicated questions on the form. The curator guided us through the gallery, pointing out the most famous paintings in the collection.
	(명)	(명) (관광객 등의) 안내인, 안내업자, 가이드, 지도자, 선도자, 스승, (목록, 색인 등의) 표시, 서표, ~의 안내서, 입문서, 편람, 도로 표지, 도표, (기계, 기구 등의) 유도장치, (n) one who leads, directs, or gives advice, leader, director, attendant, chaperon, controller, monitor, escort, courier, influence, standard, ideal, example, benchmark, handbook, guidebook, manual, compendium
		The guide led our tour group to a small restaurant only known to the locals. I don't know where to go, so why don't we consult the guide.
presume	(동)	㈜ ~을 추정하다, 상상하다, ~이라고 생각하다, (법률) (반대 증거가 없어서) ~이라고 추정하다, 가정하다, 감히 ~ 하다 ㈋ 추정하다, 상상하다, 생각하다, 주제넘게 나서다, 건방지게 굴다, (남의 약점 등을) 이용하다, 기화로 삼다 (v) believe, assume, guess, deduce, imagine, suppose, postulate, posit, gather, think, venture, dare (파) presumably: (부) 아마, 추측컨대

단어	품사	한글 의미, 동의어 예문
		The universe is presumed to contain many other planets with some form of life. A person accused of a crime is presumed innocent until proven guilty.
rely	(동)	(동) 의지하다, 믿다, 신뢰하다, 기대를 걸다 (v) to have confidence in, to depend on, trust
		You can rely on that website to give accurate restaurant reviews. I seldom rely on the restaurant reviews in the paper when choosing a restaurant.
secure	(형)	(형) (장소 등이) 안전한, 위험이 없는, 난공불락의, (건물 등이) 튼튼한, 안정된, 안전하게 보관된, 엄중하게 감금된, 확보된, 보증된, 도청될 위험이 없는 (adj) to get possession of; to obtain, (adj) safe, confident, closed, dependable,
		That building does not look very secure to me. Please check that all windows and doors are secure.
	(동)	(동) 안전하게 하다, 단단히 지키다, ~을 확실하게 하다, 보증하다, ~을 확보하다, 손에 넣다, 획득하다 (v) obtain, fix, fortify, guarantee
		Despite the popularity of the restaurant, he was able to secure reservations for this evening. The hostess secured us another chair, so we could eat together.
subjective	(형)	(형) 주관의, 주관적인, 개인적인, 독자적인, 자기중심의, (심리) 내성의, 내관적인, (의학) 증상 등이 자각적인 (adj) particular to a given person; highly personal; not objective, personal, individual, particular, slanted, biased, prejudiced, skewed, one-sided
		Food preferences are subjective and not everyone agrees on what tastes good. The reviews on this website are highly subjective but fun to read.
suggest	(동)	[타] 제의(제안)하다, 말을 꺼내다, (~하면 어떨까) 라고 권하다, ~을 암시하다, 넌지시 말하다, 비추다, 시사하다, (어떤 것이) ~ 을 연상시키다, 생각나게 하다 (v) propose, advise, recommend, advocate, submit, imply, hint, insinuate, intimate, indicate, allude, evoke, remind (파) suggestion: a proposal, evocation, implication, advice
		Can I make a suggestion about what to order? We followed the waiter's suggestion and ordered one of the specials.
temporary	(형)	(형) 일시적인, 한때의, 잠깐의, 덧없는, 임시(변통)의 (adj) provisional, impermanent, momentary, brief, passing, fleeting, transitory, short-term, short-lived, transient, interim, acting (파) temporarily (부) 일시적으로, 임시(변통으)로
		The injection provided a temporary reprieve from the pain. The player was temporarily suspended from the tournament.
undoubted	(형)	(형) 의심할 바 없는, (사회적 신분이) 확실한, 진짜인, 진정한 (genuine) (adj) certain, sure, absolute, definite, indubitable, undisputed, unquestionable (파) undoubtedly: (부) 확실히, 의심할 여지없이, 틀림없이
		While there is undoubted value in different perspectives on the issues, the book ultimately lacks coherence, as issues are not tackled in a structured way.

A.7.2 Eating Out

단어	품사	한글 의미, 동의어 예문
appetite	(명)	(명) 식욕, 시장기, 생리적(본능적) 욕구, 육체적 욕망, 기호 (n) desire to eat, hunger, craving, taste, eagerness, inclination
		The delicious smells coming from the restaurant kitchen increased my appetite. People generally have a good appetite after a long day of work.
complete	(형)	(형) 완전한, 전부가 갖추어진, 빠진 것이 ㅇ벗는, 완성된, 완결된, 마무리된, 철저한, 전적인, 문자 그대로의 , (필요한 특질, 기능 등을 모두 갖추어) 완벽한, ~이 완비된, (식물) 각 부분을 완전하게 갖춘

단어	품사	한글 의미, 동의어 / 예문
		(adj) whole, comprehensive, wide-ranging, broad, ample, widespread, far-reaching, thorough, overall, extensive, full, absolute, extreme, utter, great, perfect, total, entire, total, finished, completed, done, concluded, accomplished, undivided, undamaged
		I need a break, a complete change of scene. We wanted a complete record of what everyone said.
	(동)	(타) ~의 수, 양을 채워 완전한 것이 되게 하다, ~을 끝내다, 완료(완결)하다, 완성하다, (미식 축구) (포우드 패스)를 성공시키다, (야구) (시합)을 완투하다 (v) to finish or make whole, whole, absolute, total, finished; finish, finalize, conclude, end, accomplish, achieve, fulfill, realize, perfect
		We ordered some dessert to complete our meal. Some restaurants want to hear their customers' opinions and ask them to complete a short evaluation form.
cuisine	(명)	(명) (독특한) 요리, 요리법 (n) cooking, cookery, food, gastronomy, fare
		Despite its attempts, the modernizing state never managed to impose a national seafood cuisine. That spread of foreign restaurants reflected the growth of ethnic populations in the city and the development of foreign cuisine as an outlet for those foreign populations.
enclose	(동)	(타) ~을 에워싸다, 둘러싸다, (울타리 등으로) 두르다, ~을 싸다, ~을 동봉하다 (v) encircle, enfold, ring, circle, encompass, surround, wall, fence, hedge, pen, confine, include, attach, insert, add, append
		The house has a small backyard enclosed by a high brick wall. Please enclose a curriculum vitae with your application.
encompass	(동)	(타) ~을 에워싸다, 둘러싸다, 포위하다, ~을 내포(포함)하다, 망라하다, (파멸 등)을 초래하다, (일 등)을 해치우다, 달성하다, 완수하다 (v) include, cover, incorporate, involve, comprehend, embrace, contain, comprise, embody, hold
		The festival is to encompass everything from music, theatre, and ballet to literature, cinema, and the visual arts. The plan encompasses repaving the street and planting 40 new trees.
excite	(동)	(타) (남)을 자극하다, 흥분시키다, (흥미 등을) 일으키다, ~에 자극을 주다, 분발시키다, (생리) (기관, 조직)을 자극하다, (전기) ~을 여자하다, ~에 자장이 생기게 하다 (v) to arouse an emotion, stimulate, enthuse, motivate, incite, agitate
		Exotic flavors always excite me. The new Asian restaurant has excited the interest of many people.
flavor	(명)	(명) 맛, 풍미, 조미료, (이야기 등의) 정취, 멋, 묘미, 기운, 독특한 성질, 신랄한 맛 (n) a distinctive taste, relish, additive,
		Fusion cooking is distinguished by an interesting mix of flavors. The cook changed the flavor of the soup with a unique blend of herbs.
foreign	(형)	(형) 외국(타국)의, 외국(해외)으로 부터의, 외국산의, 외국행의, 해외로의, 외국에 있는, 재외인, 외국과의 교섭(교역)에 관한, 대외적인, 타지방의, 타향에서 온, 일정 지역의, 바깥에서 들어온, 외래의, 이질의, (당면 문제에) 관계가 없는, 성질을 달리하는, 부적당한, 동떨어진, 낯선 (adj) of another country, unfamiliar
		It is fun to try the local food when traveling in a foreign country. The ingredients in this dish are foreign to me; I have never tried any of them before.
ingredient	(명)	(명) (혼합물의) 성분, 요소, (요리의) 재료, 요인, 구성요소 (n) an element in a mixture, component, constituent, factor, part
		The chef went to the farmer's market to select the freshest ingredients for tonight's menu. I was unfamiliar with some of the ingredients in the dish.
judge	(명)	(명) 재판관, 판사, 재판관 직책, (경기, 토론 등의) 심판, 심사원, 판정자, 감정가, 감식가, 품평가, 평론가, (인간의 심판자로서) 신 (god) (n) to form an opinion, magistrate, critic, moderator,

단어	품사	한글 의미, 동의어 예문
		The judge reminded the witness that she was under oath. She wrote an article attacking the judges and their conduct
	(동)	[타] ~을 재판(심판)하다, ~에게 판결을 내리다, ~을 심리하다, 평가하다, 감정하다, 생각하다, 추측하다 (v) arbitrate, estimate, assess, consider, pronounce
		He was not familiar with Asian cooking, so he was unable to judge if the noodles were cooked correctly. The restaurant review harshly judged the quality of the service.
patron	(명)	(명) 단골 손님, 고객, 후원자, 지원자, 보호자, 변호인 (n) customer, especially a regular customer, supporter, sponsor, donor
		Once the word was out about the new chef, patrons lined up to get into the restaurant. This restaurant has many loyal patrons.
predict	(동)	[타] (경험, 사실, 법칙 등으로) ~을 예언(예측)하다, ~라고 예보하다 (v) to state, tell about, or make known in advance, forecast, foretell, prophesy
		I predicted this restaurant would become popular and I was right. He was unable to predict what time she, who is always late, would show up at the restaurant.
random	(형)	(형) 닥치는 대로의, 멋대로의, 어림짐작의, (통계) 임의의, 무작위의, (건축) 돌의 치수(크기, 모양)가 고르지 않은, (컴퓨터) 순서 없는, 정리 않된 (adj) chance, accidental, haphazard, arbitrary, casual, unsystematic, indiscriminate, unplanned, unintentional (파) randomly: without any specific pattern, arbitrarily, erratically, unintentionally
		We randomly made our selections from the menu. That chef chooses his spices randomly, but his dishes always tastes great.
recipe	(명)	(명) (요리의) 조리법, (약 등의) 처방전, 방법, 수단, 비결, 비법 (n) formula, method, way, procedure, technique, process
		I never follow recipes exactly when I cook - I just use them as rough guides. Titles of recipes were in bold capitals, with the word "ingredients" in slightly smaller capitals.
remind	(동)	[타] ~에게 ~을 상기시키다, 일깨우다, ~에게 ~이 생각나게 하다, 생각이 나다 (v) to cause to remember, retell, recap
		She was annoyed at having to remind the waitress to bring the check. I reminded the client that we are meeting for dinner tomorrow.

A.7.3 Ordering Lunch

단어	품사	한글 의미, 동의어 예문
assort	(동)	(동) ~을 종류별로 나누다, 분류하다, 구분하다, 어울리다, 조화되다, ~와 동류에 속하다, 교제하다 (v) distribute, classify, arrange according to kind or class, associate, consort (파) assorted (형) 유별된, 여러 가지를 한데 모은, 구색을 갖춘, 잡다한, 다채로운, (복합어로) ~을 짜 맞춘, ~에 어울리는, 걸맞은; (adj) mixed, mixt, various, varied, miscellaneous, multifarious, classified, separated, grouped, divided, categorized, classed, arranged, methodized, sorted
		When genes assort, they spread among the cells of a living thing in a particular way. The final section contains assorted papers that don't fit in the other sections.
alleged	(형)	(형) (함부로) 주장된, 단정된, 의심스러운, 가정의 (adj) unproven, supposed, suspected, assumed, apparent, purported, claimed, asserted, contended, charged, declared, (anto) denied, confirmed
		He is being hunted by police for his alleged involvement in several murders. His idea of a delegation going to coastal areas for alleged purpose of attracting investment may well be an excuse for a sight-seeing trip.

단어	품사	한글 의미, 동의어 / 예문
burden	(명)	(명) 짐, 화물, 화물의 운반, 무거운 짐, 부담, 걱정, 책임, 의무 (n) a responsibility, something that is carried, load, weight, cargo, problem, drain, encumbrance, affliction, duty, inconvenience, millstone, onus, obligation, load
		The secretary usually takes on the burden of ordering lunch for business meetings. The deliveryman's back ached from the heavy burden he carried. The little donkey struggled under its heavy burden.
	(동)	㈇ ~에 무거운 짐을 싣다, 무거운 짐을 지우다 (v) saddle, encumber, trouble, yoke, load, lumber, weigh down
		I don't want to burden you with my problems. He was burdened with debts.
common	(형)	(형) 공통의, 공유의, 공공의, 사회 전체의, 공동의, 일치한, 단결한, 일반적인, 이름난, 잘 알려진, 통례의, 잘 일어나는, 흔히 있는, 보통의, 평범한, 통속적인, 열등한, (사람, 행동 등이) 천한, 상스러운, (문법) 보통 명사의, (수학) 공통의, 공약(약분)의, 인수의 (adj) shared, mutual, joint, public, communal, collective, conjoint, corporate, everyday, usual, customary, familiar, normal, ordinary, commonplace, conventional, regular, popular, widespread, frequent, general, universal, generic, vulgar, coarse, rough, low-class, unrefined (파) commonly: usually, habitually
		It is quite common to see couples who dress alike. "Kim" is a very common family name in Korea. The people who work in this building commonly order their lunch from the sandwich shop on the first floor. The restaurants in this area commonly server office workers and are only open during this week.
	(명)	(명) 공유지, 공원, (공동으로 사용하는) 울타리 없는 황무지, 목초지, (법률) 공동 사용권, 입회권 (n) park, playground, open space, green
		Common is an area of grass that everyone is allowed to use, usually in or near a village. We do not really have much in common. In common with many mothers, she feels torn between her family and her work.
deliver	(동)	㈇ (편지, 물품 등)을 배달하다, ~을 인도하다, 명도하다, 포기하다, (연설, 설교)를 하다, (의견 등)을 말하다, (판결 등)을 내리다, (명령)을 내리다, (타격)을 가하다, ~을 던지다, ~을 내다, 산출(배출)하다, ~을 해방하다, 석방하다, 구해내다, (의사 등이) (여자)에게 분만시키다 ㈆ 분만하다, 출산하다, (물품 등을) 배달하다, (견해를) 표명하다, 말하다, 해방되다, 자유롭게 되다 (v) bring, transport, carry, distribute, send, convey, supply, provide, produce, dispense, serve, give, present, furnish, release, rescue, save, librate, free, surrender, transfer, relinquish, cede, consign (파) delivery: the act of conveying or delivering, (n) distribution, conveyance, supply, release, provision,
		The caterer hired a courier to make the delivery. The restaurant is reluctant to make deliveries, but makes an exception for our office.
elegance	(명)	(명) 우아, 단정, 고상, 기품, 우아한 일(물건), 품위 있는 말(태도), (과학적인) 정밀함, 간결함 (n) refinement, beauty, grace
		The elegance of the restaurant made it a pleasant place to eat. A sandwich may lack elegance, but it makes a convenient and inexpensive lunch.
fall to	(동)	㈇ ~으로 떨어지다, 쓰러지다, 내리다, 늘어지다, 함락되다, ~의 것이 되다, (일, 의논, 싸움 등)을 시작하다, ~에 종사하다 (v) to become one's responsibility
		The task of preparing the meal fell to the assistant chef when the chief chef was ill. The menu was in French, so ordering for us fell to Monique, who spoke French.

단어	품사	한글 의미, 동의어 예문
impress	(동)	㈏ ~을 깊이 감동시키다, ~에 감명을 주다, ~에게 인상을 주다, ~의 특징을 부여하다, ~에 전압을 가하다, 좋은 인상을 주다, 관심을 끌다 (v) to affect strongly, often favorably
		I was impressed with how quickly they delivered our lunch. If you want to impress the new staff members, order her a nice lunch.
individual	(형)	(형) 개개의, 단일의, 개별적인, 특정인의, 개인의, 개인적인, 독특한, 개성적인, 독자적인, (심리) 개인 연구의(에 속하는), (논리) 개체의 (adj) separate, discrete, singular, unusual, distinctive, special; particular,
		Each individual table is finished by hand. We deal with each case on an individual basis.
	(명)	(명) (사회, 가족에 대한) 개인, (독립된) 개체, 구성원, (윤리, 철학) 개체, 단일체, (한 단위로서의) 개, 군, (생물) 개체 (n) by or for one person, entity, personage, character, being, creature, party
		We had the delivery man mark the contents of each individual order. The jaunty whistle of the delivery woman marked her individual style.
multiple	(형)	(형) 다수의, 복합(복식)의, 많은 부분 (요소)으로 이루어진, 다양한, (수핵) 배수의, (전기) (회로, 접속이) 병렬의, 복식의, (식물) (과실이) 집합성의 (adj) having, relating to, or consisting of more than one part; manifold, compound
		The delivery person was not able to keep track of the multiple orders, causing a food mix-up. It takes multiple steps to get into this building, which frustrates all our employees.
	(명)	(명) (수학) 배수, 배량, (전기) 회로의 병렬(상태), 다단자, 무리, 집합체, (대량 생산된) 미술품, (증권) 주가 수익률 (n) a number that contains another number an integral number of times without a remainder
		Multiple means a number that results from multiplying one number by another when at least one of them is a whole number. 27 is a multiple of 9, because 27 = 3 × 9.
pickup	(명)	(명) 픽업 (상품 집배용 소형 무개 트럭), (화물, 우편물 등의) 수집, 집배, (객차, 선박 등이) 승객을 태우는 일, 적하물, 승객, (라디오, TV) 소리나 빛을 전파로 바꾸는 장치, 방송 중계 장치, 긁어모은 사람(것)에 의한, 급조의, 즉석의, 우연히 알게 된, 일시적인 (n) to take on passengers or freight; spontaneous, unplanned, surprise
		The delivery man picks up lunch orders on his motor scooter. If you ask me nicely, I will pick up the order on my way home.
reasonable	(형)	(형) 도리에 맞는, 합리적인, 도리를 아는, 사려 분별이 있는, 온당한, 적당한, (가격이) 비싸지 않은, 이성이 있는 (adj) fairly priced, fair in quality
		I usually have lunch at the company cafeteria because of the convenient location and the reasonable prices. The lunches at this place are not top quality, but they are reasonable.
settle	(동)	㈏ (움직이지 않도록) ~을 놓다, 설치하다, ~에 정착하다, 정주하다, 이주하다, (남)에게 직업을 갖게하다, ~을 안정시키다, (마음, 신경, 위 등)을 진정시키다, 가라 앉히다, (문제 등)을 해결하다, 결심하다, (시간, 가격, 조건 등)을 정하다, 매듭짓다, (계산서)를 청산하다, 지불하다, (제도 등)을 확립시키다, 영구적인 것으로 하다, (법률) (재산, 권리 등)을 ~에 계승시키다, 양도하다 (v) to make compensation for, to pay, to choose
		We settled the bill with the cashier. After much debate, we finally settled on the bistro on the corner.
thrift	(명)	(명) 검약, 절약, 저축 금융기관, (식물의) 무럭무럭 자라남, 빠른 성장, 무성, 행운, 성공 (n) frugality, economy, carefulness, saving, prudence, parsimony, caution
		Thrift means the careful use of money, especially by avoiding waste. These days, thrifts place most of their money into boring but safe mortgages.
thrive	(동)	㈏ (사람, 상업 등이) 번성하다, 번영(번창)하다, 잘되다, (일이) 성공하다, 부자가 되다, 부유해지다, (동, 식물이) 무럭무럭 자라다, 무성해지다, 잘 자라다

단어	품사	한글 의미, 동의어 예문
		(v) flourish, prosper, succeed, boom, bloom, increase
		His business thrived in the years before the war. She seems to thrive on stress.

A.7.4 Cooking as a Career

단어	품사	한글 의미, 동의어 예문
accustom	(동)	[타] ~에 익숙하게 하다, 습관을 들이다, ~에 익숙해지다, 적응(순응)하다 (v) to become familiar with, to become used to; familiarize, acclimate, adapt
		Chefs must accustom themselves to working long hours. It can be hard to accustom oneself to eating new types of food.
apprentice	(명)	(명) 도제, 견습생, 초보자, 풋내기, [타] ~을 도제로 보내다, 도제가 되다, 견습을 하다 (n) a student worker in a chosen field, trainee, novice, intern
		Instead of attending cooking school, Raul chose to work as an apprentice with an experienced chef. The cooking school has an apprentice program that places students in restaurants to gain work experience.
culinary	(형)	(형) 주방의, 요리의, 요리에 쓰는 (adj) relating to the kitchen or cooking, gastronomic, cookery
		The chef was widely known for his culinary artistry. His interest in culinary arts drew him to a commercial foods program.
demand	(동)	[타] ~을 요구하다, 강요(청구)하다, (강압적으로) 캐묻다, 힐문하다, (사물이) (주의, 인내, 시일 등)을 필요로 하다, 요하다, (법률) ~을 신청(청구)하다, (법정에) ~을 소환하다, 출두를 명하다 (v) to require, request, claim, plea, insist, order, ask, require, need, want, necessitate, command, claim, insist, order, ask, inquire, query, want, plead, challenge
		He was always exhausted because of his new job at the restaurant demanded so much of him. This style of cooking demands many exotic ingredients and a lot of preparation time.
	(명)	(명) 요구, 청구(권), 요청, 요구물, 청구품, (절박한) 필요, 강청, 강요, (법률) 청구, 신청 (n) request, call, claim, petition, mandate, ultimatum, plea, requirement, need, stress, pressure, exigency, exigence, claim, necessity
		The government is unlikely to agree to the rebel's demands for independence. You cannot give in to children's demands all the time.
draw	(동)	[타] (방향, 위치의 부사(구)와 함께) ~을 끌다, 당기다, 잡아 끌다, ~을 꺼내다, 빼내다, (남의 주의 등)을 끌다, (인기)를 끌다, (선으로) ~을 그리다, ( )을 긋다, (구별을) 짓다, (구혼)을 명시하다, (비교 등)을 하다, ~을 들이쉬다, (한숨)을 쉬다, (결론, 정보 등)을 끌어내다, 얻다, (돈 등)을 인출하다, 받다, (일)을 일으키다, 초래하다, 낳다, 물을 퍼올리다, 배수하다, (활)을 당기다, (제비)를 뽑다, (시합)을 비기게 하다 [자] 끌다, 끌어당기다, 끌리다, (때가) 다가오다, (권총, 칼 등을) 빼다, 뽑다, 선을 긋다, 그리다, 제도하다, 오그라들다, 죄어지다, 이목을 끌다, 인기를 끌다, 강요하다, (경기) 비기다 (v) pull, drag, move, tow, tug, heave, sketch, illustrate, copy, depict, describe, represent, get, obtain, extract, derive, gain, take, elicit, unsheathe, withdraw, attract, lure, appeal, entice, captivate, tie, equal, square, even (v) to cause to come by attracting, sketch
		We hope the new restaurant will draw other business to the area. He was drawn to a career in cooking.
	(명)	(명) 끌기, 잡아뽑기, 인기거리, 매력, 비김, 무승부, 동점, 추첨, 계곡 사이의 배수로, (경비, 수수료 등의) 전도금, 선수금, 인출액 (n) attraction, tie, raffle,
		We need someone at the event who will be a big draw and attract the paying

단어	품사	한글 의미, 동의어 예문
		public. Every team needs a superstar who will be a big draw.
incorporate	(동)	㈕ ~을 법인 조직으로 만들다, ~을 주식(유한)회사로 하다, ~을 (구성 부분으로서 속에) 집어 넣다, 편입하다, 합병하다, ~을 포함하다, 함유하다, ~을 가입시키다, ~을 혼합하다, (생각 등)을 구체화하다, ~의 형체를 주다, (컴퓨터) (기억장치)에 짜 넣다, (체가 되도록) 결합하다, 합병하다 (v) to unite one thing with something else already in existence; join, integrate, combine, merge (형) 법인(조직)의, 회사의, 일체가 된, 합병한, 혼합한
		The company incorporated the patron's suggestion into the restaurant's new menu. Here are the fresh greens for you to incorporate into salad.
influx	(명)	(명) 흘러듦, 유입, 쇄도, 유입점, 합류점, 하구 (n) a flowing in, arrival, invasion, incursion, entry, inflow
		An influx of new chefs is constantly needed to fill open jobs. Due to the rise in popularity of cooking as a career, cooking schools report an influx of applications.
infusion	(명)	(명) 주입, 불어넣기, 고취, (의학) (정맥에의) 주입, 점적, 주입물, 혼합물, 달임, 우려냄 (n) brew, tea, distillation, fermentation, drink, mixture, potion, mixture, mix, blend, combination, concoction, cocktail
		An infusion of funds is desperately needed. The infusions were administrated in four cycles: three times in the first and second weeks, twice in the third week and once in the fourth week.
method	(명)	(명) (조직적인) ~하는 방법, 방식, (사물의) 순서, 절차, 체계, (행동 등의) 규율, (사상, 표현 등의)조리, 정연한 차례, 질서 정연한, (생물) 분류법 (n) a procedure, process, scheme, means, routine, technique, approach, system, (파) methodology
		She perfected a simple method for making croissants. Many chefs borrow cooking methods from a variety of cultures and incorporate them into their cooking style.
outlet	(명)	(명) 출구, 배수구, 방출구, (상업) 판로, (TV, 라디오의) 지방국, 하구, 강어귀, (표현, 감정 등이) 배출구, 표현 (n) a means of release or gratification, as for energies, drives, or desires; exit, aperture, egress, means
		Even before he became a professional baker, he used baking as an outlet for frustration. Many people find cooking to be a hands-on outlet for their creativity.
polish	(동)	㈕ ~을 닦다, ~의 윤(광)을 내다, (태도, 문장 등)을 다듬다, ~을 세련되게 하다, ~을 닦아서 다른 상태가 되게 하다, 윤(광택)이 나다, (v) improve, enhance, refine, perfect, hone, practive, mend, shine, buff, rub, clean, dust, sparkle, furbish
		Polish your shoes regularly to protect the leather. He polished the hardwood floor.
	(명)	(명) 연마분, 광택제, 윤내는 재료, 윤내기, 뻔쩍거림, 광택, 연마하는 일, 품위, 세련, 우아 (n) refinement, elegance, skill, control, grace, sophistication, style, sparkle, culture, gloss, shine, luster, gleam, sheen, brilliance, smoothness
		This is a musical with polish and wit. It's a lively, good-hearted film but it lacks a little polish.
profession	(명)	(명) (지적인) 직업, 전문직, (일반적으로) 직업, 언명, 공언, 선언, 고백, 신앙고백, (n) an occupation requiring considerable training and specialized study; vocation, career
		Cooking is considered as much a profession as is law or medicine. He took up cooking as his profession and is very happy with his decision.
relinquish	(동)	㈕ 포기하다, 단념하다, 양도하다 (v) to let go, to surrender, abandon, renounce, resign
		People find it hard to relinquish their accustomed food preferences and try something new. After he married she, he had to relinquish his exclusive hold on the kitchen

단어	품사	한글 의미, 동의어
		예문
		and learn to share the joys of cooking.
theme	(명)	(명) 주제, 논제, 화제, (주어진 주제에 의한) 작문, (짧은) 논문, (음악) 주제, 주선율, (라디오, TV 등의) 테마 음악, (문법) 어간, 어근(stem) (n) an implicit or recurrent idea, a motif
		The caters prepared food for a party with a tropical island theme. The restaurant's food and décor demonstrated its southwestern theme.
utensil	(명)	(명) (부엌, 낙농장 등에서 쓰는) 도구, 기구, 용기, 용구 (n) tool, instrument, implement, appliance, device, gadget
		In the drawer was a selection of kitchen utensils - spoons, spatulas, knives, and whisks. We packed plates, cups, napkins, and eating utensils for the picnic.

A.7.5 Events

단어	품사	한글 의미, 동의어
		예문
assist	(동)	㈕ ~을 돕다, 거들다, ~을 조장하다, ~의 조수 노릇을 하다, 조력하다, (스포츠) (득점을) 돕다(어시스트하다) (v) to give help or support to, help, aid, support, (파). assistance
		He hired a secretary to assist him with the many details of the event. The hotel manager was able to assist us with some last-minute advice. With some financial assistance, we will be able to start our own business.
	(명)	(명) 조력, 원조, (축구, 농구) 득점의 보조 플레이, (기계 등의) 보조 장치 (n) contribution
		He has the most assistes in this season. The machine contains many sub-modules as assists.
coordinate	(명)	(명) 동격자, 등위어구, (수학) 좌표 (coordinates), coordinates (의상, 가구 등) 색깔, 소재, 디자인이 서로 조화를 이루는 것 (n) point of reference, altitude and longitude
		Coordinates is a pair of numbers and/or letters that show the exact position of a point on a map or graph. Coordinates are clothes, especially for women, that are made in matching colors or styles so that they can be worn together.
	(동)	㈕ ~를 조정하다, 조화시키다, 대등하게 하다 (v) match, manage, harmonize, synchronize
		She tried to coordinate all departments to make sure the event ran smoothly. The colors of the flowers were ordered to coordinate with the colors in the corporate logo.
chronological	(형)	(형) 연대순의, 연대학적인 (adj) sequential, consecutive, linear, in order (파) chronic: (형) 상습적인, 오래 끄는, 고질적인, 장기간에 걸친, 만성적인, (병이) 만성인, 고질적인, 만성병(숙환)을 앓는, 지병이 있는, (명) 만성(고질)병 환자, 지병이 있는 사람
		Give me the dates in chronological order. We made four predictions about the possible roles of group differences, perceptual-motor ability, task difficulty, and chronological age in nonlinguistic performance.
dimension	(명)	(명) (길이, 폭, 두께의) 치수, 용적, 크기, 부피, 넓이, 면적, 규모, 범위, 중요성, (인격적인) 특성, 특질, 도덕적(지적) 수준, 요인, 요소, 국면, 상, (수학, 물리) 차원 (n) a measure of width, height, breadth, or length, aspect, facet
		What are the dimensions of the ballroom? We need the dimensions of the meeting rooms before we can determine how many chairs each will hold.
engrave	(동)	㈕ (문자, 도안 등)을 새겨 넣다, 새기다, 새기다, 조각하다, ~을 장식하다, ~

단어	품사	한글 의미, 동의어 / 예문
		에 조작을 하다, (문자, 도안 등을 돋을 새김 인쇄로) 인쇄하다, ~을 판화로 인쇄하다, ~을 ~에 강하게 인상지우다, ~을 (아음에) 새기다 (v) etch, score, scratch, carve, incise, inscribe
		The jeweller skilfully engraved the initials on the ring. The bracelet was engraved with his name and date of birth.
exquisite	(형)	(형) 절묘한, 매우 아름다운, 훌륭한, 정교한, 공들인, (즐거움이) 깊은, 강렬한, (아픔이) 격심한, 날카로운, 예민한, 민감한, (취미, 태도가) 고상한, 세련된 (adj) beautiful, attractive, delicate, superb, gorgeous, wonderful, pretty, lovely, fine, neat, excellent, perfect, delightful, flawless, wonderful, admirable, sensitive, discriminating, discerning, fastidious, refined, delicate, exacting, tasteful, perfect, elegant, intense, touching, poignant, acute, sharp (명) 멋부리는 사람, 멋쟁이
		Look at this vase of exquisite workmanship! A good comedian needs to have an exquisite sense of timing.
fair	(형)	(형) (~에 대해) 공평한, 공정한, 편견없는, (경기 등이) 규칙에 맞는, 이치에 맞는, 정정당당한, (정도, 수량, 수입 등이) 꽤 좋은, 상당한, (시, 도, 일 등이) 중간 정도의, 평균의, 그저 그만한, 유망한, ~할 듯한, (기상) 갠, 맑은, 좋은, 아름다운, 매력적인, 공손한, 정중한 (adj) reasonable, just, impartial, rational, unbiased, objective, honest, good, bright, sunny, clear, fine, pleasant, pale, light, blond, flaxen, adequate, pleasing
		It is not fair on her to make she do all the work. He offered to do all the cleaning if I did all the cooking, which seemed like a fair deal.
	(명)	(명) 품평회, 박람회, (정기적으로 서는) 장, 축제일, 잿날, (합동) 설명회, 지방 순회 전시 (공연) (n) carnival, fairground, midway, circus, sale, bazaar, show, festival, exhibition, gala
		I bought a wooden salad bowl at the local craft fair. Fair is an outside public event in countryside where farm animals and farm products are sold. a day after the fair, 사후 약방문, 때늦음, 실기
general	(형)	(형) 포괄적인, 전체의, 전원의, 전반(종합)적인, 전면적인, 전신의, 사회 일반의, 보통의, 대부분에게 공통(보편)적인, 일반적인, 통상의, 문제 전반을 다루는, 개략의, 개괄적인, 대체적인, 명확하지 않은, 구체적인 아닌, 막연한, 애매한, 장성급의, 광범한 지휘권을 가진, (adj) involving only the main features rather than precise details
		We have a general idea of how many guests will attend. In general, about half the guests will bring their spouses.
	(명)	(명) 대장, 장군, 장성, 군사령관, 전략(전술)가, (관직명 뒤에서) 총~, ~장, 총장, 통칙, 보편적 사실, 일반 원칙 (n) an army or air force officer ranking above a lieutenant general and below a general of army or general of the air force
		He was promoted to the rank of general. General is a military officer of the highest rank.
ideal	(명)	(명) 이상, 최고 수준, 극치, (모범으로 삼을 만한) 이상적인 인물(것), 전형, 궁극의 목표, 노력 목표, 관념적인 것, 상상적인 것, 공상 (n) epitome, model, archetype, essence, stereotype, paradigm, icon, principle, standard, belief, value
		Ideal means a principle or a way of behaving that is of a very high standard. We are committed to the ideal of equality.
	(형)	(형) 이상적인, 최상의, 완벽한, 더할 나위없는, 관념적인, 머릿속에서 만의, 가공의, (철학) 이념적인, 관념론적인, 이상 상태의 (adj) perfect, model, idyllic, supreme, superlative, ultimate, best (파) ideally: perfectly, conforming to an ideal
		Ideally, the location for the concert would have plenary of parking. She explained that ideally her wedding would take place on the beach, but she realized it might be difficult to arrange.
lead	(동)	(타) ~을 ~로 이끌다, 인도하다, 데리고 가다, ~을 권유하다, (마음이) 내키게 하다, (세월)을 보내다, 지내다, ~에게 생활하게 하다, (군대 등)을 거느리다, 지휘(인솔)하다, (오케스트라)를 지휘하다, (행렬 등)의 선두에 서서 가

단어	품사	한글 의미, 동의어 예문
		다, ~을 앞장서다, (운동, 토론 등)의 주도적 역할을 하다, ~의 수석 변호인이 되다, (물)을 끌다, 대다, (전선, 밧줄)을 끌다, (법률) (증인)에게 유도 심문하다, ㈜ 안내하다, 인도하다, 끌려가다, (동물이) 다루기 쉽다, (길, 문 등이 ~으로) 통하다, 이르다, (어떤 결과에) 이르다, 선두를 가다, 솔선해서 하다, 앞장서다, 지도적 역할을 하다, 시작하다 (v) run, control, command, direct, manage, guide, direct, escort, pilot, conduct, precede, steer
		All roads lead to Rome. I think we have chosen the right person to lead the expedition.
	(명)	(명) 지도적 지위, 수위, 선두, 선도자, 지도자, 단서, 실마리, 주역, 주연 배우, (전기) 도선, 인입선, (권투) 선행 타격, (야구) (주자의) 리드, (화학) 납, 납 제품, (n) principal, chief, prime, clue, indication, front runner, precedent, leash, advantage (파) lead time: the time between the initial stage of a project and the appearance of results
		The lead time for reservation is unrealistic. We will need to give the caterer enough lead time to cut the cake.
proximity	(명)	(명) (장소, 시간, 관계 등이) ~에 가까움, 근접, 접근 (n) the state, quality, sense, or fact of being near or next to; closeness
		The fans were worried by the proximity of the storm clouds. An important factor in selecting the site was its close proximity to a parking garage.
occasion	(명)	(명) (~의/~에 적합한) (특정한) 때, 경우, 특별한 행사, 성대한 의식, 축전, 의식, (~의/~할) 계기, 유인, 근거, 이유 (n) time, case, juncture, event, instance, incident, chance, possibility, opportunity, reason
		We met on several occasions to discuss the issue. The 200th anniversary of Mozart's death was the occasion for hundreds of special films, books and concerts.
	(동)	(타) (걱정 등)을 불러일으키다, ~의 원인이 되다, (남)을 ~하게 하다 (v) cause, motivate, induce, prompt, elicit, effect
		Her refusal occasioned a lot of trouble. The case occasioned the authorities a lot of worry.
regulate	(동)	㈕ (규칙, 법규 등으로) ~을 구제하다, 제한하다, 통제하다, (기기, 조직, 능률 등)을 조절하다, ~을 규칙 바르게 하다, 정상 상태로 하다. (v) control, order, adjust, legalize, police, normalize, standardize, set, synchronize
		The government strictly regulates the preparation of food for public consumption. The site staff closely regulates how many cars can be brought on the grounds.
site	(명)	(명) 위치, 장소, 용지, 부지, 유적, (컴퓨터) 사이트 (인터넷에서 정보를 보거나 얻을 수 있는 장소) (n) a place or setting
		Once we saw the site, we knew it would the perfect for the event. The manager of the site was most helpful.
	(동)	㈕ ~의 위치를 정하다, (대포 등)을 (어느 장소에) 배치하다, 붙박아 놓다 (v) put, position, place, situate, locate, establish, set
		The company's head office is sited in Soeul. The wind turbins would be sited about 30 kilometers offshore.
stage	(명)	(명) (발달, 진행 등의) 단계, 국면, 무대, 연단, 장, (건축, 현장 등의) 발판, 비계, (다단 증폭기의) 단, (n) phase, step, platform, (v) to exhibit or present, play, perform, show
		The gazebo outside was the perfect location from which to stage the cutting of the cake. A historic house can be the perfect site to stage a small reception.

A.8 Travel (여행)

A.8.1 General Travel

단어	품사	한글 의미, 동의어
		예문
agent	(명)	(명) 대리인, 대리점, 중개인, (공공 기관의) 직원, (경찰관 등) 법 집행관, 수사관, 요원, 공작원, 발동자, 행위자, 행동자, 작용물, 약제 (n) a representative of a company, proxy
		The gate agent will make an announcement when it is time to board the plane. You can buy your ticket from the ticket agent at the train station right before you get on the train.
announce	(동)	㈜ ~을 알리다, 발표(공표, 고지)하다, (손님의 내방을) 큰소리로 알리다, (사물이)~의 징조가 되다, ~을 나타내다, 암시하다, (라디오, TV 등에서) ~을 방송하다, ~을 예고하다 (v) proclaim, publicize, broadcast, declare, say, pronounce, state, reveal, name, post, herald, publish (파) announcement: a public notification, statement declaration, proclamation
		Did you hear an announcement about our new departure time? I expect an announcement any time now about a snow emergency at the airport.
beverage	(명)	(명) (물 이외의) 음료, 마실것 (n) a drink other than plain water, brew, potion, draught, draft, cocktail
		The flight attendant offered all passengers a cold beverage during the flight. Hot and cold beverages as well as snacks are for sale in the train's café car.
board	(명)	(명) 널판지, 판자, 판재, 식사, 식사제공, 회의의 탁자, 회의, 위원회, 평위원회, 이사회, (정부 기관의) 부, 청, 원, 국, 성, (전력, 전등의) 배전반, (컴퓨터의) 배선반, (전화의) 교환기 (n) panel, food, plank;
		Cut the vegetables on a cutting board. The teacher wrote her name on the board. The board of governors meet once a month to discuss school policy.
	(동)	㈜ ~에 판자를 대다, (남)에게 식사를 제공하다, 침식을 제공하다, (배, 기차, 비행기 등을) 타다, 하숙(기숙)하다, (~에서) 식사를 하다 (v) to enter a boat, plane, or train; (v) lodge, embark
		For security reasons, visitors are not allowed in the area of the airport where passengers board the planes. We will board the train for New York in ten minutes.
brisk	(형)	(형) 활발한, 기운찬, 원기 있는, (장사가) 활기찬, 호황의, (날씨가) 상쾌한, (어조가) 날카로운, (맛이) 톡 쏘는, (음료가) 거품이 잘 이는, 발포성의
		Her tone on the phone was brisk (= she spoke quickly and used few words) and businesslike. American manufacturing was doing brisk business last month.
claim	(동)	㈜ (당연한 권리로서) ~을 요구하다, 청구하다, ~의 권리를 주장하다, (사물이) ~을 필요로 하다, ~의 가치가 있다 (v) to take as rightful; to retrieve; assertion, demand, request, appeal, sue
		Please proceed directly to the baggage arrival area to claim your luggage. Lost luggage can be claimed at the airline office.
	(명)	(명) (당연한 권리로서의) 요구, 청구, 주장, 요구권, 청구물 (n) right, entitlement, prerogative, priviliege, due, title, assertion, statement, accusation, declaration, allegation, contention, demand, request, application, petition, call
		Can you provide any additional evidence to support your claim? He insisted that the police assaulted him while he was in custody, a claim that the police deny.
defer	(동)	㈜ ~을 연기하다, 미루다, ~의 징집을 유예하다, 연장(지연)되다, 오래 끌다 (v) postpone, reschedule, adjourn, suspend, submit, accede, comply, accept,
		My bank has agreed to defer the repayments on my loan.

단어	품사	한글 의미, 동의어	예문
			You can order the furniture now and defer payment until September.
depart	(동)	㊎ 떠나다, 작별 인사를 하다, (규칙, 습관 등에서) 벗어나다, 빗나가다, 이탈하다, 일탈하다 (v) to go away or leave; to vary from a regular course of action	After the wedding, the married couple departed for their honeymoon in Morocco. We're going to depart from our usual policy and allow you to leave work early one day a week.
embarkation	(명)	(명) 탑승, 승선, 적재, (사업 등의) 진출, 착수 (n) the process of getting on a plane or ship	Cruise passengers are given a pass for embarkation when they check in at the dock. The flight crew must check the passenger's documents before embarkation.
enviable	(형)	(형) 부러운, 샘나는, (사람을) 부러워하는 (adj) desirable, fortunate, lucky, privileged, happy	She was in the enviable position of being able to choose who she works for. The editor is a skilful guide across difficult terrain, conducting her readers with enviable assurance through tangled clumps of textual thickets.
incidental	(형)	(형) 부수하여 일어나는, 수반하기 쉬운, 흔히 있는, (~에) 뒤이어 일어나는, 우연의, 우발적인, 부수(이차)적인, 주요하지 않은, 임시의 (adj) related, accompanying, secondary, subsidiary, supplementary, attendant, minor, (anto) essential, significant	Try not to be distracted by incidental details. The points you make are true, but they're incidental to the main problem. His influence on younger employees was incidental, not intentional.
	(명)	(명) 부수적(우발적)인 사건(일), incidentals(잡비, 임시비) (n) something incidental, minor expenses	An incidental like a snowstorm can leave a large hole in your delivery schedule. The companyls expenses policy limits what people can spend on incidentals.
itinerary	(명)	(명) 여정, 여행계획, 여행일정, (n) a proposed route for a journey, circuit, tour, schedule, program	He planned his itinerary after visiting several travel websites. I had to change my itinerary when I decided to add two more countries to my vacation. The tour operator will arrange transport and plan your itinerary.
luggage	(명)	(명) (여행용) 휴대품, 수화물, 소형 여행 가방 (n) suitcases, baggage	Airlines often limit the amount of luggage each person is allowed to carry. Traveling is a lot easier if you bring less luggage with you.
modest	(형)	(형) (~에 대하여, ~의 점에서) 겸손한, 신중한, 삼가는, 허식이 없는, 순수한, 알맞은, 적당한, 분수를 지키는, 온당한, 대단한 것이 아닌, 소규모의, (태도, 말, 의복 등이) 얌전한, 고상한, 품위있는, 정숙한 (adj) shy, diffident, unsure, uncertain, retiring, meek, unassertive, unexceptional, ordinary, humble, plain, restrained, unpretentious, simple, reserved, discreet, limited, quiet, moderate, reasonable, acceptable, small, low, fair	The party made modest gains in the elections, but nothing like the huge gains that were predicted. He's very modest about his achievements.
prohibit	(동)	㊎ (법률, 권한으로) ~을 금하다, (사람)이 ~하는 것을 금지(제지, 방해) 하다, (v) to forbid by authority or to prevent; ban, exclude, proscribe, disallow	The bus company prohibits people without tickets from boarding the bus. Airline regulations prohibit the passengers from having beverages open during takeoff and landing.

A.8.2 Airlines

단어	품사	한글 의미, 동의어	예문
alliance	(명)	(명) 동맹, 협정, 연합, 제휴, 협조, (단, 복수 양용) 동맹자, 제휴자, 동맹국, 연합국, 결연, 인척(혼인)관계, 유사, 공통(점) (n) association, coalition, grouping, union, cooperation, agreement, treaty, pack, deal, relationship, partnership, bond, link, tie	The three smaller parties have forged/formed an alliance against the government. Alliance against our common enemy is our only hope for survival. The most likely outcome would be a project managed by an alliance of contractors with an equal interest in building the carrier.
baggage	(명)	(명) 수화물, 군용 행낭, (군대의) 휴대장비, 짐이 되는 것, 방해물, 마음의 준비, 각오 (n) luggage, gear, bags	The free baggage allowance on the stage lines is fifty pounds. There is no extra charge for skis, but they count as part of your 25kg baggage allowance.
customs	(명)	(명) (사회의) 관습, 풍습, 관행, 관계, (법률) 관습(법), 관례, (상점 등에 대한) 애호, 애고, (집합적) 단골손님, 고객, customs 관세, 세관, 통관 수속 (n) taxes, duties, levies, imposts, tolls, payments, civilizations, societies, mores, conducts,	A prominent retailer is legally challenging Customs' decision to include credit card fees in the amount of duty paid on imported goods. A man who was stopped at customs was found to have a quantity of plastic explosives in his case.
deal	(동)	[타] (문제, 사건, 주제 등을) 처리하다, 대처하다, 다루다, 논하다, 종사하다, 관계하다, 거래관계가 있다, 거래하다, (사람에 대하여 ~하게) 행동하다, 대하다, (사람에게) (타)~을 나누어 주다, 분배하다, (~에게) (타격, 조치)를 가하다 (v) distribute, allocate, dispense, split, trade, exchange, sell, hawk, buy (파) deal with: phrase, to attend to , to manage, to see to	Ticket agents must deal courteously with irate customers. Sick passengers, frightened children, and rude pilots are just a few of the things cabin attendants have to deal with.
	(명)	(명) 거래, 장사, 분배, (카드놀이의) 패 돌리기 (n) contract, transaction, agreement, arrangement, pact, treaty, covenant, compact	The labor unions and management have made a two-year pay and productivity deal. We got a good deal on our new house.
destination	(명)	(명) (여행 등의) 목적지, 행선지, 도착지, (상업) 보낼 곳, 도착항, (통신의) 수신자, 목적, 목표, 예정, 지정, 용도, 운명 (n) the place to which one is going or directed, terminus, endpoint, purpose, end, target, aim, goal, objective, intention	The Greater Barrier Reef is a popular tourist destination this year. Once you have determined your desired destination, we can work toward getting the best airfare.
distinguish	(동)	[타] ~을(~에 의해) 구별하다, 식별하다, ~을 특징짓다, ~의 차이를 나타내다, ~을 두드러지게 (저명하게) 하다, ~을 (~으로) 분류하다 (v) to make noticeable or different; differentiate, discriminate, characterize, discern, recognize	She was able to distinguish between the different types of jets on the runway. This airline has distinguished itself as one of the most reliable in the business.
economize	(동)	[타] 경제적으로 쓰다 (다루다), ~을 절약하다, 가장 잘 이용하다, 낭비하지 않다 (v) to be careful about spending money; save	Since I like to economize when I travel, I always do a thorough Internet search for the best airline ticket prices. We decided to economize this year and take our vacation during the off season, when prices are lower.
equivalent	(형)	(형) (크기, 가치, 뜻 등이) 동등한, 같은, 동의의, ~에 상당하는, (기하) 등적	

단어	품사	한글 의미, 동의어 / 예문
		의, (수학) 동차의, (화학) 등가의 (adj) equal, corresponding, correspondent, alike, comparable, same, counterpart, twin, peer, parallel, equal, alike, parallel, corresponding
		He used the Internet to search for hotels of equivalent dollar value to the one recommended. The food the airline serves in coach class is equivalent to that served in first class. A mile is equivalent to about 1.6 kilometers.
	(명)	(명) ~와 같은 것, 동등 물, (문법) 상당 어구, (타국의의) 동의어구 (n) counterpart, equal, twin, peer, parallel
		A day on the planet Mercury is the equivalent of 176 days on Earth. Equivalent means something that is the same amount, price, size, as something else that has the same purpose.
excursion	(명)	(명) 짧은 (단체) 여행, 소풍, (할인요금의) 관광(유람) 여행, (집합적) 유람여행 (소풍) 단체, (물리) (물체의) 편의 운동, (기계) 행정, (천문) 궤도 이탈 (n) a pleasure trip; a trip at a reduced fare, trip, jaunt, outing, tour, day-trip, expedition, group, team, party, digression, departure, sidetrack, detour, deviation, venture, foray, move, sortie
		With some time between meetings in London, the company president enjoyed an excursion to Stonehenge. The finance officer was pleased to find an excursion for the entire consulting team.
expense	(명)	(명) 비용, 지출, 지출의 원인, 비용이 드는 것, 제 경비, 지출금, (급료이외의) 소요경비, 수당, (비유적) 손실, 폐, 대가, 희생 (n) something requiring payment; expenditure, cost, payment, price, sacrifice (파) expenditure
		A luxury vacation involves many expenses. At any expense they have long been trying to obtain the new technology for the company's future. If we keep our expenses down, we might have enough money to take a longer trip.
extend	(동)	㈏ (몸, 손발 등)을 뻗다, (날개 등)을 펴다 (펼치다), (밧줄 등)을 (건너) 치다, ~의 간격을 넓히다, (컴퍼스)를 벌리다, ~를 잡아 늘이다, (군사) (전열, 전선 등)을 전개시키다, (거리, 기간, 기한 등)을 늘리다, 연장하다, (범위, 영토)를 확장하다, (세력 등)을 뻗치다, 넓히다, (의미)를 확대하여 해석하다, (은혜, 원조 등)을 베풀다, 제공하다, (법률) ~를 평가하다, (메모 등)을 상세히 정리하다 ㈅ (길이가) 늘어나다, (토지, 세력 등이) 넓어지다, 연장되다, (관심, 지식 등이) ~에 이르다, (날씨, 회의 등이) ~까지 계속되다, ~에서 돌출하다, 쑥 내밀다, (v) to make longer, spread, prolong, increase
		The delayed flight extended our wait in the airport. We enjoyed the beach so much that we extended our stay another day.
prospective	(형)	(형) 장래의, 미래의 , (법률 등) 장래 발효하는, 가망이 있는, 유망한 (adj) likely to become or be; potential, likely, probable
		Airlines advertise on travel websites in order to attract prospective customers. I narrowed my list of prospective destinations to my three top choices.
situation	(명)	(명) 장소, 위치, 부지, 입장, 상태, 사태, 정세, 형세, 상황, (연극, 소설 등의) 중대한 국면(장면), 절정, 지위, 일자리 (n) the combination of circumstances at a given moment
		The airline suggested I check with the State Department regarding the political situation in the country I am flying to. The vast number of different airfares available makes for a complicated situation.
substantial	(형)	(형) 상당한, 다대한, 실제적인, 건장한, 견고한, 튼튼한, 실력이 있는, 믿을 만한, 실질적인, 본질적인, 중요한, 물질의, 물질적인 (adj) big, significant, considerable, noticeable, great, meaningful
		The rating for customer satisfaction of the airline I work for is quite substantial than our competitor airlines. The differences of airfares charged by different airlines are not substantial.
system	(명)	(명) 체계, 시스템, 계, 계통, 조직망, 조직(체계), 편성 (방식), (체계적, 조직

단어	품사	한글 의미, 동의어 / 예문
		적) 방법, 방식, (학문, 사항의) 체계, 조직, 주의, 통일성, 규칙 바름, 질서, (사회적 조직으로서의) 제도, 기구, (천체의) 계, 우주, (생물) (기관의) 계통, 조직, 분류법, (컴퓨터) 컴퓨터 전체 시스템, 대규모 프로그램, 복합적인 기계장치 (n) a functionally related group of elements; scheme, organization, structure, method, orderliness
		The airline system covers the entire world with flights. We need a better system to keep track of how much money we are spending on this vacation.

A.8.3 Trains

단어	품사	한글 의미, 동의어 / 예문
amenity	(명)	(명) 기분 좋음, 쾌적, (태도, 기질 등의) 기분 좋음, 상냥함, amenities 예의, 공손함, 공손한 인사말, 생활을 즐겁게 해주는 것, 오락시설, 즐거움 (n) facility, convenience, comfort, service, feature, nicety, pleasantness, attractiveness, niceness, agreeableness, goodness, (anto) discomfort
		The company established employee amenities such as restroom, medical care, and a lunchroom. The council has some spare cash, which it proposes to spend on public amenities.
comprehend	(동)	(타) ~을 이해하다, 알다, 파악하다, ~을 포함하다, 포괄하다, ~에 미치다 (v) understand, know, realize, grasp, get, follow, twig (파) comprehensive: (형) 포괄적인, 모든 것을 포함하는, 광범위한, 이해하는, 이해력이 있는, 이해가 빠른; covering broadly; inclusive, inclusive, complete, broad, full, ample, widespread
		The conductor must comprehend the total rail systems in detail. You can easily comprehend the items that must be included in your travel package, including rail passes, if you visit the travel company's website.
deluxe	(형)	(형) 특등의, 사치스러운, 호화로운 (adj) noticeably luxurious; sumptuous; expensive, exclusive, luxury, select, superior
		My parents decided to splurge on deluxe accommodations for their trip The train station is not near any of the deluxe hotels, so we will have to take a taxi.
directory	(명)	(명) 주소 성명록, 인명부, (건물 안에 입주하여 있는 사무실, 점포, 매장 등의) 층수, 호수를 표시한 게시판, 지령서, 훈령서, (교회의) 예배 규칙서, 임원회, 이사회, (컴퓨터) 디렉토리, 체계적인 자료방 (n) a book or collection of information or directions, almanac, calendar, manual, index, catalog, guide, file, key, table, listing, register, guidebook, folder
		We consulted the directory to see where the train station was located. He found the telephone number for the local train station in the telephone directory.
duration	(명)	(명) (시간의) 계속, 지속, 내구, 지속 기간, 존속 시간, 전쟁 계속 기간, (음성) 음량, 음의 길이 (n) the time during which something lasts
		She lent me her spare jacket for the duration of the trip. Despite our personal differences, my roommate and I agreed to be as pleasant as possible for the duration of the train ride.
entitle	(동)	(타)~에게 ~할 권리를 부여하다, ~을 (특별한 칭호, 명칭으로) 부르다, 칭하다, (책 등)에 표제를 달다 (v) to allow or qualify; label, authorize, designate
		During the holiday rush, a train ticket entitled the passenger to a ride, but not necessarily a seat. The mess the train line made of his sleeping room reservations entitled him to a free upgrade to a better room.
fare	(명)	(명) (배, 기차, 버스 등의) 요금, 운임, 삯, (요금을 내는) 승객, 음식물, (타)

단어	품사	한글 의미, 동의어 / 예문
		(음식물로) 대접받다, 음식을 먹다 (n) the money paid for transportation; charge, tariff, fee
		The train fare has increased since I rode last. Pay your fare at the ticket office and you will get a ticket to board the train.
indigenous	(형)	(형) 토착의, (어떤 땅, 국토에) 고유한, (제품이) 국산의, (동식물이) 어느 지역 원산의, 자생종의, 토종의, 타고난, 생득적인 (innate), (~에) 고유의 (adj) native, original, aboriginal, local, ethnic, (antonym) foreign
		Are there any species of frog indigenous to the area? The Navajos are among the indigenous people of North America.
instantly	(부)	(부) 즉시, 곧장, 당장(에), 즉각, 절실히, 절박하여 (adv) promptly, rapidly, suddenly, instantaneously, immediately, directly, straightaway, at once
		Internet technology enabled us to communicate instantly with people on the other side of the world. The Eiffel Tower in Paris is an instantly recognizable landmark. With e-mail you can send a message across the world almost instantly.
operate	(동)	㈏ (기계, 기관 등이)움직이다, 일(작동)하다, (~에) 작용하다, 영향을 미치다, 효과를 나타내다, ~에 (유리하게) 작용하다, ~의 처치(처리)를 하다, 거래를 하다, (외과) ~의 수술을 하다, (군사) 작전을 세우다 (타)(기계 등)을 움직이다, 운전하다, 조작하다, (효과, 결과)를 가져오다, (변화)를 일으키다, 결정하다 (v) to perform a function; run, maneuver, function, manage
		The train operates on a punctual schedule. The train only operates in this area at the height of the tourist season.
privilege	(명)	(명) (관직, 지위의) 특권, 특전, 특별취급, 국왕특권, 대권, 면책특권, the privilege (근대 입헌국의)기본적 인권, 법적 권리, (특정 조건 아래 주어지는 특정 권리, 면제의) 특별 인가, 특허, (증권) 주식 매매 선택권 (option) (n) honor, treat, pleasure, joy, freedom, license, opportunity, dispensation, advantage, benefit, concession, right
		Healthcare should be a right, not a privilege. The leaders were often more concerned with status and privilege than with the problems of the people.
	(동)	㈐ ~에게 ~할 특권을 주다, ~에게 ~하는 것을 특전으로 면제하다, ~에게 ~하는것을 특별허가(인가)하다 (v) favor, benefit
		The committee privileged him to receive secret information. The company privileged the best seller a special tour.
punctually	(부)	(부) 시간을 엄수하여, 규칙적으로, 정확하게 (adv) promptly; on time
		Please be on time; the train leaves punctually at noon. The train usually arrives punctually; I cannot imagine wat is delaying it today.
relative	(명)	(명) 친척, 인척, 일가, 관계(상관)물, 관계(관련)사항, (논리) 상대 명사, (문법) 관계사, 관계 대명사(형용사, 부사) (n) relation, family member
		I do not have many blood relatives. All her close relatives came to the her wedding.
	(형)	(형) 비교상의, 상대적인, 상관적인, 대응하는, 관계있는, 관련되어 있는, 호응하는, 비례하는, (문법) 관계를 나타내는, 관계사에 인도된, (음악) 관계의 (가락, 음계가 동일한 기호를 갖는) (adj) comparative, qualified, virtual, (antonym) absolute (파) relatively: somewhat; comparatively, reasonably
		The train is relatively empty for this time of day. The train station has been relatively busy for a weekday.
remain	(동)	㈐ 남다, 잔존하다, 살아남다, (같은 장소에) 머무르다, 체재하다, ~않은 채 남아 있다, 아직도(앞으로) ~해야 한다, 여전히 ~인 체로 이다, 변함없이 ~이다, 결국 ~의 것이 되다 (v) continue, endure, persist, stay, linger, wait (파) remainder: 나머지, 잔여, 잔류자, the part that is left; leftover
		The Alaskan frontier has train service in the summer, but for the remainder of the year the tracks are impassable. We will move you o a less expensive room and credit the remainder of what

단어	품사	한글 의미, 동의어 예문
		you've already paid to your charge card.
sleek	(형)	(형) (모발, 모피 등이) 매끄러운, 윤기있는, 영양이 좋은, 토실토실하게 살찐, 손질이 잘된, (동작, 말투가) 미끈한, 세련된, 구변좋은 (adj) smooth, shiny, glossy, silky, lustrous
		Who owns that sleek black car parked outside your house? Sleekly dressed waitresses brought me perfectly cooked lamb with roast peppers.

A.8.4 Hotels

단어	품사	한글 의미, 동의어 예문
accomodate	(동)	㈜ 편의를 도모하다, ~을 돌보다, ~에게 공급하다, 충당하다, ~을 수용하다, ~을 숙박시키다, ~에 적응(순응)시키다, (분쟁 등)을 조정하다, 화해시키다 (v) oblige, serve, aid, assist, make suitable, suit, adjust, reconcile, compose, harmonize, contain, hold, conform, agree, concur, assent, (ant) inconvenience, incommode
		The meeting room was large enough to accommodate the various needs of the groups using it. Because the deadline for reserving rooms was past, the hotel manager could not accommodate our need for more rooms.
chain	(명)	(명) 쇠사슬, 묶는것, 구속하는 것, 연쇄, 연속, 일련, (해사) 닻줄, (전기) 회로, (은행, 호텔 등의) 계열망, 체인 (조직), 연쇄점, (측량) 거리 측정기, 거리 측정기(측쇄)의 길이, (컴퓨터) 일련의 계산 명령, (생물) 연쇄상 구균 (n) cable, hawser, restraint, shackle, fetter, sequence, series, string, succession, group, franchise, a group of enterprises under a single control
		Budget-priced hotel chains have made a huge impact in the industry. The hotel being built in Daegu is the newest one in the chain.
	(동)	㈜ ~을 사슬로 매다, ~을 묶다 (얽매다), ~을 속박(구속)하다, (컴퓨터) (관련 항목)을 연쇄하다 (v) bind, manacle, shackle, restrain, immobilize, attach, connect
		I don't want a job where I must be chained to a desk for eight hours a day. It's so cruel to keep a pony chained up like that all the time.
confirm	(동)	㈜ (진술 등)을 확실하게 하다, 확증하다, (임)을 뒷받침하다, ~을 확인하다, (법적으로) (계약 등)을 승인하다, 인증하다, (조약, 협정 등)을 비준하다, ~을 더욱 견고하게 하다, 굳히다, 강화하다, ~에게 (결심, 의견, 습관 등을) 굳히게 하다 (v) to make definite; settle, authorize, endorse, ratify, corroborate, verify, prove
		He contracted the hotel to confirm his room reservation. We expected that the bed linens would be changed daily.
complimentary	(형)	(형) 찬사의, 칭찬의, 경의를 표하는, 겉치레 말을 하는, 아첨하는, 인사를 차리는, 축하의, 치하하는, 무료의, 무료로 제공되는, 초대의, 우대하는 (adj) free, gratis, courtesy, flattering, admiring, kind, praising, civil, approving
		Our guests said some very complimentary things about the meal I'd cooked. If tickets, books, etc. are complimentary, they are given free, especially by a business.
drape	(동)	㈜ (방 등)을 (휘장으로) 우아하게 장식하다, (옷 등)을 (몸에) 걸치다, ~을 싸다, 아무렇게나 놓다 (집어 던지다, 걸다) (v) swathe, dress, wrap, cover, clothe, adorn, decorate, arrange, array
		He draped his jacket over the back of the chair and sat down to eat. The coffins were all draped with the national flag.
	(명)	(명) 휘장, 드리워진 천, 커튼, (스커트, 블라우스의) 걸친 (늘어뜨린) 맵시 (n) curtain, blind, screen, shutter, shade
		She loved the heavy drape of velvet. Drapes means heavy curtains made with thick cloth.
expect	(동)	㈜ (사건, 사태)를 예기하다, 예상하다, 기대하다, 기다리다, (당연한 일로서)

단어	품사	한글 의미, 동의어 / 예문
		~을 요구하다 (v) to consider probable or reasonable; imaging, anticipate, envisage (파) expectation,
		You can expect a clean room when you check in at a hotel. He expected that the bed linens would be changed daily.
hospitality	(명)	(명) 환대, 후한 대접, 친절(하게 대하기), 무료 식사 제공 숙박, (새로운 사상 등의) 수용(이해) (n) welcome, friendliness, warmth, kindness, generosity, cordiality, openness
		The local people showed me great hospitality. They said we should stay another night, but I didn't want to take advantage of their hospitality.
housekeep	(동)	㈜ 세대를 이루다, 살림살이하다, 집안일을 꾸려나가다 (v) to keep or maintain a house (파) housekeeper: someone employed to do domestic work
		Her first job at the hotel was a housekeeper and now she is the manager. The desk clerk is sending the housekeeper to bring more towels to your room.
laundry	(명)	(명) (집합적) 세탁물, 빨랫감, 세탁장, 세탁소, (부정 자금의) 출처를 위장하기 위한 장소, 돈 세탁장소 (n) washing, wash
		A laundry is also a room in a house where clothes, bed sheets, etc., are washed, or a business that washes clothes, bed sheets, etc., for customers. Evidence of the bank serving as a money laundry in the bailout scandal has been identified.
litigation	(명)	(명) 제소, 고소, 소송(사건) (n) lawsuit, trial, hearing, process
		The company has consistently denied responsibility, but it agreed to the settlement to avoid the expense of lengthy litigation. You were told there might be grounds for litigation but the cost would be prohibitive considering the small amount involved.
notify	(동)	㈜ ~에게 (~을/~하도록) 통지하다, 알리다, 신고하다, 고지하다, 발표하다 (v) to report, inform, alert
		The notified the hotel that they had been delayed in traffic and would be arriving late. She noticed the hotel in writing that she was canceling her reservation.
preclude	(동)	㈜ ~하는 것을 (미리) 방해하다, 가로막다, 방지하다, ~을 배제하다, 제외하다 (v) to make impossible, to rule out
		The horrible rainstorm precluded us from traveling any further. The unexpected cost of the room precluded a gourmet dinner for the travelers.
reserve	(동)	㈜ (후일을 위해) ~을 남겨두다, 비축하다, (특정인, 특정 목적을 위하여) ~을 마련해 두다, 따로 떼어 두다, 준비(비축)하여 두다, (군사) ~를 확보해 두다, (좌석, 방)을 예약하다. (법률) (권리, 이익 등)을 유보하다, 보류하다, ~을 연기하다, 넘기다 (v) keep, preserve, store, hoard, stockpile, save, stash, book, retain (파) reservation: an arrangement to set something aside
		I reserve next Monday for tidying my desk and answering letters. These two seats are reserved for the eldery and women with babies.
	(명)	(명) (후일을 위한) 비축, 보관품, 예비품, 예비, 보존(금융) (은행 등의) 준비금, 예비금, 적립금, 제한(조건), 한정, 감안, 참작, (경기) 예비(후보) 선수, (군사) 예비군(부대, 병력, 함대), 예비 발전 시설, (긴급시를 대비한) 예비 재원, 예비비 (n) store, cache, hoard, stock, reservation, park, sanctuary, preserve
		We still have a reserve of food in case of emergency. We have to keep some money in reserve.
scent	(명)	(명) 냄새, 향기, 향내, (사람, 동물 등의 지나간 뒤에) 남긴 냄새, 냄새 흔적, (비유적) 자국, 단서, 향수, 향료, 후각, 냄새 맡는 감각, 직각, 알아차리는 힘 (n) trail, trace, track, aroma, odor, spoor, perfume, fragrance, cologne, hint, shiff, suggestion, indication smell, bouquet, sniff, detect, sense, perceive
		The hounds had lost the scent of the fox near the river. The scent of lilacs permeated the air.

단어	품사	한글 의미, 동의어 / 예문
	(동)	㈙ (사냥개 등이) ~을 냄새 맡다, 냄새로 알아차리다, (비밀 등)을 탐지해 내다, 알아차리다, ~을 향기로 채우다, 향기나게 하다, ~에 향수를 바르다, 냄새 흔적을 따라 (후각으로) 추적하다, ~의 냄새를 내다, 기미가 있다 (v) predict, foresee, foretell, sense, feel, expect
		Halfway through the game, the team could already scent victory. If a person scents something, they have a feeling that they are about to experience it.
soar	(동)	㈙ (새 등이) 날아오르다, 하늘 높이 날다, (새가) 미끄러지듯이 날다, (비행기 등이) 일정한 높이에서 활공하다, (산 등이) 높이 솟다, (연기 등이) 높이 오르다, (물가가) 치솟다, (온도 등이) 급상승하다, (희망, 사상 등이) 솟구치다, 높아지다 (v) fly, ascend, climb, wheel, circle, rise, mount, rocket, climb, increase, escalate, mount, arise (명) 높이 날기, 비상, 높이 날 수 있는 한도, 고도
		Temperatures will soar over the weekend, say the weather forecasters. All across Europe, wherever you look, marriage is in decline and divorce rates are soaring.
quote	(동)	㈙~을 (~에서) 인용하다, 일부를 발췌해서 쓰다, 구체적 실례, 증거로서 끌어내다, (상업) (값)을 부르다, ~에 시세를 매기다, ~을 (얼마로) 견적하다 (v) to give exact information on, quotation
		We were quoted a price of $89 for the room for one night. Call ahead and get a price quote for a week-long stay.

A.8.5 Car Rentals

단어	품사	한글 의미, 동의어 / 예문
blemish	(동)	㈙ (명성, 인격 등)을 손상하다, ~에 흠을 내다, ~을 더럽히다, (v) damage, tarnish, spoil, ruin, stain, injure, mar, discolor,
		Blemish means a mark on something that spoils its appearance. This latest revelation has seriously blemished the governor's reputation.
	(명)	(명) 결점, 흠, 오점, 얼룩 (n) mark, stain, imperfection, flaw, fault, spot, blotch, discoloration, fleck, disfigurement, wart,
		Is any politician's record without blemish on this issue? Makeup can cover up your skin blemishes.
coincide	(동)	㈙ 동시에 동일 공간을 차지하다, 동시에 일어나다, (장소가) 일치하다, (양, 무게 등이) ~에 상당하다, (의견 등이) 일치하다, (성질 등이) 맞다, 부합하다, 합치하다 (v) to happen at the same time; accord, correspond
		My cousin's wedding coincided with a holiday weekend, so it was a perfect time to rent a car and go for a drive. He was hoping that the days for the special discount on car rentals would coincide with his vacation, but they did not.
confusion	(명)	(명) 혼란, 난잡, 혼잡, 소란, 소동, 혼동, 혼미, 착잡, 모호 (n) a lack of clarity, order, or understanding
		There was some confusion about which rental discount coupons applied to which car rental agency. To avoid any confusion about renting the car, she asked her travel agent to make the arrangements on her behalf.
contact	(명)	(명) 접촉, 만남, 인접, 교제, 교섭, 사귐, 관계, 연락, (전기) 접촉, 혼선, (의학) (접촉성 전염병 환자와의) 접촉자, 보균 용의자, (사회) 접촉 (인간 사이의 사회 관계), (군사) (적과의) 접촉, (수학) 상접, 접촉 (n) interaction, communication, connection, exchange, commerce, advocate, reference, link, acquaintance, friend, associate (형) 접촉의, 촉발성의, 교제의, (항공) 시계 비행의
		Have you been in contact with Lee recently?

단어	품사	한글 의미, 동의어 예문
		She finally made contact with him in Busan.
	(동)	㈀ ~와 접촉시키다 (v) to get in touch with, communicate, write, call
		He contacted at least dozen car rental agencies to get the best deal. Last night I was contacted by my travel agent who said he had found a better price on a car rental.
disappoint	(동)	㈀ ~을 실망(낙심) 시키다, ~의 기대에 어긋나다, (희망, 기대, 약속 등)을 저버리다, (계획)을 좌절시키다, 방해하다 (v) to fail to satisfy the hope, desire, or expectation of
		She was disappointed to discover that no rental cars were available the weekend she wished to travel. I hate to disappoint you, but I can't allow you to rent a car unless you have a major credit card.
guarantee	(동)	㈀ 보장하다, (v) assure, ensure, pledge, certify
		The rental agency guarantees that all their cars are in good working order. By reserving a car ahead of time, you will be guaranteed the make and model of car that you want.
	(명)	(명) 보장 (n) promise, assurance, warranty,
		The machine comes with a two-year guarantee. A product as good as that is a guarantee of commercial success.
intend	(동)	㈀ ~할 작정이다, ~하려고 생각하다, ~을 의도하다, 기도하다, (남)에게 ~시킬 작정이다, (말, 진술 등이) ~을 뜻하다, ~할 셈으로 말하다, ~을 (어떤 목적으로) 돌리려 하다, 예정하다 (v) to have in mind
		I never intended to drive to Los Angeles until my brother suggested we do it together. Do you intend to return the car to this location or to another location?
license	(명)	(명) 면허, 인허, 관허, 특허, 승낙, 면허증, 허가증, 인가증, 감찰, (언동의) 자유, 방자, 방종, 무법, (창작상의) 파격 (n) the legal permission to do or own a specified thing, freedom, liberty, authority, permission, right, dispensation, privilege
		First, I'll need to see your driver's license and a major credit card. You will need a license in order to run this business.
	(동)	㈀ ~에 면허(인가, 허가, 특허)를 주다, 허용하다, ~의 출판(흥행)을 허가하다. (v) certify, permit, allow, authorize, accredit, excess, immoderation, abandon
		Several companies have been licensed to sell these products. She is licensed to teach elementary school.
nervous	(형)	(형) ~에 신경질적인, 신경과민의, (~을 앞두고) 긴장한, 초조한, 흥분하기 쉬운, 겁 많은, 자신 없는, 불안한, 신경의, 신경으로 이루어진, 신경에 작용하는, 신경성의, (문체가) 힘찬, 짜임새 있는, 간결한, 절박한, 불안정한, 불규칙한 (adj) anxious, worried, edgy, jumpy, panicky, tense, uneasy, nervy (파) nervously: in a distressed or uneasy manner
		As we approached the city, she started driving nervously, so I volunteered to drive that part of the trip. I looked around nervously the entire time I was in the dark parking garage.
request	(명)	(명) 요구(물), 요망(사항), 요청 (사항), 희망(사항), 수요, 의뢰장, 의뢰서, 청원서, 요청서 (n) appeal, demand, application, entreaty, invitation, wish, bid, call
		They received hundreds of requests for more information. An application form will be sent to you on request.
	(동)	㈀ ~을 요청하다, 구하다, 원하다, 간청하다, (남)에게 ~하도록 원하다, 의뢰하다, 부탁하다 (v) ask for something politely or formally, demand, entreat, invite, wish, bid
		When she reserved her rental car, she requested a luxury model. Most rental agencies request that you return the car with a full tank of gasoline.

단어	품사	한글 의미, 동의어 예문
tempt	(동)	㈕ ~을 꾀다, 유혹하다, 충동질하다, (~하도록) 부추기다, ~의 마음을 끌다, (식욕)이 나게 하다, ~할 마음이 나게 하다 (v) to be inviting or attractive to
		I am tempted by the idea of driving across the country instead of flying. She is tempted to rent the smaller car to save a few dollars.
thrill	(동)	㈕ ~을 감동(감격, 흥분) 시키다, (두려움으로) ~을 오싹하게 하다 (v) excite, electrify, exhilarate, delight, inspire, stimulate, stire, rouse, elate, grip, overjoy
		The young swimmer thrilled the world with his performance. Just standing next to him thrilled her.
	(명)	(명) 오싹함, 전율, (n) the source or cause of excitement or emotion
		The thought of renting a sports car gave him a thrill. Just taking a vacation is thrill enough, even if we are driving instead of flying.
tier	(명)	(명) 계단, 계층, (관람석 등의) 열, 줄, 층 (n) rank or class; level, layer, stage, row, step, story
		The car rental company had a few tiers of cars, each one costing more than the previous tier. If you are on a budget, I suggest you think about renting a car from our lowest tier.
tow	(동)	㈕ (자동차, 배 등)을 (밧줄, 쇠사슬로) 끌다, 견인하다, (아이, 개 등)을 끌고 가다 (v) pull, drag, draw, haul, lug, tug
		The road was closed while the vehicles that had been involved in the accident were towed away/off. The damaged boat was towed to safety.
	(명)	(명) (밧줄로) 끌기, 끌려가기, 견인, 끌려가는 배(차), 끄는 배(차), 끄는 밧줄(사슬) (n) something being towed, a rope, chain, metal bar, or other device for towing
		The car in front of us is on tow - that's why we are going so slowly. When my car broke down, a police car gave me a tow to the nearest garage.
vehicle	(명)	(명) 수송(운반) 수단, 운반기구, 탈것, 차, 전달 수단, 매개물, 매체, (목적 달성의) 수단, 기관, (로켓) (연료 등을 제외한) 우주 로켓 본체, 특정 배우의 능력이 잘 들어나도록 씌어진 희곡(시나리오) (n) car, bus, van, automobile, truck, lorry, medium, means, channel, mouthpiece, instrument, agent, conduit, tool, intermediary
		A truck driver died last night when his vehicle overturned. The conference was seen as an ideal vehicle for increased cooperation between the member states.

A.9 Entertainment (여가생활)

A.9.1 Movies

단어	품사	한글 의미, 동의어 예문
attainment	(명)	(명) 달성, 도달, 성취한 것, 학식, 기예, 조예 (n) achievement, accomplishment, fulfillment, completion, success
		The actress received a lot of attention for her many professional attainments The attainment of an Academy Award validates a performer's career.
description	(명)	(명) 묘사, 설명, 기술 (n) a representation in words or pictures, account, explanation, depiction, narrative
		The description of the film did not match what we saw on screen.

단어	품사	한글 의미, 동의어 예문
		The critic's description of the film made it sound very appealing.
disperse	(동)	㉹ ~을 흩어지게 하다, 분산시키다, 산개시키다, 살포하다, 보급하다, ~을 쫓아버리다, 사라지게 하다, 균일하게 분산시키다, (공학) (빛)을 분광하다, (뿔뿔이) 흩어지다, 산재하다, (안개 등이) 사라지다 (v) to spread widely, to scatter, dissolve, diffuse
		The reporters dispersed after the press agent cancelled the interview with the film director. The crowd outside the movie premiere would not disperse until they had seen the movie stars.
entertain	(동)	㉹ ~을 재미나게 하다, ~을 즐겁게 해주다, 위로하다, ~을 대접(환대)하다, (만찬 등에) ~을 초대하다 (v) amuse, divert, interest, accommodate, feed, invite, regale, treat, consider, contemplate, ponder (파) entertainment: a diverting performance or activity, amusement, distraction, fun, recreation, attraction
		The movie was provided for our entertainment. There was no entertainment for children of guests at the hotel.
fascinate	(동)	㉹ ~을 황홀하게 하다, 매혹하다, ~에 매혹되다, 마음이 끌리다, (공포 등으로) ~을 꼼짝 못하게 하다, 흥미(주의)를 끌다, 마음을 빼앗다 (v) captivate, charm, attract, enthrall, mesmerize, interest, absorb, intrigue, appeal, beguile, allure, entice, bewitch, enchant, transfix, rivert
		Anything to do with planes and flying fascinates him. Her fascination with modern art began when she saw the Picasso show.
favor	(명)	(명) 호의, 친절, 친절한 마음, 친절한 행위, 힘을 씀, 진력, 수고, 은혜, 편애, 편벽된 사랑, 정실 (partiality), 총애, 지지, 찬성, 인기, 평판, 유행, 우세, 우위, 유리, 이익, (호의, 애정을 나타내는) 선물, 기념장, 회원장, (정당, 지지자 등이 다는) 배지, 리본, (파티, 축하연에서의) 경품, 기념품 (n) errand, kindness, courtesy, service, indulgence, approval, support, esteem, sympathy, preference, gift, trinket, token, present, memento, errand, help, goodwill
		The city council voted in favor of (= in support of) the proposed housing development. Democrats favored a temporary increase in the state sales tax.
indulge	(동)	㉹ (욕망, 쾌락 등에) 빠지다, 탐닉하다, (술을) 과음하다, (욕망 등)을 만족시키다, (어린이 등)을 제멋대로 하게하다, 응석받다, (재귀용법으로) ~에 빠지게하다, ~에 몰두시키다, (남)을 즐겁게(기쁘게)하다, ~에게 베풀다, 주다, (상업) 지불(계약 이행)의 유예를 허용하다 (v) spoil, pamper, pander, cosset, coddle, humor, treat
		The soccer fans indulged their patriotism, waving flags and singing songs. When I get my first paycheck I'm going to indulge in a shopping spree.
influence	(명)	(명) 영향력, 감화력, 힘, 작용, 효과, 세력, 권력, 위세, 영향을 주는 사람, (전기) 정전유도, 감응, ㉹ ~에 영향을 주다, ~을 좌우하다, (어떤 행위를 하도록) ~을 촉구하다 (n) to alter or affect, effect, impact, stimulus, power, sway, manipulate, impel, motivate
		The editor's style influenced a generation of film editors. The producer was able to influence the town council to allow her to film in the park.
nominate	(동)	㉹ (사람)을 ~의 후보로 지명(추천)하다, ~을 (~에/~으로/~하도록) 임명하다, 내정하다, (일시, 장소 등)을 지정하다, 정하다 (v) propose, suggest, submit, recommend, name, appoint, elect, designate, choose, select, pick, commission, (antonym) reject
		He's been nominated by the Green Party as their candidate in the next election. The following six directors have been nominated to serve until the next Annual Meeting.
progress	(명)	(명) 전진, 진행, 진전, 진척, (사건, 시간 등의) 경과, 추이, (~에 대한/~에 있어서의) 진보, 발전, 발달, 향상, 증진, 증가, 증대, 유포, 보급, (생물) 전진적 분화, (국왕, 고관 등의) 시찰 여행, 순행 (n) development, growth, advancement, improvement, evolution, headway, movement, evolvement
		The doctor said that she was making good progress (= getting better after a medical operation or illness).

단어	품사	한글 의미, 동의어 예문
		Repair work is in progress on the south-bound lane of the motorway and will continue until June.
	(동)	[타] 나아가다, 전진하다, (시간이) 경과하다, (~의 점에서) 진보(발전, 발달, 향상, 숙달)하다, 진척하다, 잘 되어가다, (건강이) 호전되다, ~을 진행(전진, 향상, 발전)시키다 (v) advance, proceed, develop, grow, improve, evolve, increase, continue, march
		My Chinese never really progressed beyond the stage of being able to order food. As the war progressed, more and more countries became involved.
release	(동)	[타] (의무, 고통, 속박 등에서) ~해방(방면, 석방)하다, ~을 해제(면제)하다, ~을 풀어주다, 놓아주다, (영화 등)을 개봉하다, ~을 발표(공개)하다 (v) free, discharge, emancipate, announce, publish, circulate, issue, emit, publicize, distribute
		The film was finally released to movie theaters after many delays. The producers of the film are hoping to release it in time for the holidays.
	(명)	(명) (~로 부터의) 해당, 석방, 방면, 구제, (의무, 부채 등의) 해제, 면제, 발사, 방출, 개봉, 발표, (기계) 제어기, 운전 (시동) 장치, 작동기, 방출, (n) announcement, issue, statement, publication, proclamation, relief, discharge, freedom, liberation, emancipation, delivery
		The accident caused the release of radioactivity into the atmosphere. I notices a release of tension when we finally agreed.
represent	(동)	[타] (사물, 기호 등이) ~을 나타내다, 의미하다, 상징하다, ~의 대리를 하다, ~을 대 표하다, ~을 묘사(기술)하다, 그리다, ~을 마음에 그리다, 마음에 떠올리다, ~이라고 말하다, ~을 말로 표현 (설명)하다 (v) signify, characterize, embody, epitomize, denote, symbolize, exemplify, act for (파) representation: exemplification, symbolization
		The actor's representation of this character did not seem authentic. The film's representation of world poverty through the character of the hungry child was quite moving.
separate	(동)	[타] ~을 분리하다, 떼어 놓다, 가르다, 구획하다, (힘으로) (남)을 떼어 놓다, ~을 골라내다, 분류하다, 분리해서 끄ㅐ다, (부부가) 별거하다, ~을 식별하다, 구별하다, ~을 떼어 놓고 생각하다, (수학) (변수)를 분리하다, 떨어지다, 갈라지다, 독립하다, 분리되다, 교제를 끊다, 절연하다, (일부 성분이) 분리되다, 이탈하다 (v) split, divorce, part, divide, part, disconnect, undo, secede, break, withdraw, detach
		The north and the south of the country are separated by a mountain range. The top and bottom sections are very difficult to separate.
	(형)	(형) 분리된, 떨어진, 개개의, 공유하지 않은, 개별적인 각각의, 이질적인, 다른 것과 관계없는, 독립된 (adj) unconnected, discrete, distinct, individual, independent, unattached, autonomous, solitary, (antonym) connected (파) separately: apart, distinctly, disjointedly, discretely, unconnectedly, individually, (ant.) together
		The department of computer engineering and the department mechanical engineering are in two separate buildings. I have my working hour and my leisure hour, and as far as possible I try to keep them separate.
successive	(형)	(형) 연속하는, 잇따르는, (순서가) 다음의, 상속(계승)의, 대대의 (adj) following in order, consecutive, sequential, continuous
		The script went through successive rewrites. Somehow the successive images were interrupted and had to be edited again.

A.9.2 Theater

단어	품사	한글 의미, 동의어 예문

단어	품사	한글 의미, 동의어 예문
approach	(동)	㈙ (물건, 장소, 사람 등)에 다가가다, 접근하다, (성질, 시간, 상태 등이) ~에 가까워 지다, 가깝다, ~에 이르다, 필적하다, (교섭할 목적으로) (남)에게 다가가다, (문제 등)을 다루다, (일)에 착수하다, ~을 연구하다, (항공) (공항)에 진입하다 (v) to go near, to move forward, loom, advance, contact, accost, waylay, tackle, handle, manage, attempt, consider, approximate
		The performance approaches perfection. The director approached the play from an unusual angle.
	(명)	(명) (물건, 장소, 사람 등)에 접근, 다가옴, (성질, 정도 등의) 근사, 비슷함, 접근하는 길, 통로, 입구, (학문 등에의) 길잡이, 입문서, 개론 (n) method, tactic, line, slant, style, attitude, methodology
		Kim is always very logical in his approach. Since our research so far has not produced any answer to the critical problem, we need to adopt a different approach to it.
attire	(명)	(명) 복장, 차림새, 성장 (n) clothing, dress, outfit, apparel, wear, garb, costume, getup, wardrobe
		I hardly think jeans are appropriate attire for a wedding. She was attired from head to foot in black.
audience	(명)	(명) 청중, 관중, 관객, 독자, 청취자, 시청자, (특정 인물, 집단주의 등의) 지지자, 공명하는 사람, 추종자, 청취기회, (군주 등에 대한) 알현, 접견, 공식 회견, 듣기, 청취, 경청 (n) the spectators at a performance, viewers, listeners, onlookers
		The audience cheered the actors as they walked off the stage. The playwright expanded his audience by writing for film as well as for stage.
creative	(형)	(형) 창조적인, 독창적인, 창조력이 있는, 창의(상상)력이 풍부한, 뜻있는, 건설적인, 예외적인 (adj) imaginative or artistic, original, inspired, ingenious, innovative, immaginative, resourceful, productive (명) 독창적인 사람, 작자
		The writer's creative representation of the Seven Deadly Sins was astounding. There are a number of creative people writing for the theater these days.
dialogue	(명)	(명) 대화, 문답, 대담, (소설, 희곡 중의) 대화 부분, 대화체 (의 문장), (양쪽 대표자 간의) 의견 교환, 토의, 회담, (n) a conversation between two or more persons, discourse, interchange, discussion, negotiation, conversation, interview, chat, discussion, discourse, talk
		The actors performed the dialogue without using scripts. The written dialogue seemed great, but was hard to perform.
emphatic	(형)	(형) (말 등에) 강세가 있는, 어조가 강한, (언어, 행동에) 힘을 준, 절대적인, 현저한, 두드러진, 명확한, (문법) 강세 용법의 (adj) forceful, categorical, definite, unequivocal, insistent, vigorous, ardent, resounding, absolute, ringing, evident, obvious, glaring, clear, (antonym) ambiguous
		The minister has issued an emphatic rejection of the accusation. Johnson has emphatically denied the allegations against him.
experience	(명)	(명) 경험, 체험, 견문, 숙련, (경험으로 얻은) 지식, 능력, 기술, 이력, (구체적으로) 경험(체험)한 일 (n) an event or a series of events participated in or lived through, knowledge, involvement, understanding, proficiency, occurrence
		The experience of live theater is very thrilling. Going to the theater was not part of his experience growing up.
	(동)	㈙ ~을 경험(체험)하다, ~한 일을 당하다, ~을 맛보다, ~(임을) 경험으로 깨닫다, 발견하다, (v) feel, face, suffer, undergo
		We experienced a lot of difficulty in selling our house. It was the worst pain I have ever experienced.
improvise	(동)	㈙ (시, 곡 등)을 즉석에서 짓다 (연주하다, 노래하다), (연설 등)을 즉석에서 하다, (식사, 좌석 등)을 임시변통으로 하다, 즉석에서 만들다, 즉흥 연구를 하다 (v) ad-lib, extemporize, create, invent, contrive, concoct, create, devise, rig, manage, cope

단어	품사	한글 의미, 동의어 예문
		I hadn't prepared a speech so I suddenly had to improvise. During certain scenes of the play there isn't any script and the actors just improvise (the dialogue).
malign	(동)	(타) (남)을 나쁘게 말하다, 헐뜯다, 중상하다, ~을 속이다 (v) slander, defame, criticize, badmouth, smear, libel, asperse, denigrate, disparage, slur
		She has recently been maligned in the gossip columns of several newspapers. She told us that she had been unfairly maligned by her boss who wanted her fired.
	(형)	(형) 악영향을 끼치는, 유독(유해)한, (사람이) 악의가 있는, (질병이) 악성의 (adj) harmful, hurtful, damaging, destructive, negative, evil, injurious,
		Foreign domination had a malign influence on local politics. Playing too much video games in dark room is malign to eyes.
occur	(동)	(타) (사건, 일 등이) 일어나다, 생기다, (생각 등이 마음에) 떠오르다, 생각나다, (물건이 어떤 장소에) 존재하다, 보이다, 나타나다 (v) to take place, to come about, happen, arise, strike, appear
		The murder in the play occurs in the second act. It never occurred to me that the wife whom the character referred to was imaginary.
perform	(동)	(타) (임무 등)을 다하다, 행하다, 수행하다, (약속, 명령 등)을 실행하다, 이행하다, 완수하다, (의식 등)을 거행(집행)하다, 올리다, 치르다, (연극 등)을 공연(상연)하다, (역)을 연기하다, (음악)을 연주하다, ~을 완성(완료)하다, 행하다, 수행(성취)하다, (기계, 무기, 자동차 등이) 잘 작동하다, 연기하다, 연주하다, 노래하다 (v) to act before an audience, to give a public presentation of (파) performance: (명) (관객 앞에서의) 연주, 연기, 상연, 흥행, 실행 수행, 이행, 성취, 선행, 업적, 곡예, 성과, 성적, 일, 작업, (기계의) 성능, 효율, (발동기의) 운전
		The theater group performed a three-act play. Juan performed the role without forgetting any lines.
quota	(명)	(명) 몫, 할당, (생산, 판매, 수출입 등의) 할당량, 쿼터, 분담(분배)액, 할당 인원수, (대학 등의) 정원, (클럽의) 참가수, (이민법에 의한 미국에서) 할당 이민, (비례대표제에서) 당선에 필요한 최저 득표수 (n) share, allocation, allowance, ration, slice, proportion, part, measure, lot, portion, cut
		The country now has a quota on immigration. A bill before Congress would impose import quotas that could save 3700 jobs.
rehearse	(동)	(타) (음악, 연극 등)의 예행연습을 하다, 예행 연습을 시키다, 되풀이하다, 암송 (v) to practice in preparation for a public performance; to direct in rehearsal; relate
		The players rehearsed for only three weeks before the show opened. The director rehearses with the actors ten hours each day.
review	(명)	(명) 재조사, 재검토, 재음미, 개관, 관찰, 회고, 반성, (신간, 서적, 연극 등의) 비평, 평론, 복습, 연습, 연습문제, 검사, 검열, (학술 논문 등의) 심사, (군사) 사열, 열병, 관함식, (법률) 재심(리) (n) a critical estimate of a work or performance;
		The critic's influential review of the play was so negative that it sank the entire production. Anual payment levels are under review at the moment.
	(동)	(타) ~을 재조사하다, 재검토하다, ~을 회고하다, 회상하다, (학과)를 복습하다, 조사하다, 검토(관찰)하다, 개관하다, 개설하다, (비평, 평론, 서평 등)을 쓰다, ~을 검열하다, (법률) (하급 법원의 판결 등)을 재심하다, 서평을 쓰다, 재고(재검토)하다 (v) writing a criticism of a performance
		The committee is reviewing the current situation. The newspaper sent a rank amateur to review the play.
sell	(동)	(타) ~을 팔다, 매각하다, ~을 판매하다, 취급하다, ~을 잘 팔리도록 하다, 판매를 촉진시키다, (비유적) (명예, 조국 등)을 팔다, 배신하다, 장사하다, 팔리다, 점원으로 일하다, 영업하다 (v) vend, wholesale, trade, retail, peddle, hawk, flog, shift, dump, unload, market, offer, have, push, handle, advertise, promote (파) sell out: to sell all the tickets

단어	품사	한글 의미, 동의어 예문
		The Broadway opening sold out months in advance. We expect that this play will be a smash and sell out quickly.

A.9.3 Music

단어	품사	한글 의미, 동의어 예문
avail	(동)	㈐ 소용에 닿다, 쓸모있다, 유익하다, ~에 도움이 되다, ~에 효력이 있다, ~을 이롭게 하다 (v) to be of use, advantage, or value to; profit, to be of use, to be of value or profit (파) available: ready for use; willing to serve; obtainable, accessible, existing
		In order to understand all the words in the opera, she kept a Italian dictionary available at all times. The website has an amazing variety of music available for downloading.
	(명)	(명) 이익, 효용, 효능, 보람 (n) benefit, advantage, reward, gain, purpose, aim, profit
		We tried to persuade him not to resign, but to no avail. Our attempts to improve the situation were of little avail.
broaden	(동)	㈐ (하천, 도로, 시야 등)을 넓히다, 넓어지다 (v) to make wider, widen, extend, expand, stretch
		He wants to broaden his knowledge of opera history. You will appreciate music more if you broaden your tastes and listen to several types of music.
category	(명)	(명) 범주, 종류, 구분, 부문, 부속, (형이상학) 범주, (철학) 근본 개념, (문법) 품사 (n) a division in a system of classification; a general class of ideas
		Jazz is one of many categories of music. The works of Mozart are in a category by themselves.
disparate	(형)	(형) 이종의, 본질적으로 다른, 유사점이 없는, (a) fundamentally distinct or different, dissimilar, unlike, different, contrasting
		In the song, the disparate voices hauntingly join a blended chorus. Religious songs cut across disparate categories of music.
disturb	(동)	㈐ ~을 방해하다, 훼방 놓다, ~을 당황하게 하다, 걱정을 끼치다, (치안, 질서, 평화 등)을 깨뜨리다, 문란하게하다, ~을 틀어지게 하다, (권리)를 침해하다 (v) to interfere with, to interrupt, move, transfer, shift, dislocate, remove, spoil, upset
		Let's see how many products we can count in advance of inventory so we disturb fewer customers. I hope I'm not disturbing you, but I need to ask you to move so I can record the products behind you.
enthusiastic	(형)	(형) 열광적인, 열심인, 열렬한 (adj) excited, keen, eager, passionate, fervent, animated, wholehearted, afire, (antonym) apathetic
		I don't think they liked my idea. At any rate, they weren't very enthusiastic about it. This study shows that networks are enthusiastic about working with externally funded projects, but it also demonstrates how variable current processes are.
fad	(명)	(명) 일시적 유행, 열광, 변덕 (n) fashion, craze, trend, vogue, cult, rage, mania
		Classic tastes may seem boring but they have proven to resist fads. The mini dress was a fad once thought to be finished, but now it is making a comeback.
instinct	(명)	(명) (심리) 본능, 타고난 행동 경향, 타고난 재능, 소질, 천성, (형) (생기, 정열 등으로) 가득 찬, 발랄한, 약동하는

단어	품사	한글 의미, 동의어 예문
		(n) nature, character, drive, reflex, feeling, impulse, urge, compulsion, need, feeling, intuition, sense, talent, knack, gift, flair, ability, aptitude
		The student's ability to play the cello was no natural, it seemed an instinct. The music lover followed his instincts and collected only music that he enjoyed.
innate	(형)	(형) 타고난 (inborn), 천부적인, 선천적인, (무생물에 대하여) 고유의, 본질적인, (철학) 본유의 (adj) inborn, distinctive, characteristic, essential, native, instinctive, inherent, intrinsic, natural
		Her dance expresses the innate beauty of the human spirit. They recognized, of course, that any innate behavioral tendency would need to be realized in a brain mechanism of one sort or another.
lively	(형)	(형) 힘찬, 활기찬, 활발한, 발랄한, (곡 등이) 쾌활한, 떠들썩한, (표현, 예 등이) 생생한, 효과적인, (색채, 빛, 인상 등이) 강렬한, 선명한, (감정 등이) 센, 격한, (공기가) 신선한, 상쾌한 (adj) energetic, sparkling, active, animated, dynamic, sprightly, bouncy, buoyant, vigorous, vivacious, bubbly, spirited
		The lively dance was fun but very tiring. Some people enjoy lively music, whereas others tend to prefer slower types of music.
reason	(명)	(명) 이유, 동기, 근거, 변명, 핑계, 이성, 판단 (사고)력, 추리력, (사물의) 도리, 조리, 양식, 사려, 분별, 상식, 정상적인 정신, 제정신, (논리) (소)전제, 논거, (철학) 이성 (n) the basis or motive for an action; an underlying fact or cause, aim, motive, cause, goal, purpose, motivation, intention, thought, intelligence, judgement, logic, sense, mind, comprehension, wisdom, sanity, intelligence, mind, cause
		We will never understand the reason why some music is so popular and some is not. There is every reason to believe that Beethoven will still be popular in the next century.
	(동)	(타) ~을 추론하다, 논리적으로 생각하다 (생각해 내다, 설명하다), ~이라고 결론짓다, 판단을 내리다, 논단하다, (남)에게 도리를 설명하여 (~를) 시키다, (남)을 설득하다, (궁리하여) (해결책)을 찾아내다, 해결하다 (v) argue, debate, dispute, discuss, persuade, influence
		I spent hours reasoning out the solution to the puzzle. Meditation seemed to have improved her ability to reason.
relax	(동)	(타) ~을 늦추다, ~의 힘을 빼다, (노력 등)을 늦추다, 줄이다, (규율 등)을 관대하게 하다, 경감하다, ~을 편하게 하다, 쉬게 하다, 느슨해지다, 풀어지다, 누그러지다, 약해지다, (규칙, 규율 등이) 완화되다, (휴식을 위해)~을 그만두다, (~로) 편히 쉬다 (v) reduce, lessen, decrease, diminish, lower, ease, unwind, rest, loosen, slacken (파) relaxation: the act of relaxing or the state of being relaxed; refreshment of body or mind
		Listening to soothing music before bedtime provides good relaxation. He played the piano for relaxation and pleasure.
stir	(동)	(타) ~을 휘젓다, 뒤섞다, ~을 흔들다, 움직이다, ~을 옮기다, ~을 각성시키다, 분기시키다, ~을 흥분시키다, 감동시키다, ~을 자극하다, 선동하다 (provoke) (자) 움직이다, 꿈틀거리다, 움직이기 시작하다, (사람이) (바쁘게) 돌아다니다, 활동하고 있다, 눈을 뜨다, 일어나 있다, (물건이) 자극을 받고 활발하게 되다, 활동하기 시작하다, (헛소문, 뉴스 등이) 전해지다, 유포되다, 유통하다, 감동하다, (감정이) 끓어오르다 (v) agitate, disturb, trouble, upset, mix, blend, beat, swirl, fold, whip, whisk, rouse, awaken, motivate, excite, provoke, inspire
		Stir the sauce gently until it begins to boil. Stir the mixture continuously to prevent lumps from forming. The speech stirred the crowd to take action.
taste	(동)	(타) ~의 맛을 보다, 시식(시음)하다, ~을 (조금) 먹다, ~의 맛을 알다, ~을 (조금) 경험하다, ~을 감지하다, 알다, 맛을 보다 (v) discern, recognize, get, feel, notice, savor, sample, try, test, bite, bibble, drink, dip, experience, preview, savor, undergo
		Taste this sauce and tell me if it needs seasoning.

단어	품사	한글 의미, 동의어 예문
		Once you have tasted luxury it is very difficult to settle for anything else.
	(명)	(명) 맛, 풍미, ~의 기미, 맛보기, 시식, 좋아함, 기호, 심미안, 운치, 멋, 분별, 이해, 판단력, 세련됨 (n) the ability to discern what is excellent or appropriate; palate, flavor, discrimination, palate, recognize, notice
		She had the taste required to select a musical program for the visiting dignitaries. This music does not appeal to my tastes; but I am old-fashioned.
urge	(동)	㈜ 재촉하다, 몰아대다, ~을 열심히 권하다, 거듭 간청하다, ~에게 강요하다, 압력을 가하다, ~을 주장하다, (어떤 충동에) 이끌리다, 서두르다 (v) to advocate earnestly, advise, beg, appeal, press, drive, push, compel, (n) need, desire
		His mother urged him to study the piano; the rest is musical history. Despite my reluctance, my friends urged me to attend an opera.

A.9.4 Museums

단어	품사	한글 의미, 동의어 예문
acquire	(동)	㈜ ~을 손에 넣다, 얻다, 취득하다, 매입하다, ~을 습득하다, 배우다, (평판 등)을 얻다, (레이더 등으로) (움직이는 목표)를 포착하다 (v) to gain possession of; to get by one's own efforts
		The museum acquired a van Gogh during heavy bidding. The sculptor acquired metalworking skills after much practice.
admire	(동)	㈜ ~에 감탄하다, 찬탄하다, 칭찬하다, (비꼬아) ~에 감동하다, (v) to regard with pleasure; to have esteem or respect for
		She, admiring the famous smile, stood before the Mona Lisa for hours. I admire all the effort the museum put into organizing this wonderful exhibit.
architecture		(명) 건축, 건축술, 건축학, 건축 양식, (컴퓨터) 컴퓨터 구조 (n) building, construction, style, manner, planning, design
		Modernist architecture tries to conquer nature instead of working with it. Framed architectural drawings hung on the walls of his office. Their software architecture is good and they continue to show good growth.
collect	(동)	㈜ ~을 모으다, (사람)을 집합시키다, (우표, 표본 등)을 수집하다, (세금, 집세 등)을 징수(수금)하다, (급료 등)을 받다, 모금하다, (생각)을 가다듬다, (용기)를 불러일으키다, (빛, 에너지 등)을 흡수하다, 모이다, 집합하다 (v) collect, amass, assemble, accumulate, save, hoard, stockpile, store, treasure (파) collection: a group of objects or works to be seen, studied, or kept together
		The museum's collection contained many works donated by famous collectors. The museum's collection kept two full-time curators busy.
criticize	(동)	㈜ (사람, 작품 등을) 비평(평론, 비판)하다, 비난(혹평)하다, ~의 흠을 잡다 (v) disapprove, censure, disparage, pan, carp, complain, slate, condemn, maul, blast, decry, lash, nitpick, assess, analyze, evaluate, appraise, critique, censure, condemn, carp, roast, slam (파) criticism: an evaluation, especially of literary or other artistic works
		According t the criticism of the Victorian era, the painting was a masterpiece; now it is considered merely a minor work. The revered artist's criticism of the piece was particularly insightful.
exotic		(형) 외래의, 외국산의, 이국풍의, 신종의, 실험적인 (adj) unusual, striking, interesting, bizarre, mysterious, glamorous, colorful, outlandish, strange, different, exceptional, tropical, alien, foreign (명) 외래물, 외래종, 외래어, 이국 취미 (정서)
		We only had half an hour to see her before she was whisked off to some exotic location. Exotic means something that is unusual and specially interesting because of coming from a country which is far away.

단어	품사	한글 의미, 동의어 예문
fashion		(명) 유행, 패션, 일시적 풍습, 유행하는 것(사람), 인ㄱ있는 것(사람), (상류 사회의) 인습적인 풍습(관습), 방법, 방식, (물건의) 만듦새, 구조, 양식, 형, 스타일, 종류, 타입 (n) style, way, manner, mode, method, approach, technique, custom, usage, trend, craze, fad, vogue, mode, taste, rage
		According to the fashion of the day, the languid pose of the sculpture was high art. The museum's classical architecture has never gone out of fashion.
	(동)	㈣ (~을 가지고)~으로/~에 맞춰/~을 본 떠) 만들다, ~으로 만들다, (~에) 알맞게 하다, 맞추다 (v) shape, mold, form, make, fit, alter, transform, create, frame, devise, adapt, pattern, fabtricate
		He fashioned a hat for himself out of newspaper. She fashioned an elaborate sculpture out of papers and glue.
feature		(명) (눈에 띄는) 특징, 특색, 요점, 주안점, (행사, 쇼 등의) 인기거리, 볼거리, 손님을 끄는 연예인, (바겐 세일 등의) 특매품, (상품의) 손님을 끄는 특징, (신문, 잡지 등의) 특집 프로, 스페셜 (feature program), (영화) 장편(극) 영화, 특작, 얼굴생김 (features), 용모, 이목구비, (산천의) 지세, 지형 (n) characteristic, trait, mark, attribute, aspect, element, highlight, countenance, article
		The town's main features are its beautiful mosque and ancient marketplace. The most striking feature of the house was a huge two-story room running the entire width and height of the building. Feature is a special article in a newspaper or magazine, or a part of a television or radio broadcast, that deals with a particular subject.
	(동)	㈣ ~의 특징을 그리다, ~의 특색을 이루다, ~을 특별 인기거리로 하다, ~을 특종(특집)으로 하다, 대서특필하다, 특색(특징)을 이루다, 중요역할을 하다 (v) figure, appear, participate, highlight, perform, contain, include, present, introduce, act, costar
		The movie features James Dean as a disaffected teenager. This week's broadcast features a report on victims of domestic violence.
fine	(형)	(형) 품질이 좋은, 상등의, 훌륭한, 좋은, 멋있는, 아름다운, (사람이) 뛰어난, 훌륭한, 기술이 뛰어난, 숙련된, (인품 등이) 세련된, 품위있는, (인격이) 고상한, 미세한, 가는, 가느다란, 엷은, (기체 등이) 희박한, (세공 등이) 정교한, (칼날 등이) 날카로운, 예리한, (감각 등이) 예민한, 섬세한, (구별 등이) 미묘한, (날씨가) 갠, 쾌청한, (공기 등이) 상쾌한, 기분 좋은, 건강에 좋은, (사람, 동물 등이) 단련된, 잘 다듬어진, (체격 등이) 당당한, 몸집이 큰, 발육이 좋은 (adj) excellent, superior, outstanding, superb, delicate, exceptional
		She has fine, delicate features. She has her mother's fine (= delicate and beautiful) features. Please give me a list of restaurants in the area that provide fine dining
	(부)	(부) 훌륭히, 잘, 충분히, 우아(고상)하게, 섬세(미묘)하게, (adv) excellently, delicately
		It was working fine yesterday. The apartments are very small, which is fine if you're single.
	(동)	(자) (액체가) 맑아지다, 순화되다, (날씨가) 개다 (vi) to become finer, as by refining ㈣ ~에게 벌금을 과하다, ~을 과료에 처하다 (v) penalize, punish, charge, levy
		Drivers who exceed the speed limit can expect to be fined heavily. The police fined him $100 for driving through a red light.
	(명)	(명) 벌금, 과태료 (n) penalty
		If found guilty, he faces six months in jail and a heavy fine. Employers can face fines and other sanctions for hiring any of the 8 to 10 million illegal immigrants who are estimated to live in this country.
leisure	(명)	(명) 여가, 레저, 한가(함), 안일

단어	품사	한글 의미, 동의어 예문
		(n) vacation, relaxation, rest, freedom from time-consuming duties; free time
		Spending a day at an art museum is a form of leisure that many people enjoy. Most people only have a limited amount of leisure time.
origin		(명) 근원, 기원, 출처, 원천, 유래, 발단, 시초, 시작, 원인, 태생, 가문, 혈통, 출신, (근육, 신경의) 기점, 시점, (지질) 진원, (수학) (좌표의) 원점, (n) source, derivation, cause, beginning, foundation
		We must contextualize the problem before we can understand its origin. He studied the origin and development of the nervous system.
respond	(동)	㈕ 대답(응답)하다, (~에/~로) 응하다, 감응(반응)하다, (생리) 반응하다, 효과를 나타내다 (v) reply, answer, retort, rejoin, return, react, counter (명) (건축) 대응주, 벽의 버팀 기둥, (교회) 응창, 답송, 답창, 응답 성가 (n) a half pier, pilaster, a short anthem chanted at intervals during the reading of a lection
		You should respond to the invitation to attend the museum gala. The visitors who viewed those poignant photographs responded emotionally.
schedule	(명)	(명) (계획, 행사의) 날짜 잡기, 일정, 기일, 스케쥴, 예정, 예정표, 시각표, 발착 시각표, 표, 일람표, 목록, (통계) 조사(질문)표 (n) agenda, timetable, calendar, list, plan, program, diary, roster
		Everything went according to schedule. The class schedule is available on the website.
	(동)	㈕ ~의 표(일람표, 목록, 예정표)를 만들다 (에 써넣다, 기입하다, 예정에 넣다), ~을 (어떤 기일로) 예정하다 (v) arrange, plan, organize, to enter in a planner or diary, agenda, timetable, roster, program
		We didn't schedule enough time to see all the exhibits that we were interested in. The museum is scheduling a collection of works by Japanese masters.
significant	(형)	(형) 중요한, 중대한, 주목할 만한, 의미심장한 (a) meaningful, having a major effect, important (파) signify, signification
		The use of lambs to symbolize innocence is significant in Western art. The rash of new acquisitions represented a significant change in the museum's policies.
specialize	(동)	㈕ 전문적으로 하다, 전공하다, 전업으로 하다, 전문화하다, 특수화하다, 상세하게 말하다, (생물) 분화하다, 진화하다, ~을 특수화하다, ~을 한정하다, (생물) ~을 분화시키다, 진화(특수화) 시키다 (v) to concentrate on a particular activity, specify, focus, dedicate oneself (파) specialty (명) 전문, 전공, 본직, 특제품, 특별 우량품, 특가품, 신제품, 신형, 특색, 특성, 특별 사항, 특징, (법률) 날인 계약(증서)
		The art historian specialized in Navajo rugs. The museum shop specializes in Ming vases.
spectrum	(명)	(명) (물리) 스펙트럼, 분광, 광범한 연속체, 영역, 범위 (n) a range of related qualities, ideas, or activities
		The painting crosses the spectrum from symbolic to realistic representation. The whole spectrum of artistic expression was represented in the exhibit.

A.9.5 Media

단어	품사	한글 의미, 동의어 예문
assign	(동)	㈕ ~을 (~에게) 할당하다, 배정하다, (사람)을 (직위, 부서, 임무에) 선임(지명, 임명)하다, (~에) (날짜, 시간)을 지정하다, (한계)를 정하다, (동기, 이유 등)을 (~ 탓으로) 돌리다, (컴퓨터) 할당하다, 대입하다 (v) allocate, allot, give, dispense, disperse, consign, apportion, ascribe, appoint, delegate, designate (파) assignment: something, such as a task, that is assigned, duty, obligation,

단어	품사	한글 의미, 동의어 예문
		mission, position, appointment,
		Have you been assigned a day for the interviews yet? This assignment has to be turned in before midnight. When the reporter is on assignment, research piles up on her desk.
acclaim	(동)	㈈ ~에게 갈채를 보내다, ~을 환호하며 맞이하다, 갈채하며, ~을 큰소리로 말하다, 환호하다, 박수갈채하다 (v) approval, praise, commendation, acclamation, approbation, applause, hail, commend, cheer
		She was universally/widely/publicly acclaimed for her contribution to the discovery. She is being acclaimed as the greatest dancer of her generation.
	(명)	(명) 갈채, 환호, 환호성, 찬사, 호평 (n) enthusiastic approval or praise
		Despite the critical acclaim, the novel did not sell well. Despite critical acclaim, the TV sho always ran third in the rating.
constantly	(부)	(부) 변함없이, 끊임없이, 빈번하게 (adv) on a continual basis, happening all the time
		The company is constantly looking for highly trained employees. He constantly checked his messages to see if anyone had called for an interview.
constitute	(동)	㈈ (요소로서) ~을 구성하다, ~의 일부를 이루다, ~을 임명하다, 선정하다, (법률)을 제정하다, (회의, 법정 등)에 대해 법적인 형식을 부여하다, (위협 등)을 가하다 (v) be the elements or parts of; establish, comprise, organize, compose
		All the different news sources constitute the media industry. A talented staff, adequate printing facilities, and sufficient distribution points constitute a successful newspaper.
conjunction	(명)	(명) 결합함, 연합, 합동, 공동, (사건, 상황의) 관련, 연결, 동시발생, (문법) 접속사, (논리) 연어 명제, 연어 기호 (& 등), (천문) (2개 이상의 천체가 외관상으로 보이는) 근접, 합 (n) combination, aggregation, unification, coincidence, concurrence, juxtaposition, union, combining
		The conjunction "although" joins the two clauses in the sentence "He left, although I begged him not to.“ An unfortunate conjunction of circumstances led to his downfall.
decide	(동)	㈈ (문제, 논쟁 등)을 해결하다, 재결하다, 판결하다, ~을 결심하다, 결정(결의)하다, ~을 결심하게 하다, 결정하다, 정하다, 판결(재결)을 내리다 (v) resolve, settle, determine, conclude, finish, decree, rule, adopt, choose, elect, select (파) decision: judgment or choice, verdict, determination, resolve
		The court made the decision to allow the newspaper to print the controversial story. Newspaper editors often have to make quick decisions about which stories to publish.
disseminate	(동)	㈈ (씨 등)을 흩뿌리다, 살포하다, (정보, 지식, 사상 등)을 퍼뜨리다, 보급(유포)시키다, 널리 퍼지자, 보급되다 (v) to scatter widely; to distribute, spread, circulate, broadcast, publish, propagate, publicize
		The Internet disseminates news more quickly than any newspapers, TV, or the radio can. The computer virus was disseminated through the newsroom by reporters sharing terminals.
defy	(동)	㈈ ~에게 공공연히 반항하다, 감히 도전하다, ~을 무시하다, 문제시하지 않다, (노력, 해결 등)을 거부(저지)하다, 물리치다 (v) challenge, confront, disobey, rebel, resist, dare, flout, disregard
		A forest fire raging in southern California is defying (= is not changed by) all attempts to control it. They defied convention by giving up their jobs and becoming self-sufficient.
impact	(명)	(명) (~와의) 충돌, 격돌, 꽉 누름(끼움) (n) influence, impression, effect, crash, collision, shock, bang, blow, force, contact, brunt, a strong, immediate impression; influence, effect
		The story of the presidential scandal had a huge impact on the public.

단어	품사	한글 의미, 동의어 예문
		The impact of the news coverage is yet to be known.
	(동)	㈕ 끼워넣다, 밀어넣다, ~에 충돌하다, 격돌하다, 세게 부딪히다, ~에 강한 영향을 주다 (vt) to drive or press closely or firmly into something (vi) to have an impact
		Falling export rates impacted the country's economy quite considerably. Local businesses were heavily impacted by the new zoning regulations.
in-depth	(형)	(형) 면밀한, 상세한, 완전한, 심층의 (adj) in complete detail; thorough
		The newspaper gave in-depth coverage of the tragic bombing. His in-depth story on the spread of the disease received praise from many of his colleagues.
investigate	(동)	㈕ ~을 (조직적으로) 조사하다, 탐사(탐색)하다, (사건, 범죄)를 (원인, 동기, 범인을 알기 위하여) 자세히 조사하다, 수사하다 (v) examine, explore, inspect, study, consider, probe, scrutinize, recce, research
		Reporters need to thoroughly investigate the facts before publishing their stories. His editor sent him to the capital to investigate the story behind the government scandal.
politic	(형)	(형) 현명한, 사려 깊은, 분별 있는, 책략적인, 빈틈없는, 교활한, 시기에 적합한, 적절한, 정치상의 (adj) tactful, diplomatic, prudent, wise, expedient, sensible, discreet, shrewd, astute, crafty, canny, cunning, sly, unscrupulous (파) politician: a person involved in government activities
		The news media cover the activities of all the major politicians. The politician refused to talk to reporters about her private life.
refuse	(동)	㈕ (제의 등)을 거절하다, 사절하다, 사퇴하다, (의뢰, 요구, 명령 등)을 거절하다, 거부하다, 물리치다, ~하려고 하지 않다 (v) decline, reject, rebuff, repudiate, deny, negate (파) refusal, (명) 사절, 거절
		She is a strict vegetarian and refuses to eat any poultry or fish. His refusal to contribute money angered the organizers.
subscribe	(동)	㈕ (서명하여)을 기부하기로 약속하다, 출자하다, ~에 서명하여 동의하다, 기부 약속을 하다, (신문, 잡지를) 예약 구독하다, 서명하다, (서명하여) 동의하다 (v) to receive a periodical regularly on order
		She subscribes to a gardening magazine. Many people have stopped subscribing to newspapers because they prefer to read the news online.
thorough	(형)	(형) 완전한, 철저한, 진짜의, 전적인, 절대적인, 꼼꼼한, 주의 깊은, (예술가 등이) 충분히 숙달한, 더할 나위 없는, 철저한 행동 (adj) exhaustively complete, detailed, meticulous, absolute, complete
		The reporters were thorough in their coverage of the event. The story was the result of thorough research.

A.10 Health (건강)

A.10.1 Doctor' s Office

단어	품사	한글 의미, 동의어 예문
annual	(형)	(형) 1년의, 1년간의, 1년을 단위로 하는, 해마다의, 예년의, 1년에 한번의, 1년 걸리는, 1년 주기의, (식물) 1년생의 (adj) yearly, once a year, twelve-monthly (파) annually: once a year, yearly, each year

단어	품사	한글 의미, 동의어
		예문
		Companies publish annual reports to inform the public about the previous year's activities. Everyone should get a physical exam annually. A number of tests are provided annually by my insurance plan.
	(명)	(명) 연보, 연감, 주기, 기일, (식물) 1년생 식물 (n) yearbook, almanac, annual report
		Annual means a book or magazine published once a year with the same title and style but different contents. Annual plant means a plant that grows, produces seeds, and dies within one year.
appointment	(명)	(명) 임명, 임용, 선정, 지정, 관직, 지위, (회합 등의) 약속, (법률) (재산 귀속의) 지명, 설비, 가구, 장식품, (군인, 말 등의) 장비 (n) arrangements for a meeting, engagement, date; a position is a profession; job, post,
		To get the more out of your appointment, keep a log of your symptoms and concerns. The psychiatrist holds an academic appointment at the university hospital as well as having a private practice.
assess	(동)	[타] (재산, 수입 등)을 평가(산정)하다, (손해, 세금, 벌금 등)을 사정하다, (세금, 회비 등)을 부과하다, 할당하다, ~의 가치(중요성, 성질 등)을 검토 평가하다 (v) to judge or evaluate, measure, gauge, weigh, tax
		It is a good idea to have a doctor to assess your health every one or two years. The physical therapist assessed the amount of mobility she has lost after her accident.
diagnose	(동)	[타] 진단하다, 원인을 분석하다, 규명하다 (v) to recognize a disease, to analyze the nature of something, detect, identify, analyze, spot
		After considering the patient's symptoms and looking at his test results, the doctor diagnosed the limp as benign. She diagnosed the problem as a failure to follow the directions for taking the medication.
effective	(형)	(형) 유효한, 효력이 있는, 효과적인, (바람직한) 결과를 낳는, (약 등이) 효험이 있는, 감동적인, 인상적인, 눈에 띄는, 유능한, 설제의, 사실상의, (법률) 실시되고 있는 유효한, (군사) 실전에 쓸모 있는, 실전용의, 동원 가능한 (adj) producing the desired effect; being in effect, real, actual, operative, operational, applicable, effectual
		He was pleased to find that the diet recommended by his doctor was quite effective. The new policies, effective the beginning of the fiscal year, change the amount charged to see the physician.
fatigue	(명)	(명) (심신의) 피로, 피곤, (기계) (금속, 목재 등의) 약화, 피로 (n) exhaustion, tiredness, weariness, lethargy, lassitude
		The crash was caused by metal fatigue in one of the propeller blades. The journey had fatigued him.
immune	(형)	(형) 면역성의, (과세, 방해, 공격으로부터) 면제된, ~에 영향을 받지 않는, 면역체를 포함한, (컴퓨터) (바이러스에) 면역이 된, 안전한 (adj) resistant, protected, invulnerable, safe, insusceptible, exempt, excepted, absolved, excused, impervious, untouchable, unaffected, proof
		The president claimed he was immune from prosecution. She's an experienced politician, but she's not immune to criticism. The vaccine would make infants immune to bacteria that can cause middle ear infections.
inhale	(동)	[타] ~을 (깊이) 들이 마시다, 흡입하다, 게걸스럽게 먹다, 꿀꺽 삼키다, 숨을 들이쉬다, 담배 연기를 깊이 들이마시다 (v) gasp, gulp, pant, huff, breath in, (antonym) exhale
		She flung open the window and inhaled deeply. Two fire-fighters were treated for smoke inhalation. She became ill shortly after inhaling the fumes.
instrument	(명)	(명) (정밀) 기구, 기계, 도구, 계기, 악기, (정부 등의) 기관 (agency), 법률문

단어	품사	한글 의미, 동의어 / 예문
		서, 수단, 방법, (전화의)수화기, 외적 요인, (형) (조종, 운항 등이) 계기에 의한, ~에 기구(기계)를 설치하다 (n) tool, means, apparatus, implement, device
		Instrument means a tool or other device, especially one without electrical power, used for performing a particular piece of work.
meager	(형)	(형) 빈약한, 결핍된, 불충분한, 풍부하지 못한, 마른, 야윈, (문장, 작품 등이) 어딘가 빈약한, 내용이 없는 (adj) scanty, insufficient, inadequate, paltry, skimpy, miserable, derisory, mean, insubstantial
		The food at my grandmother's house was meager and barely edible. In the mathematical fields of general topology and descriptive set theory, a meagre set (also called a meager set cr a set of first category) is a set that, considered as a subset of a (usually larger) topological space, is in a precise sense small or negligible.
patient	(형)	(형) 참을성(인내심)이 있는, 성급하지 않은, 잘 견디는, 끈기 있는, 꾸준히 일하는, 부지런한, (해석 등을) 허용하는, 용납하는 (adj) enduring, persistent, persevering, easygoing, tolerant, serene, forbearing, fortitudinous, imperturbable, unflappable, uncomplaining, (antonym) impatient
		Dinner will be ready in half an hour - just be patient! A number of patients have been successfully treated with the new drug. There was a queue of people waiting patiently for the bus to arrive.
prevent	(동)	[타] ~을 예방하다, 방지하다, ~을 막다, ~을 방해하다, 훼방하다, ~을 만류하다, (일)을 중지시키다, ~을 이끌다, (v) keep from happening; to hinder,
		By encouraging teenagers not to smoke, doctors are hoping to prevent many cases of cancer. His full caseload prevented the doctor from taking on new patients.
refer	(동)	(타)(지식, 원조 등을 구하여) ~을 (~에게) 보내다, 조회시키다, 참조시키다, (문제, 다툼, 사건 등)을 위탁하다, 맡기다, 회부하다, (원인, 기원 등)을 ~에 돌리다, ~의 탓으로 하다, ~을 (어떤 시대, 장소, 종류에) 속하는 것으로 하다, (기호 등이) (사람)의 주의를 돌리게 하다, ~에 주목(유의) 시키다 [자] 알아보다, 참조하다, 조회하다, 문의하다, 언급하다, 인용하다, 관계가 있다, (언어, 문법) (기호가, 대명사 등이) ~을 가리키다 (v) to direct for treatment or information; to mention, denote, raise, state, signify, mean, indicate, suggest, insinuate, represent, describe, concern, belong, consult, check, transfer, submit
		I was referred to this specialist by the family practice nurse. As soon as se referred to the failed treatment, everyone's mood soured.
recommend	(동)	[타] ~을 추천(천거)하다, ~을 권하다, 장려하다, 충고하다, ~을 남의 마음에 들게 하다 (v) endorse, commend, mention, acclaim, applaud, praise, advocate, advise, counsel, suggest, propose, urge, (antonym) oppose, criticize (파) recommendation: advice, endorsement
		It is important to follow the doctor's recommendations if you want to improve your health. The professor gave her former student a recommendation when he applied for a job at the hospital.
serious	(형)	(형) 진지한, 엄숙한, 심각한, 생각에 잠긴, 진심의, 진정의, 농담이 아닌, 중대한, 방심할 수 없는, 예삿일이 아닌, 위독한, 위험한, 종교(도덕, 윤리)에 관한, 근사한, 훌륭한, 최고의 (adj) very bad or very important; not funny; thoughtful; solemn, severe, stern
		Her illness is serious but the doctors say they can treat it. The patient felt nervous when he saw the serious expression on the doctor's face.
vital	(형)	(형) 생명의, 생명 유지에 필요한, 생명에 없어서는 안 될, 활기 있는, 힘찬, 생기가 넘치는, 없어서는 안될, 긴요한, 중대한, 활력을 주는, 힘을 내게 하는 (adj) energetic, vigorous, vivacious, dynamic, vibrant, animated, lively, fundamental, imperative, essential, cirtical, central, necessary, important
		The kidney plays a vital role/part in the removal of waste products from the blood. The exploration for new sources of energy is vital for the future of our planet.

A.10.2 Dentists Office

단어	품사	한글 의미, 동의어 예문
aggravate	(동)	[타] (괴로움, 병 등)을 악화시키다, (부담, 죄 등)을 한층 무겁게 하다 (v) worsen, exacerbate, exaggerate, heighten, intensify, magnify, augment, annoy, irritate, exasperate, provoke, pester, frustrate, ignite, vex
		Attempts to restrict parking in the city centre have further aggravated the problem of traffic congestion. The treatment only aggravated the condition. The situation was aggravated by the fact that more routine work had to be done with fewer staff working in poorer conditions.
antibiotic	(명)	(명) 항생 물질 (n) a group of chemical substances that inhibits the growth of or destroys bacteria and other microorganisms.
		Some types of antibiotic are used to promote growth in farm animals. I'm taking an antibiotic for a throat infection.
catch	(동)	[타] ~을 잡다, (추적하여) 붙잡다, (덫, 그물, 함정으로) ~을 잡다, (사람)을 함정(계략)에 빠뜨리다, (몸의 부분 등)을 붙잡다, (공 등)을 받다, (열차 등)의 시간에 대어 가다, 따라 잡다, (상황, 발언 등)~을 알아채다, 이해하다, 알아듣다, (~하고 있는 현장)을 발견하다, 덮치다, (낙하물, 타격 등이) ~에 맞다, ~을 치다, ~에 타격을 주다, (비 등)을 만나다, (바람)을 받다, (빛)을 쬐다, (숨)을 죽이다, 억누르다, (전염병)에 걸리다, 감염하다, (태도, 버릇 등)에 영향을 받다, 물들다, (벌 등)을 받다 (v) hold, gather, grasp, receive, seize, clutch, trap, entrap, capture, arrest, detain, find, discover, spot, notice, hit, strike, stick, hear, perceive, notice, understand, contract (파) catch up: to bring up to date
		My dentist likes to take time to catch up before she starts the examination. The dental assistant caught up on her paperwork in between patients.
	(명)	(명) 잡기, 포획, 고리, 걸쇠, (숨, 목소리의) 막힘, 목멤, 걸림, 잡힌 것(사람), 포획량(물), 손에 넣을 가치가 있는 것, (음악) 돌림노래, 윤창곡, 캐치 볼, 포구, 포수, 술래잡기 (n) fastening, fastener, clasp, hook, latch, clip, snag, drawback, difficult, hitch, obstacle, impediment
		That sales price sound too good to be true - there must be a catch to it somewhere. She would complain of catch in the joints during winter.
distraction	(명)	(명) 마음이 흐트러짐, 정신 산란, 주의 산만, 기분 풀이, 심란, 고민하ㅣ, 당혹, (의견 차이 등에 의한) 분열, 혼란 (n) the act of being turned away from the focus; interference, disturbance, diversion, agitation
		To provide a distraction from the noise, the dentist offered her a pair of earphones. My dentist is kind enough to provide distraction like television, which take my mind off the procedure.
dose	(명)	(명) (약의) 1회 복용량, 한 첩, (비유적) 쓴 약, 약이 되는 것, (충고 등의) 한마디, (물리) (방사선의) 선량 (n) amount, quantify, dosage, measure, prescription, bout, spell, period, attack, experience
		The label says to take one dose three times a day. It is dangerous to take more than the recommended dose of this medicine.
	(동)	[타] (약)을 조제하다, 담다, 복용시키다, 투약하다, (충고 등)을 하다 (v) treat, medicate
		The doctor dosed him to reduce his severe pain. He dosed himself (up) with valium to calm his nerves.
encourage	(동)	[타] ~에게 용기를 북돋워 주다, 기운을 내게 하다, ~를 격려하다, ~에게 자신을 갖게 하다, ~을 촉진하다, ~을 조성하다, 장려(원조)하다, (신념 등)을 굳혀주다 (v) inspire, hearten, cheer, reassure, boost, embolden, urge, animate, inspire,

단어	품사	한글 의미, 동의어 예문
		incite, support, foster, assist, help, aid, nurture, persuade, push, promote, advance, further (파) encouragement: inspiration or support, reassurance, reinforcement
		The perfect checkup was certainly encouragement to keep up my good dental hygiene. Let me offer you some encouragement about your crooked teeth.
evident	(형)	(형) 명백한, 분명한, 그럴듯한, 분명히 알 수 있는 (adj) easily seen or understood; obvious, clear (파) evidence : indication, mark, proof, confirmation, verification, testimony
		The presence of a wisdom tooth was not evident until the dentist started to examine the patient. Unfortunately, his poor dental hygiene is evident from a distance.
habit	(명)	(명) (개인의) 버릇, 습관, 습성, 습관적 행위, (사회적인) 풍습, 관습, 성질, 기질, 마음씨, 체질, 자질, (심리) (특정 상황에 대한) 반사적 반응, (생물) (동식물이) 습성, (계급, 신분, 직업 등의) 제복, 예복, 여성용 승마복 (n) a customary manner or practice, custom, routine, practice, tradition, convention, pattern, wont, addiction, problem, dependency, fixation, obsession, weakness, uniform, garb, apparel, attire, outfit, garment, tendency, inclination, leaning, liking, preference, fondness, bent
		The toddler's father stressed the importance of tooth brushing in hopes of establishing a good habit. The patient had a habit of grinding his teeth during his sleep.
illuminate	(동)	(타) (물건, 장소)를 밝게 비추다, 조명하다, 밝게 하다, ~에 전등 장식(조명 장치)를 하다, ~을 등불로 장식하다, (문제)를 설명(해명)하다, 분명하게 하다, ~을 계몽(교화)하다, 계발하다, ~의 명성을 높이다, ~에 빛을 더하다 (v) to provide or brighten with light
		The dark recesses of the mouth can only be seen clearly when illuminated with a lamp. Let me turn on more lights to properly illuminate the back teeth.
incompetent	(형)	(형) 무능한, 부적격의, (법률) 무자격의, 무능력의 (adj) inept, useless, unskilled, ineffectual, incapable, (antonym) competent
		He has described the government as corrupt and incompetent. The country's being governed by a bunch of incompetents.
irritate	(동)	(타) 짜증나게 하다, 약 올리다, 화나게 하다, (생체)를 자극하다, (병리) ~에 염증을 일으키게 하다 (v) to chafe or inflame, to bother, annoy, aggravate, infuriate, exasperate, provoke
		The broken tooth rubbed against my tongue, irritating it. Her gums are irritated foods that are very cold or very hot.
overview	(명)	(명)개관, 개요, 총람 (n) a summary, a survey, a quick look; outline, synopsis
		I did a quick overview of your teeth and they look in good shape. An overview of your dental records shows a history of problems.
record	(동)	(타) ~를 기록하다, 적어두다, 등기(등록)하다, ~을 녹음(녹화)하다, ~의 표시(기록)가 되다, (계기 등이) ~을 표시하다, (v) log, chronicle, note, verify, document, detail, tape
		The microphone is used for recording sounds that are inaudible to the human ear. Unemployment is likely to reach the highest total that has ever been recorded.
	(형)	(형) 기록적인, 기록을 갱신하는, 최고의 (adj) best, top, greatest, highest,
		The long hot summer has led to a record harvest this year. Inflation has reached record levels.
	(명)	(명) 기록, 기재, 등기, 등록, 경력, 이력, 레코드, 음반, (운동 경기의) 기록, 최고(신)기록, (컴퓨터) 기록, 파일 구성단위 레코드, (법률) 공기록, 증거, 소송 기록 (n) high, evidence, note, disc, reputation
		The weather center keeps a record of the weather. He ran the 100 metres in 9.79 seconds and broke/smashed the world record.
regular	(형)	(형) 통상의, 일상의, 정기적인, 규칙적인, 질서 정연한, 규칙(표준)에 맞는, 정식의, 정규의, 본직의, 일정한, 불변의, 균형이 잡힌, 조화를 이룬, (문법)

단어	품사	한글 의미, 동의어 / 예문
		규칙 변화의, 규칙적인, (식물) (꽃이) 가지런한, (수학) 정칙의 (다각형에서) 등변 등각의, 관례(규칙)에 맞는, 적절한 (adj) even, steady, unvarying, consistent, systematic, fixed, ordered, methodical, reliable, steady, routine, usual, normal, standard, ordinary, customary, habitual, expected, accepted, conventional, common, recurring, recurrent, frequent, repeated (파) regularly: occurring at fixed intervals
		She brushes regularly after every meal. I have to remind my son regularly to brush his teeth.
restore	(동)	(타) ~을 회복하다, 부흥하다, 부활시키다, (건물, 그림 등)을 복원하다, (건강, 원기 등)을 되찾다, 회복하다, (원래의 장소, 지위 등으로) ~을 되돌리다, 복귀시키다, ~을 되돌려주다, 반환하다 (v) to bring back to an original condition, reinstate, reestablish, return, refurbish, renovate, repair, rebuild, recondition, fix
		The cleaning restored the whiteness of my teeth. I will talk to my dentist about whether she knows any procedure to restore the parts of my teeth that I have grounded away.

A.10.3 Health Insurance

단어	품사	한글 의미, 동의어 / 예문
abate	(동)	(타) (수량)을 줄이다, 감하다, (값)을 내리다, (세력, 고통 등)을 약하게 하다, 누이다, (세금 등)을 감액하다, (법률) (불법, 방해)를 제거하다, (영장)을 무효로하다, (소송)을 중지(중단)시키다, (자) 줄다, 감소하다, (폭풍, 추위 등이) 누그러지다, 약해지다, 꺾이다, (법률) (영장이) 무효가 되다, (소송이) 중지되다 (v) decrease, subside, decline, fall, stop, halt, end, terminate, lessen
		The storm/wind/rain has started to abate. Our desire for consumer goods has not abated.
alternative	(형)	(형) 양자택일의, 둘 중 하나의, 대안의 , 선택의, (명) 양자 택일, 선택할 수 있는 하나, 대안 (adj) allowing a choice, other; replacement, substitute
		To lower the cost of health insurance, my employer chose an alternative method of insuring us. I'd like to discuss alternative treatments before I agree to anything.
aspect	(명)	(명) 양상, 외관, 외견, 모양, 광경, 형세, 상황, 양상, 국면, (문제의) 견지, 견해, 해석, 얼굴 생김새, 표정, 용모, 풍모, (집 등의) 향, 방위, 경관, (기업 등이) 외부에 주는 인상 (n) a feature element, an appearance
		The right to choose their own doctor is an important aspect of health coverage for many people. The aspect of HMOs that people most dislike is the lack of personal service.
concern	(동)	(타) ~에 관계(관여, 참여)하다, 이해관계가 있다, ~에 중요하다, 영향을 주다, ~을 걱정(염려)하다 (v) worry, trouble, disturb, bother, upset, alarm, disquiet, affect, involve, relate
		Her husband's health state concerns her greatly. Matters of pollution and the environment concern us all.
	(명)	(명) 관심사, 중대사, 제반사, 사건, (개인적) 용무, 볼일, 중요한 관계, 걱정, 근심, 관심, 배려, 마음 씀, (와의) 관계, 관련, 이해관계, 출자, 사업, 영업, 상사, 회사, 재벌, 콘체른 (n) anxiety, worry, apprehension, fear, alarm, distress, disquiet, trepidation, fretfulness, affair, interest, matter, point, involvement, company, firm, business, enterprise, establishment, outfit
		Whenever I have health concerns, I call my doctor. The rising cost of health care is of great concern to many people.
emphasize	(동)	(타) (시실, 중요성 등)을 강조하다, 중시하다, ~임을 역설하다, (말 등)에 강세

단어	품사	한글 의미, 동의어 / 예문
		를 두다, ~을 세게 발음하다, (미술) (색채, 윤곽 등으로) ~을 강조하다, (음악) (음의 강약, 박자 등으로) ~을 강조하다 (v) to stress; highlight, accentuate
		The nurse emphasized the importance of eating a balanced diet. The new insurance plan emphasizes wellness by providing reimbursement for health club memberships.
incur	(동)	㉹ (좋지 않은 결과)에 빠지다, 부딪히다, (위험 등)을 자초하다, (빚)을 지다 (v) to become subject to, experience, suffer, sustain, invite, acquire, earn, gain, deserve, encounter
		I incurred substantial expenses that my health plan does not cover. He incurs the cost of a co-payment at each doctor's visit.
nutrition	(명)	(명) 영양, 영양섭취(공급), 영양물, 음식물, (동, 식물의) 영양 작용, 영양학 (n) nourishment, diet, food, sustenance
		Good nutrition is essential if patients are to make a quick recovery. Support for good nutrition is needed in infancy, childhood, adolescence and adulthood, especially for girls and women. Difficulties with feeding and attaining optimal nutrition for growth are common problems in infancy.
personal	(형)	(형) 개인적인, 개인의, 일신상의, 사적인, 사사로운, 주관적인, 인간성의, 인격의, 개인(사)에 관한, 개인용의, 본인의, 직접의, 신체의, 모습의, 풍채의, (문법) 인칭의 (adj) individual, private, own, particular, special, peculiar, delicate, subjective, intimate, offensive, rude, derogatory, familiar, intrusive, impertinent, cheeky (파) personnel: a group of employees or workers
		My personal opinion is that the students should be doing more work outside the classroom. She has her own personal fitness instructor. The office manager insisted that she needed more personnel to finish the project on time. The employee went to see the director of personnel about taking an extended leave of absence.
	(명)	(명) (신문의) 명사 소식 기사, 개인광고, 인물 비평 (n) announcement, advert, advertisement
		The personals in newspaper means the part of a newspaper or magazine that contains short advertisements and private messages.
policy	(명)	(명) 정책, 정략, 방침, 방책, 수단, 방법 (n) a set of rules and regulations
		Company policy did not provide for overtime pay. The company's insurance policy did not cover cosmetic surgery.
portion	(명)	(명) ~의 일부, 부분, (나누어 갖는) 몫, 차지, (음식의) 1인분, 분해 자산, 상속분, 지참금 (n) a section or quantity within a larger thing; a part of a whole, helping, share, slice, serving, percentage, quota, ration, lot, measure, quantity, allotment, fraction, piece, bit, segment, section, fragment, scrap, division, (antonym) whole
		A portion of my benefits is my health care coverage. I am keeping a record of the portion of my income I spend on health care.
regard	(동)	㉹ ~을 (~으로) 간주하다, 여기다, (어떤 감정을 가지고) ~을 보다, 대하다, ~을 고려(고찰)하다, ~을 존중하다, 중요시하다, 평가하다, ~을 보다, 가만히 지켜보다, 응시(주시)하다 (v) stare, observe, view, watch, consider, hold, think, deem, see, view, interpret
		Her parents always regarded her as the smartest of their children. He is generally regarded as the father of international law.
	(명)	(명) 관계, 관련, 점, 사항, 주의, 고려, 관심, 주목, 응시, 주시, 호감, 호의, 평가, (행동, 의견의) 동기 (n) respect, esteem, favor, affection, repute, honor, concern, look, stare, gaze, glance (파) regardless: in spite of
		Regardless of the cost, we all need health insurance. I keep going to the same doctor, regardless of the fact that she does not take my pain seriously.

단어	품사	한글 의미, 동의어 / 예문
reimburse	(동)	(타) ~에게 변상하다, 배상하다, ~을 반제하다, 갚다, 상환하다 (v) pay back money spent for a specific purpose; repay, compensate
		The insurance company may not reimburse you for the entire cost of your medical care. The insurance company reimbursed him for the cost of his trip to the emergency room.
retain	(동)	(타) ~을 보유(유지)하다, 계속 지니다, 간직하다, 보존하다, ~을 마음에 간직하다, 기억해 두다, 잊지 않다, (고문료 등을 지불하고) (사람)을 고용하다, 의뢰하다, (어떤 장소, 상태에) 놓아두다 (v) recall, recollect, remember, hold, keep, preserve, maintain, save
		He managed to retain his dignity throughout the performance. She succeeded in retaining her lead in the second half of the race. The sea retains the sun's warmth longer than the land.
suit	(명)	(명) (의복, 갑옷 등의) 한 벌(한 조), 슈트 (신사복, 여성복 정장 한벌), (법률) 소송, 고소, 청원, 탄원, 소원, 간부, 중역, 고급 관료, 원로 정치가 (n) outfit, ensemble, uniform, costume, getup, garb
		All the businessmen were wearing pinstripe suits. The four suits in a pack of cards are hearts, spades, clubs, and diamonds.
	(동)	(타) ~을 적합하게 하다, 적응시키다, ~에 잘 맞다, 어울리다, (음식, 기후 등이) ~에 맞다, 적합하다, 편리하다, ~을 만족시키다, ~의 마음에 들다, 형편에 좋다 (v) to be appropriate; to satisfy, flatter, become, enhance, match, harmonize, befit
		This insurance plan does not suit our family as is does not cover well-baby care. I have finally found a health plan that suits my condition.
treat	(동)	(타) (사람 등)을 다루다, 대우하다, 처우하다, (문제, 사물, 사람 등)을 ~으로 간주하다, (병, 환자 등)을 처치하다, 치료하다, 고치다, (문제 등)을 논하다, 다루다, (문학, 미술 등에 있어서) (주제)를 다루다, 표현하다, ~을 대접하다, 환대하다 (자) (논문, 연설 등이 문제를) 다루다, 논하다, 한턱 내다, 음식을 대접하다, 향응하다, (~와/~의 일로) 교섭하다, 담판하다, 흥정하다 (v) give, discuss, handle, consider, doctor, nurse, cure, heal, remedy, regard, indulge, spoil, pamper
		My parents treated us all the same when we were kids. Western medicine tends to treat the symptoms and not the cause.
	(명)	(명) 대접, 환대, 접대, (n) luxury, extravagance, indulgence, delicacy, pleasure, delight; (antonym) necessity (파) treatment: (명) 취급, 처우, 대우, 치료, 치료법, (양식, 수법 등에서 본 문학, 예술상의) 표현 방법, 논술 방법, (약품 등에 의한) 처리; care provided for a medical condition
		His health realty improved under his new doctor's treatment. The treatment that the doctor recommended was expensive and not really effective.

A.10.4 Hospitals

단어	품사	한글 의미, 동의어 / 예문
accompany	(동)	(타) ~와 동반하다, ~을 따라가다, 수행하다, ~을 배웅하다, ~와 함께 하다, ~와 함께 있다, ~에 수반하다, ~와 동시에 일어나다, 곁들이다, 덧붙이다, (음악) 반주하다 (v) to go with, escort, attend, convoy, supplement, complement
		It is a good idea to ask a friend or relative to accompany you to a doctor's appointment when serious treatments will be discussed. Detailed instructions accompany most medications.

단어	품사	한글 의미, 동의어 예문
admit	(동)	(타) ~을 들이다, 들어오게 하다, ~에 입장, (남)에게 (신분, 특권 등을)허락하다, ~의 특권 행사를 허가하다, ~을 타당(정당)하다고 인정하다, 승인하다, 고백하다, (장소, 건물 등이) (사람을 넣을 (수용할) 수 있다, ~의 여지가 있다 (v) to permit to enter; confess, concede
		The injured patient was admitted to the unit directly from the emergency room. The staff refused to admit the patient until he had proof of insurance.
authorize	(동)	(타) ~에게 권한을 주다, 인가/허가하다 (v) to approve
		The doctor suggested that she check with her insurance company to make sure it would authorize a lengthened hospital stay. We cannot share the test results with you until we have been authorized to do so by your doctor.
conscious	(형)	(형) 의식하고 있는, 자각하고 있는, 제정신의 , 의식이 있는, 자의식이 강한, 신중한, 의식적인, ~을 의식한 (adj) aware, congnizant, sensible, awake, alert, deliberate, intentional
		Our subconscious mind registers things which our conscious mind is not aware of. He gradually became conscious (of the fact) that everyone else was wearing a suit. He's obviously making a conscious effort to be nice to me at the moment.
comply	(동)	(타) 따르다, 동의하다, 승낙하다 (v) obey, follow, fulfill, submit, conform, observe
		There are serious penalties for failure to comply with the regulations. The company said that it had always acted in compliance with environmental laws.
designate	(동)	(타) 가리키다, 지시하다, 나타내다, 의미하다, 명명하다, 칭하다, 지명하다, 선정하다 (v) indicate or specify
		The labels on the bags designated the type of blood they contained. On her admittance form, she designated this first son as her chief decision-maker.
deficient	(형)	(형) (요소, 특성이) 결핍되어 있는, 부족한, 불충분한, 불완전한 (adj) lacking, incomplete, faulty, defective, imperfect, unsatisfactory
		A diet that is deficient in protein is harmful to children. A diet deficient in vitamin D may cause the disease rickets. The actual need for hospital care for mental deficients is probably higher, because there are many who need this care who are not on any waiting list.
escort	(명)	(명) (집합적, 단·복수 양용) (경호, 의전상의) 호송자 (호위자), 경호원(대), 의장병(대), 수행원, (사교 모임에서의) 이성 동반자 (n) a person accompanying another to guide or protect, companion, attendant, bodyguard, chaperon, aide, guide, minder
		Let's see if there is an escort available to take you to the parking garage. You cannot leave the restricted unit on your own; you'll have to wait for an escort.
	(동)	(타) ~을 호위하다, 호송하다, ~을 에스코트하다 (v) accompany, usher, lead, attend, shepherd, chaperon, guide, conduct
		Several little boats escorted the sailing ship into the harbor. The police escorted her to the airport, and made sure that she left the country.
identify	(동)	(타) (동일물, 본인 이라고) 확인하다, ~이라고 인정하다, 감정(식별)하다, ~의 신원을 확인하다, ~을 동일시하다, 동일하게 취급하다, ~의 검증(감정) 수단이 되다, ~의 정체를 보이다, ~와 동일시(동일화)하다, 일체감을 갖다, 공감하다 (v) to ascertain the name or belongings of; uniqueness personality
		The tiny bracelets identified each baby in the nursery. Your medical records are all marked with your patient number to identify them in case of a mix-up.
mission	(명)	(명) (외국에 파견되는) 사절단, 파견단, (군사 작전상의) 특별(비행)임무, (교회) 전도단, 포교단, 선교사단체, 포교 시설, 전도구, 전도(포교) 활동, 사명, 천직 (n) an inner calling to pursue an activity or perform a service, assignment, task, job, work, charge, duty, operation, exercise, errand, enterprise, quest, calling, vocation, purpose, goal, aim, objective, pursuit, delegation, deputation, taskforce, legation, group, embassy

단어	품사	한글 의미, 동의어 예문
		The hospital chaplain took as his mission to visit every patient admitted each day. The nurse explained that the mission of everyone in the unit was to make sure the patients got well as soon as possible.
pertinent	(형)	(형) 딱 들어맞는, 적절한, ~에 해당하는, (명) 적절, 타당 (adj) having relevance to the matter at hand; relevant, related, appropriate, apposite, valid
		You should mention any patient health issues to the staff before you are admitted for surgery. The patient's health record contained pertinent information, like the dates of all his inoculations.
procedure	(명)	(명) (행위, 상태, 사정 등의) 진행, 진전, 절차, 순서, 수단, 행동, 행위, (운영상의) 절차, (법률) 소송 절차, (~의) 조치, 처분, (의학적인) 처치, (컴퓨터) (명령, 처리의) 절차 (n) a series of steps taken to accomplish an end
		The surgical procedure can now be done in half the amount of time it took even five years ago. Call the hospital to schedule this procedure for tomorrow.
physician	(명)	(명) 의사, 내과의사, (비유적) (질병, 번민 등을) 고치는 (덜어주는) 사람 (n) doctor, surgeon, medical doctor
		Physician is a medical doctor, especially one who has general skill and is not a surgeon.
statement	(명)	(명) 성명, 진술, 신고, 공술, 성명서, (상업) 계산서, 명세서, (컴퓨터) 문, 문장, 명령문, 프로그램 기술상 필요한 기본적 표현(스테이트먼트), (문법) 평서문, 진술문 (n) an accounting showing an amount due; a bill
		The billing statement was filed with the insurance company last month. Check with your doctor's office for an original statement; we cannot process a faxed copy.
surgery	(명)	(명) 외과(의술), 수술, 수술실, 의원, 진료실, 진료시간 (n) a medical procedure that involves cutting into the body
		The development of medical technology has made surgery much easier on the patient. She has to stay in the hospital for several days following the surgery.

A.10.5 Pharmacy

단어	품사	한글 의미, 동의어 예문
advanced	(형)	(형) 앞쪽에 놓인, 전진한, 나아간, 진보적(급진적)인, 고등의, 상급의, (시간이) 지난, (밤이) 이슥한, 나이를 먹은, (값이) 보통보다 비싼 (adj) progressive, forward-thinking, unconventional, innovative, radical, higher, superior, sophisticated, complex, difficult, developed, later, future, proceeded, progressed, improved, developed, enhanced, increased, expanded, spread
		Passing a written exam is a prerequisite for taking the advanced course. Advanced course is a school class that is doing work of a higher standard than is usual for students at that stage in their education.
consult	(동)	㈅ ~의 의견을 듣다, ~에게 조언(정보)를 구하다, ~에게 상의(상담)하다, (의사에게) 진찰을 받다, (서적 등)을 참고로 하다, 들춰보다, ~을 조사하다, (남의 이해 관계, 편의 등)을 고려에 넣다, 고려하다, ~의 고문(상담역)으로 일하다 (v) to seek advice or information of
		The doctor consulted with a specialist before writing a new prescription. May I consult with you about a drug interaction case I have?
convenient	(형)	(형) 형편이 좋은, 편리한, 알맞은, 가까운, 가까워서 편리한, 손쉬운 (adj) suited or favorable to one's purpose; easy to reach
		Is this a convenient location for you to pick up your prescription?

단어	품사	한글 의미, 동의어
		예문
		It is convenient to have a pharmacy right across the street from my doctor's office.
detect	(동)	㉹ (남의 비행 등)을 찾아내다, ~의 현장을 목격하다, ~의 성격을 간파하다, 탐지하다, ~을 눈치채다, 냄새를 맡다, 인지하다, (화학) ~을 검출하다, (통신) ~을 검파하다, (형사, 탐정이) 수사(탐색)하다 (v) to discover or ascertain
		My doctor put me through some simple tests to detect if I have asthma. I have to keep track of my sleep patterns to detect how many times I get up in the night.
factor	(명)	(명) (어떤 결과를 낳는) 요인, 요소, 원인, (수학) 인수, 인자, 약수, (기계) 계수, 율, (생물) 유전인자 (n) a contribution to an accomplishment, a result, or a process, issue, influence, feature, reason, cause, dynamic, element, thing, consideration, circumstance, component, part
		Taking medications as directed is an important factor in getting well. Price will be a major factor in the success of this new product. Two, three, four and six are all factors of twelve.
	(동)	㉹ (수, 식)을 인수로 분해하다, ~을 요소에 넣다, 고려하다, (어음)의 매입을 하다 (v) to express (a mathematical quantity) as a product of two or more quantities of like kind
		How many of their operations are factored? Factoring is just one way of raising capital in the short term.
interaction	(명)	(명) (~사이의) 상호작용, 대화, 접촉, (물리) 상호작용, (컴퓨터) 대화 (n) a mutual activity
		My pharmacist was concerned about the interaction of the two medications I was prescribed. The interaction between the patient and the doctor showed a high level of trust.
pharmacy	(명)	(명) 약학, 약제학, 조제학, 조제술, 약국, 약방, 제약(조제)업 (n) drug store, apothecary, dispensary
		She studied pharmacy before she got a job with a big chain store. Pharmacy is a shop or part of a shop in which medicines are prepared and sold.
prescribe	(동)	㉹ ~을 규정하다, ~라고 정하다, ~을 명령(지시)하다, (병리) (요법, 약 등)을 (질병 또는 사람에게) 처방하다, (버률) ~을 시효에 걸리게 하다, 시효에 의해 무효가 되다, (취득 시효에 의해) ~의 권리를 주장하다 (v) recommend, suggest, advise, propose, counsel, advocate, commend, set, fix, stipulate, order, impose, demand, specify, particularize
		The doctor prescribed some medicine and told her to have a week's rest. Penalties for not paying taxes are prescribed by law. Grammatical rules prescribe how words may be used together.
medicinal	(형)	(형) 약의, 의약의, 약효가 있는, (병을) 고치는, 위생적인, 건강에 좋은 (adj) therapeutic, curative, remedial, healing, homeopathic, pharmaceutical, medical, restorative, tonic (cf) medicine 약, 약물
		I keep a bottle of brandy purely for medicinal purposes. It is said that the spring water has medicinal properties.
relieve	(동)	㉹ (고통, 애로, 부담 등)을 경감하다, 덜다, 편하게 한, 완화하다, ~을 안심시키다, 위안하다, (긴장 등)을 풀다, (고통 등에서) (남)을 해방하다, 구제하다, (책임, 부담 등)을 제거하다, ~에 변화를 주다, ~와 교체시키다, ~을 해임하다, ~을 두드러지게 하다, 돋보이게 하다 (v) dismiss, release, sack, discharge, fire, ease, alleviate, allay, reduce, mitigate, lessen, lighten, help, release, replace
		She was given a shot of morphine to relieve the pain. The routine was the same every day, with nothing to relieve the monotony. An armoured battalion was sent to relieve the besieged town.
remedy	(명)	(명) 치료, 의료, 요법, 의약(품), 교정법, 구제(개선)책, (법률) 구제 방법, 배상 (n) medicine, medication, preparation, mixture, therapy, cure, tonic, solution, answer, antidote, therapy, treatment, resolution, alleviation
		The best remedy for grief is hard work. Remedy is a substance or method for curing an illness, or a way of dealing with a

단어	품사	한글 의미, 동의어 / 예문
		problem or difficulty.
	(동)	[타] ~을 고치다, 치료하다, ~을 보수하다, ~을 교정하다, 구제하다, ~을 배상하다 (v) cure, relieve, improve, alleviate, treat, fix, resolve, correct, solve, deal with
		This mistake must be remedied immediately. We are working hard to remedy these shortcomings.
monitor	(명)	(명) (컴퓨터 등의) (시스템 전체의 작동을 감시, 제어하는) 모니터 프로그램, 데이터 표시 장치, (제품, 프로 등에 대한 의견을 제공하는) 방송 청취자(모니터), (학교의) 학급 대표 (n) screen, display, observer, supervisor, overseer, inspector, proctor, disciplinarian
		They are employed as monitors to make sure that the organization works within the law. Doctors watched the old man's heartbeat on a monitor.
	(동)	[타] (라디오, TV) (방송, 전파 등을) 감시하다, (검열, 검토 등을 위하여 방송을) 청취하다, 엿듣다, (기계 등을) 관찰하다, (레이더로 항공기 등을) 추적하다, (의학) (기기로) 감시하다, (물리) ~의 방사능을 검사하다 (v) check, watch, observer, supervise, scrutinize, examine, censor
		The new findings suggest that women ought to monitor their cholestrerol levels. The police were monitoring his phone calls.
potential	(형)	(형) 발전(발달) 가능성이 있는, 잠재적인, 잠재력이 있는, 있을(일어날) 수 있는, 가능한, (물리) 위치의, (문법) 가능을 나타내는, (adj) capable of being but not yet in existence; possible; prospective, probable, impending, hypothetical, conceivable, imaginable, thinkable
		To avoid any potential side effects from the medication, be sure to tell your doctor all the drugs you are currently taking. Given the potential delay in getting reimbursed by the health plan, why don't we just fill one prescription today?
	(명)	(명) 가능성, 잠재 능력, (문법) 가능법, (물리) 전위, (수학) 포텐셜 함수 (n) aptitude, ability, capacity, possibility, capability, promise
		The region has enormous potential for economic development. She keeps saying I should live up to my potential.
sense	(명)	(명) 감각, 관능, 감각기능, 느낌, 의식, 지각, (지적, 도덕적) 관념, 감각, 의식, 지각 능력, 센스, 감, 정상적인 의식, 건전한 정신, 본심, 판단력, 사려분별, 양식, 도리에 맞는 일, (행동, 발언 등의) 진의, 의미, 요점, 골자, 가치, 진가, 중요성, 유용성, 장점, (집회 참가자, 집단의) 의견, 의향, 판단, (수학) 벡터의 한쪽 방향 (n) a judgement, and intellectual interpretation, intelligence, intellect, appreciation, awareness, consciousness, feel, perception, impression, sensation, gist, substance drift, nub, idea, essence, opinion, view, viewpoint, purpose, meaning
		The doctor had a good sense about what the problem was but wanted to get a second opinion. I got the sense it would be better to get my prescription filled right away.
	(동)	(동) ~을 감지하여 느끼다, ~을 낌새채다, ~을 이해하다, 깨닫다, (컴퓨터) (기록 매체상의 정보)를 판독하다, (기계 장치가) (빛, 온도, 방사능 등)을 탐지하다 (v) detect, identify, distinguish, recognize, intuit, guess, suspect, infer, perceive, discern, intuit (파) sensor
		Although she said nothing, I could sense her anger. He sensed something was about to happen.
volunteer	(명)	(명) 지원자, 자원 봉사자, 독지가, 지원(의용)병, (법률) 임의행위자, 무상 취득자, (농업) 자생 식물 (n) helper, unpaid worker (파) voluntarily 자발적으로, 임의로; voluntary 자발적인, 자유의지에 의한, 자원한, 자발적인 행위
		The health clinic is relying on volunteers to run the office and answer the phones. Since it would be a highly dangerous mission, the officer asked for volunteers.

단어	품사	한글 의미, 동의어 / 예문
	(동)	㊅ 자진하여 하다, 지원하다, 지원병이 되다, (식물이) 자생하다 (v) offer, agree, undertake, give, tell, acquaint, advise, inform, notify, to perform a service by choice or without being asked
		My doctor volunteered to call the drugstore, so my medication would be waiting for me. Since he was feeling so unwell, his son volunteered to pick up his prescription at the pharmacy for him.

A.11 Nature, City Life (자연, 도시 생활)

A.11.1 Natural Environment, Weather

단어	품사	한글 의미, 동의어 / 예문
atmosphere	(명)	(명) (지구를 둘러싸고 있는) 대기, 공기, (천문) (천체를 둘러싼) 가스체, 대기, 기압, 분위기, 주변정황, 환경, (예술 작품이 풍기는) 분위기, 느낌, 톤, (장소 등의) 정서, 정취, 맛 (n) air, sky, heaven, ether, ambiance, impression, feeling, mood, tone, environment, character, ambience
		A few plants in an office will improve the atmosphere. There has been an atmosphere of gloom in the factory since it was announced that it would be closing. He put on some soft music and turned the lights down in order to give the room a little more atmosphere.
cultivate	(동)	㊅ (논밭)을 갈다, 경작하다, ~을 재배하다, 배양하다, ~을 양성하다, ~을 계발(교화)하다, (예술, 과학 등의 발달을) 촉진하다, 장려하다, (예술 등에) 몰두하다, 탐닉하다 (v) nurture, promote, encourage, foster, support, develop, improve, enrich, farm, grow, plant, plow, plough
		The villagers cultivate mostly maize and beans. The new prime minister is cultivating relationships with East Asian countries.
drought	(명)	(명) 가뭄, 한발, 부족, 결핍 (n) lack, dearth, deficiency, scarcity, famine, (anto) abundance
		This year a severe drought has ruined the crops. Drought is a long period when there is little or no rain.
ecology	(명)	(명) 생태학, 자연 환경, 생태 환경 보존 (n) biology, ecosystem, bionetwork, conservation, environmentalism
		The oil spill caused terrible damage to the fragile ecology of the coast. The developments will extend further into the shore, so further destroying the river's ecology.
extinction	(명)	(명) 끄기, 꺼지기, 소화, 소등, (종족, 생물 등의) 사멸, 절멸, (관직, 제도 등의) 폐지, (권리, 부채 등의) 소멸, 완제, (희망 생명력 등의) 소멸 (n) death, extermination, loss, annihilation, disappearance, elimination, (anto) survival
		Many species of plants and animals are in danger of/threatened with extinction (= being destroyed so that they no longer exist). Strong enhancement and extinction of single harmonic intensity in the mid- and end-plateau regions of the high harmonics generated in weakly excited laser plasmas.
habitat	(명)	(명) (생태) (생물을 둘러싼) 환경, 거주 환경, (동식물의) 서식지, 생육지, 산지 (n) home, locale, environment, territory, habitation, haunt, surroundings; a tropical habitat (열대 서식지)
		Habitat is the natural surroundings in which an animal or plant usually lives. With so many areas of woodland being cut down, a lot of wildlife is losing its

단어	품사	한글 의미, 동의어 예문
		natural habitat. Secondly, the wildlife has to compete with the surrounding agriculture for the habitat.
inclement	(형)	(형) (날씨가) 험악한, 폭풍우의, 혹심한, 매서운, 추운, (성질이) 냉혹한, 무자비한 (adj) intemperate, extreme, severe, bad, foul, rough, harsh, stormy, rainy, windy, squally, (anto) pleasant
		Inclement weather is unpleasant, especially with cold wind and rain. The concert in the park was postponed because of the inclement weather.
inflict	(동)	㈖ (남에게) (타격, 고통 등)을 가하다, 주다, (형벌 등)을 지우다, 가하다, (싫은 것)을 짊어 지우다, 끼치게 하다, (사람)을 괴롭히다 (v) impose, exact, wreak, perpetrate, visit, cause
		These new bullets are capable of inflicting massive injuries. The suffering inflicted on these children was unimaginable. Why would anyone inflict harm on a helpless animal?
moderate	(형)	(형) (사람, 행동 등) 극단에 흐르지 않는, 온건한, 보통인, 중간의, 그저 그런, (날씨 등) 온화한 (adj) reasonable, modest, sensible, restrained, judicious, temperate, adequate, sufficient, fair, mild, rational, measured, average, medium, normal, balanced, middling, ordinary, adequate, mean, mediocre, slight, trivial, (anto) extraordinary, significant
		Imposing sanctions is a moderate action when you consider that the alternative is military intervention. There has been a moderate improvement in her health since she began the treatment. The party includes both extremely conservative and moderate members.
	(동)	㈖ ~을 적당하게 만들다, ~을 완화하다, (토론회, 집회 등) 사회를 보다, 누그러지다, 가라앉다, 온화해지다 (v) curb, control, diminish, restrain, regulate, temper, lessen, subdue, tame, arbitrate, mediate, referee, facilitate, umpire, orchestrate, regulate, direct, manage, conduct
		The president may have to moderate his stance on tax cuts. Weather conditions have moderated, making a rescue attempt possible.
meteorology	(명)	(명) 기상학, (한 지방의) 기상 (n) climatology, weather-casting
		Meteorology is the scientific study of the processes that cause particular weather conditions. The focus was on meteorology, magnetism, atmospheric science, and ionospheric physics, and investigating the global implications of the newly discovered 'jet stream'.
purify	(동)	(타) (물질적으로) ~에서 더러움을 제거하다, ~을 정화하다, 정제하다, (국어)를 순화하다, (정신적으로) ~을 깨끗하게 하다, (죄를) 씻어 주다, ~에서 (반대파를) 추방(숙청)하다 ㈗ 깨끗해지다, 순화되다 (v) cleanse, disinfect, sanitize, decontaminate, clean, filter, refine, distill, sterilize, distill, (anto) contaminate
		The sample's density is a measure of its purity. For Christians, the Virgin Mary is a symbol of purity.
reciprocal	(형)	(형) 상호의, 서로의, 호혜적인, 상호 교환의, 답례의, 보답의, (수학) 상반하는, 역의 (adj) mutual, give-and-take, joint, shared, equal, common. communal, (anto) one-sided
		A reciprocal action or arrangement involves two people or groups of people who behave in the same way or agree to help each other and give each other advantages. We have agreed to exchange information about our two companies, but strictly on a reciprocal basis.
	(명)	(명) 상호적인 것, 상대되는 것, (수학) 역수, 반수, (n) one that is reciprocal to another, equivalent, counter part, complement, (math) the ratio of unity to a given quantity or expression
		Reciprocal is a number that when multiplied by another number results in 1. If variable X is given, its reciprocal is calculated as 1/X.

단어	품사	한글 의미, 동의어 / 예문
seasonal	(형)	(형) 계절의, 계절적인, 계절마다의, 주기적인, 정기적인, (adj) cyclical, periodic, cyclic, regular, spring, limited, sporadic, intermittent, temporary, casual, recurring, recurrent, serial, regular, continuing, traveling, wandering, drifting, itinerant, nomadic, migratory
		Temperatures will remain below seasonal levels, especially near the Atlantic coast. Construction employment, which had been surprisingly strong since the beginning of the year, fell by 65,000 after seasonal adjustment.
sustain	(동)	(타) (무게)를 떠받치다, 지탱하다, (중책)을 맡다, (손해, 상처 등)을 입다, 받다, ~을 지속(계속)하다, (시설, 생명)을 유지하다, ~을 부양하다, (약할)을 능숙하게 연기하다 (v) withstand, bear, tolerate, endure, weather, brook, stand, support, maintain, continue, uphold, prolong, protract, nourish, support, feed, assist, nurture, suffer, incur, contract, encounter, experience, undergo
		Economic growth cannot be sustained without a rise in inflation. A large international meeting was held with the aim of promoting sustainable development in all countries.
sewage	(명)	(명) (하수의) 오물, 오수 (n) manure, dirt, mess
		Raw/untreated sewage is being pumped into the sea, from where it pollutes our beaches. Sewage works is a place where sewage is treated so that it can be safely got rid of or changed into fertilizer.
weather	(명)	(명) 천기, 천후, 날씨, 기상, 거친 날씨, 비바람, 일기예보, 풍화 (n) climate
		The weather in the mountains can change very quickly, so take appropriate clothing. I always wear gloves in cold weather.
	(동)	(타) ~을 비바람에 맞게하다, 말리다, 널다, <지질> (암석)을 풍화시키다, (폭풍우, 곤란)을 이겨내다, <건축> (물이 흘러내리도록) ~을 경사지게 하다 (자) 변화하다, 풍화하다, 이겨내다, 난국을 뚫고 나아가다 (v) endure, withstand, survivie, erode, season, toughen, harden, coarsen
		As a small new company they did well to weather the recession. Rock is weathered by the action of ice and changes in temperature.

A.11.2 Natural Disaster

단어	품사	한글 의미, 동의어 / 예문
contingency	(명)	(명) 우연(성), 우발, 불확실, 뜻밖의 일, 우발 사건, 불의의 사고, 부수적 사건, 임시 지출 (n) eventuality, possibility, likelihood, exigency, emergency, incident
		You must be able to deal with all possible contingencies. Have you made any contingency plans?
devastate	(동)	(타) ~을 유린하다, 황폐시키다, ~을 꺽다, 압도하다 (v) overwhelm, overcome, confound, shock, distress, upset, destroy, shatter, demolish, ravage, wreck, ruin, spoil, (anto) comfort, preserve
		Waves of corporate downsizing have devastated employee morale. The town was devastated by a hurricane in 1928.
disaster	(명)	(명) 재해, 천재, 재앙, 끔찍한 불행, 대재난, 참사, 완전한 실패 (n) tragedy, ruin, adversity, catastrophe, calamity, cataclysm, misadventure, mischance, misfortune, blow, failure, debacle, fiasco, mess, blow, (anto) success
		Heavy and prolonged rain can spell disaster for many plants. The plane narrowly avoided disaster when one of the engines cut out on take-off. Insurance companies often charge extra to cover floods, earthquakes, or other natural disasters.
evacuate	(동)	(타) (집 등을) 비우다, (위험 지역에서) (주민 등)을 피난 시키다, 옮기다, (부상병 등)을 후송하다, ~을 철수 하다, (위장 등)을 비우다, 배출하다, 배설

단어	품사	한글 의미, 동의어 예문
		하다 (v) empty, abandon, leave, vacate, relinquish, clear, send away, (anto) fill
		When toxic fumes began to drift toward our homes, we were told to evacuate. Residents were ordered to evacuate the area before the hurricane made landfall.
forbid	(동)	[타] ~을 금하다, (행위, 소지, 출입 등)을 금하다, ~을 (규칙, 법률 등에 의해) 금지하다, 막다 (v) prohibit, ban, bar, prevent, outlaw, stop, hinder, inhibit, (anto) allow
		He was forbidden from leaving the country. The defeat of the bill has increased the probability of a test case being brought to challenge the constitutionality of the law forbidding their sale.
foresee	(동)	[타] ~을 예감(예지, 예견)하다, ~을 미리 보다, [자] 선견지명을 갖다, 통찰력을 발휘하다 (v) predict, foreknow, forecast, expect, anticipate, foretell, prophesy, divine
		I don't foresee any difficulties so long as we keep within budget. He foresaw the need for cars that would be less polluting.
impending	(형)	(형) 임박한, 박두한 (adj) imminent, looming, awaiting, approaching, future, coming, forthcoming, appearing, threatening, menacing, hovering, hanging, overshadowing
		The player announced his impending retirement from international football. The impending crisis over trade made everyone nervous.
imperative	(형)	(형) (행동, 사정 등) 피할 수 없는, 부득이한, 필수적인, 긴급한, 중요한, 명령적인, 명령하는, 단호한, (문법) 명령법의 (adj) authoritative, domineering, bossy, imperious, overbearing, commanding, vital, crucial, essential, urgent, necessary, important, requirement, law, rule, constraint, obligation, must, need, priority, (anto) unimportant, option (명) 명령, 요청, 의무, 책무, 피할 수 없는 것, 긴급한 과제
		The president said it was imperative that the release of all hostages be secured. It's imperative to act now before the problem gets really serious.
migration	(명)	(명) 이주, 이동, 옮겨 살기, 인구 이동, 이주단, 이동 동물, 철새, (화학) (원자) 이동, (전기분해에서) 이온의 이동 (n) relocation, immigration, passage, exodus, movement, journey, voyage, trek, resettlement
		Outsourcing involves the migration of jobs to areas with low labour costs. They have announced the date for the migration of customers to the new trading system. Our specialty is the migration of software from Windows to Linux (or vice versa).
persistent	(형)	(형) 고집하는, 집요한, 끈기있는, 완고한, 지속성의, 끊임없는, 잎이지지 않는, 상록의, 다년생의, 소멸하지 않는, (화학 약품 등이) 분해하기 어려운, 안정된, (바이러스, 세균 등의) 잠복기가 긴 (adj) tenacious, determined, obstinate, insistent, dogged, stubborn, tireless, assiduous, importunate, steadfast, continuing, continual, unrelenting, incessant, constant, relentless, permanent, lasting, remaining, enduring, unshakable, determined (파) persistency, (명) 고집, 집요함, 인내력, 불굴, 지속, 영속, 결과(효과)의 지속
		Symptoms of the illness include a high temperature and a persistent dry cough. She is a persistent offender and has been arrested five times this year for shoplifting.
precaution	(명)	(명) (~에 대한) 예방조치, 예방책, 사전 대책, 조심, 경계, (n) protection, insurance, safeguard, provision, security, deterrent
		hey failed to take the necessary precautions to avoid infection. Hospital staff are stressing the tests are purely precautionary and say the chances of anyone catching the disease are a million to one.
perish	(동)	[타] (폭력, 재난, 궁핍 등 때문에) 죽다, 비명에 가다, 사라지다, 소멸하다, 무너지다, (추위가) (농작물 등을) 해치다, 얼어 죽게 하다, 몹시 괴롭히다 (v) die, expire, succumb, decease
		He believes that Europe must create closer ties or it will perish. It's important to store perishable food in a cool place.
sturdy	(형)	(형) 신체가 강건한, 억센, 튼튼한, 기운찬, 불요불굴의, 성장력이 강한, 추위를 견디는 (adj) robust, durable, strong, well-made, tough, solid, secure, substantial, rugged, hard-wearing, powerful, strapping, muscular, mighty, determined, strenuous,

단어	품사	한글 의미, 동의어 / 예문
		vigorous, enthusiastic, energetic, forceful, resolute, steadfast, decisive
		They put up a sturdy defence of their proposal. That ladder doesn't look sturdy enough to hold you.
surpass	(동)	㈕ (양, 정도 등) ~을 능가하다, 넘다, (능력, 업적 등이) ~보다 뛰어 나다 (v) exceed, beat, better, outdo, outshine, outstrip, top, transcend, excel
		His time for the 100 metres surpassed the previous world record by one hundredth of a second. Our team's achievements surpass those of teams in earlier years.
wane	(동)	㈕ (달이) 기울다, 작아지다, (권력, 명성 등이) 약화되다, 시들다, (힘, 강도 등이) 감소되다, 종말에 가까워지다 (v) diminish, decrease, decline, fade, disappear, vanish, (anto) wax
		The moon wanes when it gradually appears less and less round, after the full moon. There are signs that support for the group is on the wane.

A.11.3 Urban vs. Rural

단어	품사	한글 의미, 동의어 / 예문
ail	(동)	(타)~을 괴롭히다, 고민하게 하다, 번거롭게 하다 ㈆ 아픔을 느끼다, 앓다, 기분이 좋지 않다. (v) trouble, pain, distress, affect, afflict, bother, upset, worry, suffer
		The government seems to have no understanding of what ails the country. She had been ailing for years before she died.
ascend	(동)	㈕ 오르다, 올라가다, 상승하다, (길이) 오르막이 되다, 승진하다, (값이) 오르다, 거슬러 올라가다, (음이) 높아지다 (타)~을 오르다, ~에 올라가다 (v) rise, climb, soar, arise, climb, mount, scale, lead
		There's a long flight of steps ascending (= leading up) to the cathedral doors. He eventually ascended to the position of chief executive.
corporation	(명)	(명) 법인, 사단법인, 조합, 협회, 단체, (the Corporation) 시정 집행기관 (n) company, business, establishment, concern, organization, house, conglomerate, group
		She didn't want to work for a big corporation where everything was so impersonal. Whether you work for a large corporation or small company, following these easy guidelines can help you to succeed.
convene	(동)	㈕ (회원 등이) 모이다, (회의가) 개최되다 (타)~을 모으다, 소집하다, ~을 불러내다, 호출하다 (v) assemble, summon, organize, arrange, convoke
		The prime minister convened (a meeting of) his cabinet to discuss the matter. Peace talks will convene next month. An emergency board meeting was convened by the directors later that afternoon.
courteous	(형)	(형) 예의바른, 공손한, 친절한, 인정 많은, 세련된 (adj) polite, well-mannered, considerate, chivalrous, civil, genteel, gallant, (anto) rude
		Although she often disagreed with me, she was always courteous. An example is knowledge of how to be courteous in a given culture.
curb	(명)	(명) (말의) 고삐, 재갈, 틀, 골격, 가장자리 장식, (보도나 담 등의 가장자리에 붙이는) 연석, (n) control, limit, restriction, restraint, check
		You must try to put a curb on your bad temper/spending habits. She stood on the curb and waited until the light turned green to cross the street.
	(동)	(타)~을 구속하다, 억제하다, ~에 고삐를 매다, 재갈을 물리다, ~에 연석을 붙이다 (v) restrain, control, limit, curtail, reduce, check, verge, edge, wayside, pavement
		You really need to curb your spending.

단어	품사	한글 의미, 동의어 예문
		The government should act to curb tax evasion.
deciduous	(형)	(형) 낙엽성의, 탈락성의, 새것으로 바뀌는, 영속하지 않는, 일시적인 (adj) shedding the leaves annually, impermanent, transitory; deciduous teeth (유치, 젖니)
		This is a wide-spreading tree with deciduous foliage, and armed with spines along the branches. A deciduous tree loses its leaves in autumn and grows new ones in the spring.
deprivation	(명)	(명) (관직, 특권 등의) 박탈, 해임, 면직, (아까운) 손실, 상실, (근친과의) 사별, (필수품의) 결핍, 궁핍, 애정 결핍, 정서 차단 (n) lack, deficiency, scarcity, denial, withdrawal, removal, dispossession, deficit, poverty (파) deprive
		There were food shortages and other deprivations during the Civil War. Some parents deprive themselves of many pleasures so that their children can have the best of everything.
enact	(동)	㈕ ~을 법률로 만들다, 법제화하다, (법령을) 발하다, 제정하다, (법률로) 규정하다, ~을 하다, 행하다, 수행하다 (v) pass, ratify, endorse, decree, sanction, ordain, legislate, authorize, proclaim, perform, play, portray, represent, (anto) reject
		It is enacted that smoking is not allowed within this building. A package of economic sanctions is to be enacted against the country.
marginal	(형)	(형) 가장자리의, 가의, 변경 지역에 사는, 한계의, 최저한의, (경제) 한계 수익점의, 한계 채산상품의 (adj) bordering, peripheral, borderline, fringe, negligible, minimal, low, minor, slight, irrelevant, trivial, unimportant, insignificant, minor, subsidiary, secondary, (anto) crucial
		The report suggests that there has only been a marginal improvement in women's pay over the past few years. The difference between the two bids was marginal. Their contribution to business strategy has been marginal.
municipal	(형)	(형) 시의, (자치) 도시의, 시정의, 지방자치의, 한지방에 한정된, 작은 범위의, 내정의 국내의 (adj) civic, public, community, urban, metropolitan, (anto) private
		This is the municipal swimming pool. They are responsible for municipal leisure facilities. The odds seem to favor selling instead of buying municipals.
obstruct	(동)	㈕ (도로, 수로 등)을 막다, 차단하다, (일의 진행이나 사람의 활동)을 방해하다, 훼방 놓다, (빛, 소리, 전망 등)을 차단하다 (v) hinder, block, barricade, impede, thwart, frustrate, hamper, check, complicate, bar, stop, prohibit, (anto) assist, clear
		After the earthquake many roads were obstructed by collapsed buildings. Trees obstructed our view of the ocean.
stagnant	(형)	(형) (액체, 공기 등이) 고여있는, 흐르지 않는, 발전(진보, 성장, 향상)이 없는, 활기가 없는, 침체해 있는, 불경기의, 부진한 (adj) still, motionless, quiet, stationary, standing, immobile, sluggish, inactive, inert, torpid, dull, heavy, dormant, moribund, (anto) moving, flowing, active
		Hot, stagnant air filled the subway. The business sector was pressing for tax cuts to stimulate a stagnant economy.
uphold	(동)	㈕ ~을 떠 받치다, 지지하다, ~을 들어 올리다, ~을 지지하다, 시인하다, ~에 찬성하다, ~을 원조하다, 장려하다, 고무하다, (법률) (판결을) 확인하다, (전통, 명성 등)을 유지하다, 보존하다 (v) support, sustain, maintain, defend, endorse, advocate, espouse, encourage
		As a police officer you are expected to uphold the law whether you agree with it or not. We will endeavour to uphold the high educational standards which have become associated with this institution.
urban	(형)	(형) 도시의, 도시에 사는, 도회지 풍의 (adj) city, town, built-up, municipal, inner-city, metropolitan, borough, (anto) rural, country
		The speaker gave an interesting presentation on urban transport. Urban renewal is the improvement and sometimes replacement of buildings in a city,

단어	품사	한글 의미, 동의어 / 예문
		especially of whole neighbourhoods of housing.

A.11.4 Metropolitan

단어	품사	한글 의미, 동의어 / 예문
annex	(동)	[타] ~을 부가하다, 첨가하다, (영토, 토지 등)을 합병하다, (속성, 부수물, 결과로서) ~을 부여하다, 수반하게 하다, ~을 얻다, 입수하다, 착복하다 (v) seize, occupy, capture, invace, appropriate, commandeer, (anto) surrender
		The United States annexed parts of Texas and New Mexico, which had been belonged to Mexico. The United Kingdom annexed this small island west of Scotland in 1955. The Unitted States annexed parts of Texas and New Mexico which belonged to Mexico.
	(명)	(명) 부가물, 첨가물, 부속 문서, 부록, 부속건물, 도시 주변, 교외 (n) extension, addition, ell, wing
		The list of export subsidies is provided in Annex B to the agreement. The old warehouse became an annex of the main store.
commute	(동)	[타] 교환하다, 대체하다, 바꾸다, (지불 방법)을 바꾸다, (형벌, 의무 등)을 경감하다, 대용하다, 대용으로 쓸 수 있다 (v) travel, shuttle, convert, alter, exchange, transform, substitute, change, transmute, metamorphose
		It's exhausting commuting from Incheon to Seoul every day. People used to believe that you could commute base metals into gold. The governor commuted the sentence and released the prisoner.
congestion	(명)	(명) (인구의) 밀집, 과잉, (교통, 장소 등의) 혼잡, (화물 등의) 폭주, 정체, 과도한 부담, (병리) 울혈, 충혈 (n) overcrowding, blocking, jamming, bottleneck, cramming, clogging, obstruction, (anto) clearance, emptiness
		The traffic congestion in the city gets worse during the summer. There is no need for us to congest the city with traffic.
controversy	(명)	(명) 논쟁, 논의, 토론, 언쟁, 싸움 (n) argument, disagreement, debate, storm, dispute, (anto) agreement (파) controversial, 토론의, 논쟁상의, 논쟁의 여지가 있는
		The mayor and the city council are anxious to avoid getting entangled in the controversy. Her controversial speech was punctuated with noisy interjections from the audience.
demolish	(동)	[타] (건물 등)을 파괴하다, (계획, 제도 등)을 폐지하다, (이론, 주장 등)을 분쇄하다, 뒤집다 (v) beat, annihilate, defeat, rout, thrash, trounce, devour, gobble, consume, scoff, bulldoze, flatten, destroy, raze, destroy, ruin, smash, ravage, disprove, dismantly, undermine, end
		One by one the old buildings in the city have been demolished and replaced with modern tower blocks. Theories are constantly being pummeled, reshaped, sometimes buttressed, more often completely demolished by data.
demoralize	(동)	[타] (군대 등)의 사기를 꺾다, ~을 혼란시키다, 당황하게 하다, ~을 (도덕적으로) 타락 (부패) 시키다 (v) dishearten, undermine, deflate, dispirit, discourage, depress, deject, deject, (anto) encourage
		Losing several games in a row had completely demoralized the team. Many people were demoralized, lost their sense of human dignity, and felt humiliated.
detour	(명)	(명) 우회 (도로), 회피 (n) diversion, deviation, bypass
		You'd be wise to make a detour to avoid the roadworks.

단어	품사	한글 의미, 동의어 예문
		We had to detour around downtown, so it took us longer than usual.
disclose	(동)	㈤ (비밀 등)을 폭로하다, 들추어내다, 적발하다, 밝혀내다, 덮개를 벗기다 (v) reveal, unveil, divulge, release, relate
		He received an anonymous letter threatening to disclose details of his affair if he didn't pay the money. This information cannot be disclosed without authorization from a minister.
district	(명)	(명) (행정, 사법, 교육, 선거 등의 목적을 위해 구분된) 지구, 구역, 관할 구역, (어떤 특생을 가진) 지방, 지대, (도시의 특정) 지역, ~가 (n) region, area, quarter, borough, ward, constituency, locality, neighborhood, canton
		His office is located in the city's financial district. Washington D.C. means "Washington District of Columbia."
eradicate	(동)	㈤ 근절하다, 박멸하다, 절멸시키다, (잡초 등)을 뿌리째 뽑아내다, (때, 얼룩 등)을 없애다, 빼다 (v) eliminate, destroy, exterminate, remove, (anto) introduce
		The government claims to be doing all it can to eradicate corruption. The disease that once claimed millions of lives has now been eradicated.
flourish	(동)	㈤ (문학, 학문, 사상 등이) 번영하다, (도시, 국가 등이) 전성기이다, 융성하다, ~에 성공하다, (사람이) 건강하다, (동식물이) 잘 자라다, (동물이) 번식하다, (초목 등이) 우거지다 (타)(칼, 팔 등)을 (위협적으로) 휘두르다, 내두르다, ~을 과시하다 (v) succeed, thrive, grow, increase, prosper, burgeon, bourgeon, blossom, boom, shake, show, flaunt, display, wave, brandish, wield, swing
		My tomatoes are flourishing this summer - it must be the warm weather. She came in smiling, flourishing her exam results.
	(명)	(명) (글의) 윤색, 미사 여구, 장식 악구, 화려한 트럼펫 취주 (a flourish of trumpets) (n) decoration, ornament, embellishment, curl, curlicue, display, fanfare, show, brovado, swagger
		The waiter handed me the menu with a flourish. He took off his hat with a flourish.
forfeit	(명)	(명) 벌금, 과료, 위약금, (범죄, 태만, 위약으로 인해) 몰수되는 것, 상실한 권리, (재산 등의) 몰수, (권리, 자격 등의) 상실, 박탈 (n) penalty, forfeiture, loss, penalization, punishment, fine
		Throwing objects on the field, the umpire said, would result in the forfeit of the game by the home team. Schools and their employees found in violation of the policy are subject to penalties, including fines or forfeits.
	(동)	㈤ 벌로서 (권리, 재산 등)을 잃다, 몰수되다 (v) lose, surrender, sacrifice, pay, forego
		These people have forfeited the right to live in society. If you cancel now, you forfeit your deposit.
inaugurate	(동)	㈤ (정식으로) ~을 개시하다, 발족시키다, 새로이 열다, ~의 취임식을 올리다, ~의 개관(개통, 낙성, 개회)식을 거행하다 (v) install, invest, induct, instate, initiate, launch, open, dedicate, unveil, introduce, institute, create, establish, (anto) close, terminate
		The European Community inaugurated the Single European Market in 1993. What was the theme of her inaugural address?
renovation	(명)	(명) 개혁, 혁신, 갱신, 수리, 원기의 회복 (n) renewal, repair, restoration, redecoration, reformation, transformation, reconstruction, facelift, revamp, makeover, overhaul
		The expensive renovation is being financed through private investment. Some departments will be relocated during our renovation project.
residence	(명)	(명) 주택, 주거, 저택, 집, 거류, 거주, (공무, 연구를 위한) 주재, 체제, 주재 기간, 본사 소재지 (n) house, home, dwelling, abode, seat, habitation
		Number Ten Downing Street is the British prime minister's official residence. She has managed to obtain a temporary residence permit.

A.11.5 Economy, Regulations

단어	품사	한글 의미, 동의어 / 예문
antitrust	(형)	(형) (경제) 트러스트 반대의, 독점 금지의 (adj) opposing or intended to restrain trusts, monopolies, or other large combinations of business and capital, especially to promote competition
		The government is expanding its antitrust investigation against Microsoft. The court found that the company had violated antitrust laws. The deal also needs approval from antitrust regulators.
conglomerate	(명)	(명) 집성체, 집괴, (경제) 거대 복합 기업, 재벌 그룹, (지질) 역암, (n) corporation, multinational, company, firm, business
		Conglomerate is a very large company consisting of several smaller companies or divisions that supply varied products or services. The way forward was to liberalise the markets dominated by the big conglomerates.
commerce	(명)	(명) 상업, 통상, 무역, (사회적) 교류, 교제 (n) trade, business, market, export, import, buying, selling, exchange, retail, wholesale
		We are trying to develop a model for best practice in electronic commerce. Congress has the power to regulate commerce between the states.
delinquent	(형)	(형) 의무(직무)를 게을리 하는, 태만한, 범죄의, (adj) criminal, aberrant, wrong, felonious, offending, antisocial, negligent, careless, reckless, irresponsible, neglectful, failing
		They are carrying out research on the causes of delinquent behaviour among young people. She was delinquent in paying her taxes.
	(명)	(명) 태만한 사람, 의무 불이행자, 범죄인, 과실자, 비행 청소년 (n) crook, criminal, felon, lawbreaker, wrongdoer
		Delinquent is a person, usually young, who behaves in a way that is illegal or not acceptable to most people. He was accused as a juvenile delinquent.
depression	(명)	(명) 내리 누름 (눌림), 침하, 저하, 강하, 억압, 침하한 장소, 의기 소침, 우울, 우울증, (힘, 활동 등의) 쇠약, 감퇴, 기능 저하, (경제) (장기간에 걸친 심각한) 불경기, 불황, (기상) 저기압 (n) despair, unhappiness, sadness, misery, melancholy, gloominess, slump, recession, decline, downturn, fall, slide, poverty, hollow, dip, dent, impression, dimple, indent, (anto) happiness, recovery, hump
		Tiredness, loss of appetite, and sleeping problems are all classic symptoms of depression. The drugs, the divorce and the depression - it's an episode in his life that he wants to forget.
deterrent	(형)	(형) 단념하게 하는, 방해하는, 전쟁을 억지하는, (adj) warning, preventive, restrictive, restraining, limiting, constraining, (anto) encouraging
		Severe punishment on drinking-drive is analyzed to provide a deterrent effect. A strong military forces provides a deterrent effect to enemy.
	(명)	(명) 단념하게 하는 것, 억지굴, 전쟁 억지력 (수단) (n) prevention, restriction, curb, rein, limit, constraint, limitation, (anto) incitement
		the nuclear deterrent 핵 억지력 Tougher prison sentences may serve as a deterrent to other would-be offenders. Drink-driving is one case where severe punishment seems to work as a deterrent.
depreciation	(명)	(명) 가치의 감소, (시가) 하락, (화폐 가치의) 절하 (하락), (경영) (비과세 자산의) 감가 견적(액), (회계) 감가상각, 경시, 얕봄 (n) devaluation, reduction, decrease, decline, downgrading, fall, drop, (anto) rise
		During my first year in government employ the depreciation in legal-tender notes in which we were paid was very embarrassing. The rapid depreciation of the continental currency, had long been viewed with apprehensive anxiety by the enlightened friends of the revolution, and various unsuccessful expedients had been essayed for the purpose of checking its progress.

단어	품사	한글 의미, 동의어 예문
entrepreneur	(명)	(명) 기업가, 창업가, 사업가, 청부업자, 중개인, 흥행주, 기업가 정신 (n) business-person, tycoon, magnate, impresario, industrialist, financier, capitalist, mogul
		He was one of the entrepreneurs of the 80s who made their money in property. She'll make money - she's got that entrepreneurial spirit.
foster	(동)	(타) (~의 성장, 발달)을 촉진하다, 육성(조장)하다, (남의 아이)를 수양하다, (양자 등)을 기르다, (희망, 원한 등)을 마음에 품다 (v) nurture, raise, adopt, promote, further, advance, cultivate, forward, encourage, (anto) discourage
		They were discussing the best way to foster democracy and prosperity in the former communist countries. The neglected child was removed from her home and placed with a foster family.
inflation	(명)	(명) (경제) 인플레이션, 통화 팽창, (물가, 주가의) 등귀, 폭등, 부풀리기, 팽창, 자만심, 우쭐함, 과장, 허풍 (n) rise, increase, (anto) deflation
		Unemployment, inflation and greater inequality are often the downside of a market economy. Two decades of falling inflation and falling interest rates provided an exceptional, probably unique, boost to equities.
justify	(동)	(타) (행위, 주장, 진술 등)을 옳다고 하다, ~을 정당화 하다, ~의 정당함을 증명하다, ~을 해명하다, ~을 뒷받침하는 이유(근거)가 되다, (법률) (중상 등)에 대해 충분한 증거를 제시하다, (v) defend, validate, explain, rationalize, excuse, substantiate, vindicate, warrant, support, align, adjust
		Manufacturers need large sales to justify offering a big variety in export markets. Her fears of a low voter turnout were justified when fewer than half of the people voted.
proprietor	(명)	(명) (기업, 호텔, 특허 등의) 소유자, 소유자 단체, (기업 등의) 경영자 (n) owner, manager, administrator, landowner, landlord
		Proprietor is a person who owns a particular type of business, especially a hotel, a shop, or a company that makes newspapers. He is the proprietor of one of the best hotels in Seoul.
proprietary	(형)	(형) 소유자의, 소유의, 재산이 있는, 독점의, 전매의, 사유의, 사립(사설)의, 개인 경영의 (adj) branded, exclusive, patented, registered, trademarked, copyrighted, named, brand-named, private, commercial, protective, jealous, territorial, possessive, suspicious, watchful
		This is proprietary software, and you have no right to copy it without a license from the owner. The company focused too heavily proprietary products as the source of competitive advantage.
prosper	(동)	(타) (사업, 장사 등이) 잘 되다, 번영하다, (~으로) 성공하다, 이익을 얻다 (타)~을 번영(성공) 시키다, ~을 번창 하게 하다 (v) flourish, thrive, grow, burgeon, succeed
		Lots of microchip manufacturing companies prospered at that time. A country's future prosperity depends, to an extent, upon the quality of education of its people.
stringent	(형)	(형) 용서 없는, 엄한, 가혹한, (토론 등이) 설득력이 있는, 유력한, (금융 시장 등이) 긴박한, 절박한, 돈이 돌지 않는, (맛이) (설익은 과일처럼) 자극이 강한 (adj) severe, strict, rigorous, stern, harsh, tough, inflexible, rigid, (anto) flexible, lax
		We need to introduce more stringent security measures such as identity cards. Stringent safety regulations were introduced after the accident.
struggle	(동)	(타) 발버둥 치다, 몸부림치다, 날뛰다, 안달복달하다, 다투다, 싸우다, 크게 노력하다, 고심하다, 애쓰다, 고군분투하다, 밀치고(헤치고) 나아가다 (타) ~을 몸부림치듯 하여 (가까스로) 움직이다, (길을) 힘들여 나아가다 (v) writhe, wriggle, thrash, resist, fight, kick, grapple, tussle, wrestle, strive, try, strain, fight, labor, toil
		Fish struggle for survival when the water level drops in the lake. For years she struggled with/against the establishment to get her theories accepted.

단어	품사	한글 의미, 동의어 / 예문
	(명)	(명) ~사이의 싸움, 전투, 발버둥, 몸부림, 노력, 분투, 노고, (달성하는데) 많은 노력이 필요한 일 (n) fight, brawl, scrap, scuffle, skirmish, battle, effort, exertion, labor, toil, work,
		the struggle for existence 생존경쟁 a violent struggle to escape 벗어나려는 심한 몸부림 It was a terrible struggle for him to accept her death. The people of this country will contrinue in their struggle for independence.

A.12 Career Development (경력 개발)

A.12.1 Conference / Workshop

단어	품사	한글 의미, 동의어 / 예문
cite	(동)	㈕~을 인용하다, 인증하다, 예로 들다, (지지, 증명, 확인을 위해) ~에 대하여 언급하다, ~을 생각해 내다. (v) quote, name, mention
		She cited three reasons why people get into debt. Scientists cite this experiment as their main support for this theory.
coherent	(형)	(형) 서로 밀착되어 있는, 응집성의, 일치한, 통일성이 있는, (수학) 연접의 (adj) intelligible, clear, comprehensible, lucid, rational, logical, sound, consistent, articulate, reasoned, reasonable
		The president has not presented a coherent plan for dealing with it. He is able to speak coherently about politics.
community	(명)	(명) 공동사회, 공동체, (동물의) 군집, (the ~) 일반사회, 공중, (재산 등의) 공유, (사상, 이해 관계의) 일치, 유사, 교제, 교류 (n) group, society, public, population, neighborhood, district, village, commune, kinship, unity, identity, cooperation, convergence, similarity
		Her ideas have attracted a lot of attention in the scientific community. The US Census shows the Latino community has grown to 35 million.
consensus	(명)	(명) (의견 등의) 일치, 합의, 일치된 의견, 총의, 여론 (n) agreement, accord, harmony, compromize, consent, unanimity, (anto) disagreement
		Could we reach a consensus on this matter? Let's take a vote. They're trying to build a consensus on the need to improve the city's schools.
delegate	(명)	(명) 대리인, 대표, 사절, (n) representative, agent, envoy, ambassador, deputy,
		Our delegates have been mandated to vote against the proposal at the conference. They have charted a plane to take delegates to the conference.
	(동)	㈕ ~을 대표로 파견하다, 대표자로 임명하다, (권한, 임무, 책임 등)을 ~에게 위임하다 (v) assign, allocation, appoint, commit, order, depute, designate, authorize, detail, choose
		Authority to make financial decisions has been delegated to a special committee. A group of four teachers were delegated to represent their colleagues at the union conference.
emerge	(동)	㈕ (물, 어둠 속 등에서) 나오다, 나타나다, 출현하다, (빈곤, 무명의 처지에서) 벗어나다, 일어서다, (문제, 곤란 등이) 생기다, (사실 등이) 분명해지다 (v) arise, appear, occur, develop, begin, materialize, surface, transpire
		She emerged triumphant from the court after all the charges against her were dropped because of a lack of evidence. Unfortunately, I misjudged the timing of my emergence.
eminent	(형)	(형) 신분이 높은, 고위의, 저명한, 우수한, 탁월한, 뛰어난, 돌출한, 튀어나온 (adj) famous, well-known, renowned, important, distinguished, celebrated,

단어	품사	한글 의미, 동의어 / 예문
		prominent, outstanding, reputed, (anto) unknown
		The commission consisted of fifteen eminent political figures. A substantial number of speakers and commentators were eminent professors of archaeology.
exhibition	(명)	(명) (감정, 능력 등의) 표명, 표출, 발휘, (서류 등의) 제출, 제시, (예술품의) 전람, 전열, 전시, 출품된 것, 박람회, 품평회, (법률) 증거물 (n) display, show, demonstration, exposition, presentation, fair, retrospective, showcase
		The athlete's third, and winning, jump was an exhibition of skill and strength. Science museums are now mounting exciting exhibitions designed to draw in the crowds.
grant	(동)	(타) (금품, 권리 등을) 주다, 수여, 하사, (소원 등)을 들어 주다, 허락하다, ~을 양보하여 인정하다, (법률) (재산, 권리 등)을 양도하다 (v) allow, permit, concede, admit, exempte, exclude, give, accord, confer, award, cede, present, bestow
		The government is awarding small grants to single mothers who are starting their own businesses. Granted that the word processor is indispensable, what good has it done?
	(명)	(명) 수여, 교부, 하사, 허가, 인가, 용인, 보조금, 기부금, 무상원조, 양도, 양도증서, 양어, 권리부여 (n) funding, scholarship, endowment, allowance, contribution, donation, award, gift, bequest
		They awarded her a grant to study abroad for one year. The government provided a research grant to the scientist.
irrelevant	(형)	(형) 엉뚱한, 부적적한, (법률) 아무런 관계가 없는, 현실성이 없는, 시대에 뒤진 (adj) immaterial, unrelated, inappropriate, extraneous, unconnected, inapt
		These documents are largely irrelevant to the present investigation. Making a large profit is irrelevant to us - the important thing is to make the book available to the largest possible audience.
mining	(명)	(명) 채광, 채굴, 광산업, 지뢰 부설, (n) the act, process or industry of extracting mineral substances from mines, removal, withdrawal
		Mining is the industry or activity of removing substances such as coal or metal from the ground by digging. "Mining" is the discovery of new bitcoins—just like finding gold.
preside	(동)	(타) (집회, 회의의) 의장을 맡아보다, 사회를 보다, (식탁 등에서) 주인역을 맡다, (음악회 등에서) 주요 악기를 연주하다, (비유적) 가장 좋은 자리를 차지하다 (v) chair, control, supervise, head, lead, direct, manage, run, officiate, oversee, reign, govern
		Who would be the best person to preside at/over the public enquiry? Judge Langdale is to preside over the official enquiry into the case.
prominent	(형)	(형) 두드러진, 현저한, 주목을 끄는, 튀어나온, 돌출한, (~의 점에서) 중요한, 탁월한, 양각의 (adj) famous, outstanding, leading, foremost, noticeable, conspicuous, obvious, blatant, flagrant, pronounced, protuberant,
		The government should be playing a more prominent role in promoting human rights. She is likely to play a prominent part in the forthcoming election campaign.
recent	(형)	(형) 최근의, 새로운, 근년의 (adj) new, fresh, current, topical, hot, modern, latest, contemporary, (anto) old
		In recent times/years/months, etc. there has been an increase in the amount of violence on television. A recent study shows that most of the country-music audience is female.
refute	(동)	(타) ~을 논박하다, 반박하다, (남의 발언 등)을 부정 (부인)하다 (v) disprove, contest, rebut, counter, repudiate, negate, contradict, (anto) prove
		Further studies are thus required to confirm or refute this association. He is reputed to be a man of energy and drive, and such like.

A.12.2 Internship

단어	품사	한글 의미, 동의어 / 예문
attention	(명)	(명) 주의, 유의, 경청, 돌봄, 배려, 손질, 친절, 정중, 예의, (군사) 차려(자세) (n) care, courtesy, consideration, kindness, devotion, notice, concentration, thought, awareness, mind, interest, (anto) inattention
		They're organizing a campaign to draw people's attention to the environmentally harmful effects of using their cars. Many countries are starting to turn their attention to new forms of energy.
await	(동)	(타) (사람이) ~을 기다리다, 대기하다, 고대하다, 예기하다, (사물이) (사람)을 기다리고 있다, ~에게 준비되어 있다 (v) expect, anticipate, loom, near
		A marvellous reception awaited me on my first day at work. The long/eagerly awaited sequel is now available online. he two men are awaiting trial, scheduled to begin next month.
beneficial	(형)	(형) 유익한, 유리한, 유용한, (법률) 이익을 누릴 수 있는, 수익의 (adj) helpful, useful, valuable, advantageous, positive, favorable, constructive, (anto) detrimental
		The improvement in sales figures had a beneficial effect/influence on the company as a whole. Most importantly the process needs to be beneficial to patients and staff with realistic expectations being placed upon both groups of people.
cooperate	(동)	(타) 협력하다, 협동하다, (상황이) 서로 도움이 되다, 경제협력을 하다 (v) collaborate, liaise, unite, band, conjoin, oblige, accommodate, help, aid, assist, (anto) hinder
		The two companies have cooperated in joint ventures for the past several years. The Spanish authorities cooperated with the British police in finding the terrorists.
existing	(형)	(형) 현존하는, 기성의, 현행의, 지금의 (adj) current, present, prevailing, standing, remaining, surviving, obtainable, accessible, offered, presented, vacant, open, unfilled, untaken, free, breathing, active, alive; the existing law 현행법
		You're going to Africa? How exciting! The school offers an exciting and varied programs of social events.
implement	(명)	(명) (종종 ~s)연장, 도구, 용구, 비품 (n) tool, device, gadget, instrument, contrivance, gizmo, appliance
		Shopkeepers are not supposed to sell knives and other sharp implements to children. This store sells farm implements.
	(동)	(타) (약속 등)을 이행하다, 수행하다, (요구, 조건, 부족 등)을 충족시키다, ~에 도구(수단)을 제공하다 (v) apply, realize, execute, employ, instigate, effect, fulfill
		The changes to the national health system will be implemented next year. Congress refused to pass the bill that would implement tax reforms.
include	(동)	(타) ~을 포함하다, 포괄하다, (부류, 범주에) 포함시키다, 둘러싸다 (v) comprise, contain, embrace, incorporate, enter, involve, (anto) reject
		Symptoms of the illness include a high temperature and a persistent dry cough. The hotel room charge includes breakfast.
industrial	(형)	(형) 산업의 실업의, 공업용의, 산업이 발달한, 산업화한, 산업데 종사하고 있는, (명) 산업근로자, 생산회사, 공업 제품, 공산품 (adj) manufacturing, engineering, trade, business, work, developed, built-up, industrialized, mechanized, manufacturing, modern
		The developers dealt with the problem in the time-honoured way, burying the industrial waste in landfill sites. He owns a series of industrials across the US and beyond.
permanent	(형)	(형) 영구한, 영원의, 불변의, 영속하는, 상설의, 상임의, 오래 지속되는 (adj) enduring, eternal, perpetual, lasting, everlasting, stable, constant, (anto) temporary
		He entered the United States in 1988 as a permanent resident because of his marriage to a U.S. citizen.

단어	품사	한글 의미, 동의어 예문
		Getting some work experience now will help you when you apply for a permanent joA.
permit	(동)	㈜ (남)에게 허락하다, ~에 동의하다, (행위, 사물 등)을 묵인하다, ~을 가능케 하다, 허용하다, (v) authorize, allow, let, approve, sanction, pass, clear, tolerate, enable, facilitate, consent
		As it was such a special occasion, she permitted herself a small glass of champagne. Machine-readable passports will permit precise identity-checking.
	(명)	(명) 인가, 허가, 허가증 (n) license, document, certification, authorization, authority, badge, warrant
		She has managed to obtain a temporary residence permit. You must have a permit to park here!
predecessor		(명) 전임자, 선배, 전신, 대치된 (n) precursor, forerunner, ancestor, antecedent, prototype, (anto) successor
		Each new leader would blame his predecessor for all the evils of the past. This system is much more efficient than its predecessor.
principal	(형)	(형) (지위, 중요성, 가치 등이) 으뜸가는, 주요한, 제1의, 선두의, 중요한, (금전의) 원금의, 자본금의 (adj) main, major, chief, primary, prime, key, foremost, basic, fundamental
		The principal aim of this meeting is to reach a decision that we all agree on. That was my principal reason for moving.
	(명)	(명) 두목, 우두머리, 교장, (연극 등의) 주연, 주동자, (법률) 주범, (건축) 주요 구조물 (n) leader, chief, dyenne, head, superintendent, dean, provost,
		He was the principal of this school who was in charge of this school. She lives off the interest and tries to keep the principal intact.
probation	(명)	(명) (인물, 행동, 자격의) 심사, 검정 시험, (처벌 학생의) 근신 기간, (법률) 보호 관찰 (기간), 집행 유예, 가석방 (n) trial, tryout, audition, experimentation, test
		The judge put him on probation for two years. I'm on probation this semester, so I've really got to study hard.
tentative	(형)	(형) 시험적인, 일시적인, 임시의, 불확실한, (명) 시안, 가설, 시도 (adj) provisional, exploratory, speculative, unconfirmed, indefinite, unsettled, rough, hesitant, cautious, uncertain, faltering, unsure, timid, shy, (anto) sure, definite
		I have tentative plans to take a trip to Rome in July. We have tentatively agreed to buy that house.
unprecedented	(형)	(형) 전례가 없는, 공전의, 비길데 없는, 참신한, 새로운 (adj) unparalleled, extraordinary, record, first-time, unique, exceptional, unmatched, (anto) ordinary
		She took the unprecedented step of revealing the truth about the situation. We've entered an age of unprecedented prosperity.

A.12.3 Research & Development (R&D)

단어	품사	한글 의미, 동의어 예문
anticipate	(동)	㈜ ~을 예기하다, 예상하다, 예견하다, 미리 조처하다, (상대방)을 앞지르다, (채무) 선불하다, (일)을 앞당기다 (v) forestall, antedate, expect, foresee, await, predict
		We had one or two difficulties along the way that we didn't anticipate. We anticipate criticism but plan to go ahead anyway.
breakthrough	(명)	(명) (군사) 방어선 돌파, (문제 해결의) 돌파, 비약적 발전 (n) advance, innovation, invention, revolution, discovery, development

단어	품사	한글 의미, 동의어 / 예문
		Scientists are hoping for a breakthrough in the search for a cure for cancer. A major breakthrough in negotiations has been achieved.
exploit	(명)	(명) (큰) 공, 위업, 공훈, 영웅적 행위 (n) feat, deed, adventure, activity, achievement
		She was telling me about her exploits while travelling around world. He is not content to limit himself to his exploits on the basketball court.
	(동)	[타] 자원을 개발하다, 개척하다, (경멸적) (남)을 이용해 먹다, (노동력)을 착취하다 (v) abuse, misuse, ill-use, manipulate, use, develop, utilize
		We have a lot of knowledge and experience in this department that we are not currently exploiting fully. Laws exist to stop companies exploiting their employees.
fuel	(명)	(명) 연료, 동력에너지원, (n) firewood, petroleum, oil, coal, gas, petrol, energy, gasoline
		Wood, coal, oil, petrol, and gas are all different kinds of fuel. Plutonium is a fuel used to produce nuclear energy.
	(동)	[타] ~에 연료를 공급하다, ~에 활기를 불어 넣다, 자극하다 (v) power, fire, run, drive, operate, work, increase, stimulate, promote, energize, encourage, invigorate, feed, fire, (anto) quell
		Our heating system is fuelled by natural gas. We have a gas-fuelled heating system. In near future, hydrogen-fuelled trucks will be used in metropolitan areas.
genuine	(동)	(형) 진짜의, 모조품이 아닌, 구밈이 없는, 마음에서 우러나온, 성실한, (사람, 혈통이) 순수한, (동물이) 순종의 (adj) honest, frank, open, unaffected, sincere, candid, unpretentious, real, authentic, indisputable, true, actual, legitimate, valid, unadulterated, (anto) false, hypocritical, fake
		A number of forged works of art have been sold as genuine. The police are trying to sift out the genuine warnings from all the hoax calls they have received.
improve	(동)	[타] ~을 개량하다, 향상시키다, 증진하다, (토지, 부동산)의 가치를 높이다, ~을 이용하다, 호전되다, 진보하다 (v) recover, advance, progress, rally, expand, increase, mend, develop, convalesce, recuperate, correct, adjust, tweak, titivate, amend, better, enhance, perfect, develop, further, enrich, upgrade, increase, (atno) worsen, decline, deteriorate
		Her health has improved dramatically since she started on this new diet. Compare some recent work with your older stuff and you'll see how much you've improved.
innovative	(형)	(형) 혁신적인 (adj) ground-breaking, advanced, pioneering, inventive, original, new, novel, modern
		He was an imaginative and innovative manager. She introduced a number of innovative solutions.
launch	(동)	[타] (보트)를 물에 띄우다, (남)을 ~에 내보내다, 진출 시키다, (기업, 계획 등)에 착수하다, (어뢰, 유도탄 등)을 발사하다, 쏘아 올리다, 컴퓨터 프로그램을 작동하다 (v) hurl, throw, toss, fling, propel, spring, jump, leap, open, start, begin, commence, initiate, instigate, depart, introduce, unleash, market, dispatch, discharge, send, shoot, fire, release, loose
		The program was launched a year ago. The airline will launch its new transpacific service next month.
	(명)	(명) (배의) 진수, (비행기의) 발진, 개업, 개시 (n) presentation, introduction, promotion, unveiling, inauguration, takeoff, liftoff, blastoff, sendoff, departure
		Our marketing people have come up with a great idea for the launch of the new model. The launch of the space shuttle was delayed for 24 hours because of bad weather.
legacy	(명)	(명) (법률) 유산, 유물, 조상 전래의 것, 이어 받은 것, (컴퓨터) 축적 데이터 (n) bequest, inheritance, heirloom, heritage, birthright, gift, money, donation, relic, hangover, vestige, remnant, remainder, residue, leftover, inheritance

단어	품사	한글 의미, 동의어 / 예문
		The Greeks have a rich legacy of literature. The success of the Olympic Games left a lasting legacy of benefit to the city.
milestone	(명)	(명) 이정표, (역사, 인생 등에서) 획기적 사건, 중대 시점 (n) landmark, breakthrough, momentous, revolutionary, innovative, radical, pioneering, significant, indicator, mark, milepost, achievement, record, aim, purpose, ambition
		Milestone is a stone or post at the side of the road that shows the distance to various places, especially to the nearest large town. He felt that moving out of his parents' home was a real milestone in his life.
objective	(명)	(명) 목적, 목표, (문법) 목적격, (철학) 객관, 인식의 대상 (n) object, purpose, aim, point, idea, goal, intention, intent, reason
		The government's training policy, he claimed, was achieving its objectives. His main objective this semester is to improve his grades.
	(형)	(형) 목표(목적)의, 개인적 감정(편견)이 없는, 객관적인, 물체의, 물질의, (adj) impartial, detached, neutral, unbiased, unprejudiced, independent, dispassionate, disinterested, fair, real, factual, actual,
		I cannot really be objective when I am judging her accomplishments. He provided an objective opinion at the meeting.
overcome	(동)	[타] ~을 압도하다, ~에 이기다, ~을 극복하다, ~으로 무력화시키다 (v) overwhelm, overpower, incapacitate, disable, kill, affect, grip, seize, surmount, conquer, defeat
		Their resolute opposition to new working methods was difficult to overcome. They were overcome by fumes from the fire and had to be carried out of their houses.
patent	(명)	(명) 특허(권), 전매특허, 특허증, 특허품 (n) copyright, charter, right
		In 1880 Alexander Graham Bell was granted a patent on an apparatus for signalling and communicating called a Photophone. The company took out/filed a patent on a genetically engineered tomato.
	(형)	(형) 특허의, 특허를 얻은, 특허 문제를 다루는 (adj) obvious, clear, blatant, flagrant, manifest, barefaced, arrant, self-evident, bold
		"No," he replied with patent distaste. He felt the notion of the beginner's luck was patent nonsense.
praise	(명)	(명) 칭찬, 칭찬하기, 찬미하기, 찬가 (n) adimiration, commendation, approval, acclaim, tribute, applause, compliment, recommendation, worship, honor, adoration, devotion, glory, celebration, blessing, (anto) criticism, vilification
		His economic policies have won widespread praise for reducing government debt. They deserve praise for all their hard work.
	(동)	(동) 칭찬하다, 찬미하다, 찬양하다 (v) admire, commend, extol, honor, compliment, eulogize, congratulate, applaud, acclaim, hail, glorify, honor, laud, worship, adore, exalt, magnify, bless, celebrate, extol
		The speech praised those who had displayed gallantry in the liberation of their country. My parents always praised me when I did well at school.
purpose	(명)	(명) 목적, 용도, 의도, 의향, 취지, 뜻 (n) reason, principle, rationale, function, intention, aim, goal, object, target, end
		I can see no useful purpose in continuing this conversation. The fabric I bought isn't exactly what I wanted, but it will serve my purposes.
radically	(부)	(부) 근본에 있어서, 원래, 근본적으로, 철저하게, 과격하게 (adv) very, fundamentally, drastically, completely, totally, deeply, profoundly, thoroughly, (anto) superficially
		This is a desperate situation which requires a truly radical solution. We need to make some radical changes to our operating procedures. During bad economic times, radical steps may be necessary to restore the confidence of the consumer.
trial	(명)	(명) (법률) (법정에서의) 재판, 심리, 공판, 해보기, 시도, 시험, 시운전, 노력, 시련, 고난, 고초, (스포츠) 예선 경기

단어	품사	한글 의미, 동의어 / 예문
		(n) hearing, court-martial, prosecution, tribunal, judgement, examination, experiment, check, tryout, audition, testing, ordeal, hardship, pain, suffering, trouble, misery, distress, burden, worry, difficulty, anxiety, tribulation
		It was a very complicated trial that went on for months. Ten witnesses are expected to testify at the trial today.
	(형)	(형) 공판의, 재판의, 예심의, 시험삼아 해보는, 시험적인 (adj) experimental, probationary, pilot, provisional, test, sample, assessment,
		They performed a trial operation. He submitted the result of trial flight.

A.12.4 Higher Education (고등교육)

단어	품사	한글 의미, 동의어 / 예문
aim	(동)	㉹ 겨누다, 던지다, ~하는 것을 겨냥하다, 뜻하다, 목표로 삼다, 지향하다 (v) point, direct, target, aspire, plan, intend, try, mean, endeavor, want, seek
		We are aiming for (= planning to achieve) a 50 percent share of the German market. Aim at the red circle at center.
	(명)	(명) 겨냥, 가늠, 조준, 표적, 목표 (n) goal, purpose, intention, object, ambition, wish, aspiration
		Our short-term aim is to deal with our current financial difficulties, but our long-term aim is to improve the company's profitability. The leaflet has been produced with the aim of increasing public awareness of the disease.
aspiration	(명)	(명) 열망, 갈망, 대망, 포부, 동경의 대상, (의학) 호흡 (n) ambition, goal, objective, end, aim, target, hope, desire, want, wish
		Having had little education herself, she had very high educational aspirations for her children. He has political aspirations, and hopes to run for Congress some day.
commence	(동)	㉹ ~을 시작하다, 개시하다, 시작되다, (대학에서) 학위를 받다 (v) begin, start, originate, inaugurate, instigate, initiate, launch, embark, (anto) terminate
		He commenced speaking before all the guests had arrived. With the advent of electronics and computer technology in 1950, automation commenced to apply electronics and computer systems to control machines.
congratulate	(동)	㉹ 축하하다, 축하의 말을 하다 (v) commend, acknowledge, toast, applaud, cheer
		I congratulated James on winning the award. It is my wife you should be congratulating - she did all the hard work.
envision	(동)	㉹ (장래의 일 등)을 마음속에 그리다, ~을 상상하다, 이리저리 생각하다 (v) imagine, envisage, foresee, predict, visualize, picture, see
		He envisioned a partnership between business and government. The company envisions adding at least five stores next year.
enroll	(동)	㉹ ~을 명부에 올리다, ~을 넣다, 등록하다, ~을 병적에 넣다, ~을 기록하다, 입학하다 (v) register, join
		We have enrolled eighty children in this day-care program. Enrollment figures for next year are now available.
foundation	(명)	(명) (사상, 학설, 보도 등의) 기초, 근거, 토대, 근원, 출발점, (건물의) 기초, 토대, 주춧돌, 창설, 창립, 건립, 기금, 기부금 (n) base, basis, substance, groundwork, underpinning, footing, establishment, institution, charity, organization, institute, society
		Foundation is an organization that has been created in order to provide money for a particular group of people in need of help or for a particular type of study. The foundations will have to be reinforced to prevent the house from sinking further

단어	품사	한글 의미, 동의어 예문
		into the ground.
honor	(명)	(명) 명예, 인망, 신망, 명성, 신용, 경의, 존경 (n) integrity, decency, righteousness, principle, uprightness, rectitude, scrupulousness, morality, character, nobility, pride, respect, admiration, esteem, regard, reverence, devotion, dignity, distinction, nobility, pride, decorum, reputation, image, privilege, respect (anto) baseness, scorn
		She received the Presidential Medal of Freedom, the country's highest civilian honor. The dinner is in honor of a colleague who is leaving.
	(동)	(동) ~을 매우 존경하다, 공경하다, 숭배하다, ~에게 영광을 주다, ~의 명예가 되다 (v) revere, reverence, respect, venerate, keep, (anto) dishonor, break
		We are honored that you have come to speak to our students. Today we honor those who died defending our country.
lecture	(명)	(명) 강의, 강연, 설교, 훈계 (n) talk, address, sermon, speech, homily, oration, discourse, allocution, reprimand, scolding, ticking-off, telling-off
		My dad gave me a lecture on the evils of alcohol last night. His lecture was complicated and difficult to follow.
	(동)	㈕ 강의하다, 에게 잔소리하다 (v) teach, address, instruct, talk, pontificate, harangue, criticise, scold, reprove, censure, castigate, reprimand, upbraid
		She travelled widely in Asia, lecturing on women's rights. His parents used to lecture him on his table manners.
motivate	(동)	㈕ ~에게 동기를 부여하다, ~을 자극하다 (v) inspire, stimulate, encourage, persuade, provoke, arouse, influence, prompt, induce, cause, spur, impel, activate, move, (nato) deter, discourage
		He is genuinely motivated by a desire to help people. She managed to motivate staff to work together after the merger.
obsolete	(형)	(형) 못쓰게 된, 사라진, 폐기된, 시대에 뒤떨어진 (adj) outdated, archaic, superseded, outmoded, antediluvian, obsolescent, dated, old, antiquated, unfashionable ㈕~을 쇠퇴하게하다, 구식이 되게 하다
		Gas lamps became obsolete when electric lighting was invented. Typewriters have been rendered obsolete by computers.
outlay	(명)	(명) (돈의) 지출, 경비 (n) expenditure, expense, sum, amount, cost, spending, disbursement
		Outlay is an amount of money spent for a particular purpose, especially as a first investment in something. Few people are able to afford the cash outlay over $500 at once.
	(동)	㈕ ~을 지출하다, 소비하다 (v) expend, spend, disburse
		Employees are not required to outlay any of their own money. In the first year we outlaid thousands of dollars on computers.
respect	(명)	(명) 존경, 경의 (n) esteem, admiration, reverence (파) respective: (형) 각각의, 개개의, 각자의, 각기의; respectively (부) 각각, 각기, 각자
		Certainly in our society teachers don't enjoy the respect that is accorded to doctors and lawyers. In their senseless killing of innocent people, the terrorists have shown their lack of respect for human life.
speculate	(동)	㈕ 깊이 생각하다, 사색하다, 투기를 하다, 시세를 예측하고 사다 (팔다) (v) gamble, hazard, risk, venture, wonder, guess, conjecture, think, consider, contemplate, hypothesize, cogitate, reason, suppose, surmise, ponder, deliberate, (anto) decide, know
		Scientists have speculated about the possibility of parallel universes. Currency traders speculated that Japan's central bank might soon buy large amounts of dollars in the hope of preventing the yen from strengthening further.
subsidize	(동)	㈕ ~에게 보조금을 지급하다, ~에게 보조금을 주고 협력을 얻다, ~을 매수하

단어	품사	한글 의미, 동의어 예문
		다 (v) fund, sponsor, back, promote, support, bankroll, endow, stake, underwrite, finance
		The refugees live in subsidized housing provided by the authorities. He raises the question as to whether the fine arts should be subsidized by public funds. The supported employment programme subsidises employers so they can pay staff the going rate for the joA.

A.12.5 Law Suite (법률 소송)

단어	품사	한글 의미, 동의어 예문
accuse	(동)	㈕~에게 죄를 씌우다, ~을 고발하다, ~을 비난(책망)하다 (v) blame, indict, allege, fault, reproach, censure, charge, denunciate, inculpate
		He was accused of failing to pay his taxes. He is accused of misleading investors and lenders about the financial health of the company.
advocate	(동)	㈕ ~을 변호하다, 주장하다 (v) support, encourage, back, promote, sponsor
		He was part of an extreme political group that advocated the complete overthrow of the political system. He advocates the return of capital punishment.
	(명)	(명) 옹호자, 지지자, 주장자, (법정) 중재인, 변호사 (n) supporter, backer, promoter, believer, activist, campaigner, sponsor, (anto) opponent
		She is an advocate of free software usages in educations. He's a strong advocate of state ownership of the railways.
apology	(명)	(명) 사과, 사죄, 정당성 주장, 변호 (n) regret, confession, defense, excuse, explanation, assurance, justification, pretense, stopgap, imitation
		She complained to the company and they sent her a written apology. Apology is a formal explanation or defence of a belief or system, especially one that is unpopular.
assert	(동)	㈕ ~을 단언하다, 주장하다, (무죄, 요구 등)을 주장하다, (권리 등)을 행사하다, (재귀 용법으로) 자기를 주장하다 (v) declare, proclaim, state, avow, emphasize, stress, affirm, aver, claim, allege, contend, defend, maintain, uphold, support, champion, establish, profess, renounce
		You have to learn to speak up and assert yourself at meetings, or you'll never get anywhere. Several members of Congress called upon the president to assert leadership.
clarify	(동)	(타) (생각, 문제 등)을 명백히 하다, (액체, 기체 등)을 투명하게 하다, 맑게 하다, (의식 등)을 뚜렷하게 하다 (자) 분명해지다, 투명하게 되다, 맑아지다 (v) elucidate, explain, illuminate, simplify, refine, purify, cleanse, filter, treat, process, (anto) confuse, cloud
		The position of all shareholders will be clarified next month when we finalize our proposals. Talking it through with you has helped me to clarify my own thinking about the problem.
commit	(동)	㈕ (죄, 과실 등)을 범하다, (나쁜 뜻으로) ~을 행하다, ~을 위임하다, 맡기다, (기록, 기억 등에) ~을 맡기다, 관련되다, 참여하다, 자기의 입장을 분명하게 말하다 (표명하다), (약속 등으로) 구속하다, ~에 언질을 주다, ~에 전념하다 (v) obligate, pledge, bind, promise, oblige, require, constrain, compel, earmark, designate, dedicate, reserve, devote, pledge, entrust, give, consign, place,

단어	품사	한글 의미, 동의어 / 예문
		assign, commend, confide, perform, execute, perpetrate, cause, do
		Fresh evidence has recently come to light which suggests that he didn't in fact commit the murder. The government must commit itself to improving healthcare.
curtail	(동)	㉫~을 줄이다, 단축하다, 축약하다, (비용, 예산 등)을 삭감하다, 억제하다, (권리 등)을 박탈하다 (v) limit, restrain, restrict, curb, shorten, inhibit, decrease, clip, trim, reduce, (anto) extend
		With all the snow, our daily walks have been severely curtailed. He had to curtail his speech when time ran out.
custody	(명)	(명) 보관, 관리, (미성년자의) 보호 감독, 후견, 감금, 금고, 구류, 구치 (n) care, keeping, safekeeping, protection, guardianship, supervision, trusteeship, watch, detention, arrest, confinement, imprisonment, incarceration, (anto) liberty
		You will be remanded in custody until your trial. Investment advisers with actual custody of clients' funds pose a higher risk to clients.
discriminate	(동)	㉫ 차별하다, 차별대우하다, 차이를 분간하다, 식별하다, 구별하다 (v) distinguish, differentiate, separate, categorize, classify, favor, victimize
		In order to increase the number of female representatives, the selection committee decided to discriminate in favour of women for three years. Police dogs can discriminate between the different smells.
infringe	(동)	㉫ (법률, 협정 등)을 어기다, ~을 위반하다, (권리)를 침해하다 (v) trespass, invade, overstep, disobey, disregard, breach, break, violate, contravene, transgress, flout, (anto) respect, obey
		They infringed building regulations. The senator is opposed to any laws that infringe on a citizen's right to free speech.
labor	(명)	(명) 노동, 노력, 생산 활동, 수고, 일, 힘든 일, 진통, 산고, (자동차 수리비 중의) 기술료, (형) 노동의, 노동에 관한, (n) work, toil, employment, industry, effort, workforce, staff, childbirth, delivery, confinement, task, chore, exertion, mission, duty, activity, occupation
		The car parts themselves are not expensive - it's the labor that costs so much. Hours after the explosion, rescue teams were still laboring to free those trapped.
monopoly	(명)	(명) 독점, 전매, 전유, 전매사업 (n) control, domination, cartel, trust, corner
		There are laws to stop companies becoming monopolies. The Postal Service is guaranteed a monopoly on all first-class letters.
mutual	(형)	(형) 서로의, 상호의, 상호적인, 서로 관계가 있는, 공동의, 공통의 (adj) joint, shared, common, communal, reciprocal, conjoint, related
		Theirs was a partnership based on mutual respect, trust and understanding. The organization promotes mutual understanding between peoples.
petition	(명)	(명) 탄원(청원) 서, 진정서, 탄원내용, 청원사항, (법률) 신청(서), 소원 (n) (a formal, written) request; appeal, entreaty, supplication, requisition, application, plea
		The petition was photocopied and distributed to workers who will collect the necessary signatures. I signed a petition against the proposed closure of the local hospital today.
	(동)	㉫ ~에게 청원하다, 간청하다, 애원하다, 탄원하다, 탄원서를 제출하다 (v) to make a formal request, appeal, lobby, beg, implore, plead, ask, solicit
		She is petitioning for a re-trial. We petitioned the postal officials to start delivering packages twice a day in business areas.
prosecute	(동)	㉫ ~을 협의로 기소하다, 고소하다, (권리)를 요구하다, ~을 수행하다, 속행하다, ~에 종사하다, (법률) 기소하다, 고소하다 (v) impeach, arraign, indict, accuse, sue
		Any manufacturer who does not conform to the standards could be prosecuted under the Consumers Protection Act, 1987. In this area, 26 people have been prosecuted for mortgage fraud in the past three years.
strike	(동)	㉫ 치다, 때리다, 구타하다, (타격, 공격)을 가하다, (빛 등이) ~에 닿다, (소리가) (귀)를 치다, ~에 충돌하다, 머릿속에 떠오르다, 우연히 만나다, ~을

단어	품사	한글 의미, 동의어 예문
		매혹 시키다, (시계, 종이) (시각을) 치다, (악기 등)을 울리다 (v) hit, beat, discover, uncove,r unearth, smack, sock, belt, thump, clout
		Democratization has brought workers the right to strike and join a trade union. They predict that a large earthquake will strike the west coast before the end of the decade.
	(명)	(명) 치기, 타격, 구타, 공격, (야구, 볼링) 스트라이크, (시계가) 때를 알림, 시간치는 장치 (n) raid, attack, assault, incursion, slowdown, walkout
		After last year's long and bitter strike, few people want more industrial action. Some minors are calling for a nationwide strike.
susceptible	(형)	(형) 허용하는, ~이 가능한, 영향 받기 쉬운, 감염되기 쉬운, 감수성이 강한, 민감함, 다감한 (adj) vulnerable, liable, prone, disposed, inclined, subject, predisposed, receptive, open, impressionable, sensitive, swayable, vulnerable, amenable, suggestible
		Among particularly susceptible children, the disease can develop very fast. Shakespeare's plays are susceptible to various interpretations.

A.13 Science, Math (과학, 수학)

A.13.1 Calculus (미분적분학)

단어	품사	한글 의미, 동의어 예문
coefficient	(명)	(명) (수학) 계수, (물리) 계수, 율, (형) 공동작업의 (n) constant, number, factor, amount, quantity, figure, measurement
		Coefficient is a value, in mathematics, that appears in front of and multiplies another value. The coefficient of friction is a measure of how easily one object slides across the surface of another, calculated by the force that is being used and the amount of friction. The coefficient of diversification measures the extent to which a stock portfolio has been diversified.
complex	(형)	(형) 여러 부분으로 이루어진 복합의, 혼성의, 복잡한, (수학) 복소수의, (adj) composite, heterogeneous, compound, mixed, difficult to understand, complicated, intricate, puzzling, perplexing, confused, difficult, obscure, twisted
		The company has a complex organizational structure of different but related divisions. It's a very complex issue to which there is no straightforward answer.
	(명)	(명) 복합체, 합성물, 단지, 복합빌딩, (수학) 복소수, ㊈ ~을 복잡하게 하다, (화학) 복합체를 형성하다 (n) exaggerated reaction syndrome, fear
		This town has a large shopping complex. Building complex is a group of buildings that are related, or a large building having different parts
contour	(명)	(명) 윤곽, 외형, 윤곽선, 등고선, (형) 등고를 나타내는, ㊈ ~의 등고선을 그리다 (n) outline, delineation, silhouette, relief, curve, line, shape, form
		Her latest collection of swimwear shows off the contours of the human body to perfection. This map has contours marked at 250-metre intervals.
differential	(형)	(형) 차별적인, 격차가 있는, 특징이 있는, 특이한, (물리, 기계) 차동적인, (수학) 미분의 (adj) of or pertaining to difference or diversity

단어	품사	한글 의미, 동의어 / 예문
		We have a differential salary structure based on employees' experience. The contract includes a 35% per hour increase in night shift differential payment.
	(명)	(명) 차이, 차, (기계) 차동장치, (수학) 미분, (경제) 차별관세 (n) difference, discrepancy, disparity, gap, variance, distinction
		The pay differential between employees and management is too great. There is from a $1000 to $3000 price differential between the vehicles.
derivative	(형)	(형) 유도적인, 끌어낸, 유래된, 파생된, 모방한 (adj) derived from, caused, evolved, imitative, copied, plagiarized, unoriginal, rehashed, acquired, secondary
		If something is derivative, it is not the result of new ideas, bus has been developed from or copies something else. Too much of the music feels derivative.
	(명)	(명) 파생물, (경제) 금융 파생 상품, (화학) 유도체, (수학) 도함수, (의학) 유도제 (n) offshoot, byproduct, spinoff, result, product
		If something is derivative, it is not the result of new ideas, but has been developed from something else. Retinol is a derivative of vitamin A.
diagonal	(형)	(형) (수학) 대각선(면)의, 대각적인, 비스듬한 (adj) slanting, oblique, sloping, crosswise, transverese
		A diagonal line is straight and sloping, not horizontal or vertical, for example joining two opposite corners of a square or other flat shape with four sides. Draw a diagonal line going from one corner to the other.
	(명)	(명) (수학) 대각선, 비스듬한 줄(무늬), 사행물, 사선, 능직 (n) line from corner to opposite corner (파) diagonalize, ㈕ (수학) (행렬)을 대각 행렬도 하다, 대각선화하다
		Diagonal means a straight line that joins two opposite corners of a four-sided flat shape, such as a square. Matrix diagonalization is a construction of a diagonal matrix (with non-zero entries only on the main diagonal) that is similar to a given matrix.
finite	(형)	(형) 제한(한정)된, 유한의, (수학) 유한의, (문법) (동사가) 정형의 (adj) limited, determinate, fixed, predetermined, restricted, set, predictable, (anto) infinite
		The funds available for the health service are finite and we cannot afford to waste money. We only have a finite amount of time to complete this task - we can't continue indefinitely.
introduce	(동)	㈕ ~을 소개하다, 인사시키다, 대면시키다, (상품 등)을 널리 알리다, (생각, 유행 등)을 창안하다, 도입하다, ~에게 초보를 가르치다, ~을 안내하다, (화제 등)을 꺼내다, ~을 삽입하다, (학설 등)을 발표하다 (v) present, familiarize, announce, host, present, lead, head, initiate, begin, commence, pioneer, launch, start, establish, institute, propose, advance, create, familiarize, inform, (anto) conclude
		A relative pronouns usually introduces an adjective clause. We need to introduce more stringent security measures such as identity cards.
hyperbolic	(형)	(형) 과장된, 과대한, (기하) 쌍곡선의
		In mathematics, hyperbolic functions are analogs of the ordinary trigonometric, or circular, functions. Hyperbolic is an adjective describing something that resembles or pertains to a hyperbola (a curve), to hyperbole (an overstatement or exaggeration), or to hyperbolic geometry.
lengthy	(형)	(형) 긴, 장황한, 지루하게 긴 (adj) long, long-lasting, prolonged, protracted, extended, overlong, interminable, longwinded, (anto) brief, short
		After lengthy discussions, the chairperson was reelected for another term. The report was so lengthy that members had to take it home and read it over the weekend.
magnitude	(명)	(명) 크기, 양, 중요함, 중대성, 큼, 다량, (정신적) 위대함, 고결, (천문) (별의) 광도, 등급, (지진의) 진도 (n) greatness, scale, size, extent, degree, amount, enormousness, level, enormity,

단어	품사	한글 의미, 동의어	예문
		importance, significance, weight, consequence, moment, (anto) triviality	They don't seem to grasp the magnitude of the problem. Magnitude is also a measure of the brightness of a star as it appears from earth.
multivariate	(형)	(형) (통계) (결합분포가) 둘 이상의 변수를 가진, 다변수의, 다변량의	Multivariate statistics is a subdivision of statistics encompassing the simultaneous observation and analysis of more than one outcome variable. Application of multivariate techniques would reduce this limitation.
polynomial	(명)	(명) 다명, (수학) 다항식, (생물) 세 개 이상의 명칭으로 된 학명 (n) a number or variable, or the result of adding or subtracting two or more numbers or variables	In mathematics, a polynomial is an expression consisting of variables (also called indeterminates) and coefficients, that involves only the operations of addition, subtraction, multiplication, and non-negative integer exponents of variables. Polynomials appear in many areas of mathematics and science. For example, they are used to form polynomial equations, which encode a wide range of problems, from elementary word problems to complicated problems in the sciences
solve	(동)	(타) ~을 풀다, 해명하다, 해결하다, (수학 문제 등)을 풀다, (부채 등)을 갚다 (v) resolve, crack, answer, explain, unravel, decipher, disentangle, elucidate, unscramble	I've been trying to solve this problem all week, but I still haven't cracked it. The arrests have not solved the mystery of what happened to the stolen cash.
theorem	(명)	(명) (수학) 정리, 법칙, 일반 이론, (논리) 정리 (n) proposition, formula, deduction, statement, proposal, hypothesis	Theorem is a formal statement that can be shown to be true by logic. He develops a constructive framework for proving equalities about programs, and shows how to derive the free theorems in a purely syntactic way.

A.13.2 Algebra (대수학)

단어	품사	한글 의미, 동의어	예문
adjoint	(명)	(명) (수학) 수반 행렬	Both left and right adjoint provide a mechanism for storing this information. An adjoint equation is a linear differential equation, usually derived from its primal equation using integration by parts.
augmented	(형)	(형) 증가된, (음악) 증음된, (수학) 첨가 (adj) increased, amplified, enlarged, bigger, improved, better, supplemented, expanded, enhanced, increased, boosted, extended, strengthened, intensified, (anto) lesser; augmented matrix (첨가행렬) (파) augment, (동) (인구, 소득)을 늘리다, 증가(증대)시키다, (v) increase, (명) 증가, 증대	In linear algebra, an augmented matrix is a matrix obtained by appending the columns of two given matrices, usually for the purpose of performing the same elementary row operations on each of the given matrices. He would have to find work to augment his income.
cofactor	(명)	(명) (생화학) 공동인자, 보조 요인, (수학) 공통인자, 여인수 (n) a contributing factor	In linear algebra, a minor of a matrix A is the determinant of some smaller square matrix, cut down from A by removing one or more of its rows and columns. Minors obtained by removing just one row and one column from square matrices (first minors) are required for calculating matrix cofactors, which in turn are useful for computing both the determinant and inverse of square matrices.
complement	(명)	(명) 보충물, 보완물, 보충량, 한 쌍으로 된 것의 한쪽, 전량, 필요한 것 전부, (함선의) 전 승무원, (탈것의) 정원, 정수, (문법) 보어, 보충문, (기하) 여각, 여집합	

단어	품사	한글 의미, 동의어 예문
		(n) accompaniment, foil, match, balance, counterpart, supplement, pair, quota, set, allowance, quantity, number, amount,
		Complement is a part of a clause that usually follows the verb in English and adds more information about the subject or object. Complements are one of the five major elements of clause structure; the other four are subject, verb, object and adjunct.
	(동)	[타] ~을 보충하다, 보태다, 보완하다 (v) complete, add, supplement, perfect, accompany, harmonize, match, counter
		Strawberries and cream complement each other perfectly. The music complements her voice perfectly.
contrary	(형)	(형) (성질이) 반대인, 정반대의, ~에 어긋나는, 상반되는, (방향, 위치가) 거꾸로의, 역의, 반대쪽의, 불리한, (adj) conflicting, opposing, different, divergent, dissimilar, antagonistic, disagreeing, disobedient, rebellious, obstrinate, uncooperative, defiant, difficult, perverse, stubborn, willful, awkward, (anto) similar
		Contrary to all our expectations, he found a well-paid job and a nice girlfriend. Contrary to popular opinion, I do not dye my hair!
	(명)	(명) 반대, 정반대, (논리) 반대 명제 (n) opposite, inverse, converse, reverse, anthithesis
		I was worried that it might be too hard for me but it turned out the contrary was true. For a long time it was thought to be a harmless substance, but we now have proof/evidence to the contrary.
determine	(동)	(타) ~을 결정하다, 결정(조건) 짓다, 확정하다, (일정 등)을 미리 결정하다, ~을 결심하다, 결의하다, ~을 결심(결의)시키다, (법률) ~에 판결을 내리다, (거리, 성분 등)을 측정(산정)하다, (논리)~을 한정하다, (기하) ~의 위치를 결정하다 (자) 정하다, 결의하다, 결심하다, (법률) (효력 등이) 끝나다, 종결되다 (v) control, regulate, govern, fix, limit, define, decide, conclude, resolve, establish, settle, agree, finalize, verify, ascertain, clarify, reveal, uncover, establish, influence, shape, mold, affect, form (파) determinant: (명) 결정요소, 결정자, (수학) 행렬식, (생물) 결정자, 유전자, (논리) 한정사
		The number of staff we can take on will be determined by how much money we're allowed to spend. The amount of money the bank is willing to lend is determined by the value of the property.
eliminate	(동)	(타) (유해물, 여분 등)을 ~에서 제거하다, 삭제하다, ~을 제외하다, 무시하다, (생리) ~을 배출하다, (수학) ~을 소거하다, (경기 등에서)~를 실격(탈락)시키다 (v) remove, eradicate, abolish, reject, disregard, exclude, jettison, reduce, purge, defecate, urinate, excrete, expel, pass, destroy, kill, exterminate, liquidate, waste (파) elimination: (명) 제거, 삭제, 제외, 배제, 실격, 탈락, (스포츠) 예선, (수학) 소거법, (생리) 배출, 배설
		We eliminated the possibility that it could have been an accident. Arts programs face elimination in some school systems.
homogeneous	(형)	(형) 같은 종류의 것으로 된, 동일 조직의, 동일성의, (수학) 동차의, (물리) 균질의 (adj) same, similar, regular, standardized, consistent, equal, identical, uniform, harmonized, even, smooth, (anto) uneven
		The population of the village has remained remarkably homogeneous. Like the other valley towns, this was once a fairly homogeneous Anglo community.
joint	(명)	(명) 접합부분, 이음매, (기계) 조인트, 이음쇠, (해부, 동물) 관절, (지질) 바위의 갈라진 금, 절리 (n) linkage, junction, intersection, juncture, coupling, hinge, place, establishment, locale, roast, dive, venue, hangout (adj) combined, dual, cooperative, shared, multiparty, united, mutual, common, communal, collaborative, allied, (anto) individual
		I put my shoulder out of joint last weekend lifting heavy boxes. Fry four chicken joints in a pan with some mushrooms and garlic.

단어	품사	한글 의미, 동의어 예문
linear	(형)	(형) 선의, 직선의, 선모양으로 뻗는, 선 모양의, 길이의, (수학, 물리) 1차원, 선형의, (전자) 입력에 비례하는 출력의, 연속적인, 직접적인 (adj) lined, rectilinear, undeviating, right, true, straight
		These mental exercises are designed to break linear thinking habits and encourage creativity. Is there a linear relationship between salaries and productivity?
residue	(명)	(명) 나머지, 잔여, (화학) 잔류물, 잔기, (법률) 유산의 잔여 부분, (수학) 나머지 (n) remainder, rest, deposit, scum, filtrate, excess
		Residue is the part that is left after the main part has gone or been taken away, or a substance that remains after a chemical process such as evaporation. Pesticide residue is present in many fruits and vegetables, even after proper washing.
transition	(명)	(명) (위치, 지위, 상태, 단계 등의) 변천, 이동, 변화, 추이, 과도기, (음악) 경과부, 추이, (물리) 양자역학에서의 천이, 전이, (n) change, changeover, evolution, conversion, shift, move, switch, alteration, modification
		There will be an interim government to oversee the transition to democracy. The transition from boyhood to manhood can be a confusing period.
transposition	(명)	(명) 전환, 치환, 교환, 전치, (수학) 이행, 호환, (통신, 전기) 교차, (사진) 반전 (n) reversal, switch, swap, inversion, exchange, substitution, rearrangement, reordering, recasting, relocation, shuffle
		Sometimes a simple transposition of letters may make things more complicated. Signs indicate note-lengths, rests, and octave transposition.
valid	(형)	(형) 주장이 옳은, 타당한, 근거가 확실한, (표, 방법 등이) 유효한, 효력이 있는, 법적으로 유효한, 합법적인, (논리) 타당한 (a) sound, cogent, logical, conclusive, solid, well-grounded, telling, accurate, convincing, correct, determinative, persuasive, potent, strong, ultimate, true, original, factual, real, actual, pre, authentic, confirmed, credible,
		In order to make the experiment to be valid, it is essential to record the experimental condition and detailed data accurately. A ticket or other document is valid if it is based on or used according to a set of official conditions that often include a time limit.
vector	(명)	(명) (수학) 벡터, 방향량, (생물) 병원균, (항공) (비행기, 미사일 등의) 진로, 탄도, 궤도, (심리) 벡터 (v) course, trajectory, path, route, direction, flight path
		Vector in computer science is an one-dimensional array. In computing, a vector processor or array processor is a central processing unit (CPU) that implements an instruction set containing instructions that operate on one-dimensional arrays of data called vectors, compared to scalar processors, whose instructions operate on single data items.

A.13.3 Geometry (기하학)

단어	품사	한글 의미, 동의어 예문
acute	(형)	(형) (생김새가) 날카로운, 끝이 뾰족한, 예리한, (통증, 감정 등이) 심한, 격렬한, (병 등이) 급성의, (기하) 예각의, (지능, 지각 등이) 날카로운, 예민한, 예리한, (부) 날카롭게, 예민하게, 격심하게 (adj) sharp, sensitive, keen, heightened, discriminating, delicate, severe, serious, critical, grave, important, desperate, dire, perceptive, shrewd, intelligent, astute, perspicacious, intense, sharp, violent, strong, excruciating, piercing, stabbing, (anto) moderate, chronic, mild
		An acute pain or illness is one that quickly becomes very severe. An acute triangle is a triangle with three angles of less than 90°.
circumference	(명)	(명) 원주, 원둘레, 주위, 주선, 주변의 길이, 범위, 둘레안의 면적 (n) perimeter, boundary, edge, border, fringe, (anto) middle

단어	품사	한글 의미, 동의어 예문
		Circumference is the outside edge of an area or object that is round or curved, or the length of this edge. Lack of illness or injury, good dental health, and normal waist circumference had the strongest associations with perceived good health.
circumscribe	(동)	㈉ ~의 둘레에 선을 긋다, ~을 선으로 둘러싸다, 가두다, 속박하다, ~을 한정(제한)하다, (기하) ~을 외접시키다, (논리적으로) ~을 규정하다 (v) limit, restrict, define, demarcate, confine, delineate
		Their movements have been severely circumscribed since the laws came into effect. There followed a series of tightly circumscribed visits to military installations.
congruent	(형)	(형) 일치하는, 조화된, (수학) 합동의 (adj) corresponding, consistent, matching, compatible, similar, harmonious, harmonizing, fitting, (anto) disparate, incompatible
		We need the freedom to direct funds in a way that is congruent with local priorities. Congruent is used to refer to a shape in mathematics that has the same shape and size as another. In geometry, two figures or objects are congruent if they have the same shape and size, or if one has the same shape and size as the mirror image of the other.
equilateral	(형)	(형) 등변의, (명) 등변 (adj) regular, symmetrical, square, rectangular, triangular, rhombus, lozenge, shape
		In mathematics, the equilateral dimension of a metric space is the maximum number of points that are all at equal distances from each other. Equilateral is used to describe a shape whose sides are all the same length.
intersect	(동)	㈉ ~을 가로지르다, ~와 교차하다, (선, 면 등이) 서로 만나다, 교차하다 (v) cross, interconnect, meet, crisscross, traverse, overlap, transect
		To intersect is to cross at a point or set of points. We need to pinpoint the place where maximum achievable conservation intersects with the highest potential financial return.
geometry	(명)	(명) 기하학, 기하학 체계, 기하학 서적, (고체, 표면의) 형상, (기계 장치 등의) 외형, 구조 (n) the branch of mathematics that deals with the deduction of the properties, measurement, and relationships of points, lines, angles, and figures in space.
		Geometry is the area of mathematics relating to the study of space and the relationships between points, lines, curves, and surfaces. A detailed solution will be obtained for a sphere and a method of solution for other geometries will be indicated.
obtuse	(형)	(형) (날, 각 등이)무딘, 뾰족하지 않은, (수학) 둔각의, (감각, 머리 등이) 둔한, 둔감한, (고통, 소리 등이) 잘 느껴지지 않는 (adj) dull-witted, simpleminded, imperceptive, thickheaded, thick, stupid, slow, insensitive, dull, (anto) intelligent, sensitive, astute
		Obtuse angle means more than 90° and less than 180°. Obtuse triangle is containing an angle of more than 90° and less than 180° I'm not trying to be obtuse, but I don't get it.
perimeter	(명)	(명) (수학) (평면 도형의) 주변, 주위, 주변의 길이, (군사) 진지 주변의 방어선, 외곽지대, 한도, 한계 (n) border, edge, boundary, outside, limit
		A river runs along one side of the field's perimeter. The perimeter is the outer edge of a flat shape or area.
perpendicular	(형)	(형) 수직의, 직립한, ~와 수직의, 몹시 가파른, 수직면, 급경사, 절벽 (adj) vertical, upright, erect, sheer, abrupt, steep, (anto) parallel
		We scrambled up the nearly perpendicular side of the mountain. The wheel rotates around an axis that is perpendicular to the plane. Draw a perpendicular from the vertex of the triangle to its base.
prolong	(동)	㈉ (시간적, 공간적으로) ~을 연장하다, 길어지게 하다, 연기하다 (v) extend. delay, lengthen, protract, stretch, elongate, persist, (anto) curtail
		We were having such a good time that we decided to prolong our stay by another week. She chewed each delicious mouthful as slowly as she could, prolonging the pleasure.
property	(명)	(명) (집합적) 재산, 자산, 소유물, 부동산, 소유지, 대지, 건물, 소유권, 고유의 성직, 속성, 특성 (n) stuff, land, home, house, estate, acreage, possession, quality

단어	품사	한글 의미, 동의어 / 예문
		The club does not accept responsibility for loss of or damage to club members' personal property. In an auction, goods or property are sold to the highest bidder.
quadrant	(명)	(명) (기하) 4분원, 사분의, (해부) 4반부, 4분할 (n) a quarter of a circle; something shaped like a quarter of a circle
		The river runs through the south-west quadrant of the city. Quadrant is a device for measuring the height of stars in the sky that was used in the past for calculating directions when travelling across the sea.
supplement	(명)	(명) 추가물, 보충물, 부가, 증보, (수학) 보각, 보호, (n) addition, extra, complement, enhancement, increase, increment, appedage, addendum, adjunct, extension, insertion, annex, insert, section, insert, appendix, attachment, rider, codicil, postscript (anto) deduction,
		Supplement is an extra part of a book, either produced separately or included at the end of the book, containing information that was not available when the book was first published. The money I get from teaching evening night classes provides a supplement to my main income.
	(동)	[타] 보완하다, 보충하다 (v) add, complement, accompany, enhance, augment, improve, increase, append, extend, insert, (anto) deduct
		Some vegetarians like to supplement their diets with iron. He supplements his income by working in a bar at night.
vertex	(명)	(명) (기하) 정점, 꼭지점, 정상, 최고점 (n) apex, summit, pinnacle, apcgee, acme, zenith, peak, top, height, (anto) base
		In mathematics, vertex means the point where two lines meet to form an angle, or the point that is opposite the base of a shape. Two vertices x and y are at distance d if they differ in d coordinates.
wedge	(명)	(명) 쐐기, 쐐기형, V자형, 쐐기 문자, 분열을 의도하는 수단, (군사) 쐐기꼴 대형, (기하) 직삼각기둥, 쐐기꼴 (n) slice, piece, chunk, block, section, segment, sliver, hunk, chock
		Push a wedge under the door to keep it open while we're carrying the boxes in. Pieces of stone can be split off by forcing wedges between the layers.
	(동)	(타) ~을 쐐기로 가르다, ~을 억지로 밀어 넣다 (자) 밀어 젖히고 나아가다, 끼어들다 (v) lodge, hold, fix, jam, chock, lock, cram, pack, squeeze, ram, stuff, push, thrust, force
		Find something to wedge the window open with. He wedged the window open with a screwdriver.

A.13.4 Statistics, Probability (통계, 확률)

단어	품사	한글 의미, 동의어 / 예문
approximate	(동)	[타] (위치, 성질, 수량 등이) ~에 가까워지다, 접근하다, 가깝다, (수량 등이) ~에 가까워지다, 가깝다, ~을 (~이라고) 어림잡다, (v) approach, estimate, guess, assess, reckon, value, appraise
		The newspaper reports of the discussion only roughly approximated to what was actually said. Student numbers this year are expected to approximate 3,000.
	(형)	(형) (목표, 표준 등에) 가까운, 근접한, 거의 정확한, 비슷한, 대략의, 대체적인 (a) rough, estimated, uncertain, guessed, imprecise, proximate
		You only need to submit a plan with approximate dimensions at this stage. The way that the trunk of a tree divides into smaller and smaller branches and twigs is an approximate fractal pattern.
combination	(명)	(명) 결합, 연합, 단결, 결합된 것, 단체, 조합, 숫자 배합, (색채의) 배합, (화

단어	품사	한글 의미, 동의어 예문
		학) 화합물, (수학) 조합, (다용도) 겸용기구 (n) mixture, grouping, blend, amalgamation, recipe, mishmash, arrangement, permutation, code, pattern, order, sequence
		From the letters X Y Z, we can get three combinations of two letters: XY, XZ, and YZ. The school uses a combination of modern and traditional methods for teaching reading.
composition	(명)	(명) 구성, 합성, 조립, 창작, 작시, 작곡, 배합, 배치, 조직, 구조, 조성, 합성되어 있는 상태, 구조, 기질, 성질, (문법) (낱말의) 복합, 복합법, 화해, 타협 (n) arrangement, configuration, conformation, structure, alignment, work, opus, masterpiece, sonata, symphony, concerto, creation, piece, arrangement, organization, constitution, structure
		The composition of the city's population has changed dramatically in the past 20 years. The company said it plans to change the composition of its board of directors, creating a board composed predominantly of independent directors.
conjecture	(명)	(명) 짐작, 추측, 억측, (n) guesswork, estimation, guess, inference, speculation, surmise, assumption, supposition
		There's been a lot of conjecture in the media recently about the marriage. What lay behind the decision is open to conjecture.
	(동)	(타) ~을 짐작하다 (v) estimate, imagine, guess, speculate, infer, assume, suppose
		We will never know exactly how the accident happened; we can only conjecture. He conjectured that the company would soon be in financial trouble.
convergence	(명)	(명) 한 점에의 집중, 집중성, 집중 상태, 집합점, (사상, 경제력 등의) 수렴, 격차 축소, (수학, 물리) 수렴 (n) union, concurrence, merging, confluence, concentration, meeting
		Convergence is a deep integration of knowledge, tools, and all relevant activities of human activity for a common goal, to allow society to answer new questions to change the respective physical or social ecosystem. Such changes in the respective ecosystem open new trends, pathways, and opportunities in the following divergent phase of the process. The convergence of pop-cultural trends and technological progress gave us camera phones and the "selfie".
correlation	(명)	(명) 상호관련, 상관 (관계), (통계) 상관관계 (n) association, connection, relationship, link, parallel, correspondence
		There's a tight correlation between smoking and cancer. There is a proven correlation between educational level and income.
deviation	(명)	(명) (방침, 기준 등에서) 벗어남, 탈선, 일탈, 치우침, 편의, (통계) 편차, (물리) (빛의) 편향, 굴곡, (해사) 항로 이탈(변경) (n) nonconformity, unconventionality, eccentricity, unorthodoxy, aberration, abnormality, deviance, deviancy, divergence, departure, difference, variation, digression, change
		Any deviation from the party philosophy is seen as betrayal. We do not expect any significant deviations from the business plan.
diminish	(동)	(타) ~을 줄이다, 작게 하다, 축소하다, (명예, 지위 등)을 떨어뜨리다, 상처 입히다, (음악) (음정)을 반음 낮추다, 작아지다, 감소하다 (v) reduce, lessen, weaken, moderate, contract, shrink, ebbm fade, taper, belittle, devalue, cheapen, decrease, (anto) increase, grow
		Fresh snow meant that our chances of reaching the summit slowly diminished. A single-payer system would diminish the bureaucratic cost of health care.
implication	(명)	(명) 함축, 포함, 암시, 함의, 연루, 밀접한 관계, 뒤엉키게 함, 분규 (n) insinuation, inference suggestion, allegation, consequence, repercussion, effect, association, allusion, proposition, connotation
		The company is cutting back its spending and I wonder what the implications will be for our department. It's not yet clear what the implications of the new legislation will be for small businesses.
majority	(명)	(명) 대부분, 대다수, 태반, 과반수, 다수, 득표의 차, (법률) 성년, 성인

단어	품사	한글 의미, 동의어 / 예문
		(n) bulk, preponderance, mass, margin, difference, gap, advantage, lead, edge, adulthood, maturity, manhood, independence seniority, (anto) childhood
		The majority of young professionals in the capital have moved there from provincial towns. A large majority of the population is demanding the restoration of the former government.
median	(형)	(형) 2등분한 면의, 좌우 대칭으로 나눈면의, 중간의 중앙의, (통계) 중앙값의, (adj) middle, average, intermediate, medium, moderate, medial,
		The median value is the middle one in a set of values arranged in order of size. Median household income fell last year.
	(명)	(명) (수학) 중위수, (기하) 중선, 중점 (n) middle, center, norm, medium, mean, nucleus, midpoint, average, par, standard, (anto) extremity
		Median is a narrow strip of land or concrete between the two sides of a large road, separating the vehicles moving in opposite directions. The car went out of control, jumped the median, and hit a truch head on. Home prices have continued to increase, with the median rising 5% to $400,000.
permutation	(명)	(명) (수학) 순열, (순서의) 변환, 치환, 변형, 변경 (n) variation, change, transformation, version, arrangement, rearrangement, combination, alternative, vicissitude, mutation, incarnation
		He made 16 separate applications for tickets using various permutations of his children's names. The permutations of these three variables are kept in check by an avoidance constraint that prohibits stressed desinences.
probability	(명)	(명) (수학, 통계) 확률, 가망성, 공산, 개연성, (n) possibility, prospect, likelihood, chance
		The probability of getting all the answers correct is about one in ten. Against all probability we found ourselves in the same hotel. There is a strong probability that the country will fall into recession again.
prevalent	(형)	(형) ~에 널리 퍼진, 보급된, 유행하고 있는, 일반적인, 우세한, 유력한, 주요한 (adj) predominant, widespread, dominant, rampant, ubiquitous, established, customary, prevailing, numerous, frequent, common, rife, powerful, (anto) rare
		These diseases are more prevalent among young children. Trees are dying in areas where acid rain is most prevalent.
statistics	(명)	(명) (단수 취급) 통계학, 통계론, (복수 취급) 통계, 통계자료 (n) figures, data, numbers, digits, measurements, indicators, facts, values, signs, markers, guides, gauges
		vital statistics (인구 동태 통계) statistics of population (인구 통계)
variance	(명)	(명) 변화, 변동, (통계) 분산, (법률)(소장과 증거사이의) 상이 (다름) (n) alteration, modification, adjustment, change, discrepancy, inconsistency, difference, disagreement, dissent, variation, conflict, clash, divergence, disparity, dispute, (anto) consistency, agreement
		There has been some unusual variance in temperature this month. I could detect subtle variances in fragrance as we strolled through the garden.

A.13.5 Physics (물리)

단어	품사	한글 의미, 동의어 / 예문
absolute	(형)	(형) 절대의, 절대적인, 완전 무결한, 온전한, 무제한의, 무조건의, 실제의, 확실한, (문법) 독립의, 유리된, (물리) 절대 온도의, (수학) 절대값의, (adj) total, complete, utter, unqualified, outright, entire, unconditional, unlimited, supreme, unmodified, unadulterated, pure, perfect, fixed, conclusive, resolved, firm, fixed, definite, unmovable, final, unchangeable, certain, (anto)

단어	품사	한글 의미, 동의어 예문
		unconfirmed
		When you're stuck in traffic, a mobile phone's an absolute life-saver. Health insurance is an absolute necessity.
	(명)	(명) 절대적인 것 (규칙, 원리) (n) given, rule, principle, truth, fundamental, solution, answer, resolution, truth, given
		Absolute means something that is not dependent upon external conditions for existence or for its specific nature. The absolute is something considered to be the ultimate basi of all thought and being.
axial	(형)	(형) 축의, 축 모양의, 축위의, 축을 이루는, (식물) 중축성, (부) 축의 방향으로 (adj) forming an axis, characterized by axis
		The application of an axial magnetic field is the well-known method for stabilizing plasma z-pinch implosions. Imposing of the initial axial magnetic field causes the liner rotation.
bounce	(동)	[타] (공 등이) 튀다, 되튀다, 튀어 오르다, (빛, 소리 등이) 반사하다, (사람이) 뛰어 오르다, 뛰듯이 걷다, 활발히 움직이다, (야구) 내야 땅볼을 치다, ~을 튀기다, (신호 등)을 통신 위성으로 중계하다 (v) recoil, bound, rebound, spring, leap, jump, bound, vault, clear, bob, bobble
		Imposing of the initial axial magnetic field causes the liner rotation. I had to pay a penalty fee when my cheque bounced.
buoyancy	(명)	(명) 부력, 부양성, 부양, 회복력, 낙천적 성질, (주가의) 상승 경향, (국가 세입 등의) 증가 추세 (n) resilience, resistance, flexibility, toughness, optimism, cheerfulness, enthusiasm, jauntiness, resilience
		We tested different materials for buoyancy. Costs have been pushed up by the buoyancy of the public sector.
concave	(형)	(형) 오목한, 요면의 (명) 요면, 움푹 들어간 곳, 오목한 부분, [타] ~을 오목하게 하다 (adj) bowl-shaped, dipped, hollow, dished, (anto) convex
		The adjacent bubble surfaces would be circular arcs concave upward. Therefore, a concave body may be virtually cut into several convex subbodies at the stage of creating the geometry model of the body.
convex	(형)	(형) 볼록면의, 돌출한, 가운데가 높은, (수학) (다각형에서) 어느 내각이든 180도 이하인, (명) 볼록면, 볼록렌즈, 돌출부 (adj) curved, curving, arched, rounded, bowed, (anto) concave
		Therefore, a concave body may be virtually cut into several convex subbodies at the stage of creating the geometry model of the body. Specifically, latency of a discriminative response, like probability of generalization, falls off according to a decreasing, concave-upward function of distance between stimuli in representational space.
density	(명)	(명) 밀도, 밀집, 우둔, (안개, 액체의) 짙음, (사진) (음화의) 농도 (n) thickness, compactness, mass, concentration, bulk, solidity, concreteness, stupidity, denseness, slowness, ignorance, dimness, dullness, obtuseness, intensity, concentration, degree, extent, crowdedness, (anto) intelligence, scarcity
		We were unable to move because of the density of the crowd. Lead has a high density. Aluminium is low in density.
dynamic	(형)	(형) 동력의, 동적인, (물리) 역학적인, 동력학의, 활력있는, 에너지를 발생하는, 역동적인, 정력적인, 강력한, (의학) 기능의, 기능적인, (철학) 역본설의, (음악) 강약법의, (컴퓨터) 동적인, 다이나믹한, (문법) (형용사, 동사 등이) 동작을 나타내는 (adj) lively, active, go-ahead, self-motivated, energetic, vibrant, forceful, vigorous, (anto) apathetic, lethargic
		If you're looking for some exciting, dynamic new music, get along to the club just opened on Market Street. The situation is dynamic and may change at any time.
exceed	(동)	[타] (범위, 한도)를 넘어서다, (양이나 정도 등)을 초과하다, ~보다 크다, ~을 능가하다, 도를 지나치다, (다른 것을) 능가하다, 우세하다

단어	품사	한글 의미, 동의어 / 예문
		(v) surpass, top, beat, outdo, overdo, outstrip
		Drivers who exceed the speed limit can expect to be fined heavily. The earnings per share far exceeded analysts' estimates of 9 to 10 cents per share.
gravity	(명)	(명) (물리) 중력, (지구) 인력, 중량, 무게, (일반적으로) 인력, 끌림, 중력 가속도, 진지함, 장중함, 위엄, (음악) 저음 (n) seriousness, importance, significance, severity, enormity, magnitude, solemnity, grimness, sedateness, dignity, earnestness, thoughtfulness, somberness, (anto) insignificance, cheerfulness
		Gravity is defined as the force that attracts objects towards one another, especially the force that makes things fall to the ground. I don't think you understand the gravity of the situation.
mass	(명)	(명) 덩어리, 무리, 집단, 전체, 집합체, 대부분, 태반, 크기, 분량, 부피, (물리) 질량, ㈢ 한 덩어리가 되다, ~을 한 덩어리로 만들다, 모으다, 집중시키다 (n) form, figure, frame, physique, build, bulk, quantity, corpus, amount, area, reservoir, supply, bulk, essence, majority, accumulation, gathering, collection, group, crowd, throng, bunch, heap, pile, load, stack, mound, dimension, magnitude
		Opposition groups plan to stage mass demonstrations all over the country. The explosion reduced the church to a mass of rubble. The sauce was now a sticky mass at the bottom of the pan.
orbit	(명)	(명) (천문) (천체, 인공위성, 우주선의) 궤도, (비유적) 인생 행로, 궤적, (물리) (원자핵 주위의) 전자 궤도, (착륙 대기중의) 선회 코스 (n) path, track, trajectory, revolution, circle, circuit, course, range, scope, range, compass, influence, ambit, circumnavigate, loop, encircle, revolve
		Once in space, the spacecraft will go into orbit around Earth. Orbit also means the round hollow area surrounding the eye.
refraction	(명)	(명) (빛, 소리 등의) 굴절, (광학) (눈의) 굴절력, (천문) 대기차, (비유적) 비뚤어짐, 왜곡 (n) bending, diversion, detour, alteration, deflection
		Angle of refraction is the angle that a beam of light or other energy that is refracted by a surface makes with a line vertical to that surface. Depth measurements were made by reading from the calibrated scale on the fine focusing adjustment without correction for refraction.
stiff	(형)	(형) 굳은, 딱딱한, 뻣뻣한, 짙은, 끈적이는, (관절 등이) 굳은, 경직된, 격식에 치우친, 서먹서먹한, 어색한, 완고한, 고집하는, 단호한, (바람 등이) 세찬, 격렬한 (adj) rigid, firm, inflexible, unbending, unbendable, taut, hard, solid, unyielding, difficult, demanding, exacting, laborious, rigorous, arduous, taxing, tough, servere, harsh, drastic, stringent, excessive, extreme, steep, (anto) limp, easy, lenient
		Sitting still at a computer terminal all day can give you a stiff neck. The general is a tall man with steel spectacles and a stiff, pompous manner.
thermal	(형)	(형) 온도의, 열에 의한, 온천의, 온천탕의, 보온성이 좋은, (adj) thermic, of pertaining to (or caused by) heat or temperature
		Thermal underwear is underwear that has been specially designed to keep the body warm. It was the Romans who first recognized the medicinal benefits of Hungary's thermal springs.
	(명)	(명) 상승 온난 기류 (n) current, updraft
		Thermal is a large column of hot air rising from the ground. A thermal column (or thermal) is a column of rising air in the lower aaltitudes of Earth's atmosphere, a form of atomospheric updraft. Thermals are created by the uneven heating of Earth's surface from solar radiation, and are an example of convection, specifically atmospheric convention.
trajectory	(명)	(명) (투사물, 로켓, 천체 등이 그리는) 곡선, 호, 탄도, 궤도, 궤적, 비상 경로 (n) route, course, flight, path, line, arc, curve, trail, trace, track
		Trajectory is the curved path that an object follows after it has been thrown or shot into the air. The curved path an object follows after it is thrown or shot into the air, or of an object that is traveling through space.

A.14 Engineering (공학)

A.14.1 Electronics (전자)

단어	품사	한글 의미, 동의어 예문
acoustic	(형)	(형) 청각의, 음향의, (건재 등이) 방음의, (음악) (악기가) 앰프를 사용하지 않은 (adj) audio, aural, auditory, audile, sound
		The microphone converts acoustic waves to electrical signals for transmission. The concert was recorded in a church that is famous for its acoustics.
adaptive	(형)	(형) 적응성의, 순응적인 (adj) serving or able to adapt' showing or contributing to adaptation
		This is especially true in the case of such adaptive instincts as curiosity, imitation, and play. This renders them facile and adaptive in the ever-changing conditions of organic evolution.
alleviate	(동)	(타) (고통)을 완화시키다, 경감하다, 편하게 하다 (v) ease, lessen, assuage, improve, lighten, relieve, (anto) aggravate
		The drugs did nothing to alleviate her pain/suffering. Adaptive language modelling literature gives examples of how the problem of estimating of probabilities of repeat occurrences can be alleviated.
amplitude	(명)	(명) 넓이, 폭, 크기, (물리, 전기) 진폭, (수학) 편각, (천문) 출몰 방위각, (군사) 사정(착탄) 거리 (n) largeness, fullness, plenty, breadth, bounty, bigness, generosity, heft, profusion, amount, scale
		Amplitude is the strength of a wave of sound or electricity, measured at the strongest repeating part of the wave. The sheer amplitude of the novel invites comparisons with Tolstoy.
amplify	(동)	(타) ~을 크게 하다, 확대하다, (장소 등을) 넓히다, 확장하다, (서술, 설명)을 더 자세히 하다, 부연하다, 상세히 설명하다, (전기) ~을 증폭하다, (v) intensify, increase, strengthen, magnify, augment, enlarge, swell, elaborate, expand, clarify, develop, (anto) reduce
		The laser beam is divided into three beams and delayed each other by the splitters, and which is amplified by the double-pass preamplifier sequentially. Acoustic properties of the instruments are accentuated during the solo part, and natural noises of the recorder arise when amplified through a microphone.
dielectric	(명)	(명) (전기) 절연체, 유전체, 전매질, (형) 절연체(성)의, 부전도성의, 유전체의, 전매질의 (n) nonconductor of electricity, especially a substance with electrical conductivity less than a millionth (10^{-6}) of a mho.
		A dielectric (or dielectric material) is an electrical insulator that can be polarized by an applied electric field. This is because coal has a relatively low conductivity and high dielectric constant with respect to its host strata.
electro-magnetic	(형)	(형) 전자석의, 전자기의 (adj) of or caused by electromagnetism
		An electromagnetic field is a physical field produced by electrically charged objects. Electromagnetic also means relating to the science that deals with the relationship between electricity and magnetism.
fume	(명)	(명) 가스, 연기, 연무, 냄새, 향기, 후끈하는 열기, 술기운, 애태우는 기분, (n) emission, smoke, gas, miasma, smog, haze, odor, stench, smell,
		In the sprint, we all can enjoy the fume of flowers in garden. The negative aspects of the "symptom" are obvious: irritating fumes to those around, violation of rules, and so forth.
	(동)	(타) ~을 발산하다, 증발하다, 연기를 내다, 노발대발하다 (v) stink, reek, smolder, emit, exude, seethe, burn, rage, bristle, simmer,
		The whole episode left me fuming at the injustice of it all.

단어	품사	한글 의미, 동의어 / 예문
		Days after the argument, he was still fuming.
impedance	(명)	(명) (전기) 임피던스, (교류회로의) 전기저항, 장애물, 방해물 (n) a measure of the total opposition to current flow in an alternating current circuit; impedance is represented in complex notation as Z = R +iX, where R is the ohmic resistance and X is the reactance.
		Impedance is the complex-valued generalization of resistance. Electrical impedance, the ratio of the voltage phasor to the electric current phasor, a measure of the opposition to time-varying electric current in an electric circuit. The heat generated in the doped core has to pass the heat impedance of the coating before it reaches the convecting water flow.
insulation	(명)	(명) 절연체, 단열(방음) 재료, 절연, 단열, 방음, 고립, 격리 (n) lining, lagging, wadding, padding, filling, protection, isolation, separation, segregation, sequestration, (anto) exposure
		Insulation is the act of covering something to stop heat, sound, or electricity from escaping or entering, or the fact that something is covered in this way. Rubber is better insulation than cloth for electric wiring.
measure	(명)	(명) 측정, 측량, 계측, 계량, 계량(계측, 측정) 기구, 도량의 단위, 일정량, 계량법, 분량, 정도, 도수, (수학) 약수 (n) amount, degree, quantity, portion, ration quota, size, extent
		What further measures can we take to avoid terrorism? These measures had been developed to enhance vehicle safety.
	(동)	(타) ~을 측정하다, ~의 치수를 재다, ~을 계측해서 내다, 재어서 할당하다 (자) 재다, 측정하다, 치수를 재다, (길이, 크기가) ~이 되다, (v) gauge, gae, calculate, compute, determine, assess, quantify, evaluate, appraise, rate
		Engine speed can be measured in revolutions per minute (rpm). There is no way of measuring the damage done to morale.
oscillate	(동)	㈜ (진자와 같이) 흔들리다, 왕복하다, 진동하다, (의견, 목적 등) 동요하다, (물리) 진동하다, 진동을 일으키다, 발신하다 (v) waver, hesitate, vacillate, dither, equivocate, fluctuate, swing, alternate, undulate
		The needle on the dial oscillated between full and empty. She oscillates between cooperation and hostility.
neutral	(형)	(형) (사람, 나라 등이) 중립인, 불편부당의, 공평무사한, (생물) 무성(중성)의, (화학) 중성의, (전기, 자기) 중성의, 대전하지 않은, 자기를 띠지 않은, (기어가) 중립의, 불분명한 (adj) unbiased, impartial, nonaligned, disinterested, dispassionate, impersonal, pale, drab, light-colored, indistinct, indeterminate, colorless, (anto) biased, strong, bright, colorful
		If there's an argument between my daughter and her mother, it's important that I remain neutral. Atoms consist of positively-charged protons, negatively-charged electrons and neutral particles called neutrons.
	(명)	(명) 중립적인 사람, 중립국, 중간색, (기계) (연동 장치 연결부의) 동력이 걸려있지 않은 위치,
		You can leave the car in neutral. After two years in neutral, the economy is finally moving forward again.
resist	(동)	㈜ ~에 저항하다, 항쟁하다, ~에 견디다, 막아내다, ~을 방해하다, ~을 막다, (원안등에) 반대하다, 반항하다, 견디다, (v) fight, battle, struggle, attack, repel, oppose, defy, contest, challenge, forbear, withstand, survive, endure, weather, avoid, refuse, refrain, abstain, forbear, (anto) surrender (파) resistor (전자회로 저항기, 저항장치)
		The town had been besieged for two months but still resisted the aggressors. The car's speed was reduced by air/wind resistance. The army is reported to be encountering considerable resistance.
semiconductor	(명)	(명) 반도체 (n) a substance, as silicon or germaninum, with electrical conductivity intermediate between that of an insulator and a conductor
		A semiconductor material has an electrical conductivity value falling between

단어	품사	한글 의미, 동의어
		예문
		that of a metal, like copper, gold, etc. and an insulator, such as glass. Semiconductors are used for making integrated circuits and computers.

A.14.2 Electrical, Robotics (전기, 로봇)

단어	품사	한글 의미, 동의어
		예문
aid	(동)	[타] ~을 돕다, 거들다, 원조하다, ~을 조성하다, 촉진하다, 도움이 되다, (v) help, assist, support, abet, minister, relieve, serve, sustain, facilitate, encourage, promote, , further, advance, foster, bolster, (anto) thwart
		Huge projects designed to aid poor countries can sometimes do more harm than good. Most men drink brandy because it is said to aid digestion.
	(명)	(명) 도움, 거들기, 조력, 원조, 구원, 조력자, 원조자, 보조물, 보조금 (n) assistance, help, support, relief, encouragement, service, utility, benefit, succor
		A woman in the street saw that he was in trouble and came to his aid. Thousands of lives will be at stake if emergency aid does not arrive in the city soon.
Cartesian	(형)	(형) 데카르트의, 데카르트 학파의, (수학) 직교의 평행의, cartesian coordinates 평행좌표, 직교 좌표; cartesian product 집합의 곱집합 (adj)
		Cartesian means of or relating to the French philosopher René Descartes—from his Latinized name Cartesius. Cartesian coordinate system, modern rectangular coordinate system. A cartesian coordinate system is attached to each link for describing the relative arrangements of the various links.
cylindrical	(형)	(형) 원통형의, 원주의 (adj) tubular, tube-typed, cylinder-shaped, rod-shaped
		The latter is an air-tight cylindrical or oblong container placed below ground, in which raw sewage purifies itself by the inherent bacteria. Analytical solutions were obtained for the planar case and approximate numerical solutions for the cylindrical geometry.
declare	(동)	[타] (태도, 견해 등)을 표명하다, (결과 등)을 발표하다, `을 선언하다, 공표하다, 선고하다, ~임을 강조하다, 단언하다, ~임을 밝히다, (소득액, 과세품)을 신고하다 (v) state, announce, assert, affirm, pronounce, proclaim
		You have to declare any earnings over a certain amount. A state of emergency has been declared because of severe flooding.
inductance	(명)	(명) (전기) 인덕턴스, 유도계수, 유도자 (n) the property of a circuit by which a change in current induces, by electromagnetic induction, an electromotive force.
		In electromagnetism and electronics, inductance is the property of an electrical conductor by which a change in electric current through it induces an electromotive force (voltage) in the conductor. The formulas for calculating the primary and secondary inductances of the transformer were deduced, with which the main parameters of the transformer were calculated theoretically.
gauge	(명)	(명) 측정기준, 규격, 척도, 표준, (평가, 판단의) 척도, 기준, 정도, 규모, 계기, 측정기, (병기) (총 대포의) 구경, (n) device, instrument, measure, meter, scale, tester, measurement, assessment, yardstick, indication, criterion, standard
		Tyre gauge is a device used to measure the pressure of the air in a tyre. Please record the readings of the tyre gauge in the measurement of the pressure of the tyres.
	(동)	[타] (사람, 행동 등)을 평가하다, ~의 정확한 크기를 측정하다, 재다, ~을 표준에 맞추다, ~을 구분하다, ~의 윤곽을 그리다, (벽돌, 돌 등)을 같은 크기로 만들다 (v) evaluate, judge, assess, determine, measure, appraise, estimate, test, calculate,

단어	품사	한글 의미, 동의어 예문
		guess, weigh
		Use a thermometer to gauge the temperature. I tried to gauge the weight of the box.
hexapod	(명)	(명) (동물) 6각류 곤충 (n) insect with 6 legs
		Hexapod means an insect with 6 legs. A hexapod robot is a mechanical vehicle that walks on six legs.
humanoid	(형)	(형) (모습, 행동 등이) 인간에 가까운, (adj) human, hominid, hominoid, anthropological, anthropoid, social, mortal, (anto) animal (명) 사람에 가까운 생물, 원인, 인간을 닮은 로봇
		He had built the machine to appear humanoid. These machines aren't humanoid, but resemble motorized chairs, designed to help patients move around and get in and out of bed.
haptic	(형)	(형) 촉각의, 촉각에 의한 (파) haptics (심리) 촉각학
		Haptic is any form of interaction involving touch. Haptic communication describes how we communicate with each other through the use of touch.
maneuver	(명)	(명) (군대, 군함 등의) 전략적 행동, 기동 (작전), 대연습, 기동훈련, 기술을 요하는 조작, 교묘한 수, 책략, 술책 (n) movement, procedure, stratagem
		The word "maneuver" means a planned action or controlled movement that is intended to obtain an advantage. A clever maneuver by the chairman secured a valuable contract for the company.
	(동)	[타] 기동 훈련 시키다, 책략으로 움직이다, 교묘히 다루다, 조종하다, 임기응변하다, 일을 꾸미다 (v) plot, scheme, machinate, intrigue, move, manage, contrive, design, devise, conspire
		He maneuvered the grocery cart around piles of boxes to the checkout counter. The management tried to maneuver her into resigning.
manipulate	(동)	[타] (기계 등을) 잘 다루다, 조작하다, (사람, 여론 등)을 조종하다, (숫자, 장부 등)을 속이다, 조작하다, (의학) ~을 손을 써서 하다, 촉진하다 (v) operate, work, use, deploy, employ, handle, influence, control, direct, bias, sway, affect, impress, maneuver, engineer
		The opposition leader accused government ministers of manipulating the statistics to suit themselves. The doctor manipulated the base of my spine and the pain disappeared completely.
robust	(형)	(형) 튼튼한, 억센, 강건한, (체격이) 옹골찬, 늠름한, (사상, 의지 등이) 확고한, 활발한, 활기가 있는, (일 등이) 체력(인내)이 필요한 (adj) healthy, vigorous, hearty, full-bodied, strong, tough, forceful, stout, hardy, (anto) weak
		He looks robust and healthy enough. The house blend of coffee is particularly robust.
servo	(형)	(형) 서보 (기구)의, 서보 기구의 일부로서 작용하는 (adj) A Servo is a small device that incorporates a two wire DC motor, a gear train, a potentiometer, an integrated circuit, and an output shaft. The shaft of the servo can be positioned to specific angular positions by sending a coded signal.
		Additions to the software will include improvements to the multi-threading of encoder reading, real-time audio output, and servomotor control. This actuator (servomotor with gear reducers) rotated the leg to the desired angle at touchdown and take-off events.
shield	(명)	(명) 방패, 방어물, 보호물, 보호자, 방패 모양의 보호물 (n) protection, armor, defense, safeguard, buffer
		All the police officers were equipped with shields to defend themselves against the rioters. The police held up their riot shields against the flying rocks and bricks.
	(동)	[타] 방패로 막다, ~을 보호하다, 감싸다, ~을 감추다, 은폐하다, (v) protect, guard, defend, shelter, screen, safeguard, (anto) expose

단어	품사	한글 의미, 동의어 예문
		We teach young players how to step in front of the defender and use their body to shield the ball. She held her hand above her eyes to shield them from the sun.

A.14.3 Mechanical, Industrial (기계, 산업)

단어	품사	한글 의미, 동의어 예문
activate	(동)	(타) ~을 활동적으로 하다, 작동(구동)시키다, (물리) ~에 방사능을 부여하다, (화학) ~을 활성화 하다, (반응)을 촉진하다, (군사) (부대)를 편성하다 (v) trigger, start, stimulate, galvanize, initiate, motivate, actuate
		Something activated the car alarm. Researchers can observe specific deficits that follow brain damage, and can also observe which areas of the brain are selectively activated during imagery.
align	(동)	(타) ~을 일렬로 하다, 일직선으로 세우다, 정렬시키다, ~에 같은 태도를 추하게 하다, (기계) ~을 조정하다, (부품)의 중심을 맞추다 (자) 일렬이 되다, 정렬하다, (어떤 목적으로) 손을 잡다, 제휴하다, 약속하다 (v) bring into line, support, ally, affiliate, associate, (anto) distance
		Align the ruler and the middle of the paper and then cut it straight. The problem is happening because the wheels are out of alignment with each other.
combustion	(명)	(명) 연소, (화학) 연소, (유기체의) 산화, 격동, 소동 (n) burning, fire, ignition, incineration
		Fuel combustion produces energy to run machines. The piston is designed to maintain the compression of gases in the combustion chamber and to prevent the excess burning of oil from the crank case chamber.
corrosion	(명)	(명) 부식(침식) 작용, 부식에 의하여 생긴 것, (걱정이)마음을 좀먹기, (기력 등의) 쇠퇴, 도덕적 퇴폐 (n) erosion, weathering, rust, deterioration, decomposition, oxidization, decay
		Besides, cooling agent penetrates into the porous layer, dissolves and washes out soluble fractions of corrosion products and replaces them with insoluble compounds. When the different failure modes are considered, the possible results of a failure is identified as jamming, breaking, corrosion, and fatigue.
entropy	(명)	(명) (물리) 엔트로피 (물질계의 열역학적 물리량, 정보 전달 효율의 척도), 균질화, 일양성 (n) a function of thermodynamic variables, as temperature or pressure, that is a measure of the energy that is not available for work in a thermo dynamic process; (in data transmission and information theory) a measure of the loss of information in a transmitted signal
		Entropy is a measure of the amount of heat energy that is not available to do work. The topological entropy is a well-known quantitative measure of the dynamical complexity of a model.
fixture	(명)	(명) 고정(고착)물, (가옥내 붙박이) 설비, 시설, 비품, (기계) 공작물 고정장치, (토지, 건물의) 부속 정착물, (사업) 정기 대출금 (n) fitting, feature, match, game, meeting, contest, clash, event
		All fixtures and fittings are included in the house price. Fixtures are very costly and require long lead-times to design, manufacture, and install.
fortify	(동)	㈕ ~의 방비를 강화하다, ~을 요새화하다, ~에 방어 공사를 하다, (육체적, 정신적으로) ~을 강화하다, 요새를 쌓다, 방비를 굳히다 (v) strengthen, reinforce, brace, support, buttress, toughen, harden, secure, boost, bolster, augment, sustain, enrich, defend, protect, wall, garrison, secure, safeguard, revive, refresh, reinvigorate, exhilarate, hearten, cheer, encourage, enhance, improve, lace, (anto) expose, deplete
		They hurriedly fortified the village with barricades of carts. The argument had fortified her resolve to prove she was right.
friction	(명)	(명) 마찰, (역학, 물리) 마찰(력), 마찰음 (n) resistance, rubbing, roughness, abrasion, chafing, rasping, contact, brushing, hostility, conflict, tension, antagonism, disagreement, discord, strife, (anto)

단어	품사	한글 의미, 동의어 예문
		smoothness, accord
		When you rub your hands together the friction produces heat. Border clashes have led to increased friction between the two countries.
hybrid	(형)	(형) 잡종의, 혼혈의, 혼성의, (자동차의) 하이브리드 (전기, 휘발유 병용)의 (adj) crossed, alloyed, half-blooded, half-breed, heterogeneous, variegated, mutated,
		Researchers began developing hybrid agricultural crops to maximize productivity. A hybrid car is using both gasoline engine and electric motors to move the car.
	(명)	(명) (동식물의) 교배종, 잡종, 혼혈아, 튀기, 혼성물, (언어) 혼성어 (n) composite, mixture, combination
		Hybrid means a plant or animal that has been produced from two different types of plant or animal, especially to get better characteristics. The animal looks like a hybrid of a zebra and a horse.
hydraulic	(형)	(형) 수력으로 움직이는, 수력의, 수압(식)의, 유압(식)의, 수력학의, 물속에서 경화되는, 유체의, 유체에 관한 (adj) operated by, moved by, or pertaining to water or other liquids in motion; operated by the pressure created by forcing water, oil, or another liquid through a comparatively narrow pipe or orifice
		The plane's hydraulic systems can withstand incredibly high temperatures. They manufacture hydraulic pumps, valves, and motors.
infrastructure	(명)	(명) (조직, 제도 등의) 하부조직, 토대, 인프라, 사회(경제) 기반시설 (교통망, 통신망, 수도, 전기 등의 기반 시설), (군사) 기간 군사 시설 (n) structure, substructure, organization, setup, arrangement, groundwork, frame, foundation, base, broadcasting, transportation
		The war has badly damaged the country's infrastructure. The minister is responsible for the country's transport infrastructure.
inertia	(명)	(명) 활발하지 못함, 완만, (물리) 관성, 타성, (의학) 무력증 (n) apathy, inactivity, torpor, lethargy, disinterest, inaction, sluggishness, indolence, unwillingness, (anto) activity
		The organization is stifled by bureaucratic inertia. Many teachers were reluctant to use computers in their classrooms simply out of inertia. However, the inertia of the axis hardware, including actuators, has a very significant influence on the performance of supporting axis.
momentum	(명)	(명) (움직이는 물체 등의) 타성, 타력, 여세, 탄력, 세, 힘, (기계) 운동량, (철학) 모멘트, 계기, 요소 (n) impetus, drive, thrust, energy, motion, force, push, (anto) brake
		In an attempt to give new momentum to their plans, the committee set a date for starting detailed discussions. Technology seems to create its own momentum - if something can be done, it will be.
pneumatic	(형)	(형) 공기의, 기체의, 바람의, 공기 역학의, 공기의 작용에 의한, 압축 공기를 채운 (adj) air-filled, inflated, air, (anto) solid
		Our car has pneumatic brakes. The main linear actuators of the pneumatic systems are cylinders.
resonant	(형)	(형) (소리, 목소리가) 반향하는, 잘 울리는, (벽, 장소 등이) 반향을 일으키는, (주파수 등이) 동조하는, 공명음의 (adj) booming, ringing, echoing, reverberating, resounding, deep, rich, significant, meaningful, important, evocative, indicative, reminiscent, (anto) insignificant
		We felt privileged to be the first group of Western visitors to enter the historic palace, resonant with past conflicts. The displacement of resonant frequencies in higher mode is due to the amplitude of oscillation.
revolute	(형)	(형) 뒤쪽으로 감긴, (잎 등이) 바깥으로 말린, 외선의 (파) revolution: (명) (정치상의) 혁명, 대변혁, 개혁, 순환, 회귀, 일순, (기계) 회전(운동), 회전, (천문) (천체의) 공전, (지질) 변혁; a sudden or important change in a situation
		Cellular phones have caused a revolution in communication. We are experiencing a revolution in the Internet field almost every year.
streamline	(동)	(타) 유선형으로 하다, (일, 계획 등)을 능률적으로 하다, 간소(합리)화 하다, 현대적으로 하다

단어	품사	한글 의미, 동의어
		예문
		(v) rationalize, modernize, update, reorganize, restructure, simplify
		The bodies of dolphins are more streamlined than those of porpoises. Leading organizations use software to streamline their workflow.

A.14.4 Chemistry (화학, 화공)

단어	품사	한글 의미, 동의어
		예문
acid	(명)	(명) (화학) 산, 신맛이 나는 것, 산성물 (n) a substance with sour taste, biting criticism or sarcasm
		Vinegar is an acid. Pour exactly 100 ml of sulphuric acid into a measuring cylinder.
	(형)	(형) (화학) 산성의, 산의, (기질, 생김새 등이) 꽤 까다로운, 통렬한, 신랄한, (색 등이) 강렬한, (지질) 규산 (silica)을 다량으로 함유한 (adj) cutting, biting, caustic, acerbic, mordant, critical, barbed, harsh, sharp, acidic, tart, sour, bitter, (anto) mild, sweet
		An acid comment/remark is something said or written in strong criticism. When she spoke her tone was acid. The salad dressing has an acid taste.
alloy	(명)	(명) 합금, (합금에 쓰이는) 비금속, (식료품 등의) 혼합물, (비유적) 불순물 (n) blend, amalgam, compound, mixture, composite, adulterant, contaminant, pollutant, additive, ingredient, component
		Brass is an alloy of copper and zinc. Alloy is a metal that is made by mixing together two or more metals, or a metal and another substance.
	(동)	㈏ ~의 합금을 만들다, (귀금속에) 비금속을 섞다, (불순물을 섞어서) ~의 질을 떨어뜨리다, (금속이) 합금이 되다
		My pleasure in receiving the letter was somewhat alloyed by its contents.
breakdown	(명)	(명) (화학) 분해, 분석, (열차, 기계 등의) 고장, 파손, 몰락, 붕괴, (협상 등의) 결렬, (건강 등의) 쇠약, 장애, (통계적) 분석, 분류, 내역, 명세, (전기) 절연파괴 (n) failure, collapse, cessation, halt, interruption, break, analysis, itemization, rundown, classification, dissection, categorization, summary
		Both sides blamed each other for the breakdown of talks. We asked for a breakdown of the accident figures into day time and night time. The city is losing millions of dollars in lost productivity because of all of the mechanical breakdowns and system failures.
catalyst	(명)	(명) (화학) 촉매, 남에게 좋은 감화를 주는 사람, 자극제, 촉진제 (n) substance, compound, reagent, promoter, spur, facilitator, incentive, goad, stimulus, spark, means, channel, vehicle, method, medium, mechanism
		A catalyst is a substance that causes or speeds a chemical reaction without itself being changed. The Government will act as a catalyst to promote creative collaboration between businesses.
contaminate	(동)	㈏ (접촉하여) ~을 더럽히다, (오물, 방사능 등으로) ~을 오염시키다, ~에 나쁜 영향을 주다, 타락시키다 (v) soil, pollute, foul, taint, infect, dirty, sully, (anto) purify
		Much of the coast has been contaminated by nuclear waste. The infection was probably caused by swimming in contaminated water/water contaminated with sewage.
decompose	(동)	㈏ (성분, 요소로) 분해시키다, ~을 분석하다, ~을 썩게하다, 부패시키다 (v) rot, decay, crumble, fester, molder, putrefy, spoil (파) decomposition (분해, 분석, 해체, 부패, 변질)
		Microbes decompose organic waste into a mixture of methane and carbon dioxide. Certain kinds of plastic decompose quickly.
diffuse	(동)	㈏ (빛, 열, 냄새 등)을 발산하다, 방산하다, (학문, 문화 등)을 보급하다, (소

단어	품사	한글 의미, 동의어
		예문
		문, 지식 등)을 퍼뜨리다, 유포시키다, (물리) ~을 확산시키다, 확산하다 (v) disperse, scatter, strew, (anto) concentrate (파) diffusion (발산, 살포, 유도, 보급, 확산, (사진) 초점 흐리기)
		Television is a powerful means of diffusing knowledge. Oxygen diffuses from the lungs into the bloodstream.
	(형)	(형) 퍼진, (문장, 담화가) 장황한, 산만한, 말이 많은 (adj) wordy, verbose prolix, turgid, rambling, dispersed, spread, disseminated, distributed, circulated, scattered, thin, strewn, (anto) concise, concentrated
		The company has become large and diffuse. The smoke may have been too diffuse to detect.
discharge	(명)	(명) (배)에서 짐을 내리다, (승객)을 하선 시키다, 내려놓다, (미사일, 탄환, 화살 등)을 발사하다, (물 등을) 방출(배출)하다, (연기 등)을 뿜어내다, (의무, 책임 등)에서 해방시키다, 면하게 하다, ~을 해고하다, 면직시키다, ~을 석방하다, 제대시키다, <법률> ~을 취소하다, 무효로 하다 (n) release, liberation, emancipation, expulsion, ejection, acquittal, exoneration, absolution, clearance, pardon, remittance, emission, flow, secretion, excretion, seepage, flux
		The judge gave him a one-year conditional discharge. Thousands of fish were killed as a result of a discharge of poisonous chemicals from a nearby factory.
	(동)	㈕ (배)에서 짐을 내리다, (승객)을 하선 시키다, 내려놓다, (미사일, 탄환, 화살 등)을 발사하다, 발포하다, 쏘다, (물 등)을 방출하다, 배설하다, (의무, 책임 등에서) 해방시키다, 면하게 하다, ~을 석방하다, (전기)를 방전하다 (v) dismiss, sack, terminate, free, release, absolve, acquit, exonerate, emancipate, liberate, loose, discharge, clear, settle, satisfy, fulfil, accomplish, exercise, detonate, explode, emit, excrete, expel, exude
		Patients were discharged from the hospital because the beds were needed by other people. The oil that discharged into the sea seriously harmed a lot of birds and animals.
dilute	(동)	㈕ ~을 묽게하다, 희석하다, 희박하게 하다, (색 등)을 연하게 하다, (비유적) ~의 효과를 약화시키다 (v) thin, weaken, adulterate, reduce, attenuate, temper, mitigate, offset, (anto) increase, concentrate
		These measures are designed to dilute public fears about the product's safety. Dilute the bleach in water before adding it to the wash.
	(형)	(형) 물 탄, 묽은, 희박한, 약한, 색이 바랜 (adj) weak, thinned, watery, insipid, diluted, (anto) concentrated
		In this process, they are using dilute hydrochloric acid. He disinfected the tub with a solution of diluted bleach.
distill	(동)	㈕ ~에서 ~을 증류하다, 정제하다, ~을 증류하여 (불순물)을 제거하다, (문체 등)을 세련되게 하다, 순화하다, 스며 나오다, (본질, 장점 등이) 서서히 나타나다 (v) purify, refine, condense, concentrate, extract, disinfect, sanitize, clean, decontaminate, cleanse, extract, glean, cull, garner, collect, gather, obtain, (anto) pollute, dilute (파) distillate (증류물, 증류액, (화학) 유출물, 추출물)
		She distilled the report into a paragraph. Distilling is to heat a liquid until it changes to a gas and then make it liquid again by cooling.
dispose	(동)	㈕ (특정 또는 본래의 순서, 상태로) ~을 배치하다, 배열(정리)하다, ~을 처리하다, 해결하다, ~의 경향이 있다, 사물의 행방(성패)을 정하다, 사물을 정리하다 (v) position, place, arrange, set, marshal, array, order, organize, incline, influence, persuade, prompt, predispose, encourage, resolve, fix, decide, determine, rule, settle
		Man proposes, god disposes. His temperament disposed him to argue readily with people.
emission	(명)	(명) (빛, 열, 향기 등의) 방사, 발산, 방사물, (자동차 엔진 등의) 배기, (전자) 전자(electron) 방출 (n) release, production, discharge, emanation, secretion, radiation, (anto) absorption (파) emit: (v) produce, release, discharge, emanate, secrete, radiate

단어	품사	한글 의미, 동의어 / 예문
		Environmental groups want a substantial reduction in the emission of greenhouse gases. Many countries are reluctant to cut emissions if it means sacrificing economic growth.
organic	(형)	(형) 유기체의, 생물의, 생물체에서 생기는, 기관의, 장기의, (화학) 유기의, 탄소를 함유한, 유기적인, 조직적인 (adj) carbon-based, biological, living, animate, animal, plant, gradual, natural, spontaneous, slow, unforced, free, whole, crude, unprocessed, pure, raw, (anto) inorganic, artificial, synthetic
		Sales of organic food have increased dramatically in recent years. Organic chemicals are used in the manufacture of plastics, fibres, solvents and paints.
reaction	(명)	(명) 반작용, 반동, 반발, 상호작용, (화학) 반응, (전기) 재생, (심리) 반응 (n) response, reply, answer, feedback, retort, return, antiphon, effect, result, consequence, outcome, upshot, corollary
		There has been an immediate/widespread/hostile reaction against the government's proposed tax increases. Young people's reactions to world events are often at variance with those of their parents. Some people have an allergic reaction to shellfish.
refine	(동)	[타] ~을 순화하다, ~에서 불순물을 없애다, 정제하다, 정련하다, (기계 장치 등)을 개량하다 (v) improve, polish, perfect, hone, enhance, upgrade, cultivate, purify, process, treat, filter, distill, (anto) contaminate, coarsen
		Crude oil is industrially refined to purify it and separate out the different elements, such as benzene. Engineers spent many months refining the software. Sugar and oil are refined before use. Crude oil is industrially refined to purify it.
solution	(명)	(명) 용액, 용제, 녹임, 용해, 분리, 분해, 소산, (수학) 해법, 해결법, 해답 (n) answer, key, explanation, resolution, result, clarification, elucidation, mix, mixture, liquid, suspension, emulsion, blend, cocktail
		Solution is a liquid into which a solid has been mixed and has dissolved. When you finish doing the crossword, the solution is on the back page. It seemed a reasonable solution to a difficult problem.

A.14.5 Material (소재)

단어	품사	한글 의미, 동의어 / 예문
anneal	(동)	[타] (도자기, 금속 등)을 달구어 서서히 식히다, 불림하다, ~을 단련하다, (v) strengthen, harden, toughen, galvanize, forge (파) annealing
		Nickel steels may be annealed at lower temperatures than carbon steels, depending upon their alloy content. The temperature producing the finest grain should be used for annealing and hardening.
condense	(동)	[타] 응축시키다, 압축하다, 농축하다, (사상, 진술 등)을 간추리다, 요약하다, (기체)를 응축시키다, 액화하다, (렌즈가) (광선을 모으다), [자] 줄어들다, 응축하다, 요약하다, (액체가) 고체화하다, (기체가) 액화하다 (v) press together, constrict, consolidate, compress, contract, abbreviate, summarize, digest
		The condensing operation changes or makes something in a gas state into a liquid or solid state. I condensed my report in ten pages of comments into one page abstract note.
elastic	(형)	(형) 탄성있는, 탄력있는, 신축 자재의, (채찍 등이) 낭창한, 융통성이 있는, 순응성이 있는, (경제) 가격에 따라 변하는, 탄력적인, (물리) 탄성이 있는 (adj) flexible, adaptable, changeable, variable, mutable, supple, pliant, pliable, stretchy, expandable, resilient, supple, springy, (anto) inflexible, rigid

단어	품사	한글 의미, 동의어 / 예문
		A lot of sportswear is made of very elastic material. The project has only just started so any plans are still very elastic.
fragile	(형)	(형) 깨지기 쉬운, 망가지기 쉬운, 부서지기 쉬운, 무른, (체질이) 허약한, (용모, 손 등이) 가냘픈, 실질이 없는, 박약한, 불충분한, 덧없는, 오래 가지 못하는 (adj) delicate, brittle, breakable, flimsy, friable, crumbly, insubstantial, tenuous, instable, unstable, delicate, precarious, slight, shaky, frail, weak, delicate, feeble, infirm, (anto) sturdy, stable, strong
		The assassination could do serious damage to the fragile peace agreement that was signed last month. Their argument showed us just how fragile the teammate relationship can be.
lattice	(명)	(명) 창살, 격자, 격자문, (집합적) 격자 세공, 격자 비슷한 것, (수학) 격자 (n) frame, framework, matrix, trellis, mesh, web, network, trellis, pattern
		Direct measurement of solvent behavior within the crystal lattice is very difficult. As long as the lattice is not totally disordered, ions quiver around their average position, as in a solid lattice.
liquid	(형)	(형) 액체상의, 유동성의, (주의, 신념 등이) 불안정한, 변하기 쉬운, (눈동자, 하늘 등이) 맑은, 투명한, 밝은, (눈이) 눈물에 젖은, (소리, 시의 가락 등이) 유창한, 흐르는 듯한, (동작이) 우아한, 부드러운 (adj) runny, fluid, gooey, melted, molten, liquefied, watery, liquescent, (anto) solid
		She has very few liquid assets as most of her wealth is tied up in property. Liquid hydrogen is used in this process.
	(명)	(명) 액체, 유동체 (n) fluid, water, liquor, juice, solution,
		The liquid suddenly solidifies into a gelatinous mass. Wax passes from solid to liquid when you heat it.
material	(명)	(명) 구성 물질, 재료, 원소, 소재, 자재, (자료로서의) 소재, 논거, 인재, 인물, (~에) 적합한 사람 (n) fabric, cloth, textile, stuff, substance, matter, stuff, information, background
		Crude oil is used as the raw material for making plastics. Prices of goods are governed by the cost of the raw materials, as well as by the cost of production and distribution.
	(형)	(형) 물질로 된, 물질의, 실체적인, 구체적인, 유형의, 세속적인, (~에) 중요한, 긴요한, 필수적인, 중대한 (의미를 갖는), 중요한 결과를 가져오는, (법률) (증거 등이) 판결에 큰 영향을 주는, (철학, 논리) 실질적인, (adj) physical, substantial, solid, factual, quantifiable, sensible, measurable, visible, significant, relevant, pertinent, important, central, associated, substantive, (anto) insubstantial, immaterial
		Material wealth never interested her. If you have any information that is material to the investigation, you should state it now.
plastic	(형)	(형) 플라스틱의, 비닐의, 마음대로 모양을 만들 수 있는, 유연한, (생물, 병리) 형성적인, 조직을 형성하는, (외과) 성형의, 합성적인, 인공의, (adj) malleable, soft, pliable, elastic, flexible, artificial, fake, synthetic, false, forced, unnatural, (anto) hard, genuine
		Copper conducts electricity, but plastic does not. The architects have made imaginative use of glass and transparent plastic.
polyester	(명)	(명) (화학) 폴리에스테르, 폴리에스테르 섬유 (n) a polymer in which the monomer units are linked by the group, used in the manufacture of resins, plastics, and textile fibers
		Thin fragments of the polyester insulation are visible around the expanding wire. In addition, the width of the polyester insulation is 30 cm, which leaves a 5 cm margin on each side of the copper winding.
polymer	(명)	(명) (화학) 폴리머, 중합체, 중합물 (n) a compound of high molecular weight derived either by the addition of many smaller molecules, as polyethylene, or by the condensation of many smaller molecules with the elimination of water, alcohol, or the like, as nylon
		Many polymers, such as nylon, are artificial. Proteins and DNA are natural polymers.

단어	품사	한글 의미, 동의어 예문
rigid	(형)	(형) 굳은, 휘지 않는, 경직된, 단단한, 고정된, 움직이지 않는, (사고 방식 등이) 완고한, 유연성이 없는, 타협이 없는 (adj) undending, inflexible, stiff, unyielding, inelastic, severe, strict, inflexible, harsh, set, stern, (anto) floppy, lax
		We were disappointed that they insisted on such a rigid interpretation of the rules. I keep to a rigid schedule. Steel is known to lose half of its rigidity at 1,000 degrees and begins to melt at 2,750 degrees.
solid	(형)	(형) 고체의, 고형의, 속이 비지 않은, 실속 있는, (체격 등이) 건장한, 튼튼한, (재정적으로) 건전한, 연속된, 끊긴 데가 없는, 뚫린 구멍이 없는, 완전한, (수학) 입체의, 입방의, (의학) 강한 도전에 견디는, 충실한 (adj) hard, rock-hard, dense, compact, concrete, firm, unyielding, frozen, closed, blocked, sealed, unbroken, continuous, pure, real, genuine, unmixed, strong, unanimous, reliable, constant, durable, enduring,
		The railway was built on a bed of solid rock. The ground was frozen solid. Freeze the mixture for about three hours or so until solid. I slept for eleven solid hours.
	(명)	(명) 고체, 고형물, (수학) 입체, 정육면체 (n) object, thing, artefact, item, entity, article, figure, pyramid, tetrahedron, sphere, icosahedron, dodecahedron, cube
		A cube and a pyramid are both solids. After the operation, he could not eat solids.
textile	(명)	(명) 직물, 직물의 재료, (n) fabric, cloth, material, knit, weave
		She makes a big profit from selling waste material to textile companies. The textile industry still relies to some extent on sweated labour. Imports of textiles rose last year.
rust	(명)	(명) 녹, 녹 얼룩 (n) corrosion, oxidation, erosion, corruption, decomposition, tarnishing
		There was an enormous bath with big rust stains. Rust has infected the wheat fields. The current approach is to plant those seeds assumed to be most rust resistant.
	(동)	㈕ 녹슬다, (재능 등이) 무디어 지다, 못쓰게 되다, 녹슬게 하다 (v) corrode, oxidize, tarnish, erode, decompose, corrupt (파) rustic 시골(풍)의, 전원생활의, 꾸밈없는, 소박한, 버릇없는, 거친, 야비한, 통나무로 만든, (석공) 거칠게 다듬은
		Better wear out than rust out. (묵혀 없애느니 써서 없애는 편이 낫다.) Years of being left out in the rain had rusted the metal chairs. The metal cladding, after about 15 years from being built, is already severely rusted.
viscous	(형)	(형) 끈끈한, 끈적거리는, 점착성의, (물리) 점성의 (adj) viscid, sticky, glutinous, gelatinous, gluey, tacky, gooey, gummy, thick, (anto) runny
		A viscous liquid is thick and sticky and does not flow easily. Other than changing the observer's position and adding a viscous medium, nothing else is modified in this movement.

A.15 Computer (컴퓨터)

A.15.1 Hardware (하드웨어)

단어	품사	한글 의미, 동의어 예문
accumulate	(동)	㈕ ~을 쌓아 올리다, 모으다, ~을 축적하다, 쌓이다, 모이다, 붇다 (궂은일 등이) 겹치다 (v) accrue, amass, collect, gather, hoard, add, store, (anto) disperse

단어	품사	한글 의미, 동의어 / 예문
		As people accumulate more wealth, they tend to spend a greater proportion of their incomes. He accumulated a fortune in the music business. While the deficit was allowed to accumulate, nothing was done to address the problem.
cache	(명)	(명) (식료품, 탄약, 귀중품 등의) 은닉장소, 지하 저장소, 저장물, 은닉 물자, (컴퓨터) 캐시 메모리 (n) hoard, store, supply, accumulation, reserve, collection
		Cache is a hidden store of things, or the place where they are kept. Cache memory is a computer memory in which information that is often in use can be stored temporarily and got to especially quickly.
	(동)	(v) hide, hoard, store, secrete, reserve, accumulate, (anto) discard
		All web-browsers speed up web surfing by caching components of web pages you access. Most computer CPU (central processing unit) is caching frequently used data in fast memory, instead of hard disk, during the program executions.
component	(명)	(명) 구성요소, 성분, (기계, 자동차 등의) 부품, (물리) (힘, 속력 등의) 분력, (수학) (벡터장의) 성분, (언어) 성분 (n) constituent, module, section, factor, element, piece, part, cog, (anto) whole
		The whole car can be modelled on a computer before a single component is made. Good communication is an important component of any relationship. A component of a vector is one of the things that the vector represents, such as force or speed.
configurate	(동)	[타] (어떤 틀에 맞추어) 형성하다, 배열(배치)하다, (컴퓨터) ~을 (시스템으로) 구성하다 (v) to put together or arrange the parts of in a specific way or for a specific purpose; form into a configuration; to put together by supplying a specific computer with appropriate peripheral devices, as a monitor and disk drive, and connecting them
		We tried the furniture in different configurations to see which fit best. In order to achieve good performance, all equipment that makes up a computer system must be correctly configured.
detach	(동)	[타] ~을 떼어 놓다, 떼어 내다, 분리시키다, (군사) (군대, 함선 등)을 (특별 임무로) 분견 (파견)하다 (v) separate, remove, disengage, disconnect, isolate, unfasten, (anto) attach
		Detach the lower part of the form from this letter and return it to the above address. Once permanent plantings have been established, based on such water, it cannot easily be detached again.
dispatch	(동)	[타] (편지, 소포 등)을 ~에 발송하다, (군대 등)을 파견하다, (v) post, mail, ship, transmit, forward, remit, kill, murder, assassinate, slay, destroy
		Two loads of cloth were dispatched to the factory on 12 December. Within seconds the university police can identify the exact origin of the alarm and dispatch officers to investigate.
	(명)	(명) 발송, 급송, 파견, 급파, (일 등의) 재빠른 처리, 신속함, 속달편, 급송 공문서, 전보, 긴급보도, 특전, (속달 화물) 운송 대리점 (n) message, communication, notice, letter, report
		In her latest dispatch, she reported at the battle field. Call centers handle orders and billing, while its warehouses arrange the dispatch of ordered goods.
evolve	(동)	(타) (이론, 의견 등)을 전개하다, 발전시키다, (결론, 법칙 등)을 이끌어 내다, 도출하다, (계획 등)을 다듬다, [자] 서서히 나타나다, 생성되다, 전개되다, (연극 등의 줄거리가) 전개되다, 진전되다, (~으로부터) 진화(발달)하다 (v) change, grow, progress, advance, develop
		The company has evolved over the years into a multi-million dollar organization. These animals have evolved all the necessary qualities to help them catch their prey. Many investment management companies have evolved from small entrepreneurial organizations.
instruction	(명)	(명) 가르치는 것, 교수, 교육, 지식, 교훈, 지시, 지령, 명령, (컴퓨터) 명령(어), (법률) (변호인에 대한 사건의) 설명, 의뢰, (배심에 대한) 촉구, 설명

단어	품사	한글 의미, 동의어
		예문
		(n) teaching, training, tuition, education, coaching, tutoring, order, command, direction, directive
		He gave me strict instructions to get there by eight o'clock. Have you seen the instruction manual for the washing machine?
interface	(명)	(명) (~ 사이의) 경계면, 중간면, (서로 다른 학문, 사상 등의) 공통 영역, (사람, 장비, 시스템 등의) 공동 경계선, 서로 다른 요소들을 조화, 연결시키는 것, (컴퓨터) 인터페이스, 컴퓨터의 각 장치 사이의 정보 전달 장치 (n) a surface regarded as the common boundary of two bodies, spaces, or phases; a common boundary or interconnection between systems, equipment, concepts, or people (타) ~을 ~에 잇다, 연결시키다
		My computer has a network interface, which allows me to get to other computers. The new version of the program comes with a much better user interface (= way of showing information to a user) than the original.
module	(명)	(명) 측정 표준, 기준 치수, (수학) 가군, 가법군, (컴퓨터) 모듈 (규격화되어 독자적인 기능을 갖는 교환 가능한 구성요소, (교육) (대학 특정 학과의) 학습 (이수) 단위 (n) unit, component, element, segment, part, section,
		The full computer program is made up of several modules (= small programs) which should be individually tested before being integrated. The reactor was built in modules that were assembled later at the site.
mount	(동)	(타) (산, 단상 등)에 오르다, (계단, 사다리 등)을 올라가다, (말, 자전거 등)에 타다, ~을 올려놓다, ~을 적당한 장소에 설치하다 (v) increase, accumulate, grow, swell, escalate, multiply, intensify, soar, surge, rise, climb, ascend, scale, board, straddle, frame, encase, exhibit, display, install, fit, equip, prepare, organize, produce, launch, arrange
		He mounted the platform and began to speak to the assembled crowd. The surveillance camera is mounted above the main door. He has the support needed to mount a successful campaign.
	(명)	(명) 오르기, 올리기, (그림, 사진 등의) 보석대, <군사> 포가, (보석을 박아넣는) 거미발 (n) base, stand, pedestal, plinth, post, support
		A black mount for this picture would look good. This is an excellent mount for children.
multi-core	(명)	(명) 복수개의 중앙연산처리장치 (CPU) 기능 모듈이 포함된 컴퓨터 장치 (n) a single computing component with two or more independent processing units called cores.
		A multi-core processor is a single computing component with two or more independent processing units called cores, which read and execute program instructions. A multi-core processor implements multiprocessing in a single physical package. Designers may couple cores in a multi-core device tightly or loosely. For example, cores may or may not share caches, and they may implement message passing or shared-memory inter-core communication methods.
peripheral	(형)	(형) 주위의, 말초적인, 중요하지 않은, 주변장치의 (adj) outlying, marginal, fringe, bordering, exterior, outer, external, minor, incidental, tangential, marginal, unimportant, nonessential, sideline, secondary, superficial, (anto) central
		Usually computer system has various peripheral devices, such as key board, monitor, speaker and mouse. Internet of Things (IoT) devices have various interfaces for peripheral sensors and actuators. (명) (컴퓨터) 주변장치
pre-fetch	(동)	(타) (컴퓨터) 명령어나 데이터를 메모리 장치로부터 CPU로 미리 가져오다,
		If an instruction does not need data from memory (for example, arithmetic operations), the instruction will pre-fetch a word of instructions. The host machine's pre-fetch mechanisms are unable to predict and fetch the target of that indexed or indirect jump.
volatile	(형)	(형) 휘발성의, (컴퓨터) 전원이 중단되면 저장된 정보가 사라지는 (adj) unstable, unpredictable, explosive, impulsive, fickle, capricious, precarious, dangerous, hazardous, unstable, unpredictable, explosive, changeable, (anto)

단어	품사	한글 의미, 동의어 / 예문
		placid, stable
		The situation was made more volatile by the fact that people had been drinking a lot of alcohol. The substance is highly volatile. The stock market was highly volatile in the early part of the year.
identity	(명)	(명) 동일함, 일체, 신원, 정체, 개성, 독자성, 고유성, (수학) 항등식 (n) individuality, uniqueness, distinctiveness, self, character, personality
		The man's identity was being kept secret while he was helping police with enquiries. As a journalist she refuses to reveal the identity of her source.

A.15.2 Software (소프트웨어)

단어	품사	한글 의미, 동의어 / 예문
anonymous	(형)	(형) 작자(저자) 불명의, 신원 불명의, 익명의, 이름을 밝히지 않는, 특성(개성)이 없는 (adj) nameless, unidentified, unnamed, unsigned, unspecified, unknown, secret, mysterious, shadowy, undistinguished, indistinctive, ordinary, everyday, unexceptional, dull, (anto) named, distinctive
		He received an anonymous letter threatening to disclose details of his affair if he didn't pay the money. We appreciate useful comments from the anonymous referee.
concurrent	(형)	(형) (~와) 동시 발생의, 공존하는, (선 등이) 평행한, (요소, 원인 등이) 협력하는, 겸무의, 겸직의, 동등한 권위를 가지는, (의견 등이) 일치하는, 동의하는, 동일점에 모이는 (adj) simultaneous, synchronized, parallel, coexisting, contemporaneous, concomitant, contemporary, agreeing, assenting, acquiescent, harmonizing, (anto) separate, conflicting
		The judge imposed concurrent sentences totalling 14 years for the attacks on the girls. A concurrent force is one of two or more forces that are in effect at the same time.
deplete	(동)	(타) ~을 감소시키다, ~을 비우다, 고갈(소모) 시키다, (v) reduce, drain, exhaust, diminish, lessen, (anto) increase
		If we continue to deplete the earth's natural resources, we will cause serious damage to the environment. The illness depletes the body of important vitamins. The depletion of our savings is starting to worry me.
execution	(명)	(명) (계획, 명령 등의) 실행, 실시, (약속, 의무 등의) 이행, 수행, (컴퓨터) (프로그램 등의) 실행 (n) implementation, performance, accomplishment, completing, effecting, killing, slaying
		Although the original idea was good, its execution has been disappointing. Effective operations managers require advanced skills in design, planning, and execution.
exception	(명)	(명) 예외, 제외된 예, 예외의 인물, 특례, 이의, 이론, 반대, (법률) 이의 신청, 항의, 불복 (n) exclusion, omission, exemption, concession, allowance, immunity, (anto) compromise
		Men are usually quite good at map-reading but he is the exception. I wouldn't normally agree but I'll make an exception in this case.
firmware	(명)	(명) (컴퓨터) 펌웨어, 하드웨어도 소프트웨어도 아닌 자료 저장 장치, 전원이 중단되어도 지워지지 않는 메모리를 사용하여 저장된 시스템 하드웨어 관련 소프트웨어 (n) software stored on a ROM chip
		Firmware is a computer program or data that is stored on a chip (= very small piece of electronic equipment) and that cannot be changed or lost. The required controller was implemented completely in firmware programmed into

단어	품사	한글 의미, 동의어 / 예문
		the system's microcontroller.
hash	(명)	(명) (컴퓨터) 주어진 데이터를 사용하여 잘 분산된 값으로 계산하는 것, hash code, (n) confusion, muddle, mess, botch, hodge-podge, jumble, chop, mince, grind, shred, dice, spoil, cut up
		A hash function is any function that can be used to map data of arbitrary size to data of a fixed size. The values returned by a hash function are called hash values, hash codes, digests, or simply hashes. Please press the hash key ('#') to continue.
integrate	(동)	(타) (부분, 요소)를 전체로 합치다, 통합하다, 통일하다, 완전하게 하다, 완성하다, (전체)를 구성ㅇ하다, (수학) ~을 적분하다, (이인종)을 융합하다, (이인종)에 대한 차별을 없애다 (자) 인종차별을 철폐하다, 통합되다, 융합하다 (v) mix, assimilate, participate, incorporate, add, amalgamate, combine, assimilate, desegregate, (anto) separate (형) 통합된, 복합체의, 완전하게 된
		It's very difficult to integrate yourself into a society whose culture is so different from your own. The idea with young children is to integrate learning with play.
interrupt	(동)	(타) (흐름, 진행, 교통 등)을 훼방 놓다, 방해하다, 차단하다, 불통되게 하다, 가로막다, (일 등)을 중단하다, 중도에 그만두다, (남의 이야기 등)을 방해하다, 중단시키다 (v) interject, disturb, intrude, interpose, intersect, interfere, stop, suspend, discontinue, disconnect
		She tried to explain what had happened but he kept interrupting her. Please don't interrupt until I'm finished.
kernel	(명)	(명) (과일의) 핵, (사물의) 중심부, 핵심, 중핵, 요첨, (물리) 핵, (컴퓨터) 운영체제 핵심부 (중추부) (n) seed, grain, nut, fruit, core, pip, germ, stone, root, heart, crux, essence, gist, marrow, pith, nub, essential part
		The kernel is a computer program that is the core of a computer's operating system, with complete control over everything in the system. Kernel is the edible part of a nut that is inside the shell, or the whole seed of a grain plant.
manage	(동)	(타) ~을 경영(관리)하다, 단속하다, 지배하다, (기계 등)을 다루다, 조종하다, 취급하다 (자) 취급하다, 조작하다, 관리하다, 감독일을 하다, (v) achieve, accomplish, succeed, cope, fare, do, survive, run, direct, administer, supervise, oversee, operate, govern, handle, control, boss, master, discipline, dominate
		When you have a job as well as children to look after, you have to learn how to manage your time. The pilot managed to land the plane safely.
middleware	(명)	(명) (컴퓨터) 미들웨어 (제어 프로그램과 응용 프로그램의 중간 기능을 하기 위한 플랫폼 소프트웨어)
		Middleware in the context of distributed applications is software that provides services beyond those provided by the operating system to enable the various components of a distributed system to communicate and manage data. Middleware supports and simplifies complex distributed applications. It includes web servers, application servers, messaging and similar tools that support application development and delivery. Middleware is especially integral to modern information technology based on XML, SOAP, Web services, and service-oriented architecture.
queue	(명)	(명) (차례를 기다리는 사람, 차 등의) 줄, 대기열, (컴퓨터) 대기 행렬 (n) backlog, logjam, train, string, succession, tailback, line, file, crocodile, column, train, row,
		There was a long queue of traffic stretching down the road. In computer science, a queue is a collection in which the entities in the collection are kept in order and the principal (or only) operations on the collection are the addition of entities to the rear terminal position, known as enqueue, and removal of entities from the front terminal position, known as dequeue.
	(동)	(자) (~을 찾아/~을 하려고) 줄을 서다, 줄을 서서 기다리다, 줄에 서다, (컴

단어	품사	한글 의미, 동의어 예문
		퓨터) 대기 행렬에 넣다 (v) line up
		Dozens of people were queueing up to get tickets. We had to queue for three hours to get in.
reliable	(형)	(형) 신뢰할 수 있는, 믿을 수 있는, 의지할 수 있는, 확실한, 틀림없는, 신뢰성이 높은 (adj) dependable, trustworthy, form, stable, dependable, faithful, loyal, responsible, honest, guaranteed
		Someone or something that is reliable can be trusted or believed because he, she, or it works or behaves well in the way you expect. A great deal of effort has gone into making the software reliable.
retrieve	(동)	[타] ~을 되찾다, 회수하다, ~을 만회하다, 복구하다, 회복하다, (손실, 과실 등)의 벌충을 하다, ~을 보상하다, (잘못)을 정정하다, (컴퓨터) (정보를) 검색하여 찾아 오다, (사냥) (사냥개가 사냥감을) 찾아서 가져오다 (v) save, recover, regain, repossess, salvage, rescue, reclaim, (anto) lose
		Computers are used to store and retrieve information efficiently. The product helps retrieve accidentally deleted image files from virtually any kind of removable media for digital cameras.
throughput	(명)	(명) (컴퓨터) 일정 시간 내에 처리할 수 있는 작업량, 단위 시간당 처리율 (n) amount, quantity, data, material, output, input
		We need to improve our throughput because demand is high at the moment. This wireless system has a maximum throughput of 70 megabits per second.

A.15.3 Data Structure, Algorithm (자료구조, 알고리즘)

단어	품사	한글 의미, 동의어 예문
asymptotic	(형)	(형) 점근의, 점근적인 (adj) of or pertaining to an asymptote; (of a function) approaching a given value as an expression containing a variable tends to infinity
		An asymptotic line is a line that gets closer and closer to a curve as the distance gets closer to infinity. Moreover, in many cases, the rejection rates based on finite-sample critical values increase substantially, reflecting the convergence of asymptotic and finite-sample critical values.
conquer	(동)	[타](적, 영토 등)을 정복하다, 탈취하다, 싸워서 획득하다, (곤란 등)을 극복하다, 승리를 얻다, 이기다 (v) overcome, surmount, master, defeat, beat, overpower, overthrow, subjugate, vanquish, confound, take, occupy, capture, dominate, seize, (anto) lose, surrender
		The English were conquered by the Normans in 1066. In computer science, divide and conquer is an algorithm design paradigm based on multi-branched recursion. A divide-and-conquer algorithm works by recursively breaking down a problem into two or more sub-problems of the same or related type, until these become simple enough to be solved directly. The solutions to the sub-problems are then combined to give a solution to the original problem.
consecutive	(형)	(형) 연속적인, 계속되는, 논리가 일관된, 앞뒤가 맞는, 결과를 나타내는 (a) continuous, serial, progressive, connected, in order, in sequence, sequential, continuing, following
		This is the fifth consecutive weekend that I've spent working to complete the important project whose result will be demonstrated in the committee meeting.
description	(명)	(명) 서술, 기술, 설명, (말에 의한) 묘사, 그려내기, (제품 등의) 설명서, 해설, (여권 등의) 기재사항, 종류, 품목, 등급, (기하) 도형을 그리기, 작도 (n) account, report, explanation, portrayal, picture, narrative, depiction, sketch, type, sort, kind, class, variety, category
		He gave a very vivid and often shocking description of his time in travel.

단어	품사	한글 의미, 동의어
		예문
		The implications of these findings for theories of syntactic category formation and abstract rulebased descriptions of grammar are discussed.
elapse	(동)	(타) (시간이) 경과하다 (v) pass, intervene, lapse
		Four years had elapsed since he left college and still he hadn't found a joA. Activation decreases with the number of words, sentences and paragraphs elapsed as the algorithm proceeds through the text.
element	(명)	(명)(구성) 요소, 성분, (복잡한 통합체의) 구성요소, 구성분자, (학문, 예술의 기본적) 원리, 원칙, (생물의) 본래 서식지, (날씨에 나타나는) 자연의 힘, 작용, (화학) 원소, (전기) 소자 (n) component, part, section, division, portion, group, constituent, hint, amount, quantity, touch, bit, degree, habitat, environment, milieu, medium, domain, sphere, constituent, component, factor, ingredient, facet, cause, aspect, feature
		Reactionary elements in the industry are preventing its progress towards greater efficiency. Element is one of the parts of something that makes it work, or a quality that makes someone or something effective.
merge	(동)	(타)~을 합병하다, 병합하다, ~을 서서히 변화시키다, 바꾸다, ~와 혼합하다 (자) ~으로 녹아들다, 차차 변하다, ~와 합병(통합)하다, 융합하다, (도로 등이) 합류하다 (v) combine, unite, join, amalgamate, fuse, blend, meld, blur, mingle, conflate, (anto) separate
		After a while the narrow trail merges with a wider path. Route 9A splits off from Route 9, but they merge after 5 more miles. The cable company announced plans to merge its advertising and sales operations.
priority	(명)	(명) (시간적으로) ~ 보다 앞서기, 먼저임, ~보다 중요함, 우선(권), 선취권, 우선 사항, 긴급한 일, (n) importance, precedence, urgency, import, significance, primacy, precedence, something of importance, something that should be done before other things
		Since the remaining issues were not a priority, the group decided to move them to the next week's agenda. The manager was ineffective because she was unable to set priorities.
prototype	(명)	(명) 원형, 기본형, 모범, 모델, 시작품, 시제품 (n) example, sample, model, original, archetype, exemplar, pattern, (anto) copy
		Prototype is the first example of something, such as a machine or other industrial product, from which all later forms are developed. Manufacturers have built a prototype which will be shown at the forthcoming trade fair.
resource	(명)	(명) (공급, 원조 등의) 원천, 공급원, 자금, 재원, 자재, (비상시의) 수단, 방책, 방편, 수완, 기략, 지략, 기지, 재치, 주변성 (n) reserve, supply, store, source, means (파) resources 정신적 능력, 소질, 자질, 자금; resources and liabilities 자산과 부채
		The country's greatest resource is the dedication of its workers. Britain's mineral resources include coal and gas deposits. The department has limited resources, and would struggle to cope in such a situation.
structure	(명)	(명) 구조, 구성, 조직, 조립, 구조물, 건조물, (화학) 화학 구조, (생물) (조직, 기관 등의) 구성, (지질) 암석 구조, (언어) 구조, 배열 형태 (n) construction, assembly, building, edifice, erection, arrangement, organization, constitution, formation, composition
		Microscopy is an invaluable technique for studying the structure of cells. The proposed new office tower is a steel and glass structure 43-story high.
	(동)	(타) ~을 조직화하다, 구축하다 (v) arrange, organize, construct, configure, shape, constitute, form
		Office hours are structured to accommodate individual student's counseling. We must carefully structure and rehearse each scene.
template	(명)	(명) (생물) (유전자를 복제하는) 모형, 원형, (컴퓨터) 템플리트 (n) pattern, master, stencil, model, prototype, original, outline, shape, cutout, guide
		Template is a shape made of metal, plastic, or paper which is used to make copies or to help someone cut something accurately.

단어	품사	한글 의미, 동의어 예문
		We used the structure of his report as the template for ours. Because these differences are already expressed in the form of causal descriptions, they can be directly translated into human-readable explanations of purpose using text templates.
topology	(명)	(명) (수학) 위상 수학, (지세학) 풍토기 연구, (심리) 위상 심리학, (해부) 국소 해부학 (n) the mathematical study of those properties of geometric forms that remain invariant under certain transformations, as bending or stretching; the topography of a place or entity
		Globalization and the rise of information technology have changed the topology of the corporation. Here, the style of a pattern is defined as a semantic description of its design concepts represented by psychological factors and topology features.
traverse	(동)	(타) ~을 가로지르다, 넘다, 통과하가, (장소)를 여기 저기 돌아다니다, (논제 등)을 자세히 검토하다, (계획, 의견 등)에 반대하다, ~을 방해하다, ~을 부인하다, 부정하다 (자) 횡단하다, 가로지르다, (프구가) 선회하다 (v) cross, negotiate, navigate, crisscross (파) traversal
		Traversal is performed by selecting a node from the task pool, visiting that node, and then adding its successor nodes to the pool. In computer science, graph traversal (also known as graph search) refers to the process of visiting (checking and/or updating) each vertex in a graph. Such traversals are classified by the order in which the vertices are visited. Tree traversal is a special case of graph traversal.

A.15.4 Programming (프로그래밍)

단어	품사	한글 의미, 동의어 예문
abstract	(형)	(형) 추상적인, 추상 개념을 나타내는, 이론적인, 관념적인, 공론적인, 어려운, 난해한, 심오한 (adj) non-concrete, intellectual, mental, immaterial, intangible, nonfigurative, theoretical, conceptual, conjectural, hypothetical, speculative, academic, summary, extract, precis, synopsis, abridgement,
		Truth and beauty are abstract concepts. This debate is becoming too abstract - let's have some concrete particular cases! An abstract argument or discussion is general and not based on particular examples. He is good at explaining quite complex, abstract ideas in a nice simple way. Your idea is rather vague and abstract - could you explain it in a bit more detail, please?
	(명)	(명) 추상, 개괄, 추상물, 추상관념, 추상 명사, (책, 연설, 서류의) 적요서, 개요, 초록, 발췌, 강령, (미술) 추상화, 추상 작품 (n) summary, extract, precis, synopsis, abridgment
		There is a selection at the end of the magazine that includes abstracts of recent articles. An abstract is a brief summary of a research article, thesis, review, conference proceeding, or any in-depth analysis of a particular subject and is often used to help the reader quickly ascertain the paper's purpose.
	(동)	(타) (성질 등)을 실체에서 분리해 생각하다, 추상화하다, ~을 떼어 내다, 분리하다, ~을 발췌(요약)하다 (v) conceptualize, theorize, hypothesize, intellectualize, extract, select, remove, separate, isolate, summarize, condense, shorten, synopsize, abridge, (anto) expand
		Please provide us an abstracted report. He abstracted the overall procedures of the smart factory.
attribute	(동)	(타) (원인을) ~에 돌리다, (~의) 탓으로 하다, (~의) 덕분으로 돌리다 (v) ascribe, assign, accredit, attach

단어	품사	한글 의미, 동의어
		예문
		His success can be attributed to three main factors. This idea has long been attributed to him, but in fact he was not the only one to think of it.
	(명)	(명) 속성, 특질, (문법) 한정사, (미술) 상징물, (철학, 논리) 속성 (n) quality, characteristic, trait, feature, point, power, aspect, element, part, property
		Organizational ability is an essential attribute for a good manager. She has the physical attributes to become a championship swimmer.
argument	(명)	(명) 논의, 토론, 논쟁, 논거, 이유, 논법, 논증, 개요, 요지, (컴퓨터) 인수, 독립변수, (수학) (함수의) 독립변수, 편각 (n) quarrel, fight, disagreement, dispute, row, spat, squabble, barney, case, reason, contention, claim
		A decision was finally made after some heated argument. In logic and philosophy, an argument is a series of statements (in a natural language), called the premises or premisses (both spellings are acceptable), intended to determine the degree of truth of another statement, the conclusion.
degrade	(동)	(타) ~의 지위를 떨어뜨리다, ~을 강등(좌천)시키다, ~을 해임하다, ~의 품위를 떨어뜨리다, (지위, 등급 등이) 떨어지다, 타락하다 (v) damage, destroy, reduce, worsen, lower, vitiate, humiliate, shame, disgrace, mortify, demean, debase, corrupt, vitiate, decay, decompose, disintegrate, rot, perish, (anto) upgrade, exalt, respect
		If the quality of something electrical or electronic degrades or is degraded, it becomes less good or less correct. These chemicals quickly degrade into harmless compounds.
encapsulate	(동)	(타) ~을 캡슐에 넣다, ~을 소중히 보호하다, ~을 요약하다, 분리하다, 캡슐에 싸이다, 소중히 보호되다 (v) summarize, condense, capture, compress, (anto) expand
		It was very difficult to encapsulate the story of the revolution in a single one-hour documentary. The interface part expresses the behavioral semantics of objects in terms of methods encapsulated in an object. In object oriented programming languages, encapsulation is used to refer to one of two related but distinct notions, and sometimes to the combination.
halt	(동)	(타) 서다, 멈추다, 정지하다, ~을 정지시키다, 멈추게 하다, (v) stop, pause, cease, freeze, finish, arrest, terminate, immobilize, discontinue, (anto) begin
		Production has halted at all of the company's factories because of the pay dispute. Security forces halted the demonstrators by blocking the road.
	(명)	(명) 정지, 휴지, 중단 (n) stop, close, standstill, break, pause, cessation, termination, end, (anto) start
		The truck came to a halt just in time to avoid hitting the tree. Severe flooding has brought trains to a halt (= prevented them from moving) on several lines in last summer.
heap	(동)	(타) ~을 쌓아올리다, (돈, 부 등)을 축적하다, ~을 대량으로 주다, ~에 수북이 쌓다 (v) pile, layer, mound, mass, stack, collect, accumulate, arrange, gather, amass, superimpose
		He heaped more food onto his plate. They heaped their plates with food.
	(명)	(명) 쌓아올린 것, 퇴적, 무더기, 더미 (n) mound, pile, stack, mountain, bundle, mass, load
		There was an enormous heap of junk mail lying on the doormat when we got back. In computer science, a heap is a specialized tree-based data structure which is essentially an almost complete tree that satisfies the heap property.
inherit	(동)	(타) (재산, 권리 등)을 상속하다, 물려받다, (성질, 체질 등)을 유전으로 이어받다, (남)의 뒤를 잇다, 상속하다 (v) receive, get, (anto) bequeath (파) inheritance (상속)
		He inherited the family business, but he had little interest in it and soon sold it. In object-oriented programming, inheritance is the mechanism of basing an object or class upon another object (prototype-based inheritance) or class (class-based

단어	품사	한글 의미, 동의어 예문
		inheritance), retaining similar implementation.
iterate	(동)	㈕ ~을 되풀이하여 말하다, 반복하다, ㈆ (언어의 규칙이나 수학의 공식이) 반복 적용되다 (v) repeat, restate, reiterate, recapitulate, retell, rehearse, redo
		Iteration is a repetition of a process, especially as part of a computer program. Quantification over predicate assignments is realized by iterating over all type-compatible predicate assignments.
maintenance	(명)	(명) 속행, 지속, 보존, 유지, 정비, 생계, 생활수단, 부양, 주장 (n) upkeep, care, keep, conservation, preservation, upholding, protection, continuation safeguarding, continuance, alimony, money, allowance, keep, grant (형) (약학, 정신의학) 바람직한 생리적, 정신적 상태 유지를 위하여 투여하는
		The new ships, propelled by gas turbines, require less maintenance than older, steam-driven ones. The office is charged with the maintenance of customary practices and ceremonies.
modify	(동)	㈕ (모양, 성질, 계획, 의견 등)을 변경하다, 수정하다, (요구, 조건, 어조 등)을 완화하다, 가감하다, (컴퓨터) (명령의 일부)를 변경하다 (v) adapt, adjust, alter, change, amend, vary, transform, revise, refashion, rework, mutate, moderate, lessen, curb, reduce, control, restrain, temper, modulate, lower, restrict, limit, (anto) intensify
		Instead of simply punishing them, the system encourages offenders to modify their behaviour. The proposals were unpopular and were only accepted in a modified form.
object	(명)	(명) 물체, 사물, 물건, 객체, (문법) 목적어, (법률) 물건, 목적, (컴퓨터) 객체 (n) thing, article, item, entity, body, piece, purpose, objective, aim, point, idea, goal, intention, intent, reason, target, focus, recipient, victim (cf) object-oriented (형) 객체 지향형
		Most babies automatically curl their fingers round any object they touch. Look at that strange object in this room!
	(동)	(동) ~에 이의를 제기하다, 반대하다, ~을 싫어하다, 거절하다, 거부하다, ~에 반대하다, 반대론을 펴다 (v) protest, complain, oppose, demur, challenge, (anto) approve
		Several people reported seeing a strange object in the sky. In object-oriented programming, inheritance is the mechanism of basing an object or class upon another object (prototype-based inheritance) or class (class-based inheritance), retaining similar implementation.
overload	(동)	㈕ ~에 (짐, 부하 등을) 너무 많이 싣다, ~에 지나치게 부담시키다, (전기)~에 너무 많이 충전하다 (v) excess, surplus, overwork, overkill, burden, load, (anto) lack, scarcity
		Don't overload the washing machine, or it won't get the clothes clean. Try not to overload yourself with work.
	(명)	(명) 과부하, 과중한 짐, 과적 (n) overwork, overburden, tax, strain, encumber, overexert
		People today suffer from information overload (= being given too much information). In programming, operator overloading, sometimes termed operator ad hoc polymorphism, is a specific case of polymorphism, where different operators have different implementations depending on their arguments. Operator overloading is generally defined by a programming language, a programmer, or both.
polymorph	(명)	(명) (생물) 다형체, (결정) 다형체, 동질 이상체 (파) polymorphism
		Compounds that exist in more than one crystalline form are said to exhibit polymorphism. In programming languages and type theory, polymorphism is the provision of a single interface to entities of different types[1] or the use of a single symbol to represent multiple different types.
transaction	(명)	(명) (업무, 교섭 등의) 처리, 처치, 업무, 거래, 매매, (컴퓨터) 변동자료 (n) deal, trade, affair, deed, sale, business, contract, matter, operation, execution
		Transaction means the published record or business agreement of the proceedings at a meeting of an association.

단어	품사	한글 의미, 동의어 예문
		The council meets once a week for the transaction of the public business with government institute. In computer database system, an atomic transaction means a series of database operations such that either all occur, or nothing occurs.
versatile	(형)	(형) 다재다능한, 다방면에 능한, 융통성이 있는, 만능의, (도구, 재료 등이) 용도가 많은, 다목적의, (기분, 목적, 정책 등이) 변하기 쉬운, 변덕스러운, (축 등을 중심으로) 자유자재로 돌릴 수 있는, 방향이 자유로이 바뀌는 (adj) multipurpose, adaptable, handy, useful, nifty, flexible, resourceful, multi-talented, (anto) inflexible, limited
		A leather jacket is a timeless and versatile garment that can be worn in all seasons. He was a versatile guitarist, and recorded with many leading rock bands. The technique is rapid, versatile and simple, and can be used as part of a sequential set of tests to fully characterize an organism.

A.15.5 Cloud Computing, Artificial Intelligence (AI) (클라우드 컴퓨팅, 인공지능)

단어	품사	한글 의미, 동의어 예문
artificial	(형)	(형) 인공적인, 인공의, 인조의, 모조의, 인위적인, 가짜의, 거짓의, 부자연스러운, (adj) synthetic, unreal, counterfeit, spurious, fake, manufactured, imitation, simulated, substitute, false, sham, fabricated, plastic, pseudo, bogus, fictitious
		Some studies have suggested a link between certain types of artificial sweetener and cancer. In the 4-th industrial evolution era, artificial intelligence (AI) and machine learning are the core technologies.
achieve	(동)	(타) ~을 이루다, 성취하다, 달성하다, (공적)을 세우다, 수립하다, (좋은 결과, 명예 등)을 얻다 (자) 성공하다, 목표를 달성하다 (v) attain, realize, accomplish, reach, complete, do, succeed, triumph, get, (anto) fail (파) achievement: (명) 업적, 공적, 위업, 달성, 성취, 획득, (심리) 학력, 학업성적, accomplishment, completed act, attainment, feat
		Your main achievements will be listed in your personnel file. Joseph's achievements in R&D will be recorded in company history.
hyper-	(접두) (형)	(prefix) 초 ~, 보통이 아닌, 과도한, 3차원 이상의, (컴퓨터) 비순차적으로 연결된, (adj) overexcited, hyperactive, manic, frenzied, excitable, tense, (anto) carm, placid, relaxed, (파) hyperbole, hyperinflation, hypervelocity, hypercube, hypertext
		Hyper- means having a lot or too much of the stated quality that is used in hyperactive, hypercritical, hyperintelligent, and hypersensitive. Hyperbolic functions occur in the solutions of many linear differential equations (for example, the equation defining a catenary), of some cubic equations, in calculations of angles and distances in hyperbolic geometry, and of Laplace's equation in Cartesian coordinates. Laplace's equations are important in many areas of physics, including electromagnetic theory, heat transfer, fluid dynamics, and special relativity.
facility	(명)	(명) 편의, 편리, 수단, 편의시설, 설비, 기관, (군의) 기지, (금융) 융자, 용이함, 손쉬움, 능란한 솜씨, 숙련, 유창, 재능, 솜씨, 유순, 고분고분함 (n) ability, capability, capacity, talent, flair, competence, skill, aptitude, knack, gift, proficiency, efficiency, service, provision, resource, feature, advantage, means, (anto) inability
		Facility is a place, especially including buildings, where a particular activity happens. Protesters have been demonstrating outside the new research facility. His facility for memorizing dates was astonishing.

단어	품사	한글 의미, 동의어 예문
illegible	(형)	(형) 판독하기 (읽기) 어려운, 불명료한 (adj) unreadable, indecipherable, scrawled, scribbled, spidery, obscured, (anto) legible
		His writing is almost illegible that means it is impossible or almost impossible to read because of being very untidy or not clear. Incomplete or illegible claim forms will be deemed invalid.
inconsistency	(명)	(명) 불일치, 부조화, 모순, 정견이 없음, 모순된 사물 (언행) (n) discrepancy, contradiction, variation, irregularity, changeability, unpredictability, conflict, (anto) consistency
		Inconsistency is a situation in which two things do not match and are opposed. There appear to be inconsistencies in her alibi.
institute	(동)	(타) (규칙, 관례, 제도 등)을 마련하다, 제정하다, (협회 등)을 설립하다, (조사, 소송 등)을 시작하다, 일으키다, 실행에 옮기다, 실시하다, ~을 (관직, 성직 등에) 임명하다, 앉히다 (v) introduce, found, start, inaugurate, establish,
		She is threatening to institute legal proceedings against the hospital. These are some of the safety guidelines we've instituted in our hotels.
	(명)	(명) (학술, 예술, 교육 등에 관한) 협회, 학회, 연구소, (교육) (이공계의) 대학, (교원 등을 위한) 단기 연수, (확립된) 원리, 원칙, 규칙, 관행, 관례, 관습, 조직 (n) organization, institution, establishment, foundation, association, society
		Institute is an organization where people do a particular type of scientific, educational, or social work, or the buildings that it uses, such as MIT (Massachusetts Institute of Technology). The institute derives all its money from foreign investments.
intellectual	(형)	(형) 지성(지력)의, 지적인, 지적인 것에 대한, (고도의) 지성(지력)을 가진 (adj) intelligent, knowledgeable, academic, rational, logical, cerebral, scholarly, highbrow,
		Looking after a baby at home all day is nice but it doesn't provide much intellectual stimulation. So the fight for artists to protect their intellectual property isn't going to end any time soon. Theft of intellectual property is widespread, with factories illegally producing millions of cheap copies of the latest design of phone.
	(명)	(명) 지식인, 인텔리 (n) philosopher, thinker, academic, brain, scholar, highbrow (파) intellectual property 지적 재산권
		She was too much of an intellectual to find popular movies interesting. Intellectual means a person whose life or work centers around the study or use of ideas, such as in teaching or writing.
intelligence	(명)	(명) 지능, 지력, 이지, 이해력, 사고력, (심리) 지능, 지혜, 예지, 총명, 정보, 첩보, 소식, (컴퓨터) 지능 (인식, 추리, 학습 등의 능력) (n) intellect, acumen, aptitude, astuteness, cleverness, brain, information, news, communication, word, (anto) stupidity
		Intelligence is the ability to learn, understand, and make judgments or have opinions that are based on reason. Another meaning of intelligence is secret information about the governments of other countries, especially enemy governments, or a group of people who collect and deal with this information.
negligible	(형)	(형) 무시할 수 있는, 보잘 것 없는, 사소한 (adj) insignificant, tiny, small, slight, unimportant, minor, trifling, trivial, (anto) significant
		The difference between the two products is negligible. The rise in the minimum wage will have a negligible effect on jobs.
platform	(명)	(명) (기차역의) 승강장, 플랫폼, 단, 연단, 교단, 강단, 무대, (군사 포대, 포좌, 미사일 발사대, 발사 함정, (컴퓨터) 플랫폼 (컴퓨터 사용의 기반이 되는 하드웨어, 소프트웨어의 환경) (n) stage, podium, stand, dais
		This brilliant young violinist has appeared on concert platforms all round the world. By refusing to give us a grant to make this project, they are denying us a platform. Both Apple's iOS and Google's Android mobile platforms now have emoji keyboards built into their software.

단어	품사	한글 의미, 동의어	예문
premier	(명)	(명) (프랑스, 이탈리아 등의) 수상, 국무총리 (n) leader, ruler, minister, prime minister (PM)	Premier means the leader of the government of a country, or of a large part of a country. He is the premier of Ontario, Canada.
	(형)	(형) 수위의, 제1위의, 최고의, 최초의, 가장 연장의 (adj) best, leading, foremost, highest, chief, principal, arch, (anto) worst	He is one of the nation's premier scientists. We stayed at one of Seoul's premier hotels.
scalable	(형)	(형) 측정할 수 있는, (산, 경사가) 오를 수 있는, (비늘 등을) 벗길 수 있는 (adj) climbable, accessible, ascendable, montable	To receive funding they will have to demonstrate that their idea is scalable from school level to state level. These deals would make the company's business scalable and efficient. The supercomputing system combines true scalable performance with high production.
virtual	(형)	(형) (명목상으로는 다르나) 실질상의 , 실제의 , (광학) 허상의 , (컴퓨터) 가상 기억의 (adj) cybernetic, computer-generated, simulated, near, practical, effective, implicit	Ten years of incompetent government had brought about the virtual collapse of the country's economy. In the game, players simulate real life in a virtual world. The cloud service provies employees a personalized virtual desktop accessible from any web browser.

A.16 Information and Communication (정보 통신)

A.16.1 Signal Processing (신호처리)

단어	품사	한글 의미, 동의어	예문
asymmetric	(형)	(형) 부조화의, (논리, 수학) 비대칭적인 (adj) unequal, uneven, irregular, lopsided, disproportionate, distorted, unbalanced, (anto) symmetrical	This model allows for asymmetric behavior by permitting "local" non-stationarity in a globally stable model. In an asymmetric multiprocessing system (AMP), not all CPUs are treated equally; for example, a system might allow (either at the hardware or operating system level) only one CPU to execute operating system code or might allow only one CPU to perform I/O operations.
compression	(명)	(명) 압축, 압착, 압축 상태, (문장, 문제 등의) 간결, 단축, 요약, (컴퓨터) 데이터의 압축 (n) density, solidity, firmness, (anto) looseness	Advances in compression technology mean that you can now send even quite large files by email. Without the development of algorithmic compressions of data, all science would be replaced by a mindless stamp collection - the indiscriminate accumulation of every available fact.
convolution	(명)	(명) 나선, 회선, 나선형의 것, 복잡하게 뒤엉킨 것 (n) difficulty, intricacy, complication, involvement, density, obscurity, sophistication, complexity, (anto) simplicity	Convolution means something that makes an explanation, story, etc. complicated and difficult to understand. In telecommunication, a convolutional code is a type of error-correcting code that generates parity symbols via the sliding application of a boolean polynomial

단어	품사	한글 의미, 동의어 / 예문
		function to a data stream.
delay	(동)	㈉ ~을 지연시키다, 연기하다, ~을 뒤로 미루다, 지체하다, 꾸물거리다, 지연하다 (v) postpone, suspend, adjourn, defer, reschedule, shelve, table, procrastinate, hesitate, linger, dawdle, pause, prolong, lag, wait, loiter, obstruct, impede, hinder, hesitate, vacillate, waver, falter
		Heavy snow delayed the start of the game. Many planes were delayed by heavy snow.
	(명)	(명) 지체, 지연, 연기, 유예 (n) postponement, interruption, stay, suspension, adjournment, deferral, deferment, interval, wait, pause, break, lull, lag, holdup, stoppage, setback, gap, impediment, hindrance
		Long delays are predicted on the motorway because of the accident. End-to-end delay or one-way delay (OWD) refers to the time taken for a packet to be transmitted across a network from source to destination.
derive	(동)	㈉ (본원, 원천에서) ~을 얻다, 끌어내다, ~의 가원을 더듬다, (수동형으로) ~에서 나오다, ~을 연역적으로 추론하다, ~에서 유래하다, 파생하다 (v) originate, stem, spring, arise, descend, grow, develop, come, get, gain, obtain, receive, draw
		She derived great satisfaction from helping other people. The institute derives all its money from foreign investments. Again the form of the equation has no physical interpretation for the mechanism, but serves merely to derive the relationship.
domain	(명)	(명) 영토, 영지, 소유지, (학문, 예술, 사상 등의) 영역, 범위, ~ 계, (수학) 변역, 영역, (컴퓨터) (인터넷, 전자우편의) 도메인 (n) area, field, sphere, province, realm, dominion, territory, purview
		Despite many advertising agencies having moved into their domain, specialised direct marketing agencies remain very competitive. The organization met to discuss adding new 'top-level' Internet domains, the global designations such as .com and .gov.
harmonic	(형)	(형) 화성의, 조화하는, 협화적인, (수학) 조화의 (adj) vocal, choral, sung (명) (물리) 고조파, (수학) 조화, (음악) 배음
		In music, harmonic means a special note that sounds when a musical note is played that is different from the main note. In classical mechanics, a harmonic oscillator is a system that, when displaced from its equilibrium position, experiences a restoring force proportional to the displacement.
interpretation	(명)	(명) 해설, 해석, (타인의 행동에 대한) 해석, 이해, 판단, (정보 등의) 해독, 판정, (극, 음악 등의) 해석, 통역 (n) clarification, understanding, explanation, reading, elucidation, analysis, version
		It is difficult for many people to accept a literal interpretation of the Bible. Her interpretation of Juliet was one of the best performances I have ever seen.
periodic	(형)	(형) 주기적인, 정기적인, (물리, 수학, 천문) 주기의, 간헐적인, 단속적인 (adj) episodic, intermittent, interrupted, sporadic, broken, cyclic, recurring, recurrent, serial, regular, continuing, seasonal, (anto) constant, irregular
		This analysis is difficult because the periodic solution changes dramatically along the nearly vertical branch. Periodic trends are specific patterns in the properties of chemical elements that are revealed in the periodic table of elements. Major periodic trends include electronegativity, ionization energy, electron affinity, atomic radius, ionic radius, metallic character, and chemical reactivity. In mathematics a periodic travelling wave (or wavetrain) is a periodic function of one-dimensional space that moves with constant speed. Consequently it is a special type of spatiotemporal oscillation that is a periodic function of both space and time.
quantize	(동)	(동) (수학, 물리) 양자화하다 (v) to restrict (a variable quantity) to discrete values rather than to a continuous set of values (파) quantization: (명) 양자화

단어	품사	한글 의미, 동의어 예문
		Thermal noise limits the true number of bits that can be used in quantization for analog data transmission based on digital transmission signal encoding. Quantization, in mathematics and digital signal processing, is the process of mapping input values from a large set (often a continuous set) to output values in a (countable) smaller set, often with a finite number of elements. Rounding and truncation are typical examples of quantization processes.
range	(명)	(명) (수, 양, 정도의 변동의) 범위, 한계, 폭, (힘, 작용 등이 미치는) 범위, 영역, (지식, 능력의) 범위, 한계, 연속, 일련, 산맥, 연산, (탄환, 미사일 등의) 사정 거리, 항속거리, (사격(연습)장, 골프 연습장, (음향 측정 장치, 레이더 등의) 유효범위 (n) variety, choice, series, assortment, array, kind, collection, sort, scope, gamut, selection, run, span, scale, breadth, reach, extent, scope, limit, radius, fluctuate, vacillate, extend, oscillate, stretch, alternate, vary
		There is a wide/whole range of opinions on this issue. The bomb was tested on a missile range in the desert. Dress sizes range from petite to extra large.
segmentation	(명)	(명) 구분, 분할, 분열, (생물) 세포 분열, (언어) 분절 (n) division, subdivision, separation, dissection, breakdown, (anto) integration
		The rules for word segmentation may be motivated by the grammatical analysis adopted by parsers or treebanks. Segmentation and Reassembly is the process used to fragment and reassemble variable length packets into fixed length cells so as to allow them to be transported across Asynchronous Transfer Mode networks or other cell based infrastructures.
stability	(명)	(명) 안정, 고정, 안정성, 착실, 견실, (마음 등의) 불변, 부동(성), (기상) (상승 기류가 없는) 대기의 안정, (배 등의) 안정(성), 복원력(성) (n) constancy, steadiness, firmness, solidity, permanence, immovability, strength, (anto) instability
		A loving family environment gives children that sense of stability and permanence which they need. The effect of this has been to emphasize the structural stability and the degree of systematicity that existed even in early forms of these languages.
transform	(동)	(타) (형태, 외견, 구조 등)을 바꾸다, 일변시키다, 변형시키다, (상태, 성질, 기능 등)을 완전히 바꾸다, 전환하다, ~을 다른 물질로 바꾸다, (전기) ~을 변압하다, (수학) ~을 변환하다, (자) (형상, 성질이 ~로) 바뀌다 (v) alter, convert, transmute, renovate, change
		The growth of the textile industry transformed the area. Transform coding is a type of data compression for "natural" data like audio signals or photographic images. The transformation is typically lossless (perfectly reversible) on its own but is used to enable better (more targeted) quantization, which then results in a lower quality copy of the original input (lossy compression).
trigonometric	(형)	(형) 삼각법의, 삼각법에 의한 (adj) relating to trigonometry (파) trigonometric function 삼각함수
		This calculator performs scientific, statistical, and trigonometric calculations. Trigonometry is a type of mathematics that deals with the relationship between the angles and sides of triangles. It concerns the functions of angles, such as sine, cosine, and tangent. In mathematics, the trigonometric functions (also called circular functions or angle functions) are functions of an angle. They relate the angles of a triangle to the lengths of its sides. Trigonometric functions are important in the study of triangles and modeling periodic phenomena, among many other applications.

A.16.2 Communication (통신)

단어	품사	한글 의미, 동의어 예문

단어	품사	한글 의미, 동의어
		예문
attenuate	(동)	(타) ~을 가늘게 하다, 작게 하다, 묽게 하다, (힘, 효력 등)을 줄이다, ~을 희박하게하다, (전자, 신호, 전류)의 진폭을 감쇠하다, (자) 가늘어지다, 묽어지다, 약화되다 (v) weaken, lessen, reduce, decrease, diminish, temper, offset, mitigate, assuage, soothe, calm, dilute, lighten, thin, rarefy, satisfy, ease, (anto) intensify
		Radiation from the sun is attenuated by the earth's atmosphere. An attenuator is an electronic device that reduces the power of a signal without appreciably distorting its waveform.
analyze	(동)	(타) ~을 분석하다, ~으로 분해하다, ~을 검토하다, 꼼꼼히 살펴보다, (화학) ~을 분석하다, (수학) ~을 해석하다, (문법) ~을 해부하다, ~의 정신 분석을 하다 (v) examine, study, investigate, scrutinize, evaluate, consider, question, explore, probe, dissect, inspect
		Water samples taken from streams were analyzed for contamination by chemicals. This software is used to analyze marketing data.
bandwidth	(명)	(명) (통신) 주파수 대역폭 (n) the smallest range of electronic frequencies constituting a band, within which a particular signal can be transmitted without distortion
		The system will handle signals that need high bandwidth, for instance those that encode TV pictures. Tasks like simultaneously streaming several different video signals over a wireless connection require more bandwidth.
cognitive	(형)	(형) 인식의, 경험적 지식에 바탕을 둔, 인지되는, 지각력(인식력) 있는 (adj) reasoning, mental, intellectual, cerebral, perceptive, rational, thinking, thought
		Some of her cognitive functions have been impaired. Studies show a connection between aerobic exercise and cognitive ability.
communicate	(동)	(타) (사상, 의사, 정보 등)을 전하다, 전달하다, ~을 알리다, 통지하다, (열, 운동 등)을 전하다, (병)을 감염시키다 (자) (구두, 전화, 편지 등으로) ~와 통신하다, 연락을 취하다, 이야기를 나누다, 통하다, 연결되다, (병이) 옮다 (v) connect, interconnect, link, join, transfer, converse, talk, speak, commune, correspond, write, convey, share, impart, publicize, transmit, reveal
		Using telecommunication technology, we can now communicate instantly with people on the other side of the world. Having knowledge is one thing but being able to communicate it to others is another kettle of fish. Good communication skill is essential for success in international company.
exhaust	(동)	(타) (체력, 인내력 등)을 소모하다, 기진맥진하게 하다, (국력, 자원)을 고갈시키다, 다써버리다, (너무 경작하여) 토지를 불모로 만들다 (v) use, finish, consume, drain, deplete, sap, expend, dissipate, tire, drain, fatigue, weaken, (anto) refresh
		How long will it be before the world's fuel supplies are exhausted? After a whole day with the kids, her patience was nearly exhausted.
face	(명)	(명) 얼굴, 안면, 표정, 안색, 외관, 외견, 겉보기, 체면, 면목, 위신, (서류의) 문면, 액면, 지세, 지형, 표면, (뒷면에 대하여)겉, 표면, 정면, (기하) (입체의) 면, (결정) 면 (n) expression, look, appearance, aspect, outside, surface, frontage, side, elevation, countenance, mug, visage, facade, phiz,
		She had a puzzled expression on her face. She has a long, thin face. I was greeted by smiling faces of children. I was making silly faces to make the children to laugh.
	(동)	(동) ~의 쪽을 향하다, ~을 마주 대하다, ~에 면하다, (위험 등)에 직면하다, 대담하게 맞서다, 용감히 견디다, (위험 등이) ~에 다가오다, ~의 표면에 겉칠을 하다. (v) confront, tackle, meet, challenge, handle, encounter, accept, admit, realize, look
		The window faces the street. This is one of the many problems faced by working mothers. You must face the facts even though it may not be comfortable.

단어	품사	한글 의미, 동의어 / 예문
firewall	(명)	(명) 방화벽, 보안장치, (항공) 기관부 격벽, (금융) 금융기관의 은행업무와 증권업무의 분리 (규정) (n) an integrated collection of security measures designed to prevent unauthorized electronic access to a networked computer system
		Firewall is a device or program that stops people from seeing or using information on a computer without permission while it is connected to the Internet. In computing, a firewall is a network security system that monitors and controls incoming and outgoing network traffic based on predetermined security rules.
handover	(명)	(명) (재산, 권한, 책임 등의) 이양, 양도, (무선 통신) 통화 중 기지국 간 이동을 원할 하게 그대로 유지하는 기능 (무선 통신 채널이나 회선의 교환을 수행하여 통화중인 호를 계속 유지되도록 하는 무선 통신 기술) (n) delivery, abdication, assignment, conferral, bestowal, transfer, transference, conveyance, surrender, devolution, extradition
		In cellular telecommunications, the terms handover or handoff refer to the process of transferring an ongoing call or data session from one channel connected to the core network to another channel. In satellite communications it is the process of transferring satellite control responsibility from one earth station to another without loss or interruption of service.
interference	(명)	(명) 방해, 지장, 장애, 간섭, 충돌, (물리) (빛, 음, 전파의) 간섭, (무선) 혼신, (특허권의) 저촉, 우선권 심사 (n) meddling, intrusion, prying, interfering, nosiness, intervention, snooping, interloping, restriction, obstruction, hindrance, obstacle, holdup, delay, impediment
		In communications and electronics, especially in telecommunications, interference is anything which modifies, or disrupts a signal as it travels along a channel between a source and a receiver. Electromagnetic interference (EMI), also called radio-frequency interference (RFI) when in the radio frequency spectrum, is a disturbance generated by an external source that affects an electrical circuit by electromagnetic induction, electrostatic coupling, or conduction.
modulate	(동)	(타) ~을 조절하다, 조정하다, ~을 가감하다, (목소리의 음조)를 바꾸다, (통신) ~을 변조하다 (v) moderate, curb, control, temper, modify, lessen, restrain, reduce, regulate, lower, adapt, adjust, alter, change, amend, vary, transform, revise, mutate, modify, temper, shift
		An elected committee will meet monthly to modulate the council's energy policy. Modulation is the process of varying one or more properties of a high-frequency periodic waveform.
quadratic	(형)	(형) 정사각형의, (수학) 2차의 (adj) involving the square and no higher power of the unknown quantity; of the second degree
		Quadratic equation is an equation that includes an unknown value that is multiplied by itself only once, and does not include an unknown value multiplied by itself more than once.
	(명)	(명) (수학) 2차방정식 (n) a quadratic polynomial or equation
		All quadratic equations will have two solutions in the complex number system, but need not have any in the real number system.
phase	(명)	(명) (변화하는 것, 상태의) 상, 모습, 면, (변화, 발달의) 단계, 시기, 국면, 형세, (문제 등의) 면, 부분, 측면, (컴퓨터) 위상, 단계 (n) stage, point, chapter, time, segment, part, period, level, rung
		The project is only in its initial phase as yet, but it's looking quite promising. The phases of the moon are the regular changes in its shape as it appears to us on earth. The business is going through a rather depressing phase at the moment.
preamble	(명)	(명) (이야기, 저술 등의) 서론, 머리말, 서문, 서언, (조약, 법령 등의) 전문, (n) introduction, preface, foreword, prelude, overture, opening, explanation, (anto) postscript
		The proposals incorporate preambles which set out the legal, practical and economic grounds for their substantive provisions. Accordingly, they already contain preambles which set out the legal basis for the instrument and the practical considerations which make it necessary or desirable.

단어	품사	한글 의미, 동의어 / 예문
probe	(명)	(명) 엄밀한 조사, 정사, 조사를 위한 도구, (외과용의) 탐침, 시험, 시도, (항공, 우주) 무인 우주 탐사선, 우주 탐사 로켓, (컴퓨터) 측정용 탐침, 프로브 (n) investigation, inquiry, review, examination, analysis, postmortem, search, investigate, explore, query, survey, prod, research, delve, inquire, enquire
		Detectives questioned him for hours, probing for any inconsistencies in his story. Using a special instrument, the doctor probed the wound for the bullet.
propagation	(명)	(명) (동식물 등의) 번식, 증식, (사상, 관습, 문화 등의) 보급, 선전, (병 등의) 만연, (소리, 열 등의) 전파, 전달 (n) spread, broadcast, proliferation, circulation, dissemination, promulgation, transmission, breeding, reproduction, proliferation, procreation
		The government have tried to propagate the belief that this is a just war. Light and sound propagate at vastly different speeds. Propagation delay is the length of time taken for the quantity of interest to reach its destination. It can relate to networking, electronics or physics.
radiate	(동)	(자) 빛을 내다, 빛나다, (빛, 열이) 사방으로 발산되다, (도로 등이) 사방으로 퍼지다, 기쁨을 발하다 (타)(빛, 열)을 발하다, 방사하다, ~을 (TV, 라디오로) 방송하다 (v) emit, discharge, issue, release, exude, emanate, diverge, spread, circulate, diffuse, strew
		A single beam of light radiated from the lighthouse. Flows of lava radiated out from the volcano's crater.
resilient	(형)	(형) 되돌아가는, 되튀는, 탄력 있는, 복원력이 있는, (불운, 병으로부터) 회복이 빠른, 쾌활한 (adj) hardy, strong, tough, robust, buoyant, irrepressible, spirited, resistant, durable, feisty, elastic, pliable, flexible, supple, resistant, tough, durable, sturdy, pliant, (anto) weak, rigid
		Optimists argue that the economy may prove more resilient. This rubber ball is very resilient and immediately springs back into shape. Life is hard there, but the people are resilient.

A.16.3 Networking, Security (네트워킹, 보안)

단어	품사	한글 의미, 동의어 / 예문
arbitrary	(형)	(형) 제멋대로인, 변덕스러운, 전제적인, 독단적인, 횡포한, 임의의, 자유재량의, 자의적인, (수학) 임의의, 부정의, (adj) random, chance, subjective, uninformed, illogical, capricious, indiscriminate, haphazard, (anto) systematic, logical
		He played a few arbitrary notes on the piano, to try it out. We didn't think much about it just arbitrarily decided to go to Italy.
authenticate	(동)	(타) ~의 확증을 세우다, ~을 증명하다, (전문가 등이) (그림, 서적 등)이 진품임을 감정하다 (v) validate, confirm, verify, substantiate, endorse, check
		They used carbon dating tests to authenticate the claim that the skeleton was two million years old. Each of these signatures must be authenticated by a lawyer.
confidential	(형)	(형) 은밀한, 비밀의, 내밀한, 비밀을 터놓는, 친밀한, 허물없는, 첩보 기관의 (adj) intimate, private, close, personal, sound, stable, trusted, trustworthy, reliable, dependable, faithful, secret, private, hush-hush, classified, restricted, censored
		We have certain reasons for our decision, which have to remain confidential. Someone has leaked confidential government information to the press.
counterfeit	(형)	(형) 위조(가짜, 모조)의, 거짓의, 겉뿐인 (adj) fake, forged, phony, bogus, imitation, sham, (anto) genuine, original
		Since a lot of brand-name merchandise sold in the old market is counterfeit, you must be careful.

단어	품사	한글 의미, 동의어
		예문
		Recent counterfeit card fraud is a growing problem.
	(명)	(명) 모조품, 위조물, 가짜 (n) forgery, copy, fake, imitation, reproduction,
		Inspect the tickets carefully for possible counterfeits. This watch may be a counterfeit, but it looks just like the original.
	(동)	[타] ~을 모조하다, 위조하다, ~와 비슷하다, ~을 흉내 내다 (v) forge, fake, copy, fabricate, imitate, simulate
		We have made it significantly more difficult for them to counterfeit this document.
denial	(명)	(명) 부정, 부인, 거부, 거절, 승인 거부, 자제, 극기 (n) renunciation, disavowal, rejection, repudiation, abjuration, forswearing, refutation, rejection, rebuff, contradiction, disagreement, defiance, denunciation, dissent, disclaimer, disavowal, rebuttal, refusal, veto, deprivation, withholding
		His denial of responsibility for the accident was unconvincing. Planning staff recommended denial of the project.
expedite	(동)	(동) ~을 진척 시키다, 촉진 시키다, (사무 등)을 재빨리 해치우다, (문서, 짐 등)을 급송하다, (v) accelerate, advance, further, rush, (anto) impede (파) expedition: (명) (군대, 조사단의) 원정, 탐험 조사, 원정대, 탐험대, 신속함, 기만함
		This Internet router can handle expedited packet forwardings. Something needs to be done to expedite the process.
fraud	(명)	(명) 사기, 속임, 협잡 (n) deception, scam, scheme, con, swindle, racket, deceit, fake, counterfeit, imitation, sham, hoax, dishonesty, deception, trickery, cheating, imposter, charlatan, hoaxer, swindler, cheat, imposter
		The fraud depended on hundreds of bank accounts being opened on behalf of straw men. She was a psychic who was later revealed to be a fraud.
intrusion	(명)	(명) 침입, 밀고 들어가기, 방해, 주제넘게 나서기, (의견 등의) 강요, 강제 (n) interruption, imposition, interference, disturbance, invasion, meddling, interloping, infringement
		They complained about excessive government intrusion (= unwanted involvement) into their legitimate activities. An intrusion detection system (IDS) is a device or software application that monitors a network or systems for malicious activity or policy violations. Any malicious activity or violation is typically reported either to an administrator or collected centrally using a security information and event management (SIEM) system.
interrogate	(동)	[타] 질문하다, 캐묻다, ~에서 정보를 얻다, 심문하다, (컴퓨터, 응답기 등)에 응답 지령을 보내다, 질문하다, 심문하다 (v) question, interview, cross-examine, quiz, grill, debrief, catechize, probe
		Thousands of dissidents have been interrogated or imprisoned in recent weeks. We were stopped at the border and interrogated for hours by the police.
liable	(형)	(형) ~에 대해 책임을 져야할, 의무가 있는, ~을 받아야 할, ~ 하기 쉬운, (병 등에) 걸리기 쉬운 (adj) accountable, answerable, responsible, likely, apt, predisposed, prone, (anto) unlikely
		The law holds parents liable if a child does not attend school. The areas of town near the river are liable to flooding (= are often flooded).
malicious	(형)	(형) 악의적인, 심술궂은, (법률) 악의적인 동기에서 나온, 고의적인, (체포 등이) 부당한 (adj) hateful, spiteful, malevolent, mean, nasty, cruel, wicked, mischievous, evil, (anto) kind
		He complained that he'd been receiving malicious phone calls. Recent incidents have demonstrated how easily malicious hackers are able to disrupt the operations of many large companies.
participate	(동)	[타] 가담하다, 참여하다, 함께 하다, (범죄 등에) 관계하다, ~에 참여하다, 한몫 끼다, 함께 하다 (v) contribute, partake, join, share, (anto) observe
		We want to encourage members to participate fully in the running of the cluA. The teacher tries to get everyone to participate in the classroom discussion.

단어	품사	한글 의미, 동의어 / 예문
robust	(형)	(형) 튼튼한, 억센, 강건한, (체격이) 옹골찬, 늠름한, 활발한, 활기가 있는, (일 등에서) 체력이 필요한, 임이 드는 (adj) healthy, vigorous, hearty, strong, tough, forceful, stout, hardy, (anto) weak
		We should be able to generate stronger sales with robust profit margins. The house blend of coffee is particularly robust. These results demonstrate the robustness of our business model.
surveillance	(명)	(명) (용의자, 죄수의) 감시, 파수보기, 감독, 지휘 (n) observation, watch, scrutiny, examination, inspection, supervision, shadowing, investigation, scrutiny, observation, following, reconnaissance, tailing, stakeout
		The police have kept the nightclub under surveillance because of suspected illegal drug activity. The parking lot is kept under video surveillance.
violate	(동)	㈕ (법률, 규칙, 약속 등)을 어기다, 범하다, 위반하다, (양심 등)을 거스르다, ~을 방해하다, 교란하다, ~을 침해하다, (불법적으로) ~을 통과하다, ~을 난폭하게 다루다, ~의 신성을 더럽히다, 모독하다, (감정 등)을 상하게 하다 (v) disrupt, disturb, interrupt, infringe, defy, breach, disobey, break, abuse, contravene, disregard, flout, ravage, desecrate, abuse, spoil, harm, damage, despoil, destroy, ruin, defile, (anto) respect
		They were charged with violating federal law. The planes appear to have deliberately violated the cease-fire agreement. It is important that we do not violate the customer's trust.
vulnerable	(형)	(형) (몸의 어떤 부분이) 상처 받기 쉬운, (유혹, 비난에 대하여) 저항력이 없는, 취약한, 피해를 입기 쉬운 (adj) susceptible, weak, defenseless, helpless, exposed, (anto) impervious, invincible
		Tourists are more vulnerable to attack, because they do not know which areas of the city to avoid. Older people are especially vulnerable to cold temperatures even inside their homes.

A.16.4 Embedded System (임베디드 시스템)

단어	품사	한글 의미, 동의어 / 예문
adequate	(형)	(형) ~ 하기에 적당한, 충분한, (서술 용법) (일 등에) 적임인, 유능한, (행동 등이) 그저 그런, 그만하면 괜찮은, 평범한, (법률) 충분히 요건을 갖춘 (adj) passable, satisfactory, tolerable, acceptable, suitable, sufficient, ample, enough, plenty, (anto) inadequate, insufficient
		New legislation still does not offer adequate protection for many endangered species. Children need adequate amounts of nutritious foods to grow up strong and healthy.
diagram	(명)	(명) 그림, 도표, 도형, 일람도, 도해, 약도, 설계도, 해도, (수학) 작도, 도식, 예정표, 일람표 (n) drawing, figure, illustration, plan, map, chart, table, graph, schema, scheme
		The teacher drew a diagram showing how the blood flows through the heart. Join the points A and B together on the diagram with a straight line. As the diagram shows, a complex arrangement has been designed to balance French, German, and Spanish interests.
discrete	(형)	(형) 분리된, 별개의, 따로 따로의, 낱낱의 부분으로 이루어진, 불연속적인, (수학) 이산의 (adj) separate, distinct, disconnected, detached, isolated, unconnected
		If it is found that certain elements have not been covered in the course, then they can be taught discretely. This area has four discrete neighborhoods centered around a school. A discrete-event simulation (DES) models the operation of a system as a discrete sequence of events in time. Each event occurs at a particular instant in time and marks a change of state in the system.
embed	(동)	㈕ ~을 꽂아 넣다, 묻다, (마음, 기억에) ~을 깊이 새겨 두다, (꽃 등)을 ~에

단어	품사	한글 의미, 동의어 예문
		심다, (v) implant, insert, entrench, surround
		Large beams, embedded here and there in the brickwork or masonry, bound the whole together, and strengthened the structure. Microprocessors are embedded into products such as cars, fridges, traffic lights, and industrial equipment. An embedded system is a controller programmed and controlled by a real-time operating system (RTOS) with a dedicated function within a larger mechanical or electrical system, often with real-time computing constraints.
extreme	(형)	(형) 극도의, 극한의, 극심한, (행동, 의지 등이) 극단적인, 과격한, 가혹한, (유행, 복장 등이) 최첨단의, 맨끝의, 중심에서 가장 먼, 최후의, 최종의 (adj) dangerous, thrilling, risky, exciting, punishing, great, tremendous, severe, intense, acute, excessive, farthest, furthest, outermost, ultimate, maximum, utmost, radical, extremist, fanatical, immoderate, zealous, excessive, intemperate, (anto) moderate, insignificant
		The way she had been treated at work had caused her extreme emotional and psychological distress. In extreme cases, the disease can lead to blindness.
	(명)	(n) limit, boundary, edge, end, pole, extremity, margin
		I've never witnessed such extremes of wealth and poverty. Extreme is the relative maximum or relative minimum value of a function in a given region.
filter	(명)	(명) 여과기, 여과 장치, 필터, (사진) 필터, (물리) 여파기, (n) sieve, strainer, mesh, riddle, screen, sifter
		Ozone is the earth's primary filter for ultraviolet radiation. A filter on the company computer network is designed to block obscene material.
	(동)	㈕ ~을 여과하다, 여과하여 제거하다 ㈆ (빛, 물 등이) 스며나오다, 새다, 지나가다, (v) sift, sieve, riddle, clean, clarify, strain, purify, categorize, stream, sort, trickle, seep, ooze, permeate, leak, dribble, penetrate, percolate, (anto) flood, pour, mingle
		In Jeju island, water filters though the vocanic sandy soil. Sunlight filtered through the branches.
jitter	(명)	(명) (전자) 전기신호의 불규칙으로 생가는 순간적 파형 난조, 신경과민, 안절부절 못하는 기분 (n) the act or the condition of a person or thing that jitters
		Jitter is slight uncontrolled movement or shaking, for example in electronic equipment. In electronics and telecommunications, jitter is the deviation from true periodicity of a presumably periodic signal, often in relation to a reference clock signal. In clock recovery applications it is called timing jitter.
	(동)	㈕ 신경질적으로 행동하다, 안절부절 못하다, 불안해하다, (v) to make a series of quick, shivering, or jumping movements, to behave nervously
		Jittering means making a seires of quick, shivering or jumping movements. As she did not receive any notification from her husband long time, she jittered seriously.
multitasking	(명)	(명) (컴퓨터) 다중 과업화 (하나의 CPU로 복수의 과업 (task)를 처리하도록 하는 기능) (n) the concurrent execution of two or more jobs by a single CPU
		In computing, multitasking is the concurrent execution of multiple tasks (also known as processes) over a certain period of time. New tasks can interrupt already started ones before they finish, instead of waiting for them to end. As a result, a computer executes segments of multiple tasks in an interleaved manner, while the tasks share common processing resources such as central processing units (CPUs) and main memory.
preemptive	(형)	(형) 선매권이 있는, 선제의, 예방의, 우선권이 있는, 우선적 (특권적)인 (adj) preventive, preventative, proactive, anticipatory, blocking, defensive, tactical, (anto) reactive
		The term preemptive multitasking is used to distinguish a multitasking operating

단어	품사	한글 의미, 동의어 / 예문
		system, which permits preemption of tasks, from a cooperative multitasking system wherein processes or tasks must be explicitly programmed to yield when they do not need system resources.
round-robin	(명)	(명) (사발통문 식으로) 원형으로 서명한 청원서, (연대 서명한) 탄원서, 회람, 윈탁회의 (n) a sequence or series, a petition or the like having the signatures arranged in circular form so as to disguise the order of signing
		Round-robin is a competition in which everyone competes at least once against each other competitor. Round-robin (RR) is one of the algorithms employed by process and network schedulers in computing. As the term is generally used, time slices (also known as time quanta) are assigned to each process in equal portions and in circular order, handling all processes without priority (also known as cyclic executive). Round-robin scheduling is simple, easy to implement, and starvation-free. Round-robin scheduling can also be applied to other scheduling problems, such as data packet scheduling in computer networks. It is an operating system concept.
simulation	(명)	(명) 가장, 흉내, 속이기, 시뮬레이션, 모의실험, 모조품, 가짜 물건 (n) imitation or enactment, as of conditions anticipated, the act or process of pretending, feigning, a conscious attempt to feign some mental or physical disorder
		The manager prepared a computer simulation of likely sales performance for the rest of the year. A simulation is an approximate imitation of the operation of a process or system.
simultaneous	(형)	(형) 동시에 일어나는, 동시에 존재하는, 동시의, (수학) 연립시킨 (adj) concurrent, immediate, instantaneous, real-time, synchronized, coinciding, coincident, (anto) separate, consecutive
		There were several simultaneous explosions in different cities. A simultaneous translation was available through our headphones.
tolerance	(명)	(명) (남의 의견, 행동 등에 대한) 관용, 관대, 용인, (약, 독물 등에 대한) 내성, (기계) 공차, 허용범위, 허용오차 (n) acceptance, forbearance, patience, easiness, charity, lenience, (anto) intolerance
		Some members of the party would like to see it develop a greater tolerance of/towards contrary points of view. There is zero tolerance of violence at this school - if you're caught fighting, you'll be suspended.
transport	(동)	(타) ~을 수송하다, 옮기다, ~에 열중하게 하다, (역사) (죄인)을 원격지로 추방하다 (v) convey, move, bring, carry, transfer, ship, delight, enrapture, thrill, elate, (anto) depress
		They decided to transport the hugh machine by ship. She was transported with great joy by the long-waited good new of admission to college.
	(명)	(n) conveyance, carriage, transportation, transference, passage, vehicle, haulage, hauling
		The company will arrange transport from the airport. If you think that these transport problems can be solved by building more roads, you completely misunderstand the nature of the problem. The pipeline was constructed to transport oil across Alaska to ports on the coast.
troubleshoot	(동)	(타) (분쟁 등)을 조정하다, (고장)을 검사(수리)하다 (v) to act or be employed as a troubleshooter, to deal with n the capacity of a troubleshooter
		A top engineer has been appointed to troubleshoot the cause of the accident. She is lacking the proper computer skills and was unable to help me troubleshoot my issue.

A.16.5 IoT (Internet of Things) and Applications (사물인터넷과 응용)

단어	품사	한글 의미, 동의어 / 예문
accelerate	(동)	(타) ~을 촉진하다, 빠르게 하다, 앞당기다, ~을 속도를 늘리다, ~을 가속하다, (교육) (학생)을 단기 수료시키다, 속성 교육을 하다 (자) 속도가 늘다, 빨라지다 (v) hurry, hasten, rush, quicken, fast-track (파) accelerator (항공기, 유도탄의) 가속도계
		They use special chemicals to accelerate the growth of crops. He stepped on the gas and accelerated rapidly to pass a car.
actuate	(동)	(타) (기계 등을) 움직이게 하다, 발동시키다, (수동형으로) (욕망, 동기 등)에 좌우되다 (v) activate, motivate, start, stimulate (파) actuator (기계) 작동기, 작동장치
		A detonator is actuated by heat, percussion, friction, or electricity. Because the power flow direction of the actuating bond is reversed, the modulated force becomes negative, thus forming a negative feedback loop.
barometer	(명)	(명) 기압계, (여론, 동향 등의) 척도, 표준, 지표 (n) weatherglass, indicator, gauge, test, statoscope,
		Barometer is a device that measures air pressure which shows when the weather is likely to change. This survey is considered to be a reliable barometer of public opinion.
critical	(형)	(형) 비평의, 비평적인, 위험한, 위태로운, 위기의, 중대한, 결정적인, 부족한, (물리, 수학) 임계의 (adj) dangerous, analytical, significant, unfavorable
		Critical mass is the size that something needs to reach before a particular change, event, or development can happen. In concurrent programming, concurrent accesses to shared resources can lead to unexpected or erroneous behavior, so parts of the program where the shared resource is accessed are protected. This protected section is the critical section or critical region.
consist	(동)	(타) (부분, 요소로) 이루어져 있다, ~에 있다, 존재한다, 내재하다, 양립하다, 일치하다, 조화하다 (v) contain, entail, comprise, reside, lie
		Her responsibilities consist of answering the phone and greeting visitors. The crowd consisted mostly of college students and office workers.
environment	(명)	(명) 환경, 주위의 정황, 자연환경, 둘러싸기, 포위, (컴퓨터) 환경 (하드웨어, 소프트웨어의 구성) (n) setting, situation, atmosphere, surroundings, background, circumstances, nature
		The radiation leak has had a disastrous effect on the environment. The office is quite bright and airy - it's a pleasant working environment. As a parent you try to create a stable home environment.
feasible	(형)	(형) 실행할 수 있는, 실현 가능한, 가능성 있는, 그럴 듯한, 있음직한, 알맞은 (adj) possible, practicable, viable, achievable, reasonable, realistic, practical, likely, sufficient, (anto) impossible
		With the extra resources, the project now seems feasible. It may be feasible to clone human beings, but is it ethical? It's no longer feasible to fund this research.
humidity	(명)	(명) 습기, 습도, 상대습도 (relative humidity) (n) moisture, moistness, dampness, clamminess, stickiness, damp, mugginess, wetness, (anto) aridity, dryness
		It's no longer feasible to fund this research. Hygrometer is an instrument used to measure the amount of humidity and water vapor in the atmosphere, in soil, or in confined spaces. Humistor is another type of humidity sensor that detects humidity by measuring the change in the electrostatic capacity of an element corresponding to the ambient humidity.
kinetic	(형)	(형) 운동의, 운동에 의한, 활동적인, 정력적인 (adj) moving, dynamic, mobile, locomotive, kinematic, motile (파) kinematic

단어	품사	한글 의미, 동의어 / 예문
		In physics, the kinetic energy of an object is the energy that it possesses due to its motion. It is defined as the work needed to accelerate a body of a given mass from rest to its stated velocity. Since increased canopy reduces the kinetic energy with which raindrops hit the ground, the damage to soil from rainfall is reduced.
observation	(명)	(명) 관찰, 주시, 주의 깊게 살핌, 감시, 관찰력, (과학상의) 관측, 관찰, (병리) 진찰, (군사) 정찰 (n) remark, comment, opinion, thought, reflection, statement, surveillance, scrutiny, watching, inspection, examination, study, performance, celebration, adherence, execution, (anto) neglect, omission
		The police are keeping the suspect under observation. The book is full of interesting observations on/about the nature of musical composition. Observation is the active acquisition of information from a primary source. In living beings, observation employs the senses. In science, observation can also involve the recording of data via the use of scientific instruments.
precipitation	(명)	(명) 투하, 추락, 낙하, 촉진, 몹시 서둘기, 조급, 허둥대기, (기상) 강수량, 강우량 (n) rain, rainfall, snow, sleet, hail, drizzle
		The weather forecast is for dry, cloudy weather with no precipitation expected. The prime minister has been accused of acting with precipitation over the crisis. The compound is finally obtained by precipitation.
precision	(명)	(명) 명확함, 틀림없음, 정확, 정밀, (기계의) 정밀도, 세심함, 꼼꼼함, (수학) 정도, (컴퓨터) 수치를 나타내는 정도, 검색능력 (n) exactness, accuracy, care, meticulousness, correctness, exactitude, fastidiousness, strictness, (anto) vagueness
		Precision is a description of random errors, a measure of statistical variability. His books are a pleasure to read because he writes with such clarity and precision.
prudent	(형)	(형) (~의 관점에서) 사려 깊은, 분별 있는, 현명한, 신중한, 조심성 있는, 빈틈없는, 타산적인, 알뜰한, 검약하는, 상식이 있는, 견식이 확고한 (adj) judicious, practical, sensible, wise, careful, cautious, discreet, farsighted, shrewd, pragmatic, (anto) imprudent, reckless
		It's always prudent to read a contract carefully before signing it. They insisted that the deal is fiscally prudent and would not put the city budget at risk.
pollution	(명)	(명) 오염, (오염에 의한) 공해, 더러움, 불결, (정신 등의) 타락, 모독 (n) contamination, effluence, smog, litter, trash
		The survey shows a link between asthma and air pollution. The company claims it is not responsible for the pollution in the river.
ultrasonic	(명)	(명) 초음파의, 초음속의, (명) 초음파 (adj) of (pertaining to, or utilizing) ultrasound
		To apply this technique, a short burst of ultrasonic energy is generated, amplified and transmitted by a transducer. Among these techniques, ultrasonic systems have attracted much interest because of their low cost and potentially good accuracy for distance measurement. An ultrasonic pulse velocity test is an in-situ, nondestructive test to check the quality of concrete and natural rocks. In this test, the strength and quality of concrete or rock is assessed by measuring the velocity of an ultrasonic pulse passing through a concrete structure or natural rock formation.

Appendix B. American English Idioms (영어 숙어/관용어)

American English idiom
a close call (narrow escape from danger or death), 위기일발, 구사일생
abide by (keep, faithful to, obey), 지키다, 따르다
abound in (or with) (be plentiful in, be rich in), ~이 풍부하다
about to (prepared; ready), 막 ~하려고 하다
account for (explain): 설명하다
add up (calculate the total of, make sense), 합계를 내다, (주로 부정문에서) 이치/조리에 맞다
add up to (amount to, total), 합계 ~이 되다
after hours (after usual business time), 일과 후에, 폐점 후에
all at once (suddenly, all of a sudden, on a sudden), 갑자기
all but (almost), 거의
all-in (all-inclusive), 모두를 포함한, 전면적인
all in all (considering everything), 대체로
allow for (consider, take ~ into account), ~을 고려하다
answer for (be responsible for), 책임지다
anything but (never), 결코 ~ 이아닌; nothing but (only), 단지
apart(aside) from (except for, in addition to), ~은 별도로, ~이외에도
around the clock (= all day and all night), 밤낮으로 쉬지 않고
as a matter of fact (truthfully), 사실은
as a rule (usually, on the wheel), 통상, 대체로
as of (starting from, as from), ~부터 (시작하여)
as the crow flies (in a straight line), 직선거리로
as yet (up to the present time), 아직은
ask for it (trouble) (behave in a way that is sure to result in trouble)
ask one out (invite one on a date), 누구에게 데이터 신청하다
at all (in any manner), (부정어와 함께) 전혀, 조금도, (의문) 조금이라도, 도대체
at least (not less than, at any rate), 적어도, 어쨌든
at length (at last, in detail), 드디어, 상세하게
at odds with (on bad terms with), ~와 불화관계인
at random (without aim), 함부로, 닥치는 대로
at one's wits' (wit's) end (not knowing what to say or do), 어찌할 바를 몰라
at the mercy of (wholly in the power of), ~에 좌우되어
at times (at intervals, occasionally), 때때로, 가끔
attend to (take care of, see to), 처리하다
attribute A to B (ascribe A to B), A를 B의 탓으로 돌리다
back up (drive or go backwards, support, uphold), 후진시키다, 후원하다, 지지하다
baker's dozen (thirteen), 13개
be absorbed in (be engrossed/immersed in), ~에 열중하다
be anxious about (be uneasy about), 근심하다

American English idiom
be anxious to + 동사, be anxious for + 명사 (be eager for), 갈망하다
be apt to (be liable to, be likely to), ~하기 쉽다, ~할 것 같다
bear in mind (keep in mind), 명심하다, 유념하다
be bound to + 동사 (be certain to), 반드시 ~하다 be bound for + 명사 (be going in a certain direction), ~으로 향하다
be capable of (be able to), ~할 능력이 있다
be due to + 명사, ~에 기인하다 be due to + 동사, ~할 예정이다 due to (owing to), ~ 때문에
be forced to (be obliged to, be compelled to), ~하지 않을 수 없다
be in charge of (be responsible for), ~을 책임지다
be in the way (cause inconvenience), ~에 방해되다
be worse off (be poor), 궁핍하다 be well off (be rich), 유복하다
be inclined to (be disposed to, tend to), ~하고 싶어 하다, ~하는 경향이 있다
be up to (do something bad, depend on), (나쁜 일을) 꾸미다, ~에 달려있다
beat around the bush (approach indirectly), 말을 빙빙 돌리다
beat up (strike repeatedly), (상습적으로) 때리다
behind the times (old-fashioned), 시대에 뒤떨어진
believe it or not (something is very surprising but true), 믿지 않겠지만
beside oneself (very upset or excited), (흥분, 노여움 등으로) 제정신이 아닌
between you and me (in confidence, between ourselves), 우리끼리 얘긴데
break away (escape from someone or something), 달아나다, 벗어나다
break into (enter by force), 침입하다
break out (occur suddenly), 갑자기 발생하다
break up (disperse, scatter, split up), 해산시키다, 헤어지다
bring about (cause to happen), 발생시키다, 야기하다
bring home to (cause one to realize), ~을 절실히 느끼게 하다
bring up (raise, rear), 키우다, 양육하다
burst into + 명사, burst out ~ing (begin suddenly), 갑자기 ~하다
by all means (in every possible way), 어떤 일이 있어도
by degrees (gradually), 점차로
by leaps and bounds (very rapidly and greatly), 급속도로
by turns (in rotation, one after the other, alternately), 교대로
by virtue of (because of , as a result of), ~의 때문에, ~의 결과로
call for (demand, require), 요구하다
call off (cancel), 취소하다
care for (like), 좋아하다, 돌보다
carry on (manage), 경영하다, 관리하다, 지속하다
catch sight of (get a glimpse of), ~을 얼핏 보다 loose sight of ~을 시야에서 놓치다,

American English idiom
cheer up (become happier, make one happier), 기운 나다, 기운을 내게 하다
come across (find unexpectedly), 우연히 발견하다
come by (obtain), 얻다, 획득하다
come down with (become ill with), 병에 걸리다
come to (become conscious), (의식을) 회복하다
come true (really happen, become real), 실현되다, 실제로 일어나다
come up with (think of), ~을 생각해 내다
be concerned about (be anxious about), ~을 걱정하다 be concerned with (have interest in), ~에 관심이 있다
cope with (manage successfully), 대처하다
count for nothing/little (be of no/little importance), (거의) 중요하지 않다
count in (include), 끼워주다
count on (rely on), 믿다, 기대하다
cut a fine figure (make a fine appearance), 두각을 나타내다, 이채를 띠다
cut in (interrupt), 방해하다, 끼어들다
deal(trade) in(buy and sell things), 판매하다, 장사하다 deal with (treat), 다루다, 취급하다
depend on (rely on), ~에 달려있다, 의지하다
distinguish A from B (distinguish between A and B), A와 B를 구별하다
distinguish oneself (make oneself noticeable), 두각을 나타내다
do away with (get rid of, abolish), 제거(폐지)하다
do justice to, do one justice (treat one fairly), 공정히 평가하다
do(manage) without A (continue to live or do something without having A), ~없이 지내다
draw on (make use of), ~을 이용하다
drop in (visit unexpectedly), (예고없이) 들르다, 방문하다
dwell on (think a lot about), 곰곰이 생각하다
end in (result in), 결국 ~이 되다, 결과적으로 ~이 되다
engaged in (busy with), ~하느라 바쁜, ~에 종사하고 있는
exert oneself (make an effort), 노력하다
fall back on (depend on in case of need), ~에 의지하다
fall in with (become involved with), ~와 어울리다
fall short of (fail to reach), ~에 못 미치다, 미달하다
familiar with + 사물, 사람 (having a good knowledge of), ~을 잘 아는 familiar to + 사람 (well know to), ~에게 잘 알려져 있는
far from (not at all, instead of), 결코 ~이 아닌, ~하기는 커녕
feel for (have sympathy for, grope for), ~을 동정하다, ~을 더듬어 찾다
feel like ~ ing (be inclined to), ~하고 싶다(싶은 기분이다)
find fault with (criticise), ~을 비난하다, 흠을 잡다, 트집 잡다
fix up (repair), 고치다, 수리하다
fix A up with B (arrange for A to have B, introduce B to A), A에게 B를 마련해(알선해) 주다, A에게 B를 소개시켜 주다

American English idiom
flatter oneself that (be pleased with one's belief that), 혼자 속으로 믿고 좋아하다
follow suit (do as someone else has done), 남이 하는 대로 하다, 선례를 따르다
fool around (waste time doing nothing), 빈둥거리다
for a song (for very little money, cheaply), 헐값으로, 염가로
for all I know (perhaps), 아마, 내가 아는 한
for better or for worse (under good or bad circumstances), 좋든 싫든 간에
for fear of (because of anxiety about), ~을 두려워하여
for free (without charge, free of charge), 무료로
for good (for ever), 영원히, 아주
for good measure (as something extra, in addition), 덤으로, 추가로
for nothing (without payment, in vain, without reason), 공짜로, 헛되이, 이유 없이
for once (this once), 한번만, 이번만
for one thing (in the first place), 우선, 첫째는
for one's (dear) life (desperately), 필사적으로
for short (for brevity's sake), 줄여서, 생략하여
for the most part (mostly, on the whole), 대부분, 대게
for the sake of (for the benefit of), ~을 위하여
for lack of (for want of), ~이 부족하여
for the time being (for the moment, for the present), 당분간
forget it (over look it), (칭찬, 사죄 등에 대해) 괜찮아요
free from(of) (without), ~이 없는
from time to time (occasionally, once in a while), 가끔, 때때로
gain ground (advance, move closer to), 전진하다, 따라 붙다
get a load of (look at), 보다
get a move on (hurry up), 서두르다
get across (cause to be understood), (생각 등을) 전달하다, 이해시키다
get at (reach, discover), 도달하다, 이해하다
get away (escape, leave), 도망치다, 떠나다, 빠져 나오다
get down to (begin doing seriously), ~에 착수하다, 시작하다
get even with one (get one's revenge on), ~에게 앙갚음하다
get going (on) (begin), (~에) 나서다, 착수하다
get/take hold of (grasp), 붙잡다
get in touch with (communicate with), ~와 접촉하다, ~와 연락하다
get on in the world (succeed in life), 출세하다
get on(along) with (live in a friendly way with), 사이좋게 지내다
get over (recover from, overcome, tide over), 회복하다, 극복하다
get rid of (eliminate, discard, become free of), 제거하다, 없애다
get the better of (defeat, beat, vanquish), 이기다
get through (finish), 끝마치다
give away (give freely, distribute, disclose), 주다, 분배하다, 폭로하다
give birth to (bear, produce, give rise to), (아기를) 낳다, 출산하다, 야기 시키다

American English idiom
give in (hand in), surrender, yield), 제출하다, 굴복(항복)하다
give off (emit, send out), (빛, 가스, 냄새, 열 등을) 내다, 발산하다
give out (become exhausted, distribute), (힘이) 다하다, 배부하다
give rise to (bring about, cause), 일으키다, 초래하다
go about (begin, start, undertake), ~을 착수(시작)하다
go ahead (go before), 먼저 가다
go back on (break, fail to keep), (약속, 협정 등을) 어기다
go halves with A on B (share the cost of B with A), B를 사는데 A하고 반씩 부담하다
go in for (take pleasure in, take part in), ~에 취미가 있다, 좋아하다, ~에 참가하다
go off (explode, ring), 폭발하다, (소리 등이) 울리다
go on (happen, continue), 생기다, 일어나다, 계속하다(되다)
go out of one's way (travel an indirect route to do), (~하기 위하여)길을 둘러서 가다
go over (repeat, examine closely, look at carefully), 반복하다, 되풀이하다, 자세히 조사(검토)하다
go through (suffer or experience), (고통을) 겪다, 경험하다
hand down (give or leave to people who come later), 후세에 전하다, 유산으로 남기다, 물려주다
hand over (give control of, transfer), 넘겨주다, 양도하다
have a crush on (be infatuated with someone), (연상의 사람에게) 홀딱 반하다
have a way with (be good at dealing with), ~을 잘 다루다
have ~ at one's fingertips (be thoroughly familiar with), ~을 훤히 알다
have had it with (have reached one's limit, be fed up with), (모든 것을 다 겪어) ~에 진절머리가 나다, 싫증나다
have it in for (wish or mean to harm, have a bitter feeling against), ~에게 악의(앙심)를 품다
have one's own way (do whatever one wants), 마음대로 하다
have to do with (have a connection with), ~의 관계가 있다
hear out (listen from beginning to end), ~의 말을 끝까지 듣다
hit on (think of suddenly or by chance), 갑자기 머리에 떠오르다, 생각나다
hit the ceiling (roof) (become very angry), 몹시 화를 내다
hold(keep) back (restrain oneself), 참다, 억제하다
hold good (remain valid, be effective), 유효하다
hold off (delay, postpone), 유보(보류)하다, 연기하다, 미루다
hold on (wait, grasp), (전화를 끊지 않고) 대기하다, 기다리다, 붙잡다
hold out (offer, resist, last), 제공하다, (손 등을) 내밀다, 저항하다, 버티다
hold up (support, rob, delay), 지지하다, 강탈하다, 연기하다, 미루다
hot under the collar (angry), 화가 난
ill at ease (uncomfortable), 불안한, 불편한
in behalf of (for the benefit of), ~을 위하여 on behalf of (as the representative of), ~을 대신(대표)하여
in favor of (approving of, in support of), ~에 찬성(지지)하여, ~에게 유리한

American English idiom
in one's favor (to one's advantage), ~에게 유리하도록 in favor with (be favored by), ~의 마음에 들어
in force (in effect/operation, effective, in large numbers), 효력을 발생하여, 시행하여, 대거, 전원
in high(low) spirits (pleasantly, unpleasantly), 기분 좋게(불쾌하게)
in honor of (in celebration of), ~에게 경의를 표하여, ~을 기념하여
in line for (likely to get, destined for), ~이 될 예정인, ~하게 되어 있는
in line with (in agreement with), ~와 일치하여
in no case (never, under no circumstances), 결코 ~ 아닌
in no time (quickly, fast), 즉시, 신속히
in one ear and out the other (quickly forgotten), 한쪽 귀로 듣고 한쪽 귀로 흘려버리는, 쉽게 잊어버리는
in one's face (straight against), 정면으로
in proportion to (according to, relative to), ~에 비례하여(따라)
in place of(in one's place) (instead of), ~의 대신에
in pursuit of (pursuing, seeking), ~을 추구하여, ~을 쫓아, ~을 찾아
in regard to (with regard to , in respect to), ~에 관하여
in season (readily available), 제철의 out of season 제철이 아닌
inside out (with the inner surface turned out), (안과 밖이) 뒤집어진 upside down (in a position with the bottom being above the top), (아래위가) 뒤바뀐
in sight (able to be seen, within view), 보이는 out of sight (unable to be seen, out of view), 보이지 않는
in terms of (from the standpoint of), ~의 관점(견지)에서
in the absence of (for lack of), ~이 없을 경우, ~이 없어서
in(into) the bargain (as well, in addition), 게다가, 그 위에
in the face of (despite, in spite of), ~에도 불구하고
in the flesh (in real life, in person), 실물로, 직접
in (the) light of (in view of), ~의 견지에서, ~에 비추어(서)
in the name of (with the authority of), ~의 이름으로
in the nick of time (just in time), 꼭 알맞은 때에, 때마침
in the presence of (in front of), ~의 면전에서, ~의 앞에서
in truth (in fact, really), 사실은
in turn (one after the other), 차례로
in vain (without success), 헛되이, 성과 없이
in view of (considering), ~의 견지에서, ~을 고려하여
in vogue (fashionable or popular), 유행하는
jot down (make a note of), 메모하다, 적다
just about (almost), 거의
(just) between the two of us (between ourselves), 우리끼리 이야기인데
just in case (for the possibility of something happening), 만약의

American English idiom
jump to one's feet (quickly rise to a standing position), 펄쩍뛰다
keep an eye on (watch, guard), 지키다, 감시하다
keep away from (avoid going or coming near), ~에 가까이 가지 않다 (않게 하다)
keep after (constantly remind, nag), (계속해서) 잔소리하다
keep company with (associate with, be friendly with), ~와 사귀다
keep from (refrain from), ~을 삼가 하다
keep(bear) ~ in mind (remember), 명심하다, 기억하다
keep in touch with (continue in communication with), 접촉(연락)을 유지하다
keep late hours (stay awake until late at night), 늦게까지 자지 않다
keep(ward) off (avert), 가까이 오지 못하게 막다
keep one's cool (retain one's composure), 침착하다, 냉정을 유지하다
keep up with (keep abreast with or of), ~에 뒤떨어지지 않다
know ~ by sight(name) (know one's face), ~의 얼굴(이름)을 알다
know(tell) A from (distinguish A from), 구별하다
know the ropes (know one's job very well), (요령, 사정 등을) 잘 알다
lacking in (wanting in), ~이 부족한
land on one's feet (get oneself out of trouble without damage), 무사히 궁지를 벗어나다
lash out (hit someone suddenly, offer harsh criticism), (갑자기 달려들어) 때리다, 구타하다, 폭언을 퍼붓다
lay off (stop employing temporarily), (일시) 해고 시키다
lay out (arrange), 배열하다, 배치하다
learn(know) ~ by heart (memorize), 암기하다
leave out (omit, fail to include), 빠뜨리다
let on (reveal), (비밀을) 누설하다
let go of (release), (쥐고 있던 것을) 놓다
lie down on the job (be lazy and work little), 일을 게을리 하다
little(no) better than (almost the same as), ~나 다름없는
live beyond one's means (spend more than one can afford), 분수에 맞지 않게 살다
live it up (enjoy life by spending money freely), 흥청망청 즐기다
live (from) hand to mouth (live a hand-to-mouth existence), 하루 벌어 하루 먹고 살다, 먹고 살기 급급하다
live up to (satisfy, meet), 만족(충족)시키다
look back at(on) (view in retrospect), 회상하다, 회고하다
look down on (consider ~ inferior to oneself), 얕잡아 보다, 깔보다
look forward to (anticipate with pleasure), 학수고대하다
look on (be a spectator, regard), 방관하다, 간주하다
look over (examine, inspect), 조사하다, 검토하다
look to A for B (depend on A for B), A에게 B를 의존하다
look up (search for, visit, call on), 찾아보다, 방문하다
look up to (respect), 존경하다
lose heart (become discouraged), 낙담하다, 상심하다

American English idiom
lose no time in ~ing (do without any hesitation), 머뭇거리지 않고 곧 ~하다
lose one's head (become uncontrolled), 이성을 잃다, 흥분하다
lose one's temper (get very angry), 화를 내다
lose one's touch (fail a what one used to do well), 기량이 (솜씨가) 떨어지다
lose oneself in (become engrossed in), 몰두하다
make a difference (be significant, matter), 중요하다, 문제가 되다
make a face (frown, grimace), 얼굴을 찡그리다
make a fool of oneself (make an ass of oneself), 놀림감이 되다
make a fuss (cause a needless commotion), 야단법석을 떨다
make a note of (write down so as to remember), ~을 적어두다
make allowance(s) for (take into consideration), ~을 참작(감안)하다
make amends for (give compensation), 보상하다
make away(off) with (steal and carry away), 훔쳐 달아나다
make believe (pretend), ~인 체하다
make (both) ends meet (balance one's income and expenditure), 수입과 지출을 맞추다, 수지 타산을 맞추다, 빚지지 않고 살아가다
make do with (manage with), 그럭저럭 때우다 (해나가다)
make for (go toward, make possible), ~를 향해가다, 가능하게 하다
make good (succeed), 성공하다
make head or tail of (understand), 이해하다
make it (arrive in time, succeed), 시간에 대다, 성공하다
make light(little) of (treat as unimportant), 경시하다, 무시하다
make much of (consider as very important), 중요시하다
make nothing of (fail to understand, treat lightly), 이해하지 못하다, 아무렇지 않게 여기다
make one's mark (become famous), 유명해지다
make out (understand, draw up, pretend), 이해하다, 작성하다, ~인 체하다
make over (transfer the ownership, change renovate), 양도하다, 바꾸다, 고치다
make room for (create space for), 자리 (공간)를 마련하다
make sure (ascertain), 확인하다, 확실하게 하다
make the best of (do as well as one can in a poor situation), (열악한 상황에서) ~을 최대한 활용하다
make the grade (succeed by reaching a particular standard), 성공하다, 어느 정도 단계에 오르다
make the most of (use to the greatest advantage), ~을 최대한 이용(활용)하다
make up (resolve a quarrel, invent, apply cosmetics), 화해하다, (이야기를) 꾸며내다, 화장하다
map out (plan in detail), 상세한 계획을 세우다
measure up to (reach the same level as), ~에 필적하다
meet ~ halfway (compromise with), 타협하다
meet with (meet one for something; unexpectedly experience), (토론 등을 위해) 만나다, ~을 당하다, 경험하다

American English idiom
more or less (almost; approximately: about), 거의, 대략
next(second) to none (the best), 최고의
none other than (no one else but), 다름이 아닌, 바로
none the less (nevertheless), 그럼에도 불구하고
not on your life (not for the world), 절대(결코) ~아닌
nothing to speak of (nothing worth mentioning), 대수롭지 않은, 사소한
odds and ends (miscellaneous items), 잡동사니, 자질구레한 것
off the record (unofficially), 비공개로, 비공식으로
off the top of one's head (quickly, without much thought), 즉석에서, 깊이 생각하지 않고
of one's own accord (by one's own choice, voluntarily), 자발적으로
on the air (being broadcast), 방송중인 (방송되고 있는) off the air (not being broadcast), 방송중이 아닌
on the ball (alert, quick), 빈틈없고 재빠른
on the blink (not working well, out of order), 제대로 동작하지 않는, 고장인
on the job (at work), 일하는 중에, 일하고 있는, 근무 중인
on the level (honest, sincere), 정직한, 진솔한
on the line (at risk), (지위, 명성 등이) 위태로운
on the spot (at once; at the scene of action), 즉시, 현장에서
on the tip of one's tongue (about to be recalled), (입안에서 맴돌 뿐) 생각이 나지 않는
once in a blue moon (very rarely), 어쩌다가 한번, 좀처럼 ~하지 않는
out of shape (in poor physical condition), 몸이 불편한
pass out (faint, lose consciousness), 기절하다, 의식을 잃다
pave the way for (make possible or easier), 토대를 닦다, 길을 열다
pay off (bribe, produce good results, pay in full), 청산하다, 다 갚다, 매수하다, 좋은 결과를 낳다, 보상받다
pick up on (understand, catch on to), 이해하다, 알아차리다
play along with (pretend to agree with), ~에 동의하는 척하다
play down (make little of), 경시하다, 가볍게 여기다
play it by ear (do as a situation develops), 임기응변으로 대처하다
play up to (flatter, seek favor with), 아부(아첨)하다
poke fun at (make fun of, mock, tease), 놀리다, 조롱하다
pop into one's head (suddenly think of), 갑자기 생각나다, 머릿속에 떠오르다
prevail on (persuade), 설득하다
pull(tear) down (demolish, destroy), (건물 등을) 부수다, 헐다
pull in (drive in and stop, arrive), 차를 대다 (멈추다), 도착하다
pull off (succeed in a difficult task), (어려운 일을) 잘 해내다
pull one's leg (fool, play a trick on), (남을) 속이다, 놀리다
pull oneself together (become emotionally stable), 마음을 가라앉히다
pull over (drive to the side of the road to stop), 차를 멈추려고 길가로 붙이다
pull through (survive a crisis or an illness), (난관, 병 등을) 극복하다, 이겨내다
put in for (officially ask for), ~을 공식적으로 요구하다

American English idiom
put the cart before the horse (reverse the logical order of things), 앞뒤가 뒤바뀌다, 본말(本末)이 전도되다
put through (connect by telephone, cause to suffer), (전화를) 연결하다, (시련 등을) 겪게하다
read A into B (believe A to be meant though not expressed by B), B를 A의 뜻으로 (확대) 해석하다 (추측하다, 짐작하다)
recall to one's mind (recall to one's memory), 기억(회상, 상기)하다
refer A to B (send A to B for help, information or advise), (도움, 정보, 조언 등을 얻기 위하여) A를 B에게 보내다
reflect on (think deeply about, affect the quality or reputation of), ~에 대해 숙고하다, ~의 자질(평판)에 영향을 미치다
regardless of (irrespective of), ~에 상관없이
resign oneself to (reluctantly accept), 마지못해 받아들이다, 감수하다
rest assured (be sure, be certain), 확신하다, 안심하다
rise to one's feet (stand up), 일어서다
rise to the occasion (deal successfully with), (어려운 일을) 잘해내다
rub ~ the wrong way (annoy, irritate), ~을 화나게(짜증나게) 하다
rule out (exclude), 제외하다, 배제하다
run into (run across, collide with), 우연히 만나다, 충돌하다
run out of (exhaust, use up), 다 써버리다, ~이 다 떨어지다
run short of (use up almost all of), ~이 부족하다
see about (find out about, inquire about), ~에 대해 알아보다 (검토하다)
see fit to (decide to), ~하기로 결정(결심)하다
see red (become very angry), 몹시 화를 내다, 격분하다
see through (recognize the truth, do something until it is finished), 꿰뚫어보다, 간파하다, (일을) 끝까지 해내다
see to (deal with, take charge of), 처리하다, 책임지다 see to it that (make sure), 확인하다, ~을 확실히(분명히) 하다
send away for (order ~ by mail), ~을 우편으로 주문하다
send out (distribute, emit, send forth), 배포하다, 내뿜다, 방출하다
serve one right (be the right punishment for), 벌받아 마땅하다, 그래도 싸다
set about (go about, begin, start), 시작(착수, 개시)하다
set in (start to happen), 시작되다
second only to (not quite as good as something, but still very good), ~다음으로 첫째
second to none (better than all others, the best), 제일 좋은, 둘째가라면 서러운
settle down (become calm, establish residence), (흥분 등이) 가라앉다, 정착하다
shed light on (cast/throw light on), (~의 해결에) 실마리를 주다, 서광이 비치다
shop around (compare prices in different shops for the best price), 여기 저기 다니며 값을 비교하다
single out (select ~ alone from others), (유독) ~만을 제외시키다
sleep on (think about ~ overnight), ~을 하룻밤 자면서 생각하다, 밤새 ~에 대해 생각하다
smell a rate (feel that something is wrong), 두엇인가 잘못된 것 같다

American English idiom
spy into + 사물 (collect secret information about), (사물/사실을) 몰래 조사하다 spy on + 사람 (watch secretly), (사람을) 몰래 감시하다
stand to reason (make sense, be logical), 당연하다, 이치에 맞다
stand up for (defend, side with), 옹호하가, ~의 편을 들다
stir up (get ~ into trouble), (분란 등을) 일으키다, 소요를 발생시키다
storm out of (walk out of ~ in a very angry manner), 화가 나서 뛰쳐나가다
strike up (begin to sing/play), (노래, 연주 등을)하기 시작하다
suit oneself (do what one likes), 마음대로 하다, 편하게 하다
take a fancy to (become fond of), ~을 좋아하게 되다
take advantage of + 사물 (make use of), ~를 이용하다 take advantage of + 사람 (cheat, deceive), 누구(사람)을 속이다
take one's time (act slowly), 천천히 여유를 가지고 하다
take something out on (vent one's anger on a person or object), 어떤 것을 ~에게 화풀이하다
take the bull by the horns (face a difficult situation boldly), 용감히 맞서다
take the liberty of (act on one's own authority without permission from another), (이해해 줄 것을 기대하고) 허락 없이 ~하다
take the place of (act instead of), ~을 대신하다, ~의 자리를 대신 차지하다
take to (get into the habit of), ~의 습관이 붙다
take turns ~ ing (do something by turns), 교대로 ~ 하다
take A up with B (raise and discuss A with B), A를 B와 상의하다
talk someone out of ~ing (persuade someone to change his or her mind), 누구를 설득하여 ~하지 않도록 하다
talk over (discuss thoroughly), ~에 관해 상세히 상의/의논하다
tell ~ apart (distinguish between), ~을 구별하다
think nothing of (give little consideration to), ~를 아무렇지 않게 여기다
think over (ponder, reflect about), ~을 곰곰이 생각하다, 심사숙고하다
through thick and thin (through good and bad times), 좋을 때나 나쁠 때나
to one's heart's content (as much as one likes), 마음껏
to say the least (of it) (at the very least), 아무리 너그럽게 말하더라도
try one's hand at (try an unfamiliar task), ~에 한번 손대보다, 한번 시도해 보다
try out (test), ~을 시험해 보다
turn down (refuse, reject), 거절하다
turn(hand) in (submit), 제출하다
turn over a new leaf (start again with the intention of doing better), 심기일전하다
up in the air (not settled, undecided, uncertain), 미정인
use up (consume completely), 다 써버리다
up to date (modern), 최신의 out of date (old-fashioned), 구식의
wait on ~ hand and foot (serve ~ extremely well), ~을 극진히 시중들다
walk out (go on strike), 파업하다
wash up (do the dishes), 설거지하다

American English idiom
waste one's breath (on) (gain nothing by useless talking(to)), 소용없는 말을 헛되이 지껄이다
wear out (fatigue, make ~ useless), 지치게 하다, 닳아 헤어지게하다
while away (spend time idly or pleasantly), 한가하게 시간을 보내다, 느긋하게 보내다
wipe out (destroy), 파괴하다, 망하게 하다
without fail (for certain, without exception), 틀림없이, 반드시, 꼭
word for word (in exactly the same words), 틀림없이, 글자하나 틀리지 않고 그대로
work out (accomplish, exercise), (계획 등을) 완수하다, 운동하다
You bet (You can be absolutely sure), 틀림없이 ~ 하다
zero in on (find out exactly, pinpoint), 정확하게 알아내다 (맞히다), 꼭 집어내다

색인 (Index)